Pr♀cessualistas

RECURSOS no CPC/2015
PERSPECTIVAS, CRÍTICAS E DESAFIOS

Respeite o direito autoral

Processualistas♀

RECURSOS no CPC/2015
PERSPECTIVAS, CRÍTICAS E DESAFIOS

Coordenadoras
Beatriz Magalhães Galindo
Marcela Kohlbach

Prefácio
Fredie Didier Jr.

2017

www.editorajuspodivm.com.br

www.editorajuspodivm.com.br

Rua Mato Grosso, 164, Ed. Marfina, 1º Andar – Pituba, CEP: 41830-151 – Salvador – Bahia
Tel: (71) 3045.9051
• Contato: https://www.editorajuspodivm.com.br/sac

Copyright: Edições *Jus*PODIVM

Conselho Editorial: Eduardo Viana Portela Neves, Dirley da Cunha Jr., Leonardo de Medeiros Garcia, Fredie Didier Jr., José Henrique Mouta, José Marcelo Vigliar, Marcos Ehrhardt Júnior, Nestor Távora, Robério Nunes Filho, Roberval Rocha Ferreira Filho, Rodolfo Pamplona Filho, Rodrigo Reis Mazzei e Rogério Sanches Cunha.

Capa e diagramação: Marcelo S. Brandão (*santibrando@gmail.com*)

R294	Recursos no CPC/2015: perspectivas, críticas e desafios / coordenadoras: Beatriz Magalhães Galindo e Marcela Kohlbach – Salvador: Ed. Juspodivm, 2017. 528 p. Bibliografia Vários autores. ISBN 978-85-442-1628-6 1. Direito do Trabalho. 2. Responsabilidade. I. Título. CDD 342.612

Todos os direitos desta edição reservados à Edições *Jus*PODIVM.

É terminantemente proibida a reprodução total ou parcial desta obra, por qualquer meio ou processo, sem a expressa autorização do autor e da Edições *Jus*PODIVM. A violação dos direitos autorais caracteriza crime descrito na legislação em vigor, sem prejuízo das sanções civis cabíveis.

SOBRE A COORDENAÇÃO E A AUTORIA

ARLETE INÊS AURELLI

Mestre e doutora em Direito Processual Civil pela PUC/SP, professora de direito processual civil nos cursos de graduação e pós-graduação *stricto sensu* da PUC/SP. Professora nos cursos ESA/SP. Membro do IBDP e CEAPRO. Advogada em São Paulo.

BÁRBARA GOMES LUPETTI BAPTISTA

Professora Permanente do Programa de Pós-Graduação em Direito da Universidade Veiga de Almeida. Professora Adjunta da Universidade Federal Fluminense/Faculdade de Direito. Pesquisadora do Laboratório Fluminense de Estudos Processuais – LAFEP / FD-UFF. Pesquisadora do INCT-InEAC/NUPEAC – Instituto de Estudos Comparados em Administração Institucional de Conflitos. Doutora em Direito (UGF). Advogada (Contencioso Cível).

BEATRIZ MAGALHÃES GALINDO

Mestranda em Ciências Jurídico-Forenses pela Universidade de Lisboa, pós-graduada em Direito Processual Civil pela PUC-RIO, graduada pela Universidade Federal Fluminense. Advogada.

CAROLINA UZEDA LIBARDONI

Mestranda em Direito Processual Civil pela Pontifícia Universidade Católica de São Paulo – PUC/SP. Especialista em Direito Processual Civil pela Pontifícia Universidade Católica do Rio de Janeiro – PUC/RJ. Professora do curso de especialização em Direito Processual Civil da PUC/RJ. Membro efetivo do Instituto Brasileiro de Direito Processual (IBDP). Advogada.

ESTEFANIA FREITAS CÔRTES

Mestranda em Direito Processual na Universidade do Estado do Rio de Janeiro – UERJ. Professora da Faculdade Nacional de Direito – FND/UFRJ. Professora da Escola da Magistratura do Estado do Rio de Janeiro – EMERJ. Professora do PREMERJ – Curso preparatório de ingresso à Escola da Magistratura do Rio de Janeiro. Advogada.

FERNANDA MEDINA PANTOJA

Professora de Direito Processual Civil da PUC-Rio. Doutora e Mestre em Direito Processual pela Universidade do Estado do Rio de Janeiro (UERJ). Pesquisadora Visitante na *University of Cambridge* e na *Queen Mary University of London* (Inglaterra). Pós-Graduada em Direito Empresarial pela FGV-RJ. Graduada em Direito pela UERJ. Membro efetivo do Instituto Carioca de Processo Civil e do Instituto Brasileiro de Direito Processual. Advogada.

GABRIELA EXPÓSITO

Especialista em Direito Processual Civil. Bacharel em Direito pela Universidade Católica de Pernambuco – UNICAP. Membro da Associação Norte e Nordeste de Professores de Processo – ANNEP. Membro da Associação Brasileira de Direito Processual – ABDPRro. Professora de Direito Processual. Advogada.

GISELE GÓES

Doutora (PUC-SP). Mestre. Professora de Direito Processual da UFPA. Procuradora Regional do Trabalho da 8ª Região. Membro do IBDP e Instituto Ibero-Americano de Derecho Procesal. Secretária-adjunta titular da região Norte do Instituto Brasileiro de Direito Processual.

IZABEL CRISTINA PINHEIRO CARDOSO PANTALEÃO

Mestre em Direito Processual Civil pela PUC/SP. Professora da pós-graduação da Universidade Presbiteriana Mackenzie e da Escola Superior de Advocacia. Membro da ABDTIC – Associação Brasileira de Direito da Tecnologia, da Informação e das Comunicações, da Comissão de Direito das Telecomunicações da OAB/SP e do CEAPRO – Centro de Estudos Avançados de Processo. Advogada em São Paulo.

JÚLIA LIPIANI

Especialista em Direito Processual Civil pela Faculdade Baiana de Direito. Graduada em Direito pela Universidade Federal da Bahia. Membro da Associação Norte e Nordeste de Professores de Processo Civil – ANNEP. Advogada. Mestranda em Direito Processual pela Universidade do Estado do Rio de Janeiro - UERJ.

LARA LAGO NORONHA

Graduada em Direito pela Faculdade de Direito da USP. Assistente Jurídica do Tribunal de Justiça do Estado de São Paulo.

LIANA CIRNE LINS

Professora adjunta de Direito Processual na UFPE. Professora permanente do Programa de Pós-Graduação em Direitos Humanos da UFPE. Doutora em Direito Público pela UFPE. Mestra em Instituições Jurídico-Políticas pela UFSC. Advogada.

LORENA MIRANDA SANTOS BARREIROS

Doutora e Mestre em Direito Público pela Universidade Federal da Bahia. Especialista em Direito Processual Civil pela UNIJORGE em parceria com o Curso Juspodivm. Procuradora do Estado da Bahia. Membro da Associação Norte-Nordeste de Professores de Processo (ANNEP).

MARCELA KOHLBACH DE FARIA

Mestre e Doutoranda em Direito pela Universidade do Estado do Rio de Janeiro (UERJ). Advogada. Membro da Comissão de Arbitragem da OAB/RJ. Membro do Instituto Carioca de Processo Civil – ICPC. Membro do Instituto Brasileiro de Direito Processual – IBDP.

MARCELA MELO PEREZ

Advogada (Bocater, Camargo, Costa e Silva, Rodrigues Advogados), graduada em Direito pela Pontifícia Universidade Católica do Rio de Janeiro, mestre em Direito Processual pela Universidade do Estado do Rio de Janeiro.

MARCIA CRISTINA XAVIER DE SOUZA

Professora Adjunta da Faculdade Nacional de Direito da Universidade Federal do Rio de Janeiro. Coordenadora do LEMAJ/UFRJ (Laboratório de Estudos em Meios Adequados de Justiça) e Pesquisadora do LETACI/UFRJ (Laboratório de Estudos Teóricos e Analíticos sobre o Comportamento das Instituições). Professora Permanente do Programa de Pós-Graduação em Direito da Faculdade Guanambi-BA. Doutora em Direito (UGF).

MARIA ANGÉLICA FEIJÓ

Mestre em Direito pela UFRGS, com ênfase em Direito Processual Civil. Advogada.

MARIANA FERRADEIRA

Mestranda em Direito Processual pela UERJ. Pós-graduada em Direito Processual Civil e em Direito Privado Patrimonial, pela PUC/RJ. Graduada pela UFF. Advogada no Rio de Janeiro.

MÔNICA PIMENTA JÚDICE

Mestre em Direito Processual Civil pela PUC/SP. LLM em Direito Marítimo pela Universidade de Oslo. Diretora de Direito Marítimo, Aduaneiro e Portuário na ESA/ES. Autora do livro "O Direito Marítimo no Código de Processo Civil". Advogada e Professora.

PAULA MENNA BARRETO MARQUES

Mestranda em Direito Processual (UERJ). Especialista em Direito Processual Civil (PUC-RJ). Advogada no Rio de Janeiro.

PAULA SARNO BRAGA

Advogada e consultora jurídica. Doutora e Mestre (UFBA). Professora Adjunta da Universidade Federal da Bahia. Professora da Faculdade Baiana de Direito.

RENATA CORTEZ VIEIRA PEIXOTO

Mestre em Direito pela Universidade Católica de Pernambuco – UNICAP e Especialista em Direito Processual Civil pela mesma Universidade. Graduada em Direito. Membro do Instituto Brasileiro de Direito Processual – IBDP. Membro da Associação Norte e Nordeste de Professores de Processo – ANNEP. Membro da Associação Brasileira de Direito Processual – ABDPro. Professora de Processo Civil da graduação do Centro Universitário Maurício de Nassau – UNINASSAU e de cursos de Pós-Graduação. Professora da Escola Superior de Advocacia de Pernambuco – ESA-PE. Professora do Espaço Jurídico. Palestrante. Assessora Técnica de Desembargador do Tribunal de Justiça de Pernambuco – TJPE. Idealizadora do site www.inteiroteor.com.br

RENATA FONSECA FERRARI

Advogada. Especialista em Direito Processual Civil pela Universidade de São Paulo (USP). Membro do Centro de Estudos Avançados de Processo (CEAPRO). Coordenadora da Comissão de Processo Civil da OAB/SP – 12ª Subseção.

RITA DIAS NOLASCO

Doutora em Direito pela PUC/SP; Professora do COGEAE/PUC-SP na Especialização de Direito Processual Civil; Membro do IBDP – Instituto Brasileiro de Direito Processual; Secretária-Geral Adjunta do IBDP no Estado de São Paulo; Membro do CEAPRO – Centro de Estudos Avançados de Processo Civil; Procuradora da Fazenda Nacional; Diretora Estadual do Centro de Altos Estudos da Procuradoria da Fazenda Nacional da 3ª Região.

RITA VASCONCELOS

Doutora em Direito Processual Civil pela PUC/SP; Mestre em Direito Econômico e Social pela PUC/PR. Especialista em Direito pela Universidade Estadual de Ponta Grossa. Professora nos cursos de especialização da PUC/SP e nos cursos de graduação e de especialização da PUC/PR. Membro do Instituto Paranaense de Direito Processual. Membro da Associação dos Advogados de São Paulo – AASP. Membro do conselho de apoio e pesquisa da Revista de Processo – RePro – Editora Revista dos Tribunais. Advogada em Curitiba.

SABRINA DOURADO

Mestre em Direito Público pela UFBA. Especialista em Direito Processual Civil. Professora de cursos preparatórios e Pós-graduação de Direito Processual Civil do CERS, Escola de Magistratura do Estado da Bahia, Escola Paulista de Direito-SP e outros cursos. Advogada e consultora Jurídica. Membro do CEAPRO, ABDPRO, IBDP, ANNEP, palestrante. Autora de várias obras Jurídicas.

SOFIA TEMER

Doutoranda e Mestre em Direito Processual pela Universidade do Estado do Rio de Janeiro (UERJ). Advogada.

SUSANA HENRIQUES DA COSTA

Professora Doutora da Faculdade de Direito da USP e do programa GVlaw da FGV Direito SP. Mestre e Doutora em Direito Processual pela Faculdade de Direito da USP e Pós-doutora pela University of Wisconsin – Madison Law School. Promotora de Justiça do Estado de São Paulo.

SUZANA SANTI CREMASCO

Doutoranda em Direito pela Universidade de Coimbra em processo de cotutela com a USP. Mestre em Direito Processual pela UFMG. Professora de Direito Processual Civil da Faculdade de Direito Milton Campos. Secretária Adjunta do IBDP para Minas Gerais. Advogada.

TATIANA MACHADO ALVES

Mestranda em Direito Processual na UERJ. Pesquisadora visitante na Maastricht University (Holanda, 2016). Graduada em Direito pela UERJ. Advogada no Rio de Janeiro.

TERESA ARRUDA ALVIM

Livre-docente, doutora e mestre em Direito pela PUC-SP. Professora nos cursos de graduação, especialização, mestrado e doutorado da mesma instituição. Professora Visitante na Universidade de Cambridge – Inglaterra (2008, 2011 e 2015). Professora Visitante na Universidade de Lisboa (2011). Diretora de Relações Internacionais do IBDP. Vice-Presidente do Instituto Ibero-americano de Direito Processual. Executive Secretary General da International Association of Procedural Law. Membro Honorário da Associazione italiana fra gli studiosi del processo civile. Membro Honorário do Instituto Paranaense de Direito Processual. Membro do Instituto Panamericano de Derecho Procesal, do Instituto Português de Processo Civil, da Academia de Letras Jurídicas do Paraná e São Paulo, do IAPPR e do IASP, da AASP, do IBDFAM. Membro do Conselho Consultivo da Câmara de Arbitragem e Mediação da Federação das Indústrias do Estado do Paraná – CAMFIEP. Membro do Conselho Consultivo RT (Editora Revista dos Tribunais). Coordenadora da Revista de Processo – RePro, publicação mensal da Editora Revista dos Tribunais. Advogada.

TRÍCIA NAVARRO XAVIER CABRAL

Doutora em Direito Processual pela UERJ. Mestre em Direito Processual pela UFES. Juíza de Direito no Estado do Espírito Santo. Membro efetivo do IBDP. Membro da Comissão Acadêmica do FONAMEC.

VERÔNICA ESTRELLA HOLZMEISTER

Especialista em Direito Processual Civil pela PUC-Rio. Graduada em Direito pela PUC-Rio. Advogada.

VICTÓRIA HOFFMANN MOREIRA

Mestre em Direito, com menção em Direito Processual Civil na Universidade de Coimbra. Advogada.

APRESENTAÇÃO

Em abril de 2016 iniciamos uma coluna semanal formada por mulheres, chamada Processualistas. A ideia era simples: abrir espaço.

Espaço para mulheres publicarem textos de qualidade sobre Direito Processual. Com tanta oportunidade direcionada exclusivamente aos homens, ainda que sem a intenção, já era hora de se criar uma especialmente para as processualistas.

A título de exemplo, em 2014, a revista GQ Brasil, das organizações Globo[1], listou os 15 advogados mais poderosos do país. Nenhuma mulher na lista!

Segundo o CAPES, somos mais da metade dos mestrandos no Brasil (54,38%) e, no doutorado, estamos quase lá[2] (48,22%), o que indica que a comunidade científica brasileira é igualitariamente composta.

As salas de aula são tomadas por inúmeras mulheres compondo o corpo discente das nossas faculdades, participando dos debates, apresentando ideias e fomentando grandes discussões.

Percebemos que, apesar de estarmos em igual número, falta-nos espaço nos congressos, nas publicações editoriais, em cargos de destaque em escritórios de advocacia, em reitorias de Universidades e, no que nos importa: em colunas jurídicas.

Longe de querermos entrar no debate das causas desse fenômeno e conscientes de que a única maneira de reverter essa situação é agindo proativamente, decidimos criar uma coluna escrita por mulheres, dando voz a processualistas que vêm se destacando no ambiente acadêmico, para que escrevam, e seus artigos sejam lidos.

A presente obra é um dos frutos colhidos em decorrência deste trabalho e a temática escolhida não poderia ser outra. A coluna Processualistas foi

---

1. Fonte: < http://gq.globo.com/Prazeres/Poder/noticia/2014/08/os-15-advogados-mais-poderosos-do-brasil.html>
2. Cf.: <http://revistagalileu.globo.com/Multimidia/Infograficos/noticia/2015/06/analisamos-os-cursos-de-pos-graduacao-no-brasil2.html>

uma demonstração de insurgência, análoga a um recurso contra tudo aquilo que víamos e entendíamos errado.

Apresentamos textos de mulheres sobre o sistema recursal brasileiro, pós CPC-15. Sistema esse que sofreu relevantes alterações, como a criação de um rol taxativo de decisões interlocutórias impugnáveis pela via do agravo de instrumento; o diferimento da impugnação das decisões interlocutórias não previstas no rol do artigo 1.015 do CPC-15, postergada para a ocasião de interposição de recurso de apelação; o fim dos embargos infringentes, substituídos pela "técnica de julgamento por maioria" prevista no artigo 942 do CPC-15; a previsão mais detalhada do sistema de recursos excepcionais repetitivos; a consagração da "primazia do julgamento do mérito" e da sanabilidade de vícios formais, dentre outras não menos importantes.

Demonstramos, em artigos sobre as mais variadas nuances e subtemas, a necessidade de um redimensionamento da nossa visão sobre os recursos. Assim como o CPC-15 trouxe uma nova perspectiva para os atos impugnativos, é necessário "virar a página" para conceitos obsoletos, que não cabem mais na nossa realidade.

A concretização deste livro devemos – acima de tudo – ao professor Fredie Didier Jr., grande incentivador do projeto, que nos recomendou à publicação.

Agradecemos, também, a todas as mulheres estudiosas do direito processual que vêm aderindo à nossa proposta, colaborando com o envio de textos semanais para a coluna e com a gravação de videoaulas sobre o novo Código de Processo Civil. Além dos leitores e apoiadores, que tanto ajudam na divulgação das ideias defendidas, dando representatividade feminina no meio processual.

Um agradecimento especial destinamos às processualistas que aceitaram o convite para, ao nosso lado, completarem este livro. Seus nomes não são aleatórios. Em parte, mulheres que vêm lutando pela representatividade feminina em nossa área, em outra, o que apostamos como o futuro para o direito processual brasileiro. Estes dois extremos não estão completos com tais nomes, mas muito bem representados.

Esperamos que este livro não seja apenas a concretização de um projeto, mas que traga contribuições relevantes ao estudo e desenvolvimento do Direito Processual.

Beatriz Galindo e *Marcela Kohlbach*
Coordenadoras

PREFÁCIO

Já participei de inúmeras coletâneas de estudos jurídicos. Muito possivelmente um grande número delas era composto por textos escritos apenas por homens; talvez até houvesse alguma mulher entre os colaboradores desses livros, mas certamente em número bem menor. Tenho, porém, uma certeza: jamais publiquei algo em uma coletânea de estudos jurídicos em que o único texto assinado por um homem era o meu.

É o que acontece agora.

Este prefácio é, para mim, portanto, uma honra.

Honra imensa e sincera.

Ao me deparar com uma coletânea escrita exclusivamente por mulheres, de todas as idades, de todos os estágios acadêmicos e de todos os lugares, muitas das quais colegas de trabalho, todas minhas amigas e companheiras de luta no ensino do Direito Processual Civil e na divulgação do CPC-2015, me abate uma sensação estranha: de um lado, o *orgulho* pelo fato de, ao prefaciar o livro, estar fazendo parte da história; de outro, a *dúvida* sobre se eu, como homem, contribuí, com ações e omissões de minha trajetória acadêmica, para a situação de desequilíbrio em que se encontram, ainda e infelizmente, as mulheres no processo civil brasileiro: é que a misoginia é uma doença social que acomete a quase todos nós homens, muitas vezes sem percebermos. O convite para a elaboração desse prefácio é um sinal de que meus eventuais erros foram perdoados e/ou considerados irrelevantes.

Não me recordo da existência de alguma professora titular de processo civil que esteja na ativa; nas UFRGS e UFPR, salvo engano, não há professoras de processo; nos Programas de Pós-Graduação (stricto sensu) em Direito Processual, é possível que não haja, ao todo, vinte professoras de processo civil em todo o Brasil que estejam orientando mestrandos e doutorandos; nos congressos, até hoje, vemos muitas situações em que simplesmente não há mulheres no corpo dos palestrantes ou a participação delas é bem pequena.

É certo que muito já se avançou. Nos últimos cinco anos, a quantidade de processualistas brasileiras que se vem destacando é impressionante. Algumas, inclusive, assumindo uma posição de alto destaque no rol dos doutrinadores brasileiros. Essa coletânea, organizada pelas "Processualistas", é uma demonstração disso.

É mais um passo nessa longa caminhada.

Ao examinar o livro, percebo dois grandes méritos: a) a escolha do tema: o sistema recursal foi profundamente alterado pelo CPC-2015 e demorará para ser bem compreendido pelos operadores do Direito – poucos temas são mais atuais; b) os textos abordaram os temas mais controversos até agora e se caracterizam pela (ainda rara) qualidade de parecerem ser textos escritos totalmente para o novo processo civil brasileiro, com bibliografia nova, vocabulário jurídico novo e com a coragem de propor novas interpretações.

O livro preenche assim uma lacuna: são pouquíssimos os livros sobre recursos no CPC-2015 – embora haja muita bibliografia sobre o novo Código, o pessoal parece ainda estar receoso de caminhar sobre esse terreno movediço.

Eu sou produto acadêmico de mulheres, exclusivamente delas. Embora eu sempre diga que tenho três mestres (Barbosa Moreira, Calmon de Passos e Marcos Bernardes de Mello), nunca fui aluno ou orientando de nenhum deles. Geisa Rodrigues me orientou no mestrado; Teresa Arruda Alvim, no doutorado; Paula Costa e Silva foi minha supervisora no pós-doutorado.

Ao escrever este prefácio de um livro de mulheres, muitas das quais ex-orientandas e alunas, me sinto uma espécie de intermediário temporal, um tipo de túnel do tempo, que une dois momentos da história da ciência jurídica processual brasileira, por onde passam, brilhando, essas incríveis mulheres.

Com o perdão das Processualistas, queria que esse prefácio também fosse recebido como a renovação de uma dedicatória que fiz em 2004, no meu livro "Regras Processuais do novo Código Civil". Tendo sido publicado logo após nascimento de minha filha, Sofia, dediquei-lhe, dizendo que ela havia nascido para me ensinar a dimensão feminina da paternidade. Dedico esse prefácio a Sofia, esperando que o mundo para ela seja melhor e sua vida seja extraordinária.

Salvador, março de 2017.

Fredie Didier Jr.

SUMÁRIO

» **Meios de impugnação das decisões interlocutórias no Novo CPC** 19
   Arlete Inês Aurelli

» **O precedente decorrente do julgamento de recursos repetitivos pode ser considerado de obrigatoriedade em sentido forte?** 35
   Beatriz Magalhães Galindo

» **Interesse recursal complexo e condicionado quanto às decisões interlocutórias não agraváveis no novo Código de Processo Civil** 51
   Carolina Uzeda Libardoni

» **A teoria da causa madura no julgamento da apelação: análise do regime adotado pelo Código de Processo Civil de 2015** 65
   Estefania Freitas Côrtes

» **O agravo de instrumento contra decisão parcial e a impugnação de decisões interlocutórias anteriores** 81
   Fernanda Medina Pantoja e Verônica Estrella Holzmeister

» **Há preclusão lógica, apesar da recorribilidade diferida nas decisões interlocutórias?** 101
   Gabriela Expósito

» **O que muda na sessão de julgamento no Novo CPC?** 115
   Gisele Goes

» **Fungibilidade recursal como modelo obrigatório no CPC/2015?** 129
   Izabel Cristina Pinheiro Cardoso Pantaleão

» Como promover a superação dos precedentes formados nos julgamentos de recursos repetitivos por meio dos recursos especial e extraordinário? 145
Júlia Lipiani

» Apelação contra decisão interlocutória não agravável: natureza jurídica e possibilidade de interposição autônoma .. 167
Liana Cirne Lins

» O fim do duplo juízo de admissibilidade da apelação e a competência do juízo de primeiro grau para exercer juízo de retratação: por uma harmonização sistemática necessária 187
Lorena Miranda Santos Barreiros

» Negócios processuais em matéria de honorários recursais: notas sobre a admissibilidade 199
Marcela Kohlbach de Faria

» Qual a natureza jurídica e aspectos procedimentais da preliminar de apelação e contrarrazões previstas no art. 1.009, parágrafo primeiro, do NCPC? 215
Marcela Melo Perez

» Quais os limites da aplicação das regras recursais do CPC/15 aos juizados especiais cíveis estaduais? 233
Marcia Cristina Xavier de Souza e Bárbara Gomes Lupetti Baptista

» A boa-fé e a impugnação específica no agravo interno: um novo comportamento por força dos incisos IV e V do artigo 932 do CPC/15? 253
Mariana Ferradeira

» Notas Introdutórias sobre o Recurso de Apelação no Novo Código de Processo Civil 279
Mônica Pimenta Júdice

» Agravo de instrumento no direito intertemporal 291
Paula Menna Barreto Marques

» Competência Legislativa dos Estados-Membros em Matéria Recursal. 305
Paula Sarno Braga

» Há possibilidade de utilização do incidente de assunção de competência quando houver repetição de demandas a respeito de uma mesma relevante questão de direito? 331
Renata Cortez Vieira Peixoto

» A natureza jurídica do juízo de admissibilidade recursal ... 357
Renata Fonseca Ferrari

» A possibilidade de concessão de efeito suspensivo *ope iudicis* com base na probabilidade do provimento recursal. 369
Rita Dias Nolasco e Rita Vasconcelos

» O novo modelo recursal significa, necessariamente, celeridade processual? 387
Sabrina Dourado

» Recursos no incidente de resolução de demandas repetitivas: quem pode recorrer da decisão que fixa a tese jurídica? 403
Sofia Temer

» A litigância repetitiva como importante fator para o reconhecimento de repercussão geral pelo Supremo Tribunal Federal 421
Susana Henriques da Costa e Lara Lago Noronha

» A interpretação extensiva da hipótese de cabimento de agravo de instrumento prevista no art. 1.015, III, do NCPC: O reconhecimento de competência pelo árbitro como pressuposto processual negativo no processo judicial 441
Suzana Santi Cremasco

» A técnica de julgamento não unânime do Novo CPC: avanço ou retrocesso? 461
Tatiana Machado Alves

» Os novos embargos de declaração 477
Teresa Arruda Alvim

» As questões de ordem pública na esfera recursal 489
Trícia Navarro Xavier Cabral

» A regra de sanabilidade na adminissibilidade dos recursos
   extraordinário e especial 509
   Maria Angélica Feijó e Victória Hoffmann Moreira

Meios de impugnação das decisões interlocutórias no Novo CPC

Arlete Inês Aurelli[1]

> **Sumário** • Introdução – **1**. Noções gerais – **2**. Meios de impugnação das decisões interlocutórias: **2.1**. Mandado de segurança contra ato judicial; **2.2**. Decisões interlocutórias arguíveis no recurso de apelação; **2.3**. Outros meios de impugnação – **3**. Conclusão.

INTRODUÇÃO

Inicialmente gostaria de registrar aqui minha alegria pela oportunidade de poder participar, junto com outras competentes mulheres processualistas, desse importante e indispensável projeto que visa discutir intrincadas questões relativas ao novo CPC, mas também abrir espaço para a participação feminina no meio acadêmico.

O tema que me coube, nesse projeto, foi o de discutir os meios de impugnação das decisões interlocutórias, tanto na forma prevista no novo CPC, como em leis esparsas.

Assim, no presente artigo, inicialmente trataremos das noções gerais sobre as decisões interlocutórias e o recurso de agravo. Depois, partiremos para verificar outras formas de impugnação das interlocutórias passando por uma breve análise da possibilidade de impetrar mandado de segurança contra ato judicial, com relação às interlocutórias não sujeitas a agravo e suas implicações. Trataremos ainda da questão da não preclusão dessas decisões e a possibilidade de arguição na apelação e contrarrazões de apelação.

---

1. Mestre e doutora em Direito Processual Civil pela PUC/SP, professora de Direito Processual Civil nos cursos de graduação e de pós-graduação *stricto sensu* da PUC/SP. Professora nos cursos ESA/SP. Membro do IBDP e CEAPRO. Advogada em São Paulo.

1. NOÇÕES GERAIS

Antes de tratarmos dos meios de impugnação das decisões interlocutórias, é indispensável que se faça uma breve análise sobre quais seriam os pronunciamentos do juiz e a forma como o novo CPC dispõe sobre eles.

Os pronunciamentos do juiz são despachos, decisões interlocutórias e sentenças. Originalmente, o CPC de 73, no art. 162, diferenciava sentenças de decisões interlocutórias pelo efeito de causar a extinção do processo, que somente a primeira tinha o condão de causar. As decisões interlocutórias se destinavam a resolver questões incidentes sem causar a extinção do processo. Ambas se diferenciavam dos despachos pelo fato de que esses não causavam prejuízo às partes.

Entretanto, com o advento da Lei 12.382/2006, que modificou o CPC/73, na parte de execução, suprimindo o ato citatório do então chamado processo de execução de sentença, houve a modificação estrutural no procedimento, que passou a ser sincrético, ou seja, um processo só, com duas fases, os conceitos dos pronunciamentos judiciais passaram por uma profunda modificação, sendo que a sentença passou a ser definida pelo conteúdo e não mais pelo efeito que causava. Isso se deu justamente pelo fato de que o processo não mais terminaria com a prolação da sentença, mas sim continuaria com a fase de cumprimento de sentença. Passamos a verificar a formação de um processo, com duas fases, uma de conhecimento e outra de execução. De fato, a redação do art. 162 do CPC/73 foi modificada, passando a definir sentença, no inciso I como o ato que contivesse um dos conteúdos dos artigos 267 e 269 do mesmo diploma. Decisões interlocutórias seriam os pronunciamentos que resolvessem questões incidentes e que não tivessem esses conteúdos e despachos seriam conceituados por exclusão. São todos os outros pronunciamentos, dizia a lei.[2]

Ocorre que essa definição não conseguia resolver as dúvidas geradas pelos pronunciamentos que, possuindo um dos conteúdos dos arts. 267 e 269, não causavam, de fato, a extinção do processo, que continuava a ter andamento. Os exemplos clássicos seriam os da extinção do processo para um dos litisconsortes, por ilegitimidade *ad causam* ou qualquer outro fundamento equivalente, bem como as hipóteses das decisões que causavam a extinção da reconvenção, com a continuidade do processo principal e vice e versa, ou, por outro lado, a decretação da improcedência liminar para apenas um dos pedidos, como ocorria com a prescrição e decadência, ou ainda decisão sobre pedidos incontroversos, continuando o processo para o julgamento

---

2. Nesse sentido, o escólio de Heitor Vitor Mendonça Sica, Comentários aos artigos 1015 a 120, in Comentários ao Código de Processo Civil. Coord. Streck, Lenio Luiz; Nunes, Dierle; Carneiro da Cunha, Leonardo; Freire, Alexandre. São Paulo: Saraiva, p.1338

dos demais pleitos. Assim, a prática revelou que, para a caracterização de um ato como sentença, não bastava o conteúdo, mas também era necessário verificar o efeito que esse ato causaria.

Assim é que de acordo com o art. 203 § 1º do CPC/15, sentença é o pronunciamento que contém um dos conteúdos do art. 485 e 487 do mesmo diploma e também coloca fim à fase de conhecimento ou extingue a execução. Portanto, para se caracterizar como sentença, não basta que o pronunciamento possua um dos conteúdos dos arts. 485 e 487, sendo necessário que, além disso, também cause a extinção do processo ou a uma de suas fases. O critério para conceituar sentença é misto, portanto, sendo que os requisitos são cumulativos, de forma que, o pronunciamento que não compreender esses dois requisitos, sentença não será. As sentenças se subdividem em terminativas, que são as sentenças que extingue o processo sem julgamento do mérito (Art. 485) e definitivas que são aquelas que resolvem o mérito (art. 487).

Já o § 2º do art. 203 determina que qualquer decisão que não corresponda à descrição de sentença deverá ser considerada interlocutória. Como se vê, a conceituação é bem genérica e opera por exclusão. No nosso modo de ver, as decisões interlocutórias são pronunciamentos do juiz que causam gravame a uma ou ambas as partes, resolvem questões incidentes, mas não tem o efeito de causar o fim da fase de conhecimento ou da execução. Se o ato resolve o mérito, mas não coloca termo na fase de conhecimento, não deverá ser caracterizado como sentença. Em razão disso, é perfeitamente possível haver decisões com os conteúdos dos artigos 487 e 489 que serão decisões interlocutórias pelo fato de não colocarem fim à fase conhecimento ou de execução. Assim, é evidente que pode haver decisão interlocutória de mérito.

Nesse sentido, Nelson Nery Junior e Rosa Maria de Andrade Nery entendem que:

> "Toda e qualquer decisão do juiz proferida no curso do processo, sem extingui-lo, ou sem extinguir a fase processual de conhecimento ou de liquidação, seja ou não sobre o mérito da causa, é interlocutória, sendo impugnável pelo recurso de agravo (se enquadrada nas hipóteses do CPC 1015 ou se há previsão legal específica a respeito). Como, para classificar o pronunciamento judicial, o CPC não levou em conta apenas seu conteúdo, mas também sua finalidade, se o ato contiver matéria do CPC 485 ou 487, mas não extinguiu o processo, que continua, não pode ser sentença, mas sim decisão interlocutória. Pode haver, por exemplo, decisão interlocutória de mérito, se o juiz indefere parcialmente a inicial, pronunciando a decadência de um dos pedidos cumulados, e determina a citação quanto ao outro pedido; o processo não se extinguiu, pois continua relativamente ao pedido deferido, nada obstante tenha sido proferida decisão de mérito ao se reconhecer a decadência (CPC 487, II)."[3]

---

3. Código de processo civil comentado, RT, 16ª. Ed, p.788/789.

O mesmo ocorre com a definição de despachos constante do § 3º, que é bem aberta. São despachos todos os demais pronunciamentos do juiz praticados no processo, de ofício ou a requerimento da parte reza o art. 203, § 3º. Os despachos são pronunciamentos sobre o andamento do processo – impulsionam o processo de fase em fase – não impõe ônus às partes. São exemplos os pronunciamentos que designam data para audiência, mandam juntar contestação. No entanto, se um pronunciamento tiver a feição de despacho, mas causar prejuízo a uma das partes ou ambas, deverá ser considerado decisão interlocutória. No meu modo de ver, o que diferencia despachos de decisões interlocutórias é o fato de causar gravame às partes.[4]

Vale lembrar que acórdão é o julgamento colegiado proferido pelos tribunais (art. 204). Quando o pronunciamento for realizado de forma monocrática, nos Tribunais, temos também uma decisão interlocutória.

Resumindo, no primeiro grau:

Tipo de pronunciamento	Causa prejuízo à parte?	Possui conteúdo do art. 485 ou 487 e põe fim à fase cognitiva do procedimento comum, bem como extingue a execução?	Recurso
Sentença	sim	sim	**Apelação**
Decisão interlocutória	sim	não	**Agravo de Instrumento**, se estiver no rol do art. 1.015 (se não estiver, alegar em preliminar de Apelação ou nas contrarrazões)
Despacho	não, em tese	não	Em regra, não cabe, salvo se houver omissão, contradição, obscuridade ou erro material aptos a ensejar **Embargos de Declaração**

---

4. Nesse sentido, Nelson Nery Júnior e Rosa Maria de Andrade Nery afirmam que: "*a distinção entre o despacho simplesmente ordinatório e o de conteúdo decisório deve ser buscada no gravame que o provimento judicial impõe a parte interessada. (RT 508/199). Havendo gravame, o ato se caracteriza como decisão interlocutória impugnável por agravo, pois despacho, por não ter aptidão para causar gravame, decidiu questão incidente, transmudando-se em decisão interlocutória, pois somente estas podem causar prejuízo à parte ou ao interessado.*". Código de processo civil comentado, RT, 16ª. Ed, p.790.

No segundo grau, as decisões monocráticas dos relatores estão sujeitas ao agravo interno (art. 1.021), recurso que tem o prazo de quinze dias.

Diante das considerações acima, passamos a analisar as formas de impugnação das decisões interlocutórias.

2. MEIOS DE IMPUGNAÇÃO DAS DECISÕES INTERLOCUTÓRIAS

No CPC/73, todas as decisões interlocutórias estavam sujeitas ao recurso de agravo.

Tendo em vista o grande número de recursos que sobrecarregavam e ainda sobrecarregam os Tribunais, o legislador modificou algumas vezes o regime do agravo de instrumento. De fato, com o advento da Lei 9.139/95, a sistemática do agravo foi modificada. Anteriormente a essa lei, o agravo era interposto no primeiro grau, a exemplo do recurso de apelação. Apresentava-se primeiro as razões e depois do prazo das contrarrazões, as partes teriam prazo para apresentação das cópias do processo, para formação do instrumento. Somente depois, os autos do agravo seriam encaminhados ao Tribunal, pelo próprio juízo. Pois bem, até que o agravo chegasse ao Tribunal, a demora poderia chegar a seis meses a um ano. Por essa razão, as partes, em geral, impetravam mandado de segurança contra ato judicial, a fim de conseguir evitar que a lesão ocorresse.

Assim, tínhamos dois instrumentos para se alcançar um único objetivo, sobrecarregando os tribunais. Com a alteração promovida pela Lei 9.139/95, modificou-se a sistemática do recurso de agravo, visando evitar o uso do mandado de segurança, pelo que deu ao recurso uma nova roupagem, muito parecida com a do próprio remédio heroico, pois estabeleceu, no artigo 558, *caput*, parágrafo único, do CPC/73, a possibilidade de concessão de efeito suspensivo ao recurso, bem como com a previsão da possibilidade de concessão de tutela antecipada recursal. Além disso, o agravo passou a ser interposto diretamente no Tribunal, evitando todo o procedimento no primeiro grau. Com isso, o agravo ficou mais ágil no sentido de ser um instrumento capaz de evitar a lesão aos interesses dos jurisdicionados. Dessa forma, os casos de cabimento do mandado de segurança contra ato judicial ficaram bastante reduzidos, sendo que praticamente anulou-se a necessidade de sua impetração.

Na verdade, poderíamos dizer que, em tese, após a citada reforma, permaneceu cabível o mandado de segurança contra ato judicial nas seguintes hipóteses: a) contra decisão do juiz de primeira instância que denegava o efeito suspensivo a recurso e recebia o agravo contra esta decisão na forma retida, já que, nesse caso, o recurso não seria capaz de evitar a lesão; b) contra decisão que no extinto procedimento sumário deferia ou não a antecipação de tutela, por meio de decisão proferida em audiência, eis que o CPC/73 previa a interposição de agravo, na forma retida, para tais casos, o que seria incapaz de evitar a lesão; c) contra deferimento de antecipação de tutela na própria sentença ou nos casos em que o juiz, sem apreciar a concessão da tutela antecipada, viesse a extinguir o processo, sem julgamento do mérito; d) para dar efeito suspensivo ao agravo do artigo 557, parágrafo único, do CPC/73, cabível contra decisão que tivesse negado efeito suspensivo ao recurso de agravo ou de apelação; e) contra omissão do juiz; f) contra decisões interlocutórias proferidas na Justiça do Trabalho.

Pois bem, essa reforma já havia alcançado o intento do legislador no tocante a eliminação do uso do mandado de segurança. No entanto, os agravos ainda sobrecarregavam os tribunais. Por isso, nova reforma foi levada a efeito, através da Lei 11.187/2005, dessa vez, com a finalidade de reduzir as hipóteses de cabimento do agravo de instrumento. No entanto, a lei somente conseguiu trocar seis por meia dúzia. Ao mesmo tempo em que transformou a forma retida do agravo em regra, estabelecendo hipóteses de exceção para o agravo de instrumento, dentro delas, incluiu conceito vago, que permitiu que os agravos de instrumento continuassem a ser interpostos, sem qualquer obstaculização[5]. De fato, embora a referida lei tivesse estabelecido que o Relator poderia converter o agravo de instrumento interposto em retido, quando não estivesse presente uma das exceções permitidas, o fato é que a norma aberta que permite o agravo de instrumento para casos que a decisão fosse suscetível de causar à parte lesão grave e de difícil reparação permitia que qualquer hipótese pudesse ser objeto de agravo de instrumento.

Ainda assim, com o tempo, constatou-se que a normatização estabelecida para o recurso de agravo estava adequada e permitia que tal recurso fosse utilizado como um importante instrumento contra decisões interlocutórias proferidas no primeiro grau. Quando se tem a noção de que sem esse instrumento, podemos acabar criando a possibilidade de órgãos julgadores arbitrários, que venham a extrapolar os limites do poder que lhes foi conferido, vislumbramos a exata dimensão da importância desse recurso.

No entanto, o legislador, no CPC/15, tendo por meta a simplificação e a celeridade processual, novamente modificou o regramento do agravo, su-

---

5. Art. 522. *"Das decisões interlocutórias caberá agravo, no prazo de 10 (dez) dias, na forma retida, salvo quando se tratar de decisão suscetível de causar à parte lesão grave e de difícil reparação, bem como nos casos de inadmissão da apelação e nos relativos aos efeitos em que a apelação é recebida, quando será admitida a sua interposição por instrumento."*
"Art. 523. (...)
§ 3º *Das decisões interlocutórias proferidas na audiência de instrução e julgamento caberá agravo na forma retida, devendo ser interposto oral e imediatamente, bem como constar do respectivo termo (art. 457), nele expostas sucintamente às razões do agravante."* (NR)

primindo a forma retida e estabelecendo um rol de hipóteses de cabimento do agravo de instrumento.

Veja-se que, no lugar de o novo CPC estabelecer hipóteses em que seria vetado o uso do agravo de instrumento, optou por estabelecer um rol de casos em que o uso estaria permitido. Talvez essa não tenha sido a técnica mais adequada, eis que é muito difícil prever as todas as hipóteses em que um recurso se faz necessário para proteger os interesses da parte. Será que as hipóteses previstas pelo legislador realmente são as únicas em que a necessidade do recurso se faz presente? Não é difícil responder eis que é muito fácil pensar em casos que não foram abarcados pela norma e que são extremamente necessários para preservar o contraditório e o direito dos jurisdicionados, como é o caso da decisão que trata da alegação de incompetência seja absoluta ou relativa ou da impugnação ao valor da causa e até mesmo da que indefere ou defere prova pericial. O que dirá, então, da decisão de saneamento do feito? São hipóteses em que o agravo se faz indispensável para proteger contra a lesão.

Pois bem, prevê o art. 1.015 que:

"Art. 1.015. Cabe agravo de instrumento contra as decisões interlocutórias que versarem sobre:

I – tutelas provisórias;

II – mérito do processo;

III – rejeição da alegação de convenção de arbitragem;

IV – incidente de desconsideração da personalidade jurídica;

V – rejeição do pedido de gratuidade da justiça ou acolhimento do pedido de sua revogação;

VI – exibição ou posse de documento ou coisa;

VII – exclusão de litisconsorte;

VIII – rejeição do pedido de limitação do litisconsórcio;

IX – admissão ou inadmissão de intervenção de terceiros;

X – concessão, modificação ou revogação do efeito suspensivo aos embargos à execução;

XI – redistribuição do ônus da prova nos termos do art. 373, § 1º;

XII – (VETADO);

XIII – outros casos expressamente referidos em lei.

Parágrafo único. Também caberá agravo de instrumento contra decisões interlocutórias proferidas na fase de liquidação de sentença ou de cumprimento de sentença, no processo de execução e no processo de inventário."

São essas as hipóteses escolhidas pelo legislador como as interlocutórias que estão sujeitas ao recurso de agravo. É preciso ressaltar, nesse passo, que o inciso XIII, abre a via para que outros casos expressamente previstos em lei sejam também abarcados pelo recurso de agravo. Assim, podemos citar os parágrafos únicos dos artigos 354 e 356 do CPC/15[6] que preveem o cabimento do agravo contra as decisões que possuiriam conteúdo de sentença, resolvendo ou não o mérito, mas que não teriam o efeito de extinguir a fase de conhecimento. Embora o legislador nomeie como sentença esses pronunciamentos, na verdade, tratam-se de verdadeiras decisões interlocutórias e por isso estão sujeitas a agravo.

Além dessas hipóteses, também há previsão de agravo, conforme § 13 do art. 1.039, para os casos do § 9º, contra as decisões que resolvem o pedido de prosseguimento do processo, nos casos em que foi demonstrada a distinção entre a questão a ser decidida no processo e aquela a ser julgada no recurso especial ou extraordinário repetitivo.

Há, ainda, previsão de agravo em leis esparsas, como é o caso das decisões proferidas nos processos da infância e da juventude (art. 198, ECA); decisão que decreta a falência (art. 100, Lei 11.101/2005); decisão que concede ou denega a liminar em Mandado de Segurança – art. 7º da Lei 12.016/2009, todas elas mantidas por se tratar de norma constante de lei especial.

Da análise do rol do art. 1.015 do CPC/15, verifica-se a forte preocupação do legislador, de se relacionar as hipóteses em que houvesse urgência real e a consequente necessidade de imediata impugnação, ou seja, nesses casos arrolados, é evidente que o jurisdicionado não poderia aguardar o desfecho

---

6. "CAPÍTULO X
DO JULGAMENTO CONFORME O ESTADO DO PROCESSO
Seção I Da Extinção do Processo
Art. 354. Ocorrendo qualquer das hipóteses previstas nos arts. 485 e 487, incisos II e III, o juiz proferirá sentença.
Parágrafo único. A decisão a que se refere o caput pode dizer respeito a apenas parcela do processo, caso em que será impugnável por agravo de instrumento.
Seção II...
Do Julgamento Antecipado Parcial do Mérito
Art. 356. O juiz decidirá parcialmente o mérito quando um ou mais dos pedidos formulados ou parcela deles:
I – mostrar-se incontroverso;
II – estiver em condições de imediato julgamento, nos termos do art. 355.
§ 1 A decisão que julgar parcialmente o mérito poderá reconhecer a existência de obrigação líquida ou ilíquida.
§ 2 A parte poderá liquidar ou executar, desde logo, a obrigação reconhecida na decisão que julgar parcialmente o mérito, independentemente de caução, ainda que haja recurso contra essa interposto.
§ 3 Na hipótese do § 2º, se houver trânsito em julgado da decisão, a execução será definitiva.
§ 4 A liquidação e o cumprimento da decisão que julgar parcialmente o mérito poderão ser processados em autos suplementares, a requerimento da parte ou a critério do juiz.
§ 5 A decisão proferida com base neste artigo é impugnável por agravo de instrumento."

do processo. O problema é que ficaram de fora outras tantas hipóteses em que, igualmente, estaria presente a necessidade da interposição imediata. Por isso, talvez, tivesse sido mais adequado trazer um rol de vedações, deixando a via aberta para todos os casos em que o perigo de dano irreparável se fizesse presente.

A questão que surge é saber se esse rol estabelecido pelo legislador seria taxativo ou meramente exemplificativo. Caso se entenda que o rol é taxativo, a dúvida que viria em consequência seria saber qual o instrumento adequado para impugnar as decisões interlocutórias que não constem do rol, nem de leis esparsas.

Teresa Wambier, Rogério Licastro Torres de Mello, Leonardo Ferres da Silva Ribeiro e Maria Lúcia Lins Conceição, entendem que o rol é taxativo, tendo sido elaborado em *numerus clausus*, sendo que as demais hipóteses poderão ser resolvidas na apelação e caso não se possa esperar, tendo em vista o perigo de dano irreparável, poderão ser objeto de mandado de segurança contra ato judicial[7].

Cassio Scarpinella Bueno, ao contrário, entende pela possibilidade de rol ampliativo, afirmando que *"No máximo, será bem-vinda, justamente para não generalizar o emprego do mandado de segurança como sucedâneo recursal, interpretação ampliativa das hipóteses do art. 1.015, sempre conservando, contudo, a razão de ser de cada uma das hipóteses para não generalizá-las indevidamente."*[8]

Para Alexandre Freitas Câmara, o rol é taxativo, mas afirma que isto não implica dizer que não se possa dar interpretação extensiva ou analógica, para algumas hipóteses que contenham fórmulas redacionais mais abertas.[9]

Reputamos de importância fundamental que nossos tribunais definam sobre a taxatividade ou não de referido rol de hipóteses sujeitas a agravo de instrumento, da forma mais rápida possível, a fim de que os profissionais do direito tenham segurança em relação aos instrumentos a serem utilizados para a defesa dos interesses das partes. Por ora, o Tribunal Regional Federal

---

7. Primeiros comentários ao novo código de processo civil, RT, 2015, p. 1453. No mesmo sentido, está a opinião de Lemos, Vinicius Silva. O agravo de instrumento no novo CPC, Lualri Editora, 2016; bem como Rogério Licastro Torres de Mello, Anna Paola Bonagura, Fabiana Souza Ramos e Renato Montans O agravo de instrumento e o rol do art. 1.015 do novo CPC: taxatividade? In http://www.migalhas.com.br/dePeso/16,MI235291,81042O+a gravo+de+instrumento+e+o+rol+do+art+1015+do+novo+CPC+taxatividade, acesso em 07/09/2016, às 16 hs.
8. Novo código de processo civil – Anotado. Saraiva, 2015, p. 653
9. O novo processo civil brasileiro, Atlas, 2015, p. 520.

da 2ª Região já admitiu interpretação extensiva das hipóteses de cabimento[10], sendo que o Tribunal de Justiça de São Paulo tem firmado entendimento pela taxatividade do referido rol.[11]

É evidente que uma interpretação extensiva seria mais eficaz e adequada para que se pudesse evitar a ocorrência de danos irreparáveis trazidos por decisões interlocutórias proferidas ao longo do procedimento, rendendo, ainda, ensejo ao principio da segurança jurídica. No entanto, caso a opção seja pelo rol taxativo não haverá outro meio que não a utilização de mandado de segurança contra ato judicial.

É o que passaremos a tratar abaixo.

2.1. Mandado de segurança contra ato judicial

O mandado de segurança constitui-se de verdadeira garantia constitucional, prevista no art. 5º, incisos LXIX e LXX, além de ser regulamentado por lei extravagante, qual seja a Lei 12.016/2009, como verdadeira ação de conhecimento do tipo mandamental.

O art. 5º, inc. II, da Lei 1.533/1951 previa o não cabimento do mandado de segurança contra atos judiciais, sujeitos a recurso ou correição. Assim, mesmo quando o recurso previsto não fosse capaz de coibir a lesão, não seria admitido o mandado de segurança para proteger direito líquido e certo violado por autoridade judicial.

---

10. Tribunal Regional Federal da 2ª Região admitiu o recurso para rediscutir decisão que versava sobre competência. Entretanto, segundo o relator, *a taxatividade do artigo 1.015 do CPC/2015 não impede a sua interpretação extensiva*. No caso, a discussão sobre competência se insere no artigo 1.015, III (decisão que rejeita alegação de convenção de arbitragem). *Entendimento diverso seria desprezar, em última análise, o conteúdo propedêutico do direito processual contemporâneo, pautado, dentre outros fundamentos, no reconhecimento do papel criativo e normativo da atividade jurisdicional, no reconhecimento da força normativa da Constituição e consagração dos direitos fundamentais. Dessa forma, o processo, para ser considerado devido, deve respeitar a isonomia (art. 7º do CPC/15), conferindo o mesmo tratamento a situações similares, em razão da identidade de ratio.* TRF da 2ª Região – Agravo de instrumento nº 0003223-07.2016.4.02.0000.

11. Nesse sentido, está a seguinte ementa do TJ/SP: "Agravo de Instrumento. Pedido de reconhecimento de ilegitimidade passiva. **Matéria não tratada na decisão agravada e que não se subsume ao rol taxativo do NCPC – art. 1.015. Recurso não conhecido.** Anulação de votos obtidos por chapa em assembléia. Participação dos integrantes de referida chapa no pleito garantida por liminar. Eleição já realizada. Supressão dos direitos da parte agravada, mormente do exercício ao contraditório, com reflexo na participação do pleito eleitoral, que será melhor analisada em sentença. Recurso não provido." (2111349-18.2016.8.26.0000 – Relator Augusto Rezende, 1ª Câmara de Direito Privado, data do julgamento: 19/08/2016).

Em boa hora, portanto, a Lei 12.016/2009 passou a prever, no inciso II do art. 5º, que apenas não se concederá o mandado de segurança de decisão judicial quando couber recurso com efeito suspensivo. A vontade do legislador é a de que o mandado de segurança seja capaz de proteger o direito líquido e certo sempre que o recurso previsto contra o ato judicial não for capaz de fazê-lo.

O campo próprio do mandado de segurança não é o ato judicial eis que, para esses, há remédio próprio, que são os recursos. Por isso, muito se discutiu na doutrina sobre o cabimento do mandado de segurança para atacar atos judiciais. No início, partiu-se da negativa completa, discutindo-se se o juiz se encaixava na definição de autoridade pública. Depois, numa segunda fase, passou-se a admitir o mandado de segurança apenas quando não houvesse recurso previsto para o ataque da decisão que se queria impugnar. Entretanto, a doutrina e a jurisprudência evoluíram até a aceitação, por poucos, do cabimento do mandado de segurança contra a coisa julgada[12].

Ocorre que, como o meio próprio para atacar decisões judiciais é o recurso, torna-se necessário que se conceba uma qualidade específica que venha revestir a ofensa ao direito do lesado, para que tais decisões judiciais possam ser atacadas por mandado de segurança. Essa qualidade específica é o risco, a potencialidade de dano irreparável.[13]

A partir daí inaugurou-se uma terceira fase quanto à doutrina do cabimento do mandado de segurança contra ato judicial, passando-se a entender dano irreparável como aquele não corrigível por apelação e, mesmo depois de seu provimento, corrigível com grande dificuldade ou parcialidade.

Concordamos com Teresa Arruda Alvim Wambier no sentido de que o conceito de dano irreparável comporta gradações, pois a jurisprudência considerava o *writ* cabível quanto mais concreta, fática e palpavelmente fosse de difícil reparação o prejuízo causado pela eficácia da decisão impugnada[14].

Um bom exemplo de que o interesse processual na impetração do mandado de segurança contra ato judicial surge ante a potencialidade da ocorrência de dano irreparável, foi o que ocorreu após a edição da Lei 9.139/1995, que modificou a sistemática do recurso de agravo, estabelecendo no art. 558, *caput*, parágrafo único, a possibilidade de concessão de efeito suspensivo ao recurso, bem como com a previsão da possibilidade de concessão de tutela antecipada recursal, o sistema passou a dispor de um meio eficaz para obstar a decisão causadora do dano irreparável e, em consequência, o campo

---

12. Hoje excluída do cabimento do mandado de segurança, por força do inciso III do art. 5º da Lei 12.016/2009.
13. Nesse sentido, Teresa Arruda Alvim, Wambier, *Medida Cautelar, Mandado de Segurança e Ato Judicial*. 3ª ed., São Paulo, Ed. RT, 1994, p.97.
14. *Medida Cautelar, Mandado de Segurança e Ato Judicial*. 3ª ed., São Paulo, Ed. RT, 1994, p.69

profícuo para a impetração de mandado de segurança contra atos judiciais ficou consideravelmente reduzido, como visto acima[15].

Essa era justamente a vontade do legislador, na época, qual seja, diminuir a intensidade de impetração de mandado de segurança contra ato judicial, que sobrecarregava, em demasia, os tribunais do país. Assim, deu-se ao agravo de instrumento a feição de mandado de segurança, fazendo com que o mesmo por si só bastasse para proteger o direito da parte recorrente. Em consequência, após a Lei 9.139/1995, o mandado de segurança contra ato judicial permaneceu cabível em algumas poucas hipóteses, o que, efetivamente desafogou o Tribunal.

Portanto, fica claro, que para que o mandado de segurança contra ato judicial seja cabível, é preciso aliar ao requisito da irreparabilidade à possibilidade de a decisão impugnada se tornar eficaz. Além disso, esses requisitos devem ser somados aos pressupostos constitucionais, quais sejam: a existência de direito líquido e certo e a prática de ato ilegal ou com abuso de poder, para que assim nasça o interesse processual para a impetração de mandado de segurança contra ato judicial.

Assim, uma quarta fase foi inaugurada, na qual o mandado de segurança contra ato judicial somente passou a ser cabível quando o ato do juiz fosse capaz de gerar lesão grave e de difícil reparação, apesar dos meios postos a disposição pela lei processual.[16]

---

15. Nesse sentido, à título de exemplo, veja-se a jurisprudência da época do advento da Lei 9.139/95, em que se verificava que o Tribunal indeferia o processamento de mandado de segurança visando dar efeito suspensivo a recurso, uma vez que essa possibilidade poderia ser obtida por meio do recurso de agravo: "Mandado de segurança – Decisão judicial – Efeito suspensivo a recurso que não o tem – Descabimento – Artigo 527, II, do Código de Processo Civil (Lei 9.139/95) – Cabimento de Agravo de Instrumento. A via processual adequada para obter a atribuição de efeito suspensivo ao recurso de apelação, objeto do presente *writ*, é o agravo de instrumento, porque, de acordo com o disposto no artigo 527, inc. II, da lei processual adjetiva, os impetrantes poderiam obter o almejado efeito suspensivo (MS 598.437-00/9, 3ª Câm., rel. Juiz Ferraz Felisardo, j. 9.11.1999)", in Theotonio Negrão, *CPC...*, cit., 30ª ed., nota 3 ao art. 527, p. 547, e nota 8 ao art. 558, p. 593. No mesmo sentido: *JTA* (LEX) 162/570 (em.) AI 477.444, 1ª Câm., rel. Juiz Renato Sartorelli, j. 16.12.1996; AgRg 508.746, 3ª Câm., rel. Juiz João Saletti, j. 7.10.1997; "Mandado de segurança – Ato judicial. Decisão impugnável mediante agravo de instrumento. Falta de interesse processual. Inocorrência, ademais, de ilegalidade flagrante e vício de caráter teratológico. Aplicação do artigo 5º, II, da Lei n. 1.533/51 e da Súmula 267 do Supremo Tribunal Federal. Extinção do processo sem julgamento do mérito. Não se admite mandado de segurança contra decisão judicial impugnável mediante agravo de instrumento" (MS 115.451-4-SP, TJSP, 2ª Câm. de Dir. Priv., 24.8.1999, v.u., rel. Des. Cezar Peluso, *Jornal Tribuna do Direito*, Caderno de Jurisprudência, ano 6, n. 64, p. 256).
16. . Conforme Teresa Arruda Alvim Wambier, *Os Agravos no CPC Brasileiro*. São Paulo, Ed. RT, 2000, p. 305-306.

Ocorre que, se o entendimento jurisprudencial for pela taxatividade do rol estabelecido pelo artigo 1.015 do CPC/15 e demais previsões expressas tanto no mesmo diploma como em leis esparsas, a impetração do mandado de segurança contra ato judicial voltará a ser extremamente necessária como único meio de evitar a lesão e proteger o direito da parte.

Nesse sentido, pode-se dizer que as alterações trazidas pelo novo CPC, com relação ao agravo representam, na verdade, um retrocesso no direito processual civil, possibilitando a volta do congestionamento de mandados de segurança contra ato judicial, que havia antes da edição da Lei 9.139/1995. De fato, entendemos que as hipóteses de cabimento do mandado de segurança contra ato judicial poderão ser ampliadas tendo em vista a previsão, a *contrario sensu*, de admissão desse instituto nas hipóteses de decisão judicial, aqui compreendidas as decisões interlocutórias não sujeitas à agravo, sempre que o recurso previsto não tiver efeito suspensivo nem for capaz de proteger contra a lesão. A possibilidade de arguição na apelação ou nas contrarrazões de apelação, não é capaz de evitar o perigo de dano irreparável, que fica, portanto, evidente. Veja-se que o mandado de segurança deve continuar a ser admitido sempre que, pelas vias ordinárias, não se possa evitar, de forma eficaz, a ocorrência de dano.

Sobre o assunto, Teori Albino Zavascki afirma que o mandado de segurança contra ato judicial "tem por objeto a defesa do direito ao devido processo legal, nele compreendido o direito à efetividade das sentenças e dos recursos assegurados pelas leis processuais. O que se busca obter é medida de tutela provisória apta a assegurar a eficácia prática da tutela definitiva em vias de formação."[17].

Correto o entendimento de referido autor, eis que o mandado de segurança contra ato judicial será cabível sempre que for único meio eficaz para resguardar o direito da parte e tornar a tutela pleiteada efetiva. Além disso, como o mandado de segurança contra ato judicial pretende atacar o ato judicial eivado de ilegalidade, é evidente que também visará à preservação do devido processo legal, ou seja, da manutenção de um processo justo, com sentença justa.

---

17. O entendimento do referido autor vale a pena ser transcrito. Diz ele: "Em outras palavras: se, por força da Constituição, têm os litigantes o dever de submissão às vias processuais estabelecidas, também por força constitucional, têm eles o direito de não sofrer danos irreparáveis no curso do processo, enquanto não esgotados os meios e recursos inerentes ao contraditório e à ampla defesa. Do dever de submissão à jurisdição do Estado decorre, portanto, a utilidade do processo, do direito de não sofrer prejuízos irreparáveis enquanto não entregue, de modo definitivo, a prestação jurisdicional assegurada pela Constituição. O mandado de segurança, nestes casos, outro objeto não tem senão o de assegurar a efetivação da garantia outorgada pelo art. 5º, inc. LV, da Constituição, a que ambas as partes, aliás, têm direito, de modo a que se chegue a uma sentença potencialmente efetiva". *Antecipação da tutela*, Saraiva, 1997, p. 123.

Assim, sempre que não houver previsão de recurso contra o ato judicial coator ou o recurso cabível não for capaz de evitar a lesão, será admissível o mandado de segurança contra ato judicial.

Portanto, a nova sistemática implantada acarretará justamente aquilo que pretendeu evitar: a sobrecarga dos tribunais, eis que, como foram criadas inúmeras hipóteses em que não haverá como se impedir a lesão, em consequência, o mandado de segurança contra ato judicial passará a ser utilizado como única maneira de proteger o direito líquido e certo da parte interessada.

2.2. Decisões interlocutórias arguíveis no recurso de apelação

Apelação é o recurso cabível contra sentença, conforme prevê o art. 1.009 do CPC/15. No entanto, o § 1º do referido dispositivo legal prevê que: *"As questões resolvidas na fase de conhecimento, se a decisão a seu respeito não comportar agravo de instrumento, não são cobertas pela preclusão e devem ser suscitadas em preliminar de apelação, eventualmente interposta contra a decisão final, ou nas contrarrazões".*

Embora tenhamos resistência em afirmar que apelação é o recurso cabível contra decisões interlocutórias não sujeitas a agravo de instrumento[18], o fato é que tais decisões, que não são objeto de preclusão, podem sim ser arguidas tanto na apelação como nas contrarrazões de apelação, sendo que nesse caso a parte contrária terá o prazo de quinze dias para impugnar tal arguição. Como se vê as contrarrazões assumem, nessa hipótese, um papel de ataque e não somente de defesa. Alguns autores afirmam que as contrarrazões assumiriam o caráter de verdadeiro recurso[19].

De imediato, para evitar qualquer confusão é bom alertar aos mais desavisados que se trata de impugnação diferida, postergada. No lugar de uma impugnação imediata, a parte interessada deverá fazê-lo por ocasião da impugnação à sentença proferida, ou seja, na apelação ou contrarrazões de apelação, já que esse é o meio de impugnação cabível por ocasião desse pronunciamento judicial.

---

18. Preferimos a ideia de que as decisões interlocutórias não sujeitas ao agravo, são irrecorríveis no momento em que são proferidas, não estando sujeitas a nenhum recurso, mas são impreclusíveis e terão a impugnação diferida para o momento em que a sentença é proferida. Assim, deverão ser impugnadas na apelação ou nas contrarrazões de apelação apenas e tão somente porque esse é o recurso cabível contra as sentenças.
19. Nesse sentido, está a opinião de Teresa Wambier, Rogério Licastro Torres de Mello, Leonardo Ferres da Silva Ribeiro e Maria Lúcia Lins Conceição, *Primeiros comentários ao novo código de processo civil*, RT, 2015, p. 1440.

Uma questão que surge seria saber se, para evitar a preclusão e possibilitar a impugnação das decisões interlocutórias proferidas ao longo do procedimento, não sujeitas ao recurso de agravo, seria necessária uma arguição de protesto, através de simples petição ofertada ao juiz prolator de dita decisão. Entendemos que tal exigência não consta da lei processual e exigi-la seria contrariar os próprios objetivos do legislador, pois estar-se-ia burocratizando o procedimento quando a ideia central é a simplificação procedimental. Nesse sentido, Teresa Wambier, Rogério Licastro Torres de Mello, Leonardo Ferres da Silva Ribeiro e Maria Lúcia Lins Conceição, entendem que não há mais essa preclusão, nem o agravo retido e nem há exigência de protesto, em lugar do agravo retido, como requisito para ser possível a devolução na apelação e contrarrazões[20].

Outra questão que surge seria saber se seria cabível a interposição de apelação exclusivamente contra a decisão interlocutória não agravável, nos casos em que a parte interessada tenha restado vencedora na demanda e não tenha interesse em apresentar recurso de apelação contra a sentença. Ou seja, seria possível a interposição de apelação apenas para tratar da interlocutória não agravável? Entendemos que não porque aqui a dinâmica é a mesma do extinto agravo retido. Para que seja impugnada a interlocutória, é preciso que a parte interponha o recurso de apelação contra a sentença.[21]

Por outro lado, o § 3º do art. 1.009 determina que o disposto no *caput* deste artigo aplica-se mesmo quando as questões mencionadas no art. 1.015 integrarem capítulo da sentença. Com isto, o legislador quis deixar claro que se uma decisão interlocutória for proferida na sentença, o recurso cabível será a apelação contra ambos os pronunciamentos. É o caso da tutela provisória concedida dentro da sentença.

2.3. Outros meios de impugnação

Há autores que apontam como meio de impugnação das decisões interlocutórias a chamada correição parcial[22]. No entanto, não concordamos

---

20. Primeiros comentários ao novo código de processo civil, RT, 2015, p. 1439
21. Heitor Vitor Mendonça Sica tem posição contrária e defende que é possível a interposição da apelação exclusivamente da decisão interlocutória não agravável, afirmando que: *Não me parece que o art. 1.009,§ 1º tenha condicionado a impugnação da interlocutória não agravável necessariamente à impugnação da própria sentença, pois pode existir interesse para a segunda*. Comentários aos artigos 1015 a 120, in Comentários ao Código de Processo Civil. Coord. Streck, Lenio Luiz; Nunes, Dierle; Carneiro da Cunha, Leonardo; Freire, Alexandre. São Paulo: Saraiva, 2016, p. 1341
22. É o caso de Vinicius Silva Lemos, *O agravo de instrumento no novo CPC*, Editora Lualri, 1ª. Ed, 2016, p.228/229

com essa posição uma vez que a correição parcial é apenas um expediente administrativo e não tem o condão de servir de meio de impugnação de decisões judiciais.

3. CONCLUSÃO

As decisões interlocutórias no novo CPC têm sua recorribilidade por meio de agravo de instrumento restrita às hipóteses constantes do art. 1.015 e demais dispositivos expressos constantes do mesmo diploma processual e legislação esparsa. Assim, se o rol constante desse dispositivo for considerado taxativo, entendemos perfeitamente cabível o mandado de segurança contra ato judicial para evitar que a lesão ocorra. Não há que se falar que o remédio heroico não seria cabível para impugnar as interlocutórias não agraváveis, sob o fundamento de que seriam objeto de recurso de apelação, uma vez que, na verdade, as mesmas são, no momento em que proferidas, irrecorríveis, apenas havendo a possibilidade de impugnação diferida para o momento da prolação da sentença. Assim, podem ser arguidas na apelação ou nas contrarrazões de apelação, mas não antes. Além de as interlocutórias não constantes do rol do art. 1.015 serem irrecorríveis no momento em que são proferidas, o fato é que o meio de impugnação previsto pela lei processual não é capaz de proteger contra a lesão que certamente ocorrerá. Por isso, a via para a impetração do mandado de segurança estará aberta.

O precedente decorrente do julgamento de recursos repetitivos pode ser considerado de obrigatoriedade em sentido forte?

Beatriz Magalhães Galindo[1]

> **Sumário** • Introdução – **1**. A origem do problema – **2**. A solução do CPC/15 – **3**. Tratamento conferido pelos mecanismos de aplicação do precedente obrigatório – **4**. Os três graus de obrigatoriedade do precedente – **5**. Conclusão.

INTRODUÇÃO

Com as reformas do Código de Processo Civil de 1973 ocorridas em 2006 e 2008, o julgamento de recurso especial e extraordinário foi fatiado em dois sistemas, mantendo-se o original e criando um modelo próprio para quando houvesse multiplicidade de recursos com idêntica controvérsia. Este foi o primeiro passo para o microssistema de casos repetitivos instituído no Código de Processo Civil de 2015.

A ideia original do legislador do novo CPC, portanto, era estender o modelo criado entre 2006 e 2008 para todos os recursos que notavam uma repetição da controvérsia, ainda que fora do STJ e STF, com um detalhe

---

1. Mestranda em Ciências Jurídico-Forenses pela Universidade de Lisboa, pós-graduada em Direito Processual Civil pela PUC-RIO, graduada pela Universidade Federal Fluminense. Advogada.

extra: conferir à decisão decorrente deste julgamento a força de precedente. Não qualquer precedente, um precedente forte, que quando desrespeitado geraria direito à utilização imediata da reclamação diretamente ao órgão criador da tese.

O problema a ser enfrentado neste artigo surge quando o Código de 2015 é modificado pela Lei 13.256/16, para impedir o manejo da reclamação, sem antes esgotar as esferas recursais, quando se tratar de recurso especial e extraordinário repetitivo.

Veja a diferenciação criada: quando desrespeitada a tese firmada em incidente de resolução de demandas repetitivas, permanece a autorização para utilização imediata da reclamação, havendo restrição apenas quando decorrente de recurso especial e extraordinário repetitivo.

A princípio, pode parecer que pouco se altera, mas a importância da reclamação para a força coercitiva do precedente é tamanha que Teresa Arruda Alvim Wambier e Bruno Dantas[2] só classificam como precedente obrigatório em sentido forte aqueles que dão ensejo à reclamação.

Com essa modificação, será que estaríamos diante de precedentes de força diversa nos casos repetitivos, a depender do recurso que os originou?

1. A ORIGEM DO PROBLEMA

Após a democratização do estado brasileiro, com o fim da ditadura militar, houve uma preocupação do legislador em implementar o maior número possível de garantias fundamentais aos cidadãos.

Com a Constituição de 1988 os indivíduos passaram a ter seus direitos básicos à saúde, educação, moradia, condições propícias de trabalho e liberdades individuais abraçados, e ganharam respaldo para ações judiciais em sua defesa. Não apenas o direito material se tornou mais tangível ao cidadão, mas também o direito processual.

A partir de 1986, com a Lei 7.510, o hipossuficiente viu seu direito à gratuidade de justiça ser concedido mediante simples alegação, sem necessidade de prova[3]. Em 1990, o Código de Defesa do Consumidor previu a inversão do ônus da prova em desfavor do fornecedor, dando possibilidades

---

2. Cf. Recurso especial, recurso extraordinário e a nova função dos tribunais superiores no direito brasileiro. São Paulo: RT, 2016, p. 278-279.
3. A Lei 7.510/86 alterou o art. 4º da Lei 1.060/50 para fazer constar a seguinte redação: "Art. 4º. A parte gozará dos benefícios da assistência judiciária, mediante simples afirmação, na própria petição inicial, de que não está em condições de pagar as custas do processo e os honorários de advogado, sem prejuízo próprio ou de sua família".

concretas ao consumidor de obter seu dano reparado[4]. Por clara influência, em construção doutrinária e jurisprudencial[5], o Direito Processual do Trabalho também passou a admitir a inversão do ônus probatório, alargando consideravelmente as vitórias do trabalhador na esfera trabalhista.

A assistência judiciária gratuita, apesar de já ser garantia constitucional antes da democratização, era prestada de maneira precária em diversos estados, tanto que, até 1990, apenas sete estados brasileiros dispunham de Defensoria Pública[6]. A Emenda Constitucional 45/04 e a intensa pressão popular foram responsáveis pelo fortalecimento das Defensorias Públicas, através do reconhecimento da autonomia funcional, administrativa, financeira e orçamentária[7].

Enfim, as modificações aqui exemplificadas, somadas a diversas outras, promoveram uma profunda sensação de acesso à justiça. A população, finalmente, encontrou no Judiciário um ambiente acolhedor para a solução dos seus conflitos, com a real possibilidade de vitória do indivíduo sobre as poderosas instituições, o que antes era inimaginável.

Com o Executivo e o Legislativo envolvidos em constantes escândalos de corrupção, o Judiciário – por ora único merecedor da confiança do povo – foi entupido por toda sorte de processos.

A primeira solução processual encontrada para se defender dessa enxurrada de ações foi o endurecimento dos requisitos de admissibilidade. Os julgamentos sem resolução do mérito e o não conhecimento de recurso foram estimulados, relevando-se cada vez menos os vícios meramente formais.

---

4. Previsão contida desde a redação original até a presente data na Lei 8.078/90: "Art. 6º São direitos básicos do consumidor: [...] VIII – a facilitação da defesa de seus direitos, inclusive com a inversão do ônus da prova, a seu favor, no processo civil, quando, a critério do juiz, for verossímil a alegação ou quando for ele hipossuficiente, segundo as regras ordinárias de experiências".
5. Confira súmulas 212, 338, 460 e 461 do TST
6. Informação do IPEA < http://www.ipea.gov.br/sites/mapadefensoria/a-defensoria-publica>
7. A EC 45 alterou o art. 134 da Constituição Federal para fazer constar a seguinte redação: "Art. 134. A Defensoria Pública é instituição essencial à função jurisdicional do Estado, incumbindo-lhe a orientação jurídica e a defesa, em todos os graus, dos necessitados, na forma do art. 5º, LXXIV.
§ 1º Lei complementar organizará a Defensoria Pública da União e do Distrito Federal e dos Territórios e prescreverá normas gerais para sua organização nos Estados, em cargos de carreira, providos, na classe inicial, mediante concurso público de provas e títulos, assegurada a seus integrantes a garantia da inamovibilidade e vedado o exercício da advocacia fora das atribuições institucionais.
§ 2º Às Defensorias Públicas Estaduais são asseguradas autonomia funcional e administrativa e a iniciativa de sua proposta orçamentária dentro dos limites estabelecidos na lei de diretrizes orçamentárias e subordinação ao disposto no art. 99, § 2º".

Os tribunais passaram a inadmitir recurso por intempestividade quando o carimbo de protocolo era pouco legível[8], ou por falta de preparo quando a parte recolhia as custas no tipo de guia errado[9], ou mesmo quando faltavam centavos[10].

Neste embalo, criaram a repercussão geral, como requisito de admissibilidade do recurso extraordinário[11], impedindo a interposição do recurso sobre matéria que não fosse de relevância jurídica, política, social e econômica para o país; e o prequestionamento, para recurso especial e extraordinário, segundo o qual a questão federal ou constitucional não pode ter sido apenas ventilada no acórdão recorrido, mas devidamente enfrentada[12].

Em seguida ao rigor formal, passou-se a admitir com maior frequência as decisões monocráticas pelos relatores dos recursos[13] – abreviando, assim, os processos.

Apesar dos esforços para reduzir o número de ações, não foi obtido êxito suficiente, e o Judiciário encontrava-se cada vez mais sobrecarregado[14].

Constatou-se, então, que grande parte dos processos tratava de questões similares, seja de direito, seja de fato. Os tribunais já vinham editando súmulas para uniformizar a aplicação do direito para esses casos repetitivos, mas, como não tinham observância obrigatória, muitos juízes julgavam em sentido diverso a elas.

---

8. Confira: EDcl no AREsp 495.766/SP, Rel. Ministro RICARDO VILLAS BÔAS CUEVA, TERCEIRA TURMA, STJ, julgado em 10/06/2014, DJe 18/06/2014
9. AgRg no AREsp 529.935/RJ, Rel. Ministro MARCO BUZZI, QUARTA TURMA, STJ, julgado em 06/11/2014, DJe 14/11/2014
10. Ag-AIRR-131-80.2010.5.10.0014, Relator: Juiz Convocado Flavio Portinho Sirangelo, 6ª Turma, TST.
11. A repercussão geral foi criada pela Emenda Constitucional n. 45, de 8 de dezembro de 2004. Posteriormente, foi regulamentada pela Lei n. 11.418, de 19 de dezembro de 2006, a qual inseriu os artigos 543-A e 543-B no Código de Processo Civil, e também pela Emenda Regimental n. 21, de 30 de abril de 2007, a qual alterou o Regimento Interno do Supremo Tribunal Federal (STF).
12. Segundo Nelson Nery, o STF, com as súmulas 282 e 356, interpretou o sentido da expressão "causas decididas", constante do texto constitucional, para extrair daí o prequestionamento. WAMBIER, Teresa Arruda Alvim; JUNOR, Nelson Nery. Aspectos Polêmicos e Atuais dos Recursos Cíveis e de Outras Formas de Impugnação às Decisões Judiciais. SP: RT, 2001, p. 856.
13. A exemplo da redação dada ao art. 527 do CPC/73 pelas Leis nº 9.139/95, nº 10.352/01 e nº 11.187/05; e ao art. 557 do CPC/73 pelas Leis nº 9.139/95 e nº. 9.756/98.
14. Fonte Relatórios Justiça em Números: < http://www.cnj.jus.br/programas-e-acoes/pj--justica-em-numeros>

Criou-se, por isso, a súmula vinculante – retirando boa parte da discricionariedade do julgador na aplicação da matéria sumulada[15]. Logo em seguida, optou-se pelo julgamento em série de recursos nos tribunais superiores[16], inseridos nos art. 543-B e C do CPC/73, que, no futuro, derivariam para o microssistema de julgamento de casos repetitivos instituído no novo Código de Processo Civil.

Note-se, portanto, que ainda no regime do CPC/73 já se buscava uniformizar a jurisprudência, com julgamentos padronizados. Porém os tais artigos 543-B e C não abordavam todos os aspectos procedimentais, sendo necessária a complementação pelos regimentos internos dos tribunais, e revelando-se, muitas das vezes, insuficientes a ponto de violar as garantias fundamentais do processo.

Como explica Dierle Nunes, "a EC 45 abriu margem à utilização no campo recursal da 'causa piloto' mediante a qual se afeta(m) caso(s) (recurso(s) representativo(s) da controvérsia) que são usados como amostragem para solução de inúmeros outros idênticos. [...] A técnica não induzia uma análise panorâmica da temática objeto do recurso, não sendo incomum que os argumentos superficiais de um único recurso servissem de subsídio para um julgado que se aplicaria a milhares de casos idênticos."[17]

Essa crítica fica mais evidente ao se imaginar na prática, quando há inúmeros recursos especiais que abordem uma questão controvertida similar, e o STJ seleciona um ou dois recursos que serão julgados, e a conclusão será aplicada a todos os demais recursos. Era comum que as partes se sentissem prejudicadas, pela insuficiência de fundamentação nos recursos paradigmas, pela frágil abordagem da matéria, por não poderem participar diretamente do julgamento do recurso paradigma, ou ainda por se tratar de caso diverso do seu – note-se que as regras detalhadas para comprovar a distinção do recurso destacado e o seu caso concreto só foram incorporadas no ordenamento pelo CPC/15.

---

15. A súmula vinculante foi criada em 30 de dezembro de 2004, com a Emenda Constitucional n° 45, que adicionou o artigo 103-A à Constituição Brasileira, com o seguinte texto: "Art. 103-A. O Supremo Tribunal Federal poderá, de ofício ou por provocação, mediante decisão de dois terços dos seus membros, após reiteradas decisões sobre matéria constitucional, aprovar súmula que, a partir de sua publicação na imprensa oficial, terá efeito vinculante em relação aos demais órgãos do Poder Judiciário e à administração pública direta e indireta, nas esferas federal, estadual e municipal, bem como proceder à sua revisão ou cancelamento, na forma estabelecida em lei".

16. A Lei 11.418/06 criou o modelo de julgamento de recursos repetitivos no STF com a inserção do art. 543-B ao Código de Processo Civil de 1973. Em seguida, inseriu-se o art. 543-C com a Lei 11.672/08, prevendo este modelo para o STJ.

17. In *Breves comentários ao Novo Código de Processo Civil* / Teresa Arruda Alvim Wambier... [et al.], coordenadores. São Paulo: RT, 2015, p. 2320-2321

Mas o que ensejou a reformulação do modelo de julgamento de casos repetitivos foi a vinculação das decisões proferidas. Após a fixação da tese no recurso paradigma, surgiam diversos questionamentos sobre até que ponto os demais recursos, com matéria similar, seriam afetados.

O tribunal *a quo*, quando notificado do julgamento do recurso repetitivo, poderia manter posição divergente do STF ou STJ nos recursos especial e extraordinário que lá estavam sobrestados, ou deveria se retratar? Estaria o Tribunal de Justiça obrigado a julgar os casos futuros no mesmo sentido definido no recuso repetitivo? O STF ou STJ teriam poder para cassar ou reformar o acórdão contrário à orientação firmada?

Veja que o grau de vinculatividade da decisão paradigma era extremamente questionável, especialmente no plano vertical. Apenas em 2013[18] o STJ passou a admitir a reclamação constitucional quando a decisão de órgão verticalmente inferior violasse entendimento fixado em julgamento de recursos repetitivos. Assim, passou-se a entender que o tribunal *a quo* era obrigado a se retratar para ajustar sua decisão ao que se havia fixado no julgamento paradigma, ou esclarecer a diferença entre o caso concreto e a situação apreciada pelo STJ.

Um fato curioso reside justamente no julgado citado. Note que a reclamação, com fundamento constitucional, era admitida para garantir a autoridade da decisão do recurso repetitivo na vigência do CPC/73, quando não havia previsão que assim indicasse com precisão. Daí o legislador cria o CPC/15, consolidando justamente o mesmo entendimento firmado pela jurisprudência, e os ministros dos tribunais superiores movimentam um grande *lobby* para aprovar a Lei 13.256/16, de modo a retirar o cabimento da reclamação, sem antes esgotar as esferas recursais.

Ora, quando não havia previsão legal expressa eles não criavam qualquer entrave para a reclamação, mas, magicamente, ao se instituir o cabimento por meio de lei, passa-se a caracterizar a medida como inconveniente e responsável por uma possível sobrecarga futura do STJ – pois é, esse foi o fundamento para a aprovação da Lei 13.256/16. Resta a impressão de que a discricionariedade no aceite da reclamação era mais confortável, enquanto que a sua previsão expressa poderia dar azo para que qualquer pessoa – privilegiada ou não – fizesse jus ao instrumento.

Fechando o parêntese e retomando ao julgamento de casos repetitivos no CPC/73, concluímos que se tratava de um julgamento por amostragem, que se pretendia a julgar ao mesmo tempo inúmeros recursos, sem o poder

---

18. STJ, Rcl 10.252/MG, 1ª Seção, j. 10.04.2013, rel. Min. Eliana Calmon, DJe 17.04.2013; citado por Bruno Dantas e Teresa Arruda Alvim Wambier como decisão determinante para a modificação do entendimento da Corte, em Recurso especial, recurso extraordinário e a nova função dos tribunais superiores no direito brasileiro. São Paulo: RT, 2016, p. 533-535.

de vincular controvérsias futuras, ainda que sobre o mesmo tema, pois se limitava aos recursos especiais e extraordinários já interpostos, mesmo que sobrestados no tribunal de origem.

2. A SOLUÇÃO DO CPC/15

O CPC/15 se propôs a dar um passo à frente – ou melhor, muitos passos.

Alargou o julgamento de casos repetitivos aos Tribunais de Justiça, sendo estes os responsáveis pelo incidente de resolução de demandas repetitivas, que tem função similar ao julgamento de recursos especial e extraordinário repetitivos, porém restritos ao âmbito do STJ e STF.

Permitiu através do novo sistema de precedentes, que o acórdão do julgamento de casos repetitivos seja bipartido, de modo a conter a solução do caso concreto e a tese firmada. Esta parte passa a vincular horizontal e verticalmente os órgãos do Poder Judiciário, de modo que agora todas as ações em curso passam a observar a tese, e até mesmo as que venham a ser propostas no futuro.

Além disso, para a formação do precedente obrigatório, o CPC/15 teve a preocupação de sanar críticas que eram direcionadas aos recursos repetitivos, instituindo um contraditório amplo e promovendo um debate qualificado com audiências públicas, intervenção de *amici curiae* e participação das partes e interessados dos demais processos atingidos, além de exigir uma ampla publicidade do julgamento e do seu resultado. Também se preocupou em regulamentar formas de distinção e superação do precedente, de modo a permitir à parte prejudicada provar que seu processo se diferencia consideravelmente do caso paradigma a ponto de não dever se submeter à tese, ou ainda de provar que a tese firmada se encontra superada, devendo ser revista.

E para consagrar a força do precedente criado pelo julgamento de casos repetitivos, instituiu inúmeros mecanismos coercitivos, inclusive o cabimento da reclamação como remédio a ser utilizado imediatamente, quando constatada uma decisão que violasse a tese.

Como é natural da reclamação, a redação original do art. 988 do CPC/15 permitia que a parte fosse diretamente ao órgão que firmou a tese questionar a decisão *a quo*, "pulando instâncias", independentemente de ser cabível um recurso para outro ou mesmo tribunal. Hipoteticamente, seria possível que uma parte reclamasse imediatamente ao STF por uma interlocutória de um juiz de primeira instância, ainda que não coubesse sequer agravo de instrumento, quando a decisão fosse contrária a um entendimento firmado em sede de julgamento de recurso extraordinário repetitivo.

Por esta força conferida ao precedente que Teresa Arruda Alvim Wambier e Bruno Dantas classificam-no como obrigatório em sentido forte, ou seja, sempre que sujeitos à reclamação quando violados[19].

Porém, com a modificação do inciso IV e do § 5º, do art. 988 do CPC/15, feita pela Lei 13.256/16, esta classificação se torna complicada, pois a reclamação – apenas para a tese firmada em recurso especial e extraordinário repetitivos – deixa de ser um mecanismo de imediata repercussão no processo, com o poder de "pular instâncias", e passa a ser limitada a quando já esgotadas as instâncias ordinárias, perdendo, consideravelmente, a sua relevância.

Refaço, então, a pergunta inicial: faz sentido que o sistema de precedentes do novo CPC/15 institua uma força menor à tese firmada em julgamento de recurso especial e extraordinário repetitivos, mesmo que eles tenham recebido tratamento isonômico aos demais casos formadores de precedentes obrigatórios, ao longo do Código?

3. TRATAMENTO CONFERIDO PELOS MECANISMOS DE APLICAÇÃO DO PRECEDENTE OBRIGATÓRIO

No CPC/15, o legislador pretendeu aumentar as hipóteses de decisões que devem ser observadas pelo magistrado no julgamento de um caso concreto. Como já dito, afirma-se com veemência que a missão do novo ordenamento é tornar a jurisprudência estável, íntegra e coerente, conforme previsto no art. 926.

Para cumprir esse papel, aposta-se em mecanismos de controle das decisões judiciais: alguns velhos conhecidos por sua previsão constitucional (e.g. enunciados de súmulas vinculantes); outros incorporados ao CPC/73 em suas últimas reformas (e.g. repercussão geral e julgamento de recursos especial e extraordinário repetitivos); e por fim os novatos, mas todos com uma cara nova e uma reorganização, refletindo na criação de um sistema comum.

Essa conclusão ficou mais evidente no que diz respeito ao "julgamento de casos repetitivos", denominação criada pelo art. 928 para conglomerar todas as decisões proferidas em incidente de resolução de demandas repetitivas (IRDR) e em recursos especial e extraordinário repetitivos. Criou-se, assim, a expectativa de que tais decisões receberiam tratamento semelhante.

Entretanto, a Lei 13.256/16 – que alterou o CPC/15 antes mesmo da sua entrada em vigor – tratou de criar um abismo entre as citadas decisões,

---

19. Cf. Recurso especial, recurso extraordinário e a nova função dos tribunais superiores no direito brasileiro. São Paulo: RT, 2016, p. 278-279.

ao retirar a possibilidade de se propor reclamação imediata quando não observado o precedente criado pelo julgamento dos recursos especial e extraordinários repetitivos, desvirtuando a pretendida unificação.

Resta saber se essa modificação foi significativa a ponto de diminuir a força do precedente decorrente do julgamento de recursos especial e extraordinário repetitivos, que agora não mais pode ser objeto de reclamação antes de esgotadas todas as instâncias ordinárias, ao contrário do que se permite ao precedente extraído do IRDR.

Passa-se, então, a analisar os reflexos processuais da modificação legislativa e a demonstrar que há uma pretensão de tratamento uniforme para essas espécies de precedentes.

i. Tutela de evidência

Iniciando a análise pela tutela de evidência, a existência de tese firmada em julgamento de casos repetitivos é suficiente para autorizar a concessão desta tutela em cognição sumária, quando a parte comprova seu direito documentalmente na inicial. Nesse caso, a parte obterá uma tutela provisória sem precisar demonstrar o perigo de dano ou o risco ao resultado útil do processo, de modo a facilitar em muito a proteção imediata do seu direito.

Outra vantagem poderá ser observada quando concedida a tutela de evidência na sentença, de modo a retirar o efeito suspensivo automático do recurso de apelação.

Nota-se, aqui, a tal unificação do tratamento tanto para as teses firmadas em julgamento de recursos especial e extraordinário repetitivos, quanto para as decorrentes do julgamento do incidente de resolução de demandas repetitivas.

ii. Improcedência liminar

Outra novidade significativa é a possibilidade de o juiz julgar improcedente de plano – antes mesmo de citar o réu – o pedido do autor que contrariar acórdão proferido pelo Supremo Tribunal Federal ou pelo Superior Tribunal de Justiça em julgamento de recursos repetitivos (inciso II do art. 332); ou entendimento firmado em incidente de resolução de demandas repetitivas (inciso III do art. 332). São variadas as hipóteses de improcedência liminar, porém esta análise perpassa apenas pelos casos repetitivos.

Veja que o dispositivo confere verdadeira força a esses precedentes, pois extingue imediatamente um processo quando baseado em fundamento contrário à tese firmada em julgamento de casos repetitivos, suprimindo a citação, articulados de defesa, saneamento processual, fases instrutória e conciliatória.

iii. Fundamentação das decisões

O Código de 2015 inova ao especificar que não se considera uma decisão devidamente fundamentada e, por conseguinte, nula (art. 489, § 1º) a decisão judicial que não segue precedente invocado pela parte, sem demonstrar a existência de distinção no caso em julgamento ou a superação do entendimento. Exige-se rigor do julgador, que deve explicar o porquê de não aplicar o precedente à espécie.

Mais uma vez temos força semelhante sendo garantida aos precedentes decorrentes de julgamento de casos repetitivos.

iv. Embargos de declaração

Detalhando consideravelmente as possibilidades de oposição de embargos de declaração, o Código optou por considerar omissa a decisão que não se manifesta sobre tese firmada em julgamento de casos repetitivos, dando poder considerável a esses precedentes, na medida em que o julgador tem obrigação de se manifestar sobre eles, seja pelo dever de fundamentação, seja por incorrer em omissão passível de embargos de declaração.

v. Remessa necessária

A remessa necessária, muitas vezes criticada por submeter ao duplo grau de jurisdição obrigatoriamente as sentenças contrárias à Fazenda Pública, também sofreu influência do sistema de precedentes adotado pelo CPC/15, o que representou um grande avanço para a celeridade processual, na medida em que não mais se impõe o reexame automático da sentença pela segunda instância quando ela se fundar em entendimento firmado em julgamento de casos repetitivos (dentre outras hipóteses).

vi. Matérias passíveis de decisão monocrática pelo relator do recurso

Na mesma esteira, o CPC/15 também simplificou o julgamento do recurso, quando o relator é capaz de identificar de plano que os fundamentos do recurso são contrários à tese firmada em julgamento de casos repetitivos como um todo; ou, em sentido oposto, quando a decisão recorrida se mostra contrária. Em ambas as hipóteses, admite-se o julgamento monocrático do recurso, sendo que na segunda se exige apenas a intimação do recorrido para a apresentação das contrarrazões, de modo a promover o contraditório efetivo.

vii. Ação rescisória

Já que estamos analisando uma eventual diferenciação criada pela Lei 13.256/16 aos precedentes decorrentes do julgamento de casos repetitivos, é interessante suscitar que essa mesma norma conferiu tratamento uniforme àqueles quando inovou ao permitir o ajuizamento de ação rescisória por violação manifesta de norma jurídica, nos casos em que a decisão rescindenda for baseada em acórdão proferido em julgamento de casos repetitivos que não tenha considerado a existência de distinção entre a questão discutida no processo e o padrão decisório que lhe deu fundamento. A *priori*, portanto, não parece ter havido uma intenção do legislador de quebrar o conceito de casos repetitivos, consagrado no art. 928 do CPC/15 com o advento da Lei 13.256/16.

viii. Reclamação

Depois de tantos exemplos de tratamento uniforme conferido pelo CPC/15 às teses firmadas em incidente de resolução de demandas repetitivas e em julgamento de recursos especial e extraordinário repetitivos, inclusive com a aglutinação desses precedentes pelo art. 928 através da denominação única de "julgamento de casos repetitivos", soa no mínimo estranha a escolha legislativa de alterar o art. 988, antes mesmo da entrada em vigor do Código, de modo a restringir a propositura de reclamação apenas para os recursos repetitivos.

A redação original – frise-se – era categórica ao permitir o cabimento da reclamação também para a hipótese de descumprimento de entendimento firmado em julgamento de recurso especial ou extraordinário repetitivo. Assustados com a ampliação da competência dos Tribunais Superiores, que após a vigência do CPC/15 passaria a ter que julgar reclamações contra decisões de qualquer instância que violassem tese fixada no julgamento de casos repetitivos, Ministros do STJ e STF correram para convencer o legislativo a aprovar a Lei 13.256/16, que dentre outros retrocessos, limitou consideravelmente a possibilidade de propositura de reclamação dirigida a esses tribunais.

Suprimiu-se das hipóteses expressas de cabimento da reclamação a possibilidade de garantir a observância de precedente proferido em julgamento de casos repetitivos, até então constante no inciso IV do artigo 988, bem como optou-se por reformular o § 5º, que passou à seguinte redação: "É inadmissível a reclamação: [...] II – proposta para garantir a observância de acórdão de recurso extraordinário com repercussão geral reconhecida ou de acórdão proferido em julgamento de recursos extraordinário ou especial repetitivos, quando não esgotadas as instâncias ordinárias".

Ou seja, a reclamação passou a ter tratamento diferenciado para os casos repetitivos, sendo cabível de forma plena e imediata para garantir a observância de tese firmada em incidente de resolução de demandas repetitivas, enquanto para garantir a observância de entendimento extraído do julgamento de recursos especial ou extraordinário repetitivo passa a ser cabível apenas quando esgotadas as instâncias ordinárias[20].

Ora, o que até então eram precedentes com tratamentos isonômicos deixaram de ser; do dia para a noite, motivados apenas pela velha busca pela redução de processos nos Tribunais Superiores, rompeu-se com o plano de uniformização.

Vejam que não sou contra a redução de processos nos tribunais, mas a escolha pelo modelo de precedentes levará – ao longo prazo – a atingir essa meta através de uma jurisprudência estável, íntegra e coerente, que conferirá ao jurisdicionado a possibilidade de firmar estratégias processuais baseadas em previsibilidade. Convenhamos que previsibilidade não é uma realidade atual, muito por conta da nossa jurisprudência ensandecida, que não transmite qualquer segurança jurídica às partes.

Portanto, a justificativa para a limitação ao cabimento da reclamação mostrou-se equivocada, uma vez que, além de desarticular um modelo uniforme de precedentes criado pelo art. 928, não era necessária ao fim pretendido, visto que, a longo prazo, a estabilidade da jurisprudência seria alcançada de maneira mais eficiente com a norma prevista na versão original do CPC/15 e não seria alarmante a quantidade de reclamações propostas.

4. OS TRÊS GRAUS DE OBRIGATORIEDADE DO PRECEDENTE

O novo Código de Processo Civil, ao longo do seu texto, traça linhas gerais de como os precedentes devem ser observados pelo julgador, porém é importante estabelecer claramente os graus de obrigatoriedade que cada um representa no ordenamento, uma vez que esses graus aparentemente – e só aparentemente – se confundem em alguns momentos.

Um bom exemplo do que se pretende proteger com esta divisão é a relevância conferida à jurisprudência no CPC/15. O art. 926 exige que os tribunais mantenham sua jurisprudência íntegra, estável e coerente, e suas decisões devem ser respeitadas pelos órgãos subordinados, afinal não teria sentido a criação de um modelo hierárquico nos tribunais, se não houvesse essa obrigatoriedade.

---

20. Por esgotamento das instâncias ordinárias adoto posição defendida por Lenio Luiz Streck no sentido de que "a um só tempo será possível promover ação de reclamação e interpor recurso excepcionais" STRECK, Lenio Luiz. Art. 988, In: NUNES, Dierle; CUNHA, Leonardo (orgs.) Comentários ao Código de Processo Civil. São Paulo: Saraiva, 2016 p. 1305. Em sentido diverso, ao entender que a mera interposição de recurso especial ou extraordinário não seria suficiente para o esgotamento das instâncias ordinárias: Rcl 23476 AgR, Relator (a): Min. TEORI ZAVASCKI, Segunda Turma, julgado em 02/08/2016, PROCESSO ELETRÔNICO DJe-174 DIVULG 17-08-2016 PUBLIC 18-08-2016.

Mas a obrigatoriedade da jurisprudência deve ser entendida como fraca, decorrente "do bom senso, da razão de ser das coisas, do que se deve ter o direito de razoavelmente esperar (=justa expectativa da sociedade)"[21], para que a sociedade possa criar uma expectativa de aplicação do direito conforme anteriormente decidido em situação similar.

Na classificação de Teresa Arruda Alvim Wambier e Bruno Dantas haveria, também, uma obrigatoriedade média, que se observa quando o desrespeito a uma decisão pode gerar a correção por meios recursais. Eles exemplificam com a hipótese de a parte interpor recurso especial para reformar decisão que interpretou lei federal de maneira diversa da feita pelo STJ em outro caso (art. 105, III, alínea c da Constituição Federal).

Por fim, a obrigatoriedade em sentido forte, à luz do novo CPC, está presente quando a decisão desrespeitada dá ensejo à reclamação[22]. Os autores elencam nesse rol as decisões proferidas em recurso extraordinário e especial repetitivos, em incidente de assunção de competência (IAC) e em incidente de resolução de demandas repetitivas (IRDR), na forma do art. 988.

A reclamação, um mecanismo "especialmente concebido para este fim", conferiria uma força mais relevante a essas decisões que refletiria em um precedente verdadeiramente vinculante.

5. CONCLUSÃO

Com o devido respeito, vejo a mencionada classificação muito próxima ao modelo antigo da reclamação – criado pelo CPC/15 e logo alterado pela Lei 13.256/16 – quando eram previstos os mesmos requisitos à reclamação, em qualquer das três hipóteses de cabimento relacionadas ao sistema de precedentes (recursos repetitivos, IAC e IRDR).

Naquele modelo, diante de uma decisão que violasse um precedente, a parte poderia utilizar-se da reclamação para ir diretamente ao órgão formador do precedente e questionar a validade da decisão inferior. O controle imediato sofrido em razão única a exclusivamente da força do precedente era uma verdadeira medida coercitiva, para que os juízes e tribunais evitassem criar interpretações próprias para assuntos já pacificados por órgãos superiores. O mesmo efeito, muita das vezes, não se conseguiria através de um recurso,

---

21. Cf.WAMBIER, Teresa Arruda Alvim. DANTAS, Bruno. Recurso especial, recurso extraordinário e a nova função dos tribunais superiores no direito brasileiro. São Paulo: RT, 2016, p. 278-279.
22. Em sentido contrário, para afirmar a inconstitucionalidade do efeito vinculante para os casos repetitivos: Nelson Nery Jr. E Rosa Maria de Andrade Nery. Comentários ao Código de Processo Civil. São Paulo: RT, 2015, p. 1080.

pois depende de escalas hierárquicas, que não podem ser ultrapassadas de imediato.

Entretanto, a Lei 13.256/16, ao alterar a redação do art. 988, retirou a possibilidade de manejo da reclamação ao STF e STJ por desrespeito a decisões de recursos repetitivos, sem antes esgotar as instâncias ordinárias.

Ora, se a grande vantagem da reclamação em relação aos recursos era a liberdade para ultrapassar instâncias, que valor tem agora esse mecanismo com a restrição imposta pela lei? Não teria essa reclamação específica a mesma força de um recurso[23]?

Se assim entendermos, seria preciso reclassificar o precedente decorrente do julgamento de recursos repetitivos como de vinculatividade média.

Inclusive, os próprios autores que sustentam a classificação da obrigatoriedade em sentido fraco, médio e forte admitem que "é inevitável observar-se a perda de força dissuasiva que ocorre em relação à perspectiva do cabimento da reclamação tardiamente"[24].

De maneira diversa, entendo que a vinculatividade do precedente está ligada a todo o microssistema de formação do precedente obrigatório e aos seus mecanismos de aplicação do precedente, e não apenas à possibilidade de manejo da reclamação.

Um precedente de obrigatoriedade em sentido forte deve ser assim caracterizado por ter o condão de (i) autorizar a concessão de tutela de evidência; (ii) conferir ao juiz poderes para julgar improcedente o pedido liminarmente, antes mesmo de citado o réu; (iii) considerar nula uma decisão judicial que não o aplica, sem justificar a distinção ou superação; (iv) tornar omissa uma decisão que dele não trata; (v) evitar a remessa necessária ao tribunal, quando aplicado na decisão; (vi) autorizar o relator a julgar monocraticamente um recurso, para aplicá-lo; (vii) permitir a propositura de ação rescisória para questionar a validade de decisão que confrontá-lo; (viii) autorizar a parte a se utilizar da reclamação; dentre outros benefícios conferidos aos precedentes.

Pois. A reclamação é apenas uma das benesses decorrentes da formação de um precedente obrigatório, de modo que classificá-lo como forte apenas por essa característica é restringi-lo excessivamente, com o risco de gerar a redução da força do precedente derivado dos recursos repetitivos – o que não se recomenda.

---

23. A autora não pretende dizer que esta reclamação tem natureza jurídica de recurso, apenas analisa a força da obrigatoriedade do precedente que a ela faz jus.

24. Cf. WAMBIER, Teresa Arruda Alvim; DANTAS, Bruno. Recurso especial, recurso extraordinário e a nova função dos tribunais superiores no direito brasileiro. São Paulo: RT, 2016, p. 563.

Apesar de se discordar profundamente da escolha legislativa de se retirar do precedente do recurso especial e extraordinário repetitivo o poder de manejar reclamação imediata, essa modificação não foi suficiente para suprimir todos os demais poderes confiados ao precedente, deixando evidente que a força do precedente não está apenas relacionada à reclamação, mas com o conjunto de medidas coercitivas, entregues pelo sistema de precedentes do CPC/15, para torná-lo efetivo como fonte do direito.

É inegável que esse precedente perdeu um importante mecanismo para garantir a sua vinculatividade, de modo que não é mais possível continuar classificando-o como de obrigatoriedade em sentido forte apenas por fazer jus à reclamação. Em igual medida, também não é razoável retirar a sua característica de obrigatório em sentido forte, pois seria uma injustiça frente aos diversos poderes a ele conferidos pelo código.

A solução aqui proposta é que se revejam as premissas da classificação, para que sejam de obrigatoriedade em sentido forte aqueles precedentes capazes de ensejar a maior parte dos mecanismos garantidores da observância dos precedentes pelos tribunais.

Interesse recursal complexo e condicionado quanto às decisões interlocutórias não agraváveis no novo Código de Processo Civil

Segundas impressões sobre a apelação autônoma do vencedor

Carolina Uzeda Libardoni[1]

> **Sumário** • **1**. Introdução – **2**. Recurso de interlocutórias em preliminar de razões ou contrarrazões – **3**. Recurso do vencedor – **4**. Tentativa de sistematização – **5**. Apelação autônoma – **6**. procedimento – **7**. Conclusão.

1. INTRODUÇÃO

A decisão interlocutória era definida pelo artigo 162[2] do Código de Processo Civil de 1973 como a aquela que resolve questão incidente no

---

1. Mestranda em Direito Processual Civil pela Pontifícia Universidade Católica de São Paulo – PUC/SP. Especialista em Direito Processual Civil pela Pontifícia Universidade Católica do Rio de Janeiro – PUC/RJ. Professora do curso de especialização em Direito Processual Civil da PUC/RJ. Membro efetivo do Instituto Brasileiro de Direito Processual (IBDP). Advogada.
2. Art. 162. Os atos do juiz consistirão em sentenças, decisões interlocutórias e despachos. (...) § 2º Decisão interlocutória é o ato pelo qual o juiz, no curso do processo, resolve questão incidente.

curso do processo[3]. Para toda decisão interlocutória havia a possibilidade de imediata impugnação, seja pelo agravo retido, seja pelo agravo de instrumento ou qualquer outra das espécies do recurso com previsão legal. O sistema, apesar de complexo, já havia sido assimilado pelo o aplicador do direito, de tal forma que bastava identificar o procedimento, o momento em que a decisão é prolatada e se ela é suscetível de causar à parte lesão grave ou de difícil reparação para encontrar qual agravo deve ser utilizado. Em todo caso, havia correlação entre decisão interlocutória e agravo e a recorribilidade era ampla[4].

O CPC/15, na busca por – mais uma vez – tentar restringir[5] a recorribilidade das decisões interlocutórias[6], alterou substancialmente o seu regime, de tal maneira que dependendo da qualidade e do momento em que a decisão for prolatada, encontramos diferentes formas de impugnação, que vão desde o agravo de instrumento interposto contra decisão que julga parcialmente o pedido ao recurso da interlocutória em preliminar de razões

---

3. O conceito de decisão interlocutória, assim como o de sentença, encontra grandes controvérsias na doutrina. O artigo 203, § 2º do CPC/15 optou por adotar um critério por exclusão. Será decisão interlocutória *todo pronunciamento judicial de natureza decisória diferente de sentença*. Por fugir aos limites traçados para o presente artigo, não abordaremos as controvérsias doutrinárias, mas ressaltamos que o código não foi claro acerca do conceito de sentença por ele adotado. No artigo 356, ao permitir o julgamento antecipado parcial do mérito, deixou de esclarecer qual a natureza da decisão, apenas apontando que a impugnação dar-se-á por agravo de instrumento, o que não se presta a sanar as inúmeras dúvidas que diuturnamente surgem naqueles que estudam o tema.
4. Buzaid, em crítica ao sistema recursal do Código de 1939, que também restringia a recorribilidade das interlocutórias, afirmou, sob o título Ensaio para uma revisão do sistema de recursos no Código de Processo Civil: *"Tudo isso viu o legislador brasileiro nos Códigos de Processo, que lhe serviram de modelo. E que construiu? Ao invés de elaborar um sistema simples, coerente, lógico e em harmonia com os princípios da oralidade, concentração e identidade da pessoa física do juiz, – manteve, com ligeiros retoques, o quadro geral de recursos, herdado de Portugal. (...) O legislador se fundou em um critério puramente casuístico, ao indicar as dezessete decisões judiciais sujeitas ao agravo de instrumento."* Estudos de direito. Vol. 1. Edição Saraiva. 1972. P. 96. Suas críticas ao sistema de 39 culminaram com a ampla recorribilidade das decisões interlocutórias, prevista no texto original do código de 1973.
5. A busca pela restrição à recorribilidade das interlocutórias está atrelada à oralidade e constitui um de seus subprincípios, como leciona Humberto Theodoro Junior in *O problema da recorribilidade das interlocutórias no processo civil brasileiro*. Disponível em http://www.abdpc.org.br/abdpc/artigos/Humberto%20Theodoro%20J%C3%BAnior%20- -%20formatado.pdf. Acesso em 7 de agosto de 2015.
6. Sobre os aspectos históricos e insucessos do legislador: SICA, Heitor Vitor Mendonça. *O agravo e o "mito de prometeu": considerações sobre a lei 11.187/2005*. In: NERY Jr., Nelson; WAMBIER, Teresa Arruda Alvim (coords). Aspectos Polêmicos e atuais dos Recursos Cíveis e assuntos afins. Série Aspectos Polêmicos e Atuais dos Recurso. v 9, São Paulo: RT, 2006.

ou contrarrazões de apelação, de tal forma que é possível existir tanto apelação em face de decisão interlocutória, quanto agravo em face de decisão que julga o mérito do processo[7].

A primeira forma de recorribilidade das interlocutórias é o agravo de instrumento previsto no artigo 1.015, que tem rol taxativo de previsibilidade para o cabimento do recurso. Poderão ser recorríveis por agravo de instrumento as decisões que versarem sobre tutela provisória, mérito do processo, rejeição da alegação de convenção de arbitragem, incidente de desconsideração da personalidade jurídica, rejeição de requerimento ou revogação de gratuidade de justiça, exibição ou posse de documento ou coisa, exclusão de litisconsorte, rejeição do pedido de limitação do litisconsórcio, admissão ou inadmissão de intervenção de terceiros, efeito suspensivo em embargos à execução e redistribuição do ônus da prova. Aqui, a limitação ao cabimento do recurso é qualitativa, de tal forma que a decisão deverá encaixar-se em algum dos incisos para que a parte possa utilizar a via do agravo de instrumento.

A segunda é o agravo de instrumento previsto no parágrafo único do artigo 1.015, que abrange as decisões proferidas na fase de liquidação e cumprimento de sentença, processo de execução e processo de inventário. Na hipótese, o recurso tem limitações procedimentais. Não importa a qualidade da decisão prolatada, o que viabiliza ou não seu cabimento é o momento da prolação, independentemente de ela encaixar-se no rol previsto no artigo 1.015. Já nos manifestamos pela não taxatividade do parágrafo único[8], devendo abranger aquelas decisões prolatadas em momento que inviabilize a recorribilidade da decisão em apelação[9].

Por fim, há os recursos interpostos após a sentença, em apelação, nos quais nos debruçaremos a partir de agora e que são o objeto do presente artigo.

---

7. Art. 356. O juiz decidirá parcialmente o mérito quando um ou mais dos pedidos formulados ou parcela deles: I – mostrar-se incontroverso; II – estiver em condições de imediato julgamento, nos termos do art. 355. (...) § 5º A decisão proferida com base neste artigo é impugnável por agravo de instrumento.

8. *O recurso contra decisão prolatada na arguição de suspeição ou impedimento. Um problema para a apelação exclusivamente contra decisão interlocutória?* Publicado em http://portalprocessual.com/o-recurso-contra-decisao-prolatada-em-incidente-de-arguicao-de--suspeicao-ou-impedimento/

9. No mesmo sentido, defendendo a não taxatividade do parágrafo único: ROQUE, André Vasconcelos e BAPTISTA, Bernardo Barreto, em *O novo CPC e o agravo de instrumento na recuperação judicial e falência: por uma interpretação funcional*, disponível em http://www.migalhas.com.br/dePeso/16,MI224424,81042-O+novo+CPC+e+o+agravo+de+instrumento+na+recuperacao+judicial+e; acesso em 4 de agosto de 2015.

2. RECURSO DE INTERLOCUTÓRIAS EM PRELIMINAR DE RAZÕES OU CONTRARRAZÕES

A terceira hipótese de recorribilidade das interlocutórias é a prevista no artigo 1009, § 1º, que afirma que as decisões prolatadas na fase de conhecimento, não passíveis de impugnação por agravo de instrumento, serão suscitadas em preliminar de apelação ou nas contrarrazões.

Aderimos ao entendimento de Leonardo José Carneiro da Cunha e Fredie Didier Jr.[10] no sentido de ser *recurso*[11] o ato praticado pela parte em preliminar de razões ou contrarrazões, uma vez que nesse momento provocará o reexame das decisões para que sejam invalidadas ou reformadas. Diferentemente do que ocorria no agravo retido previsto no sistema do CPC/73, em que em preliminar de razões ou contrarrazões a parte apenas ratificava o recurso interposto, no CPC/15 há verdadeira interposição, manifestação do direito de ação da parte que impugna a decisão interlocutória proferida no curso do processo.

O momento para interposição do respectivo recurso será diferido e a parte deverá aguardar a elaboração das razões ou contrarrazões para manifestar seu inconformismo e impugnar a decisão. Se, por exemplo, a parte requerer a produção de determinada prova e tal requerimento for indeferido, não poderá valer-se do recurso de agravo de instrumento e deverá aguardar a sentença para insurgir-se contra a decisão. Suscitará o indeferimento da prova em preliminar das razões de sua apelação, em um modelo semelhante ao agravo retido previsto no CPC/73[12]. Não há, no exemplo, autonomia recursal, todavia, também não se pode falar em subordinação desse recurso ao recurso em face da sentença, uma vez que ele é julgado preliminarmente e pode prejudicar a análise do mérito da apelação. No recurso contra interlocutória não agravável, interposto pelo vencido, estamos diante de uma real preliminar, uma vez que sua apreciação é condição para a análise posterior

---

10. *Apelação contra decisão interlocutória não agravável: a apelação do vencido e a apelação subordinada do vencedor.* Revista de Processo. Ano 40. vol. 241. março/2015. P. 237.
11. Em sentido contrário, por se tratar de mera ampliação do objeto da apelação: MACHADO JUNIOR, Dario Ribeiro. *Novo código de processo civil anotado e comparado.* Dario Ribeiro Machado Junior e outros; coordenação Paulo Cezar Pinheiro Carneio, Humberto Dalla Bernardina de Pinho. – Rio de Janeiro : Forense, 2015. P. 581.
12. *"O agravo retido, embora não enseje imediata apreciação pelo tribunal, desempenha importante papel no processo, porque uma vez interposto impede a preclusão em torno da matéria tratada na decisão interlocutória. (...) se não for interposta a apelação, ou se não ocorrer a confirmação do agravo retido nas razões ou contrarrazões do último recurso, dele não se conhecerá (CPC, art. 523, § 1º). Trata-se, dessa forma de um recurso sob condição."* JUNIOR, Humberto Theodoro em *O agravo de instrumento e as causas do direito de família.* Revista da faculdade de direito da UFMG. n. 50 (2007). Disponível em http://www.direito.ufmg.br/revista/articles/35.pdf, acesso em 10 de junho de 2015.

da sentença[13]. Já aqui é necessária a conjugação de dois fatores para formação do interesse recursal: sucumbência na interlocutória e na sentença.

3. RECURSO DO VENCEDOR

Poderá, também, o vencedor, sem qualquer interesse em modificar a sentença, recorrer das interlocutórias em preliminar de suas contrarrazões. O recurso, nessa hipótese, será em regra subordinado[14] ao recurso de apelação interposto pelo vencido e dependerá de seu conhecimento e provimento para ser conhecido[15].

Por exemplo, o indeferimento de determinada prova prejudica aquele que a requereu, o que, pela concepção clássica de interesse recursal, criaria a possibilidade de interposição do respectivo recurso. Ocorre que a decisão, no ambiente do CPC/15, não é recorrível imediatamente, de tal forma que a recorribilidade permanece suspensa até o momento oportuno, qual seja, a apresentação de razões ou contrarrazões de apelação.

Sendo assim, aquele que teve contra si o indeferimento da prova, vitorioso na sentença, não terá interesse, nem utilidade na interposição do recurso, seja contra a sentença, seja contra a decisão interlocutória. Com a sentença, seu interesse recursal para impugnar a decisão interlocutória não é complementado, logo, não surge.

Caso o vencido apele, a situação se altera, uma vez que existe possibilidade de revisão da sentença. O risco da reforma e de uma nova decisão desfavorável ao então vencedor traz para ele a possibilidade de interpor o recurso e buscar rever a decisão interlocutória, mas *apenas se provido o recurso do vencido*. Trata-se de interesse que, além de complexo, é condicionado.

Aqui se verifica uma possível e eventual sucumbência. A parte vencedora, a princípio, não tem interesse em recorrer sequer das interlocutórias desfa-

---

13. Em todo caso e qualquer caso deve ser observada a primazia do julgamento de mérito, prevista dentre as normas fundamentais do novo código (art. 4º).
14. "*A apelação do vencedor, neste caso, é um recurso subordinado. Ela seguirá o destino da apelação do vencido. Caso o vencido desista da apelação interposta ou essa não seja admissível, a apelação do vencedor perde o sentido: por ter sido o vencedor, o interesse recursal somente subsiste se a apelação do vencido for para frente.*" CUNHA, Leonardo Carneiro e DIDIER Jr., Fredie. *Op. cit.*
15. Não há identidade entre este recurso interposto em preliminar de contrarrazões com o recurso adesivo. Nada impede que a parte parcialmente sucumbente e recorrida interponha o recurso adesivo no mesmo prazo para oferecimento de contrarrazões, mas, para tal modalidade de recurso subordinado permanece necessária sucumbência recíproca. O recurso interposto na forma do § 1º do art. 1.009 não exige sucumbência e, como veremos a seguir, pode ou não ser subordinado.

voráveis, por falta de formação do interesse complexo (dupla sucumbência), contudo, a possibilidade de reforma da sentença e o risco de alteração de sua situação processual criam sensação de incerteza que a autoriza a recorrer. Na hipótese, a vantagem que legitima a interposição do recurso é aquela decorrente da certeza de que, caso reformada a sentença, todas as questões a ele desfavoráveis serão oportunamente apreciadas, de forma a manter sua condição vitoriosa. Situação semelhante foi aventada por Ovídio Baptista[16], quando tratou do recurso extraordinário adesivo condicionado, hipótese na qual o litigante vitorioso poderia recorrer diante do risco de sucumbência.

O interesse recursal do vencedor para impugnar as decisões interlocutórias não recorríveis por agravo de instrumento ou por apelação autônoma é, portanto, complexo e condicionado. Não basta a decisão interlocutória desfavorável. É preciso somá-la à sucumbência na sentença ou à interposição de recurso de apelação pelo vencido. E, ainda, interposto o recurso, falta-lhe interesse para conhecimento, até que sua condição de vencedor efetivamente seja alterada. A possibilidade de interposição pressupõe a conjugação desses dois fatores: derrota na interlocutória, mais risco decorrente do julgamento da apelação da parte contrária. A formação do interesse recursal e admissibilidade do recurso requer mais um fator, qual seja, a efetiva derrota, até então meramente previsível. Ou seja, para conhecimento do recurso do vencedor, é necessário que o risco que autorizou a interposição se concretize e ele seja – de fato – derrotado.

4. TENTATIVA DE SISTEMATIZAÇÃO

Para melhor ilustrar e sistematizar a aferição do interesse recursal, tomamos novamente o exemplo do indeferimento da produção de determinada prova. Supondo que o autor tenha requerido a produção de prova pericial e tal requerimento tenha sido indeferido pelo juiz. Já no indeferimento surge o primeiro requisito para formação do interesse recursal contra tal decisão: o sujeito sucumbiu. Prolatada a sentença de improcedência do pedido, surge o segundo requisito para formação do interesse recursal, que se completa, viabilizando a recorribilidade da decisão de indeferimento de prova em pre-

---

16. "*Para superar um impasse dessa natureza, não há outro caminho senão admitir-se o recurso adesivo condicionado, a que estaria legitimado excepcionalmente o litigante inteiramente vitorioso que alegasse apenas o risco de uma sucumbência futura, capaz de causar-lhe o provimento do recurso de seu adversário (cf. PAULO CEZAR ARAGÃO, Recurso adesivo, nº 75; para o direito italiano, EDUARDO GRASSO, Le impugnazione incidentali, 54). Neste caso, ter-se-ia, como mostra J. C. BARBOSA MOREIRA (Comentário, nº 181), no recurso extraordinário ou especial condicionados, a mesma estrutura lógica de um cúmulo eventual de demandas, que nosso direito francamente admite, segundo o art. 289, do Código de Processo Civil.*" SILVA, Ovídio A. Baptista. *Curso de Processo Civil. Vol. 1. Processo de conhecimento.* 3ª ed. revista e atualizada. Porto Alegre, Fabris, 1996. P. 399/400.

liminar de apelação. Temos aí dupla sucumbência do autor, que foi vencido/prejudicado na interlocutória e teve seu pedido julgado improcedente.

DUPLA SUCUMBÊNCIA = INTERESSE RECURSAL

A segunda hipótese se desenha quando o autor vence a demanda, apesar do indeferimento de sua prova. Temos apenas o primeiro requisito (sucumbência na interlocutória) e ressalvadas as restritas hipóteses que autorizam a apelação autônoma do vencedor, não há possibilidade de utilização da apelação, pela falta de interesse da parte em anular ou modificar a sentença.

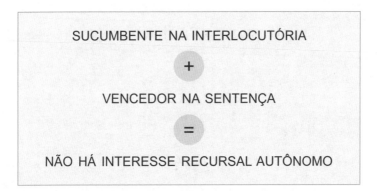

A situação se altera caso o vencido, ora réu, recorra da decisão. Nesse caso surge para o autor vencedor o risco de ver reformada a sentença de procedência e o artigo 1009, § 1º autoriza que recorra em preliminar de contrarrazões.

Sendo provida a apelação do vencido, para a improcedência do pedido, o autor tem total interesse[17] em ver a decisão anulada em virtude da não realização da perícia, razão pela qual seu recurso deverá ser analisado pelo Tribunal. Há formação do interesse complexo e condicionado, com a sucumbência na primeira decisão, mais o risco de ver a sentença alterada, mais a reforma ou anulação da sentença. Apenas nessas hipóteses o recurso

---

17. Apenas com o provimento (ainda que virtual) da apelação podemos falar em interesse recursal completo. A álea, como expomos, justifica a interposição do recurso, mas não autoriza seu julgamento, uma vez que para tal é necessária a existência do prejuízo, gravame ou sucumbência da parte. Para maiores esclarecimentos sobre a necessidade de prejuízo para formação do interesse processual: WAMBIER, Teresa Arruda Alvim. *Os agravos no CPC brasileiro*. 3. ed. rev., atual. e ampl. do livro O novo regime de agravo – São Paulo : Editora Revista dos Tribunais, 2000. (Recursos no processo civil; 2). P. 151.

do vencedor apresentado nas contrarrazões poderá ser conhecido, até mesmo para ser evitada a esdrúxula possibilidade de o recurso interposto pelo vencedor levar à anulação da sentença.

Não pretendemos sustentar a utópica ordem nos julgamentos, em que o Tribunal proverá o recurso do vencido para, apenas após, decidir o recurso interposto em preliminar de contrarrazões pelo vencedor. Sabemos que na prática será inviável e que o Tribunal, quando do julgamento, realizará análise conjunta de ambos os recursos e respectivas preliminares. Todavia, considerando o que aqui se expôs, faz-se necessária, inclusive para respeito à primazia do julgamento do mérito, a utilização do método da sucumbência virtual, *"condicionada ao juízo hipotético de procedência do recurso principal"*[18]. Assim, o Tribunal avaliará ambos os recursos, mas apenas conhecerá e julgará o recurso do vencedor caso pretenda prover o recurso do vencido e modificar a sentença[19].

SUCUMBENTE NA INTERLOCUTÓRIA

VENCEDOR NA SENTENÇA

ÁLEA

REFORMA/ANULAÇÃO DA SENTENÇA (AINDA QUE VIRTUAL)

HÁ INTERESSE RECURSAL

---

18. Araken de Assis esclarece: *"Ficaria preservada a ordem natural dos julgamentos, mas o julgamento do recurso subordinado ocorreria tão-só na hipótese de o órgão judiciário se convencer de que proveria o recurso independente."* ASSIS, Araken de. *Manual dos Recursos*. 2. ed. rev., atual. e ampl. – São Paulo : Editora Revista dos Tribunais, 2008. P. 68.

19. Tal sucumbência virtual deverá constar na fundamentação, com a indicação precisa das razões que levaram o Tribunal a apreciar o recurso subordinado antes do provimento da apelação do vencido. José Carlos Barbosa Moreira apontou a seguinte solução no voto prolatado nos autos da Apelação Cível nº 27.251, do TJRJ: *"A dificuldade é afastável, desde que habilmente interpretado o pedido da Agravante. Antes de julgar-se o agravo, proceder-se-á à delibação da apelação, para verificar se tem ou não tem razão o Apelante, sem propriamente*

O que já não parece simples pode piorar quando vislumbramos as hipóteses de procedência parcial do pedido. Nesses casos, caberá à parte avaliar os riscos da interposição do recurso em face das decisões interlocutórias, sabendo que poderá anular toda a decisão, ainda que lhe tenha sido parcialmente benéfica. Poderá optar por buscar tão somente a reforma da sentença, sem questionar as interlocutórias que, eventualmente, poderiam levar à anulação do julgamento em parte favorável.

Como a álea persiste nas hipóteses de recurso da parte contrária, parece-nos razoável que, quando do julgamento da Apelação, havendo provimento apenas parcial do primeiro recurso, seja permitido à parte que recorreu nas contrarrazões desistir do que interpôs, na forma do artigo 998, o que fará oralmente, sendo desnecessária a cisão do julgamento.

O que não se pode admitir é que, ainda que o artigo 1.009 afirme que o recurso contra interlocutórias será feito em preliminar, seja o recurso do vencedor apreciado antes da formação completa de seu interesse recursal, que na hipótese volta-se não apenas para aferição da possibilidade de interposição do recurso, mas também para sua análise e julgamento pelo Tribunal.

5. APELAÇÃO AUTÔNOMA

Por fim, há decisões interlocutórias não recorríveis por agravo de instrumento e que, por si e em virtude de sua qualidade, sustentam a interposição de recurso de apelação autônomo (e principal) pelo vencedor. Diferente da hipótese anteriormente aventada, em que o recurso contra decisão interlocutória do vencedor apenas será útil se conhecido e provido o recurso do vencido, há situações nas quais, reformada ou não a sentença, o vencedor permanece com interesse na modificação da decisão interlocutória (e tão somente dela).

Estamos falando, aqui, de decisões interlocutórias que não têm qualquer relação de prejudicialidade com a sentença, isto é, independentemente de sua existência e natureza, a sentença seria a mesma, se manteria intacta. Não há interferência da decisão interlocutória sobre o teor da sentença[20]. O

---

decidir sobre o respectivo provimento ou desprovimento. Em seguida, à luz do resultado desse exame, aprecia-se o agravo, para depois voltar-se em definitivo ao julgamento da apelação." (Direito aplicado (acórdãos e votos). Rio de Janeiro : Forense, 1987. P. 153)

20. Adotamos aqui as lições de José Carlos Barbosa Moreira, na sua tese de livre docência *Questões prejudiciais e coisa julgada*: "É sobre a ideia de influência, de condicionamento, que merece aqui ser projetado o foco luminoso. Se a solução de uma questão influi necessariamente na outra, e se em razão de tal influência é que se lhe vai atribuir tal ou qual nomen iuris, parece óbvio que a investigação deva concentrar-se no esclarecimento da relação que liga as duas questões, como dado principal para fundar qualquer esquema classificatório. (...) A

recurso interposto contra essas decisões, caso provido, não trará qualquer efeito sobre a sentença, de tal forma que a relação de independência autoriza sua interposição e julgamento de forma autônoma.

É o exemplo da multa por ato atentatório à dignidade da justiça. O sujeito poderá ser vencedor e ainda assim ter tido contra si o arbitramento de multa[21]. Tal situação não está prevista no rol taxativo do agravo de instrumento e deverá, portanto, ser recorrida através de apelação. Sendo o sujeito vencedor na demanda, tem interesse para apelar autônoma e exclusivamente contra a decisão interlocutória[22]. E ainda que o faça na preliminar de suas contrarrazões, o que se expôs acerca da subordinação não se aplica a ele. Assim, o interesse de recorrer de tais decisões interlocutórias nasce exclusivamente com o prejuízo decorrente da decisão, sendo irrelevante o resultado da sentença ou a existência/provimento de apelação da parte vencida. O que se tem é apenas a espera pelo momento oportuno e a quebra da correlação existente entre decisão interlocutória e agravo. Trata-se de um recurso de apelação exclusiva e unicamente interposto em face de decisão interlocutória, sem qualquer efeito sobre a sentença.

Não é possível que o fato de ser vitorioso no que concerne ao mérito (entendido em sua concepção clássica) impeça a parte de questionar a multa aplicada; estaria ele sendo punido duplamente e, pior, mesmo após ter por sentença, reconhecido seu direito. Também não nos parece legítimo que a parte vencedora e inconformada com a decisão interlocutória dependa exclusivamente do recurso do vencido para manifestar seu inconformismo. Seu direito a questionar a referida decisão estaria nas mãos de seu oponente, o que, além de tudo, seria frontal violação à isonomia. Há interesse recursal e a via adequada é a apelação. O sistema de irrecorribilidade imediata de determinadas decisões interlocutórias viabiliza, portanto, a existência de recurso de apelação que verse exclusivamente sobre interlocutórias, quando a parte não tenha interesse em questionar a sentença.

---

denominação de prejudiciais, a essa luz, será aplicável às questões de cuja solução depender necessariamente o teor da solução que se haja de dar a outras questões. " p. 22/26.

21. Outro exemplo é o recurso do vencedor contra decisão que fixa valor da causa. Pelo interesse autônomo do vencedor em ver apreciada a questão suscitada em suas contrarrazões: WAMBIER, Teresa Arruda Alvim; CONCEIÇÃO, Maria Lúcia Lins; RIBEIRO, Leonardo Ferres da Silva; MELLO, Rogerio Licastro Torres de. *Primeiros comentários ao novo código de processo civil: artigo por artigo.* São Paulo : RT, 2015. P. 1.440.

22. Já nos manifestamos nesse sentido em *Apelação exclusivamente contra decisão interlocutória. A ausência injustificada à audiência de conciliação ou mediação e o recurso contra a multa arbitrada.* Artigo publicado em http://portalprocessual.com/apelacao--exclusivamente-contra-decisao-interlocutoria-a-ausencia-injustificada-a-audiencia-de--conciliacao-ou-mediacao-e-o-recurso-contra-a-multa-arbitrada/

Nessa hipótese é dispensável a conjugação dos prejuízos (sucumbência na interlocutória mais sucumbência na sentença ou apelação do vencido) para interposição e formação do interesse recursal. O vencedor poderá recorrer de forma autônoma, não sendo tal recurso subordinado, subsistindo de forma independente. O que o diferencia é justamente a natureza da decisão recorrida e os efeitos que ela pode vir a ter sobre a sentença. Se não for passível, ainda que provido o recurso, de alterar a substância do que foi decidido (ausência de prejudicialidade), pode-se falar em autonomia recursal.

Supondo, contudo, que o vencedor apele autonomamente, exercendo seu direito de recorrer da decisão sem laço prejudicial com a sentença e concomitantemente também o faça o vencido, poderá o vencedor impugnar as demais interlocutórias em preliminar de contrarrazões?

A resposta nos parece positiva. Inicialmente, como acima afirmado, o vencedor não tinha interesse recursal (nem utilidade) para impugnar decisões interlocutórias não recorríveis autonomamente. Não poderia, por exemplo, impugnar em apelação autônoma, o indeferimento de prova. Não havia surgido o interesse recursal, nem o direito de interpor o recurso, o que apenas se forma com a interposição do recurso do vencido. Assim, há uma nova situação jurídica. Com a interposição do recurso pelo vencido e o surgimento do risco forma-se o interesse para impugnar também as demais decisões interlocutórias. Sendo nova situação jurídica, não há o que se falar em preclusão, de tal forma que poderá, agora, em contrarrazões, apelar das decisões desfavoráveis e com relação de prejudicialidade com a sentença[23].

A situação é semelhante à possibilidade de complementação do recurso, nas hipóteses de provimento de embargos de declaração opostos pela parte recorrida. Caso o recorrente adiante sua apelação e o recorrido tenha oposto embargos de declaração, providos os embargos, surge para o recorrente a possibilidade (e o interesse) para complementar suas razões, podendo, inclusive, ampliar o pedido recursal. Tanto na correção/integração da sentença, quanto na interposição de recurso pelo vencido, o que se tem é a criação de nova situação jurídica, modificação fática que viabiliza a complementação do recurso.

---

23. Ressaltamos que não entendemos pela possibilidade de aditamento do recurso, como a defendida por Paulo Cezar Aragão (*Recurso adesivo*, São Paulo : Saraiva, 1974. P. 56), mas sim de situações e momentos processuais distintos. Quando da apelação autônoma não havia a álea que justificasse a interposição do recurso em face das demais interlocutórias. A possibilidade de interpor recurso das decisões com relação de prejudicialidade com a sentença apenas nasceu com o recurso do vencido, legitimando – assim – nova impugnação por parte do vencedor.

Ressalta-se que não se trata aqui de recurso parcial, uma vez que a limitação do objeto recursal não foi voluntária[24], o recorrente recorreu de tudo o que poderia ter recorrido naquele momento, abrangeu toda a matéria possível, de tal forma que com a interposição da apelação pelo vencido surge para ele novo direito ao recurso[25].

6. PROCEDIMENTO

Apesar de a apelação autônoma voltar-se exclusivamente contra a decisão interlocutória, seu procedimento deve ser o previsto nos artigos 1.009 a 1.014, especialmente porque comporta garantias mais amplas que aquelas previstas para o recurso de agravo de instrumento[26]. A natureza da decisão que autoriza o recurso aqui pouco importa, especialmente se considerarmos que no CPC/15 está quebrada a regra da correlação.

Tanto assim o é que o próprio artigo 942 afirma que *"quando o resultado da apelação não for unânime, o julgamento terá prosseguimento em sessão a ser designada com a presença de outros julgadores"*, não fazendo qualquer distinção acerca da natureza da decisão e, ainda, se a falta de unanimidade será no julgamento do mérito da apelação ou das preliminares previstas no § 1º do artigo 1.009.

O mesmo pode-se falar do efeito suspensivo, previsto no artigo 1.012, o qual deverá incidir automaticamente sobre a decisão interlocutória que, pela falta de prejudicialidade com a sentença, não impedirá seu cumprimento.

Em todo caso, não podemos afastar uma distinção que se impõe por força da necessidade de exequibilidade da sentença transitada em julgado: a apelação autônoma contra decisão interlocutória, quando inexistir apelação

---

24. *"A variável extensão da matéria impugnada permite distinguir entre recurso total e recurso parcial. (...) classificar-se-á como parcial o recurso que, em virtude de limitação voluntária, não compreenda a totalidade do conteúdo impugnável da decisão; exemplo: o autor, que cumulara vários pedidos e os vira todos julgados improcedentes no primeiro grau de jurisdição, interpõe apelação exclusivamente quanto à parte da sentença referente a um (ou a alguns) dos pedidos (vide, a respeito, infra, o comentário nº 194 ao art. 505)"*. José Carlos Barbosa Moreira. *Comentários ao Código de Processo Civil. Vol. V (Arts. 476 a 565)*. 1ª Edição eletrônica revista e atualizada. Editora Forense. Rio de Janeiro. 2002.
25. Em sentido diverso, Leonardo Carneiro da Cunha e Fredie Didier Jr., *op. cit.*: *"Se o vencedor recorrer apenas de uma interlocutória não agravável, não poderá depois, nas contrarrazões à apelação do vencido, recorrer de outras interlocutórias não agraváveis; terá havido preclusão consumativa. A apelação já foi interposta, devendo ser, inclusive, exigido o preparo. O problema aqui é só de rótulo. A apelação do vencedor deveria ser veiculada nas contrarrazões, mas ele antecipou-se ao momento, valendo-se de uma apelação autônoma"*.
26. Como, por exemplo, a utilização da técnica de julgamento para as hipóteses de não unanimidade, prevista no artigo 942.

acerca da sentença, deverá ser em autos apartados[27], de forma a não impedir ou obstar a execução do comando contido na sentença[28]. Assim, nessas hipóteses e apenas após certificado o trânsito, deverá a parte ser intimada para formar o instrumento, na forma do artigo 1.017, I a III.

7. CONCLUSÃO

Diante de tudo o que foi exposto, no que concerne ao interesse recursal para o recurso das interlocutórias em preliminar de razões ou contrarrazões de apelação, bem como à apelação autônoma e seu procedimento, concluímos que:

a) Para aquele vencido na sentença, há interesse complexo, sendo necessária dupla sucumbência (interlocutória e sentença), de forma a viabilizar o recurso de apelação contra decisão interlocutória, previsto no art. 1.009, § 1º, do CPC/15. Não havendo conjugação desses fatores, inicialmente não há o que se falar em interesse recursal.

b) Para o vencedor na sentença, há interesse complexo e condicionado. É necessária, além da sucumbência na interlocutória, a existência do recurso da parte vencida na sentença, que justifique a álea e autorize a interposição do recurso em preliminar de contrarrazões. Todavia, o interesse recursal apenas será completado/formado quando do provimento da apelação do vencido, condição para conhecimento do recurso interposto pelo vencedor em preliminar de contrarrazões. Daí extrai-se que o Tribunal não poderá conhecer do recurso do vencedor sem que ao menos virtualmente entenda pela reforma ou anulação da sentença.

c) No caso de provimento parcial do recurso, ao vencedor deverá ser oportunizada a desistência do recurso interposto nas contrarrazões.

---

27. A utilização da nomenclatura apelação em autos apartados se dá pela necessidade de afastar o já arraigado termo "apelação por instrumento", que induziria à crença de interposição do recurso diretamente perante o Tribunal. Em que pese fazermos referência às peças essenciais à interposição do agravo de instrumento, não há relação entre os recursos, sobretudo no que diz respeito ao procedimento adotado. Em sentido semelhante, pela utilização do termo apelação em autos apartados, muito embora com finalidade distinta da que aqui defendemos: REDONDO, Bruno Garcia. *Apelação: o recurso adequado à impugnação da sentença interlocutória*. In: NERY JUNIOR, Nelson; WAMBIER, Teresa Arruda Alvim. (coord.). *Aspectos polêmicos e atuais dos recursos cíveis e assuntos afins*. São Paulo: RT, 2011. v. 12, p. 31-60.

28. Tratamos aqui das hipóteses de autos físicos, uma vez que os autos eletrônicos dispensam tal formalidade.

d) Há, por fim, a hipótese de apelação autônoma, cabível sempre que não exista relação de prejudicialidade entre a sentença e a decisão interlocutória. Nesses casos, poderá o vencedor na sentença apelar exclusivamente da decisão interlocutória desfavorável, sem qualquer laço de subordinação com o recurso do vencido.

e) Interposta a apelação autônoma, caso o vencido também apele, surgirá para o vencedor a possibilidade de interpor o recurso em face das demais interlocutórias, devendo fazê-lo em preliminar de contrarrazões, não podendo a apelação autônoma interposta servir de obstáculo ao recurso.

f) O procedimento da apelação autônoma obedecerá àquele previsto para apelação, salvo se a sentença transitar em julgado, hipótese em que será necessária a formação do respectivo instrumento (apelação em autos apartados).

A taxatividade prevista no artigo 1.015 trouxe o que, a princípio, poderíamos tratar como prejuízo e retrocesso. Alguns menos otimistas podem sustentar que a utilização do mandado de segurança em face das decisões não recorríveis por agravo de instrumento será uma realidade que prejudicará a vida do jurisdicionado e o funcionamento dos Tribunais.

O problema não nos parece tão grave. Por certo a lei não previu todas as hipóteses em que seria necessária a utilização do agravo de instrumento, nem traçou de forma inequívoca o procedimento para o recurso interposto em preliminar, contudo, é possível sistematizar a situação, sem que seja impositiva a reforma na lei ainda recém-nascida.

Não se faz plástica em criança, salvo em hipóteses muito excepcionais. Da mesma forma, não se pode admitir, pelo menos inicialmente, a alteração do Código, sem que tenhamos tentado solucionar os problemas com total aproveitamento da lei. Essa foi a nossa proposta ao sistematizar o interesse recursal para os recursos previstos no § 1º do art. 1.009, sem jamais sugerir a necessidade inequívoca de reforma ou a utilização desenfreada do mandado de segurança.

A teoria da causa madura no julgamento da apelação: análise do regime adotado pelo Código de Processo Civil de 2015

Estefania Freitas Côrtes[1]

> **Sumário** • **1**. Introdução – **2**. Recursos, juiz natural e duplo grau de jurisdição – **3**. Apelação, efeito devolutivo e teoria da causa madura – **4**. O sistema da causa madura na apelação sob a ótica do novo CPC: **4.1**. As inovações sobre o requisito geral da desnecessidade de produção probatória; **4.2**. As hipóteses legais para aplicação da causa madura no CPC/2015 – **5**. Reforma de sentença fundada no art. 485 (inciso I) – **6**. Julgamento da apelação que reconhece violação à adstrição aos pedidos (inciso II) e que reconhece a omissão do julgador (inciso III): **6.1**. Sentença com fundamentação deficiente (inciso IV) – **7**. Conclusão.

1. INTRODUÇÃO

Este trabalho objetiva analisar a teoria da causa madura, segundo a qual é permitida ao tribunal avaliar em "primeira mão" a matéria de mérito que não tenha sido apreciada e decidida pelo órgão jurisdicional de primeira

---

1. Mestranda em Direito Processual na Universidade do Estado do Rio de Janeiro – UERJ. Professora da Faculdade Nacional de Direito – FND/UFRJ. Professora da Escola da Magistratura do Estado do Rio de Janeiro – EMERJ. Professora do PREMERJ – Curso preparatório de ingresso à Escola da Magistratura do Rio de Janeiro. Advogada.

instância, desde que a causa reúna condições de pronto julgamento, seja por se demonstrar dispensável a fase probatória, seja por já terem sido produzidas as provas necessárias ao julgamento da demanda.

A teoria da causa madura foi substancialmente ampliada e aprimorada no Código de Processo Civil de 2015 (CPC/2015). Embora houvesse previsão de aplicação de tal teoria no âmbito do código de 1973 (art. 515, § 3º, CPC/73), o novo regime disciplina mais detidamente em quais hipóteses o tribunal pode desde logo julgar o mérito da demanda, quando for viciada a sentença recorrida.

Neste breve artigo, apresentaremos as principais modificações e eventuais problemas relativos à temática. Para tanto, no primeiro tópico trataremos de noções gerais sobre o direito de recorrer, o princípio do juiz natural e o duplo grau de jurisdição. No segundo tópico, serão abordadas noções gerais acerca do recurso da apelação, a fim de delinear e delimitar o estudo da teoria da causa madura; em seguida, apresentaremos a teoria da causa madura, definindo-a e justificando a sua existência, e, por fim trataremos das novidades legislativas específicas sobre a teoria em apreço.

2. RECURSOS, JUIZ NATURAL E DUPLO GRAU DE JURISDIÇÃO

Recurso é, tradicionalmente, o mecanismo apto a ensejar a reforma, invalidação, esclarecimento ou integração de uma decisão jurisdicional[2]. Trata-se de incidente processual que se desenvolve na relação jurídica processual instaurada mediante o exercício do direito de ação e que tem como características essenciais a voluntariedade e a extensão do mencionado direito. Enquanto houver algum recurso pendente na demanda, não há decisão definitiva de mérito quanto à matéria recorrida.

Na Carta Magna (CRFB/88), as normas constitucionais organizam e dividem o Poder Judiciário em órgãos jurisdicionais de ordem hierárquica crescente, até os órgãos de superposição, Supremo Tribunal Federal (STF) e Superior Tribunal de Justiça (STJ). De acordo com essa organização hierárquica, a Constituição estabelece competências de julgamento e de revisões recursais.

Com efeito, os recursos estão taxativamente previstos no nosso ordenamento (na CRFB/88, no CPC e em leis federais extravagantes) e representam o direito do jurisdicionado de obter uma revisão do julgado contra o qual se insurge e, ainda, de ver reapreciada uma questão que já foi objeto de julgamento por um órgão jurisdicional. Frise-se, por oportuno, que o tribunal

---

2. BARBOSA MOREIRA, José Carlos. Comentários ao Código de Processo Civil, Lei 5.869 de 11 de janeiro de 1973, vol V. Rio de Janeiro: Forense. P. 233.

superior, em regra, não inaugura a cognição a respeito das questões da lide, mas, tão somente, reaprecia e revisa.

O recorrente interpõe um recurso que será, portanto, apreciado por um órgão revisor (*ad quem*), que irá avaliar a decisão atacada, prolatada pelo órgão inferior (*a quo*). Em verdade, através do recurso verifica-se um controle interno efetivado pelo próprio Poder Judiciário quanto as suas próprias decisões, o que acaba por legitimá-las perante os jurisdicionados.

Neste passo, a competência recursal será, em regra, do órgão jurisdicional superior hierárquico àquele que proferiu a decisão impugnada pelo recorrente.

Com olhos nas possíveis finalidades que um recurso pode ter, destacam-se as principais, ao nosso modo de ver, para o assunto objeto deste texto: reforma ou invalidação da decisão proferida pela instância inferior. Como se sabe, o recorrente que deseja se insurgir contra um vício material ou erro de julgamento numa determinada decisão judicial, pretenderá, através do seu recurso, a reforma do julgado. Por outro lado, se o recorrente identifica vícios procedimentais ou irregularidades formais, pretenderá a invalidação do julgado, requerendo, por consequência, a anulação do *decisum* e o retorno do processo à origem, para que o órgão judicial competente, prolator da decisão viciada, profira novo julgamento desprovido dos vícios apontados.

Atente-se para o fato de que, dependendo da finalidade a ser alcançada, há procedimentos diversos a serem adotados pelo tribunal *ad quem*. Com efeito, o tribunal não poderá, em regra, julgar as razões de mérito recursais, caso acolha o pedido de invalidação da sentença. O julgamento da apelação pelo tribunal, nesse caso, não gera o efeito substitutivo do recurso[3], ou seja, não tem o condão de se tornar a última decisão definitiva do processo e, portanto, não enseja a aplicação do art. 1008 do CPC/15.

O pedido recursal de invalidação de uma decisão jurisdicional se relaciona com o princípio do juiz natural[4] e com a competência legal recursal.

---

3. Em comentários ao art. 1008 do CPC/15, Teresa Arruda Alvim Wambier se refere ao efeito substitutivo mencionado no texto como princípio da substitutividade: "O princípio da substitutividade está formulado neste dispositivo. Julgado o recurso, a decisão impugnada morre, desaparece, deixa de ter relevância, quer para efeitos de interposição do recurso seguinte, quer para o fim de ação rescisória. (...) O princípio da substitutividade significa que quando, ao julgar o recurso, o Tribunal lhe dá provimento, e na medida em que lhe der provimento, a decisão proferida fica no lugar daquela que se reformou". (CABRAL, Antonio; Cramer, Ronaldo. Comentários ao novo Código de Processo Civil. Rio de Janeiro: Forense, 2016. P. 1505.)

4. Princípio do Juiz natural é aquele que veda a criação de Tribunal de Exceção, conforme art. 5º, inciso XXXVII da CRFB/88, bem como aquele que veda a escolha prévia do julgador da causa. Vale dizer que as regras legais acerca da competência jurisdicional determinam previamente o julgador competente para toda e qualquer caso. O pacto de São José da Costa Rica, no seu artigo 8º prevê as garantias processuais do cidadão e, dentre elas, está o

Bem se sabe que a lei estabelece previamente, através das regras de competência jurisdicional, o órgão julgador de uma determinada causa. Portanto, na hipótese de o órgão de primeira instância proferir uma sentença viciada, esta deve ser anulada e ele próprio deve produzir novo julgamento livre de vícios sobre a questão posta sob julgamento, via de regra. Como regra geral, repita-se, o órgão hierarquicamente superior não está autorizado a proferir julgamento sobre as questões que não tenham sido objeto de exame pelo órgão inferior, sob pena de supressão de instância.

A supressão de instância consubstancia potencial invalidade do processo e da decisão, na medida em que pode impedir a cognição e a instrução probatória integral que supostamente deveriam suceder na primeira instância, restringindo, portanto, relevantes garantias processuais dos jurisdicionados, como o juiz natural (art. 5º, XXXVII, CRFB/88), o devido processo legal (art. 5º, LIV, CF/88) e o contraditório e ampla defesa (art. 5º, LVI, CF/88).

No desenrolar dessa linha de raciocínio, importante destacar que o direito de recorrer, além de se caracterizar como um direito subjetivo dos sujeitos do processo de obterem a reforma ou invalidação do julgado consagra, por esse mesmo viés, o princípio do duplo grau de jurisdição. Sob a luz do princípio do duplo grau de jurisdição, o recorrente pretende submeter a análise de suas alegações ao órgão jurisdicional superior, antes de sua pretensão tornar-se definitivamente julgada. A ideia é a de que magistrados diferentes, em geral reunidos em colegiado, supostamente mais experientes, possam ratificar ou reformar uma decisão judicial.[5]

Com efeito, a doutrina revela entendimentos dissonantes acerca da existência de tal princípio como sendo ou não uma garantia fundamental constitucional, já que não há previsão expressa na Carta Magna. Neste passo, há na doutrina aqueles que não consideram o duplo grau de jurisdição como garantia fundamental[6] e, portanto, admitem uma possível supressão do direito recursal[7]. Por outro lado, há aqueles que encaram os recursos

---

    princípio do Juiz Natural. Pacto disponível em: http://www.pge.sp.gov.br/centrodeestudos/bibliotecavirtual/instrumentos/sanjose.htm.

5. MARINONI, Luiz Guilherme. ARENHART, Sergio. Curso de Direito Processo Civil. Processo de Conhecimento. V.2. São Paulo. 10 ed. 2012 p.488.
6. No sentido de não considerar como garantia fundamental constitucional: MARINONI. Idem. P. 493.
7. Fredie Didier Jr. reconhece a existência do princípio do duplo grau de jurisdição, mas ao admitir a eventual supressão do direito de recorrer, revela o entendimento de que o princípio não consubstancia uma garantia fundamental obrigatória: "Considerando que o princípio não precisa estar expressamente previsto para que esteja embutido no sistema normativo, pode-se concluir que a Constituição Federal, ao disciplinar o Poder Judiciário com uma organização hierarquizada, prevendo a existência de vários Tribunais, tem nela inserido o princípio do duplo grau de jurisdição. Sendo assim, é possível haver exceções

como uma das garantias mínimas do jurisdicionado no processo, o que decorreria da própria estrutura hierárquica constitucional organizacional do Poder Judiciário.[8]

De todo modo, embora sejam preceitos basilares da teoria dos recursos, os preceitos do juiz natural e do duplo grau de jurisdição são mitigados pela aplicação da teoria da causa madura, aplicável ao julgamento da apelação, como será demonstrado.

Não se olvide, ainda, a doutrina que sugere certa inconstitucionalidade na teoria da causa madura[9]. Após o estudo dos próximos tópicos deste trabalho, ficará mais fácil verificar a inexistência de inconstitucionalidade do dispositivo que cuida da teoria. Vale a pena, no entanto, por questões didáticas, refutar o argumento de inconstitucionalidade, desde já.[10]

Em verdade, há duas premissas a considerar. Ora, se o art. 22, I da Carta Magna autoriza a União a legislar sobre processo e, por conseguinte, o CPC regulamenta recursos, procedimentos e peculiaridades; se o CPC está autorizado a tratar da regra do efeito devolutivo recursal (que ainda será melhor explicado), por que, então, não estaria também autorizado a regulamentar exceções ao mesmo efeito devolutivo? E, mais: se o duplo grau de jurisdição

---

ao princípio, descerrando-se o caminho para que a legislação infraconstitucional restrinja ou até elimine recursos em casos específicos". (DIDIER JR. Fredie. Curso de Direito Processual Civil – Meios de Impugnação às Decisões Judiciais e Processo nos Tribunais, 17ª ed, vol. III, 2016 p.90)

8. Greco, Leonardo. Instituições de Processo Civil. Vol. I, Rio de Janeiro: Forense. 5ed. 2015. P. 20; GRECO, Leonardo. Garantias fundamentais do processo: o processo justo. Disponível no endereço eletrônico: http://egov.ufsc.br/portal/sites/default/files/anexos/15708-15709-1-PB.pdf; Wambier, Dinamarco, Cândido Rangel e LOPES, Bruno Vasconcelos Carrilho. Teoria Geral do novo Processo Civil. São Paulo: Malheiros, 2016. P. 69-72.

9. José Rogério Cruz e Tucci insinua provável ofensa à garantia do contraditório, diante da possibilidade de decisão surpresa às partes, conforme notas destacadas por Thiago Ferreira Siqueira. (SIQUEIRA, Thiago Ferreira. Processo nos Tribunais e meios de impugnação às decisões judiciais. Coord.: DIDIER JR. Fredie. 2ª ed. Salvador: Jus Podium. 2016. P. 856.)

10. No mesmo sentido do texto, refutando a inconstitucionalidade da teoria da causa madura e admitindo-a como uma exceção legal legitimante da atuação do Tribunal, prevista no art. 1013§ 3º, Cândido Rangel Dinamarco: "Há porém ao menos uma exceção legal a essa construção sistemática. Dispõe o Código de Processo que "se o processo estiver em condições de imediato julgamento, o tribunal deve decidir desde logo o mérito" em certas situações nas quais a sentença apelada não o haja feito (sentenças terminativas etc. – art. 1014 § 3º). Essa autorização a suprimir um grau jurisdicional recebe legitimidade sistemática e constitucional do empenho em acelerar a oferta da tutela jurisdicional com vista ao cumprimento da tutela constitucional de oferta de tutela jurisdicional em tempo hábil (Const., art. 5º, XXXV e LXXVIII – CPC, art. 4º), minimizando na medida do possível certos óbices que nada acrescentariam à boa qualidade desta." (DINAMARCO, Cândido Rangel. Instituições de direito processual civil: vol. 1. 8. ed. São Paulo: Malheiros, 2016. P. 373.)

não é previsto expressamente na Constituição Federal, por que o CPC não poderia instituir regras em exceção ao duplo grau?

Além disso, a teoria da causa madura se afina perfeitamente com a garantia da duração razoável do processo, prevista no art. 5º, LXXVIII, bem como no art. 4º do CPC/15.

Parece não haver, portanto, argumento que macule a teoria da causa madura de inconstitucionalidade. Assim sendo, se o CPC pode regular a regra do efeito devolutivo, pode, também, regular as possíveis correspondentes exceções. E, por fim, se o duplo grau não é garantia expressa prevista na constituição, o CPC pode, de fato, excepcionar o seu âmbito de aplicação.

3. APELAÇÃO, EFEITO DEVOLUTIVO E TEORIA DA CAUSA MADURA

Este trabalho tem o objetivo de analisar a teoria da causa madura, aplicável no julgamento do recurso de apelação, como já adiantado. Assim, embora não se pretenda esboçar todas as peculiaridades da apelação, faz-se necessário apresentar, ainda que sumariamente, aspectos nodais do seu regime, para que se possa adentrar na análise do objeto deste estudo.

O recurso de apelação (regulamentado a partir do art. 1.009 do Código de Processo Civil de 2015) é incidente processual recursal cabível contra as sentenças e contra as decisões interlocutórias que não puderam ser objeto de recurso no trâmite do processo em primeira instância.[11] O recorrente se insurge contra vícios em tais decisões judiciais, protocolando o recurso perante o juiz prolator da sentença, que não mais realiza juízo de admissibilidade (art. 1.010 § 3º, CPC/15),[12] e, após intimar o recorrido para contrarrazões,

---

11. Nos termos do art. 1009, § 3º do CPC/15. Este assunto é de extrema importância no que se refere ao estudo acerca da apelação. O tema merece até mesmo ser apreciado em outra oportunidade, havendo, entretanto, nesta edição, elucidativo texto da Processualista Marcela Perez que aborda essa relevante inovação do código de processo civil. De qualquer modo, devido à importância deste tópico, não se pode perder a chance de esclarecer que antes da entrada em vigor do CPC/15, a apelação se prestava apenas para a insurgência da parte que pretendesse atacar vícios de uma sentença, ou seja, o ato por meio do qual se encerra etapa de procedimento, seja pelo conteúdo do atual art. 485 que gera extinção do feito sem resolução do mérito, seja pelo conteúdo do atual art. 487 do CPC/15. Atualmente, o CPC/15 estabelece que as decisões interlocutórias que não estiverem expressamente no rol taxativo do art. 1015 do CPC/15 poderão ser atacadas através de preliminares de apelação.

12. Do mesmo modo, este assunto também não é foco para este trabalho, mas não por isso é menos importante. A título de raso esclarecimento, portanto, vale dizer que a supressão do dever de análise dupla do juízo é objeto de inovação do CPC/15. Isso porque, até sua entrada em vigor, o juiz de primeira instância, ao receber a apelação, deveria analisar se

encaminha o recurso ao Tribunal local de hierarquia recursal superior ao magistrado de primeira instância.

Importante ressaltar que o CPC/15 manteve, como regra, o duplo efeito da apelação, como se observa dos artigos 1.012 e 1.013 do CPC/15. A concessão de efeito suspensivo à apelação implica que a sentença impugnada não poderá ser executada em definitivo, enquanto estiver pendente o julgamento da apelação (art. 1.012 do CPC/15).

Já o efeito devolutivo guarda íntima relação com a teoria da causa madura, e, portanto, merece atenção mais detalhada no presente trabalho.

O efeito devolutivo limita o âmbito de julgamento do órgão *ad quem*, especificando o conhecimento da matéria estritamente impugnada nas razões da apelação. Isso significa que somente a matéria impugnada será objeto de apreciação e revisão pelo órgão *ad quem*. A necessidade de "devolução" da matéria demonstra que ela já foi julgada pelo Poder Judiciário, mas o recorrente pretende a reapreciação de matéria específica.[13]

Quanto ao efeito devolutivo do recurso de apelação, não é absolutamente todo o teor da decisão atacada que é devolvido para que o Tribunal revisor reaprecie. Em verdade, somente a matéria impugnada e escolhida pelo recorrente, especificamente, será objeto de revisão, em atenção ao princípio dispositivo. Com efeito, já em relação a cada uma das matérias devolvidas, o Tribunal poderá aprofundar a cognição de cada uma para julgamento.

---

seria ou não caso de concessão do duplo efeito e se seria ou não admitida a apelação, após análise dos requisitos recursais, conforme antigo art. 518 do CPC. Atualmente, o art. 1010 § 2º afirma que o juiz irá encaminhar a apelação ao Tribunal, "independentemente de juízo de admissibilidade".

13. "A apelação devolverá ao tribunal o conhecimento da matéria efetivamente impugnada pela parte (*tantum devolutum quantum apellatum* – art. 1013 caput, CPC). Ao que é devolvido ao conhecimento do tribunal pelo efeito devolutivo há proibição de *reformatio in pejus*, na medida em que não se pode admitir que determinada questão levada ao tribunal exclusivamente em função do interesse da arte em reexamina-la possa redundar em seu desfavor (...) Há proibição de inovação no juízo de apelo ressalvado o disposto no art. 1014 do CPC/15." (MARINONI, Luiz Guilherme. Comentários ao Código de Processo Civil. São Paulo: Editora Revista dos Tribunais. 2016. P. 202-204); Didier Jr. esclarece: "Quanto à extensão, o grau de devolutividade é definido pelo recorrente no pedido recursal. Significa dizer que, ao deduzir o pedido de nova decisão, o recorrente delimita a extensão da devolutividade, a fim de que o tribunal possa julgar o recurso. O recorrente definirá o capítulo da sentença apelada que ele pretende seja reexaminado pelo tribunal.(...) Por sua vez, a profundidade do efeito devolutivo é medida pelo material jurídico e fático com que o órgão ad quem poderá trabalhar. A profundidade do efeito devolutivo consiste em determinar em que medida competirá ao tribunal a respectiva apreciação – sempre, é óbvio, dentro dos limites da matéria impugnada. (DIDIER JR. Fredie. Curso de Direito Processual Civil – Meios de Impugnação às Decisões Judiciais e Processo nos Tribunais, 17ª ed, vol. III, 2016 p. 177-178)"

Tem-se aí, respectivamente, tanto a extensão do efeito devolutivo, ou seja, o que será objeto de revisão, quanto a profundidade do efeito devolutivo, ou seja, a abrangência e aprofundamento de fundamentos em relação a cada matéria devolvida.[14]

Ora, se na petição inicial o juiz fica adstrito ao julgamento específico dos pedidos formulados expressamente, conforme as normas consagradas nos art. 141 e 492 do CPC/15, o mesmo se opera em relação às razões da apelação, uma vez que o Tribunal somente pode revisar a matéria impugnada pelo apelante, conforme caput do art. 1.013 do CPC/15. O efeito devolutivo, portanto, decorre do princípio dispositivo.

Daí se deduz que o Tribunal *ad quem* não está autorizado a conhecer, em apelação, de matéria que não tenha sido julgada e apreciada pelo órgão competente de primeira instância e que não tenha sido especificamente apelada. É o famoso brocardo *tantum devolutum quantum apelatum*, ou seja, somente se devolve ao Tribunal a matéria especificamente apelada.

Não obstante, a teoria da causa madura, em expressão excepcional do princípio do juiz natural, do duplo grau de jurisdição e do efeito devolutivo, permite, em alguns casos, que o Tribunal revisor julgue matéria que não foi apreciada pelo juiz sentenciante. Tais regras passam a ser objeto de análise sob a luz do novo Código de Processo Civil.

No antigo CPC/73 a teoria da causa madura estava regulada no art. 515, § 3º, e ô âmbito legal de aplicação era restrito, embora a jurisprudência admitisse a aplicação ampliada do dispositivo[15]. Atualmente, regra similar está prevista no art. 1.013 § 3º do CPC/15.

---

14. Barbosa Moreira trata da extensão e da profundidade do efeito devolutivo: "há devolução sempre que se transfere ao órgão *ad quem* algo do que fora submetido ao órgão *a quo* – algo, repita-se: não necessariamente tudo. Inexiste, portanto, recurso totalmente desprovido de efeito devolutivo, com ressalva aos casos em que o julgamento caiba ao mesmo órgão que proferiu a decisão recorrida. O que pode acontecer, conforme assinalará nos momentos oportunos, é que variem, de um para outro recurso, a extensão e a profundidade do aludido efeito" (MOREIRA, José Carlos Barbosa. Comentários ao Código de Processo Civil, Lei 5.869 de 11 de janeiro de 1973, vol V. Rio de Janeiro: Forense. P. 257-258). Marinoni, ao falar sobre a extensão do efeito devolutivo destaca: "O efeito devolutivo é determinado pelo pedido formulado pela parte na apelação. A extensão da cognição do tribunal é determinada nesse momento. Tem-se aí o que a doutrina denomina como extensão do efeito devolutivo (efeito devolutivo horizontal) ou simplesmente efeito devolutivo. (...) É possível ao Tribunal conhecer de matéria diversa da decidida pela sentença nos casos dos arts 1009 § § 1º e 2º, e 1013, § 3º e 4º do CPC/15, que amplia em extensão a cognição do órgão recursal". (MARINONI, Luiz Guilherme. Comentários ao Código de Processo Civil. São Paulo: Editora Revista dos Tribunais. 2016. P. 202-204)

15. Stj. Resp 1215368/Es – CE – Corte Especial. Ministro Herman Benjamin. Dje 01/06/2016; Stj, 2ª Turma, Agrg No Resp 1494273/Mg, Ministro Campbell Marques, Dje 12/02/2015 Stj. Resp 1051728 / Es. 1ª Turma. Ministro Luiz Fux. Dje 17.11.2009.

A teoria da causa madura é aquela que viabiliza ao Tribunal *ad quem* o conhecimento de matérias de mérito que não tenham sido apreciadas e julgadas pelo juiz de primeira instância, e que, por isso, e não tenham sido especificamente impugnadas em apelação, e que, principalmente, não exijam a produção probatória para julgamento. Assim, como o próprio nome sugere, se a causa estiver "madura para julgamento", ou seja, somente se não houver necessidade de dilação probatória para avaliar a matéria de direito ou matéria fática que já esteja demonstrada nos autos, o Tribunal superior poderá julgar a causa, sem que isso signifique supressão de instância, visto que diante da desnecessidade de produção de provas, não há, em teoria, violação de qualquer garantia processual do jurisdicionado.

Por último, antes de encerrar as observações acerca das noções do recurso em apreço, importante frisar que o presente trabalho tem por finalidade a análise da teoria da causa madura apenas no que tange ao recurso da apelação, embora seja possível estender a aplicação da aludida teoria a outros recursos.[16]

4. O SISTEMA DA CAUSA MADURA NA APELAÇÃO SOB A ÓTICA DO NOVO CPC

Da leitura do novo regramento legal é possível depreender duas substanciais mudanças quanto à teoria da causa madura. A primeira diz respeito ao requisito geral para aplicação da regra. A segunda está relacionada à ampliação das hipóteses[17] que autorizam o Tribunal *ad quem* a julgar imediatamente o mérito, sem que anule e determine a baixa do processo para novo julgamento pelo órgão prolator *a quo*. Tais modificações serão especificamente tratadas.

---

16. STJ. REsp 866997/PB. Ministro LUIZ FUX, 1ª Turma. DJe 16.06.2009 .
17. Daniel Amorim Assunção Neves não considera que o CPC/15 tenha ampliado as hipóteses de cabimento da regra excepcional. Ao estudarmos as hipóteses adicionadas pela lei, abordaremos o posicionamento do autor citado. "Nos termos do caput do § 3º do art. 1013 do Novo CPC o Tribunal decidirá desde logo o mérito quando o processo estiver em condições de imediato julgamento, aplicando-se a chamada teoria da causa madura, consagrada no revogado art. 515 § 3º, do CPC/1973. Essa exigência, entretanto, só tem razão de ser na hipótese prevista no inciso I do dispositivo legal, porque somente na hipótese de anulação – e não reforma, conforme incorretamente previsto – de sentença terminativa, deve se analisar no caso concreto se o processo já pode ser julgado ou se deve ser devolvido ao primeiro grau para a tomada de alguma providência antes da prolação da decisão de mérito. Nos demais incisos essa questão não se coloca, porque não há nesses casos sentença prematuramente proferida, mas sim sentença viciada proferida no momento adequado." (ASSUMPÇÃO NEVES, Daniel Amorim. Manual de Direito Processual Civil. vol único. 8 ed. Salvador: 2016. P. 1552).

4.1. As inovações sobre o requisito geral da desnecessidade de produção probatória

Uma primeira mudança que se observa no novo regramento é no requisito exigido para aplicação da Teoria. Basta que a causa esteja em "condições de julgamento", conforme parágrafo terceiro do art. 1.013 do CPC/15.

Então, vejamos, o que a antiga lei consagrava: *"Nos casos de extinção do processo sem julgamento do mérito (art. 267), o tribunal pode julgar desde logo a lide, se a causa versar questão exclusivamente de direito e estiver em condições de imediato julgamento"*. E agora, no Código de Processo de 2015: *"Se o processo estiver em condições de imediato julgamento, o tribunal deve decidir desde logo o mérito (...)"*.

A nova redação é mais ampla do que aquela contida no antigo código de 1973. Isso porque, exigia-se expressamente que a matéria, além de "madura", fosse exclusivamente de direito. Andou bem a nova lei neste sentido, uma vez que a jurisprudência já era uníssona em atribuir uma intepretação mais ampla,[18] conforme assentado atualmente pelo código.

Pensamos que a nova redação atende às normas fundamentais esposadas nas regras iniciais do novo Código, notadamente as que tratam da efetividade, celeridade e economia processual, que podem ser depreendidas dos arts. 4º e 8º do CPC/15[19].

No que tange a essa análise inicial do requisito para aplicação da teoria da causa madura, pensamos, ainda, que o Código perdeu a oportunidade de encerrar uma controvérsia a respeito da necessidade, ou não, de o apelante formular nas razões recursais, um pedido expresso de aplicação da regra contida no art. 1.013 § 3º do CPC/15, uma das questões mais sensíveis relativas a tal teoria.

Com efeito, não nos parece ser a vontade da lei a exigência de pedido expresso do recorrente, na medida em que a regra utiliza o verbo "dever" do Tribunal de aplicar a teoria da causa madura, caso esteja presente o único requisito ("§ 3º Se o processo estiver em condições de imediato julgamento, o tribunal deve decidir desde logo o mérito").

---

18. Ver nota 14. "Longe de constituir grande novidade, o fato é que parcela expressiva da doutrina já se posicionava, desde a promulgação da Lei 10.352/2001, no sentido de que os requisitos devessem ser interpretados de modo abrangente. (...) A jurisprudência amplamente majoritária já encampava a orientação de que bastaria não ser mais necessária a prática de ulteriores atos de instrução, podendo ser aplicado o dispositivo em casos nos quais o tribunal precisasse analisar o acervo probatório já existente nos autos." (SIQUEIRA, Thiago Ferreira. Processo nos Tribunais e meios de impugnação às decisões judiciais. Coord.: DIDIER JR. Fredie. 2ª ed. Salvador: Jus Podium. 2016.p. 860.)
19. DIDIER JR. Fredie. Curso de Direito Processual Civil – Meios de Impugnação às Decisões Judiciais e Processo nos Tribunais, 17ª ed, vol. III, 2016 p. 194

Logo, independente da vontade do recorrente, parece que a regra é determinante e prescinde da manifestação expressa do apelante, já que o próprio dispositivo representa hipótese legal excepcional do efeito devolutivo. Basta que o recorrente peça a invalidação do julgado em uma das hipóteses cabíveis e, se a causa estiver em condições de julgamento, o Tribunal pode desde logo julgar o mérito.

Nos parece, portanto, que se o efeito devolutivo é decorrente do princípio dispositivo, como dito alhures, e se a teoria da causa madura é exceção ao efeito devolutivo, não há se falar em necessidade de requerimento para aplicação do julgamento imediato do apelante. O verbo "dever" utilizado na lei, repita-se, revela o caráter impositivo da norma, deixando de lado a vontade do recorrente-apelante em querer ou não o julgamento imediato.

Preenchido o requisito da condição de "causa madura", o Tribunal *ad quem* deverá julgar imediatamente o mérito da causa, desde que se trate de uma das hipóteses autorizadoras do art. 1.013, § 3º, do CPC/15.[20]

4.2. As hipóteses legais para aplicação da causa madura no CPC/2015

A segunda mudança significativa em relação à teoria da causa madura diz respeito às hipóteses em que a lei admite sua aplicação. A primeira hipótese legal na nova lei já estava prevista no CPC/73 e cuida das sentenças terminativas. Além da mudança no requisito do julgamento da causa madura

---

20. No mesmo sentido do texto: SIQUEIRA, Thiago Ferreira. Processo nos Tribunais e meios de impugnação às decisões judiciais. Coord.: DIDIER JR. Fredie. 2ª ed. Salvador: Jus Podium. 2016. Pag. 863; NEVES, Daniel Amorim Assumpção. Manual de Direito Processual Civil. Vol. Único. 8ª ed. Salvador: *Jus Podium*. pag. 1554. Barbosa Moreira, nos seus comentários ao código de 1973 já afirmava a desnecessidade de requerimento expresso do apelante e aponta nomes relevantes da doutrina nacional no mesmo sentido: Teresa Wambier, Luiz Rodrigues Wambier, Sergio Ricardo Arruda Fernandes. MOREIRA, José Carlos Barbosa. Comentários ao Código de Processo Civil, Lei 5.869 de 11 de janeiro de 1973, vol V. Rio de Janeiro: Forense. P. 432; BUENO, Cassio Scarpinella. Manual de Direito Processual Civil, v. único, São Paulo: Saraiva. 2016 p.688; Nesse mesmo sentido Marinoni afirma: "A aplicação do art. 1013 § 3º, do CPC/15 independe de requerimento da parte. o art. 1013 § 3º autoriza que o Tribunal julgue desde logo a causa – ainda que a partir de matéria não apreciada em primeiro grau – desde que as partes não tenham nada mais a alegar ou provar. (MARINONI, Luiz Guilherme. Comentários ao Código de Processo Civil. São Paulo: Editora Revista dos Tribunais. 2016. P. 204) Em sentido contrário, em posicionamento que diz ser indispensável o requerimento de aplicação da causa madura do apelante, na mesma referência bibliográfica, Barbosa Moreira aponta os seguidores dessa corrente diversa: Flavio Cheim Jorge, Aprigliano. E por fim, Fredie Didier Jr. que afirma que aplicação da teoria da causa madura depende de requerimento do recorrente. (DIDIER JR. Fredie. Curso de Direito Processual Civil – Meios de Impugnação às Decisões Judiciais e Processo nos Tribunais, 17ª ed, vol. III, 2016 p.195).

nos casos em que o juiz profere sentença meramente terminativa equivocadamente (inciso I, art. 1.013 § 3º), o Código inovou e ampliou o dispositivo, acrescentando mais três incisos que representam hipóteses que autorizam a aplicação da causa madura.

Embora haja posicionamento em sentido diverso, conforme já acentuado[21], parece-nos que a ideia da lei foi de ampliar claramente as hipóteses de aplicação da teoria da causa madura, o que já se operava no âmbito jurisprudencial. Ao que tudo indica, o Código intencionou deixar claro que deve haver o julgamento imediato de Tribunal em hipóteses que seriam de invalidação e retorno dos autos para o Juízo *a quo* para novo julgamento, sem vícios formais, em atenção à garantia da efetividade processual e à duração razoável do processo.

5. REFORMA DE SENTENÇA FUNDADA NO ART. 485 (INCISO I)

Da análise do art. 1.013, I, § 3º, do CPC/2015 é importante destacar a situação da petição inicial indeferida (485, I, CPC/15). Neste caso, até mesmo por intuição lógica, caso haja rejeição liminar da petição inicial e a sentença mereça reforma, a causa não estará pronta para julgamento, uma vez que o estágio do processo nem sequer ultrapassou a fase postulatória e, ainda, o réu nem mesmo foi citado. Isto, obviamente, impede o conhecimento imediato da causa pelo Tribunal. Ora, se o réu sequer integra a relação processual, não há como antever a necessidade ou não de fase instrutória do processo.

Caso a hipótese de extinção sem resolução de mérito seja por indeferimento da petição inicial, a causa nunca estará pronta para julgamento, tendo em vista o encerramento liminar do feito antes mesmo da citação e oitiva do réu.

Todas as demais situações de extinção sem resolução de mérito previstas no art. 485 do CPC/15, com exceção da rejeição liminar da petição inicial, poderão ensejar aplicação da regra da causa madura, caso a sentença terminativa tenha sido proferida equivocadamente pelo juízo *a quo*.

6. JULGAMENTO DA APELAÇÃO QUE RECONHECE VIOLAÇÃO À ADSTRIÇÃO AOS PEDIDOS (INCISO II) E QUE RECONHECE A OMISSÃO DO JULGADOR (INCISO III)

Na hipótese em análise, tanto o inciso II quanto o III correspondem à violação do princípio da adstrição ou também chamado de princípio da

---

21. Vide Daniel Amorim Assunção Neves, nota de rodapé n. 10.

correlação. Ambos incisos tratam de sentença *extra* (aquela em que o juiz concede algo diverso do que foi pretendido pela parte), *ultra* (aquela em que o juiz concede além do que foi almejado pelo demandante) ou *citra petita* (aquela em que o juiz deixa de apreciar algum fundamento ou pedido). Portanto, não se vislumbram razões técnicas para que as hipóteses sejam tratadas de forma diversa pela lei.[22]

De todo modo, toda vez que a sentença extrapolar ou não respeitar os limites do pedido autoral, a teor da sentença que os extrapola ou os desrespeita deve ser anulada. Portanto, é perfeitamente possível ao Tribunal aferir se a causa está pronta para julgamento imediato quanto ao conteúdo não extirpado da sentença.

Em primeiro lugar, se há necessidade de anular uma sentença *extra petita*, que concedeu algo diverso do que foi pretendido, basta analisar se a pretensão principal está ou não madura para ser julgada. Em segundo lugar, caso uma sentença seja *ultra petita*, basta extirpar o conteúdo acrescentado arbitrariamente pelo juízo a quo, o que, em princípio, não vai ensejar a aplicação da teoria da causa madura.

E, por fim, no que tange à sentença *citra petita*, há duas observações a serem destacadas. A primeira observação diz respeito à omissão pelo juiz em relação a algum fundamento. Nesse caso, pela profundidade da matéria devolvida na apelação, é possível que o Tribunal conheça a matéria sobre a qual o órgão *a quo* não tenha se debruçado. A segunda observação diz respeito à omissão em relação a algum pedido da petição inicial. Neste caso, aplica-se a teoria da causa madura a fim de permitir que, excepcionalmente, o Tribunal *ad quem* conheça e julgue em "primeira mão" o pedido não enfrentado, desde que, obviamente, a causa prescinda de instrução probatória.

Neste mesmo passo, em relação ao inciso II do mesmo dispositivo, Daniel Amorim Assumpção Neves destaca que na sentença *extra petita* é possível que a questão não apreciada em primeira instância não esteja pronta para julgamento e, em relação ao inciso III, nos quais houve omissão ou ausência de fundamentação adequada do julgamento, a causa sempre estará pronta para julgamento, o que não justifica a aplicação excepcional da teoria em apreço.[23]

---

22. No mesmo sentido do texto: SIQUEIRA, Thiago Ferreira. Processo nos Tribunais e meios de impugnação às decisões judiciais. Coord.: DIDIER JR. Fredie. 2ª ed. Salvador: Jus Podium. 2016. Pag. 867.
23. NEVES, Daniel Amorim Assumpção. Manual de Direito Processual Civil. Vol. Único. 8ª ed. Salvador: Jus Podium. pag. 1552.

6.1. Sentença com fundamentação deficiente (inciso IV)

A teoria da causa madura abrange uma situação extremamente interessante: na hipótese em que o juiz não fundamenta a sentença adequadamente, o Tribunal poderá conhecer e julgar a causa, se ela já estiver pronta para julgamento. Importante atentar que o novo Código dispõe de modo expresso, detalhado e objetivo, na regra contida no art. 489, § 1º do CPC/15, as hipóteses de nulidade da sentença por ausência de fundamentação. É dever cooperativo do magistrado, por força da conjugação dos arts. 6º, 10 e 489, § 1º, fundamentar suas decisões legitimamente, o que, em caso inobservância, acarreta a nulidade dos seus provimentos.

Diante de sentença nula, como já foi alertado, o processo deve ser devolvido à origem, em regra, para que o juiz profira novo julgamento, corrigindo as irregularidades do seu provimento. Ocorre que, nos casos em que a causa esteja pronta para julgamento, diante do inciso IV do parágrafo 3º do art. 1.013 do CPC/15, o tribunal poderá proferir julgamento imediato, o que pode representar ao mesmo tempo dois aspectos, um positivo e outro negativo.

O aspecto positivo se verifica em prol das partes, que terão direito à efetivação, celeridade e economia processual (art. 8º, CPC/15) com a aplicação da teoria da causa madura. Já o aspecto negativo corresponde ao desencorajamento a que os magistrados se atentem para a fundamentação adequada prevista no art. 489, § 1º do CPC/15: não será o próprio juiz prolator da sentença nula que irá corrigir a falha, prolatando sentença sem vícios.

Embora tenham sido destacadas essas duas consequências possíveis, entendemos que esse aspecto negativo mencionado pode ser mitigado em razão da criação de critérios que possibilitem a demonstração, na estatística sobre a produtividade e rendimento dos magistrados, do número de sentenças anuladas, ainda que haja posterior julgamento do mérito pela teoria da causa madura, a dificultar, assim, o benefício da promoção na carreira injustificadamente.[24]

Deste modo, ao ponderar as duas consequências possíveis em relação à hipótese de sentença desprovida de fundamentação adequada, pensamos que o benefício gerado com a efetividade e a economia processual em prol dos jurisdicionados tem peso maior do que o aspecto operacional-funcional do magistrado.

---

24. "Cabe ao Tribunal, ao aplicar o dispositivo, dividir bem o julgamento: primeiramente, reconhece a falta de fundamentação e invalida a sentença; depois, preenchidos os pressupostos do inciso IV, julga a causa. A divisão é importante, pois certamente o número de decisões anuladas por falta de fundamentação será levado em conta nos processos administrativos de promoção do magistrado.". (DIDIER JR. Fredie Didier. CUNHA, Leonardo Carneiro da. Curso de Direito Processual Civil. Meios de impugnação às decisões judiciais e Processo nos Tribunais. 13ed. Vol. 3. Salvador: Jus Podium. 2016. P. 199).

7. CONCLUSÃO

De tudo o que foi analisado, chega-se à conclusão de que a teoria da causa madura prevista no novel art. 1.013, § 3º do CPC/15 foi aprimorada e teve ampliação das hipóteses de aplicação, permitindo uma atuação mais efetiva.

Ao analisar os incisos do § 3º do art. 1.013, verifica-se que todos se referem a aspectos formais que obstaram de algum modo, a análise da questão meritória principal da demanda pelo juízo de primeira instância.

Segundo o novo Código, tanto nas hipóteses de extinção sem resolução de mérito, como nos casos em que não seja observada a regra da correlação entre pedido e decisão e também nos casos de ausência de fundamentação, deverá ocorrer a aplicação da teoria da causa madura, desde que não haja necessidade de produção probatória, a qual mitiga o efeito devolutivo da apelação e o duplo grau de jurisdição, a fim de alcançar os princípios normativos da primazia de mérito e da duração razoável do processo, nos moldes dos artigos 4º do CPC/15 e 5º, LXXVIII da Carta Magna.

O agravo de instrumento contra decisão parcial e a impugnação de decisões interlocutórias anteriores

Fernanda Medina Pantoja[1] *e*
Verônica Estrella Holzmeister[2]

Sumário • **1**. Generalidades sobre o agravo de instrumento no novo código de processo civil – **2**. Agravo de instrumento contra decisões parciais de mérito e parciais terminativas – **3**. Impugnação das interlocutórias anteriores à decisão parcial – **4**. Tentativa de equacionamento do problema – **5**. Conclusão.

1. GENERALIDADES SOBRE O AGRAVO DE INSTRUMENTO NO NOVO CÓDIGO DE PROCESSO CIVIL

O agravo de instrumento foi, sem dúvida, uma das espécies recursais que mais sofreu alterações no Código de Processo Civil de 2015[3], mediante

---

1. Professora de Direito Processual Civil da PUC-Rio. Doutora e Mestre em Direito Processual pela Universidade do Estado do Rio de Janeiro (UERJ). Pesquisadora Visitante na *University of Cambridge* e na *Queen Mary University of London* (Inglaterra).
Pós-Graduada em Direito Empresarial pela FGV-RJ. Graduada em Direito pela UERJ. Membro efetivo do Instituto Carioca de Processo Civil e do Instituto Brasileiro de Direito Processual. Advogada.
2. Especialista em Direito Processual Civil pela PUC-Rio. Graduada em Direito pela PUC--Rio. Advogada.
3. Ainda no âmbito dos recursos de competência dos tribunais de segunda instância, podem ser destacadas também alterações significativas em relação ao processamento e julgamento da apelação (art. 1.010, § 3º, do CPC/2015).

a inauguração de um rol taxativo[4] de hipóteses de cabimento, constante do art. 1.015[5], e a extinção de sua modalidade retida.

A maior inovação se deu, assim, especificamente no momento e na forma pela qual podem as partes se insurgir contra as decisões interlocutórias não indicadas na lei, ou seja, não recorríveis por agravo de instrumento. A oportunidade de impugnar tais provimentos foi deslocada para quando da interposição de apelação ou quando da apresentação das contrarrazões de apelação, ao término da fase de conhecimento, após a prolação de sentença com ou sem resolução de mérito (§ 1º do art. 1.009).

Na nova estrutura processual, portanto, nem todas as decisões interlocutórias são impugnáveis de imediato. Cabe às partes analisarem o conteúdo da interlocutória, de maneira a verificar se esta se enquadra ou não nas hipóteses legais de cabimento do agravo de instrumento, para então definir se será o caso de recorrer imediatamente ou de aguardar para, eventualmente, vir a impugná-la por meio de apelação ou de contrarrazões à apelação.

Trata-se de uma mudança significativa e louvável no desenvolvimento do processo em primeira instância, que passa a se desenrolar de forma mais fluida, sem sucessivas interceptações por meio da interposição de recursos até a prolação da sentença. [6] A limitação das hipóteses de agravo de instrumento, aliada à abolição do agravo na forma retida, garante a almejada concentração

---

4. Embora não seja tema deste estudo, pontue-se que há corrente doutrinária a defender a polêmica aplicação de uma interpretação extensiva ao rol taxativo constante do art. 1.015. Nesse sentido, vejam-se DIDIER JR, Fredie; CUNHA, Leonardo Carneiro da. *Curso de direito processual civil: meios de impugnação às decisões judiciais e processo nos tribunais.* 13ª ed. reform. Salvador: Ed. JusPodivm, 2016. vol. 3, pp. 209-212; e WAMBIER, Teresa Arruda Alvim; CONCEIÇÃO, Maria Lúcia Lins; RIBEIRO, Leonardo Ferres da Silva; MELLO, Rogerio Licastro Torres de. *Primeiros comentários ao novo código de processo civil: artigo por artigo.* 2ª ed. rev., atual e ampl. São Paulo: Ed. Revista dos Tribunais, 2016, p. 1614. Em sentido contrário, ROQUE, André Vasconcelos et al, "Hipóteses de Agravo de Instrumento no Novo CPC: os efeitos colaterais da interpretação extensiva". *Jota*, abril, 2016. Disponível em: http://jota.uol.com.br/hipoteses-de-agravo-de-instrumento-no-novo-cpc--os-efeitos-colaterais-da-interpretacao-extensiva. Acesso em: 31 de ago. 2016.

5. Todos os artigos citados no texto sem referência são do CPC/2015.

6. Interessante notar que, já na vigência do CPC/73, as decisões impugnáveis por agravo retido (ou seja, aquelas que não se enquadravam nas hipóteses de cabimento de agravo de instrumento) também tinham o seu conhecimento e análise pelo tribunal diferido para o momento de julgamento da apelação, oportunidade em que o agravo retido era reiterado em preliminar. Ou seja, no CPC/2015, a novidade não está exatamente no momento do julgamento dos recursos interpostos contra decisões que não comportam agravo de instrumento. A inovação encontra-se, em realidade, no fato de que não há necessidade de, quando proferida a decisão interlocutória, a parte manifestar imediatamente a sua oposição, como ocorria com o agravo retido.

das impugnações, ao buscar reuni-las em uma única oportunidade, ao final da fase de conhecimento.

A adoção desse regime, que representa a culminância de paulatina evolução legislativa[7], foi claramente orientada pelos princípios processuais da duração razoável do processo e da eficiência[8], acolhidos pelo CPC/2015

---

7. A recorribilidade das decisões interlocutórias já recebeu diversos tratamentos pela legislação processual brasileira, seja em relação às hipóteses de cabimento de recursos, seja em relação à sua forma de processamento.

    Embora o CPC/39 admitisse três espécies de agravo (o agravo de petição contra decisões que implicassem a terminação do processo; o agravo de instrumento contra algumas poucas decisões interlocutórias; e o agravo nos autos do processo, que ficava retido nos autos, para evitar a preclusão a respeito de determinadas decisões), a maior parte das decisões interlocutórias era imune a ataques recursais.

    Como o CPC/39 foi de encontro à prática jurídica luso-brasileira, que, tradicionalmente, sempre admitira recurso contra as decisões que pudessem causar dano irreparável, os advogados se valiam, na prática, de sucedâneos recursais para tentar modificar estas decisões, tais como a correição parcial e o mandado de segurança. Assim, sob os aplausos da doutrina, o CPC/73 aboliu o agravo de petição e tornou recorrível toda decisão interlocutória, generalizando o cabimento do agravo, que poderia ficar retido ou subir desde logo em instrumento.

    A Lei 9.139/95 foi a primeira a alterar a disciplina do agravo no CPC/73 e iniciar um movimento de restrição à recorribilidade imediata das interlocutórias, ao prever a possibilidade de a parte escolher entre o agravo retido ou por instrumento contra qualquer decisão interlocutória, exceto em relação às decisões proferidas em audiência de instrução e julgamento e àquelas posteriores à sentença – estas passíveis de serem atacadas somente por agravo retido. A mesma lei modificou também o procedimento de formação e interposição do instrumento, que passou a ser feito diretamente perante o tribunal competente para julgá-lo, e estabeleceu a possibilidade de o relator conferir efeito suspensivo ao recurso. Essa última inovação, junto ao aumento das decisões agraváveis (em decorrência da reforma que admitiu a tutela antecipada em todos os processos), também gerou o efeito perverso de incrementar o número de agravos de instrumento.

    Em seguida, a Lei 10.352/01 ampliou as hipóteses da obrigatoriedade de interposição de agravo na modalidade retida, bem como conferiu ao relator o poder de converter o agravo de instrumento em agravo retido toda vez que não se tratasse de provisão jurisdicional de urgência. Por fim, a Lei 11.287/05 tornou regra o agravo das decisões interlocutórias na forma retida, exceto se a decisão fosse suscetível de causar grave lesão à parte, nos casos de inadmissão da apelação e nos relativos aos efeitos em que fosse recebida.

    Ao extinguir o agravo na forma retida e restringir ainda mais o cabimento do agravo de instrumento, o CPC/2015 constituiu o ápice desse movimento voltado a limitar a recorribilidade imediata das interlocutórias. Um histórico resumido da evolução legislativa do agravo pode ser encontrado em PANTOJA, Fernanda Medina. "Reformas Processuais: Sistematização e Perspectivas". *Revista de Processo*, nº. 160, São Paulo: Ed. Revista dos Tribunais, jun. 2008.

8. O princípio da eficiência releva-se em duas dimensões. A primeira está relacionada à administração da justiça, impondo ao Poder Judiciário– tal qual a toda Administração Pública de modo geral (art. 37, *caput*, da Constituição Federal) – uma atuação com presteza

de forma expressa, respectivamente, nos seus artigos 4° e 8°. Visa, afinal, otimizar a dinâmica processual em primeiro grau de jurisdição, com o escopo de tornar a prestação jurisdicional mais ágil e efetiva.

Nesse contexto, é de se reconhecer que as modificações trazidas pela nova lei acabaram por impactar de forma relevante o sistema de preclusão das decisões interlocutórias não agraváveis, ao determinarem o diferimento da recorribilidade de tais provimentos.

Em síntese, passaram a conviver, no CPC/2015, dois sistemas distintos de preclusão do direito de as partes se insurgirem contra as decisões interlocutórias, a depender do conteúdo do provimento impugnado. No caso das interlocutórias que se enquadrem em uma das hipóteses enumeradas nos art. 1.015, a preclusão – ou a perda do direito ao recurso – operar-se-á no instante em que as partes exercerem o ato de agravar (preclusão consumativa), deixarem de interpor o agravo de instrumento (preclusão temporal) ou praticarem um ato incompatível com a vontade de recorrer (preclusão lógica).

Por outro lado, a possibilidade de impugnação das interlocutórias cujo conteúdo não se encontre nas hipóteses ventiladas no art. 1.015 restará incólume – ao menos sob os aspectos temporal e consumativo[9-10] – até a ocasião de interposição da apelação ou de apresentação das contrarrazões à

---

e rendimento funcional. A segunda dimensão do princípio manifesta-se no próprio estrado processual, ao exigir que os atos praticados disponham do maior rendimento possível, além de determinar uma gestão processual adequada à solução do caso concreto. Sobre o tema, Leonardo Carneiro da. "A previsão do princípio da eficiência no Projeto do Novo Código de Processo Civil brasileiro", *Revista de Processo*, n° 233, São Paulo: Ed. Revista dos Tribunais, jul. 2014.

9. Ainda que a parte agrave, não haverá preclusão consumativa se a decisão agravada não for recorrível por meio de agravo de instrumento. Nesse caso, o tribunal deve limitar-se a inadmitir o recurso, mantendo-se, obviamente, o direito do interessado de impugnar a interlocutória ao final da fase de conhecimento.

10. Não se pode negar a possibilidade de haver, excepcionalmente, também a ocorrência da preclusão lógica para as partes, a impedir a impugnação das interlocutórias não agraváveis quando da interposição da apelação ou apresentação de contrarrazões à apelação. Nesse sentido, Marcela Melo Perez reconhece que "*certos atos praticados pela parte, que indiquem conformação à decisão judicial, poderão implicar em preclusão lógica e inadmissibilidade do recurso de apelação eventualmente interposto pela parte sucumbente no futuro*", como é o caso de uma parte que paga multa por litigância de má fé, sem que esta tenha sido executada pelo seu beneficiário e sem fazer qualquer ressalva. No entanto, defende a autora que, para fins do art. 1.000 do CPC/2015, que enseja a preclusão lógica, a aceitação tácita ou expressa da decisão deve ser espontânea. Assim, se uma das partes é contrária à realização de uma perícia, por reputá-la desnecessária, mas a produção dessa prova é deferida pelo juiz, os atos praticados em sequência pela parte, de apresentação de quesitos e de indicação de assistente técnico, não podem ter o condão importar de em aquiescência à decisão judicial. PEREZ, Marcela Melo. "A recorribilidade diferida das decisões interlocutórias no CPC/15 e a preclusão lógica". *Processualistas – Jusbrasil*. Disponível

apelação[11], conforme dispõe o § 1º do art. 1.009, sem que se exija, para esse fim, a princípio, qualquer tipo de "protesto antipreclusivo".[12]

2. AGRAVO DE INSTRUMENTO CONTRA DECISÕES PARCIAIS DE MÉRITO E PARCIAIS TERMINATIVAS

Dentre as hipóteses de cabimento do agravo previstas em lei, encontram-se as decisões interlocutórias que incidem em alguma das situações descritas no art. 485 ou no art. 487[13]. Tais pronunciamentos judiciais, apesar de disporem do mesmo conteúdo de uma sentença terminativa (art. 485) ou de uma sentença de mérito (art. 487), não colocam fim à fase processual de conhecimento, por ainda restar(em) outro(s) pedido(s) a serem analisados e julgados. Em outras palavras, são decisões que aplicam a técnica de cisão do julgamento, decidindo o mérito ou inadmitindo o processo em relação a um ou alguns dos pedidos deduzidos nos autos.

A aplicação da técnica de cisão do julgamento não é exatamente uma novidade. Porém, diferentemente do CPC/73, que deixava espaço para discus-

---

em: http://processualistas.jusbrasil.com.br/artigos/342797352/a-recorribilidade-diferida--das-decisoes-interlocutorias-no-cpc-15-e-preclusao-logica. Acesso em 25 ago. 2016.

11. Na sistemática do CPC/2015, caso o apelado, ao responder à apelação interposta pela parte vencida, impugne decisões interlocutórias anteriores, as suas contrarrazões terão dupla natureza, de resposta e de recurso, como reconhece a doutrina. Vejam-se, por todos, CÂMARA, Alexandre Freitas. "Comentários ao art. 1.009". In CABRAL, ANTONIO DO PASSO; CRAMER, Ronaldo (coord), *Comentários ao Novo Código de Processo Civil*. Rio de Janeiro: Ed. Forense, 2015, p. 1486; MELLO, Rogério Licastro Torres de. "Comentários ao art. 1.009". In WAMBIER, Teresa Arruda; DIDIER JR., Fredie; TALAMINI, Eduardo; e DANTAS, Bruno (coord.), *Breves Comentários ao Novo Código de Processo Civil*. São Paulo: Ed. RT, 2015, p. 2236.

12. A exigência do protesto para fins de evitar a preclusão chegou a ser cogitada durante o trâmite legislativo do projeto do novo CPC, constando do substitutivo da Câmara dos Deputados. Contudo, foi excluída do texto pelo Senado, ao argumento de que restabeleceria a lógica do agravo retido, contrariando o escopo simplificador da reforma, como se depreende do Relatório da Comissão do Senado de 04.12.2014. É preciso que se faça, porém, uma ressalva: diante do disposto no art. 278, em se tratando de uma interlocutória não agravável que contenha um vício de invalidade, deve a parte necessariamente suscitar a nulidade do ato na primeira oportunidade em que lhe couber falar nos autos, sob pena de a matéria restar preclusa e não poder constar da apelação. DIDIER JR, Fredie; CUNHA, Leonardo Carneiro da. *Curso de direito processual civil: meios de impugnação às decisões judiciais e processo nos tribunais*. 13ª ed. reform. Salvador: Ed. JusPodivm, 2016. vol. 3, p. 226.

13. Tais hipóteses de cabimento estão previstas, respectivamente, no art. 1.105, inciso II, e art. 1.015, inciso XIII c/c par. único do art. 354.

são a respeito da existência de "sentenças parciais de mérito"[14], o CPC/2015 reconhece expressamente a possibilidade de pronunciamentos de mérito sobre parcela do objeto litigioso, superando o dogma da sentença una.[15]

Assim é que, em atenção aos mencionados princípios da eficiência e da duração razoável do processo, bem como tendo em vista que não se mostra lógico retardar a entrega da tutela jurisdicional de um pedido que já pode ser julgado, simplesmente porque outros deduzidos no mesmo processo ainda não podem ser decididos, o CPC/2015 traz expressamente a possibilidade de aplicação da técnica de julgamento fracionado do mérito nas seguintes hipóteses: quando um ou alguns pedidos forem incontroversos; ou quando um ou alguns pedidos estiverem em condição de imediato julgamento, seja por não demandarem a produção de outras provas, seja por haver se operado o efeito da revelia.[16]

---

14. Muito se discutiu, durante a vigência do CPC/73, a respeito da possibilidade de prolação de sentenças parciais. As discussões ganharam ainda mais destaque com a inserção do § 6º ao art. 273 e com a alteração da redação do art. 162, § 2º, ambos do CPC/73, pelas Leis 10.444/02 e 11.232/05, respectivamente. Parte da doutrina defendia a existência das "sentenças parciais", como MITIDIEIRO, Daniel Francisco. "Direito fundamental ao julgamento definitivo da parcela incontroversa: uma proposta de compreensão do art. 273, § 6º, do CPC, na perspectiva do direito fundamental a um processo sem dilações indevidas (art. 5º, LXXVII, da CF/1988)", *Revista de Processo*, nº 149, São Paulo: Ed. Revista dos Tribunais, jul. 2007; e ARAÚJO, Luciano Vianna, "Sentenças Parciais", in BUENO, Cassio Scarpinella (coord.), *Coleção Direito e Processo*. São Paulo: Ed. Saraiva, 2011. Em sentido contrário, negando a sua existência, BARBOSA MOREIRA, José Carlos, "A nova definição de sentença (Lei nº 11.232)", *Revista Dialética de Direito Processual*, nº 39, São Paulo: Ed. Dialética, jun. 2006; NERY JR, Nelson; NERY, Rosa Maria Andrade. *Código de processo civil comentado*, 9ª ed. São Paulo: Ed. Revista dos Tribunais, 2006, p. 372; CÂMARA, Alexandre Freitas. *Lições de direito processual civil*. 18ªed. rev. Rio de Janeiro: Ed. Lumen Juris, 2008, pp. 409-412.

   Filiamo-nos à corrente doutrinária majoritária que, já na vigência do CPC/73, defendia que o conceito de sentença deveria considerar, além do conteúdo do pronunciamento judicial, a função de pôr fim à atividade de conhecimento ou à fase executiva em primeira instância (critério topográfico). Essa opinião foi externada por uma das autoras deste artigo em PANTOJA, Fernanda Medina. *Apelação Cível Novas Perspectivas para um Antigo Recurso: um estudo crítico de direito nacional e comparado*. Curitiba: Ed. Juruá, 2010, p. 36-37. Nesse sentido, ainda que se admitisse que o pronunciamento judicial proferido com base no § 6º do art. 273 do CPC/73 fosse dotado de definitividade, a sua natureza não poderia ser outra senão a de uma decisão interlocutória (e não de sentença parcial), por não determinar a extinção das fases de conhecimento ou de execução.

15. Nesse sentido, WAMBIER, Teresa Arruda Alvim. "Sentenças". In WAMBIER, Teresa Arruda Alvim; WAMBIER, Luiz Rodrigues (coord.). *Temas essenciais do novo CPC: análise das principais alterações do sistema processual civil brasileiro*. São Paulo: Ed. Revista dos Tribunais, 2016, p. 377.

16. Arts. 356 e 355.

Do mesmo modo, também um defeito processual que recaia sobre um ou alguns dos pedidos deve ser reconhecido o quanto antes, com a ressalva de que, quando possível, dê-se previamente à parte a oportunidade de corrigir o vício[17], à luz do princípio da primazia da decisão de mérito.[18] Assim, evita-se o prosseguimento desnecessário do feito em relação àquele pedido inquinado de manifesto defeito processual, poupando-se a prática de atos claramente prescindíveis, como a produção de provas pelas partes em relação a um pedido cujo mérito sabidamente não poderá ser objeto de julgamento.

Não há razão para obrigar as partes a aguardarem um julgamento simultâneo de pretensões que são independentes, ainda que tenham sido apresentadas no bojo de uma só ação. Sempre que houver cumulação simples de pedidos – isto é, quando o autor formular diferentes pedidos no processo, buscando que todos sejam acolhidos simultaneamente, como o pagamento de indenização por danos morais e materiais –, há espaço para a aplicação da técnica de cisão do julgamento.[19]

É possível o fracionamento do mérito, ainda, no caso de cumulação sucessiva de pedidos – isto é, quando a procedência do primeiro for condição necessária à procedência do segundo, como a anulação do contrato e a devolução das parcelas pagas – desde que o julgamento parcial refira-se exclusivamente ao primeiro pedido.[20]

Ademais, mesmo que não haja cumulação de pedidos, a cisão do julgamento também poderá ser empregada na hipótese de haver um único pedido passível de decomposição. Por exemplo, se o autor pugnar pela condenação do réu ao pagamento de R$ 10.000,00 a título de danos materiais, e o réu reconhecer que deve R$ 3.000,00, deve o juiz desde logo condená-lo a pagar essa quantia incontroversa, prosseguindo o processo tão somente para o julgamento da parcela restante, sobre a qual ainda disputarão as partes.

---

17. Art. 317.
18. Sobre o princípio da primazia do mérito, DIDIER JR, Fredie. *Curso de Direito Processual Civil*, 17ª ed. Salvador: Ed. JusPodivm, 2016, v. 1, pp. 136-137.
19. A respeito das hipóteses de aplicação da técnica de cisão de julgamento, WAMBIER, Teresa Arruda Alvim. "Sentenças". In WAMBIER, Teresa Arruda Alvim; WAMBIER, Luiz Rodrigues (coord.). *Temas essenciais do novo CPC: análise das principais alterações do sistema processual civil brasileiro*. São Paulo: Ed. Revista dos Tribunais, 2016, pp. 375-379;
20. Isso porque não se deve admitir a cisão de julgamento por meio de prolação de interlocutória de mérito quando houver dependência jurídica entre os pedidos, cuja ideia está inserta no art. 281 (*"anulado o ato, consideram-se de nenhum efeito todos os subsequentes que dele dependam, todavia, a nulidade de uma parte do ato não prejudicará as outras que dela sejam independentes"*), como demonstra CORREIA FILHO, Antonio Carlos Nachif. *Julgamentos parciais no processo civil*. Dissertação (Mestrado de Direito Processual) – Faculdade de Direito, Universidade de São Paulo, São Paulo, 2015, p. 135.

É interessante notar que o legislador optou por conferir, ao pronunciamento judicial que julga parcialmente uma demanda, a natureza de decisão interlocutória. E, a partir dessa premissa, estabeleceu que a forma de impugnação de tais decisões dá-se por meio da interposição de agravo de instrumento.[21]

A conceituação e a classificação dos provimentos inaugurada pelo CPC/2015 não deixa margem para dúvidas. Mesmo que as decisões interlocutórias versem sobre uma das hipóteses do art. 485 ou art. 487, elas mantêm, ainda assim, o seu enquadramento como interlocutórias, conforme se depreende da leitura conjunta dos artigos 203, § 2º, 354, § único, art. 356, § 6º e art. 1.015, incisos II.

O sistema encampado pela nova lei, afinal, identifica a natureza do pronunciamento judicial tendo em vista dois parâmetros: o seu conteúdo e a sua aptidão para encerrar ou não uma fase processual. São irrelevantes, para fins dessa identificação, outros aspectos como a profundidade da cognição (exauriente ou sumária) ou a idoneidade do pronunciamento para formar coisa julgada material.

Assim, conquanto inegável que a profundidade da cognição de uma decisão interlocutória com o conteúdo dos arts. 485 e 487 seja idêntico à de uma sentença com o mesmo objeto, o CPC/2015 houve por bem estipular recursos distintos para impugná-las.

A opção legislativa pelo cabimento do agravo nesses casos não é, por si só, criticável. De fato, há uma diferença topográfica entre os pronunciamentos, e a utilização do agravo de instrumento mostra-se condizente com o fato de tratar-se de uma decisão interlocutória. Além disso, ambos os recursos – a apelação e o agravo de instrumento – dispõem de fundamentação livre,

---

21. Dessa forma, na sistemática recursal do CPC/2015, restam afastadas as discussões doutrinárias travadas na vigência do CPC/73 (em especial após a Lei 11.232/05, que alterou a redação do art. 162, § 2º, do CPC/73) a respeito de ser cabível agravo de instrumento ou apelação contra o pronunciamento judicial que julgava extinto o processo sem resolução de mérito (art. 267 do CPC/73) e não colocava fim à fase de conhecimento na primeira instância. Dentre aqueles que afirmavam o cabimento de apelação, havia quem defendesse a sua interposição por instrumento (BEDAQUE, José Roberto dos Santos. "Algumas considerações sobre o cumprimento da sentença condenatória". *Revista do Advogado*, AASP, ano XXVI, nº85, maio/2006, pp. 71/72; e AYOUB, Luiz Roberto e PELLEGRINO, Antonio Pedro. "A Sentença Parcial". *Revista de Arbitragem e Mediação*, ano 6, nº. 22, jul-set, 2009, p.51-53) ou a necessidade de formação de autos suplementares em primeiro grau, para que o processo pudesse prosseguir enquanto a apelação estivesse sendo julgada pelo tribunal (REDONDO, Bruno Garcia. *Apelação: o recurso adequado à impugnação da sentença interlocutória*. Disponível em: https://www.academia.edu/11774155/Apelação_o_recurso_adequado_à_impugnação_da_sentença_interlocutória. Acesso em 25 ago. 2016).

o que garante a devolução e o conhecimento dos pedidos pelo tribunal de maneira bastante assemelhada nas duas hipóteses.

Não há como deixar de observar, porém, que, em razão do novo Código atribuir formas de processamento e julgamento distintas para a apelação e para o agravo, exsurgem situações de censurável incongruência.

Por exemplo, não há a possibilidade de sustentação oral na sessão de julgamento do agravo interposto contra decisão parcial, como ocorre no caso da apelação, em que a sustentação oral está garantida[22]; o agravo não dispõe de efeito suspensivo *ope legis*, como se dá com a apelação[23]; e não há previsão de recurso adesivo ao agravo interposto contra interlocutória de mérito, como existe para o apelo.[24-25] Decerto tais incoerências poderiam ter sido evitadas pelo legislador, bastando que se houvessem equiparado as normas aplicáveis ao agravo de instrumento contra o julgamento parcial àquelas que regem a apelação – mas não foi essa a sua escolha.

3. IMPUGNAÇÃO DAS INTERLOCUTÓRIAS ANTERIORES À DECISÃO PARCIAL

Uma relevante questão que não recebeu tratamento expresso na legislação processual diz respeito à compatibilização da técnica de julgamento parcial com a sistemática de preclusão das decisões interlocutórias não agraváveis.

---

22. Nesse particular, ao analisar o art. 937, inciso VIII, parte significativa da doutrina já defende, com propriedade, o cabimento da sustentação oral nas hipóteses de agravo de instrumento interposto contra decisão com conteúdo de sentença (por exemplo, WAMBIER, Teresa Arruda Alvim; CONCEIÇÃO, Maria Lúcia Lins; RIBEIRO, Leonardo Ferres da Silva; MELLO, Rogerio Licastro Torres de. *Primeiros comentários ao novo código de processo civil: artigo por artigo*. 2ª ed. rev., atual e ampl. São Paulo: Ed. Revista dos Tribunais, 2016, p. 1.477; e NEVES, Daniel Amorim Assumpção. *Novo código de processo civil*. São Paulo: Ed. Método, 2015, p. 476-477). Vale notar que, apesar de a versão final do CPC/2015 garantir a possibilidade de sustentação oral apenas para os agravos interpostos contra as decisões que versem sobre tutela provisória, a Exposição de Motivos do Anteprojeto defendia "*a sustentação oral em agravo de instrumento de decisão de mérito, procurando-se, com isso, alcançar resultado do processo mais rente à realidade dos fatos*".
23. Art. 1.012.
24. Pedro Miranda de Oliveira já apontou a necessidade de se permitir a interposição de agravo de instrumento pela via adesiva, em caso de recurso contra decisão interlocutória de mérito. OLIVEIRA, Pedro Miranda. *Novíssimo sistema recursal conforme o CPC/2015*. 2ª ed. Florianópolis: Ed. Empório do Direito, 2016, p. 116.
25. Ainda sobre as diferenças entre agravo de instrumento e apelação, veja-se UZEDA, Carolina Libardoni. "O Julgamento Parcial de Mérito e sua Impugnação". *Portal Processual*. Disponível em: http://portalprocessual.com/o-julgamento-parcial-do-merito-e-sua-impugnacao/. Acesso em 25 ago. 2016.

Explica-se: o CPC/2015, ao prever que a impugnação de interlocutórias não agraváveis deve ser feita em preliminar de apelação ou contrarrazões (art. 1.009, § 1º), não lhe trouxe qualquer exceção, parecendo, portanto, indicar que *todas* as decisões interlocutórias não agraváveis deveriam ser impugnadas apenas quando a fase de conhecimento se encerrar em primeira instância.

No entanto, é fácil observar que, obedecida tal regra também em demandas nas quais haja julgamento parcial dos pedidos, eventual reforma da decisão interlocutória impugnada na preliminar da apelação poderá ser completamente inócua para o fim de afetar a decisão que julgou o mérito, ou que extinguiu o processo em relação a um determinado pedido, e já tenha transitado em julgado.[26]

Imagine-se, no mencionado exemplo em que o autor pleiteia a condenação do réu ao pagamento de R$ 10.000,00 a título de danos materiais e o réu reconhece que deve R$ 3.000,00, que o juiz profira decisões no sentido de rejeitar as preliminares de carência de ação e de incompetência absoluta do juízo arguidas pelo réu; e, na sequência, por meio de uma decisão parcial de mérito, o condene a pagar a quantia incontroversa.

Caso o sucumbente, atendo-se estritamente ao que dispõe a lei, insurja-se por meio de agravo de instrumento somente contra a interlocutória de mérito que o condenou ao pagamento do valor incontroverso, e deixe para impugnar as demais decisões que lhe foram desfavoráveis (logicamente anteriores à parcial de mérito) apenas quando da apelação (ou das contrarrazões de apelação) interposta contra a sentença que julgar os pedidos remanescentes, é possível que a sua impugnação seja de todo imprestável.

Em primeiro lugar, porque eventual reforma da interlocutória anterior (por exemplo, a respeito da carência de ação), se realizada somente quando do julgamento da apelação, não poderá afetar a decisão parcial, se essa já houver transitado em julgado.

Em segundo, porque há o risco de que, por força do efeito devolutivo, no julgamento do agravo interposto contra a decisão parcial, o tribunal analise determinadas questões mesmo que essas não lhe sejam expressamente submetidas pelo agravante ou pelo agravado (por exemplo, a preliminar de incompetência absoluta), as quais, por força da ocorrência de preclusão consumativa para o juiz, não poderão ser objeto de novo julgamento em sede de apelação ou de contrarrazões, ainda que se refiram também aos capítulos julgados pela sentença.

Veja-se que, houvesse o CPC/2015 equiparado a disciplina do agravo contra interlocutórias parciais de mérito ou terminativas à sistemática da

---

26. Com a ressalva de que a decisão parcial de mérito ficará sujeita à coisa julgada material, enquanto a decisão terminativa ficará apenas submetida à coisa julgada formal.

apelação, poder-se-ia concluir, por uma interpretação sistemática, que todas as interlocutórias anteriores à decisão parcial deveriam ser necessariamente impugnadas no bojo do agravo de instrumento (ou das contrarrazões). Contudo, como se expôs, não foi essa a opção legislativa.

4. TENTATIVA DE EQUACIONAMENTO DO PROBLEMA

Identificada a impropriedade da nova lei no tocante à disciplina da impugnação das interlocutórias anteriores à decisão parcial, a dúvida que se coloca é a seguinte: em que momento as partes devem impugnar decisões interlocutórias (não recorríveis por agravo) anteriores[27] à decisão que julga parte dos pedidos iniciais – quando da interposição do agravo de instrumento voltado contra o julgamento parcial (ou nas respectivas contrarrazões) ou quando da interposição da apelação (ou nas suas contrarrazões), após o fim da fase de conhecimento na primeira instância?[28]

Suponha-se que o autor, em sua ação judicial, busque (a) a declaração de que um determinado contrato fora abusivamente rescindido e (b) a reparação por danos materiais sofridos em decorrência de tal rescisão. O juiz indefere a preliminar de ilegitimidade ativa suscitada pelo réu, bem como o pedido de produção de prova para demonstrar os fatos constitutivos de seu direito; em seguida, aplicando o art. 356, II, profere decisão parcial de mérito, reconhecendo que o contrato fora rescindido de forma abusiva, e determina o prosseguimento do feito para analisar a ocorrência ou não de danos materiais.[29]

Nesse caso, a irresignação do réu quanto às interlocutórias relativas à preliminar de ilegitimidade e à inadmissão da prova deverá ser manejada no mesmo agravo (ou nas respectivas contrarrazões) dirigido contra a decisão que julgou procedente o pedido (a)?

---

27. Por decisões anteriores, devem-se entender não apenas aquelas decisões que foram proferidas em pronunciamentos judiciais anteriores, mas também aquelas decisões que, ainda que proferidas no mesmo pronunciamento judicial que julga um (ou alguns) dos pedidos iniciais, lhe são logicamente antecedentes, como já exposto.

28. Ao que se tem notícia, os primeiros a enfrentarem, na doutrina, a polêmica sobre "*o problema das decisões interlocutórias não agraváveis anteriores e o agravo de instrumento contra decisão parcial*", motivados por discussão suscitada pela Prof. Renata Cortez no Fórum Permanente de Processualistas Civis de Curitiba (2015), foram DIDIER JR, Fredie e CUNHA, Leonardo Carneiro da. *Editorial 188*. Disponível em: http://www.frediedidier.com.br/editorial/editorial-188/. Acesso em 25 ago. 2016.

29. Ressalte-se que a hipótese contrária – isto é, o acolhimento do pedido de danos materiais decorrentes da rescisão abusiva e a determinação do prosseguimento do feito em relação ao pedido de declaração da rescisão – seria inadmissível, em razão da dependência jurídica de um pedido em relação ao outro, conforme mencionado.

A prevalecer uma inadvertida interpretação literal do art. 1.009, o momento oportuno para impugnar essas interlocutórias "anteriores" seria somente ao final da fase de conhecimento, quando da interposição de apelação ou da apresentação de contrarrazões, independentemente se relacionadas ao pedido (a), ao pedido (b) ou a ambos os pedidos. Isso porque, como já explorado no primeiro item deste estudo, o CPC/2015 optou por postergar a impugnação das interlocutórias não agraváveis para a última *oportunidade*, quando a fase de conhecimento já está encerrada em primeira instância.

Ocorre que, com a aplicação da técnica de cisão de julgamento, as decisões interlocutórias que decidem um (ou alguns) dos pedidos deduzidos pelo autor são aptas a formar coisa julgada independentemente do encerramento da fase de conhecimento.[30]

E, havendo o trânsito em julgado de tais decisões, as premissas sobre as quais está, ou poderia estar, escorada a decisão de mérito estarão preclusas para aquele(s) pedido(s) e causa(s) de pedir, como consequência da *eficácia preclusiva da coisa julgada*. Nesse sentido, o art. 508 estabelece que, uma vez transitada em julgado a decisão de mérito, serão consideradas deduzidas e repelidas todas as alegações e defesas aptas ao acolhimento ou à rejeição do pedido.[31]

Não seria razoável, por óbvio, conferir função rescisória à apelação (ou às suas contrarrazões) sem que exista qualquer previsão no CPC/2015 nesse sentido.[32] Ademais, como abordado anteriormente, não se pode perder de vista que o art. 1.009, § 1º, busca, em última análise, tornar mais eficiente a entrega da tutela jurisdicional, cujo intento seria nitidamente prejudicado se o desfazimento da coisa julgada fosse considerado o mecanismo padrão para a resolução da questão.

---

30. O art. 356, § 3º, estabelece que as decisões parciais são objeto de execução definitiva, fruto de cognição exauriente e dotadas de definitividade. Nesse tocante, o CPC/2015 admite expressamente a coisa julgada progressiva (art. 975, § 2º) e a independência dos capítulos da sentença (art. 966, § 3º), além de reconhecer que, no âmbito recursal, a profundidade do efeito devolutivo estará sempre limitada ao capítulo devolvido ao tribunal (arts. 1.013, § 1º, e 1.034, § único).

31. A principal inovação do legislador do CPC/2015 nesse dispositivo foi substituir a palavra "sentença", constante do art. 474 do CPC/73, pela expressão "decisão de mérito", deixando evidente a aptidão das decisões parciais de mérito para a formação de coisa julgada, independentemente do encerramento da fase de conhecimento e da prolação de uma sentença.

32. Lembre-se que tal é a importância da coisa julgada, vinculada ao princípio geral da segurança jurídica, que constitui garantia constitucional decorrente do Estado Democrático de Direito, como leciona TALAMINI, Eduardo. *Coisa julgada e sua revisão*. São Paulo: Ed. Revista dos Tribunais, 2005, pp. 46-68.

Conforme já pôde constatar a doutrina[33], o legislador não foi tecnicamente preciso ao dispor, no referido art. 1.009, § 1º, que as decisões proferidas na fase de conhecimento e que não comportam a interposição de agravo "*não são cobertas pela preclusão*". São dois os equívocos identificáveis no texto da lei: em primeiro lugar, a preclusão não atinge propriamente as decisões, mas sim o direito de recurso das partes; e, em segundo, não há que falar na inexistência de preclusão, visto que ela efetivamente se opera, ainda que postergada para uma oportunidade distinta. Em verdade, o que se verifica na hipótese é o mero *diferimento* da incidência da preclusão *sobre o direito das partes* de se insurgirem contra o conteúdo das decisões interlocutórias não agraváveis.

Outra observação necessária em relação ao trecho destacado do § 1º do art. 1.009 é a de que a preclusão de que trata o dispositivo parece ser essencialmente, a de natureza *temporal*, embora abarque também a preclusão de natureza consumativa, como já exposto. Afinal, a norma disciplina o momento em que caberá às partes impugnar as decisões interlocutórias não agraváveis; ou seja, a oportunidade em que as partes poderão exercer o direito de apresentar o recurso cabível para obstar ou retardar a preclusão temporal.[34]

A partir dessas premissas, não nos parece possível fazer uma interpretação alargada daquela norma, de maneira a afirmar que teria o condão de afastar, também, o fenômeno da eficácia preclusiva da coisa julgada. Isso porque, como demonstrado, a norma versa apenas sobre a dilação das preclusões temporal e consumativa para as partes.

Assim, ante o efeito preclusivo da coisa julgada, a interpretação que deve ser conferida ao § 1º do art. 1.009 não é a de que todas as decisões anteriores não recorríveis por agravo devam ser impugnadas quando da apelação ou das contrarrazões de apelação, na última oportunidade após o encerramento da fase conhecimento – mas, sim, quando da *primeira oportunidade após o julgamento do pedido a que tal decisão anterior se relaciona*, ainda que a fase de conhecimento não tenha se encerrado.

---

33. Apontam a imprecisão do legislador, por exemplo, SICA, Heitor Vitor Mendonça. *Recorribilidade das interlocutórias e sistema de preclusões no novo CPC – primeiras impressões*. Disponível em: https://www.academia.edu/17570940/2015_-_Recorribilidade_das_interlocut%C3%B3rias_e_sistema_de_preclus%C3%B5es_no_novo_CPC_rev. Acesso em 25 ago. 2016; e PEREZ, Marcela Melo, "A recorribilidade diferida das decisões interlocutórias no CPC/15 e a preclusão lógica". *Processualistas – Jusbrasil*. Disponível em: http://processualistas.jusbrasil.com.br/artigos/342797352/a-recorribilidade-diferida-das-decisoes-interlocutorias-no-cpc-15-e-preclusao-logica. Acesso em 25 ago. 2016.

34. Em razão do efeito obstativo inerente a todos os recursos, a interposição do recurso cabível terá o efeito de obstar ou retardar a preclusão.

O legislador não atentou para o fato de que nem sempre a sentença que encerrará a fase de conhecimento julgará todos os pedidos, vez que alguns já poderão ter sido objeto de decisão parcial e, desse modo, já poderão ter transitado em julgado quando da prolação de decisão final.[35]

Por isso, o momento para as partes impugnarem as decisões anteriores ao julgamento fracionado de mérito, de algum modo relacionadas àquele pedido, é quando da interposição do agravo de instrumento (ou quando da apresentação das respectivas contrarrazões) contra essa decisão parcial, apta a formar coisa julgada, sob pena de aquelas interlocutórias anteriores restarem imutáveis, por força da eficácia preclusiva da coisa julgada.[36]

Em síntese, a solução ao caso prático proposto acima, a partir de uma leitura sistemática do CPC/2015, é a de que caberá ao réu o ônus de impugnar, no agravo de instrumento a ser interposto contra a decisão parcial de mérito, tanto a decisão anterior que rejeitou a alegação de ilegitimidade do autor quanto a que indeferiu a produção de prova requerida pelo réu.

Caso não o faça, tais decisões anteriores ficarão preclusas para o fim de alterar o julgamento daquele pedido já apreciado, como resultado do efeito preclusivo da coisa julgada, formada quando do trânsito em julgado da

---

35. Fredie Didier Jr. e Leonardo Carneiro da Cunha, ao resgatarem o histórico do processo legislativo de votação no CPC/2015 no Congresso Nacional, ressaltam que o § 1º do art. 1.009 foi reinserido na última fase do processo legislativo, o que acabou por resultar em uma redação pouco minuciosa e sem a devida reflexão. DIDIER JR, Fredie; CUNHA, Leonardo Carneiro da. *Curso de direito processual civil: meios de impugnação às decisões judiciais e processo nos tribunais*. 13ª ed. reform. Salvador: Ed. JusPodivm, 2016. vol. 3, pp. 168.

36. Fredie Didier Jr. e Leonardo Carneiro da Cunha entendem que (a) no caso de decisão anterior exclusivamente relativa à parcela do objeto litigioso julgada, cabe ao agravante impugnar também a decisão anterior, sob pena de preclusão, por aplicação analógica do art. 1.009, § 1º; (b) se a decisão anterior for comum à parcela do objeto litigioso examinada na decisão agravada e à parcela não examinada, também cabe ao agravante impugná-la, porque (i) a impugnação tem que ser feita no primeiro momento em que for possível; (ii) a preclusão concretiza os princípios da boa-fé, da duração razoável do processo e da cooperação; e (iii) a sentença já poderá ser proferida com a certeza sobre a questão resolvida na decisão anterior; por fim, (c) no caso de uma decisão anterior que diga respeito exclusivamente à parcela do objeto litigioso não examinada na decisão agravada, a parte poderá impugná-la na apelação, nos termos do art. 1.009, § 1º, do CPC/2015. Embora sob fundamentos um pouco diversos, concordamos com o posicionamento dos autores. Vale a ressalva, porém, em relação à última hipótese, de que a lei não *faculta* à parte a escolha entre impugnar por meio de agravo de instrumento ou de apelação a decisão anterior exclusivamente relacionada ao pedido não julgado, senão efetivamente determina que, caso a parte decida por impugnar a decisão, deve fazê-lo em preliminar de apelação (ou contrarrazões de apelação), ao final do processo. DIDIER JR, Fredie; CUNHA, Leonardo Carneiro da. *Curso de direito processual civil: meios de impugnação às decisões judiciais e processo nos tribunais*. 13ª ed. reform. Salvador: Ed. JusPodivm, 2016. vol. 3, pp. 228-230.

decisão parcial de mérito (ou do acórdão do agravo de instrumento contra ela eventualmente interposto).

Não é essa, contudo, a única razão pela qual as partes devem impugnar, no agravo de instrumento a ser interposto contra uma decisão parcial, as interlocutórias anteriores que se relacionem ao pedido julgado de forma fracionada.

O fenômeno da eficácia preclusiva da coisa julgada, como visto, impede tão somente a modificação do objeto litigioso já julgado, ao fazer com que as premissas sobre as quais está, ou poderia estar, baseado o d*ecisum* que transitou em julgado precluam exclusivamente *"para aquele(s) pedido(s) e causa(s) de pedir"* (art. 508). Assim, as decisões interlocutórias anteriores, se comuns a outros pedidos, continuariam, a princípio, passíveis de futura discussão.

Nada obstante, ainda que o efeito preclusivo não se opere em relação à parcela do objeto litigioso não examinada, é possível que tais interlocutórias anteriores, caso não impugnadas naquela oportunidade, restem inalteráveis também para o fim de afetar o julgamento dos pedidos que remanescem *sub judice* para serem objeto de sentença, ao final do processo.

Ilustremos com o mesmo exemplo, supondo que o requerimento de produção de prova dissesse respeito exclusivamente ao pedido julgado de modo fracionado (a declaração quanto à abusividade da rescisão contratual), e não ao remanescente (condenação em danos materiais); enquanto a alegação de ilegitimidade ativa se referisse a uma condição pessoal do autor, de forma genérica, portanto comum a ambos os pedidos.

Se não forem impugnadas no agravo voltado contra a decisão parcial de mérito, ambas as interlocutórias (de indeferimento de prova e de rejeição da preliminar de ilegitimidade) serão incapazes de modificar o pedido já julgado, como decorrência da eficácia preclusiva da coisa julgada formada sobre aquela decisão.

Mas não é só: ainda que a questão da ilegitimidade se relacione também ao pedido remanescente, ainda não julgado, existe o risco de que eventual impugnação, caso suscitada somente quando da interposição de apelação, seja absolutamente ineficaz para viabilizar a revisão das interlocutórias anteriores e, consequentemente, da parcela do objeto litigioso examinada na sentença. Isso se dá graças a outro fenômeno: a preclusão consumativa para o juiz, que o impede de rever as questões já decididas, e que o art. 1.009, § 1º, a nosso ver, também não dá conta de afastar.

Não há dúvidas de que o tribunal, no julgamento do agravo contra a decisão parcial de mérito, poderá enfrentar a questão da ilegitimidade, na medida em que esta integra a matéria que lhe é devolvida para julgamento, mesmo sem a existência de expressa impugnação do recorrente.[37] E, nesse caso, em decorrência da preclusão consumativa, o próprio tribunal estará impedido de reapreciar aquela questão quando do julgamento da apelação, ainda que se trate de matéria de ordem pública[38] e ainda que ela lhe seja submetida dentro de um contexto diverso, nos limites de uma parcela do pedido distinta, que não fora examinada.

Ou seja, também para evitar que ocorra a preclusão consumativa para o juiz a respeito das interlocutórias anteriores à decisão parcial – cujos efeitos serão extensíveis, inclusive, aos pedidos pendentes de julgamento –, tais decisões deverão ser necessariamente impugnadas quando da interposição do agravo de instrumento contra o julgamento fracionado do mérito.

---

37. O efeito devolutivo consiste no fenômeno da transferência do poder jurisdicional ao tribunal. Enquanto a extensão da devolução é delimitada pelo próprio recorrente em sua impugnação, a profundidade da devolução, decorrente da lei, é bastante ampla: todas as questões – de mérito e preliminares atinentes à matéria impugnada, que tenham sido suscitadas e discutidas no processo, mesmo que não expressamente decididas, são automaticamente devolvidas ao tribunal para julgamento. A profundidade do efeito devolutivo inclui também as questões examináveis de ofício, relativas ao capítulo impugnado – o que alguns autores convencionaram chamar de "efeito translativo" (NERY JR., Nelson. *Teoria Geral dos Recursos,* 7ª ed., atual., ampl. e reform. São Paulo: Revista dos Tribunais, 2014, pp. 460 e ss,), mas não passam, a nosso ver, de mero aspecto ou decorrência natural do próprio efeito devolutivo (no mesmo sentido, JORGE, Flávio Cheim, *Teoria geral dos Recursos Cíveis*, Rio de Janeiro: Forense, 2003, p. 251).

38. Há grande controvérsia, na doutrina, a respeito da existência de preclusão consumativa para o órgão julgador em relação às questões de ordem pública, de natureza processual, como, por exemplo, a verificação de pressupostos processuais e de condições da ação. Parcela majoritária da doutrina entende que, enquanto pendente o processo, o órgão julgador sempre poderá controlar questões processuais de ordem pública, ainda que estas já tenham sido objeto de anterior decisão judicial: NERY JR, Nelson; NERY, Rosa Maria Andrade. *Código de processo civil comentado*, 8ª ed. São Paulo: Ed. Revista dos Tribunais, 2004, p. 183. CÂMARA, Alexandre Freitas. *Lições de direito processual civil.* 18ªed. rev. Rio de Janeiro: Ed. Lumen Juris, 2008, pp. 347-348; WAMBIER, Teresa Arruda Alvim; CONCEIÇÃO, Maria Lúcia Lins; RIBEIRO, Leonardo Ferres da Silva; MELLO, Rogerio Licastro Torres de. *Primeiros comentários ao novo código de processo civil: artigo por artigo.* 2ª ed. rev., atual e ampl. São Paulo: Ed. Revista dos Tribunais, 2016, p. 913. Divergem desse entendimento, posicionando-se no sentido de que, uma vez decida a questão de ordem pública, esta não poderá ser revista pelo mesmo órgão julgador: BARBOSA MOREIRA, José Carlos. *O novo processo civil* brasileiro. 25ª ed. rev. e atual. Rio de Janeiro: Ed. Forense, 2007, p. 53; DIDIER JR, Fredie. *Curso de Direito Processual Civil*, 17ª ed. Salvador: Ed. JusPodivm, 2016, v. 1, pp. 698-703.
A doutrina consente, porém, de forma pacífica, quanto à existência da preclusão hierárquica, que impede o julgador de apreciar o que já tenha sido decidido por tribunal hierarquicamente superior, mesmo que se trate de matéria de ordem pública. Veja-se, por todos, THEODORO JR, Humberto. "Preclusão no Processo Civil", *Revista dos Tribunais,* nº. 784, São Paulo: Revista dos Tribunais, fev. 2001.

Daí porque não se pode concordar plenamente com o teor do Enunciado nº 611 do Fórum Permanente de Processualistas Civis, segundo o qual *"na hipótese de decisão parcial com fundamento no art. 485 ou no art. 487, as questões exclusivamente a ela relacionadas e resolvidas anteriormente, quando não recorríveis de imediato, devem ser impugnadas em preliminar do agravo de instrumento ou nas contrarrazões."* Pelos motivos expostos, todas as questões resolvidas anteriormente à decisão parcial, não agraváveis, que tenham com ela alguma relação – não necessariamente "exclusiva", como dispõe o enunciado – hão de ser impugnadas em preliminar do agravo de instrumento ou nas contrarrazões, se a parte desfavorecida pretender a sua reforma ou anulação.

É de se notar que a preclusão consumativa para o tribunal aplica-se também ao caso das decisões parciais terminativas, diferentemente da eficácia preclusiva da coisa julgada, capaz de atingir somente as interlocutórias respeitantes à decisão parcial de mérito.

Nesse particular, imagine-se que o autor pleiteia a condenação do réu em obrigações de fazer e de pagar, e o juiz profere uma decisão na qual (i) rejeita a preliminar de litispendência arguida pelo réu e (ii) julga extinto o processo em relação à obrigação de fazer, por falta de interesse de agir do autor. Nas contrarrazões[39] ao agravo de instrumento interposto pelo autor contra a decisão parcial terminativa, deve o réu necessariamente impugnar a decisão anterior que rejeitou a preliminar de litispendência, diante do risco de que o tribunal, autorizado pela ampla profundidade do efeito devolutivo, venha a conhecer da questão, fazendo recair sobre ela a imutabilidade decorrente da preclusão judicial consumativa – ou, ainda, que a matéria venha, na sequência, a ser objeto de apreciação por tribunal superior, ocasionando verdadeira preclusão hierárquica.

Portanto, como se pode concluir, as partes têm o ônus se insurgir contra as interlocutórias anteriores através do agravo interposto contra a decisão parcial (ou das respectivas contrarrazões), sempre que, de algum modo, aqueles provimentos sejam pertinentes ao pedido fracionado, seja pelo risco de incidirem os efeitos preclusivos da coisa julgada, seja pelo risco de sobrevir a preclusão consumativa para o tribunal, inclusive a hierárquica.

Esse ônus não existirá em duas situações: quando a interlocutória anterior estiver exclusivamente relacionada aos pedidos remanescentes, ou quando não for afeta ao objeto litigioso. O último caso seria, por exemplo, o de uma interlocutória que aplicasse multa pelo não comparecimento de uma

---

39. Não seria cabível nesse caso a impugnação em preliminar de agravo, porque o réu não teria interesse em recorrer da extinção do processo em relação à obrigação de fazer, cuja decisão lhe favorece.

das partes à audiência de conciliação ou mediação[40]. Não há, nessa hipótese, nenhuma circunstância que constranja o interessado a impugnar tal decisão em sede de agravo voltado contra a interlocutória parcial, visto que nenhum dos aludidos fenômenos preclusivos – quais sejam, a eficácia preclusiva da coisa julgada e a preclusão judicial consumativa – será capaz de atingi-la.[41] Mais do que isso, porém, parece-nos que o interessado sequer poderia servir-se do agravo interposto contra o julgamento parcial (ou das contrarrazões ao agravo) para impugnar a decisão que o condenou ao pagamento da multa, sob pena de burlar o sistema preclusivo das interlocutórias não agraváveis, imposto pelo art. 1.009, § 1º com vistas à racionalização do processo.

5. CONCLUSÃO

Atento ao fato de que a efetividade da tutela jurisdicional demanda a contenção dos males decorrentes da demora no transcurso processual, o legislador acolheu expressamente os princípios da eficiência e da duração razoável do processo, que inspiraram diversos institutos e previsões legais do

---

40. Art. 334, § 8º. Há entendimento minoritário, contudo, no sentido de que a decisão que aplica multa seria imediatamente recorrível por meio de agravo de instrumento, por tratar-se de uma condenação imposta à parte, inserindo-se na hipótese do art. 1.015, inciso II. DIDIER JR, Fredie; CUNHA, Leonardo Carneiro da. *Curso de direito processual civil: meios de impugnação às decisões judiciais e processo nos tribunais*. 13ª ed. reform. Salvador: Ed. JusPodivm, 2016. vol. 3, p. 214.

41. Em sentido contrário, com fundamento na dificuldade de se exigir que a parte identifique antecipadamente as decisões que podem ou não ter relação com parcela do pedido não julgada, Carolina Uzeda defende que a melhor solução seria "compreender que estamos diante de um fenômeno de diferimento da preclusão temporal para impugnação das decisões interlocutórias não agraváveis, as quais deverão ser recorridas na primeira oportunidade, independentemente de sua relação com o pedido julgado de forma parcial. Assim, todas as decisões interlocutórias prolatadas até o momento do julgamento parcial do mérito deverão ser impugnadas em preliminar do agravo de instrumento (e de suas contrarrazões). Caso a parte opte por não agravar da decisão parcial de mérito, a oportunidade para recorrer dessas decisões será transferida para a apelação." (UZEDA, Carolina Libardoni. "O Julgamento Parcial de Mérito e sua Impugnação". *Portal Processual*. Disponível em: http://portalprocessual.com/o-julgamento-parcial-do-merito-e-sua-impugnacao/. Acesso em 25 ago. 2016). Sob o nosso entendimento, contudo, não se exige que a parte identifique as decisões anteriores que podem ou não ter relação com parcela do pedido não julgada, mas tão somente que verifique se as decisões anteriores relacionam-se à parcela julgada do objeto litigioso, hipótese em que, pretendendo a sua reforma ou anulação, terá o ônus de impugná-las quando da interposição do agravo contra a decisão parcial (ou da apresentação das respectivas contrarrazões). Por outro lado, diferentemente do que aduz a autora, é certo que, por conta do fenômeno da eficácia preclusiva da coisa julgada, a parte que optar por não recorrer da decisão parcial de mérito perderá a oportunidade de modificar as decisões interlocutórias anteriores relacionadas àquele pedido.

novo Código - entre os quais a concentração da impugnação das decisões interlocutórias não agraváveis e a previsão expressa de hipóteses em que o juiz deve lançar mão da técnica de cisão de julgamento.

O Código, contudo, falhou em harmonizar tais novidades, na medida em que, ao estabelecer, no art. 1.009, § 1º, o diferimento da impugnação das decisões interlocutórias não agraváveis para quando da interposição de apelação ou da apresentação de contrarrazões à apelação, ignorou a possibilidade de formação de coisa julgada antes mesmo da prolação da sentença.

Conforme demonstrado, nas demandas em que houver o emprego da técnica de cisão de julgamento pelo julgador, os efeitos preclusivos da coisa julgada e a preclusão consumativa para o juiz - cujos fenômenos não são afastados pela norma do art. 1.009, § 1º, adstrita às preclusões temporal e consumativa para as partes - poderão tornar inócua a impugnação das decisões anteriores ao julgamento parcial feita em sede de apelação (ou de contrarrazões de apelação).

É imprescindível, portanto, que se faça uma interpretação sistemática do referido dispositivo legal, levando em conta as nuances dos fenômenos da coisa julgada e da preclusão, o que impõe às partes, caso queiram insurgir-se contra as interlocutórias anteriores, que o façam através do agravo interposto contra a decisão parcial (ou das respectivas contrarrazões), sempre que, de algum modo, aqueles provimentos sejam pertinentes ao pedido julgado pela técnica de cisão parcial de julgamento.

Assim, com exceção das decisões interlocutórias anteriores que se relacionem exclusivamente aos pedidos remanescentes, ou que não sejam afetas a nenhuma parcela do objeto litigioso, as quais deverão seguir a sistemática do art. 1.009, § 1º, o momento adequado para que as partes se insurjam contra interlocutórias anteriores ao julgamento parcial deverá ser quando da interposição de agravo de instrumento (ou da apresentação de contrarrazões ao agravo) voltado contra a decisão parcial.

Há preclusão lógica, apesar da recorribilidade diferida nas decisões interlocutórias?

Gabriela Expósito[1]

> **Sumário** • **1**. Introdução – **2**. O novo sistema de recorribilidade das decisões interlocutórias – **3**. preclusões – **4**. Afastamento dos efeitos da preclusão via negócio jurídico processual – **5**. Conclusões.

1. INTRODUÇÃO

Este ensaio propõe avaliar a ocorrência da preclusão lógica pós-surgimento do novo sistema de recorribilidade das decisões interlocutórias instituído pelo CPC/15. Como se verá adiante, o Código de Processo Civil estipulou hipóteses legais para interposição do agravo de instrumento. Surgiu, assim, um novo regime recursal, que institui a apelação como recurso adequado para combater as decisões interlocutórias não compreendidas no rol do art. 1.015.

Assim, entre a prolação da decisão e interposição de recurso pela parte, decorrerá um lapso temporal que pode vir a gerar na parte contrária, a depender da atitude da possível recorrente, a expectativa de aceitação da decisão. Mas esta não parece ser a regra.

Para este estudo, será brevemente apresentado o regramento do Agravo de Instrumento, bem como o sistema de preclusões existente no ordenamento

---

1. Especialista em Direito Processual Civil. Bacharel em Direito pela Universidade Católica de Pernambuco – UNICAP. Membro da Associação Norte e Nordeste de Professores de Processo – ANNEP. Membro da Associação Brasileira de Direito Processual – ABDPRro. Professora de Direito Processual. Advogada.

brasileiro. Por fim, analisar-se-á a possibilidade de existência de preclusão lógica no regime apresentado e, também, a probabilidade de negócios jurídicos processuais que afastem os efeitos da preclusão.

Dito isto, pode-se iniciar.

2. O NOVO SISTEMA DE RECORRIBILIDADE DAS DECISÕES INTERLOCUTÓRIAS

As decisões interlocutórias são decisões parciais: elas não põem fim ao processo ou ao procedimento, não se encaixam no conceito de sentença do art. 203, § 1º, do CPC/15[2-3]. São, segundo o § 2º do mesmo artigo, pronunciamentos classificados por exclusão, ou seja, são decisões interlocutórias os pronunciamentos decisórios que não são sentenças.

O sistema de recorribilidade dessas decisões sofreu importantes modificações. Para este breve ensaio tratar-se-á desse regime a partir dos Códigos de 1939 e 1973.

O CPC de 1939 trouxe as decisões interlocutórias simples que não colocavam fim ao processo. Estas eram divididas em: decisões impugnáveis via agravo de instrumento (art. 842); decisões impugnáveis por agravo nos autos do processo (art. 851) e decisões das quais não se poderiam recorrer, contra estas restaria impetrar Mandado de Segurança ou manejar uma Correição Parcial[4].

No CPC Buzaid institui-se um regime de recorribilidade em que a parte escolheria a forma do agravo, retido ou de instrumento, que iria propor[5].

---

2. Art. 203. Os pronunciamentos do juiz consistirão em sentenças, decisões interlocutórias e despachos.
   § 1º Ressalvadas as disposições expressas dos procedimentos especiais, sentença é o pronunciamento por meio do qual o juiz, com fundamento nos arts. 485 e 487, põe fim à fase cognitiva do procedimento comum, bem como extingue a execução.
   § 2º Decisão interlocutória é todo pronunciamento judicial de natureza decisória que não se enquadre no § 1º.
3. DIDIER JR. Fredie. CUNHA, Leonardo Carneiro da. *CPC-2015. O problema das decisões interlocutórias não agraváveis anteriores e o agravo de instrumento contra decisão parcial*. Disponível em http://www.frediedidier.com.br/editorial/editorial-188/. Acessado em 13.08.2016.
4. SICA, Heitor Vitor Mendonça. Recorribilidade das Interlocutórias e Sistema de Preclusões no Novo CPC – Primeiras Impressões. *In*: Carlos Alberto Carmona. (Org.). *O Novo Código de Processo Civil – Questões Controvertidas*. 1ed. São Paulo. Editora Atlas S.A. 2015. v. 1. P. 189-230.
5. SICA, Heitor Vitor Mendonça. Recorribilidade das Interlocutórias e Sistema de Preclusões no Novo CPC – Primeiras Impressões. *In*: Carlos Alberto Carmona. (Org.). *O Novo Código*

Apesar da ampla recorribilidade trazida pelo CPC/73, quando da sua redação original, alguns problemas do antigo código continuaram a existir, tais como: o fato de a interposição do agravo de instrumento ser dirigida ao juízo de 1º grau para depois da resposta do agravo remeter o recurso ao tribunal[6]; a impetração de Mandado de Segurança contra ato judicial continuou a ser utilizado, agora não mais utilizado para as decisões irrecorríveis, mas sim impetrado ao mesmo tempo em que o agravo de instrumento, porém com a finalidade de suspender os efeitos da decisão[7-8].

A melhora desse sistema, veio com a Lei 9.139/95 que alterou o procedimento do agravo, agora com interposição direta no Tribunal e com as cópias sob responsabilidade do recorrente. E foi dada, ao relator do recurso, a possibilidade de conferir a este o efeito suspensivo. Nessa ocasião, algumas dificuldades se encaminharam para resolução, mas outras apareceram, como por exemplo, o aumento do número de agravos internos.

Mais uma criação legislativa que não apresentou mudanças substanciais foi a Lei 10.352, que, em 2001, ampliou as hipóteses de agravo retido, inclusive possibilitando a conversão do agravo de instrumento em retido (preenchidos os requisitos legais)[9].

O CPC/15 alterou significativamente o regime recursal das decisões interlocutórias. Pode-se afirmar que houve, de certa maneira, um retorno

---

    de Processo Civil – Questões Controvertidas. 1ed. São Paulo. Editora Atlas S.A. 2015. v. 1.p. 189-230.

6. É válido lembrar que ainda sob a vigência do CPC 73 o agravo de instrumento passou a ser interposto diretamente ao tribunal; o retido que era interposto na origem.
7. Importante observar as palavras de Heitor Sica. "...o regime de recorribilidade das decisões interlocutórias instituído pela versão original do CPC de 1973 não fez desaparecer, como se propunha, o mandado de segurança contra ato judicial, que continuou a ser usado, mas com finalidade diversa: em vez de atacar decisões interlocutórias irrecorríveis (que não mais existiam), passou a ser usado concomitantemente ao agravo de instrumento manejado para esse fim, com a finalidade única de suspender a eficácia da decisão recorrida (haja vista que tal providência não era passível de ser obtida por força do recurso, sobretudo face à demora de seu processamento em 1º grau)". SICA, Heitor Vitor Mendonça. Recorribilidade das Interlocutórias e Sistema de Preclusões no Novo CPC – Primeiras Impressões. *In:* Carlos Alberto Carmona. (Org.). *O Novo Código de Processo Civil – Questões Controvertidas.* 1ed. São Paulo. Editora Atlas S.A. 2015. v. 1.p. 189-230.
8. SICA, Heitor Vitor Mendonça. Recorribilidade das Interlocutórias e Sistema de Preclusões no Novo CPC – Primeiras Impressões. *In:* Carlos Alberto Carmona. (Org.). *O Novo Código de Processo Civil – Questões Controvertidas.* 1ed. São Paulo. Editora Atlas S.A. 2015. v. 1.p. 189-230.
9. SICA, Heitor Vitor Mendonça. Recorribilidade das Interlocutórias e Sistema de Preclusões no Novo CPC – Primeiras Impressões. *Op. Cit.*

ao modelo do CPC/39, já que o legislador, no CPC/15, limitou as matérias que podem ser atacadas via agravo de instrumento[10].

O art. 1.015 e seus doze incisos[11], o parágrafo único do mesmo artigo[12], art. 354, par. ún.[13], art. 356, parágrafo 5°[14], art. 1.009, par. 1°[15], art. 1.027[16] e art. 1.037, parágrafo 13°, I[17] reúnem as hipóteses de interposição de agravo de instrumento.

É certo que essa taxatividade do rol do CPC/15 gera discordância. Há quem defenda a necessidade de uma interpretação extensiva, não só na doutrina, a exemplo de Leonardo Carneiro da Cunha e Fredie Didier Jr, mas

---

10. SICA, Heitor Vitor Mendonça. Recorribilidade das Interlocutórias e Sistema de Preclusões no Novo CPC – Primeiras Impressões. *Op. Cit.*
11. Art. 1.015. Cabe agravo de instrumento contra as decisões interlocutórias que versarem sobre:I – tutelas provisórias;II – mérito do processo;III – rejeição da alegação de convenção de arbitragem;IV – incidente de desconsideração da personalidade jurídica;V – rejeição do pedido de gratuidade da justiça ou acolhimento do pedido de sua revogação;VI – exibição ou posse de documento ou coisa;VII – exclusão de litisconsorte;VIII – rejeição do pedido de limitação do litisconsórcio;IX – admissão ou inadmissão de intervenção de terceiros;X – concessão, modificação ou revogação do efeito suspensivo aos embargos à execução;XI – redistribuição do ônus da prova nos termos do art. 373, § 1°;XII – (VETADO);XIII – outros casos expressamente referidos em lei.
12. Parágrafo único. Também caberá agravo de instrumento contra decisões interlocutórias proferidas na fase de liquidação de sentença ou de cumprimento de sentença, no processo de execução e no processo de inventário.
13. Art. 354. Ocorrendo qualquer das hipóteses previstas nos arts. 485 e 487, incisos II e III, o juiz proferirá sentença.
    Parágrafo único. A decisão a que se refere o caput pode dizer respeito a apenas parcela do processo, caso em que será impugnável por agravo de instrumento.
14. Art. 356. O juiz decidirá parcialmente o mérito quando um ou mais dos pedidos formulados ou parcela deles: § 5° A decisão proferida com base neste artigo é impugnável por agravo de instrumento.
15. § 1° As questões resolvidas na fase de conhecimento, se a decisão a seu respeito não comportar agravo de instrumento, não são cobertas pela preclusão e devem ser suscitadas em preliminar de apelação, eventualmente interposta contra a decisão final, ou nas contrarrazões.
16. Art. 1.027. Serão julgados em recurso ordinário:I – pelo Supremo Tribunal Federal, os mandados de segurança, os habeas data e os mandados de injunção decididos em única instância pelos tribunais superiores, quando denegatória a decisão;II – pelo Superior Tribunal de Justiça:
    b) os processos em que forem partes, de um lado, Estado estrangeiro ou organismo internacional e, de outro, Município ou pessoa residente ou domiciliada no País.
    § 1° Nos processos referidos no inciso II, alínea "b", contra as decisões interlocutórias caberá agravo de instrumento dirigido ao Superior Tribunal de Justiça, nas hipóteses do art. 1.015.
17. § 13. Da decisão que resolver o requerimento a que se refere o § 9° caberá: I – agravo de instrumento, se o processo estiver em primeiro grau.

também na jurisprudência[18]. Uma hipótese dessa interpretação decorreu do inciso III do artigo 1.015 ("rejeição da alegação de convenção de arbitragem"). Com base nesse inciso, a decisão interlocutória que versa sobre rejeição da alegação de convenção de arbitragem deveria ser combatida via agravo de instrumento. Os defensores da interpretação extensiva afirmam que as discussões que versem sobre competência, em decorrência da interpretação do inciso III, ensejam agravo de instrumento[19].

André Vasconcelos Roque, Luiz Dellore, Fernando da Fonseca Gajardoni, Marcelo Pacheco Machado e Zulmar Duarte apesar de criticarem a opção legislativa em estabelecer as hipóteses no rol do art. 1.015 (indicando, inclusive, que as decisões interlocutórias sobre competência deveriam estar no rol do artigo), não são adeptos da interpretação extensiva dada acima. Afirmam os autores que, caso fosse possível essa ampliação, o efeito colateral seria deveras gravoso, especialmente quando se trata de preclusão[20].

O debate doutrinário noticiado acima é relevante porque a incidência da preclusão sobre as decisões interlocutórias no CPC/15 está intimamente ligada à clara identificação, pela parte, das matérias sujeitas a Agravo de Instrumento. Pretender ampliar, por interpretação extensiva, tais hipóteses aumenta a insegurança acerca da incidência de preclusão imediata. Prevalecesse esse entendimento, cairia por terra a noção de preclusão diferida (tema aprofundado mais adiante), pois os operadores do direito, diante da

---

18. O desembargador federal TRF 2ª Região, nos autos do Agravo de Instrumento º 0003223-07.2016.4.02.0000, ao tratar sobre a admissibilidade do Agravo de Instrumento enunciou: *Nesse contexto, o dispositivo não pode ser lido de modo a tornar irrecorrível a decisão que trata de competência para a tramitação dos processos em primeira instância. Na verdade, entendo, com suporte em respeitada doutrina, e por todos cito Fredie Didier, no sentido de que embora o legislador tornou taxativas as hipóteses de agravo de instrumento,* **o caso do art. 1.015, III, do CPC (decisão que rejeita alegação de convenção de arbitragem) comporta interpretação extensiva, para incluir as decisões que versam sobre competência,** *tal como a objeto dos autos. Isso ocorre pois a decisão relativa à convenção de arbitragem,* **versa essencialmente sobre competência,** *de modo que se essa decisão é agravável, não há fundamento para entender que não é agravável a decisão que trata de competência, seja ela relativa ou absoluta.*

19. O Prof. Clayton Maranhão em seu trabalho para a REPRO apresenta interpretação extensiva do rol do Art. 1.015. Para tanto ver: MARANHÃO. Clayton. Agravo de Instrumento no Código de Processo Civil de 2015: entre a taxatividade do rol e um indesejado retorno do mandado de segurança contra ato judicial. *Revista de Processo.* vol. 256. ano 41. P. 147-168. São Paulo. RT. Jun. 2016.

20. DELLORE, Luiz. GAJARDONI, Fernando da Fonseca. MACHADO, Marcelo Pacheco. OLIVEIRA JUNIOR, Zulmar Duarte de. *Hipóteses de agravo de instrumento no novo CPC: os efeitos colaterais da interpretação extensiva.* Jota. Disponível em http://jota.uol. com.br/hipoteses-de-agravo-de-instrumento-no-novo-cpc-os-efeitos-colaterais-da-interpretacao-extensiva. Acessado em 25.08.2016.

incerteza a respeito das hipóteses sujeitas à preclusão imediata, dadas as propostas – submetidas à confirmação pela jurisprudência de interpretação extensiva-, passariam a agravar de todas as decisões interlocutórias, ou seja, voltar-se-ia ao modelo do CPC Buzaid[21].

Para que não haja uma insegurança jurídica sobre o tema, o ideal é, de fato, interpretar o rol do art. 1.015 taxativamente, apesar de reconhecermos as limitações dessa opção, e, com isso, viabilizar a segurança do entendimento de que o sistema opta por uma limitação da recorribilidade imediata das interlocutórias. Os pronunciamentos judiciais decisórios que não são, pela lei, expressamente impugnáveis via agravo de instrumento, o serão posteriormente, em preliminar de apelação ou nas contrarrazões, conforme enunciado do art. 1.009, parágrafo 1º que será analisado mais adiante.

3. PRECLUSÕES

Podem-se encontrar ao menos dois significados para o termo preclusão. O primeiro revela o fenômeno que impossibilita que a parte pratique um ato após um determinado lapso temporal, depois de ter praticado um ato incompatível, ou depois de já tê-lo praticado; o segundo descortina o fenômeno que torna imutável a questão depois de decidida[22].

Percebe-se que ambos versam sobre o andamento do processo[23], impedindo retrocessos na discussão, ou seja, nos dois sentidos, o termo preclusão indica a ideia de encerramento, de fechamento[24].

Apesar de geralmente os dois conceitos serem trabalhados conjuntamente, é sobre o primeiro que este ensaio se desenvolverá. Assim, ao abordar preclusão nos itens a seguir, deve-se ter em mente que se está tratando da impossibilidade de a parte praticar um ato processual pelo transcurso do tempo (preclusão temporal), pelo fato de o ato já ter sido praticado (preclusão consumativa) ou por ter praticado ato incompatível (preclusão lógica).

---

21. DELLORE, Luiz. GAJARDONI, Fernando da Fonseca. MACHADO, Marcelo Pacheco. OLIVEIRA JUNIOR, Zulmar Duarte de. *Hipóteses de agravo de instrumento no novo CPC: os efeitos colaterais da interpretação extensiva.* Op.cit.
22. SICA, Heitor Vitor Mendonça. *Preclusão Processual Civil.* 2ª ed. Atlas. São Paulo. 2008. P. 91.
23. THEODORO JÚNIOR, Humberto. *A preclusão no Processo Civil.* Revista dos Tribunais. São Paulo. V. 784. 2001. P. 11-28.
24. SICA, Heitor Vitor Mendonça. *Preclusão Processual Civil.* 2ª ed. Atlas. São Paulo. 2008. P. 91-92.

a. Preclusão Temporal

A temporal se opera quando a parte não se desincumbe de um ônus no prazo que fora fixado para tal ou quando pratica um ato processual findo referido prazo, hipótese em que o ato será, pois, ineficaz[25].

O CPC/15 foi omisso, assim como o CPC/73, e não regulou a preclusão de forma orgânica, mas apenas com dispositivos esparsos[26].

O CPC Buzaid tratou do tema em seu art. 183[27] e, tal norma foi repetida no NCPC no art. 223[28], deixando claro que se operarão os efeitos da preclusão independentemente de declaração judicial. Desse modo, a parte perderá, após o decurso do prazo, o direito de praticar o ato ou emenda-lo.

Exemplificativamente, é simples: a parte que não agravar, no prazo de 15 dias da data da intimação da decisão, de uma decisão interlocutória que versa sobre a antecipação dos efeitos da tutela não poderá fazê-lo posteriormente, já que o prazo legal para a prática do ato findou-se.

b. Preclusão Lógica

A preclusão lógica é caracterizada como um fato extintivo de direito processual[29]. Ocorre esse tipo de preclusão quando a parte que iria praticar um ato processual praticou, anteriormente, um ato incompatível com o que faria.

No Código de Processo Civil estão tipificadas algumas preclusões lógicas, como o caput do art. 952 ("Não pode suscitar conflito a parte que, no processo, arguiu incompetência relativa") ou art. 1.000 ("A parte que aceitar expressa ou tacitamente a decisão não poderá recorrer. Parágrafo único. Considera-se aceitação tácita a prática, sem nenhuma reserva, de ato incompatível com a vontade de recorrer"). Além das preclusões lógicas típicas deve-se ter como premissa que a ocorrência ou não da preclusão lógica é casuística e está intimamente ligada ao princípio da boa-fé, mais especificamente à vedação do *venire contra factum proprium,* regra decorrente do princípio que veda o comportamento contraditório[30].

---

25. SICA, Heitor Vitor Mendonça. *Preclusão Processual Civil.* 2ª ed. Atlas. São Paulo. 2008. P. 128.
26. OLIVEIRA JUNIOR, Zulmar Duarte de. *Preclusão elástica no Novo CPC.* Revista de Informação Legislativa, v. 2, p. 307-318, 2011.
27. Art. 183. Decorrido o prazo, extingue-se, independentemente de declaração judicial, o direito de praticar o ato, ficando salvo, porém, à parte provar que o não realizou por justa causa.
28. Art. 223. Decorrido o prazo, extingue-se o direito de praticar ou de emendar o ato processual, independentemente de declaração judicial, ficando assegurado, porém, à parte provar que não o realizou por justa causa.
29. SICA, Heitor Vitor Mendonça. *Preclusão Processual Civil.* 2ª ed. Atlas. São Paulo. 2008. P. 148.
30. DIDIER JR. Fredie. *Curso de Direito Processual Civil.* Vol.1. 17ª ed. Juspodivm. Salvador. 2015. P. 423.

É importante ressaltar que pela redação do art. 1.000 do CPC entende-se que a preclusão lógica pode ocorrer por um ato comissivo ou pela aceitação tácita. Obviamente, esta ultima modalidade é mais difícil de ser comprovada.

c. Preclusão Consumativa

Na preclusão consumativa a parte perde um poder processual por já ter exercido esse poder anteriormente. É, assim como a anterior, um fato extintivo de direitos. Essa forma de preclusão exsurge da impossibilidade de repetição de um ato processual praticado pela parte[31].

De um modo geral, o CPC/15 manteve a mesma disciplina quanto à preclusão temporal e lógica. A exceção está na preclusão consumativa, em especial no enunciado do art. 223 ("Decorrido o prazo, extingue-se o direito de praticar ou de emendar o ato processual, independentemente de declaração judicial, ficando assegurado, porém, à parte provar que não o realizou por justa causa")[32].

O fundamento normativo para a preclusão consumativa está no art. 200 do CPC/15 ("Os atos das partes consistentes em declarações unilaterais ou bilaterais de vontade produzem imediatamente a constituição, modificação ou extinção de direitos processuais")[33], já que este enunciado versa sobre a extinção de direitos via ato da parte. Assim, a interposição de recurso, acarreta a extinção de um direito processual, dessa forma não caberia a repetição desse ato ou algum qualquer outro para complementá-lo ou emenda-lo. Porém, a novidade do art. 223 permite que dentro do prazo a parte emende o recurso. E, há uma razão de ser.

Além do art. 200, a análise do art. 336[34] e 342[35] permite concluir que a obrigatoriedade de o réu apresentar todos os meios de defesa na contestação sob pena não poder fazê-lo em outro momento[36].

---

31. SICA, Heitor Vitor Mendonça. *Preclusão Processual Civil.* 2ª ed. Atlas. São Paulo. 2008. P. 151.
32. OLIVEIRA JUNIOR, Zulmar Duarte de. *Preclusão elástica no Novo CPC.* Revista de Informação Legislativa, v. 2, p. 307-318, 2011.
33. DIDIER JR. Fredie. *Curso de Direito Processual Civil.* Vol.1. 17ª ed. Juspodivm. Salvador. 2015. P. 424.
34. Art. 336. Incumbe ao réu alegar, na contestação, toda a matéria de defesa, expondo as razões de fato e de direito com que impugna o pedido do autor e especificando as provas que pretende produzir.
35. Art. 342. Depois da contestação, só é lícito ao réu deduzir novas alegações quando: I – relativas a direito ou a fato superveniente; II – competir ao juiz conhecer delas de ofício; III – por expressa autorização legal, puderem ser formuladas em qualquer tempo e grau de jurisdição.
36. SICA, Heitor Vitor Mendonça. *Preclusão Processual Civil.* 2ª ed. Atlas. São Paulo. 2008. P. 151.

Apesar de o tema merecer um estudo próprio e aprofundado, parece, numa primeira análise, que o legislador ao estabelecer a possibilidade de emenda prezou pelo direito de correção do ato, ante o princípio da primazia do exame do mérito.

Explico.

Se a parte interpôs um recurso no sexto dia de um prazo de quinze dias e percebeu no oitavo dia que faltava um documento essencial ao seu recurso, como a assinatura de seu advogado, caso não existisse a norma do art. 223, a parte poderia ter seu recurso inadmitido por um erro formal.

O CPC/15 preza pela primazia do exame do mérito. Deseja-se o aproveitamento dos atos processuais que não prejudiquem a parte adversa, para que se tenha uma solução de mérito com a maior brevidade possível. Assim, é salutar a possibilidade de correção.

A norma do artigo não afasta a preclusão consumativa, pois apenas possibilita a emenda do ato, ou seja, apenas possibilita a correção de vícios, vícios estes que iriam ser sanados com a obrigatoriedade da intimação judicial para correção, prática estimulada pelo Código de Processo Civil.

A preclusão consumativa operará seus efeitos se a parte, por exemplo, desejar complementar as razões de recorrer. Como já dito, estas são apenas primeiras impressões sobre o tema, precisa-se de muito para exauri-lo.

d. Preclusão Judicial

A preclusão judicial nada mais é do que a perda de um poder do juiz. Não há como se pensar, ao menos no sistema processual civil brasileiro, uma preclusão judicial temporal, pelo fato de que os prazos para os magistrados são impróprios[37].

A existência da preclusão para o juiz é importante para que não seja possível a alteração da substância de uma decisão depois de publicada. Assim, é vedado a um magistrado tornar a decidir questões anteriormente resolvidas.

Apesar da inexistência de preclusão temporal, subsistem os outros dois tipos de preclusão que podem atingir os magistrados: preclusão lógica e preclusão consumativa.

No que tange a preclusão lógica não há o que se discutir. Ela existe para o juiz. Pelo simples fato de que um juiz não pode praticar ato incompatível com outro realizado, tal decisão seria claramente passível de nulidade.

---

37. DIDIER JR. Fredie. *Curso de Direito Processual Civil*. Vol.1. 17ª ed. Juspodivm. Salvador. 2015. P. 428.

Porém, ao tratar da possibilidade de preclusão consumativa é necessário entender que há divergência doutrinária, principalmente no que diz respeito à existência de preclusão para o reexame de questões de ordem pública.

Examinar-se-á a questão acima a partir da análise da eficácia preclusiva da decisão que versa sobre o juízo de admissibilidade.

A decisão de saneamento e organização do processo analisa a presença dos requisitos de admissibilidade do processo. O art. 485, parágrafo 3º[38], admite que a qualquer tempo o magistrado conheça das questões relacionadas à admissibilidade e, por essa norma, pode-se extrair o entendimento de que não haveria preclusão dessa decisão.

Mas observe que o dispositivo se refere a conhecer questões, e não reexaminar, o que levar a crer que o legislador estava abordando questões em que não se tenha operado os efeitos da preclusão[39].

Ademais, analisando o enunciado em conjunto com o disposto no *caput* do art. 505 ("Nenhum juiz decidirá novamente as questões já decididas relativas à mesma lide"), ver-se-á que também é defeso ao juiz da causa reexaminar as matérias já decididas.

Para não restar dúvidas é necessário frisar que, como a decisão de saneamento é passível de recurso, sob ela podem se operar os efeitos da preclusão, tanto para as partes como para o juiz[40].

e. A preclusão diferida nas decisões interlocutórias apeláveis

O CPC/73 afastava os efeitos da preclusão com a impugnação imediata da decisão interlocutória. Nele, após a prolação da decisão, a parte deveria recorrer de imediato via agravo retido ou de instrumento[41].

No CPC/15, o legislador também se preocupou em afastar tais efeitos, frisando que as matérias que não se encontram nas hipóteses legais previstas como impugnáveis por agravo de instrumento não são suscetíveis à preclusão imediata. Confira-se a respeito o art. 1.009, § 1º:

---

38. § 3º O juiz conhecerá de ofício da matéria constante dos incisos IV, V, VI e IX, em qualquer tempo e grau de jurisdição, enquanto não ocorrer o trânsito em julgado.
39. DIDIER JR. Fredie. *Curso de Direito Processual Civil*. Vol.1. 17ª ed. Juspodivm. Salvador. 2015. P. 698-703.
40. Para todo o tópico sobre preclusão judicial ver DIDIER JR. Fredie. *Curso de Direito Processual Civil*. Vol.1. 17ª ed. Juspodivm. Salvador. 2015. P. 697 a 703.
41. PEREZ. Marcela Melo. *A recorribilidade diferida das decisões interlocutórias no CPC/15 e a preclusão lógica*. Disponível em http://processualistas.jusbrasil.com.br/artigos/342797352/a-recorribilidade-diferida-das-decisoes-interlocutorias-no-cpc-15-e--preclusao-logica. Acesso em 17.08.2016.

Art. 1.009, § 1º. As questões resolvidas na fase de conhecimento, se a decisão a seu respeito não comportar agravo de instrumento, não são cobertas pela preclusão e devem ser suscitadas em preliminar de apelação, eventualmente interposta contra a decisão final, ou nas contrarrazões.

Ou seja, a preclusão será diferida; só ocorrerá caso a parte não impugne a decisão em preliminar de apelação ou nas contrarrazões[42], essa é chamada preclusão elástica[43] ou diferida do CPC/15.

A intenção do legislador foi ao certo inabilitar o agravo de instrumento para atacar a maioria das decisões interlocutórias. Assim sendo, afasta-se a preclusão no 1º grau deixando o agravo de instrumento apenas para decisões de urgência satisfativas e cautelares. Mais uma tentativa de tornar o processo mais célere.

É importante, então, notar uma mudança de paradigma acerca do conceito de apelação. Não é somente o recurso que impugna sentença, mas, também, as decisões interlocutórias não agraváveis.

Mas, retornemos ao cerne da questão. A dúvida colocada é: seria possível, com o sistema de recorribilidade diferida, haver preclusão lógica quanto às decisões interlocutórias apeláveis?

O questionamento é pertinente, pois apesar da recorribilidade da decisão interlocutória ser, possivelmente, diferida, a decisão será eficaz. Assim, a parte se deparará com o seguinte cenário que a obriga a cumprir a decisão: não há recurso para aquele momento do processo e o seu descumprimento poderá gerar situações de desvantagem, em virtude do não cumprimento de ônus processuais.[44]

A resposta, no que diz respeito à preclusão temporal, contudo, é negativa: observe-se que o cumprimento da decisão não implica uma anuência ao que foi decidido, mas sim uma mera ausência de possibilidades.

Contudo, substituindo as lentes para por em perspectiva a preclusão lógica, tais conclusões não se repetirão.

---

42. LEMOS. Vinícius Silva. A não preclusão das decisões interlocutórias e a liberdade decisória do juiz de primeiro grau. *Revista de Processo*. vol. 257. ano 41. P. 237-254. São Paulo. RT. Jul. 2016.
43. OLIVEIRA JR. Zulmar Duarte de. Protesto Antipreclusivo – Uma contribuição do processo do trabalho ao Novo Código de Processo Civil. *Revista Fórum Trabalhista – RFT*.v. 7. P. 173-190. 2013.
44. PEREZ. Marcela Melo. *A recorribilidade diferida das decisões interlocutórias no CPC/15 e a preclusão lógica*. Disponível em http://processualistas.jusbrasil.com.br/artigos/342797352/a-recorribilidade-diferida-das-decisoes-interlocutorias-no-cpc-15-e--preclusao-logica. Acesso em 17.08.2016.

É evidente que, se a parte que eventualmente poderia recorrer da decisão interlocutória em apelação ou contrarrazões, praticar ato comissivo que demonstre sua aceitação no curso do processo, caracterizada estará a preclusão lógica.

Quanto a atos omissivos, tem-se uma dificuldade maior de comprovação da aceitação do ato, tendo em vista que a própria lei estabelece que a parte pode silenciar até o recurso ao *decisium* final.

A solução para esse problema poderia ter se dado durante o trâmite legislativo do CPC.

A Câmara dos Deputados tentou instituir o protesto antipreclusivo para as decisões interlocutórias não agraváveis. Assim, logo após a prolação da decisão, a parte deveria manifestar-se através de petição simples ou via oral, no caso de decisão proferida em audiência, com o protesto[45].

Nas reuniões e discussões sobre o tema duas propostas de redações foram elaboradas: Primeiro a do, à época, parágrafo único do Art. 963 "As questões resolvidas na fase cognitiva, se a decisão a seu respeito não comportar agravo de instrumento, desde que realizado protesto antipreclusivo, devem ser suscitadas em preliminar de apelação eventualmente interposta contra a decisão final, ou nas contrarrazões" e, posteriormente, o "Art. 1.022. (...) Parágrafo único. As questões resolvidas na fase de conhecimento, se a decisão a seu respeito não comportar agravo de instrumento, desde que realizado protesto antipreclusivo na primeira oportunidade em que couber à parte falar nos autos, têm de ser impugnadas em apelação, eventualmente interposta contra a decisão final, ou nas contrarrazões, observado o disposto no art. 278. Sendo suscitadas em contrarrazões, o recorrente será intimado para, em quinze dias, manifestar-se a respeito delas"[46].

O protesto antipreclusivo delimitaria as questões que poderiam ser objeto de recurso, retirando o ar de provisoriedade da decisão interlocutória até a apresentação da apelação ou contrarrazões.

Apesar das inúmeras benesses do protesto, ao retornar ao Senado Federal, ocorreu sua exclusão sob o argumento de que o protesto antipreclusivo faria às vezes do agravo retido, instituto retirado do CPC pelo legislador[47].

---

45. LEMOS. Vinícius Silva. A não preclusão das decisões interlocutórias e a liberdade decisória do juiz de primeiro grau. *Revista de Processo*. vol. 257. ano 41. P. 237-254. São Paulo. RT. Jul. 2016.
46. OLIVEIRA JR. Zulmar Duarte de. Protesto Antipreclusivo – Uma contribuição do processo do trabalho ao Novo Código de Processo Civil. *Revista Fórum Trabalhista – RFT*. v. 7. P. 173-190. 2013.
47. OLIVEIRA JR. Zulmar Duarte de. Protesto Antipreclusivo – Uma contribuição do processo do trabalho ao Novo Código de Processo Civil. *Revista Fórum Trabalhista – RFT*. v. 7. P. 173-190. 2013.

É sabido que no processo do trabalho o protesto de fato substitui o agravo retido, mas com a peculiaridade de não possuir a demasiada burocracia. Já que aquele nem sequer é uma via de impugnação judicial[48].

Assim, com o texto final do CPC/15, tem-se a seguinte realidade: inexistência do protesto preclusivo; ausência de preclusão temporal para as decisões interlocutórias apeláveis, por força de lei; possibilidade de preclusão lógica, com a devida observância que a omissão não pode, imediatamente, significar a aceitação da decisão judicial.

4. AFASTAMENTO DOS EFEITOS DA PRECLUSÃO VIA NEGÓCIO JURÍDICO PROCESSUAL

Com a não aprovação do protesto antipreclusivo e a possibilidade de ocorrência da preclusão lógica nas decisões interlocutórias não agraváveis, surge a possibilidade de celebração de um negócio jurídico processual que afaste os efeitos da preclusão.

Pode, assim, uma parte realizar um negócio jurídico unilateral, após a prolação da decisão, com base no princípio da cooperação, para deixar claro à outra parte que haverá impugnação da decisão interlocutória. Afastar-se-á, dessa forma, qualquer dúvida sobre sua postura ao cumprir a decisão.

Poderão as partes também, celebrar um negócio jurídico processual afastando qualquer preclusão lógica, o que pode ocorrer em contrato anterior ao processo. Com isso, qualquer que seja a atuação de uma parte não será possível que a parte contrária no processo crie expectativa de aceitação da decisão. Não havendo possibilidade de arguição de preclusão lógica.

5. CONCLUSÕES

Os efeitos da preclusão nas decisões interlocutórias, pelo CPC/15, se operarão de duas maneiras distintas: uma imediata, para aquelas decisões que podem ser objeto de agravo de instrumento, mas não foram impugnadas; outra de forma diferida, ou seja, só será possível falar em preclusão, após o curso do processo em primeiro grau, se a matéria discutida em decisão interlocutória for impugnável em sede de apelação ou contrarrazões, e não for objeto de impugnação.

---

48. OLIVEIRA JR. Zulmar Duarte de. Protesto Antipreclusivo – Uma contribuição do processo do trabalho ao Novo Código de Processo Civil. *Revista Fórum Trabalhista – RFT.* v. 7. P. 173-190. 2013.

Caso a decisão interlocutória, que tenha eficácia imediata, seja cumprida pela parte, não há que se falar em preclusão temporal. A preclusão lógica, no caso dessas decisões, terá de ser analisada casuisticamente, com a ressalva de que, em geral, não há possibilidade de comprová-la por omissão.

A opção do legislador em retirar o protesto antipreclusivo do projeto do CPC/15 não foi uma alternativa facilitadora do sistema preclusivo. Agora, restam às partes que desejam deixar clara a intenção de recorrer posteriormente, apesar do cumprimento da decisão, firmar um negócio jurídico processual.

O que muda na sessão de julgamento no Novo CPC?

Gisele Góes[1]

> **Sumário •** **1**. breve introdução: Novo CPC – **2**. prevenção recursal – **3**. prazo para a elaboração do voto, devolução dos autos com o relatório e ausência de revisor – **4**. fato superveniente ou questão apreciável de ofício ou vício sanável – **5**. ordem de julgamento – **6**. sustentação oral – **7**. vista dos autos – **8**. proclamação do resultado e voto vencido – **9**. Publicação de ementa e acórdão – **10**. Conclusões.

1. BREVE INTRODUÇÃO: NOVO CPC

A trajetória do Código de Processo Civil de 2015 iniciou desde 2009 com a instituição pelo Senado Federal de uma Comissão de Juristas para elaboração de anteprojeto da nova codificação, em virtude de que se alcançou o significado de que a lei Buzaid já havia sofrido mais de 64 (sessenta e quatro) alterações legislativas e era hora de mudar.[2]

A lei 13.105/2015 trouxe à tona o novel diploma processual civil e, com ele, propostas ousadas para tentar implementar mais que uma codificação de processo civil, mas sim pilares de um contemporâneo paradigma de processo, especialmente de uma teoria geral do processo.[3]

---

1. Doutora (PUC-SP). Mestre. Professora de Direito Processual da UFPA. Procuradora Regional do Trabalho da 8ª Região. Membro do IBDP e Instituto Ibero-Americano de Derecho Procesal. Secretária-adjunta titular da região Norte do Instituto Brasileiro de Direito Processual.
2. PLS 166/2010, de autoria do Senador José Sarney.
3. Palavras de Fredie Didier Jr: "A Teoria Geral do Processo é uma parte da Teoria Geral do Direito. (...). É disciplina filosófica, de viés epistemológico. A Teoria Geral do Processo pode ser compreendida como uma teoria geral, pois os conceitos jurídicos fundamentais

O processo tem vigas que são comuns a todo e qualquer ramo específico e precisam ser respeitadas.

O Brasil clama por um processo não apenas efetivo, de razoável duração, sobretudo de harmonização interna e externa com os níveis político--econômico, social etc.

O ordenamento jurídico nacional não pode ser somente um amontoado de códigos, leis, que não dialogam e geram um verdadeiro insulamento entre si, nas diversas (sub)divisões, como se não tivessem pontas de uma mesma linha que se esvai no esquecimento.

A noção de sistema jurídico requer ordem e unidade.[4] Onde se afere a unidade do sistema processual? Qual o papel exercido pelo Código de Processo Civil/2015?

Devem ser destacados os núcleos que estão mais que, para um mero código de processo, volta-se a afirmar, e sim, para a identidade do sistema processual e, sobremaneira, do Estado Democrático brasileiro.

A preocupação com as normas fundamentais processuais e teoria da decisão, precedentes e estabilização da jurisprudência apontam para um movimento, cuja dimensão é a de suplantar só uma circunstância legislativa. A meta é fortalecer o Poder Judiciário perante a sociedade, o Estado brasileiro e a credibilidade nas suas instituições.

Por isso, frisa-se, nesse particular, o artigo 926 do Código de Processo Civil/2015[5], o qual tem um papel central, no dever de uniformização da jurisprudência, pois agrega essa pauta, desde que ela esteja triplamente qualificada no sistema jurídico, num chamado dever de manutenção desse porte jurisprudencial dotado de estabilidade, integridade e coerência.

Desde o início, o anteprojeto da comissão de juristas[6] prescrevia em seu artigo 847 que "os tribunais velarão pela uniformização e pela estabilidade da jurisprudência." As versões do Senado Federal e da Câmara dos Deputados mantiveram essa preocupação.[7]

(lógico-jurídicos) processuais, que compõem seu conteúdo, têm pretensão universal." *Curso de Direito Processual Civil*. Vol. 1. 17. Ed. Salvador: JusPodivm, 2015. P. 34.

4. Para Canaris, A ordem e unidade são premissas evidentes e o substrato do sistema jurídico está decalcado nos valores de segurança jurídica e princípios de igualdade e justiça. CANARIS, Claus-Wilhelm. *Pensamento sistemático e conceito de sistema na ciência do direito*. Tradução de A. Menezes Cordeiro. Lisboa: Fundação Calouste Gulbenkian, 2002.
5. Art. 926. Os tribunais devem uniformizar sua jurisprudência e mantê-la estável, íntegra e coerente.
6. Apresentado para o Senador José Sarney no PLS 166/2010
7. No Senado Federal, artigo 882 (redação final PLS 166/2010 encaminhado à Câmara dos Deputados) e na Câmara dos Deputados, artigo 520 (primeira redação) (PL 8046/2010).

No texto conclusivo, os três adjetivos da jurisprudência se apresentam com referenciais teóricos importantes para o Judiciário pátrio e Estado brasileiro.

É inegável a incorporação dos elementos do conceito de sistema de Canaris, para quem é uma "ordem axiológica ou teleológica de princípios jurídicos gerais de Direito, na qual o elemento de adequação valorativa se dirige mais à característica da ordem teleológica e o da unidade interna à característica dos princípios gerais."[8]

Resta patente o desafio de sistema na codificação processual civil, quando atribui aos tribunais, não o direito subjetivo, entretanto, impõe a incumbência de uniformização de jurisprudência.

E, por fim, extrai-se das lições de Ronald Dworkin, a teoria jurídica como integridade, porque ela é uma virtude que revela a forma da teoria política do Estado e esse somente é ético, justo e detém um devido processo legal, quando adota essa virtude.

Citando trecho de Dworkin, "mostrarei que uma sociedade política que aceita a integridade como virtude política se transforma, desse modo, em uma forma especial de comunidade, especial num sentido de que promove sua autoridade moral para assumir e mobilizar monopólio de força coercitiva. Este não é o único argumento em favor da integridade, ou a única consequência de reconhecê-la que poderia ser valorizada pelos cidadãos. A integridade protege contra a parcialidade, a fraude ou outras formas de corrupção oficial, por exemplo."[9]

O direito como fonte de integridade é uma prática jurídica perene de virtude de princípios de justiça e acima de tudo, de equidade. O plano legislativo acoberta a integridade, quando edita leis sob esse prisma, que passa a expor a consciência moral da sociedade, do próprio Estado. O plano jurisdicional, ao aplicar os princípios, assegura o elemento moral, do assentamento do Estado em prol dos direitos à liberdade e igualdade.[10]

O Código de Processo Civil exala um estatuto axiológico voltado aos direitos de liberdade e igualdade, por meio do *locus* do processo, emergindo valores como segurança jurídica, proteção da confiança e isonomia.[11] Contudo, não basta que haja esse estatuto! São basilares as técnicas procedimentais para concretizar o teor das normas fundamentais processuais dispostas nos arts. 1º a 15 CPC/15.

---

8. *Pensamento sistemático e conceito de sistema na ciência do direito.* Tradução de A. Menezes Cordeiro. Lisboa: Fundação Calouste Gulbenkian, 2002. P. 66-78.
9. DWORKIN, Ronald. *Império do Direito.* 2.ed. SP: Martins Fontes, 2007. P. 228.
10. *Idem ibdem*
11. Art. 927 e seus parágrafos CPC.

Desse modo, as sessões de julgamento dos tribunais foram influenciadas por um conjunto de medidas importantes de procedimento que se passa a analisar.

2. PREVENÇÃO RECURSAL

Os critérios de distribuição nos tribunais estão jungidos às normas regimentais, desde que em observância aos parâmetros da alternatividade, sorteio eletrônico e publicidade, como estabelecido no art. 930 CPC.

Esses fatores já eram previstos no CPC revogado, sendo que a grande inovação da norma em tela é o parágrafo único que expressamente faz a determinação da prevenção em sede recursal.

Com efeito, a natureza jurídica do recurso é de prolongamento do direito de ação e a prevenção é um instituto de incidência sobre esse direito, como não se aplicar o mesmo no campo recursal? Instala-se a incongruência no sistema processual e até a colisão às garantias constitucionais processuais, especialmente as do devido processo legal e juiz natural.

Desse modo, totalmente salutar a disposição do parágrafo único e afeta integralmente as sessões nos tribunais, pois o primeiro recurso protocolizado tornará prevento o relator para os eventuais recursos subsequentes interpostos no mesmo processo ou nos conexos.

3. PRAZO PARA A ELABORAÇÃO DO VOTO, DEVOLUÇÃO DOS AUTOS COM O RELATÓRIO E AUSÊNCIA DE REVISOR

O art. 931 CPC dispôs que a distribuição dos autos no tribunal deve ser imediata e conclusos ao relator, seguindo logicamente norma constitucional introduzida pela Emenda Constitucional 45/04 (art. 93, inciso XV) que tinha como uma das preocupações centrais a razoável duração do processo (art. 5º, inciso LXXVIII).

O CPC corrobora o Texto Constitucional, insere norma fundamental processual de prazo razoável (art. 4º) e procedimento nessa esteira, pois o relator detém prazo de 30 (trinta) dias, para elaborar seu voto, restituindo os autos à secretaria com relatório.

No sistema anterior, a "subida" ao relator era em 48 (quarenta e oito) horas, analisava o processo sem prazo definido no CPC e devolvia para secretaria somente com "visto" sem relatório (art. 549 CPC/73) e, ainda seria encaminhado ao revisor, nos procedimentos em que se tivesse necessidade da presença do revisor como nos recursos de apelação e embargos infringentes e ação rescisória (art. 551 CPC/73).

Como decorrência natural, as sessões nos tribunais, nos casos de apelação, embargos infringentes e ações rescisórias, necessitariam da presença conjunta dos relatores e revisores e encaminhamento dos seus votos, estendendo-se mais no tempo, em choque frontal ao processo que não admite dilações indevidas.

Além disso, como bem observa Hermes Zaneti Jr, o propósito da restituição dos autos à secretaria com o relatório é de que os demais julgadores possam avaliar os autos do recurso.[12]

O relatório possibilitará a compreensão das questões de fato e de direito do julgamento, envolvendo o *thema probandum* e que servirão de base para a *ratio decidendi*,[13] aperfeiçoando-se o tempo do processo e qualidade dos julgamentos verdadeiramente colegiados nas sessões e sem a dilação com a necessidade de órgão revisor.

4. FATO SUPERVENIENTE OU QUESTÃO APRECIÁVEL DE OFÍCIO OU VÍCIO SANÁVEL

O art. 933 do CPC não tem correspondente com o CPC/73 revogado. Trata-se de uma regra que amplia o núcleo cognitivo do recurso, considerando que, em face de um fato superveniente ou uma questão, ainda não suscitada e de carga *ex officio*, como uma relativa à admissibilidade do processo (art. 485, § 3º, CPC), sendo constatada via relator ou via própria colegialidade em sessão de julgamento, ocasionará a suspensão processual, para que as partes possam manifestar-se especificamente sobre a questão.

A priori, em sessão de julgamento, o sobrestamento do § 1º da regra em comento poderia traduzir uma compreensão de que se chocaria com a razoável duração do processo. Todavia, o processo é também procedimento em contraditório[14] e, com efeito, é uma garantia fundamental, uma viga mestra, seu aporte é acima de tudo constitucional.

Por isso, a codificação processual civil estabeleceu as normas fundamentais processuais, destacando-se, nesse particular, o art. 9º que concretiza o contraditório e o art. 10 que veda a decisão surpresa, ratificando-se o padrão do processo constitucional.[15]

---

12. Comentários ao Novo CPC. 2. ed. Orgs. Antonio do Passo Cabral e Ronaldo Cramer. SP: Gen/Método, 2016. P. 1352.
13. Enunciado 522 FPPC (Fórum Permanente de Processualistas Civis): O relatório nos julgamentos colegiados tem função preparatória e deverá indicar as questões de fato e de direito relevantes para o julgamento e já submetidas ao contraditório.
14. FAZZALARI, Elio. Istituzioni di diritto processuale. 8. Ed. Padova: Cedam, 1996. P. 84 e ss.
15. O Brasil, finalmente, nivelou-se aos ordenamentos estrangeiros que se expõe à guisa de exemplificação: 1) CPC de Portugal – art. 3º, 3 – O juiz deve observar e fazer cumprir,

Chancelar o dever ao relator de consultar as partes, torna o processo equilibrado, dentro de um discurso dialógico, expressão do contraditório[16] e do dever de cooperação (art. 6º CPC).[17]

Sob essa mesma ordem de ideias, o art. 938, ao tratar da questão preliminar, preceitua as atividades do relator para sanar vícios, antes da sessão de julgamento, mas nada impede que esses vícios sejam constatados apenas em sessão de julgamento e, por serem sanáveis (§ 1º, art. 938 CPC), no âmbito do processo constitucional ou maximização dos direitos fundamentais, desburocratiza-se o processo e se aproveita sempre, devendo o julgamento ser convertido em diligência, provocando sua suspensão e realizado ou renovado o ato processual em diligência[18] [19] e, em tudo, nos moldes da cooperação, sem qualquer elemento de "surpresa".

---

ao longo de todo o processo, o princípio do contraditório, não lhe sendo lícito, salvo caso de manifesta desnecessidade, decidir questões de direito ou de facto, mesmo que de conhecimento oficioso, sem que as partes tenham tido a possibilidade de sobre elas se pronunciarem; 2) CPC da França – art. 16 – Le juge doit, en toutes circonstances, faire observer et observer lui-même le principe de la contradiction. Il ne peut retenir, dans sa décision, les moyens, les explications et les documents invoqués ou produits par les parties que si celles-ci ont été à même d'en débattre contradictoirement.
Il ne peut fonder sa décision sur les moyens de droit qu'il a relevés d'office sans avoir au préalable invité les parties à présenter leurs observations.

16. Contraditório aqui tomado com Antonio do Passo Cabral, "dentro desta perspectiva mais elástica, ganhou novos aspectos, devendo ser estudado como direito de influência e dever colaborativo" e logicamente que não mais como o aspecto bilateral da informação x reação. *In* Coisa julgada e preclusões dinâmicas. Salvador: JusPodivm, 2013. P. 316 e ss.

17. Como bem já ressaltava Daniel Mitidiero, "no processo civil cooperativo, além da vedação à decisão surpresa, é de rigor que o pronunciamento jurisdicional contenha uma apreciação completa das razões levantadas pelas partes para a solução da controvérsia. Evidentemente, para a configuração do diálogo no processo é de rigor que tanto o demandante como o juiz e o demandado falem a propósito das questões suscitadas em juízo. Do contrário, há monólogo no lugar do diálogo, com claro prejuízo à feição democrática do processo. Como facilmente se percebe, o problema prende-se ao fiel perfilhamento do conteúdo do dever de motivar as decisões dentro do processo civil contemporâneo" Colaboração no Processo Civil. SP: RT, 2009. P. 137.

18. Enunciado 82 FPPC (Fórum Permanente de Processualistas Civis): É dever do relator, e não faculdade, conceder o prazo ao recorrente para sanar o vício ou complementar a documentação exigível, antes de inadmitir qualquer recurso, inclusive os excepcionais.

19. Enunciado 60 do Fórum Nacional de Processo do Trabalho: CLT, ART. 769 E NCPC, ART. 932, I C/C 938, § § 1º A 4º. CONVERSÃO DE JULGAMENTO DO RECURSO EM DILIGÊNCIA. O novo direcionamento do modelo do processo civil para converter o julgamento do recurso em diligência quando houver necessidade de produção de prova é compatível com o processo do trabalho (art. 932, I c/c art. 938, § § 1º a 4º, NCPC).

Suprimir essas garantias do processo, significa negar a dimensão do Estado Democrático de Direito e o contexto do acesso à justiça e devido processo legal, tanto nas suas faces procedimental, quanto substancial.

5. ORDEM DE JULGAMENTO

O CPC/73 revogado não tinha a preocupação de alinhar uma ordem para os julgamentos nas sessões do tribunal. O antigo art. 562 dispunha apenas acerca da preferência do recurso cujo julgamento já havia sido iniciado e o art. 565 autorizava o requerimento dos advogados de sustentação oral e julgamento em primeiro lugar, todavia sem sistematização.

O CPC atual (art. 936), ao revés, preceitua, como critério prévio, o da natureza do ato processual e, desde logo, rege primeiramente os recursos; em seguida, a remessa necessária que é sucedâneo recursal; e, ao final, os processos de competência originária.

A norma processual não delimita somente esse critério do ato processual, mas organiza também o julgamento, estruturando com a primazia do diálogo, da argumentação, porquanto de início na sessão são realizadas todas as sustentações orais, na ordem dos requerimentos feitos pelos advogados anteriormente; posteriormente, são atendidos os requerimentos de preferência, novamente, prestigiando-se a presença do advogado que pode apresenta-lo até o início da sessão de julgamento; e só depois de esgotadas as situações presenciais dos advogados e também se faz a leitura de inclusão para os terceiros interessados e outras instituições, tais como membros do ministério público, defensores públicos, advogados públicos, aí que se passa à circunstância que era cogitada do CPC extinto, qual seja, aos julgamentos que tinham iniciado na sessão anterior. Merece frisar que, *ad cautelam*, em seu último inciso, a regra trilhou o rumo da enumeração exemplificativa, deixando aos demais casos.

Buscou-se toda a ordem de julgamento nos tribunais, contudo, o que se perquire é: existem ressalvas? O próprio texto legal – art. 936 – em seu *caput* delibera imediatamente que os regimentos internos dos tribunais e as preferências legais poderão acarretar a modificação dessa ordem, porém somente se houver justificativa.

Apesar do silêncio do Código revogado quanto à ordem de julgamento, os regimentos internos já vinham estatuindo a matéria,[20] entretanto em uma esfera de facultatividade por parte do Presidente do órgão colegiado ou da colegialidade em si.

---

20. Cita-se, à guisa de ilustração, o Regimento Interno do STF: arts. 128,§ 2º e 129.

A novel legislação adota postura diferenciada, porque traz como regra a ordem dos julgamentos e, exclusivamente como exceção, a inversão dela e não se trata de meramente "inverter", de modo simples, é uma inversão qualificada, visto que obrigatoriamente motivada.

Nesse sentido, vale a transcrição de trecho de Hermes Zaneti Jr, para quem "por essa razão, a ordem pode ser subvertida, inclusive para melhor garantir a tutela dos direitos fundamentais, mas não deve ser abandonada sem uma adequada justificativa, sob pena de atingir o direito fundamental à duração razoável do processo que o dispositivo visa a tutelar."[21]

6. SUSTENTAÇÃO ORAL

O aperfeiçoamento do instituto da sustentação oral nos tribunais e a sua maior abrangência (especialmente diante da sua enumeração exemplificativa – art. 937, IX CPC) colocam o CPC na rota da concretização do paradigma da democratização do sistema processual.

O ato subsequente ao relatório é o de que o presidente do órgão colegiado concede a palavra aos advogados que fizeram previamente suas inscrições para os debates, como também aos membros do ministério público ou defensoria pública ou até terceiros intervenientes e o prazo é de 15 (quinze) minutos, para cada um com o propósito de sustentarem suas razões (art. 937, *caput* CPC).

Os recursos e processos de competência originária dos tribunais sobre os quais incide a possibilidade de sustentação oral, sem quaisquer restrições, são: recursos de apelação, ordinário, especial, extraordinário, embargos de divergência; e processos de competência originária: ação rescisória, mandado de segurança e reclamação (art. 937, incisos I *usque* VI CPC).

Em torno dos recursos de agravo, são aferidas as seguintes restrições:

a) Agravo de instrumento (art. 937, VIII CPC): cabível a sustentação somente em face de decisões interlocutórias, cujo conteúdo sejam as tutelas provisórias (urgência ou evidência); e

b) Agravo interno como decorrência dos processos de competência originária, ou seja, nas ações rescisórias, mandados de segurança e reclamações em que a decisão do relator tenha gerado a extinção do processo (art. 937, § 3º CPC). Portanto, para que verdadeiramente se perfaça o diálogo, pois a decisão do relator de porte monocrática precisa ser amplamente revista e a revisão não pode estar só

---

21. Comentários ao Novo CPC. 2. ed. Orgs. Antonio do Passo Cabral e Ronaldo Cramer. SP: Gen/Método, 2016. P. 1363.

atrelada ao parâmetro do órgão colegiado, entre magistrados e sim sobretudo ao ambiente de interlocução, de todos os sujeitos processuais, especialmente das partes, com a exposição dos seus argumentos via advogados.

Também deve ser mencionado o cabimento da sustentação oral no incidente de resolução de demanda repetitiva (IRDR) (art. 937,§ 1º CPC), sendo feita a remissão ao art. 984, vez que o incidente tem tratamento específico e afasta o regramento genérico em questão. A ordem no IRDR é vinculada às partes do processo originário, autor e réu, depois o ministério público como fiscal da ordem jurídica que é obrigatório (art. 982, III CPC) e, por fim, o *amicus curiae*. O prazo nesse caso é de 30 (trinta) minutos.

Apesar de vários aspectos positivos na análise do art. 937, no que tange ao instituto da sustentação oral, mesmo assim, remanescem alguns pontos omissos que despertam atitude reflexiva:

1) Cabe sustentação oral do *amicus curiae*, quando não se tratar de IRDR? Se a visão ratificada com o CPC é do processo constitucional democrático, sob a perspectiva da pluralidade, transparência, cooperação e voltado aos valores da segurança e isonomia das decisões, como não se permitir o ingresso do *amicus* e sua sustentação em qualquer um dos recursos mencionados ou processos de competência originária nos moldes do art. 138, § 2º CPC? Cabe, portanto.

2) Cabe sustentação oral em sede de agravo de instrumento que questiona decisões interlocutórias de mérito a teor do art. 356, § 5º CPC? Indagação extremamente pertinente feita por Daniel Amorim Assumpção Neves: "Mas julgada apenas parcela desse mérito, não caberá sustentação oral do recurso interposto pela parte sucumbente?"[22] Se o art. 1015, II CPC admitiu o agravo de instrumento de decisão interlocutória sobre o mérito do processo, equipara-se à apelação e deve ser aplicado analogicamente o regime desse recurso, sendo perfeitamente viável a sustentação oral, em homenagem ao preceito da simetria.

Plenamente justificado o raciocínio, em virtude de que a sustentação oral é o momento áureo de oralidade na tônica de exposição de argumentos, mas que não devem ser apenas e tão somente registrados na ata dos tribunais, pois na sistemática processual do novel CPC devem ser esquadrinhados, consoante a teoria da fundamentação exteriorizada no art. 489, § 1º do diploma citado.

No CPC revogado, não havia esse compromisso com a pauta da sustentação oral. Agora, diverso é o caminho dos tribunais, sob pena de invalidade da decisão.

---

22. Novo CPC comentado. Artigo por artigo. Salvador: JusPodivm, 2016. P. 1526.

Salienta-se, além de tudo isso, que a legislação processual facilitou ainda mais o acesso à sustentação oral, por meio da possibilidade da prática do ato por videoconferência ou outro recurso tecnológico de transmissão de sons e imagens em tempo real, desde que seja feito o requerimento até o dia anterior ao da sessão, para que proporcione ao tribunal os preparativos para tal circunstância (art. 937, § 4º CPC).

Uma situação que pode ocorrer na sustentação oral é a parte suscitar uma questão que pode ser apreciada de ofício e que ainda não gravitava nos contornos da lide, sendo a primeira vez em que o relator e o colegiado se deparam com a mesma. Por força do art. 10 CPC, o relator deve converter o julgamento em diligência e intimar a parte contrária para que lhe seja dada oportunidade de manifestação, expressão da garantia constitucional do contraditório como exercício de influência e o procedimento é analógico ao prescrito no art. 933 CPC, sendo que o intimado deve receber a ata com o extrato dos argumentos da sustentação oral.

7. VISTA DOS AUTOS

Durante a sessão de julgamento, se o relator ou outro magistrado não se achar apto a proferir seu voto, o CPC, em seu art. 940, dispôs acerca da vista dos autos. O direcionamento do Código revogado (art. 555, § 2º) era nesse mesmo sentido, entretanto, não havia prazo para o magistrado no procedimento de vista, o que provocava um problema sério quanto à celeridade processual.

O novo CPC corrigiu essa distorção, adequando-se às normas fundamentais processuais, não apenas fixando o prazo máximo de 10 (dez) dias, viabilizando só um pleito de prorrogação no mesmo prazo, como também consolidando que, automaticamente, após o prazo, o recurso será novamente inserto em pauta para julgamento na sessão seguinte à data da devolução.

E, caso o prazo não seja cumprido e/ou autos não forem devolvidos, sem justificativa, o presidente do órgão requisitará e se o magistrado não se sentir, ainda, habilitado a votar, o presidente convocará substituto, de conformidade com o regimento interno (§§ 1º e 2º art. 940 CPC), buscando-se solução quanto ao tempo do processo.

8. PROCLAMAÇÃO DO RESULTADO E VOTO VENCIDO

Em toda a sessão de julgamento nos tribunais, após serem proferidos os votos, eles são colhidos pelo presidente e designado o relator para redação do acórdão ou, caso ele seja vencido, será o autor do primeiro voto vencedor (art. 941, *caput* CPC). É nítida, então, a diferenciação entre julgamento e acórdão, em função do desenvolvimento da sessão em que o primeiro é antecedente e o segundo é consequente.[23]

Nesse particular, não houve alteração de entendimento diante do CPC revogado.

As duas modificações substanciais estão nos parágrafos, sendo que uma é voltada ao julgamento e a outra para o acórdão.

O § 1º, art. 941 criou a possibilidade de alteração do voto até o momento da proclamação do resultado pelo presidente, excluindo os já proferidos pelos magistrados afastados ou substituídos. Facilmente explicada essa regra, perante o contexto da abertura do novo CPC, da produção de debates orais, ampliação do campo dos sujeitos processuais, atos com carga plural como audiências públicas, diligências etc., exercitando-se realmente o papel da democracia. O engessamento do voto em um momento de discussões e reflexões é o palco do autoritarismo e não se pode permitir isso no processo constitucional pátrio em vigor.

A mudança relativa ao acórdão é a relativa ao § 3º, art. 941, ao introduzir que o voto vencido será necessariamente declarado e considerado parte integrante do acórdão inclusive para fins de prequestionamento.

Constitui uma transformação essencial, visto que o sistema processual incorpora a trilha do devido processo legal na sua feição substancial em que se torna direito de todos os sujeitos processuais às razões de decidir (*ratio decidendi*), conhecimento de todos os argumentos enfrentados, discutidos, em um exercício de cognição ampla como mola do dever de fundamentação, da transparência e publicidade do Estado Democrático de Direito.

Não se obriga o sujeito processual a estar presente à sessão de julgamento ou a postular degravação da sessão ou as notas taquigráficas para conhecer todos os debates, porque o acórdão exporá a tese vencedora, mas necessariamente declarará o rol de argumentos do vencido.[24]

O acesso à justiça se integraliza com a inovação, assegurando requisito relevante para fins de admissibilidade do recurso especial e/ou extraordinário na seara do prequestionamento, ao invés de gerar obstáculos.[25]

---

23. "Formalmente, o julgamento difere do acórdão. O julgamento antecede o acórdão" DIDIER Jr, Fredie e CUNHA, Leonardo. Curso de Direito Processual Civil. 13. ed. Vol. 3. Salvador: JusPodivm, 2016. P. 38.
24. Nesse rumo, o Brasil se orienta pela legislação internacional novamente. À título de ilustração, cita-se o CPC de Portugal: Artigo 663.º (art.º 713.º CPC 1961) Elaboração do acórdão
    1 – O acórdão definitivo é lavrado de harmonia com a orientação que tenha prevalecido, devendo o vencido quanto à decisão ou quanto aos simples fundamentos, assinar em último lugar, com a sucinta menção das razões de discordância.
25. Deve-se destacar que o Enunciado 320 da Súmula do STJ é redigido em sentido contrário: " A questão federal somente ventilada no voto vencido não atende ao requisito do prequestionamento."

O voto vencido (*dissenting opinion*) é elemento chave para a compreensão dos fundamentos determinantes de como pensa a Corte, pois o julgamento unânime produz acórdão conforme, que pertence nas suas razões a todos os julgadores, que compõem o quórum da sessão e formação de eventual precedente, enquanto que, se o julgamento não for unânime, quebra-se a identidade, o elemento da própria fidúcia, sendo inexorável que, a partir daquele julgamento, tenha-se a abertura para técnicas de distinção, ou até eventuais formatações de superação ou revogação do entendimento. Por isso, concorda-se com Luiz Guilherme Marinoni, para quem "a ausência do voto dissidente no acórdão acarreta nulidade por falta de fundamentação."[26]

O acórdão deve ser um retrato fiel do julgamento, tanto no que tange ao pensamento da maioria, fundamentos prevalecentes e resultado vencedor, quanto no voto vencido, ou fundamentações diversas das exaradas pela maioria e resultado vencido.

9. PUBLICAÇÃO DE EMENTA E ACÓRDÃO

O núcleo das alterações nos arts. 943 e 944 CPC reside na questão da publicação.

No CPC revogado, art. 564, com a lavratura do acórdão, as conclusões deveriam ser publicadas em órgão oficial no prazo de 10 (dez) dias. O CPC atual – art. 943,§ 2º – não se reporta a conclusões e sim à publicação da ementa.

A ementa deve traduzir a síntese do julgamento e que se traduz "de maneira bem objetiva, o entendimento do tribunal a respeito das questões de fato e de direito debatidas no julgamento que originou o acórdão. A ementa deve conter, também, o (s) fundamento (s) determinante (s) da decisão."[27]

A ementa é a somatória de questões de fato + direito + *ratio decidendi* e a intenção é de que os precedentes sejam publicizados, conhecidos por todos, não só na sociedade, mas no seio das próprias instituições e seus preceitos sejam respeitados para um tratamento isonômico entre os cidadãos que estejam em situações análogas.

Tanto é que o próprio CPC prevê em seu art. 979 no capítulo do IRDR – incidente de resolução de demandas repetitivas – a formação de banco

---

Em razão da edição do Novo CPC, o FPPC – Fórum Permanente de Processualistas Civis – editou o Enunciado 200 (art. 941, § 3º e 15) "Fica superado o Enunciado 320 da súmula do STJ".

26. Julgamento das Cortes supremas. SP: RT, 2015. P. 103.
27. DIDIER Jr, Fredie e CUNHA, Leonardo. Curso de Direito Processual Civil. 13. ed. Vol. 3. Salvador: JusPodivm, 2016. P. 42.

eletrônico de dados atualizados com comunicação inclusive ao Conselho Nacional de Justiça (CNJ), oportunizando sempre a divulgação e almejada propagação.

O cuidado que se deve ter apenas é que a ementa deve ser correspondente ao conteúdo do acórdão.

Quanto à publicação do acórdão, o art. 944 vem com a novidade de que a não publicação do acórdão no prazo de 30 (trinta) dias, contados da data da sessão de julgamento, levará necessariamente a uma substituição por notas taquigráficas para todos os fins legais, independentemente de revisão e o presidente do tribunal lavra as conclusões e ementa.

A meta do legislador é o alcance da eficiência-economia processual associados ao tempo do processo, extirpando-se os níveis de burocratização da atividade jurisdicional. Contudo, a situação pode ser danosa, por razões que se passa a exemplificar: 1) o acúmulo de atividades sobre a pessoa do presidente que pode acabar ocasionando delonga processual; 2) a fundamentação do acórdão pode estar ausente em determinadas passagens ou deficiente e ensejar vícios sanáveis ou insanáveis que vão de encontro à razoável duração do processo; e 3) a obrigatoriedade de o tribunal verter as notas taquigráficas em texto da língua portuguesa, podendo criar perda de sentidos.

Apesar de tudo isso, o objetivo é nobre porque pautado na simplificação de ritos no âmbito do Poder Judiciário.

10. CONCLUSÕES

O estudo das normas relativas às sessões de julgamento nos tribunais conduz a um patamar de condensação axiológica que demonstra a preocupação jurídica pátria em atar pontos que inexplicavelmente não eram unidos.

O processo constitucional brasileiro tem a sua marca registrada no paradigma democrático com os princípios-garantias do devido processo legal, nas suas versões procedimental e substancial; contraditório e ampla defesa; dever de fundamentação das decisões judiciais; razoável duração do processo, sendo todos voltados para a concretização dos direitos fundamentais.

No plano infraconstitucional, era ininteligível o sistema processual não estar na mesma sintonia do processo constitucional.

O CPC/2015, especificamente nas sessões de julgamento dos tribunais, aproxima os dois planos, busca a mesma frequência do "rádio", sonoriza a mesma melodia, a do arquétipo das normas fundamentais processuais no padrão da razoável duração do processo (art. 4º) e primazia do julgamento do mérito (art. 6º) com sessões que se desenvolvem sem maiores formalidades, com prazos fixados para lavratura de acórdão, possibilidade de conversões de julgamentos em diligência para aproveitamento do processo, sanando-se vícios, questões preliminares, arguíveis de ofício; respeito aos deveres de consulta, manifestação, direito à produção de prova por ambas as partes, vedando-se decisões surpresa, como expressões da cooperação (art. 6º) e do contraditório (arts. 9º e 10) e que devem ser aplicados nos tribunais; a boa-fé objetiva (art. 5º) nas adequações processuais e emprego da sustentação oral, por exemplo; publicidade, eficiência, razoabilidade, proporcionalidade (art. 8º), onde o juiz atende aos fins sociais (responsabilidade com a ética – *accountability*), quando publica os acórdãos e relatórios nos prazos estabelecidos, devolve os processos em vista, inclui todos os fundamentos no voto vencedor, inclusive o vencido, para a materialização da teoria dos fundamentos determinantes, alçando-se voo para a teoria dos precedentes no Brasil, em prol dos valores de maior expressão da dignidade da pessoa do jurisdicionado a serem (re)construídos no sistema jurídico nacional, quais sejam, a isonomia e segurança das relações jurídicas.

Fungibilidade recursal como modelo obrigatório no CPC/2015?

Izabel Cristina Pinheiro Cardoso Pantaleão[1]

> **Sumário** • **1**. Introdução – **2**. Perspectiva geral do Código de Processo Civil – **3**. O princípio da fungibilidade recursal no ordenamento jurídico brasileiro – **4**. O princípio da fungibilidade no CPC/2015: **4.1**. Fungibilidade entre os embargos de declaração e o agravo interno; **4.2**. Fungibilidade entre os recursos especial e extraordinário – **5**. Conclusão.

1. INTRODUÇÃO

Foi com muita honra que recebi o convite para escrever nesta obra, que será um marco na história das mulheres processualistas brasileiras. Ultimamente vivemos momentos de merecida valorização profissional da mulher e, nesse cenário, as Processualistas chegaram com um importante projeto para estimular e promover o pensamento de muitas mulheres que encontravam dificuldades em divulgar seus trabalhos. Parabéns e obrigada por nos representarem.

No presente ensaio, pretendemos fazer uma análise do Princípio da Fungibilidade no ordenamento jurídico brasileiro e mais especificamente da sua aplicação no novel sistema processual, respondendo à pergunta que nos foi formulada: *Fungibilidade recursal como modelo obrigatório no CPC/2015?*

---

1. Mestre em Direito Processual Civil pela PUC/SP. Professora da pós-graduação da Universidade Presbiteriana Mackenzie e da Escola Superior de Advocacia. Membro da ABDTIC – Associação Brasileira de Direito da Tecnologia, da Informação e das Comunicações, da Comissão de Direito das Telecomunicações da OAB/SP e do CEAPRO – Centro de Estudos Avançados de Processo. Advogada em São Paulo.

Diante disso, esperamos que o presente ensaio seja útil a todos os operadores do Direito no estudo do recente diploma processual.

2. PERSPECTIVA GERAL DO CÓDIGO DE PROCESSO CIVIL

Durante mais de cinco anos de discussão, o texto tramitou fervorosamente nas casas legislativas federais, com interessantíssimas discussões a respeito das inovações que estavam sendo propostas como, por exemplo, a extinção dos embargos infringentes. A discussão no Congresso Nacional encerrou-se quando foi aprovado pelo Plenário do Senado Federal o texto final do diploma processual civil (17/12/1014), com mais de mil artigos, prometendo mais celeridade, simplicidade e coesão nos processos judiciais cíveis.

O texto final foi sancionado pela Presidente da República em 16/03/15, promulgando a Lei nº 13.105/15, a qual já foi, inclusive, objeto de reforma durante sua *vacatio legis*, pela Lei nº 13.256/2016.

Sob uma perspectiva geral, ousamos afirmar em outras oportunidades que a palavra chave do projeto é *celeridade*. Celeridade porque o que se busca é sanar as falhas do sistema para evitar o desperdício de atividade jurisdicional, efetivando-se, sempre que possível, o direito material (Princípio da primazia do julgamento do mérito[2]).

Teresa Arruda Alvim Wambier, relatora do projeto entregue ao Senado Federal sintetizou, à época, a ideia do projeto da seguinte maneira: *"Tendo como pano de fundo a finalidade de deixar evidente a influência da Constituição Federal no processo, como decorrência da subordinação desta àquela, procuramos criar um sistema novo, resolvendo problemas a respeito dos quais se queixa a comunidade jurídica, simplificar o procedimento e dar rendimento a cada processo, em si mesmo considerado. Pretendeu-se, também, dar coesão ao conjunto de regras que disciplinam o processo civil brasileiro, que, por terem passado por incontáveis alterações nesses últimos 20 anos, acabou perdendo a sua forma sistemática, o que acabou criando indesejáveis problemas, que prendem indevidamente a atenção do juiz. De fato, no sistema atual, muitas vezes o centro da atenção do magistrado se desloca para questões processuais, o que consiste, sem dúvida, numa deformação: o processo é um método. Métodos, quando racionais, devem facilitar, e não criar embaraços. A falta de foco do juiz gera demora, fruto de desperdício de tempo. Então se pode dizer que dar coesão é simplificar e que tido isso acaba levando a que o processo tenha duração razoável, conforme exige a Constituição Federal."*[3]

---

2. Nesse sentido, vide os arts. 4º, 6º, 139-IX, 932, 938 e 1029 do CPC/2015.
3. *Anotações sobre o Projeto de Lei n. 166/2010, para um novo Código de Processo Civil. In* Panorama individual das tutelas individual e coletiva: estudos em homenagem ao Professor

Desta maneira, podemos dizer que as principais diretrizes seguidas na elaboração do CPC/2015 objetivam, como adiantado, dar maior celeridade ao processo, fazendo com que este cumpra seu papel precípuo de servir de instrumento para fazer valer o direito material da parte.

De fato, o processo não é um fim em si mesmo, mas sim um meio para que se alcance um objetivo. É evidente que não se pode pretender jamais a eliminação pura e simples da forma. A existência de um modelo legal é necessária para a própria segurança do cumprimento das garantias processuais, que são, em suma, asseguradas pelo contraditório. O problema reside no formalismo excessivo[4].

Por isso, é imperioso que se busque mais celeridade e menos formalismo no desenvolvimento do processo, mas não se tencione o desapego total à forma. Observa-se, portanto, que as alterações levadas a efeito no CPC/2015 visam a simplificar e a dar maior celeridade na tramitação dos processos, mas sempre preservando um mínimo de garantias, a fim de não violar o modelo constitucional do processo civil.

Assim, em nosso sentir, a intenção do CPC/2015 não foi de inovar o direito ou revolucionar o sistema, mas sim trazer soluções para os problemas enfrentados no dia a dia da comunidade jurídica, soluções estas que poderão aprimorar a aplicação das normas.

3. O PRINCÍPIO DA FUNGIBILIDADE RECURSAL NO ORDENAMENTO JURÍDICO BRASILEIRO

O princípio da fungibilidade recursal, em linhas gerais, autoriza o conhecimento de um recurso quando interposto no lugar de outro, mediante o preenchimento de determinado(s) requisito(s).

Tal princípio visa a combater o formalismo excessivo no direito processual civil, permitindo que se alcance a satisfação de um direito, evitando-se que o apego às regras processuais interfira na prestação jurisdicional e comprometa o acesso à justiça.

Sérgio Shimura. São Paulo: Saraiva, 2011. P. 724/727.

4. Nesse sentido, José Roberto dos Santos Bedaque afirma que: "Forma e técnica não são, em si mesmas, um mal. Ao contrário, a existência de um modelo legal é fator de garantia para as partes, que têm assegurada a participação efetiva no contraditório. Além disso, contribuiu, decisivamente para o normal e ordenado desenvolvimento do processo. É preciso, todavia, que o processualista não perca de vista a função indiscutivelmente instrumental desse meio estatal de solução de controvérsias, para não transformar a técnica processual em verdadeiro labirinto, em que a parte acaba se arrependendo de haver ingressado, pois não consegue encontrar a saída. O mal reside, portanto, no formalismo excessivo." *Efetividade do processo e técnica processual*. 3ª ed. São Paulo: Malheiros, p. 52.

A doutrina ensina que o princípio da fungibilidade, aplicado quando interposto equivocadamente um recurso, tem origem no direito alemão, decorrente da teoria indiferente do recurso[5], também conhecida como teoria do tanto vale (*Sowohl-als-auch-Theorie*)[6]. Isso significa que tanto é admissível o recurso interposto contra a decisão (incorreta) do juiz, como também aquele contra a decisão que deveria haver sido proferida (correta).

No Brasil, o princípio da fungibilidade recursal adentrou no ordenamento jurídico no artigo 810 do Código de Processo Civil de 1939, que previa: *"Salvo a hipótese de má-fé ou erro grosseiro, a parte não será prejudicada pela interposição de um recurso por outro, devendo os autos ser enviados à Câmara, ou turma, a que competir o julgamento"*.

Isso porque o sistema recursal do CPC de 1939 era muito complexo e previa inúmeros recursos, de modo que a parte poderia equivocar-se na interposição de um ou de outro recurso. Assim, salvo caso de má-fé ou erro grosseiro, a legislação expressamente permitia a aceitação de um recurso pelo outro.

Já sob a égide do CPC de 1973, a previsão do princípio da fungibilidade foi suprimida, o que não quer dizer que, em que pese a ausência de previsão expressa, tal princípio não vigorou mais no nosso sistema.

Nesse sentido, explica Nelson Nery: "*(...) os princípios são, normalmente, regras de ordem geral, que muitas vezes decorrem do próprio sistema jurídico e não necessitam estar previstos expressamente em normas legais para se lhes empreste validade e eficácia. Logo, mesmo à falta de regra expressa, que a fungibilidade dos recursos não repugna o sistema do CPC que, contém hipóteses capazes de gerar dúvida objetiva a respeito da adequação do recurso ao ato judicial recorrível.*"[7].

De acordo com a exposição de motivos do CPC/1973, a supressão se justificou em razão da simplificação do sistema recursal[8]. Todavia, na prá-

---

5. Antes disso, o direito alemão contava com duas teorias, a subjetiva e a objetiva. Pela teoria subjetiva, a parte deveria interpor o recurso contra a decisão 'querida' pelo Tribunal; já pela objetiva, o recurso correto a ser interposto deveria ser aquele previsto pela lei contra a decisão considerada.
6. Conforme Luis Otávio Sequeira de Cerqueira. *O princípio da fungibilidade e os poderes do juiz*. In "Os poderes do juiz e o controle das decisões judiciais". *Estudos em homenagem à professora Teresa Arruda Alvim Wambier*. São Paulo: RT, 2008, p. 307.
7. *Teoria Geral dos Recursos*. 6ª edição. São Paulo: RT, 2004. P. 139.
8. "*31. Convém, ainda, tecer alguns comentários sobre a nomenclatura do Código vigente. Os recursos de agravo de instrumento e no auto do processo (arts. 842 e 851) se fundam num critério meramente casuístico, que não exaure a totalidade dos casos que se apresentam na vida cotidiana dos tribunais. Daí a razão por que o dinamismo da vida judiciária teve de suprir as lacunas da ordem jurídica positiva, concedendo dois sucedâneos de recurso, a saber, a correição parcial e o mandado de segurança. A experiência demonstrou que esses*

tica, muitas situações acabavam ficando numa zona cinzenta que exigiam a aplicação do princípio da fungibilidade recursal. Por isso, a doutrina e a jurisprudência cuidaram de estabelecer os requisitos segundo os quais, se preenchidos, poderiam justificar a aplicação do princípio da fungibilidade para recursos equivocadamente interpostos. Inicialmente, os requisitos eram: (i) dúvida objetiva; (ii) inexistência de erro grosseiro e (iii) tempestividade.

A *dúvida objetiva* existe quando há divergência entre a doutrina e/ou jurisprudência a respeito do recurso cabível para determinada decisão, necessitando que a dúvida seja objeto de discussão atual e posições divergentes. O *erro grosseiro* é entendido como aquele que contraria uma previsão expressa da lei, havendo erro grosseiro quando a lei prever o recurso cabível de modo a não deixar margem para dúvidas. Quanto à *tempestividade*, entende-se que o recurso deve ser interposto no prazo do recurso correto. Mas, como saber qual o recurso correto se havia dúvida objetiva sobre qual deveria ser o recurso interposto? Assim, na prática, recomendava-se interpor o recurso no menor prazo.

Para esse último requisito, uma parte da doutrina entende que o recurso deve ser interposto no prazo do recurso correto para que possa ser recebido. Contudo, Nelson Nery Jr.[9] e Teresa Arruda Alvim Wambier/José Miguel Garcia Medina[10] entendem que a tempestividade não é um requisito para a aplicação da fungibilidade recursal, bastando ser configurada a dúvida objetiva

---

dois remédios foram úteis corrigindo injustiças ou ilegalidades flagrantes, mas representavam uma grave deformação no sistema, pelo uso de expedientes estranhos ao quadro de recursos. É certo que, para obviar aos inconvenientes da interposição errônea de um recurso por outro, o Código vigente admite o seu conhecimento pela instância superior e ordena a remessa à câmara ou turma, desde que não esteja viciado por má-fé ou erro grosseiro (art. 810). O Código consagrou, nesse preceito legal, a teoria do "recurso indiferente" (Sowohls-auch-Theorie), como ensinam os autores alemães. Esta solução não serviu, porém, para melhorar o sistema, porque a frequência com que os recursos, erroneamente interpostos, não são conhecidos pelo Tribunal evidenciou que a aplicação do art. 810 tem valor limitadíssimo. (...) 33. Diversamente do Código vigente, o projeto simplifica o sistema de recursos. Concede apelação só de sentença; de todas as decisões interlocutórias, agravo de instrumento. Esta solução atende plenamente aos princípios fundamentais do Código, sem sacrificar o andamento da causa e sem retardar injustificavelmente a resolução de questões incidentes, muitas das quais são de importância decisiva para a apreciação do mérito. O critério que distingue os dois recursos é simples. Se o juiz põe termo ao processo, cabe apelação. Não importa indagar se decidiu ou não o mérito. A condição do recurso é que tenha havido julgamento final no processo. Cabe agravo de instrumento de toda a decisão, proferida no curso do processo, pela qual o juiz resolve questão incidente".

9. Teoria Geral dos Recursos... Ob. cit. P. 137.
10. Para esses autores, o requisito relativo ao prazo ou se choca com a própria definição e razão de ser do princípio ou carece de sentido, pois, no fundo, essa exigência quase que implica, sob certo aspecto e certa medida, a não aplicação plena do princípio da fungibilidade e violação ao direito constitucional do devido processo legal. ARRUDA ALVIM WAMBIER,

e atual para a aplicação do princípio. Noutras palavras, para essa corrente, a dúvida objetiva é o único requisito para que seja aplicado o princípio da fungibilidade, porquanto não existe erro grosseiro quando se tratar de dúvida objetiva. Entendemos ser esta a posição mais adequada. Inclusive, isso tem sido observado nas mais recentes decisões do STJ[11].

Contudo, quanto à tempestividade, haja vista a unificação dos prazos para a interposição dos recursos em quinze dias (com exceção dos embargos de declaração – art. 1003, § 5º, CPC/2015[12]), para aqueles que entendem ser um requisito, tal não poderá ser mais exigido (com exceção aos embargos de declaração), esvaziando o requisito de interposição do recurso no prazo menor.

Assim, embora não previsto expressamente, o princípio da fungibilidade deve ser aplicado pelos operadores do direito, ainda que em decorrência do princípio instrumentalidade das formas ou da finalidade (Art. 277, CPC[13]) e do princípio do aproveitamento dos atos processuais (art. 283 do CPC/2015[14]). Ainda nesse sentido, o Fórum Permanente de Processualistas Civis aprovou o Enunciado de nº 104, o qual prevê que *"O princípio da fungibilidade recursal é compatível com o CPC e alcança todos os recursos, sendo aplicável de ofício".*

Portanto, perfeitamente cabível e aplicável o princípio da fungibilidade sob a égide do novel processual.

4. O PRINCÍPIO DA FUNGIBILIDADE NO CPC/2015

O CPC/2015 não prevê expressamente o princípio da fungibilidade, como prevê outros princípios como o da cooperação, primazia do julgamento do mérito etc. No entanto, resolveu situações em que antes havia uma zona cinzenta, prevendo casos em que ele pode ser aplicado, não deixando qualquer dúvida a respeito de sua aplicação.

Teresa; MEDINA, José Miguel Garcia. *Recursos e ações autônomas de impugnação.* 2.ª tir. São Paulo: Ed. RT, 2008. P. 66.

11. Nesse sentido vide: AgInt nos EDcl no AgRg no AREsp 611034 / SP; AgRg nos EDcl nos EREsp 1541467/GO; REsp 1340577/RJ.

12. Art. 1003, § 5º – *"Excetuados os embargos de declaração, o prazo para interpor os recursos e para responder-lhes é de 15 (quinze) dias."*

13. Art. 277. *"Quando a lei prescrever determinada forma, o juiz considerará válido o ato se, realizado de outro modo, lhe alcançar a finalidade."*

14. Art. 283. *"O erro de forma do processo acarreta unicamente a anulação dos atos que não possam ser aproveitados, devendo ser praticados os que forem necessários a fim de se observarem as prescrições legais.*
    Parágrafo único. Dar-se-á o aproveitamento dos atos praticados desde que não resulte prejuízo à defesa de qualquer parte."

Resolveu, por exemplo, a celeuma acerca do recurso cabível da decisão (capítulo da sentença) que concede, confirma ou revoga a tutela provisória (seja de urgência ou de evidência). Está claro, no art. 1.013, § 5º, que dessa decisão caberá apelação. Isto porque, sob a égide do sistema revogado, havia muita discussão a respeito de qual a natureza jurídica e consequente recurso cabível dessa decisão no corpo da sentença, aplicando-se a fungibilidade entre o recurso de apelação e o recurso de agravo de instrumento. Outra situação que parece ter sido resolvida pelo novo Código é relativa ao cabimento do recurso em face de decisão parcial de mérito. O novo diploma prevê expressamente o cabimento do agravo de instrumento quando o juiz (i) proferir decisão com o conteúdo dos arts. 485[15] e 487, II e III[16] do CPC (sentença), que diga respeito a apenas parcela do processo (art. 354, parágrafo único[17]) e (ii) julgar parcialmente o mérito (art. 356, § 5º[18]).

---

15. Art. 485. *"O juiz não resolverá o mérito quando:*
    I – indeferir a petição inicial;
    II – o processo ficar parado durante mais de 1 (um) ano por negligência das partes;
    III – por não promover os atos e as diligências que lhe incumbir, o autor abandonar a causa por mais de 30 (trinta) dias;
    IV – verificar a ausência de pressupostos de constituição e de desenvolvimento válido e regular do processo;
    V – reconhecer a existência de perempção, de litispendência ou de coisa julgada;
    VI – verificar ausência de legitimidade ou de interesse processual;
    VII – acolher a alegação de existência de convenção de arbitragem ou quando o juízo arbitral reconhecer sua competência;
    VIII – homologar a desistência da ação;
    IX – em caso de morte da parte, a ação for considerada intransmissível por disposição legal; e
    X – nos demais casos prescritos neste Código."
16. Art. 487. *"Haverá resolução de mérito quando o juiz:*
    I – acolher ou rejeitar o pedido formulado na ação ou na reconvenção;
    II – decidir, de ofício ou a requerimento, sobre a ocorrência de decadência ou prescrição;
    III – homologar:
    a) o reconhecimento da procedência do pedido formulado na ação ou na reconvenção;
    b) a transação;
    c) a renúncia à pretensão formulada na ação ou na reconvenção."
17. Art. 354. *"Ocorrendo qualquer das hipóteses previstas nos arts. 485 e 487, incisos II e III, o juiz proferirá sentença. Parágrafo único. A decisão a que se refere o caput pode dizer respeito a apenas parcela do processo, caso em que será impugnável por agravo de instrumento."*
18. Art. 356. *"O juiz decidirá parcialmente o mérito quando um ou mais dos pedidos formulados ou parcela deles:*
    I – mostrar-se incontroverso;
    II – estiver em condições de imediato julgamento, nos termos do art. 355.
    (...)
    § 5º A decisão proferida com base neste artigo é impugnável por agravo de instrumento."

Porém, o Tribunal de Justiça de São Paulo, em um caso de julgamento parcial de mérito, no qual a parte interpôs agravo de instrumento[19], seguindo os ditames do CPC/2015, entendeu que a decisão não comportava tal recurso, mas sim o recurso de apelação. Conforme o acórdão, tratava-se de sentença que julgou parcialmente a ação[20], muito embora, na decisão, a juíza de primeiro grau deixa claro que está julgando *"matéria remanescente, tendo em vista o disposto no artigo 356 do novo código de Processo Civil, que estabelece o julgamento antecipado parcial de mérito"*. Assim, concluiu-se que o recurso não poderia ser conhecido porque *"a sentença julgou parcialmente procedente a ação, devendo ser desafiada por meio do recurso de apelação. Logo, havendo expressa previsão legal sobre o recurso cabível, não há como sustentar eventual dúvida objetiva sobre o recurso a ser manejado, tratando-se de erro grosseiro, o que impede a aplicação do Princípio da Fungibilidade e dá causa ao não conhecimento do recurso."*.

Na verdade, a parte interpôs o recurso correto, conforme previsão expressa do CPC/2015. Contudo, o Tribunal, ao que parece, confundiu sentença parcial de mérito com sentença de procedência parcial.

Assim, se tal situação se prorrogar e algumas decisões entenderem dessa forma e outras não[21] (porque o Código assim determina), teremos a

---

19. TJSP, Agravo de Instrumento nº 2155110-02.2016.8.26.0000, 2ª Câmara de Direito Privado, Rel. Des. Giffoni Ferreira, j. em 31.08.2016. Ementa: *"AGRAVO DE INSTRUMENTO – SENTENÇA DE PROCEDÊNCIA PARCIAL – DECISÃO IMPUGNÁVEL POR APELAÇÃO – INADEQUAÇÃO DA VIA ELEITA – ERRO GROSSEIRO – RECURSO NÃO CONHECIDO."*
20. Processo nº 1002556-84.2015.8.26.0663, 2ª Vara Cível de Votorantim/SP.
21. Em outro caso, a parte interpôs Agravo de Instrumento em face de sentença proferida nos termos do art. 356, CPC/2015 e o Tribunal conheceu do recurso, confira-se a ementa: *"Ação de reparação de danos cumulada com repetição de indébito – Compra e venda de imóvel – Decisão que apreciou parte do mérito dos pedidos iniciais, nos termos do Artigo 356 do Código de Processo Civil, com a postergação da análise do pedido de devolução da quantia paga a título de comissão de corretagem – Abusividade da cláusula que não delimita o prazo para a conclusão do empreendimento – Imposição de desvantagem indevida ao consumidor – Nulidade confirmada – Atraso na entrega da obra – Caracterização – Não ocorrência de fortuito externo capaz de elidir a responsabilidade da requerida – Risco do negócio que não pode ser repassado ao consumidor – Validade da cláusula que estabelece a prorrogação do prazo inicial para entrega da obra por até 180 dias, desde que expressamente prevista no contrato – Exegese da Súmula 164 desta C. Corte de Justiça – Termo final que é a data de entrega da obra informada pela agravada, correspondente à imissão na posse – Mantida a incidência de índice mais favorável à compradora a título de correção monetária durante o período de mora da construtora – Lucros cessantes presumidos, correspondentes aos alugueres que a compradora deixou de aferir no período da mora – Quantia reduzida para 0,5% sobre o valor do contrato – Decisão reformada neste ponto – Mantida a determinação de devolução simples da quantia relativa ao registro cartorário do contrato, diante de expressa previsão em termo de aditivo contratual não impugnado pela agravante – Recurso provido em parte."* TJSP, Agravo de Instrumento nº

dúvida objetiva instaurada, havendo a necessidade de aplicação do Princípio da Fungibilidade.

4.1. Fungibilidade entre os embargos de declaração e o agravo interno

Ainda que não se referindo expressamente à fungibilidade, o CPC/2015 expressamente prevê no artigo 1.024, parágrafo 3º que o "*órgão julgador conhecerá dos embargos de declaração como agravo interno se entender ser este o recurso cabível, desde que determine previamente a intimação do recorrente para, no prazo de 5 (cinco) dias, complementar as razões recursais, de modo a ajustá-las às exigências do art. 1.021, § 1º.*"

Trata-se, pois, de previsão inovadora. Imagine-se a seguinte situação: decisão monocrática proferida pelo relator eivada de obscuridade, contradição, omissão e/ou erro material. A parte, indubitavelmente, opõe embargos de declaração para sanar o vício, mas o relator recebe como agravo interno e leva para o colegiado julgar como agravo interno, sendo que toda a fundamentação é voltada para a correção do vício.

Tal situação já acontecia no sistema revogado, com a aplicação da fungibilidade pela jurisprudência, o que causava prejuízo à parte recorrente, porque o objeto dos embargos de declaração é diferente do objeto do agravo interno. Prejuízo porque, nos embargos de declaração, o embargante suscita um vício formal na decisão, buscando corrigir uma omissão, contradição, obscuridade ou erro material.

Já no agravo interno, o objetivo é reformar a decisão ou até anular a decisão unipessoal. Temos, então, um recurso interposto tratando de matéria de forma e recebido para ser julgado com matéria de fundo. Não se dava oportunidade à parte recorrente de modificar suas razões, para que fizesse a fundamentação com relação ao agravo interno.

O CPC/2015, sensível a esse erro, prevê a possibilidade de o recorrente complementar e adequar as suas razões recursais, reconhecendo-se que a alegação de matérias de cunho formal não é a mesma coisa que a alegação de matérias de fundo.

Dessa maneira, o art. 1.024, § 3º oportuniza, de maneira louvável, a adequação/complementação do recurso apresentado, tratando-se de verdadeira positivação do princípio da fungibilidade. Não vemos, num primeiro momento, muitas dificuldades para a aplicação, na prática, dessa regra.

2110449-35.2016.8.26.0000, 3ª Câmara de Direito Privado, Rel. Des. Marcia Dalla Déa Barone, j. em 09/09/2016.

4.2. Fungibilidade entre os recursos especial e extraordinário

Outra hipótese de aplicação do princípio da fungibilidade recursal, prevista expressamente no CPC/2015, está ligada à interposição equivocada dos recursos especial e extraordinário.

Partindo-se do pressuposto de que foram preenchidos todos os requisitos exigidos para o recebimento dos recursos especial e extraordinário, legais, regimentais e sumulares, os artigos 1.032 e 1.033 do CPC/2015 autorizam o recebimento do recurso extraordinário como se recurso especial fosse e vice-versa. Confira-se a redação dos dispositivos em comento:

> Art. 1.032. Se o relator, no Superior Tribunal de Justiça, entender que o recurso especial versa sobre questão constitucional, deverá conceder prazo de 15 (quinze) dias para que o recorrente demonstre a existência de repercussão geral e se manifeste sobre a questão constitucional.
>
> Parágrafo único. Cumprida a diligência de que trata o caput, o relator remeterá o recurso ao Supremo Tribunal Federal, que, em juízo de admissibilidade, poderá devolvê-lo ao Superior Tribunal de Justiça.
>
> Art. 1.033. Se o Supremo Tribunal Federal considerar como reflexa a ofensa à Constituição afirmada no recurso extraordinário, por pressupor a revisão da interpretação de lei federal ou de tratado, remetê-lo-á ao Superior Tribunal de Justiça para julgamento como recurso especial.

Desta maneira, caso a parte tenha interposto Recurso Especial e o Superior Tribunal de Justiça entender que a questão debatida é de *cunho constitucional*, a lei impõe um dever ao relator do especial (deverá), para conceder prazo ao recorrente, para deduzir razões que revelem e existência de *repercussão geral* (requisito específico para o conhecimento do extraordinário[22]), remetendo, em seguida, os autos ao Supremo Tribunal Federal, para

---

22. Lembremos que estão tramitando duas propostas de Emenda Constitucional, uma na Câmara dos Deputados (PEC nº 209/2012) e outra no Senado Federal (PEC nº 17/2013), objetivando alterar o art. 105 da CF para incluir o requisito da repercussão geral para admissão do recurso especial, avaliando-se a relevância da questão federal a ser decidida, devendo ser demonstrada que a questão ultrapassa interesses subjetivos.
Segundo noticiário da AASP (<www.aasp.org.br>), "o Min. Luiz Felipe Salomão do STJ (Superior Tribunal de Justiça) defendeu, nesta quarta-feira (02.10.2015) na Câmara dos Deputados, a aprovação da proposta (PEC nº 209/2012) que exige que o advogado demonstre a relevância jurídica da questão trazida em seu Recurso Especial para que seja aceito pelo STJ. Durante audiência pública promovida pela comissão especial que analisa a Proposta de Emenda à Constituição nº 209/2012, Salomão explicou que essa medida é essencial para que o tribunal possa efetivamente funcionar como uniformizador da legislação infraconstitucional como é sua missão. De acordo com o ministro, os juízes dedicam

exercer o juízo de admissibilidade ou devolver os autos ao Superior Tribunal de Justiça, por decisão irrecorrível.

Da mesma forma, se interposto o Recurso Extraordinário e o relator do Supremo Tribunal Federal entender que o recurso trata de *questão legal* (federal), sendo *indireta a ofensa* à *Constituição* da República, deverá encaminhar os autos ao Superior Tribunal de Justiça para julgamento, também por decisão irrecorrível.

Desse modo, os tribunais não poderão mais inadmitir o recurso excepcional sob o argumento de não cabimento do recurso por ofensa reflexa à Constituição Federal ou legislação federal, conforme o caso, a teor do que dispõe a Súmula 636 do STF[23]. Havendo ofensa reflexa, o tribunal deve encaminhar o recurso para o tribunal competente para que lá seja analisado.

Nesse caso, diferente da técnica de fungibilidade posta em estudo para os embargos de declaração/agravo interno, propomos exercitar algumas questões para debate, tendo em vista as situações que podem surgir no dia a dia dos operadores do direito, diante do ineditismo da aplicação da fungibilidade nesse caso específico.

A primeira questão surge em relação à interposição dos recursos: para a aplicação do princípio da fungibilidade nos recursos excepcionais é necessária a interposição de ambos os recursos? Isto é, para fazer valer o direito de ver seu recurso examinado pelo tribunal competente, a parte teria que ter interposto tanto o recurso especial quanto o recurso extraordinário? Ou apenas com a interposição de um deles e, verificada a competência do outro tribunal, a parte já teria esse direito?

Num primeiro momento, pela simples leitura dos citados dispositivos, nos parece não ser necessária a interposição de ambos os recursos, haja vista que a regra não condiciona a remessa do recurso mediante a existência de outro. A princípio, basta ser detectada pelo relator a existência de questão de competência do outro tribunal para a remessa do recurso.

Outra questão que surge ao examinar tais artigos, especialmente o artigo 1.033, é a seguinte: o ministro do Supremo Tribunal Federal conclui, ao examinar o recurso extraordinário interposto, que a questão é federal e não constitucional e determina a remessa dos autos ao Superior Tribunal de Justiça. Imaginemos que a parte tenha interposto, além do recurso extraordinário "convertido" em especial, o recurso especial propriamente dito, examinado

---

boa parte de seu tempo na resolução de questões que não deveriam chegar a um tribunal superior".

23. Súmula 636, STF – *"Não cabe recurso extraordinário por contrariedade ao princípio constitucional da legalidade, quando a sua verificação pressuponha rever a interpretação dada a normas infraconstitucionais pela decisão recorrida."*

e julgado, mas que não tratou da questão objeto do então primitivo recurso extraordinário.

Nesse cenário, passemos a algumas reflexões: o STJ terá que rejulgar o caso, agora com base em novos/outros argumentos, advindos do primitivo recurso extraordinário? O STJ poderá rejulgar a causa, agora levando em conta o recurso remetido? O STJ poderá mudar seu entendimento? Podemos dizer que o STJ estaria julgando o mesmo recurso duas vezes? Qual julgamento, no caso de divergência, deve prevalecer? A lei deveria impor que, caso o tribunal destinatário do recurso já tivesse julgado a causa através de outro recurso da parte, o recurso "remetido" não deveria ser julgado? Teria ocorrido, para o tribunal destinatário, a preclusão para julgar aquela causa?

Pelo texto legal, depreende-se que mesmo ocorrendo o julgamento do recurso especial pelo STJ, o recurso remetido pelo STF deverá ser julgado, ainda que o STJ já tivesse proferido decisão, em sede de recurso especial, na mesma causa. De qualquer maneira, convertido o recurso extraordinário em especial (ou vice-versa) não pode haver recusa no julgamento do recurso, caso admitido, pelo tribunal competente. Nesse ponto, a lei é clara ao prever que o recurso deve ser enviado para julgamento, se preenchido os requisitos.

Uma questão mais procedimental, no mecanismo de remessa dos recursos de um tribunal para o outro, é em relação às custas de preparo e porte de remessa e retorno dos autos. Como os tribunais devem tratar esse aspecto? No caso do artigo 1.032, por exemplo, além de ser intimada para demonstrar a existência de repercussão geral, a parte deverá, também, ser intimada para a complementação de custas? A parte deverá recolher novo porte de remessa e retorno dos autos?

Os tribunais poderiam, para resolver essa questão, acordar em relação ao procedimento a ser adotado, em seus respectivos regimentos internos? Seria o caso de unificar as tabelas de custas dos tribunais superiores, para que não haja diferença a ser recolhida? Ou, ainda, seria o caso de determinar à parte o recolhimento de novas custas, agora destinadas ao tribunal competente? Pensamos que todas essas questões deverão ser tratadas pelos respectivos tribunais, a fim de que não sejam um empecilho para a efetivação de tal previsão tão benéfica ao jurisdicionado e ao sistema como um todo.

Por fim, ainda em relação aos primeiros impactos deste novo procedimento, é necessário alertar que a figura da fungibilidade não pode prestigiar a má técnica do profissional do direito, neste caso o advogado, que opta equivocadamente pela interposição do recurso no lugar de outro. É necessária uma profunda reflexão sobre esse aspecto.

São inúmeras indagações que surgem diante dessa nova perspectiva de atuação dos tribunais superiores.

E, finalmente, temos ainda o artigo 1.035[24], que trata da repercussão geral, e, se analisado em conjunto com o artigo 1.032, que possibilita a fungibilidade do recurso especial que tratar de questão constitucional, surge a seguinte questão: interposto o recurso especial perante o STJ e verificado que a causa é de cunho constitucional, dado o prazo para a demonstração de repercussão geral, a qual dos dois tribunais caberá a análise? A princípio nos parece ser mais acertada a resposta que indicar o STF como o competente, mesmo o recurso tendo sido destinado ao STJ, que deverá remeter aos autos ao STF.

---

24. Art. 1.035. "*O Supremo Tribunal Federal, em decisão irrecorrível, não conhecerá do recurso extraordinário quando a questão constitucional nele versada não tiver repercussão geral, nos termos deste artigo.*

§ 1º Para efeito de repercussão geral, será considerada a existência ou não de questões relevantes do ponto de vista econômico, político, social ou jurídico que ultrapassem os interesses subjetivos do processo.

§ 2º O recorrente deverá demonstrar a existência de repercussão geral para apreciação exclusiva pelo Supremo Tribunal Federal.

§ 3º Haverá repercussão geral sempre que o recurso impugnar acórdão que:
I – contrarie súmula ou jurisprudência dominante do Supremo Tribunal Federal;
II – (Revogado);
III – tenha reconhecido a inconstitucionalidade de tratado ou de lei federal, nos termos do art. 97 da Constituição Federal.

§ 4º O relator poderá admitir, na análise da repercussão geral, a manifestação de terceiros, subscrita por procurador habilitado, nos termos do Regimento Interno do Supremo Tribunal Federal.

§ 5º Reconhecida a repercussão geral, o relator no Supremo Tribunal Federal determinará a suspensão do processamento de todos os processos pendentes, individuais ou coletivos, que versem sobre a questão e tramitem no território nacional.

§ 6º O interessado pode requerer, ao presidente ou ao vice-presidente do tribunal de origem, que exclua da decisão de sobrestamento e inadmita o recurso extraordinário que tenha sido interposto intempestivamente, tendo o recorrente o prazo de 5 (cinco) dias para manifestar-se sobre esse requerimento.

§ 7º Da decisão que indeferir o requerimento referido no § 6º ou que aplicar entendimento firmado em regime de repercussão geral ou em julgamento de recursos repetitivos caberá agravo interno.

§ 8º Negada a repercussão geral, o presidente ou o vice-presidente do tribunal de origem negará seguimento aos recursos extraordinários sobrestados na origem que versem sobre matéria idêntica.

§ 9º O recurso que tiver a repercussão geral reconhecida deverá ser julgado no prazo de 1 (um) ano e terá preferência sobre os demais feitos, ressalvados os que envolvam réu preso e os pedidos de habeas corpus.

§ 10. (Revogado).

§ 11. A súmula da decisão sobre a repercussão geral constará de ata, que será publicada no diário oficial e valerá como acórdão."

As respostas às indagações propostas virão com o tempo, além de outras questões para reflexão, com o exercitar das regras propostas, regras estas que certamente vieram para aprimorar o ordenamento jurídico e para combater a jurisprudência defensiva, que assola não só os operadores do direito, mas, principalmente, o jurisdicionado.

As mudanças propostas devem ser reconhecidas e enaltecidas como uma tentativa de dar maior efetividade e celeridade ao processo, sendo certo que as questões aqui levantadas servem como uma tentativa de prever algumas das inúmeras situações que podem surgir com a inovação do sistema, até então apegado ao rigor formal em detrimento ao próprio direito material posto em juízo.

É indiscutível que a aplicação do princípio da fungibilidade na conversão de um recurso em outro independe do preenchimento de qualquer requisito, haja vista previsão na lei – regra expressa[25].

Em pesquisa realizada durante a elaboração deste estudo (agosto/2016), ou seja, cinco meses após o início da vigência do novel processual, encontramos um julgado no STJ concluindo pela inaplicabilidade do art. 1.032 no caso concreto porque o recurso especial foi interposto sob a sistemática do CPC/1973[26].

No STF a aplicabilidade do art. 1.033 também já foi suscitada e rejeitada em duas oportunidades, sob o mesmo argumento de que o recurso

---

25. Nesse sentido: DIDIER JR., Fredie e CUNHA, Leonardo Carneiro da. Curso de Direito Processual Civil – vol. 3 – 13ª edição. Salvador: Jus Podivm, 2016. P. 358.
26. Confira-se: " (...) 5. Em relação ao pedido de aplicação do art. 1.032 do NCPC ao presente recurso especial, oportunizando aos embargantes a apresentação de complementação quanto à matéria tida por constitucional, não assiste razão aos interessados. 6. Os requisitos de admissibilidade do recurso especial devem ser analisados com base no sistema normativo previsto no CPC de 1973, levando-se em conta que foi interposto em 13 de junho de 2014 contra acórdão do Tribunal paulista publicado em maio de 2014. A decisão que inadmitiu o recurso na origem data de 1º de outubro de 2014, sendo o presente agravo em recurso especial interposto em 16 de abril de 2015. 7. Não se cogita de aplicação das novas regras do Código de Processo Civil, o qual entrou em vigor em 18 de março de 2016, quando se trata da admissibilidade do presente recurso especial, cujos marcos temporais são anteriores à vigência do Novo CPC. 8. Embora os presentes embargos de declaração tenham sido manejados na vigência do Novo Código de Processo Civil, eles não têm o condão de alterar as regras de admissibilidade relativas ao recurso especial, interposto sob a sistemática do CPC/1973. 9. Embargos de declaração rejeitados." – EDcl no AgRg no AREsp 818737 / SP – Relatora Ministra Diva Malerbi (desembargadora convocada TRF 3ª Região) – Segunda Turma – Data do Julgamento 03/05/2016 – Data da Publicação/Fonte DJe 11/05/2016.

extraordinário havia sido interposto durante a vigência do sistema processual anterior[27-28].

Todavia, há um terceiro caso em que a fungibilidade entre o recurso extraordinário e especial foi aplicada pelo Ministro Edson Fachini, por entender ofensa reflexa à Constituição Federal e necessidade de interpretação da lei federal. Vale a transcrição desse ponto do voto do relator:

> No particular, a parte ora Agravante pretende questionar a validade de ato infralegal de Estado-membro em face da Lei Kandir (LC 87/96). Nesses termos, não se mostra cabível a abertura da via do recurso extraordinário na espécie. **Entretanto, considerada reflexa a ofensa à Constituição da República, por pressupor a revisão da interpretação de lei federal, notadamente a LC 87/96, remete-se a matéria ao STJ para julgamento como recurso especial, nos termos do art. 1.033 do CPC**. Ante o exposto, nego provimento ao agravo regimental. Ademais, determino a remessa dos autos ao Superior Tribunal de Justiça para julgamento da questão controvertida como recurso especial, nos termos do art. 1.033 do CPC. É como voto.[29]

Portanto, esperamos que essas novidades trazidas pelo CPC/2015, de efetiva aplicação do princípio da fungibilidade, sejam verdadeiramente aplicadas, homenageando-se aos princípios da primazia da solução do mérito,

---

27. Trata-se do ARE 952323 AgR/RJ – RIO DE JANEIRO – Relator Min. Luiz Fux – Julgamento: 28/06/2016 – Primeira Turma – Publicação DJe-167 de 09-08-2016, publicado em 10-08-2016: *"Por oportuno, destaco que a aplicação do artigo 1.033 do novo Código de Processo Civil é inviável in casu, em razão de a interposição do recurso extraordinário ter ocorrido sob a vigência do Código de Processo Civil de 1973."* E também do ARE 877844 AgR-segundo/SP – Relator Min. LUIZ FUX – Julgamento 02/08/2016 – Primeira Turma – DJe-177 de 19-08-2016 publicado em 22-08-2016: *"Por oportuno, destaco que a aplicação do artigo 1.033 do novo Código de Processo Civil é inviável in casu, em razão de a interposição do recurso extraordinário ter ocorrido sob a vigência do Código de Processo Civil de 1973."*
28. Em sentido contrário, o Fórum Permanente de Processualistas Civis aprovou o Enunciado de nº 564 – *"Os arts. 1.032 e 1.033 devem ser aplicados aos recursos interpostos antes da entrada em vigor do CPC de 2015 e ainda pendentes de julgamento."* Pensamos ser essa posição é a mais acertada, haja vista a incidência imediata das normas processuais.
29. RE 927274 AgR / MG – Relator Min. Edson Fachin – Julgamento: 31/05/2016 – Primeira Turma – Publicação DJe-134 de 27-06-2016, publicado em 28-06-2016, com voto vencido do Min. Marco Aurélio, que entendeu que a questão deveria ser enfrentada pelo Supremo: "A situação jurídica envolve substituição tributária quanto ao ICMS, e este tem, como base de incidência, o valor do negócio jurídico realizado tal como se apresente, considerado o constante da nota fiscal. Por isso, é matéria que, para haver a preservação do artigo 155, I, do Diploma Maior, está a merecer o enfrentamento pelo Supremo. Estou divergindo, a partir do memorial oportunamente apresentado. Sou juiz que, embora passados 37 anos na judicatura – completarei 38 em novembro –, ainda leio memorial, ou seja, faço o dever de casa." – Grifos nossos.

da economia processual e da cooperação, combatendo o mal arraigado em nosso sistema da jurisprudência defensiva.

5. CONCLUSÃO

Feitas as considerações a respeito da concretização do princípio da fungibilidade na nova sistemática processual, pensamos que em outros casos também será possível a aplicação do referido princípio, desde que preenchido o requisito da dúvida objetiva, buscando, sempre, a efetiva prestação da tutela jurisdicional.

Assim, a fungibilidade recursal está diretamente ligada aos princípios da cooperação (art. 6º), instrumentalidade das formas, efetividade do processo e primazia do mérito, devendo-se reconhecer a acertada escolha do legislador em prever a sua aplicação nas hipóteses estudadas.

Desse modo, a resposta à pergunta que dá título ao presente estudo é positiva: sim, a fungibilidade recursal, nos termos em que é prevista no CPC/2015, é obrigatória.

Como promover a superação dos precedentes formados nos julgamentos de recursos repetitivos por meio dos recursos especial e extraordinário?

Júlia Lipiani[1]

> **Sumário** • **1**. Considerações introdutórias – **2**. Considerações sobre a superação dos precedentes: **2.1**. A importante função da técnica da superação dos precedentes; **2.2**. A competência do tribunal como um dos critérios para a superação dos precedentes – **3**. Como promover a superação dos precedentes formados no julgamento de recursos repetitivos por meio dos recursos especial e extraordinário: **3.1**. Compreensão do art. 1.030 do CPC e exposição do problema decorrente da sua interpretação literal; **3.2**. A interpretação sistemática do art. 1.030, i, b, do CPC; **3.3**. A impugnação da decisão que julga o agravo interno previsto no § 2º do art. 1.030 do CPC – **4**. Considerações finais.

1. CONSIDERAÇÕES INTRODUTÓRIAS

O novo Código de Processo Civil (Lei n. 13.105/2015) impõe aos tribunais o dever de "uniformizar a sua jurisprudência e mantê-la estável,

---

1. Especialista em Direito Processual Civil pela Faculdade Baiana de Direito. Graduada em Direito pela Universidade Federal da Bahia. Membro da Associação Norte e Nordeste de Professores de Processo Civil – ANNEP. Advogada. Mestranda em Direito Processual pela Universidade do Estado do Rio de Janeiro - UERJ.

íntegra e coerente" (art. 926, *caput*), bem como aos julgadores em geral o dever de observar determinadas decisões, acórdãos e enunciados de súmula (art. 927, *caput*). Inaugura, com essas imposições (e diversas outras por elas impactadas), um sistema de força normativa dos precedentes judiciais – cujo principal fundamento está na proteção à igualdade[2] (pela universalização de uma tese jurídica a todas as situações semelhantes; igualdade *pelo* processo[3], portanto) e à segurança[4] (pela estabilidade das decisões).

Nesse contexto, há uma série de previsões no CPC de 2015 que promovem e/ou pressupõem a vinculação às teses jurídicas fixadas em decisões judiciais, inclusive institutos que tem como função a fixação de teses que serão vinculantes a casos semelhantes, como o julgamento de recursos especiais e extraordinários repetitivos (arts. 1.036 a 1.041 do CPC). Conforme previsão do inciso III do já mencionado art. 927, os juízes e tribunais observarão, dentre outros, os acórdãos em julgamento de recursos extraordinários e especiais repetitivos.

Ao lado de outros dispositivos que compõem o sistema de precedentes inaugurado, o legislador prevê a possibilidade de o presidente ou vice-presidente do tribunal local, por meio de julgamento monocrático, "negar seguimento a recurso extraordinário ou especial interposto contra acórdão que esteja em conformidade com entendimento do Supremo Tribunal Federal ou Superior Tribunal de Justiça, respectivamente, fixado no julgamento de recursos repetitivos" (art. 1.030, I, *b*)[5].

Portanto, um dos efeitos da decisão do julgamento de recursos extraordinários e especiais repetitivos – decorrente da vinculação obrigatória da tese jurídica fixada à todos os casos semelhantes –, é obstar a admissibilidade

---

2. Nesse sentido MARINONI, Luiz Guilherme. *Precedentes obrigatórios*. 2ª ed. São Paulo: Revista dos Tribunais, 2011, p. 140-149; ÁVILA, Humberto. *Segurança jurídica*: entre permanência, mudança e realização no direito tributário. São Paulo: Malheiros, 2012, p. 470 e p. 627; , ROSITO, Francisco. *Teoria dos precedentes judiciais*: racionalidade da tutela jurisdicional. Curitiba: Juruá, 2012, p. 131.
3. ABREU, Rafael Sirangelo de. *Igualdade e processo*: posições processuais equilibradas e unidade do direito. São Paulo: Revista dos Tribunais, 2015, p. 235-236.
4. Nesse sentido, MARINONI, Luiz Guilherme. *Precedentes obrigatórios*. Op. cit., p. 126. Humberto Ávila, ao falar da segurança jurídica, afirma que "[...] não são – rigorosamente falando – as regras que definem com exclusividade a existência ou aumento de segurança jurídica. O que define esse aumento é o modo como se determina que deva ser a sua aplicação. Em outras palavras, não são as regras, mas sim as 'regras das regras', que verdadeiramente contribuem, ou não, para a realização da segurança jurídica." (ÁVILA, Humberto. *Segurança jurídica*. Op. cit., p. 609.)
5. Incluído pela Lei n. 13.256/2016, de 4 de fevereiro de 2016, que alterou várias disposições do novo Código de Processo Civil, antes mesmo do transcurso de sua *vacatio*.

de outros recursos extraordinários ou especiais que pretendam a reforma de acórdão que esteja em conformidade com tese fixada nessa decisão.

Contra a decisão que nega seguimento ao recurso especial ou extraordinário com fundamento no mencionado art. 1.030, I, *b*, CPC, o legislador prevê o cabimento do recurso de agravo interno previsto no art. 1.021 (art. 1.030, § 2º), dirigido a órgão colegiado do próprio tribunal recorrido.

Diante disso, pela interpretação literal da legislação, não haveria como o recurso extraordinário ou especial que veicula tese contrária à fixada em julgamento de recursos repetitivos chegar ao tribunal superior a que é dirigido. Ou seja, formado o precedente em julgamento de recursos repetitivos, o STJ e o STF não mais conheceriam da questão pela via do recurso excepcional; tal questão seria objeto de avaliação somente pelo tribunal local, responsável pelo primeiro juízo de admissibilidade.

Ocorre que, no sistema de precedentes judiciais vinculantes, a regra é a de que a superação de precedente seja realizada pelo tribunal que o estabeleceu.

Daí surge o questionamento a que se pretende responder no presente trabalho: como será possível, para as partes de um processo, por meio dos recursos excepcionais, provocar a superação dos precedentes formados no julgamento de recursos repetitivos?

Para apresentar uma solução ao problema, serão brevemente expostas algumas considerações relativas à superação dos precedentes que se fazem relevantes para a presente discussão (relacionadas à função e importância dessa técnica, bem como à regra de competência para superação). Em seguida, será feita a demonstração da adequada interpretação do art. 1.030, I, *b*, CPC, bem como a análise das hipóteses de impugnação da decisão que julga o agravo interno previsto no art. 1.030, § 2º, CPC.

2. CONSIDERAÇÕES SOBRE A SUPERAÇÃO DOS PRECEDENTES

2.1. A importante função da técnica da superação dos precedentes

O sistema que dá força vinculante às decisões judiciais fundamenta-se, sobretudo, na proteção à igualdade e à segurança jurídica. Impede que os tribunais interpretem e apliquem o direito de forma discrepante para casos semelhantes, bem como, que alterem injustificadamente o seu entendimento ou o entendimento de tribunal superior. Dessa forma, permite que os jurisdicionados orientem com maior segurança as suas condutas de acordo com a interpretação e aplicação dada ao direito pelos tribunais competentes (já que tal interpretação e aplicação será, por conta da sua força vinculante, replicada em todos os casos que se assemelhem àquele em que foi fixada)[6].

No entanto, a proteção à igualdade e à segurança (e a estabilidade das decisões que dela decorre) não pode implicar o engessamento do sistema jurídico.

As relações humanas, os contextos político, econômico, ético, cultural e social, assim como os interesses gerais da comunidade, estão em constante evolução. Os sistemas jurídicos, diante disso, deem ou não força normativa às decisões judiciais, devem evoluir. O direito deve se adaptar e renovar de acordo com as novas condições da realidade em que se insere, como ciência social que é[7].

Assim, em um Estado Democrático de Direito é imprescindível que haja possibilidade de mudanças e ajustes das fontes normativas; impõe-se, portanto, a existência de abertura e mobilidade[8]. Especialmente quando se trata de um ordenamento que adote o sistema de precedentes vinculantes, tal necessidade se impõe para evitar que a força vinculante dos precedentes paralise o desenvolvimento do direito diante de novas realidades. Ao precedente, assim como à jurisprudência[9], deve ser dado certo grau de flexibilidade.

Diante dessa preocupação, alguns mecanismos de operacionalização do sistema de precedentes se fazem relevantes, sobretudo a possibilidade de superação (*overruling*)[10-11].

---

6. "afinal, um precedente chancela um entendimento de *transborda* do processo, determinando a conduta de pessoas que não são partes na demanda; que assumirão a partir dali comportamento em conformidade com a novel posição do Tribunal." (SILVA, Ticiano Alves e. Jurisprudência banana boat. In: *Revista de Processo*, vol. 209, ano 37, julho/2012, p. 291.)
7. ROSITO, Francisco. *Teoria dos precedentes*. Op. cit., p. 279.
8. ROSITO, Francisco. *Teoria dos precedentes judiciais*. Op. cit., p. 305.
9. Barbosa Moreira, em relação à jurisprudência, afirma que: "A fixação de uma tese jurídica reflete entendimento necessariamente condicionado por diversas circunstâncias. Mutável que é a realidade social, compreende-se que mude também, com o correr do tempo, o entendimento das normas de direito, ainda quando permaneça invariável o respectivo teor literal. Nada mais natural, assim, que a evolução da jurisprudência, através da constante revisão das teses jurídicas fixadas". (MOREIRA, José Carlos Barbosa. *Comentários ao Código de Processo Civil*: arts. 476 a 565. 11ª ed. Rio de Janeiro: Forense, 2003, p. 4).
10. ROSITO, Francisco. *Teoria dos precedentes judiciais*. Op. cit., p. 280; PEIXOTO, Ravi. *Superação do precedente e segurança jurídica*. Salvador: Juspodivm, 2015, p. 197.
11. O Fórum Permanente de Processualistas Civis (FPPC) editou enunciado n. 322, no sentido de que a superação do precedente vinculante pode ter por fundamento alterações de ordem econômica, política, cultural ou social: "A modificação de precedente vinculante poderá fundar-se, entre outros motivos, na revogação ou modificação da lei em que ele se baseou, ou em alteração econômica, política, cultural ou social referente à matéria decidida".

A técnica do *overruling* é espécie do gênero das *judicial departures*, que são formas de afastamento do precedente judicial[12] – e, portanto, de dinamismo na aplicação dos precedentes.

Por meio da superação, uma *ratio decidendi* é retirada do ordenamento jurídico (de modo que o precedente de que fazia parte perde a sua eficácia normativa vinculante), sendo substituída por uma nova tese jurídica que passará a ser aplicada aos casos semelhantes. Trata-se de uma rejeição da tese jurídica contida no precedente, por considerá-la em desacordo com a nova realidade, sendo ultrapassada ou equivocada[13], substituindo-a por uma orientação em sentido diverso.

O afastamento do precedente existente – e a sua consequente substituição por um novo – pode ter razões tão fortes quanto a manutenção da decisão e sua aplicação ao caso[14]. A superação será sempre resultado da ponderação entre a necessidade de adaptação da tese jurídica já fixada (levando-se em conta as mudanças da realidade que impõem a alteração do direito) e a importância dos argumentos que sustentam a igualdade, a segurança jurídica e a manutenção da estabilidade da decisão[15]. Ou seja, será resultado da avaliação dos motivos que impõem a superação (adaptação e desenvolvimento) e dos motivos que impõem a estabilidade (igualdade e segurança).

A decisão que realiza a superação deverá ser construída com base em um discurso de justificação para que resulte na substituição da regra jurisprudencial antes tida como correta[16]. Para que seja realizada a superação, é indispensável que o seja demonstrado que as razões para inovação superam o peso das razões para continuidade da decisão[17].

Ainda que se imponha a vinculação ao precedente judicial por motivos racionais, as razões que assim determinam não tem força absoluta: elas podem ser ponderadas diante da necessidade de evolução do direito[18] – mas sempre

---

12. "Dá-se o 'afastamento' (*departure*) de um precedente judicial quando o tribunal posterior adota uma nova norma concreta que decide um caso compreendido na hipótese de incidência de uma regra anterior de origem jurisprudencial" (BUSTAMANTE, Thomas. *Teoria do Precedente Judicial*. São Paulo: Noeses, 2012, p. 387).
13. ROSITO, Francisco. *Teoria dos precedentes judiciais*. Op. cit., p. 305.
14. DUXBURY, Neil. *The nature and authority of precedent*. Cambridge: Cambridge University Press, 2008, p. 116.
15. MARINONI, Luiz Guilherme. *Precedentes obrigatórios*. Op. cit., p. 393.
16. BUSTAMANTE, Thomas. *Teoria do Precedente Judicial*. op. cit., p. 388.
17. MACÊDO, Lucas Buril de. *Precedentes judiciais e o direito processual civil*. Salvador: Juspodivm, 2015, p. 392.
18. "Portanto, ainda que se reconheça a existência de razões de autoridade que militam a favor da vinculação ao precedente judicial – visualizando o precedente como uma fonte normativa que encontra sustentação tanto nessas razões de autoridade quanto em argumentos puramente racionais, sendo que em caso de conflito entre esses dois tipos de justificação

de acordo com certos limites e regras, para que a superação não seja feita de modo a esvaziar o sentido do sistema de vinculação dos precedentes[19].

A técnica da superação do precedente ao tempo que impede a realização de mudanças injustificadas da interpretação das normas pelos tribunais, permite a existência de mudanças justificadas, que levem em consideração o passado e a confiança legítima dos jurisdicionados[20]. Ela é, portanto, imprescindível tanto à preservação da estabilidade das decisões, quanto à preservação do desenvolvimento do direito. Pretendendo a estabilidade, são estabelecidos critérios para a superação dos precedentes, de modo que tal superação ocorra de forma controlada e sem obstar o desenvolvimento do sistema jurídico[21].

A superação consiste, assim, em expressão da possibilidade de flexibilização e adequação do ordenamento jurídico no sistema de vinculação de regras jurisprudenciais[22], impedindo o fechamento do sistema.

Sem a possibilidade da superação dos precedentes, assumir-se-ia o risco da petrificação das normas, impedindo-se a adaptação do sistema jurídico às mudanças e avanços da sociedade[23]. Desse modo, a retirada de eficácia normativa de um precedente e a sua substituição por outro se faz necessária em certas oportunidades para que se sustente o direito[24].

A experiência do *stare decisis* inglês demonstra a importância da possibilidade de revogação dos precedentes: em 1966, o *Practice Statement* passou a prever expressamente a possibilidade da *House of Lords* superar os seus próprios precedentes[25]. Portanto, mesmo na Inglaterra, que apresenta

---

é necessária uma ponderação entre eles –, essas razões não podem ter força absoluta: o poder de estabelecer o case law deve englobar também o de revisá-lo, aperfeiçoá-lo, viabilizar a sua evolução, ainda que sob certos limites" (BUSTAMANTE, Thomas. *Teoria do Precedente Judicial*. Op. cit., p. 395).

19. Afinal, "if courts could overrule precedents whenever they liked it would make no sense to speak of a doctrine of *stare decisis*" (DUXBURY, Neil. *The nature and authority of precedent*. Op. cit., p. 117).
20. MACCORMICK, Neil; SUMMERS, Robert S. "Further general reflections and conslusions". *Interpreting precedents*. Aldershot: Ashgate/Dartmouth, 1997, p. 535.
21. Lucas Buril, sobre o tema, afirma que "o sistema de precedentes (...) não só assegura graus desejáveis de estabilidade, previsibilidade e racionalidade, mas também não impede as mudanças necessárias ou convenientes, apesar de dificultá-las, já que prevê requisitos para a sua realização". (MACÊDO, Lucas Buril de. *Precedentes judiciais e o direito processual civil*. Op. cit., p. 384.)
22. MACÊDO, Lucas Buril de. *Precedentes judiciais e o direito processual civil*. Op. cit., p. 389.
23. ROSITO, Francisco. *Teoria dos precedentes judiciais*. Op. cit., p. 280.
24. DUXBURY, Neil. *The nature and authority of precedent*. Op. cit., p. 122.
25. CROSS, Rupert; HARRIS, J. W. *Precedent in english law*. 4. ed. Oxford: Oxford University Press, 2004, p. 104; DUXBURY, Neil. *The nature and authority of precedent*. Op. cit., p. 123.

grande rigor na observância dos precedentes[26], as mudanças de orientações dos tribunais são admitidas, pela imposição da necessidade de adaptação do sistema jurídico.

Diante disso, é possível concluir que a superação é técnica não apenas compatível[27], mas essencial a um sistema que dá força vinculante aos precedentes[28], afinal, possibilita a evolução do direito por meio da superação dos precedentes realizada de forma racional[29]. A superação é, assim, uma das ferramentas básicas (ao lado da distinção) para operação com precedentes, tendo em vista a necessidade de desenvolver o direito a fim de manter a sua congruência social e coerência sistêmica[30].

Atento à utilização da superação como técnica adequada e imprescindível ao sistema de precedentes inaugurado, o legislador do novo Código de Processo Civil traz disposições correlatas, prevendo, inclusive, que para a alteração da tese jurídica adotada em julgamento de casos repetitivos, os tribunais competentes para a superação poderão realizar audiências públicas e franquear a participação de pessoas, órgãos ou entidades que possam contribuir para a rediscussão da tese (art. 927, § 2º), bem como modular os efeitos da alteração no interesse social e no da segurança jurídica (art. 927, § 3º). Além disso, prevê que as mencionadas Cortes, sempre que promoverem a modificação do precedente, deverão observar a necessidade de fundamentação adequada e específica, considerando os princípios da segurança jurídica, da proteção da confiança e da isonomia (art. 927, § 4º).

---

26. ROSITO, Francisco. *Teoria dos precedentes judiciais*. Op. cit., p. 279. Segundo Fredie Didier Jr., Paula Braga e Rafael Alexandria, a possibilidade de modificação do entendimento firmado pelos tribunais é inerente ao sistema de precedentes judiciais e pode revelar-se um imperativo de justiça, ao impedir a modificação injustificada desse entendimento (DIDIER JR., Fredie; BRAGA, Paula Sarno; OLIVEIRA, Rafael Alexandria de. *Curso de Direito Processual Civil*. 11ª ed. Salvador: Juspodivm, 2016, v. 2, p. 509).
27. BUSTAMANTE, Thomas. *Teoria do Precedente Judicial*. Op. cit., p. 409.
28. MARINONI, Luiz Guilherme. *Precedentes obrigatórios*. Op. cit., p. 390.
29. "Ao contrário do que possa parecer, a superação de precedentes, desde que utilizada com os devidos cuidados, promove o *stare decisis*, em vez de enfraquecê-lo, ao demonstrar que a existência de precedentes obrigatórios não significa impossibilidade de evolução do direito" (PEIXOTO, Ravi. *Superação do precedente e segurança jurídica*. Op. cit., p. 197); "The very fact that a judge explicitly departs from a precedent might be considered evidence that the precedent has some authority, for explicit departure from a precedent invariably entails an explanation" (DUXBURY, Neil. *The nature and authority of precedent*. Op. cit., p. 112).
30. MITIDIERO, Daniel. Direito Jurisprudencial. In: *Revista de Processo*, vol. 245, vol. 245, ano 40, julho/2015, p. 246.

2.2. A competência do tribunal como um dos critérios para a superação dos precedentes

Por conta da força vinculante dos precedentes, as razões de decidir fixadas pelo tribunal competente em relação a uma questão ou conjunto de questões devem ser universalizadas a todos os casos análogos que tratem de questão ou conjunto de questões similar. Por isso, impõe-se a necessidade de juízes e tribunais aplicarem aos casos que lhe são submetidos os precedentes vinculantes estabelecidos por Cortes superiores.

Considerando a possibilidade e necessidade de eventual superação dos precedentes, seria possível pensar que, se houvesse justificativa para tanto, quaisquer juízes e tribunais pudessem retirar a eficácia normativa dos precedentes formados pelas Cortes mais altas a que estão submetidos. No entanto, a competência para realização do *overruling* consiste em um dos critérios para a sua aplicação racional, e, assim, limita e organiza a mitigação à vinculação dos precedentes judiciais representada pela técnica da superação.

A regra em relação à competência é a de que a superação é uma prerrogativa dos tribunais superiores[31]: somente pode ocorrer mediante decisão do mesmo órgão jurisdicional que estabeleceu o precedente[32].

Tal regra é consequência lógica do fato de a superação implicar o estabelecimento de novo precedente[33]. Como mencionado, por meio da superação, um precedente perde sua eficácia normativa (sendo retirado do ordenamento jurídico) e é substituído por um novo precedente com eficácia normativa[34]. Por conta disso, apenas a Corte que fixou o precedente a ser superado ou a Corte a ela superior pode promover a superação (já que somente ela poderá estabelecer nova regra jurisprudencial vinculante).

Da mesma forma que os órgãos jurisdicionais não têm competência para revogar uma lei, os tribunais inferiores não têm competência para revogar um precedente judicial com força normativa fixado por tribunal superior[35].

Assim, a não aplicação de um precedente por tribunal inferior àquele que o fixou não é permitida pelo sistema. Ainda que eventualmente ocorra, não pode ser considerada como superação[36], porque o tribunal inferior não

---

31. CROSS, Rupert; HARRIS, J. W. *Precedent in english law*. Op. cit., p. 127.
32. ROSITO, Francisco. *Teoria dos precedentes judiciais*. Op. cit., p. 307.
33. PEIXOTO, Ravi. *Superação do precedente e segurança jurídica*. Op. cit., p. 198.
34. "When judges overrule a precedent they are declining to follow it and declaring that, at least where the facts of a case are materially identical to those of the case at hand, a new ruling should be followed instead." (DUXBURY, Neil. *The nature and authority of precedent*. Op. cit., p. 117.)
35. PEIXOTO, Ravi. *Superação do precedente e segurança jurídica*. Op. cit., p. 198.
36. PEIXOTO, Ravi. *Superação do precedente e segurança jurídica*. Op. cit., p. 198.

tem competência para estabelecer novo entendimento vinculante a casos análogos. Em sendo aplicável o precedente, a não aplicação pelo tribunal inferior poderá ser caracterizada, no máximo, como *antecipatory overruling*[37], mas não terá aptidão para retirar do ordenamento a *ratio decidendi* que não foi aplicada. Tal aptidão só será encontrada na decisão proferida pelo tribunal que estabeleceu o precedente: somente haverá revogação quando a modificação for promovida pelo próprio tribunal prolator da decisão que fixou o precedente até então vigente[38].

Portanto, independentemente de previsão legal[39], a lógica do sistema de precedentes vinculantes impõe que, em qualquer ordenamento que adote tal sistema, a regra seja a de que a superação se dê tão somente pelas Cortes responsáveis pela formação dos precedentes que terão força vinculante. É de tais Cortes a competência para o *overruling*.

É possível afirmar então, que em um sistema que adota a vinculação obrigatória dos precedentes, a superação pode ser vista como uma das funções essenciais dos tribunais superiores[40], já que outra das suas funções essenciais é justamente a de formar precedentes[41]. E a função da superação é tão importante quando à da formação: é por meio dela que se promoverá a necessária abertura do sistema e a consequente adaptação do direito em face das evoluções sociais.

O Código de Processo Civil de 2015, apesar de não deixar expresso que a superação de todo e qualquer precedente somente deve ser promovida pelo tribunal responsável pela sua fixação, contém dispositivo relativo ao incidente de resolução de demandas repetitivas (IRDR) que se fundamenta nessa regra.

---

37. ROSITO, Francisco. *Teoria dos precedentes judiciais*. Op. cit., p. 307; PEIXOTO, Ravi. *Superação do precedente e segurança jurídica*. Op. cit., p. 198.
38. ROSITO, Francisco. *Teoria dos precedentes judiciais*. Op. cit., p. 308.
39. Rafael Sirangelo de Abreu critica a incompletude do sistema brasileiro de precedentes inaugurado no novo CPC, afirmando que "A preocupação do legislador com as técnicas de manejo do precedente é louvável, mas a previsão é incompleta na medida em que não deixa clara a necessidade de que a superação se dê tão somente pelas Cortes responsáveis pela formação dos precedentes (evitando o chamado *antecipatory overruling*)." (ABREU, Rafael Sirangelo de. *Igualdade e processo*. Op. cit., p. 243.)
40. MACÊDO, Lucas Buril de. A Análise dos Recursos Excepcionais pelos Tribunais Intermediários: O pernicioso art. 1.030 do Código de Processo Civil e sua inadequação técnica como fruto de uma compreensão equivocada do sistema de precedentes vinculantes. In: DIDIER JR., Fredie; CUNHA, Leonardo Carneiro da. Julgamento de casos repetitivos. Salvador: Juspodivm, 2016, p. 350-351.
41. Sobre o tema: MARINONI, Luiz Guilherme. *O STJ enquanto Corte de precedentes*: recompreensão do sistema processual da Corte Suprema. 2ª ed. São Paulo: Revista dos Tribunais, 2014, p. 154-161.

De acordo com o art. 986, "a revisão da tese jurídica firmada no incidente far-se-á pelo mesmo tribunal" que a fixou.

3. COMO PROMOVER A SUPERAÇÃO DOS PRECEDENTES FORMADOS NO JULGAMENTO DE RECURSOS REPETITIVOS POR MEIO DOS RECURSOS ESPECIAL E EXTRAORDINÁRIO

3.1. Compreensão do art. 1.030 do CPC e exposição do problema decorrente da sua interpretação literal

De acordo com o art. 1.030 do CPC, alterado pela Lei n. 13.256/2016, o presidente ou vice-presidente do tribunal local, recebendo o recurso especial ou extraordinário para realização do juízo de admissibilidade, deverá, conforme o caso: (i) negar seguimento ao recurso extraordinário que discute questão cuja ausência de repercussão geral já tenha sido reconhecida pelo STF ou que seja interposto contra decisão conforme a tese jurídica fixada no exame de repercussão geral pelo STF (art. 1.030, I, a); (ii) negar seguimento ao recurso especial ou extraordinário interposto contra decisão que esteja em conformidade com precedente formado pelo STJ ou STF no julgamento de recursos repetitivos (art. 1.030, I, b); (iii) encaminhar o recurso para o órgão julgador recorrido para realização de juízo de retratação se a decisão objeto do recurso estiver em desconformidade com entendimento fixado pelo STJ ou STF nos regimes de repercussão geral ou de recursos repetitivos (art. 1.030, II); (iv) sobrestar o recurso quando tratar de questão repetitiva ainda não decidida pelo STF ou STJ, quando já houver sido instaurado o incidente para a prolação do acórdão paradigma (art. 1.030, III); (v) selecionar o recurso como representativo da controvérsia para julgamento de recursos repetitivos (art. 1.030, IV); (vi) realizar o juízo de admissibilidade do recurso e, caso positivo, remetê-lo ao STJ ou STF (art. 1.030, V)[42].

Nas hipóteses em que for negado seguimento ao recurso com fundamento na existência de precedente vinculante aplicado ao caso (inciso I do art. 1.030) ou em que for sobrestado o recurso com fundamento no inciso

---

42. Conforme estabelecido no inciso V do art. 1.030 do CPC, o presidente ou vice-presidente do tribunal deverá remeter o recurso ao Supremo Tribunal Federal ou ao Superior Tribunal de Justiça, desde que "o recurso ainda não tenha sido submetido ao regime de repercussão geral ou de julgamento de recursos repetitivos" (art. 1.030, V, a) – ou melhor dizendo, desde que a questão veiculada no recurso não tenha sido submetida a julgamento de repercussão geral ou de recursos repetitivos pelos tribunais superiores –, "o recurso tenha sido selecionado como representativo da controvérsia" (art. 1.030, V, b); ou "o tribunal recorrido tenha refutado o juízo de retratação" (art. 1.030, V, c).

III do art. 1.030, o legislador prevê, no § 2º do art. 1.030, o cabimento de agravo interno, dirigido ao órgão especial ou plenário do tribunal recorrido. Por outro lado, conforme dispõe o § 1º do mesmo dispositivo, nas hipóteses em que a admissibilidade do recurso for negativa, com fundamento no inciso V do art. 1.030, caberá agravo dirigido diretamente ao STJ ou STF (art. 1.042).[43]

Da leitura do art. 1.030, extrai-se que, ao realizar o juízo provisório de admissibilidade dos recursos excepcionais, o presidente ou vice-presidente do tribunal local deverá avaliar a existência de procedimento em curso para formação de precedente vinculante ao caso ou a existência de precedente obrigatório já formado aplicável à questão discutida no recurso.

No primeiro caso, deverá sobrestar o recurso (com base no inciso III do art. 1.030) até a formação do precedente pelo tribunal competente, para que, uma vez formado, seja aplicado ao caso. Nessa hipótese, não há que se falar em superação do precedente, já que ele ainda não existe. No máximo, pode se cogitar que a parte recorrente sustente que a tese que será formada não poderá se aplicar ao seu caso por conta de peculiaridades fáticas, pretendendo a aplicação da técnica da distinção[44] (ou *distinguishing*, outra espécie das *judicial departures*), por meio do agravo interno (art. 1.030, § 2º), levando o caso ao pleno ou órgão especial do tribunal recorrido.

No segundo caso, o presidente ou vice-presidente do tribunal deverá avaliar se a decisão recorrida está em conformidade ou não com o precedente vinculante. Em caso negativo, o recurso será encaminhado ao órgão prolator da decisão para exercer o juízo de retratação (com fundamento no inciso II do art. 1.030), que, se não for exercido, permitirá o encaminhamento do recurso ao tribunal superior (art. 1.030, V, *c*). Em caso positivo, deverá negar seguimento ao recurso. Ou seja, se já tiver havido o julgamento de recursos repetitivos que versem sobre a matéria objeto do recurso, e a

---

43. Pode parecer, conforme entenderam Nelson Nery Jr. e Georges Abboud, que o legislador pretendeu diferenciar as hipóteses em que é negado seguimento das hipóteses em que é realizado juízo de admissibilidade do recurso. No entanto, ao negar seguimento, o presidente ou vice-presidente do tribunal recorrido estará rigorosamente realizando um juízo negativo de admissibilidade recursal, tal qual o realizado nas hipóteses previstas no inciso V, pois impedirá que o recurso tenha o seu mérito apreciado. (NERY JR., Nelson; ABBOUD, Georges. Recursos para os Tribunais Superiores e a Lei 13.256/2016. In: *Revista de Processo*, vol. 257, ano 41, julho/2016, p. 229).

44. Como explica Bustamante, a distinção (*distinguishing*) diferencia-se da superação porque, nesse caso, o afastamento do precedente não implica o seu abandono, mas apenas a sua não-aplicação a determinado caso concreto, que poderá ocorrer pela existência de circunstâncias especiais no caso sob julgamento que o diferenciam do caso em que se formou o precedente, ou pela mudança na compreensão de determinadas características presentes em ambos os casos (BUSTAMANTE, Thomas. *Teoria do Precedente Judicial*. Op. cit., p. 470-471).

decisão recorrida estiver em conformidade com a tese fixada em nesse julgamento, o recurso não será encaminhado ao tribunal superior. A decisão que nega seguimento ao recurso com fundamento na existência de precedente observado pela decisão recorrida é impugnável pela via do agravo interno, previsto no § 2º do ar. 1.030.

Da interpretação literal do art. 1.030 do CPC, especialmente do inciso I, b, e do § 2º, seria possível concluir que a resolução de questão de direito pelos tribunais superiores em julgamento de recursos repetitivos impediria a revisão de tal resolução pelos mesmos tribunais por meio de recursos excepcionais.

Pela leitura do dispositivo, parece que, uma vez fixado o precedente em julgamento de recurso especial ou extraordinário repetitivo, o acesso ao STJ e ao STF estaria bloqueado, já que seria negado seguimento a qualquer recurso que pretendesse reformar provimento judicial conforme com tal precedente e somente seria possível à parte irresignada com tal decisão levar a discussão ao pleno ou órgão especial do tribunal local, através da interposição de agravo interno. Não sendo provido tal agravo, não haveria qualquer meio de se levar a questão ao STJ ou STF[45].

Diante disso, eventual pretensão de superação do precedente veiculada no recurso extraordinário ou especial não chegaria à apreciação dos tribunais superiores.

Ocorre que, como visto, somente o tribunal que estabeleceu o precedente tem competência para superá-lo. Pela leitura do dispositivo, não haveria, então, possibilidade de serem superados por provocação das partes os precedentes formados em julgamento de recursos repetitivos; seria inviável a discussão acerca da superação de um precedente por meio de recursos excepcionais. O filtro criado pelo legislador seria, assim, uma verdadeira barreira.

Tal interpretação ensejaria o reconhecimento de que o legislador brasileiro teria criado um precedente vinculante cuja superação jamais poderia ser provocada pelos jurisdicionados. Promoveria um fechamento da atividade de interpretação do direito, que não pode ser aceito, considerando, como visto, a necessidade de evolução e desenvolvimento do sistema jurídico[46].

---

45. Nelson Nery Jr. e Georges Abboud comparam a previsão legal ao expediente da súmula impeditiva de recurso: NERY JR., Nelson; ABBOUD, Georges. Recursos para os Tribunais Superiores e a Lei 13.256/2016. Op. cit., p. 229/230.

46. CÂMARA, Alexandre Freitas. *Novo CPC reformado permite superação de decisões vinculantes*. Consultor Jurídico, publicado em 12 de fevereiro de 2016. Disponível em: http://www.conjur.com.br/2016-fev-12/alexandre-camara-cpc-permite-superacao-decisoes--vinculantes. Acessado em: 10 de setembro de 2016.

Vale lembrar que o mencionado dispositivo foi inserido por lei que alterou o Código de Processo Civil durante o período de *vacatio legis*[47]. Tal informação pode servir para a compreensão da incompletude do seu texto. Ao que parece, o legislador que reformou o dispositivo legal em questão não teve grande preocupação com a observância da lógica e da operacionalização do sistema de precedentes judiciais[48] – mas somente com a necessidade de se utilizar de tal sistema com o intuito de diminuir o número de causas a serem examinadas pelos tribunais superiores.

3.2. A interpretação sistemática do art. 1.030, i, b, do cpc

A interpretação literal do art. 1.030 não é suficiente[49]. Afinal, como demonstrado, a norma que se extrai por meio de tal interpretação literal não se conforma com o sistema de precedentes vinculantes.

Conformo visto, a existência de uma técnica que permita a superação dos precedentes é imprescindível ao sistema de vinculação das decisões judiciais, tanto para racionalizar a forma com que a superação será realizada (evitando-se que ocorra de forma descontrolada), quanto para permitir que o direito se desenvolva de acordo com os avanços da sociedade.

É preciso, portanto, promover uma interpretação sistemática do dispositivo, que leve em consideração todo o ordenamento jurídico (não apenas a redação do artigo) e, sobretudo, as regras de aplicação e operacionalização do sistema de precedentes.

Nessa perspectiva, o dispositivo deve ser compreendido da seguinte maneira: o recurso que for interposto contra decisão que aplica precedente formado em julgamento de recursos repetitivos não será admitido, salvo quando veicular pretensão de superação do precedente estabelecido, com argumentos para tanto.

Ou seja, interposto o recurso especial ou extraordinário contra decisão que esteja de acordo com tese jurídica fixada em julgamento de recursos repetitivos fundamentado na existência de motivos para superação de tal tese,

---

47. Expondo um breve histórico legislativo da tramitação do dispositivo em questão: MACÊDO, Lucas Buril de. *A Análise dos Recursos Excepcionais pelos Tribunais Intermediários*. Op. cit., p. 329-332.
48. MACÊDO, Lucas Buril de. *A Análise dos Recursos Excepcionais pelos Tribunais Intermediários*. Op. cit., p. 340-341.
49. No mesmo sentido, CÂMARA, Alexandre Freitas. *Novo CPC reformado permite superação de decisões vinculantes*. Op. cit.

ao recurso não deve ser negado seguimento[50], devendo ser encaminhado ao STJ ou STF se preencher todos os requisitos de admissibilidade[51].

A interpretação sistematicamente adequada do dispositivo importa a consideração dos argumentos aptos a ensejar a superação do precedente que ainda não tiverem sido refutados pelo tribunal superior[52]. Diante da existência de tais argumentos, o recurso excepcional deve ser levado à apreciação do tribunal a que se dirige para que seja realizado o juízo acerca do mérito do recurso, superando ou não o precedente (a depender do resultado da ponderação entre as razões de estabilidade e as razões de mudança).

Assim, sempre que os recursos especial ou extraordinário veicularem novo argumento em relação a entendimento firmado em precedente vinculante que possa ensejar a sua superação, ele deverá ser processado normalmente, sem que o presidente ou vice-presidente do tribunal recorrido possa lhe negar seguimento com fundamento no art. 1.030, I, *b*, CPC.

O presidente ou vice-presidente do tribunal local deve, então, levar em conta não apenas a existência de precedente vinculante aplicável ao caso, mas também a existência de argumentos que pretendem a superação de tal precedente no recurso[53].

Vale lembrar que, como visto, o Código de Processo Civil de 2015 contém diversos dispositivos que tratam da utilização da superação como técnica adequada ao sistema de precedentes inaugurado, a exemplo dos §§ 2º, 3º e 4º do art. 927. De tais dispositivos se extraem regras concernentes à promoção da superação dos precedentes, inclusive daqueles formados no julgamento de recursos repetitivos, mencionados expressamente. Além disso, os arts. 985, II e 986 fazem expressa referência à revisão da tese jurídica firmada no IRDR, que nada mais é do que a superação de tal tese. Tudo isso demonstra inequivocamente ser a superação uma técnica admitida e regulada pelo novo direito processual[54].

---

50. CÂMARA, Alexandre Freitas. *Novo CPC reformado permite superação de decisões vinculantes*. Op. cit.
51. MACÊDO, Lucas Buril de. *A Análise dos Recursos Excepcionais pelos Tribunais Intermediários*. Op. cit., p. 359.
52. MACÊDO, Lucas Buril de. *A Análise dos Recursos Excepcionais pelos Tribunais Intermediários*. Op. cit., p. 358.
53. "Em outras palavras, *para a aplicação de modo adequado do precedente não se deve perquirir acerca da questão resolvida ou se já há algum entendimento sobre o tema, mas, sim, se os argumentos analisados e respondidos no precedente abarcam os utilizados no recurso e se há possibilidade de extensão das mesmas razões aos novos argumentos fático-jurídicos*." (MACÊDO, Lucas Buril de. *A Análise dos Recursos Excepcionais pelos Tribunais Intermediários*. Op. cit., 28.)
54. Nesse sentido: DIDIER JR., Fredie; BRAGA, Paula Sarno; OLIVEIRA, Rafael Alexandria de. *Curso de Direito Processual Civil*. Op. cit., p. 509.

A interpretação ora proposta, portanto, é a única que se mostra compatível com o sistema de precedentes inaugurado pelo CPC de 2015, considerando a existência e importância da técnica da superação, assim como a competência para realização de tal técnica. Interpretado de forma literal, o dispositivo estaria em absoluta dissonância em relação à compreensão adequada do novo sistema de precedentes[55].

A interpretação sistemática do dispositivo também deve levar em conta as normas que se extraem da Constituição Federal.

É possível afirmar que da interpretação literal do art. 1.030 se extrairia uma norma inconstitucional.

De acordo com o que explica Lucas Buril de Macêdo, o dispositivo interpretado apenas de acordo com a sua redação afronta a Constituição por alijar as Cortes superiores de suas funções constitucionais de dar a palavra final acerca do direito constitucional, no caso do STF, e do direito infraconstitucional federal, no caso do STJ, bem como por violar o devido processo legal.[56]

Ao ensejar a impossibilidade de superação do precedente, a interpretação literal do dispositivo em questão retira a competência constitucionalmente imputada aos tribunais superiores, que devem promover o desenvolvimento do direito não apenas com o estabelecimento do precedente, mas também com o seu aperfeiçoamento ao longo do tempo.[57]

Além disso, a mencionada interpretação literal impede que seja dada relevância aos argumentos que efetivamente configurem uma novidade de modo que possam influenciar no provimento judicial. A argumentação da parte que pretende a superação do precedente não terá qualquer resposta diante da existência de tal precedente, o que viola o devido processo legal e, especificamente, a garantia do contraditório-substancial (ou contraditório como poder de influência).[58]

Conclui-se que a interpretação sistemática e, portanto, constitucionalmente adequada, do art. 1.030, I, *b*, do CPC deve resultar no entendimento de que

---

55. MACÊDO, Lucas Buril de. *A Análise dos Recursos Excepcionais pelos Tribunais Intermediários*. Op. cit., p. 356.
56. O autor propõe, inclusive, a alteração legislativa do dispositivo, "que garanta direta e literalmente o significado adequado ao dispositivo, em respeito à função constitucional dos tribunais constitucionais e ao *due process of law*", para que, assim, passe a se conformar à Constituição Federal (MACÊDO, Lucas Buril de. *A Análise dos Recursos Excepcionais pelos Tribunais Intermediários*. Op. cit., p. 361-363).
57. MACÊDO, Lucas Buril de. *A Análise dos Recursos Excepcionais pelos Tribunais Intermediários*. Op. cit., p. 356.
58. MACÊDO, Lucas Buril de. *A Análise dos Recursos Excepcionais pelos Tribunais Intermediários*. Op. cit., p. 356-358.

o recurso somente deverá ter seu seguimento negado com fundamento nesse dispositivo se não veicular razões para a superação do precedente fixado no julgamento de recursos repetitivos.

Do contrário, caso a parte recorrente tenha deduzido argumentos novos que fundamentem a superação do precedente, o presidente ou vice-presidente do tribunal não poderá obstar a apreciação do mérito do recurso com fundamento na existência de precedente aplicável ao caso[59] – e muito menos com fundamento na impossibilidade de superação, já que tal análise envolve o mérito do recurso.

É preciso ressaltar que o pedido de revisão da tese precisa estar substancialmente fundamentado para que seja acolhido pelo tribunal competente[60]. Há um ônus argumentativo não apenas para o órgão julgador que promove a mudança de entendimento[61], mas também (e por consequência) para a parte que pleiteia tal mudança. O recorrente, assim, deverá indicar motivos idôneos para que o tribunal superior supere o precedente vigente – sendo que a suficiência de tais motivos para que se promova a superação é objeto do mérito do recurso, e será analisada, portanto, pelo tribunal superior[62].

3.3. A impugnação da decisão que julga o agravo interno previsto no § 2º do art. 1.030 do CPC

Caso o presidente ou vice-presidente do tribunal local negue seguimento a recurso excepcional com fundamento no inciso I, *b*, do art. 1.030, caberá, de acordo com o art. 1.030, § 2º, a interposição de agravo interno (art. 1.021, CPC), dirigido a órgão colegiado do tribunal local.

---

59. No mesmos sentido, CÂMARA, Alexandre Freitas. *Novo CPC reformado permite superação de decisões vinculantes*. Op. cit.
60. No mesmo sentido, mas em relação à tese jurídica firmada no IRDR: MENDES, Aluísio Gonçalves de Castro; TEMER, Sofia. O Incidente de Resolução de Demandas Repetitivas do Novo Código de Processo Civil. In: MACÊDO, Lucas Buril de; PEIXOTO, Ravi; FREIRE, Alexandre (org.). *Coleção novo CPC, Doutrina Selecionada, v. 6 – Processo nos tribunais e meios de impugnação às decisões judiciais*. Salvador: Juspodivm, 2015, p. 266.
61. ROSITO, Francisco. *Teoria dos precedentes judiciais*. Op. cit., p. 317; BUSTAMANTE, Thomas. *Teoria do Precedente Judicial*. São Paulo: Op. cit., p. 409; DIDIER JR., Fredie; BRAGA, Paula Sarno; OLIVEIRA, Rafael Alexandria de. *Curso de Direito Processual Civil*. Op. cit., p. 510.
62. De acordo com Lucas Buril, no juízo provisório de admissibilidade do recurso realizado pelo tribunal recorrido, é suficiente que as razões recursais tenham afirmações de superação que não tenham sido avaliadas no precedente aplicável ou em outra oportunidade pelo tribunal. A efetiva análise da procedência da superação pretendida será realizada pelo tribunal superior competente para apreciação do mérito do recurso (MACÊDO, Lucas Buril de. *A Análise dos Recursos Excepcionais pelos Tribunais Intermediários*. Op. cit., p. 360)

Assim, no caso de não ser corretamente aplicado o art. 1.030, I, *b*, do CPC, o recorrente poderá interpor o agravo interno em questão, a fim de que o órgão colegiado do tribunal aprecie a admissibilidade do seu recurso, levando em consideração a existência de fundamentos que potencialmente justifiquem a superação da tese jurídica já fixada pelo tribunal superior e aplicável ao caso.

Mas, e se órgão colegiado do tribunal local persistir no erro negando provimento ao agravo interno? Como poderá o recorrente fazer o seu recurso chegar ao tribunal superior a fim de que seja possibilitada a análise da pretensão de superação do precedente (que, conforme visto, não pode ser promovida por tribunal inferior àquele que estabeleceu o precedente)?

O legislador não deixou evidente o que poderá acontecer nessa hipótese. Apesar de ser um tema bastante recente, fortes vozes na doutrina já se manifestaram na tentativa de achar uma solução, pela sua relevância; não parece haver consenso, no entanto.

Alexandre Câmara defende o cabimento de novo recurso especial ou extraordinário do acórdão que decidir o agravo interno, no caso de o presidente ou vice-presidente agir equivocadamente (em desacordo com a correta interpretação do art. 1.030, I, *b*, CPC), com fundamento no argumento da interpretação constitucional do art. 1.030 do CPC. Segundo afirma, será feito um percurso mais longo para que se chegue, finalmente, ao STJ ou STF[63].

O cabimento do recurso especial, conforme Câmara, pode ser fundamentado na violação às regras contidas nos arts. 947, § 3º, 985, II, e 986 do CPC, que tratam da revisão da tese fixada no julgamento do IRDR e são aplicáveis aos julgamentos de recursos repetitivos pela existência de um microssistema de julgamento de casos repetitivos (formado pelo IRDR e julgamento de recursos repetitivos) e um microssistema de formação de precedentes (formado pelo IRDR, julgamento de recursos repetitivos e incidente de assunção de competência).[64]

Já o cabimento do recurso extraordinário, ainda segundo o autor, pode ter por fundamento a violação ao *caput* do art. 102 da Constituição Federal, por força do qual incumbe ao STF o papel de guardião da Constituição e, consequentemente, a função de atribuir sentidos aos dispositivos constitucionais, promovendo a evolução interpretativa da Constituição.[65]

---

63. CÂMARA, Alexandre Freitas. *Novo CPC reformado permite superação de decisões vinculantes*. Op. cit.
64. CÂMARA, Alexandre Freitas. *Novo CPC reformado permite superação de decisões vinculantes*. Op. cit.
65. CÂMARA, Alexandre Freitas. *Novo CPC reformado permite superação de decisões vinculantes*. Op. cit.

Dierle Nunes, Alexandre Bahia e Flávio Quinaud Pedron também já se posicionaram em sentido semelhante. Segundo defendem, a única interpretação do art. 1.030 e seus incisos e parágrafos conforme a Constituição resulta em aceitar o cabimento de novo recurso especial e de novo recurso extraordinário contra a decisão que julga o agravo interno nos casos em que não for considerado o argumento relativo à superação. O fundamento do cabimento de recurso especial será a negativa da vigência e contrariedade ao disposto no art. 927, §§ 2º a 4º, que preveem a técnica da superação. Já o recurso extraordinário será admitido com fundamento na norma do seu cabimento, decorrente do art. 102, III, *a*, da CF.[66]

Lucas Buril vislumbra o cabimento de recurso especial do acórdão que decidir o agravo interno, no caso de a inadmissibilidade ter sido decidida a despeito da existência de fundamentos destinados a defender a superação do precedente. De acordo com o seu entendimento, a interposição de recurso especial poderia se fundamentar na infringência ao art. 1.030 do CPC, considerando a sua interpretação adequada. Caso o STJ, ao julgar o recurso especial, persista na interpretação literal do dispositivo, caberá, segundo o autor, o recurso extraordinário fundamentado nas razões que fundamentam a interpretação do art. 1.030 do CPC conforme a Constituição.[67]

Fredie Didier Jr. e Leonardo Carneiro da Cunha afirmam que da decisão que julga o agravo interno fundamentado no § 2º do art. 1.030, caberá reclamação para o STF ou STJ, nos termos do inciso II do § 5º do art. 988 do CPC, já que o agravo interno terá exaurido as instâncias ordinárias de impugnação da decisão e, com isso, o pressuposto para o cabimento de reclamação com base no mencionado dispositivo terá sido preenchido[68]. Em que pese os autores sustentem tal entendimento vislumbrando a inobservância na decisão do agravo de argumentos que fundamentem a distinção do caso, o raciocínio pode ser aplicado para a hipótese de tal decisão deixar de levar em conta razões para a superação do precedente apresentadas no recurso.

Nelson Nery Jr. e Georges Abboud, por outro lado, defendem o cabimento do agravo previsto no art. 1.042 da decisão que julga o agravo interno. Segundo afirmam, o agravo interno consiste apenas em um passo intermediário adicional, criado pelo legislador nas hipóteses em que seja negado seguimento ao recurso excepcional (ou melhor, realizado o juízo

---

66. NUNES, Dierle; BAHIA, Alexandre; PEDRO, Flávio Quinaud. Comentários aos arts. 1.029 a 1.035 do CPC. In: STRECK, Lênio Luiz; NUNES, Dierle; CUNHA, Leonardo Carneiro da (org.); FREIRE, Alexandre (coord. exec.). *Comentários ao Código de Processo Civil*. São Paulo: Saraiva, 2016, p. 1371-1372.
67. MACÊDO, Lucas Buril de. *A Análise dos Recursos Excepcionais pelos Tribunais Intermediários*. Op. cit., p. 358-359.
68. DIDIER Jr., Fredie; CUNHA, Leonardo Carneiro da. *Curso de Direito Processual Civil*. 13ª ed. Salvador: Juspodivm, 2016, v. 3, p. 317.

negativo de admissibilidade recursal) com fundamento nos incisos I ou III do art. 1.030 do CPC.[69]

Para fundamentar o mencionado posicionamento, os autores partem de uma perspectiva diferente da apresentada neste trabalho: defendem a interpretação conforme a Constituição dos §§ 1º e 2º do art. 1.030, para assegurar ao STJ e ao STF a última palavra acerca da admissibilidade dos recursos especiais e extraordinários respectivamente, em qualquer hipótese. Ou seja, para os autores, ainda que o recorrente não veicule qualquer razão de superação do precedente aplicável, deverá haver possibilidade de o seu recurso chegar ao tribunal a que é dirigido, já que tal tribunal é o único competente para proferir de forma definitiva a decisão acerca da admissibilidade do recurso.

O posicionamento que se conforma ao que se defende neste trabalho é o do cabimento de recurso especial contra a decisão que nega provimento ao agravo interno a despeito da existência de razões de impugnação que sustentem a superação do precedente.

Tendo em vista que tal decisão é um acórdão proferido em última instância, é impugnável por recurso especial e extraordinário, desde que vislumbrada uma das hipóteses previstas no art. 105, III, da Constituição Federal. E, no caso de o agravo ser improvido a despeito da existência de argumentos que fundamentem a superação do precedente aplicável nas razões de impugnação (mantendo, assim, a decisão que nega seguimento ao recurso excepcional), haverá violação a dispositivos da lei federal.

Conforme visto, a decisão nesse sentido viola o art. 1.030, do CPC, que terá sido aplicado de forma equivocada. Sendo o seu sentido o de permitir o seguimento do recurso que veicular razões para superação do precedente formado no julgamento de recursos repetitivos, decisão contrária a tal sentido estará violando o dispositivo legal em questão.

Também é possível afirmar que tal decisão viola os arts. 927, §§ 2º, 3º e 4º, e 986 do CPC, que preveem expressamente a possibilidade de superação dos precedentes, inclusive os firmados em julgamento de recursos repetitivos. Ao negar seguimento ao recurso, o tribunal estará impossibilitando a realização da superação, em violação ao que determinam tais dispositivos.

Da decisão que julga o agravo interno também se vislumbra cabível o recurso extraordinário, quando o recurso a que se tiver negado seguimento for também o extraordinário, conforme o que defende Alexandre Câmara[70]. Tal acórdão, proferido em última instância, poderá ser impugnado pelo

---

69. NERY JR., Nelson; ABBOUD, Georges. *Recursos para os Tribunais Superiores e a Lei 13.256/2016*. Op. cit., p. 231.
70. CÂMARA, Alexandre Freitas. *Novo CPC reformado permite superação de decisões vinculantes*. Op. cit.

recurso extraordinário sob o fundamento de violação ao *caput* do art. 102, CF, que outorga ao STF a função de guarda da Constituição; função que estará sendo obstada caso não seja dado seguimento ao recurso que veicule razões para superação.

Vale lembrar que o novo recurso especial ou extraordinário interposto em face do acórdão que julga o agravo interno tratará de questão diversa daquela tratada no recurso cujo seguimento foi negado. O motivo pelo qual foi negado seguimento ao primeiro recurso, portanto, não se aplicará ao segundo[71].

Dessa forma, a parte que pretende a revisão do precedente, poderá interpor recurso especial ou extraordinário a fim de que a sua pretensão seja apreciada, quanto à admissibilidade de forma definitiva e quanto ao mérito, pelo tribunal competente para a realização da superação.

Importante destacar, ainda e novamente, que toda a construção que se sustenta aqui pressupõe a existência de argumentos expressos que sustentem a pretensão de superação do precedente existente no recurso excepcional a que foi negado seguimento. Os recursos que se limitam a reproduzir argumentos já apreciados e rejeitados pelo tribunal competente para fixação e superação do precedente poderão ser corretamente inadmitidos com fundamento no art. 1.030, I, *b*, do CPC[72].

Outra opção alternativamente defensável (considerando a ausência de clareza da lei e a inclinação dos tribunais superiores a evitar que os recursos que lhe são dirigidos sejam por eles julgados), parece ser a do cabimento de reclamação fundamentada no art. 988 do CPC[73].

Conforme dito, as instâncias ordinárias terão sido esgotadas quando do julgamento do agravo interno em questão, o que afasta a inadmissibilidade da reclamação prevista no inciso II do § 5º do art. 988.

---

71. Câmara explica da seguinte forma: "Tenha-se claro este ponto: o novo recurso, interposto contra o acórdão que julga o agravo, não se submete ao regime dos recursos repetitivos. É que nele se terá necessariamente suscitado questão nova, ainda não submetida ao tribunal de superposição. E se a questão é nova, inédita, não é repetitiva." (CÂMARA, Alexandre Freitas. *Novo CPC reformado permite superação de decisões vinculantes*. Op. cit.)
72. Segundo Câmara: "O que se impõe é a existência de mecanismos para superação de precedentes, a fim de evitar o engessamento das interpretações, e não eternizar a nefasta prática de permitir que tudo vá aos tribunais de superposição, como se fossem instâncias ordinárias" (CÂMARA, Alexandre Freitas. *Novo CPC reformado permite superação de decisões vinculantes*. Op. cit.)
73. Também sobre o cabimento da reclamação para superação de precedentes, mas apresentando conclusão distinta: LIMA, Tiago Asfor Rocha; FERNANDES, André Dias. Reclamação e causas repetitivas: alguns pontos polêmicos. In: DIDIER JR., Fredie; CUNHA, Leonardo Carneiro da. *Julgamento de casos repetitivos*. Salvador: Juspodivm, 2016, p. 471.

O fundamento para a sua propositura, por outro lado, poderá ser construído através de uma interpretação sistemática e constitucional do inciso IV do art. 988 do CPC, que define como uma das finalidades que permitem o cabimento da reclamação "garantir a observância de acórdão proferido em julgamento de incidente de resolução de demandas repetitivas ou de incidente de assunção de competência".

Considerando a existência de um microssistema de fixação de regras jurisprudenciais vinculantes[74], tal dispositivo também é aplicável para os acórdãos proferidos em julgamento de recursos repetitivos. Além disso, a "observância" do acórdão (referida no dispositivo) deve ser entendida como a sua aplicação de forma adequada, o que não irá ocorrer se houver motivos para a sua superação[75], justificando, assim, o cabimento da reclamação na hipótese sob análise.

É preciso ressaltar que o STF já proferiu entendimento no sentido de que o prazo para propositura desta reclamação é de cinco dias[76]. Isso porque contra a decisão que julga o agravo interno somente se entendem cabíveis (pelo STF) os embargos declaratórios, cujo prazo de oposição é de cinco dias. Depois disso, tal decisão terá transitado em julgado, não sendo mais cabível reclamação para impugná-la (art. 988, § 5º, I, CPC).

4. CONSIDERAÇÕES FINAIS

Um sistema de precedentes vinculantes pressupõe a utilização de expedientes que racionalizem a universalização das razões de decidir aos casos semelhantes. Dentre tais expedientes, está a técnica da superação, imprescindível ao controle das mudanças de entendimento dos órgãos julgadores bem como à evolução do sistema jurídico de acordo com o desenvolvimento da sociedade.

A alteração do Código de Processo Civil de 2015 promovida pela Lei n. 13.256/2016 não pode ensejar a desconsideração absoluta da sistemática adequada de aplicação dos precedentes.

---

74. Conforme Fredie Didier Jr. e Leonardo Carneiro da Cunha, o microssistema de formação concentrada de precedentes obrigatórios (DIDIER Jr., Fredie; CUNHA, Leonardo Carneiro da. *Curso de Direito Processual Civil*. Op. cit., p. 605-606).

75. "A reclamação é cabível, não apenas nos casos em que os precedentes e a súmula vinculante não sejam observados, mas também quando houver aplicação indevida da tese jurídica neles contida." (DIDIER Jr., Fredie; CUNHA, Leonardo Carneiro da. *Curso de Direito Processual Civil*. Op. cit., p. 556).

76. STF, 1ª Turma, Embargos de Declaração no Agravo Regimental na Reclamação n. 22.306, relator Ministro Roberto Barroso, julgado em 15.03.2016.

Ainda que a necessidade de controle do número de recursos a serem julgados pelos tribunais superiores (decorrente do conhecido assoberbamento do Judiciário) imponha a realização do juízo provisório de admissibilidade pelo tribunal local, tal necessidade não justifica a impossibilidade de discussão promovida pelas partes acerca da revisão de teses jurídicas fixadas em julgamentos pelos tribunais superiores e o consequente engessamento do direito.

Por isso é que, diante da dissonância decorrente da interpretação literal do art. 1.030 do CPC, inserido pela mencionada lei, em relação à operacionalização da aplicação dos precedentes, defende-se a sua interpretação sistemática. Compreendido corretamente, o dispositivo que impede a admissibilidade dos recursos especiais e extraordinários interpostos em face de decisão que aplica precedente firmado em julgamento de recursos repetitivos não pode impedir a admissibilidade daqueles recursos que veiculem razões para a superação do precedente aplicável. Apenas de tal maneira poderá o art. 1.030 alterado ser considerado compatível com a sistemática dos precedentes judiciais vinculantes, com as normas da constitucionais e, consequentemente, com o ordenamento jurídico.

No caso de a correta interpretação não ser observada pelo tribunal local, apesar da ausência de solução expressa pela lei, vislumbra-se a possibilidade de impugnação da decisão que julga o agravo interno cabível de modo que seja possível fazer com que a discussão chegue ao tribunal competente para superação do precedente.

Assim, a resposta ao questionamento inicialmente proposto é a seguinte: para promover a superação dos precedentes formados em julgamentos de recursos repetitivos por meio dos recursos excepcionais, a parte recorrente deverá veicular nas suas razões de impugnação argumentos expressos que sustentem a pretensão de superação (demonstrando a existência de motivos que ensejam a adaptação do entendimento da Corte), o que deve fazer com o que seu recurso seja encaminhado ao tribunal competente para a superação, considerando a adequada interpretação do art. 1.030 do CPC. Se, ainda assim, o tribunal local não admitir o recurso, a parte poderá se valer de novo recurso especial ou novo recurso extraordinário, ou, alternativamente, de reclamação, para que possa provocar a superação do precedente a ser promovida pelo tribunal competente.

Apelação contra decisão interlocutória não agravável: natureza jurídica e possibilidade de interposição autônoma

Liana Cirne Lins[77]

Sumário • **1**. Introdução. a recorribilidade diferida no novo CPC – **2**. Conceito e cabimento da apelação no novo CPC: **2.1**. Cabimento contra sentenças; **2.2**. Cabimento e regularidade formal da apelação contra decisão interlocutória não agravável – **3**. Natureza jurídica da apelação contra decisão interlocutória não agravável: **3.1**. Natureza jurídica da apelação do vencedor contra decisão interlocutória não agravável manejada em contrarrazões recursais – **4**. Possibilidade de interposição de apelação autônoma contra decisão interlocutória não agravável pelo vencedor – **5**. Efeitos devolutivo e translativo do recurso de apelação contra decisão interlocutória não agravável – **6**. Efeito suspensivo automático do recurso de apelação autônoma contra decisão interlocutória não agravável – **7**. Conclusões.

---

77. Professora adjunta de Direito Processual na UFPE. Professora permanente do Programa de Pós-Graduação em Direitos Humanos da UFPE. Doutora em Direito Público pela UFPE. Mestra em Instituições Jurídico-Políticas pela UFSC. Advogada.

1. INTRODUÇÃO. A RECORRIBILIDADE DIFERIDA NO NOVO CPC

O parágrafo 1º do art. 1.009 do Novo CPC determinou que as questões resolvidas na fase de conhecimento, se a decisão a seu respeito não comportar agravo de instrumento, não são cobertas pela preclusão e devem ser suscitadas em preliminar de apelação ou nas contrarrazões.

Manteve, assim, tendência instituída pela Lei n. 11.187/05, que estabelecia hipóteses restritivas de cabimento do agravo de instrumento, resguardando aos demais, por exclusão, o cabimento do agravo retido nos autos e que deveria ser reiterado por ocasião da interposição da apelação ou da apresentação de contrarrazões.

A Lei n. 11.187/05 modificou o regime do agravo então vigente, marcado pela livre elegibilidade da espécie de agravo, que tanto poderia ser por instrumento ou retido nos autos, de acordo com a preferência do recorrente. Ao romper com este paradigma e reduzir as hipóteses em que se admitia interposição de agravo de instrumento, a lei objetivou assegurar, tanto quanto possível, a fluidez do processo e a redução do julgamento dos recursos durante a tramitação da causa no juízo de primeira instância, concentrando em um só momento o exame dos recursos de apelação e do agravo que teria ficado retido, o que levou a um novo paradigma para o recurso de agravo, calcado na regra da não recorribilidade em separado e na recorribilidade diferida.

O Novo CPC adotou este mesmo paradigma. Porém, o fez com técnica distinta, suprimindo o recurso de agravo retido e assegurando a recorribilidade diferida através do recurso de apelação. Assim, o CPC/2015 determinou que todas as interlocutórias excluídas do rol taxativo estabelecido no art. 1.015 seriam cabíveis no recurso de apelação, ou em suas contrarrazões, impugnadas de modo preliminar ao apelo.

Para Fernanda Medina Pantoja, trata-se de "interessante aposta na concentração das impugnações, voltada a otimizar o rito processual, ao evitar sucessivas interrupções em seu curso". A ideia de "aposta" é pertinente. Desde que Barbosa Moreira tornou clássica, no Brasil, a afirmação de que a análise do processo comporta questões que não se restringem à estritamente jurídica, debatemos a necessidade de termos pesquisas empíricas norteando as reformas da legislação processual que visem a superar problemas como o da duração do processo, sobrecarga dos órgãos judiciais, entre outros.

Na verdade, a ausência de pesquisa empírica não é um problema limitado às reformas processuais brasileiras. Remo Caponi, ao analisar a reforma dos meios de impugnação na Itália, observou características que podem facilmente ser identificadas no caso brasileiro, tais como limitação da pesquisa à observação fragmentária dos sujeitos do processo e, como tal, destituídas de rigor metodológico suficiente ao embasamento de uma reforma recursal.

O autor prossegue fazendo alusão à experiência germânica, na qual todas as reformas mais importantes são precedidas de pesquisa e seguidas de atenta avaliação de resultados.

Por estarmos tão distantes da experiência germânica, pesquisas de sociologia do processo realizadas com base na realidade brasileira merecem ser valorizadas. Antes da entrada em vigor do Novo CPC, Carolina Bonadiman Esteves realizou pesquisa empírica que tinha por objeto a Lei n. 11.187/2005. O estudo de caso objetivava comparar a eficácia dos sistemas recursais em relação ao recurso de agravo e estabelecer projeções da eficácia daquela lei em relação à limitação do cabimento do recurso de agravo de instrumento.

O estudo apontou para que a forma mais eficaz de se alcançar a redução da quantidade de agravos interpostos e do "estoque" de processos pendentes acumulados seria restringir ainda mais a recorribilidade imediata de decisões interlocutórias e permitir a recorribilidade diferida dessas decisões. O cenário oposto – de inadmissibilidade da recorribilidade diferida – apontava para o aumento dos processos pendentes acumulados, estimando o crescimento da ineficiência processual e da duração processual.

A julgar pelos resultados pontuais desta pesquisa, a aposta do legislador foi acertada. Entretanto, certos aspectos conceituais e dogmáticos relativos à solução adotada para instituir a regra da recorribilidade diferida, dilargando para momento ulterior a preclusão da impugnação da decisão, concentrando no recurso de apelação tanto a impugnação da sentença quanto da decisão interlocutórias não agraváveis, permanecem indefinidos pela lei.

2. CONCEITO E CABIMENTO DA APELAÇÃO NO NOVO CPC

A disciplina do recurso de apelação sofreu sensível alteração pelo Novo Código de Processo Civil, especialmente quanto ao seu cabimento, que foi alargado, abarcando o objeto da impugnação que cabia ao extinto agravo retido.

O *caput* do art. 1.009 diz menos do que a leitura da íntegra do artigo define: assim, da sentença *e* das decisões interlocutórias não impugnáveis por agravo de instrumento cabe apelação.

Logo, apelação é recurso subjetivo, ordinário, de fundamentação livre e ampla devolutividade, cabível contra sentenças e contra decisões interlocutórias não impugnáveis por meio de agravo de instrumento.

2.1. Cabimento contra sentenças

A Lei n. 11.232/2005 alterou o conceito de sentença do CPC/73, passando a defini-la tão-somente pelo seu conteúdo. Assim, sentença seria o ato do juiz que implicasse alguma das situações previstas pelos arts. 267 (hipóteses em que não havia resolução do mérito) ou 269 (hipóteses em que ocorria resolução do mérito) do revogado diploma. A alteração provocou incontáveis controvérsias, especialmente pelo fato de que nem todos os provimentos que implicavam situações daqueles dispositivos poderiam ser qualificados de sentença, como era, por exemplo, o caso da decisão interlocutória que definisse parcialmente o mérito, com fulcro na tutela antecipada definitiva prevista no art. 273, § 6º do CPC/73.

No CPC de 2015, o problema foi superado e a sentença foi definida não somente a partir de seu conteúdo (arts. 485 e 487), mas também a partir de um *elemento temporal*: a sentença "põe fim ao processo ou a alguma de suas fases (cognitiva ou executiva)".

Assim, sentença é o pronunciamento judicial que esgota a fase cognitiva originária do procedimento comum ou especial ou de jurisdição voluntária, bem como o que encerra a execução e que, cumulativamente, implica alguma das situações previstas nos arts. 485 ou 487 do CPC/2015.

Esta definição de sentença colocou fim à discussão acerca da possibilidade do processo civil comportar sentenças parciais. Embora o CPC/2015 reconheça autonomia aos capítulos da sentença, não admitiu sentença parcial, proferida na intercorrência do processo, mesmo que tais unidades lógicas decisórias possuam conteúdo de sentença, nos termos dos arts. 485 e 487 NCPC.

Sem o esgotamento de uma das fases do processo, seja cognitiva originária, seja de execução, não há que se falar em sentença. Assim, o elemento temporal é a nota distintiva entre sentença e decisão interlocutória, é o esgotamento (sentença) ou não (decisão interlocutória) da fase processual cognitiva originária ou executiva que definirá a natureza da decisão e o recurso dela cabível.

Isto é fundamental para se entender também o não cabimento do recurso de apelação contra decisão parcial de mérito, o chamado julgamento antecipado parcial de mérito previsto no art. 356, desafiável tão somente por agravo de instrumento.

E, do mesmo modo, a razão pela qual as situações expressamente previstas pelo art. 1.015 somente são impugnáveis por meio de agravo de instrumento quando são proferidas no intercurso do procedimento, sem encerrá-lo; pois quando proferidas na sentença, diante do princípio da concentração dos atos processuais e da expressa previsão do § 3º do art. 1.009, passam a ser impugnáveis pelo recurso de apelação.

2.2. Cabimento e regularidade formal da apelação contra decisão interlocutória não agravável

O princípio da concentração dos atos processuais impõe a limitação da recorribilidade em separado das decisões interlocutórias, salvo aquelas expressamente consignadas no rol taxativo do art. 1.015. Por exclusão, o recurso cabível contra as decisões interlocutórias das quais não caiba agravo de instrumento será a apelação, conforme visto.

A apelação contra decisão interlocutória não agravável deve ser interposta em preliminar da peça de apelo ou das contrarrazões. Porém, não se trata de preliminar de admissibilidade recursal, mas sim de impugnação da decisão interlocutória de modo prévio e antecedente à impugnação da sentença. A impugnação à decisão interlocutória não agravável integra *mérito* do recurso e constitui capítulo do pedido recursal.

A escolha legal pela forma da apresentação do pedido recursal atinente à decisão interlocutória não agravável por meio de preliminar de apelação ou de contrarrazões constitui requisito de regularidade formal desta espécie de apelação. Naturalmente, deve-se entender que a inobservância desta regra não impõe a nulidade do ato, sendo vício sanável, mormente à luz do dever geral de sanabilidade previsto pelo parágrafo único do art. 932.

Sendo manejada em preliminar de apelação independente ou em contrarrazões recursais, *possui indistintamente natureza de recurso*, motivo pelo qual deve obedecer aos requisitos e pressupostos recursais, inclusive quanto à dialeticidade, não se admitindo interposição de apelação contra decisão interlocutória não agravável que não esteja fundamentada, nos termos do art. 1.010. Portanto, não basta à parte meramente suscitar sua irresignação na apelação ou nas contrarrazões. Suscitar, no contexto do art. 1.009, significa propriamente a interposição do recurso.

Assim, se o recorrente limitar-se a reproduzir as razões com que fundamentou a ação ou a defesa, não trazendo, de modo expresso, as razões pelas quais pretende ver reformada ou anulada a decisão recorrida, a apelação deverá ser inadmitida, por falta do pressuposto recursal de regularidade formal, não apenas nos termos do art. 1.010, III, mas também de acordo com o art. 932, III, parte final, que disciplina os poderes do relator no processo, determinando que o recurso que não houver impugnado especificadamente os fundamentos da decisão impugnada deverá ser inadmitido.

Com isto, não pode ser admitida a apelação contra decisão interlocutória não agravável, seja aquela interposta como preliminar recursal, seja a interposta por meio de contrarrazões, que se limite a reproduzir as razões explanadas pelas partes no juízo *a quo*, desconsiderando, em suas razões ou contrarrazões recursais, os motivos pelos quais a decisão interlocutória enfrentada mereceria reparo. Aliás, o Superior Tribunal de Justiça havia anteriormente manifestado a vedação do recurso restringir-se à mera remissão a arrazoados preexistentes, vindo o novo código, portanto, ao encontro do que a jurisprudência já exigia.

Assim, a fim de cumprir a exigência de fundamentação especificada, "o recorrente deve indicar exatamente quais são os *errores in judicando* e/ou *errores in procedendo* que maculam a decisão", aplicando-se tal exigência especificamente à decisão interlocutória impugnada. Esta exigência não se confunde, porém, com a necessidade de pertinência ou correção das razões, o que diz respeito ao mérito do recurso, fugindo da avaliação de admissibilidade recursal.

Importante observar que o dever geral de sanabilidade dos recursos determina que o relator, se entender não ter a apelação satisfeito o requisito da regularidade formal, antes de indeferi-la, deverá intimar o apelante a fim de que o mesmo tenha a oportunidade de sanar o vício. Trata-se de direito do recorrente não sujeito à avaliação do julgador quanto a ser ou não sanável o vício: a concessão do prazo é condição para que o relator inadmita o recurso.

Entretanto, como alerta Sofia Temer, "há relativo consenso sobre a impossibilidade de sanar vícios que digam respeito às razões recursais e à delimitação do pedido". A restrição é correta; afinal, a sanação da ausência de fundamentação implicaria na autorização para a complementação do recurso e, consequentemente, violação ao princípio da dialeticidade.

Finalmente, a sistemática adotada pelo Novo CPC exclui a necessidade de interposição imediata do recurso para afastar a preclusão, não se exigindo a apresentação de protesto antipreclusivo, sendo desnecessária a prática de ato comissivo após a prolação da decisão interlocutória, não se interpretando o silêncio da parte prejudicada como concordância à decisão.

A impugnação, feita em preliminar de apelação ou nas contrarrazões, é o próprio pedido recursal, formulado de modo diferido. O novo código não reproduziu o modelo anterior do agravo retido, que impunha reiteração do recurso em momento ulterior. Aqui não há ratificação recursal, mas o próprio pedido recursal.

Não é ocioso dizer que a não preclusividade diz respeito apenas àquela fase procedimental na qual a decisão foi proferida. A preclusão operar-se-á caso não seja interposta a apelação contra a decisão interlocutória, em preliminar de apelação ou de contrarrazões, tanto podendo configurar-se modalidade de preclusão temporal pelo decurso do prazo, quanto a modalidade consumativa, configurando-se a última pela impugnação da sentença ou apresentação das contrarrazões, sem impugnação específica da decisão interlocutória.

2.2.1. Apelação contra decisão interlocutória não agravável manejada em preliminar de apelação independente

A apelação contra decisão interlocutória não agravável manejada em preliminar de apelação independente é a espécie recursal de que se valerá a parte sucumbente, cujo interesse recursal não se limita à reforma ou invalidação da decisão interlocutória, mas objetiva a reforma ou invalidação da sentença, que não acolheu sua pretensão de direito material.

Ao insurgir-se contra a sentença, o recorrente impugna também decisões interlocutórias que não foram alcançadas pela regra do art. 1.015. Neste caso, há uma cumulação de pedidos recursais. À pretensão recursal que impugna a sentença soma-se a pretensão recursal relativa à decisão interlocutória.

Na hipótese de cumulação de pedidos recursais, os pressupostos de admissibilidade exigem-se em relação às duas pretensões, tanto em relação à apelação contra a sentença, quanto em relação à apelação contra a decisão interlocutória.

Esta cumulação de pedidos recursais pode ser própria ou imprópria.

Será *própria* quando os pedidos recursais não guardarem relação de prejudicialidade, podendo ser *analisados com autonomia um em relação ao outro*. É o caso, por exemplo, da impugnação contra a decisão interlocutória que condenou a parte à multa por ato atentatório à dignidade da justiça, em preliminar, cumulada com o pedido de reforma do recurso.

Será *imprópria* a cumulação quando os pedidos recursais, ao contrário, *guardarem relação de prejudicialidade entre si*. É o caso, por exemplo, da decisão de indeferimento do pedido de produção de provas. Vencida na sentença, a parte cumula pretensões recursais distintas: contra a sentença de improcedência e, preliminarmente, contra a decisão interlocutória de indeferimento de produção de provas. Caso a apelação contra a decisão interlocutória venha a ser acolhida pelo tribunal, por manter precedência lógica em relação à sentença, a última ficará prejudicada. Como dissemos antes, a impugnação da decisão interlocutória deve ser feita em preliminar de apelação, não porque se trate de questão ligada à admissibilidade do recurso – trata-se do mérito recursal –, e sim porque a impugnação da decisão interlocutória, em hipótese de cumulação recursal imprópria, é logicamente antecedente.

2.2.2. Apelação contra decisão interlocutória não agravável manejada em contrarrazões recursais

Como ensina Rogério Licastro Torres de Mello, esta espécie de apelação cria situação inédita em nosso sistema recursal, pois até então as contrarrazões serviam exclusivamente à resistência do recorrido à pretensão recursal do apelante. Mas no caso de interposição da apelação contra decisão interlocutória não agravável manejada em contrarrazões recursais, as últimas têm *natureza jurídica híbrida*, que mesclariam simultaneamente conteúdo de defesa com pretensão recursal autônoma.

Nesta espécie de apelação, não há cumulação de pedidos recursais, como ocorre com a apelação interposta em preliminar do apelo. Aqui, temos *cumulação de atos de natureza distinta: defesa e recurso*. A parte será, a um só tempo, apelada e apelante.

Por tal razão, tem sido comum a comparação com a reconvenção, que no Novo CPC é um capítulo da contestação que ostenta uma pretensão própria e autônoma.

Não se trata, como no recurso adesivo, de hipótese de sucumbência recíproca na sentença. A hipótese é diversa. Aqui temos o vencedor, cuja pretensão de direito material foi integralmente acolhida pela sentença, vencido, porém, em alguma decisão interlocutória não agravável. Embora não haja interesse recursal quanto à sentença, há interesse de recorrer quanto à decisão interlocutória: é sobre ela que o vencedor apela, em suas contrarrazões.

Ao passo que as contrarrazões do recorrido integram a defesa recursal, o capítulo relativo à impugnação da decisão interlocutória é apelação e constitui verdadeiro recurso, a ele se aplicando as normas sobre pressupostos e requisitos recursais. Como tal, deve preencher os requisitos de admissibilidade recursal, sobremodo a dialeticidade, exigindo-se fundamentação específica do pedido recursal de reforma ou invalidação da decisão interlocutória, sob pena de admissibilidade do recurso, nos termos dos art. 1.010 e art. 932, III do CPC/2015, como visto anteriormente.

Caso o vencedor na sentença não impugne decisão interlocutória em que tenha sido vencido, por meio de preliminar de contrarrazões, opera-se a preclusão, não sendo possível insurgir-se contra a decisão, por força da coisa julgada.

Por tratar-se propriamente de recurso, interposta a apelação contra decisão interlocutória não agravável por meio de contrarrazões recursais, deve a outra parte – o apelante independente – ser intimada para oferecer defesa, no prazo de 15 dias, nos termos do § 2º do art. 1.009 e em homenagem ao princípio do contraditório.

3. NATUREZA JURÍDICA DA APELAÇÃO CONTRA DECISÃO INTERLOCUTÓRIA NÃO AGRAVÁVEL

Ao fazer a opção pela recorribilidade diferida e pela concentração dos atos processuais, acolhendo o recurso de apelação como único recurso interponível contra, simultaneamente, a sentença e as decisões interlocutórias não agraváveis, o legislador objetivou a simplificação procedimental, apostando na redução do "estoque" dos processos e da duração do tempo do processo.

Esta escolha implicou a cumulação de pedidos recursais, própria ou imprópria, na apelação, e a cumulação da defesa e do pedido recursal nas contrarrazões recursais. Alterou o conceito e o cabimento da apelação, que é agora o recurso interponível contra sentenças e interlocutórias não agraváveis.

Estas mudanças suscitam dúvidas acerca da natureza jurídica da nova apelação. Daniel Amorim antecipou alguns dos problemas que se anunciam:

> O problema prático é bastante óbvio, porque as regras formais e procedimentais desses dois recursos são diferentes. Assim por exemplo, enquanto na maioria das decisões interlocutórias recorríveis por agravo de instrumento não se permite a sustentação oral, sendo a exceção a decisão interlocutória que decide tutela provisória, naquelas impugnadas por apelação a sustentação oral é admitida. Não me surpreenderá, entretanto, se os tribunais formarem entendimento no sentido de que a sustentação oral prevista no art. 937, I, do Novo CPC limita-se à impugnação da sentença e não das decisões interlocutórias. Embora o entendimento crie limitação não prevista em lei, torna o sistema mais homogêneo.

Porém, não nos parece que a nova apelação tenha natureza jurídica bipartida, que possua características distintas, conforme variam os provimentos que desafia. *A cumulação de pedidos recursais não implica cumulação de espécies recursais*: a apelação contra interlocutória não agravável não resulta em um recurso síntese entre apelação e agravo. O regime jurídico, quanto às interlocutórias não agraváveis, será o da apelação, embora seja possível cogitar, excepcionalmente, eventual modulação procedimental a ser observada no exame do caso concreto.

Assim, independentemente da espécie do ato decisório impugnável e do meio de interposição (apelação independente, apelação em preliminar ou em contrarrazões), a apelação tem seu procedimento e seus efeitos devolutivo, suspensivo e translativo disciplinados pela disciplina normativa prevista nos art. 1.009 a 1.014.

3.1. Natureza jurídica da apelação do vencedor contra decisão interlocutória não agravável manejada em contrarrazões recursais

Indaga-se, especificamente quanto à apelação do vencedor contra decisão interlocutória, se a mesma pode ser apriorística e imediatamente qualificada como recurso subordinado e condicionado: (1) sendo subordinado, sua sorte depende da sorte do recurso independente do vencido, ficando prejudicado em caso de desistência ou inadmissibilidade do recurso independente, o que acarretaria necessariamente a extinção da apelação do vencedor; (2) sendo condicionado, somente será conhecido caso a apelação do vencido venha a ser provida.

Fredie Didier Jr. e Leonardo Cunha apontam que a apelação interposta em contrarrazões é recurso subordinado à apelação do vencido, ficando a primeira prejudicada em caso de desistência ou inadmissibilidade da apelação principal. No mesmo sentido, entende também tratar-se de recurso subordinado Humberto Theodoro Júnior.

A tese da subordinação da apelação do vencedor à apelação do vencido decorre do entendimento de que "o interesse recursal do vencedor somente surge com o possível provimento da apelação do vencido". Assim, subordinado seria o próprio interesse recursal do vencedor. Seria o caso da decisão interlocutória que indefere pedido de produção de provas do autor, por entendê-lo desnecessário. A sentença, ao final, acolhe a pretensão do autor na íntegra. A princípio, falta interesse recursal ao autor para apelar da decisão interlocutória de indeferimento de prova, pois não houve qualquer prejuízo decorrente da mesma. O interesse recursal, de fato, apenas surge com a interposição da apelação pelo vencido, pois a mesma tem o condão de inverter a sucumbência e gerar situação jurídica desfavorável para o apelado. Diante disto, o apelado torna-se também apelante, mas não em relação à sentença, e sim em relação à decisão interlocutória de indeferimento de prova. É o possível provimento da apelação do vencido que faz surgir o interesse recursal do vencedor. Os autores sustentam ainda que o CPC/2015 tornou os recursos subordinados gênero de que o recurso adesivo seria uma das espécies e a apelação do vencedor, outra, não se confundindo.

Do mesmo modo, qualificam como recurso condicionado, pois a apelação do vencedor somente seria examinada se apelação do vencido vier a ser provida, pois somente então o interesse recursal do recorrido se consolida, já que até o provimento da apelação do vencido não há, por parte do vencedor, interesse em modificar a sentença que lhe foi favorável.

A subordinação e o condicionamento da apelação contra decisão interlocutória do vencedor, manejada em contrarrazões, é aceita como regra geral, *a priori*, por Rogério Licastro de Mello, Daniel Amorim, Carolina Uzeda Libardoni, Vinicius Lemos e José Henrique Mouta Araújo. Entretanto, tais autores e autora defendem a eventual autonomia da apelação interposta nas contrarrazões quando remanescente o interesse recursal.

Rogério Licastro de Mello é favorável à eventual autonomia da apelação interposta nas contrarrazões quando remanescente o interesse recursal nos casos de ser inadmissível a apelação principal ou dela houver desistência, motivo pelo qual não poderia ser emprestada a este recurso a solução dada ao recurso adesivo. Defende o autor que se a apelação é inadmitida por qualquer razão, "não necessariamente [a apelação em] contrarrazões deixarão de ter utilidade e relevância" e continua "se for pertinente sua apreciação pelo tribunal, pois ainda não foi extinto o interesse recursal do apelado a respeito, pensamos que as contrarrazões que contenham impugnação de decisão interlocutória, mesmo que a apelação não mais exista, deverão ser apreciadas pelo tribunal". O autor conclui que a apelação contra decisão interlocutória do vencedor não é dependente da apelação do vencido.

Na mesma linha, Daniel Amorim defende a autonomia da apelação contra decisão interlocutória manejada em contrarrazões pelo vencedor face à apelação do vencido. Isto porque não poderia ser prejudicada a parte que em nada contribuiu para a inadmissibilidade do outro recurso. As contrarrazões deveriam, portanto, ser julgadas na parte que assumem natureza recursal. A condição para tanto, prossegue o autor, é que subsista interesse recursal.

Carolina Uzeda admite o condicionamento da apelação contra decisão interlocutória manejada em contrarrazões pelo vencedor à apelação independente do vencido como regra geral. Falta ao vencedor interesse recursal, até que sua posição favorável seja alterada. A autora, porém, entende haver "decisões interlocutórias não recorríveis por agravo de instrumento e que, por si e em virtude de sua qualidade, sustentam a interposição de recurso de apelação autônomo (e principal) pelo vencedor". Nestes casos, o vencedor mantém seu interesse recursal na modificação da decisão interlocutória, pois não haveria qualquer relação de prejudicialidade entre a decisão interlocutória e a sentença, ou seja, "independentemente de sua existência e natureza, a sentença seria a mesma, se manteria intacta". Nesta hipótese, conclui a autora, o recurso do vencedor é autônomo, e não subordinado.

Vinicius Lemos, da mesma forma, reconhece que a regra geral da apelação contra decisão interlocutória manejada em contrarrazões pelo vencedor é o caráter subordinado face à apelação do vencido. Porém, admite que se esta apelação "não guarda influência com a sentença, de matéria autônoma ou diversa desta [...] não há motivos para esta via recursal, seja qualquer de suas modalidades, ser subordinada, tampouco condicionada, por não influenciar ou impactar a sentença".

José Henrique Mouta Araújo também admite a possibilidade de o interesse no julgamento do recurso contido nas contrarrazões permanecer.

A despeito dos inegáveis méritos da classificação da apelação do vencedor contra decisão interlocutória como recurso subordinado, parece-nos que, mesmo reconhecendo o acerto da lógica quanto ao interesse recursal do vencedor surgir apenas pela probabilidade de provimento do recurso do vencido na maioria dos casos, o argumento não seja inteiramente acertado ou completo.

Em primeiro lugar, porque ignora hipóteses em que o interesse recursal possa subsistir mesmo nas hipóteses em que haja desistência ou inadmissibilidade do recurso independente. O que determina isto não é o status, abstratamente configurado, de recurso subordinado, mas é o interesse recursal aferível na situação concreta. O que determina se esta apelação fica prejudicada é justamente a relação de prejudicialidade que possam manter as duas – apelação independente do vencido e apelação do vencedor interposta em contrarrazões –, o que influi diretamente no interesse recursal da apelação manejada em contrarrazões. Vale recordar as lições de Barbosa Moreira sobre prejudicialidade:

> "O problema da prejudicialidade de um ponto de vista essencialmente lógico, deixamos assentado que a qualificação de *prejudicial* deve ser atribuída a esta ou àquela questão em razão da espécie de influência exercida por sua solução sôbre a de outra, e que a ocorrência dêsse particular tipo de relação independe da natureza das questões vinculadas, quando consideradas em si mesmas. Pode suceder, e não raro sucede, que tenha natureza estritamente *processual* uma questão capaz de condicionar, por sua solução, o teor da solução que a outra se há de dar."

Esta relação de prejudicialidade não pode ser pressuposta abstratamente. Ela deve ser verificada no caso concreto: *o caráter subordinado ou autônomo do recurso de apelação contra decisão interlocutória face à apelação independente dependerá tão somente da capacidade que o julgamento da apelação independente terá de influir e condicionar o resultado da apelação do vencedor*. Inexistente esta capacidade de influir em seu resultado, a apelação do vencedor é autônoma e, portanto, subsiste o interesse recursal no julgamento do apelo contra a decisão interlocutória.

Assim, não fica *imediatamente* prejudicada a apelação do vencedor em caso de desistência, inadmissibilidade ou improcedência da apelação independente interposta pelo vencido. E isto porque não se trata de um recurso *a priori* subordinado ao recurso independente. Ao contrário, o interesse recursal autônomo e remanescente deve ser verificado em concreto.

4. POSSIBILIDADE DE INTERPOSIÇÃO DE APELAÇÃO AUTÔNOMA CONTRA DECISÃO INTERLOCUTÓRIA NÃO AGRAVÁVEL PELO VENCEDOR

A questão acerca da possibilidade do vencedor interpor apelação autônoma contra decisão interlocutória não agravável é respondida pela mesma questão anterior sobre se há ou não interesse recursal independente para cognição do pedido recursal atinente às interlocutórias, ou se ele é condicionado à sorte da apelação independente do vencedor.

Nas hipóteses em que constatarmos não haver relação de prejudicialidade entre a apelação independente do vencido e a apelação do vencedor interposta em contrarrazões, reconheceremos, igual e necessariamente, a possibilidade de interposição autônoma de apelação exclusiva contra decisão interlocutória pelo vencedor, e não apenas através de contrarrazões recursais, mas inclusive como recurso independente.

Muito embora o texto legal somente tenha tratado da interposição de apelação do vencedor por meio de contrarrazões, aparentando não ser cabível interposição de apelação autônoma que pretenda discutir tão-somente decisão interlocutória, nos parece inegável que tal possibilidade, quando presente interesse recursal autônomo, deve ser admitida, sob pena de cerceamento do princípio do duplo grau de jurisdição. O objetivo do legislador foi estabelecer um regime de recorribilidade diferida das decisões interlocutórias não agraváveis, e *não sua irrecorribilidade*. Negar o cabimento de recurso autônomo contra tais decisões interlocutórias implicaria negar que a decisão proferida pelo juízo *a quo*, acerca de matérias sobre a qual reside interesse recursal, viesse a ter a oportunidade de ser revista, sendo encerrada em cognição única, o que não nos parece possível. Como afirma Rodrigo Barioni, a parte não pode ser privada de buscar situação jurídica que lhe for mais favorável por falta de veículo próprio para impugnação da decisão que merece reparo.

Por tais razões, a doutrina tem nos dado exemplos de apelação autônoma do vencedor, restrita à impugnação das interlocutórias. Carolina Uzeda defende a possibilidade de apelação exclusiva contra decisão interlocutória que imponha multa por não comparecimento injustificado à audiência de conciliação à parte vencedora, uma vez que haveria interesse recursal do vencedor, que poderia ser manejado independentemente do vencido manifestar seu inconformismo. Em resposta a esta tese, Fredie Didier Jr. e Leonardo Cunha entendem que a multa representa uma condenação à parte, ampliando o mérito do processo, razão pela qual cabível seria o agravo de instrumento, nos termos do art. 1.015, II, não se cogitando de apelação exclusiva contra decisão interlocutória. Carolina Uzeda respondeu indiretamente a tal argumento. Em artigo posterior, a autora afirmou que situação relativa à impugnação da multa por ato atentatório à dignidade da justiça não está prevista no rol taxativo do agravo de instrumento e deverá, portanto, ser recorrida através de apelação. A autora conclui que o interesse de recorrer surge exclusivamente com o prejuízo decorrente da decisão, sendo irrelevante o provimento de apelação da parte vencida. Trata-se de um recurso de apelação exclusiva e unicamente interposto em face de decisão interlocutória, sem qualquer efeito sobre a sentença.

Daniel Amorim traz outra situação interessante. Em ação coletiva, o réu tem seu pedido de produção de provas indeferido. Na sentença, o juiz julga improcedente o pedido autoral, por falta de provas. Em vista da coisa julgada *secundum eventum probationis* inerente às ações coletivas, o réu, que teve sua pretensão acolhida na sentença, tem interesse recursal exclusivamente quanto à decisão interlocutória de indeferimento de prova.

Outro exemplo pode ilustrar a possibilidade de cabimento de apelação autônoma do vencedor exclusivamente contra decisão interlocutória. O réu argui indevida concessão de gratuidade da justiça ao autor, mas o juiz decide pela manutenção do benefício. A previsão de cabimento de agravo de instrumento é tão somente para a hipótese oposta, de rejeição do pedido de gratuidade ou para sua revogação. Imaginemos que o réu tenha por objetivo exclusivo a revisão da decisão de concessão da gratuidade, sem nenhum outro propósito que não o de corrigir distorções na utilização do sistema da gratuidade da justiça, até mesmo porque a concessão do benefício não exclui a responsabilidade do beneficiário ao pagamento das despesas processuais e honorários sucumbenciais, nos termos do art. 98, § 2º. Entendemos ser cabível a apelação autônoma do vencedor contra a decisão interlocutória que concedeu o benefício.

Fato é que a realidade pode ser sempre mais pródiga em situações impensáveis do que nossa capacidade de teorizar. Do ponto de vista principiológico, porém, parece inegável que se houver interesse recursal remanescente e autônomo face à sentença, não pode haver denegação de jurisdição e do duplo grau de jurisdição quanto à impugnação da interlocutória.

5. EFEITOS DEVOLUTIVO E TRANSLATIVO DO RECURSO DE APELAÇÃO CONTRA DECISÃO INTERLOCUTÓRIA NÃO AGRAVÁVEL

O regime de recorribilidade diferida das interlocutórias não agraváveis provocou a ampliação do efeito devolutivo do recurso de apelação e das contrarrazões, não deixando sujeitas à preclusão as questões processuais resolvidas na fase cognitiva, que não se enquadrem no rol do art. 1.015.

O efeito devolutivo recursal consiste no fenômeno da transferência da cognição ao tribunal, delimitada pela sua extensão, que constitui a dimensão horizontal do efeito e pela profundidade, que configura a dimensão vertical. A extensão desta transferência é determinada pelo pedido recursal.

O mesmo ocorre com a apelação contra decisão interlocutória não agravável, que deve ser expressamente impugnada em preliminar do apelo ou em contrarrazões recursais, sob pena de preclusão. O efeito translativo, consistente na transferência ao tribunal das questões de ordem pública não mencionadas no recurso, sofreu "inegável restrição em comparação com a do CPC/1973, art. 515, pois se o recurso de apelação impugnar apenas parte da sentença, as questões suscitadas e discutidas não relacionadas à parte impugnada não poderão ser retomadas". Esta restrição se aplica igualmente ao capítulo decisório interlocutório que não vier a ser expressamente impugnado em preliminar recursal ou em contrarrazões.

Logo, se a parte apelar ou contrarrazoar e não interpuser apelação contra a interlocutória, operar-se-á a preclusão em relação a este capítulo decisório anterior à sentença, mesmo versando a interlocutória sobre objeção processual, tal como é com as questões relativas à admissibilidade da ação, às quais cabe ao juiz conhecer de ofício por força do § 5º do art. 337. Ainda que interposta apelação exclusiva contra a sentença, a apelação não devolve ao tribunal o exame das decisões interlocutórias não agraváveis.

Do mesmo modo, se eventualmente a parte interpuser apelação exclusiva contra a decisão interlocutória e não impugnar a sentença, "o tribunal não obteve a devolutividade sobre esta, não podendo julgar nada sobre ato sentencial".

Diversa é a situação em caso de apelação exclusiva contra a decisão interlocutória, na qual a sentença não impugnada guarde relação de prejudicialidade face à interlocutória. Neste caso, afirma Daniel Amorim que se trata de atípica hipótese de efeito expansivo objetivo externo do recurso, pois "ao julgar um capítulo da apelação, que diz respeito à decisão interlocutória proferida antes da sentença, o tribunal poderá anulá-la em razão da eficácia expansiva das nulidades". O autor explica que usualmente se qualifica de efeito expansivo interno dos recursos aquele que autoriza atingir capítulo decisório não impugnado especificamente. Porém, neste caso, a eficácia expansiva seria externa porque, a despeito de manejado no mesmo recurso, "o acolhimento de impugnação recursal contra uma decisão será capaz de anular outra".

Discussão interessante sobre a devolutividade da apelação contra decisão interlocutória não agravável é levantada por José Henrique Mouta Araújo. Em ação em que haja cumulação de pedidos, se o juiz indeferir produção de provas requerida pelo réu relativamente a um dos pedidos e, em momento posterior, julgar procedente este mesmo pedido de forma antecipada, com fulcro no art. 356, II, entendendo estar suficientemente instruído, a decisão interlocutória não agravável relativa ao indeferimento de produção de prova deve ser impugnada em preliminar de apelação ou em preliminar de agravo de instrumento?

No exemplo em tela, resta evidente que a decisão interlocutória não agravável não guarda relação lógica com o capítulo decisório que vier a ser proferido na sentença: a relação lógica, de prejudicialidade, diz respeito ao capítulo decisório que julgou parcialmente o mérito; afinal, o indeferimento da prova pleiteada pelo réu diz respeito ao pedido que foi antecipadamente resolvido.

Nesta hipótese, muito embora a lei tenha previsto que a recorribilidade da decisão interlocutória não agravável fique diferida para o momento da interposição recurso de apelação, após a publicação da sentença, entendemos que terá havido preclusão quanto à possibilidade de impugnação da interlocutória não agravável na apelação, devendo a mesma, *na hipótese em que a mesma se vincula logicamente com o capítulo decisório resolvido antecipadamente*, ser impugnada em preliminar do agravo de instrumento.

Neste caso, há ampliação do efeito devolutivo do agravo de instrumento para versar igualmente sobre a interlocutória não agravável, relativa ao pedido anterior de produção de provas quanto ao capítulo do pedido julgado antecipadamente. Assim, o § 1º do art. 1.009 aplica-se, extensivamente, ao § 5º do art. 356, desde que versem a decisão interlocutória não agravável e a decisão interlocutória agravável ao mesmo pedido.

Mouta conclui que "se não houver o agravo de instrumento contra a decisão parcial de mérito ou se este for improvido (ou mesmo não conhecido), a coisa julgada deste capítulo (art. 502 do CPC/2015) ensejará a eficácia preclusiva decorrente da coisa julgada em relação ao indeferimento da prova". Isto porque o capítulo de mérito apreciado antecipadamente gera reflexos em relação às questões processuais a ele ligadas e resolvidas em momento anterior.

Finalmente, na apelação autônoma contra decisão interlocutória não agravável interposta pelo vencedor, não há aplicabilidade da técnica do julgamento direto do pedido pelo tribunal, também chamada de teoria da causa madura. Isto decorre tão-somente pelo fato de que os parágrafos 3º e 4º do art. 1.013 remetem a situações que configuram sentenças, e não decisões interlocutórias. Mesmo na hipótese do inciso III do § 3º, relativa à omissão no exame de um dos pedidos, imaginando-se que tal julgamento se desse no intercurso da fase cognitiva, e não em seu término, teríamos a incidência do art. 356, configurando uma decisão desafiável por agravo de instrumento, nos termos do art. 1.015, II.

6. EFEITO SUSPENSIVO AUTOMÁTICO DO RECURSO DE APELAÇÃO AUTÔNOMA CONTRA DECISÃO INTERLOCUTÓRIA NÃO AGRAVÁVEL

Frustrando as expectativas em torno no Novo CPC, o tema da eficácia suspensiva do recurso de apelação é seguramente um dos em que menos se inovou em relação às expectativas do novo código.

Como regra geral, o Novo CPC aboliu o efeito suspensivo automático dos recursos, migrando do critério *ope legis* para o critério *ope judicis*, exigindo pedido expresso do recorrente e demonstração de risco de dano irreparável, cabendo ao juiz, no exame do caso concreto, verificar se é ou não hipótese de atribuição de eficácia suspensiva ao recurso.

Entretanto, portou-se o legislador de modo conservador em relação ao recurso de apelação, único que manteve a eficácia suspensiva por força da lei, excepcionadas, em rol taxativo interno ao CPC, as hipóteses em que ficou resguardada a eficácia imediata da decisão após sua publicação.

Por outro lado, o Novo CPC ampliou as hipóteses de exceção à suspensividade e, como consequência, gerou um aumento de situações jurídicas em que a decisão é imediatamente eficaz, devendo o efeito suspensivo ser pleiteado junto ao tribunal, competente para a admissibilidade recursal. Nestas hipóteses, previstas no parágrafo 1º do art. 1.012, o cumprimento da sentença pode ser requerido tão logo publicada a sentença.

Nas hipóteses em que o efeito suspensivo automático é excepcionado, o recorrente pode requerer a suspensão da execução, nos termos do § 3º do art. 1.012, embora o legislador não tenha previsto igual possibilidade ao recorrido, para que comprovasse risco de dano irreparável decorrente da demora em promover a execução.

A decisão do relator que conceder ou negar atribuição do efeito suspensivo à apelação é impugnável por meio de agravo interno, conforme art. 1.021, não se repetindo a problemática regra do CPC/73 de acordo com a qual esta decisão, no sistema anterior, era irrecorrível de imediato.

Quanto à eficácia suspensiva da apelação contra a decisão interlocutória, é necessário distinguir se trata de apelação do vencido, interposta em preliminar do apelo, ou se se trata apelação do vencedor, interposta em contrarrazões recursais.

Sendo interposta pelo vencido a apelação, Fredie Didier Jr. e Leonardo Carneiro da Cunha sustentam que mesmo sendo a apelação exclusiva contra decisão interlocutória, não versando sobre a sentença, ainda assim tem a apelação contra a decisão interlocutória efeito suspensivo automático quando houver relação de prejudicialidade entre a decisão interlocutória impugnada e a sentença irrecorrida, pois "a sentença, mesmo irrecorrida, ficará sob condição suspensiva: o desprovimento ou não conhecimento da apelação contra a decisão interlocutória; se provida a apelação contra a decisão interlocutória, a sentença *resolve-se*".

De fato, nos casos em que a decisão interlocutória mantiver vínculo de prejudicialidade com a sentença, a mera impugnação da decisão interlocutória implica eficácia suspensiva da apelação, impedindo a efetivação da sentença não impugnada, pois nesta situação a reforma da interlocutória terá reflexos sobre a sentença, como no caso de apelação contra decisão de indeferimento de provas, em que eventual provimento da apelação contra a interlocutória prejudicará a sentença, pois existe precedência lógica da interlocutória em relação à sentença.

Se a apelação for do vencedor, em contrarrazões, porém, o efeito suspensivo decorre da interposição da apelação do vencido, e não do vencedor.

Porém, se estivermos diante de apelação do vencedor exclusiva contra decisão interlocutória não agravável, nos casos em que a decisão interlocutória for autônoma, e não prejudicial em relação à sentença – como no exemplo da apelação do vencedor contra decisão que impôs multa por ato atentatório à dignidade da justiça –, não há que se cogitar de eficácia suspensiva decorrente da interposição desta espécie recursal, já que isto confrontaria o interesse do próprio recorrente, a quem convém promover o cumprimento imediato da sentença, se for o caso. Assim, desde que o vencido não haja interposto apelação ou que a apelação esteja dentro das hipóteses do § 1º do art. 1.012, a apelação do vencedor não suspende a eficácia da sentença, estando autorizado o seu cumprimento imediato.

E isto não se dá como resultado de aplicação de regime jurídico bipartido à impugnação das interlocutórias, ora com aspectos de apelação, ora de agravo de instrumento, o que aqui não se defende. Isto decorre do fato de que os capítulos não impugnados na apelação podem ensejar cumprimento imediato e definitivo, na pendência da atividade recursal parcial, em razão da limitação horizontal do efeito devolutivo, restrito aos capítulos impugnados da sentença, nos termos do art. 1.013, § 3º, operando-se, a seu respeito, a preclusão. É neste sentido o Enunciado n. 100 do Fórum Permanente de Processualistas Civis, segundo o qual "Não é dado ao tribunal conhecer de matérias vinculadas ao pedido transitado em julgado pela ausência de impugnação".

7. CONCLUSÕES

1. A apelação independente do vencido interposta em preliminar do apelo implica cumulação de pedidos recursais, ao passo que a apelação do vencedor manejada em preliminar de contrarrazões configura cumulação de atos de natureza distinta: defesa e recurso.

2. Será própria quando os pedidos recursais não guardarem relação de prejudicialidade, podendo ser analisados com autonomia um em relação ao outro. Será imprópria a cumulação quando os pedidos recursais guardarem relação de prejudicialidade entre si.

3. A cumulação de pedidos recursais não implica cumulação de espécies recursais: a apelação contra interlocutória não agravável não resulta em um recurso síntese entre apelação e agravo. O regime jurídico, quanto às interlocutórias não agraváveis, será o da apelação.

4. Não é correta a classificação apriorística da apelação do vencedor contra decisão interlocutória, abstrata e aprioristicamente, como recurso subordinado. O interesse recursal quanto ao cabimento

de apelação autônoma do vencedor exclusivamente contra decisão interlocutória deve ser aferida no caso concreta. O que determina se esta apelação é subordinada ou autônoma é a relação de prejudicialidade que possam manter a apelação independente do vencido e apelação do vencedor interposta em contrarrazões. Inexistente esta capacidade de influir em seu resultado, a apelação do vencedor é autônoma e, portanto, subsiste o interesse recursal no julgamento do apelo contra a decisão interlocutória de modo independente.

5. O legislador objetivou estabelecer um regime de recorribilidade diferida das decisões interlocutórias não agraváveis, e não sua irrecorribilidade.

6. É possível a interposição de apelação autônoma do vencedor exclusivamente em relação à decisão interlocutória não agravável nas hipóteses em que constatarmos não haver relação de prejudicialidade entre esta e a apelação independente do vencido.

7. Se a parte apelar ou contrarrazoar e não interpuser apelação contra a interlocutória, operar-se-á a preclusão em relação a este capítulo decisório anterior à sentença, mesmo versando a interlocutória sobre objeção processual.

8. Pode configurar-se ampliação do efeito devolutivo do agravo de instrumento para versar sobre a interlocutória não agravável relativa ao capítulo do pedido julgado antecipadamente, aplicando-se extensivamente o § 1º do art. 1.009 ao § 5º do art. 356, desde que versem sobre o mesmo pedido.

9. Se a apelação for do vencedor, em contrarrazões, o efeito suspensivo decorre da interposição da apelação do vencido, e não do vencedor.

10. A apelação do vencido exclusiva contra decisão interlocutória tem efeito suspensivo automático quando houver relação de prejudicialidade entre a decisão interlocutória impugnada e a sentença irrecorrida.

11. A apelação do vencedor exclusiva contra decisão interlocutória não agravável, nos casos em que a decisão interlocutória for autônoma, e não prejudicial em relação à sentença não possui eficácia suspensiva, que confrontaria o interesse do próprio recorrente.

O fim do duplo juízo de admissibilidade da apelação e a competência do juízo de primeiro grau para exercer juízo de retratação: por uma harmonização sistemática necessária

Lorena Miranda Santos Barreiros[1]

Sumário • Introdução – **1**. O CPC/2015 e o fim do duplo juízo de admissibilidade da apelação – **2**. A competência atribuída ao juízo de primeiro grau para exercício do juízo de retratação – **3**. Interpretação sistemática do art. 1.010, § 3°, do CPC/2015 e sua compatibilização com a competência atribuída ao juízo de primeiro grau para exercício do juízo de retratação – **4**. Conclusão.

INTRODUÇÃO

Considerado uma das principais novidades concernentes ao recurso de apelação, o afastamento, pelo Código de Processo Civil de 2015, do juízo de admissibilidade daquele recurso pelo órgão jurisdicional prolator da sentença, é considerado medida voltada à busca de maior eficiência processual. Desse

---

1. Doutora e Mestre em Direito Público pela Universidade Federal da Bahia. Especialista em Direito Processual Civil pela UNIJORGE em parceria com o Curso Juspodivm. Procuradora do Estado da Bahia. Membro da Associação Norte-Nordeste de Professores de Processo (ANNEP).

modo, interposta a apelação, ao juízo de primeiro grau competirá, apenas, proceder à intimação da parte adversa para o oferecimento de contrarrazões (inclusive quando se tratar de recurso adesivo), remetendo, em seguida, os autos do processo ao Tribunal competente para processar e julgar o recurso, sem qualquer manifestação acerca da admissibilidade recursal (art. 1.010, § 3º, do CPC/2015).

Quando, porém, couber ao magistrado de primeiro grau o exercício do juízo de retratação, o dispositivo legal supramencionado há de merecer atenta análise, sobretudo ante a possibilidade de um eventual juízo positivo de retratação restar obstado face à existência de vício, sanável embora, do recurso interposto.

O trabalho ora apresentado consiste, portanto, em um convite à reflexão acerca da seguinte pergunta: como harmonizar o fim do duplo juízo de admissibilidade da apelação e o pleno exercício, pelo órgão jurisdicional de primeiro grau, de sua competência para realizar juízo de retratação, quando cabível, diante do recurso de apelação interposto?

Para tanto, examinar-se-á, separadamente, cada um dos elementos confrontados (o fim do duplo juízo de admissibilidade da apelação e a competência para exercício do juízo de retratação), apresentando, em seguida, a proposta de harmonização sistemática sugerida pelo trabalho.

1. O CPC/2015 E O FIM DO DUPLO JUÍZO DE ADMISSIBILIDADE DA APELAÇÃO

Os atos postulatórios em geral, dentre os quais se inserem os recursos, podem ser analisados sob dupla perspectiva. A primeira delas – o juízo de admissibilidade – destina-se a verificar se o ato postulatório preenche os requisitos que o ordenamento jurídico apresenta como necessários para viabilizar a apreciação do conteúdo do ato. A segunda – o juízo de mérito – concerne ao exame dos fundamentos da postulação, de modo a que possa o juiz acolhê-la ou rejeitá-la. O juízo de admissibilidade é preliminar em relação ao juízo de mérito; este somente será realizado se aquele lograr resultado positivo[2].

Quando o órgão jurisdicional no qual deverá ocorrer a interposição do recurso é também competente para julgá-lo, caber-lhe-á a análise do ato postulatório sob ambas as perspectivas apontadas (juízo de admissibilidade e, se cabível, juízo de mérito do recurso). No entanto, sendo distintos os órgãos de interposição (órgão *a quo*) e de julgamento (órgão *ad quem*) do recurso,

---

2. MOREIRA, José Carlos Barbosa. *Comentários ao Código de Processo Civil*. 16. ed. Rio de Janeiro: Forense, 2011, v. 5, p. 261-262.

caberá ao legislador optar por conferir ou não ao órgão de interposição a competência para aferir a admissibilidade recursal, sem que a atribuição dessa competência ao órgão *a quo* seja excludente da competência do órgão *ad quem* para realizar ambos os juízos[3].

A apelação, espécie recursal prevista no ordenamento processual civil brasileiro, destina-se à impugnação de sentença e de decisões interlocutórias não impugnáveis por agravo de instrumento (art. 1.009, *caput* e § 1º, do CPC/2015). Objetivando a reforma, decretação de nulidade ou integração[4] do pronunciamento jurisdicional recorrido por um Tribunal de Justiça ou por um Tribunal Regional Federal, a apelação é, não obstante, interposta no juízo de primeiro grau (arts. 1.010 e 1.011 do CPC/2015). Ante a dissociação entre os órgãos de interposição e de julgamento do recurso, o legislador processual brasileiro optou por não conferir ao juízo de primeiro grau a competência para realização do juízo de admissibilidade recursal, conforme se depreende do regramento estatuído pelo art. 1.010, § 3º, do CPC/2015[5-6].

A opção legislativa encartada no Código de Processo Civil de 2015 distancia-se daquela constante do art. 518 do Código de Processo Civil de 1973[7], que reconhecia ao órgão jurisdicional de primeiro grau a competência para decidir quanto à admissibilidade do recurso de apelação em duas distintas ocasiões: após a interposição do recurso e após a apresentação de contrarrazões pelo apelado. Cabia-lhe, ainda, explicitar os efeitos em que recebido o recurso.

No regime estabelecido pelo Código de Processo Civil revogado, o juízo de primeiro grau deveria funcionar como verdadeiro filtro recursal, obstando o encaminhamento ao Tribunal competente daqueles recursos que não aten-

---

3. MOREIRA, José Carlos Barbosa. *Comentários ao Código de Processo Civil*. 16. ed. Rio de Janeiro: Forense, 2011, v. 5, p. 263-265.
4. Possibilidade defendida por: DIDIER JUNIOR, Fredie; CUNHA, Leonardo Carneiro da. *Curso de direito processual civil*. 13. ed. Salvador: Juspodivm, 2016, v.3, p. 177. Os autores aludem à possibilidade de a apelação ser utilizada com a finalidade de integração da sentença quando esta se afigure *citra petita* e tenham sido improvidos os embargos de declaração opostos com a finalidade de apreciação do pedido não examinado. Referem-se, inclusive, à previsão normativa constante do art. 1.013, § 3º, III, do CPC/2015.
5. "Art. 1.010. A apelação, interposta por petição dirigida ao juízo de primeiro grau, conterá: (...) § 3º Após as formalidades previstas nos §§ 1º e 2º, os autos serão remetidos ao tribunal pelo juiz, independentemente de juízo de admissibilidade".
6. Enunciado nº 99 do Fórum Permanente de Processualistas Civis (FPPC): "O órgão *a quo* não fará juízo de admissibilidade da apelação".
7. "Art. 518. Interposta a apelação, o juiz, declarando os efeitos em que a recebe, mandará dar vista ao apelado para responder. (...) § 2º Apresentada a resposta, é facultado ao juiz, em cinco dias, o reexame dos pressupostos de admissibilidade do recurso".

dessem aos requisitos de admissibilidade postos pelo ordenamento jurídico[8]. Havendo, porém, a necessidade de se resguardar a competência do órgão *ad quem* para apreciar essa admissibilidade recursal, o CPC/1973 previa, no seu art. 522, o cabimento de agravo de instrumento contra a decisão do juízo de primeiro grau que negava seguimento à apelação, inadmitindo-a. A temática concernente à admissibilidade da apelação era, então, por meio do agravo, devolvida ao Tribunal competente para julgar aquele recurso.

O Código de Processo Civil de 2015, por seu turno, reconhecendo que a apreciação da admissibilidade da apelação pelo juízo de primeiro grau de jurisdição ensejava um "foco desnecessário de recorribilidade"[9], não lhe atribuiu competência para a prática de tal ato. Busca-se, com essa nova opção legislativa, concretizar o princípio da eficiência processual (norma fundamental estabelecida no art. 8º do CPC/2015), que impõe que o alcance da finalidade pública perseguida pelo ato (efetividade) esteja associado à utilização de meios que promovam o menor dispêndio de tempo e de recursos possível[10].

A não atribuição de competência ao juízo de primeiro grau para examinar a admissibilidade do recurso de apelação – e, paralelamente a esse ato, para indicar os efeitos que o recurso será recebido – tem implicações relevantes no curso do processo, sobretudo no tocante à concretização do princípio da eficiência processual[11].

Como principal consequência decorrente da eliminação do duplo juízo de admissibilidade da apelação, tem-se a exclusão, do sistema, da hipótese de cabimento de agravo de instrumento contra a decisão do juízo de primeiro grau que inadmitia a apelação ou que, ao recebê-la, identificava os efeitos em que o fazia[12]. Trata-se de simplificação procedimental destinada a conferir celeridade ao curso processual, reservando-se ao Tribunal competente para o julgamento do recurso de apelação a análise exclusiva de sua admissibilidade, atividade que, no regime processual anterior, era compartilhada com

---

8. CÂMARA, Helder Moroni (coord.). *Código de Processo Civil comentado*. São Paulo: Almedina, 2016, p. 1291.
9. Expressão utilizada pela Comissão de Juristas responsável pela elaboração do Anteprojeto de Código de Processo Civil no Senado Federal, na exposição de motivos daquele documento, que se encontra disponível em https://www.senado.gov.br/senado/novocpc/pdf/Anteprojeto.pdf.
10. CUNHA, Leonardo Carneiro da. A previsão do princípio da eficiência no Projeto do Novo Código de Processo Civil Brasileiro. *Revista de Processo*, São Paulo, ano 39, v. 233, jul/2014, p. 67.
11. BUENO, Cássio Scarpinella. *Manual de direito processual civil*. São Paulo: Saraiva, 2015, p. 617.
12. DIDIER JUNIOR, Fredie; CUNHA, Leonardo Carneiro da. *Curso de direito processual civil*. 13. ed. Salvador: Juspodivm, 2016, v.3, p. 192.

o juízo *a quo* e que deveria ser realizada ainda quando houvesse o juízo de primeiro grau admitido o recurso.

Caberá, ainda, ao órgão *ad quem* competente para julgamento da apelação examinar o pedido de atribuição de efeito suspensivo ao recurso quando a lei o tenha retirado *a priori*, nos termos do art. 1.012, §§ 3º e 4º, do CPC/2015.

Destaca-se, ainda, como consequência derivada do fim do duplo juízo de admissibilidade da apelação, a desnecessidade de o órgão do Ministério Público em atuação em primeiro grau de jurisdição como fiscal da ordem jurídica ser instado a se manifestar acerca da admissibilidade do recurso de apelação, atribuição esta que estará afeta ao órgão ministerial em atuação no Tribunal competente para julgamento do recurso[13].

A decisão do juízo de primeiro grau que inadmite recurso de apelação é passível de reclamação, para preservação da competência do tribunal ao qual está afeto o julgamento do recurso, nos termos do art. 988, I, do CPC/2015[14].

Segundo as regras de direito temporal, estabelecidas pelo Código de Processo Civil de 2015, o art. 1.010, § 3º do mesmo Código é aplicável, inclusive, às apelações interpostas antes de 18/03/2016 e cuja aferição do juízo de admissibilidade ainda se encontrasse, àquela época, pendente de realização em primeiro grau, conforme regramento estatuído pelo art. 1.046 do CPC/2015[15].

Do quanto exposto, poder-se-ia concluir, em um primeiro exame, que o texto normativo consagrado no art. 1.010, § 3º, do CPC/2015, ao ser interpretado, forneceria norma jurídica excludente de qualquer decisão do órgão jurisdicional de primeiro grau concernente à análise da admissibilidade da apelação interposta ou, ainda, à adoção de qualquer conduta tendente a determinar o suprimento de vício sanável do recurso, capaz de conduzi-lo, se não superado, à inadmissibilidade. A temática, no entanto, comporta análise mais aprofundada.

---

13. DIDIER JUNIOR, Fredie; CUNHA, Leonardo Carneiro da. *Curso de direito processual civil*. 13. ed. Salvador: Juspodivm, 2016, v.3, p. 192-193.
14. Enunciado nº 207 do FPPC: "Cabe reclamação, por usurpação da competência do tribunal de justiça ou tribunal regional federal, contra a decisão de juiz de 1º grau que inadmitir recurso de apelação". No mesmo sentido e destacando ser a única medida cabível contra a decisão judicial a ser impugnada: CÂMARA, Alexandre Freitas. *O novo processo civil brasileiro*. São Paulo: Atlas, 2015, p. 485. Admitindo, além da reclamação, a possibilidade de impetração de mandado de segurança para combate à decisão judicial de primeiro grau que inadmite o recurso de apelação: MEDINA, José Miguel Garcia. *Novo Código de Processo Civil comentado*. 4. ed. São Paulo: RT, 2016, p. 1489.
15. Enunciado 356 do FPPC: "Aplica-se a regra do art. 1.010, § 3º, às apelações pendentes de admissibilidade ao tempo da entrada em vigor do CPC, de modo que o exame da admissibilidade destes recursos competirá ao Tribunal de 2º grau".

2. A COMPETÊNCIA ATRIBUÍDA AO JUÍZO DE PRIMEIRO GRAU PARA EXERCÍCIO DO JUÍZO DE RETRATAÇÃO

Em regra, ao publicar a sentença, o juiz fica impedido de alterá-la, excetuadas as hipóteses em que a lei expressamente a tanto o autoriza. Além da correção, de ofício ou a requerimento da parte, de inexatidões materiais ou erros de cálculo e do provimento de embargos de declaração (art. 494 do CPC/2015), estará o magistrado legitimado a modificar a sentença proferida quando o sistema jurídico processual lhe confira a possibilidade de exercício de juízo de retratação, à vista de apelação interposta contra a aludida sentença.

No Código de Processo Civil de 2015, o efeito regressivo ou de retratação é atribuído, dentre outras hipóteses, aos recursos de apelação interpostos em face de sentenças que: a) indeferirem a petição inicial ou, de um modo geral, extinguirem o processo sem resolução do mérito (arts. 331 e 485, § 7°, do CPC/2015); b) julgarem liminarmente improcedente o pedido (art. 332, § 3°, do CPC/2015).

A adequada análise da competência do magistrado de primeiro grau para exercício do juízo de retratação pressupõe a explicitação de três premissas.

Em primeiro lugar, há de se considerar que o juízo de retratação é um juízo decisório de mérito. Por intermédio do efeito regressivo ou de retratação do recurso, a matéria já decidida retorna ao exame do órgão jurisdicional que proferiu a decisão recorrida[16], o qual será instado a, diante das razões apresentadas pelo recorrente, conhecer e decidir acerca da pretensão do autor de reforma ou invalidação do julgado recorrido. Trata-se de reforma/invalidação da sentença recorrida pelo próprio órgão que a prolatou. Este pedido de reforma/invalidação da sentença é o mérito do ato postulatório de retratação, contido no recurso de apelação, ainda que implicitamente, por força do regramento legal.

Em segundo lugar, há de se considerar que o Código de Processo Civil de 2015 consagra, como uma de suas normas fundamentais, o princípio da primazia da decisão de mérito, a exigir do Poder Judiciário que dispenda todos os esforços possíveis para que o mérito de uma dada postulação seja apreciado. A própria consagração do efeito regressivo do recurso de apelação nos casos em que o processo é extinto sem resolução do mérito é manifestação desse princípio[17].

Em terceiro lugar, deve-se rememorar a premissa anteriormente estabelecida, no sentido de que o juízo de admissibilidade é preliminar ao juízo

---

16. SOUZA, Bernardo Pimentel. *Introdução aos recursos cíveis e à ação rescisória*. 6. ed. São Paulo: Saraiva, 2009, p. 25.
17. DIDIER JUNIOR, Fredie. *Curso de direito processual civil*. 17. ed. Salvador: Juspodivm, 2015, v.1, p. 137.

de mérito. Como o recurso de apelação contém em si o ato postulatório de retratação, tem-se, por consectário lógico, que somente se admissível for o recurso de apelação, poder-se-á, em sendo o caso, operar a retratação.

Desse modo, interposta a apelação intempestivamente, por exemplo, ter-se-á consumado o trânsito em julgado da sentença proferida. O vício do recurso, sendo insanável, impedirá o magistrado de proferir decisão, no exercício do juízo de retratação, que implique reforma ou invalidação da sentença proferida[18]. Sucede que, por força do art. 1.010, § 3º, do CPC/2015, ao magistrado é vedado inadmitir o recurso interposto, ainda quando flagrantemente intempestivo[19]. Qual a solução para o impasse apontado? E quando se trate a hipótese de vício sanável ou de dúvida quanto à tempestividade ou não do recurso de apelação? Como deverá agir o órgão jurisdicional de primeiro grau?

Há uma clara necessidade de compatibilização entre as regras processuais que estabelecem, por um lado, o fim do duplo juízo de admissibilidade da apelação e, por outro, a competência do juízo de primeiro grau para exercitar juízo de retratação em face de recursos de apelação interpostos em determinadas hipóteses legais. Esta temática, ponto cerne do presente artigo, será tratada no tópico subsequente.

3. INTERPRETAÇÃO SISTEMÁTICA DO ART. 1.010, § 3º, DO CPC/2015 E SUA COMPATIBILIZAÇÃO COM A COMPETÊNCIA ATRIBUÍDA AO JUÍZO DE PRIMEIRO GRAU PARA EXERCÍCIO DO JUÍZO DE RETRATAÇÃO

Enfrentando a questão atinente ao exercício do juízo de retratação pelo magistrado de primeiro grau, quando houver constatado a intempestividade do recurso de apelação interposto, Fredie Didier Junior defende que, nesse caso, o magistrado ficará impedido de se retratar, ante a existência de coisa

---

18. Enunciado nº 293 do FPPC: "Se considerar intempestiva a apelação contra sentença que indefere a petição inicial ou julga liminarmente improcedente o pedido, não pode o juízo *a quo* retratar-se".
19. Alexandre Freitas Câmara critica a opção legislativa por não haver excepcionado da regra do art. 1.010, § 3º, do CPC/2015 a possibilidade de o juiz de primeiro grau realizar o controle da tempestividade do recurso, o que poderá estimular o uso do recurso com escopo procrastinatório (CÂMARA, Alexandre Freitas. *O novo processo civil brasileiro*. São Paulo: Atlas, 2015, p. 513). Crítica semelhante fora apresentada, ainda por ocasião do exame do Projeto de Código de Processo Civil, por: CIANCI, Mirna; QUARTIERI, Rita; ISHIKAWA, Ito. Novas perspectivas do recurso de apelação. *In*: FREIRE, Alexandre et al. (org.). *Novas tendências do processo civil*: estudos sobre o Projeto do Novo Código de Processo Civil. Salvador: Juspodivm, 2014, v. 03, p. 421.

julgada, e poderá, inclusive, invocar a intempestividade como único fundamento lastreador da decisão de não retratação[20].

A solução apontada pelo autor, que se pauta na distinção existente entre questões objeto de mera cognição e questões objeto de julgamento (segundo a qual as primeiras são examinadas incidentalmente e as segundas, de modo principal, compondo o *thema decidendum* a ser examinado pelo julgador)[21], não implica usurpação de competência do Tribunal *ad quem*, tendo em vista que não houve decisão quanto à admissibilidade do recurso de apelação, temática que foi apenas objeto de conhecimento pelo juiz de primeiro grau.

A questão que se coloca, porém, diz respeito à possibilidade de o juiz, instado a exercitar seu juízo de retratação (e vislumbrando, de fato, que deve haver lugar tal retratação, tendo incorrido em *error in procedendo* ou em *error in iudicando* ao proferir a sentença recorrida), mas constatando a potencial inadmissibilidade do recurso de apelação (tendo em vista a existência de vício sanável que, se não afastado pela parte recorrente, conduzirá ao não conhecimento do recurso pelo Tribunal *ad quem*), determinar a correção do vício antes de proferir a sua decisão de retratação.

Alexandre Freitas Câmara sustenta o posicionamento segundo o qual o magistrado, diante da constatação de vício formal sanável da apelação (rol do qual exclui, porque insanável, a intempestividade), não pode praticar atos conducentes à sua correção, muito embora possa retratar-se, desconsiderando a existência do vício[22].

A temática merece reflexão.

Apesar da aparente clareza redacional do art. 1.010, § 3º, do CPC/2015, o texto normativo nele consagrado demanda intepretação lógico-sistemática, a fim de que dele possam ser extraídas as normas-regra que regem a questão.

Em primeiro lugar, há de se ter em mente que o recurso de apelação, quando interposto contra sentença que extingue o processo sem resolução do mérito (inclusive por indeferimento da petição inicial) ou que julgue liminarmente improcedente o pedido (arts. 331, 332, § 3º e 485, § 7º, do CPC/2015), consiste em ato processual postulatório do qual decorrem múltiplas situações jurídicas, duas das quais a merecer destaque, porque concernentes ao tema.

A primeira situação jurídica que se vislumbra como decorrência da interposição do recurso de apelação é a concretização da competência do

---

20. DIDIER JUNIOR, Fredie; CUNHA, Leonardo Carneiro da. *Curso de direito processual civil*. 13. ed. Salvador: Juspodivm, 2016, v.3, p. 193.
21. DIDIER JUNIOR, Fredie. *Curso de direito processual civil*. 17. ed. Salvador: Juspodivm, 2015, v.1, p. 432-434.
22. CÂMARA, Alexandre Freitas. *O novo processo civil brasileiro*. São Paulo: Atlas, 2015, p. 512-513.

magistrado de primeiro grau para exercer o juízo de retratação. A segunda situação jurídica deflagrada a partir da interposição da apelação concerne à concretização da competência do Tribunal para processar e julgar o recurso de apelação, cabendo-lhe examinar a admissibilidade do recurso e apreciar--lhe o mérito, sempre que possível.

Diante do quadro acima exposto, tome-se por exemplo a hipótese de recurso de apelação no qual esteja ausente a assinatura do advogado ou, ainda, recurso interposto por advogado sem procuração nos autos. Não há dúvidas de que o julgamento desse recurso pelo Tribunal competente pressuporá o suprimento do vício capaz de conduzi-lo à inadmissibilidade, sendo dever do relator conceder ao recorrente prazo para sanar o vício (arts. 76, § 2º, I e 932, parágrafo único, do CPC/2015).

Se o recurso em comento comportar juízo de retratação (recurso contra sentença que indeferiu a petição inicial, por exemplo), qual, afinal deverá ser a conduta adotada pelo juízo de primeiro grau quando for examinar a possibilidade de se retratar? A apreciação do mérito da retratação sem que seja previamente sanado o vício que obsta a admissibilidade do recurso de apelação no qual a postulação se lastreia é conclusão não albergada pelo sistema, salvo se a conclusão for pela rejeição da retratação (art. 282, § 2º, do CPC/2015). Como qualquer outro juízo de mérito, a retratação pressupõe a validade do ato postulatório em que se lastreia.

Por outro lado, tratando-se o princípio da primazia da decisão de mérito de norma fundamental do processo civil e ante o denominado "postulado interpretativo da unidade do Código", segundo o qual o diploma processual civil de 2015 deve ser interpretado como uma unidade normativa coerente (e não como fragmentos isolados)[23], também não se mostra compatível com o sistema a conclusão de que o magistrado, diante de um vício que pode ser sanado, estaria impedido de praticar atos tendentes à sua correção, como premissa para exercício de seu juízo de retratação.

Note-se que, nos termos do art. 1.010, § 3º, do CPC/2015, o que se veda ao magistrado é, ante a ausência de correção do vício pela parte no prazo para tanto fixado, inadmitir a apelação. No entanto, não viola a regra de competência do Tribunal para processar e julgar o recurso de apelação a concessão de prazo, pelo juízo de primeiro grau, para afastamento do vício, desde que sua inobservância pela parte gere, apenas, a impossibilidade de exercício do juízo de retratação.

Seguindo-se a regra segundo a qual "quem pode o mais, pode o menos", não se concebe possa o juiz exercer juízo de mérito (do pedido de retratação)

---

23. GRAU, Eros Roberto. *Ensaio e discurso sobre a interpretação/aplicação do direito*. 5 ed. São Paulo: Malheiros, 2009, p. 131; DIDIER JUNIOR, Fredie. *Curso de direito processual civil*. 17. ed. Salvador: Juspodivm, 2015, v.1, p. 152.

e não possa, para alcançá-lo, instar a parte a suprir vícios sanáveis constantes de sua postulação.

De igual modo deverá agir o juízo de primeiro grau quando estiver diante de outro vício sanável do recurso da apelação, a exemplo da não realização do preparo recursal ou de sua insuficiência. Excetuada a hipótese em que requerida a gratuidade da justiça em sede recursal (caso em que se autoriza a interposição do recurso sem recolhimento do valor do preparo até que decidido o incidente pelo relator, conforme art. 99, § 7º, do CPC/2015), caberá ao juízo prolator da sentença recorrida conceder prazo para que a parte sane o defeito capaz de macular a admissibilidade do recurso, antes de realizar seu juízo de retratação. Não complementado ou pago o valor do preparo, conforme o caso, o juízo ficaria impedido de se retratar e encaminharia o processo ao Tribunal.

No tocante à aferição de tempestividade do recurso de apelação pelo juízo de primeiro grau, é possível, também neste caso, a adoção de condutas, pelo órgão jurisdicional, no intuito de aferir se, de fato, o recurso atende a esse requisito de admissibilidade. Tendo a parte informado em juízo que o recurso seria tempestivo em razão, por exemplo, de não ter havido expediente forense na data em que recairia o termo final do prazo para interposição do recurso ou, mesmo, de ter havido impossibilidade de peticionamento eletrônico naquele dia por defeito no sistema de processamento de dados do Poder Judiciário, deixando, no entanto, de juntar aos autos a documentação comprobatória de sua alegação, coaduna-se com o princípio da cooperação a atuação do juízo de primeiro grau que determina a comprovação do alegado antes de proceder ao juízo de retratação, quando cabível este.

Há de se lembrar que tais medidas não se encontram obstadas em razão da exiguidade do prazo de cinco dias estabelecido pelo sistema processual ao órgão julgador de primeira instância para que se retrate. Trata-se, evidentemente, de prazo impróprio, passível, pois, de ampliação, sobretudo porque a medida adotada convergirá, em boa parte dos casos, para a tramitação mais eficiente do processo.

Por um lado, viabiliza-se o exercício do juízo de retratação, evitando-se o encaminhamento dos autos ao Tribunal e seu possível retorno ao primeiro grau, quando não reunir condições de imediato julgamento, nos termos do art. 1010, § 3º, do CPC/2015. Por outro, não havida a retratação, possibilita-se que o processo chegue ao Tribunal com eventual defeito do recurso já sanado.

4. CONCLUSÃO

A interpretação sistemática do art. 1.010, § 3º, do CPC/2015 permite concluir que a exclusão, pelo novo diploma processual civil, da competência do juízo de primeiro grau para realizar o juízo de admissibilidade do recurso de apelação interposto pela parte não o impede de, quando cabível o exercício de juízo de retratação:

a) conhecer dos vícios do recurso de apelação, sem proferir qualquer decisão quanto à sua admissibilidade ou não, podendo, no entanto, utilizar a existência de vício insanável ou não sanado no prazo concedido como fundamento para justificar a inviabilidade de retratação;

b) instar a parte recorrente a suprir o vício detectado em seu recurso de apelação (ausência de subscrição do recurso por advogado ou sua subscrição por advogado desprovido de procuração nos autos; ausência ou deficiência de preparo; ausência de juntada de prova documental que atestaria a invocada tempestividade do recurso etc.), a fim de viabilizar o exercício de seu juízo de retratação, em respeito aos princípios da cooperação e da primazia da decisão de mérito, cabendo-lhe, em caso de não suprimento do vício, limitar-se a não proceder à retratação, encaminhando os autos ao Tribunal competente para processamento e julgamento do recurso de apelação, a quem caberá decidir acerca da admissibilidade desta.

A interpretação apontada permite, à luz de uma harmonização sistemática entre o exercício de duas distintas competências (a do juízo de primeiro grau, para proceder ao juízo de retratação, e a do Tribunal, para aferir a admissibilidade e julgar o mérito do recurso de apelação), o alcance de maior eficiência processual, evitando-se, quando exercido o juízo de retratação positivamente, que o processo se desloque ao Tribunal para posteriormente ser devolvido à primeira instância, sobretudo quando não se encontre em condições de imediato julgamento.

A opção legislativa encartada no art. 1.010,§ 3º, do CPC/2015, se examinada de modo isolado e porque diametralmente oposta àquela adotada pelo CPC/1973, tende a inspirar o intérprete no sentido de tolher do órgão jurisdicional de primeiro grau qualquer atividade que se repute relacionada ao juízo de admissibilidade do apelo. O sistema, no entanto, pautando-se na busca de eficiência processual, estruturando-se sob a moldura processual desenhada pelo princípio da cooperação e, ainda, vindicando que se busque, a todo custo, a decisão de mérito, não se coaduna com solução que exclua ou mitigue, indevidamente, o exercício do juízo de retratação, quando cabível, apenas pela existência de vícios sanáveis no ato postulatório que, afinal, deflagra também a eficácia regressiva que concede ao juiz competência para rever o ato decisório por ele prolatado.

Aceito o convite à reflexão proposto na introdução deste trabalho, segue--se agora o convite à crítica e ao debate. As normas processuais inseridas no CPC/2015 muito dependerão de ambos para a sua adequada construção.

Negócios processuais em matéria de honorários recursais: notas sobre a admissibilidade

Marcela Kohlbach de Faria[24]

Sumário • **1**. Introdução – **2**. Convenção processual sobre honorários advocatícios – **3**. Honorários Recursais – **4**. Convenções processuais em matéria de honorários recursais – **5**. Conclusão.

1. INTRODUÇÃO

Dentre as novidades advindas do novo Código de Processo Civil, duas serão objeto de análise pelo presente artigo. A primeira delas refere-se à matéria de honorários advocatícios. Observa-se que o CPC inova ao prever a fixação de honorários advocatícios em mais um momento processual, qual seja, em âmbito recursal. Na forma do artigo 85, § 11 do referido diploma legal, o tribunal, ao julgar recurso, majorará os honorários fixados anteriormente, levando em conta o trabalho adicional realizado em grau recursal. Além de se tratar de remuneração devida ao advogado pela atuação nesta fase processual, estes honorários figuram igualmente como desestímulo à interposição de recursos meramente protelatórios.

---

24. Mestre e Doutoranda em Direito pela Universidade do Estado do Rio de Janeiro (UERJ). Advogada. Membro da Comissão de Arbitragem da OAB/RJ. Membro do Instituto Carioca de Processo Civil – ICPC. Membro do Instituto Brasileiro de Direito Processual – IBDP.

A segunda inovação, que nos parece ser uma das mais relevantes, é a possibilidade, ampliada pelo novel diploma de as partes celebrarem negócios processuais[25]. É clara a posição do novo diploma processual em valorizar a autonomia da vontade, verificada tanto no estímulo à autocomposição, quanto na ampliação das hipóteses[26] em que o procedimento pode ser modificado por escolha das partes[27].

A doutrina costuma separar os chamados negócios processuais em duas categorias: típicos e atípicos. Os primeiros são aqueles que são expressamente previstos e regulados em lei, como é o caso da cláusula de eleição de foro, prevista expressamente no artigo 111 do CPC/2015; os segundos, por sua vez, não se encaixam em tipos legais previamente definidos, pactuados pelas partes de forma a atender às suas conveniências e necessidades[28].

---

25. Não há um consenso na doutrina sobre a nomenclatura adequada, no entanto, no presente artigo será utilizada a expressão negócios processuais para descrever os acordos de procedimento autorizados pelo diploma processual. Conforme observa Antonio do Passo Cabral: "Não há, como se verá neste tópico, uniformidade de pensamento a respeito do instrumento dos negócios jurídicos bi- ou plurilaterais em matéria processual. Alguns autores utilizam indistintamente para o processo as palavras 'contrato', 'acordo', 'pacto', 'convenção', e outras, o que produz imprecisão terminológica. É verdade que, no direito contemporâneo, todas estas noções se aproximaram. Assim, as diferenças terminológicas encontram-se em grade medida superadas. De fato, em termos pragmáticos, há hoje menor utilidade em diferenciar todos estes termos porque a nomenclatura raramente interfere nos efeitos de cada categoria, tampouco em seus pressupostos, validade, eficácia. " *Convenções Processuais*, Salvador: Juspodivum, 2016, p. 51-53.

26. Fala-se em ampliação, pois o CPC de 1973 já possibilitava que as partes fizessem acordos de procedimento, ao menos os acordos previamente tipificados na lei processual. Há quem vislumbrasse, ainda, a possibilidade da realização de acordos procedimentais não tipificados mesmo na vigência do CPC de 1973. Nesse sentido merece destaque a análise doutrinária e o posicionamento de Diogo Assumpção Rezende de Almeida em sua obra: *A contratualização do procedimento: das convenções processuais no processo civil*, São Paulo, Ltr, 2015, p. 122-123.

27. *"Mudanças legislativas nunca tiveram o condão de, por mero efeito do seu advento, exercer grandes transformações culturais nas sociedades. É certo, entretanto, que o rompimento de certos dogmas e a construção de novas bases teóricas e dogmáticas do Direito, em especial no Direito Processual, podem funcionar como mecanismo de indução para uma transformação maior, em termos de cultura jurídica e no modo de compreender as relações entre o cidadão e o estado. O advento do novo Código de Processo Civil brasileiro, portanto, pode ser concebido como mero resultado de uma tentativa de reforma pontual de institutos processuais e de aspectos procedimentais ou, o que demanda muito mais do que uma simples 'canetada', funcionar como um veículo para uma verdadeira reforma da Justiça Civil."* ABREU, Rafael de; "A igualdade e os Negócios Processuais". Coleção Grandes Temas do Novo CPC, v. 1, Coord. DIDIER, Fredie, Salvador: Juspodivum, p 281.

28. CUNHA, Leonardo Carneiro. "Negócios jurídicos processuais no processo civil brasileiro". Coleção grandes temas do novo CPC: negócios processuais, vol. 01, 2ª ed., Salvador: Juspodivum, 2016, p. 56.

De fato, é justamente na segunda categoria que reside a grande novidade do CPC/2015. Na forma do artigo 190 do CPC/2015: *"versando o processo sobre direitos que admitam autocomposição, é lícito às partes plenamente capazes estipular mudanças no procedimento para ajustá-lo às especificidades da causa e convencionar sobre os seus ônus, poderes, faculdades e deveres processuais, antes ou durante o processo."*.

Ou seja, preenchidos os pressupostos do artigo 190, as partes poderão adaptar o procedimento de forma a se ajustar da melhor forma possível às peculiaridades da causa[29]. Trata-se de fenômeno que já se verificava, obviamente com suas diferenças[30], no procedimento arbitral[31], em que as partes são livres para definirem o procedimento a ser utilizado, observados os princípios do contraditório, da igualdade das partes, da imparcialidade do árbitro e de seu livre convencimento[32].

Na forma do artigo 200 do CPC, os atos de declaração das partes possuem eficácia desde o momento de sua prática, o que abrange inclusive os atos bilaterais, ou plurilaterais. Tendo em vista que, no que tange aos negócios processuais, o controle pelo juiz fica restrito às hipóteses previstas no parágrafo único do artigo 190 do CPC de 2015, entende-se que os negócios processuais são eficazes com relação aos contratantes desde a sua

---

29. *"Se a solução consensual do litígio é benéfica, porque representa, além do encerramento do processo judicial, a própria concretização da pacificação, nada mais justo do que permitir que os litigantes possam, inclusive quando não seja possível a resolução da própria controvérsia em si, ao menos disciplinar a forma do exercício das suas faculdades processuais conforme suas conveniências, ou até mesmo delas dispor, conforme o caso".* NOGUEIRA, Pedro Henrique. "Sobre acordo de procedimentos no processo civil brasileiro". Coleção Grandes Temas do Novo CPC, v. 1, Coord. DIDIER, Fredie, Salvador: Juspodivum, p. 102.

30. *"A lei ampliou consideravelmente a possibilidade de disposição das partes em matéria processual perante a jurisdição estatal, ao permitir 'mudanças no procedimento' para ajustá-los às 'especificidades da causa' e ao abrir campo para a convenção sobre 'ônus, poderes, faculdades e deveres processuais, antes ou durante o processo'. Tal amplitude já vigorava no âmbito do processo arbitral e a abertura agora incorporada ao CPC 2015 sugere um meio-termo entre as duas citadas modalidades de jurisdição – ainda que se considere não ser possível colocar em pé de estrita igualdade, para esse fim específico, o juiz estatal e o árbitro."* YARSHELL, Flávio Luiz. "Convenção das partes em matéria processual: rumo a uma nova era?" Coleção grandes temas do novo CPC: negócios processuais, vol. 01, 2ª ed., Salvador: Juspodivum, 2016, p. 76.

31. Conforme observa Diogo Assumpção Rezende de Almeida: *"O que se percebe, porém, é a possibilidade de submissão do litígio ao Poder Judiciário, mas com adaptações procedimentais que tornem a jurisdição tão ou mais atrativa do que a arbitragem. Vale dizer, a possibilidade dessa liberdade contratual também no método oferecido pelo Estado. E a forma encontrada é a convenção relativa ao processo e ao procedimento."* A contratualização do procedimento: das convenções processuais no processo civil, São Paulo, Ltr, 2015p. 109.

32. Artigo 21, § 2º da Lei 9.307/96.

manifestação de vontade[33], não podendo o juiz afastar a sua incidência por fundamentos diversos dos constantes do aludido dispositivo. No entanto, é importante observar que o negócio processual não pode afetar interesse de terceiro que não foi parte no acordo.

Assim, tendo em vista que os honorários advocatícios constituem direito autônomo do advogado, cumpre ao presente trabalho analisar até que ponto poderiam as partes celebrar negócios processuais para a modificação de valores ou supressão da condenação em honorários advocatícios, especialmente no âmbito recursal. Quais os parâmetros e critérios para que o dito negócio seja válido e eficaz? É o que se passa a analisar nos itens subsequentes.

2. CONVENÇÃO PROCESSUAL SOBRE HONORÁRIOS ADVOCATÍCIOS

Na forma do Estatuto da Advocacia (Lei 8.906/1994) os honorários podem ser de três naturezas, quais sejam: convencionais, de sucumbência e arbitrados judicialmente. Os honorários contratados são aqueles definidos entre o advogado e seu cliente, estabelecidos no contrato de honorários, e não excluem os honorários de sucumbência, que decorrem do êxito que o trabalho do advogado propicia ao cliente, possuindo parâmetros pré-fixados no Código de Processo Civil. O arbitramento judicial dos honorários advocatícios ocorrerá quando estes não tiverem sido convencionados por escrito com o cliente.[34]

Conforme bem observam Bruno Garcia Redondo e Julio Guilherme Müller, o pagamento de honorários jurisdicionais é um dever das partes e, portanto, admite-se tal dever seja objeto de negócios processuais, na forma do artigo 190 do CPC de 2015.[35]

No entanto, importante considerar que, se por um lado o pagamento das verbas honorárias figura como um dever da parte sucumbente; por outro, na

---

33. "O art. 200 do CPC (antigo art. 158 do CPC de 1973), considera eficazes desde o momento de sua prática os atos de declaração de vontade das partes, inclusive os bilaterais, isto é, a regra geral é de que não dependem de homologação judicial. O que torna evidente a dispensa de ato judicial para a validade e eficácia da declaração bilateral de vontade das partes, ao menos para a hipótese em que a lei não preveja forma diversa, é a exceção prevista no parágrafo único do mesmo dispositivo, que impõe a homologação por sentença para a eficácia do ato de desistência da ação". ALMEIDA, Diogo Assumpção Rezende de. : A contratualização do procedimento: das convenções processuais no processo civil, São Paulo, Ltr, 2015, p. 137.
34. RAMOS, Gisela Gondin. Estatuto da advocacia: comentários e jurisprudência selecionada. 6ª ed. Belo Horizonte: Fórum, 2013, p. 320 – 321.
35. Negócios processuais relativos a honorários advocatícios. In Coleção grandes temas do novo CPC, vol. 2, Honorários advocatícios, coord. Marcus Vinícius Furtado Coêlho e Luiz Henrique Volpe Camargo, 1ª ed. , Salvador: Juspodivum, 2015, p. 120.

forma do artigo 23 do Estatuto da Advocacia e do artigo 85, § 14 do CPC de 2015, os honorários advocatícios constituem direito autônomo do advogado e têm natureza alimentar. Portanto, as partes não podem dispor de direito que não lhe pertence, não sendo oponível ao advogado o negócio processual em matéria de honorários sem a anuência do titular do direito, no caso o advogado.

Se o titular do direito anuir ao negócio, por certo que não há qualquer óbice na sua celebração, podendo o mesmo servir para regulamentar qualquer aspecto referente ao pagamento dos honorários, por exemplo: a possibilidade de compensação, vedada em regra pelo artigo 85, § 14[36]; a renúncia aos honorários, em qualquer fase processual em que o mesmo é admitido; a alteração dos percentuais e base de cálculo para a fixação dos honorários percentuais, dentre outros[37].

A eficácia do negócio processual, como dito, fica limitada às partes contratantes, portanto, no caso de litisconsortes, o litisconsorte e advogados que não participaram do negócio não ficaram vinculados ao mesmo[38].

A anuência do advogado, em regra, precisa ser expressa. No entanto, é possível considerar a hipótese em que o advogado, ciente da existência do negócio processual celebrado pelas partes antes de sua contratação para o patrocínio da causa, opta por aceitar o mandato ainda assim. Nesse caso a sua concordância com o patrocínio da causa implica a anuência, ainda que tácita, com relação ao negócio processual e, portanto, será a ele oponível.

Não obstante, importante observar que em diversos momentos processuais o CPC pré-estabelece percentuais para a fixação de honorários, seja determinando máximos e mínimos, seja impondo a observância de um

---

36. A vedação a compensação dos honorários de advogado expressamente consagrada no CPC de 2015 constitui um verdadeiro avanço na matéria com relação a jurisprudência anterior do STJ, consagrada no seu verbete sumular nº 306 que afirma que: *"Os honorários advocatícios devem ser compensados quando houver sucumbência recíproca, assegurado o direito autônomo do advogado à execução do saldo sem excluir a legitimidade da própria parte"*. A referida súmula vai totalmente de encontro com o direito autônomo do advogado ao recebimento de honorários, que já encontrava previsão expressa desde 1994 no Estatuto da Advocacia.
37. Bruno Garcia Redondo e Julio Guilherme Müller apontam, além das já mencionadas, outras hipóteses de negócio processual em matéria de honorários, como a possibilidade de convencionar honorários em hipóteses que não são cabíveis, como na primeira instância dos juizados especiais; alteração dos critérios que devem ser levados em conta pelo juiz na fixação dos honorários. Negócios processuais relativos a honorários advocatícios. *In Coleção grandes temas do novo CPC*, vol. 2, Honorários advocatícios, coord. Marcus Vinícius Furtado Coêlho e Luiz Henrique Volpe Camargo, 1ª ed. , Salvador: Juspodivum, 2015. P. 122.
38. No mesmo sentido: REDONDO, Bruno Garcia; MÜLLER, Julio Guilherme. Negócios processuais relativos a honorários advocatícios. *In Coleção grandes temas do novo CPC*, vol. 2, Honorários advocatícios, coord. Marcus Vinícius Furtado Coêlho e Luiz Henrique Volpe Camargo, 1ª ed. , Salvador: Juspodivum, 2015, p. 121.

valor fixo[39]. Poderia, assim, o negócio processual alterar tais percentuais, majorando-os ou reduzindo-os?

Inicialmente, insta destacar a utilidade prática da realização dessa forma de negócio processual. A redução dos honorários poderá servir como forma de estímulo ao pagamento do valor da condenação, quando, por exemplo, disser respeito à fase de cumprimento de sentença. Partes e advogados poderão isentar o devedor do pagamento dos honorários, mesmo após o prazo de 15 dias previsto no artigo 523 do CPC como forma de estímulo ao pagamento. Muito provavelmente a viabilidade desse acordo dependerá da fixação de honorários convencionais entre a parte credora e seu advogado para compensá-lo pelo trabalho e pela renúncia aos honorários legalmente previstos. No entanto, pode ser mais vantajoso para a parte receber um valor menor do que não receber de forma alguma, ou somente após um longo e custoso processo de expropriação.

Por outro lado, a majoração do percentual dos honorários, ou a imposição da observância do percentual máximo legalmente previsto, pode suprir a necessidade estipulação de honorários convencionais pelo advogado, transferindo de fato a totalidade das despesas para a parte sucumbente. Ainda que a jurisprudência tenha se manifestado no sentido da satisfação integral da obrigação, com a possibilidade de cobrança dos honorários contratuais da parte sucumbente[40], o negócio processual em comento faz com que não

---

39. Na forma do artigo 85, parágrafo segundo, do CPC de 2015, os honorários advocatícios serão fixados entre o mínimo de dez e o máximo de vinte por cento sobre o valor da condenação, do proveito econômico obtido ou, não sendo possível mensurá-lo, sobre o valor atualizado da causa. No que tange à condenação da Fazenda Pública ao pagamento de honorários, o parágrafo terceiro do referido dispositivo dispõe sobre os limites percentuais aplicáveis para cada faixa de valores referente ao proveito econômico ou ao valor da condenação. Já que tange aos honorários recursais, o artigo 85, § 11, do diploma processual, a despeito de determinar a majoração dos honorários em grau de recurso, limita a sua fixação ao percentual máximo previsto nos parágrafos segundo e terceiro analisados acima. No cumprimento de sentença que reconhece a exigibilidade de obrigação de pagar quantia certa, o artigo 523, § 1º do CPC determina que os honorários serão fixados no percentual de 10% caso não haja adimplemento voluntário, devendo o réu depositar o valor integral da dívida para afastar a incidência de honorários. Da mesma forma, o artigo 827, parágrafos primeiro e segundo do diploma processual determinam que, na execução para pagamento de quantia certa serão fixados honorários advocatícios de dez por cento, com a possibilidade de majoração para o patamar de vinte por cento quando rejeitados os embargos à execução, podendo a majoração, caso não opostos os embargos, ocorrer ao final do procedimento executivo, levando-se em conta o trabalho realizado pelo advogado do exequente. O artigo 701 do CPC, que trata da ação monitória, dispõe que, sendo evidente o direito do autor, o juiz deferirá a expedição de mandado de pagamento, de entrega de coisa ou para execução de obrigação de fazer ou de não fazer, concedendo ao réu prazo de quinze dias para o cumprimento e o pagamento de honorários advocatícios de cinco por cento do valor atribuído à causa.

40. No sentido de que *"Os honorários convencionais integram o valor devido a título de perdas e danos, nos termos dos arts. 389, 395 e 404 do CC/02"*, confira-se o Recurso Especial nº

seja necessária a comprovação das perdas e danos em momento posterior, sendo que a cobrança dos honorários poderá ser feita pelo próprio advogado, dispensando, portanto, o adiantamento de verbas pelo cliente.

No caso de redução dos percentuais pré-fixados, tendo em vista tratar-se de direito disponível do advogado, não parece haver qualquer motivo para afastar a possibilidade de realização de negócio processual nesse sentido. Ora, se o advogado pode renunciar ao valor total dos honorários, após a sua fixação, não há qualquer sentido em vedar a renúncia com relação a parte dos honorários, a partir da anuência com a redução dos percentuais pré-fixados.

No entanto, no que tange a majoração dos percentuais pré-fixados, é preciso levar em consideração o disposto no Código de Ética e Disciplina da OAB e no Estatuto da Advocacia, uma vez que os mesmos estabelecem as condutas éticas e adequadas a serem seguidas pelos advogados na condução das causas sob seu patrocínio.

O Código de Ética e Disciplina da OAB, em seu artigo 35, § 1º, dispõe que os honorários da sucumbência não excluem os contratados, porém devem ser levados em conta no acerto final com o cliente ou constituinte. Por outro lado, o artigo 36 do referido diploma afirma que os honorários profissionais devem ser fixados com moderação. A cobrança de honorários abusivos é considerada, ainda, situação capaz de locupletamento ilícito para fins de incidência do artigo 34 do Estatuto da Advocacia[41] que dispõe que:

"Constitui infração disciplinar:

XX – locupletar-se, por qualquer forma, à custa do cliente ou da parte adversa, por si ou interposta pessoa;"

Nesse sentido, o Tribunal de Ética das seccionais da OAB vem entendendo ser abusiva a cobrança de honorários que superam o patamar de 50% do proveito econômico obtido pelo cliente com a demanda judicial[42].

1027797/MG, de relatoria da Ministra Nancy Andrighi, julgado pela Terceira Turma do STJ em 17/02/2011 (DJe de 23/02/2011).

41. Neste sentido, RAMOS, Gisela Gondin, *Estatuto da advocacia*: comentários e jurisprudência selecionada. 6ª ed. Belo Horizonte: Fórum, 2013, p. 420; e LÔBO, Paulo Liz Neto, *Comentários ao Estatuto da Advocacia e da OAB*, 3ª ed., São Paulo: Saraiva, 2002, p. 202.

42. "*Honorários Advocatícios. Cobrança abusiva, Locupletamento a custa do cliente. Os honorários profissionais devem ser fixados com moderação, com a observância dos critérios estabelecidos no Código de Ética e Disciplina da OAB. Advogado que fixa seus honorários em percentual de 60% (sessenta por cento) do que vier a ser recebido, ainda que por acordo e/ou convencionado, coloca o cliente em desvantagem e comete infração disciplinar aos incisos I a VIII do artigo 36 do referido diploma (OAB/SC, Pleno, Acordão nº 120/98, j. em 04.12.1998, Decisão unânime, Processo nº 82/96, Rel. Cons. Tito Lívio de Assis Goés).*".

Trata-se, portanto, de conduta ilícita do advogado, sendo certo que, se não pode fixar honorários em patamares abusivos com relação ao seu cliente, o mesmo deve se observar quando o encargo couber à parte adversa, na própria dicção do artigo supramencionado.

3. HONORÁRIOS RECURSAIS

Inicialmente, observa-se que a fixação de honorários em âmbito recursal é um dever do tribunal ao julgar o recurso – e não uma faculdade –, já que o § 11 do artigo 85 utiliza o verbo majorará no imperativo[43].

Não obstante, não são todos os recursos que admitem a fixação de honorários recursais. De fato, uma leitura isolada do artigo 85, § 1º poderia levar o intérprete a entender que, no julgamento de todo e qualquer recurso, o tribunal poderia condenar o sucumbente ao pagamento de honorários recursais, já que o referido dispositivo afirma que: "*são devidos honorários advocatícios na reconvenção, no cumprimento de sentença, provisório ou definitivo, na execução, resistida ou não, e nos recursos interpostos, cumulativamente*".

Ocorre que o artigo 85, § 11, acima referido é muito claro ao dispor que o tribunal majorará os honorários fixados anteriormente. Ou seja, somente será cabível a condenação da parte sucumbente em honorários recursais caso este já tenha sido fixado na instância originária. Veja que há algumas decisões interlocutórias que são agraváveis, mas não são proferidas em momento processual adequado para a fixação de honorários, tais como: decisões que versam sobre tutela provisória; decisão que rejeita a alegação de convenção de arbitragem; decisão que rejeita o pedido de gratuidade da

---

RAMOS, Gisela Gondin, *Estatuto da advocacia*: comentários e jurisprudência selecionada. 6ª ed. Belo Horizonte: Fórum, 2013, p. 464.

"*HONORÁRIOS. ESTABELECIMENTO DE 50% SOBRE ATRASADOS E PRESTAÇÕES VINCENDAS, ALÉM DA SUCUMBÊNCIA E CUSTEIO DA CAUSA. LOCUPLETAMENTO. Para a livre contratação de honorários, além dos critérios de moderação recomendados pelo art. 36 do Código de Ética e Disciplina da OAB, deve-se sempre atender às condições pessoais dos clientes, de modo a estabelecer honorários dignos, compatíveis e equitativos. Remuneração ultrapassando os limites da moderação, com percentuais de 50% sobre o resultado, além da sucumbência legal, não se abriga nos preceitos da ética profissional, podendo-se vislumbrar hipótese de locupletamento. Reajuste do contrato é recomendado, sobretudo se as vantagens auferidas pelo advogado, ao término da demanda, são superiores à do cliente. Entendimento dos artigos 35 e § 1º, 36, 37 e 38 do Código de Ética e Disciplina da OAB (OAB/SP, Tribunal de Ética, Proc. E-1.454, v.u., Rel. Dr. Carlos Aurélio Mota de Souza)*".

RAMOS, Gisela Gondin, *Estatuto da advocacia*: comentários e jurisprudência selecionada. 6ª ed. Belo Horizonte: Fórum, 2013, p. 466.

43. *Comentários ao Código de Processo Civil*. Coord. CABRAL, Antonio do Passo; CRAMER, Ronaldo. Rio de Janeiro: Forense, 2015, p. 183-184.

justiça ou acolhe o pedido de sua revogação; decisão que versa sobre exibição ou posse de documento ou coisa; decisão que rejeita o pedido de limitação do litisconsórcio; decisão que versa sobre a concessão, modificação ou revogação do efeito suspensivo aos embargos à execução; decisão que versa sobre a redistribuição do ônus da prova nos termos do art. 373, § 1º.

Nesses casos a decisão recorrida não fixa honorários e, portanto, o tribunal, ao julgar o agravo de instrumento contra elas interposto igualmente não poderá fazê-lo. Evidentemente, a existência de recursos contra decisões interlocutórias, nos quais não seja possível o arbitramento de honorários pelo Tribunal, deverá ser levada em consideração pelo julgador quando chegar o momento processual adequado para a fixação dos honorários, como a extinção do processo, com ou sem resolução de mérito, ou a prolação de decisão interlocutória de mérito.

Ou seja, supondo-se que no processo foi proferida decisão interlocutória que defere a tutela cautelar e contra essa decisão é interposto agravo de instrumento pela parte prejudicada pela decisão, é certo que, ao menos em tese, o trabalho desenvolvido pelos advogados (de todas as partes envolvidas) no processo irá aumentar, já que deverão desenvolver minutas referentes aos recursos, além de acompanhar todo o trâmite recursal. Assim, o juiz deverá avaliar todo o trabalho realizado pelo advogado no momento de fixar os honorários, o que inclui, sem dúvida, aquele desenvolvido nos agravos de instrumento interpostos.

O Superior Tribunal de Justiça vem julgando no mesmo sentido do entendimento ora manifestado, conforme se depreende dos acórdãos proferidos no julgamento do Agravo Interno no REsp nº 1507973/RS[44] e dos Embargos de Declaração do Agravo Regimental no AREsp nº 303.406/SP[45].

---

44. *"AGRAVO INTERNO NO RECURSO ESPECIAL. RECURSO INTERPOSTO SOB A ÉGIDE DO NOVO CPC. NÃO IMPUGNAÇÃO ESPECÍFICA DOS FUNDAMENTOS DA DECISÃO AGRAVADA. MAJORAÇÃO DOS HONORÁRIOS ADVOCATÍCIOS. ENUNCIADO ADMINISTRATIVO N. 7/STJ. NÃO APLICAÇÃO.*
   1. Não se conhece do agravo do art. 1.021 do novo Código de Processo Civil que deixa de atacar especificamente os fundamentos da decisão agravada.
   2. Não cabe a majoração dos honorários advocatícios nos termos do § 11 do art. 85 do CPC de 2015 quando o recurso é oriundo de decisão interlocutória sem a prévia fixação de honorários.
   3. Agravo interno não conhecido.
   STJ, AgInt no REsp 1507973/RS, Rel. Ministro JOÃO OTÁVIO DE NORONHA, TERCEIRA TURMA, julgado em 19/05/2016, DJe 24/05/2016.
45. *"EMBARGOS DE DECLARAÇÃO NO AGRAVO INTERNO NO AGRAVO EM RECURSO ESPECIAL. OMISSÃO. PEDIDOS SOBRE PENALIDADE POR LITIGÂNCIA DE MÁ-FÉ E HONORÁRIOS ADVOCATÍCIOS COM BASE NO ART. 85, § 11, DO NOVO CPC. EMBARGOS ACOLHIDOS SEM EFEITOS INFRINGENTES.*

Por outro lado, a despeito de o CPC/2015 afirmar que o tribunal majorará os honorários previamente fixados, evidente que, nas hipóteses em que são cabíveis, os honorários recursais devem ser fixados tanto em decisões colegiadas, como em decisões unipessoais do relator[46].

Outra indagação faz-se pertinente no que tange aos honorários recursais: admite-se a sua fixação em todos os recursos, inclusive embargos de declaração, agravo interno e recursos interpostos perante os tribunais superiores? No entender da autora, desde que fixados honorários na instância originária, os honorários advocatícios podem ser fixados em todos os sucessivos recursos interpostos, até o limite máximo previsto nos parágrafos 2º e 3º do artigo 85 CPC/2015[47]. Tal entendimento corrobora a ideia de que os honorários

---

1. Depreende-se do artigo 1.022 do Novo CPC, que os embargos de declaração apenas são cabíveis quando constar, na decisão recorrida, obscuridade, contradição, erro material ou omissão em ponto sobre o qual deveria ter se pronunciado o julgador, ou até mesmo as condutas descritas no artigo 489, § 1º, do referido diploma legal, que configurariam a carência de fundamentação válida.

2. Não há que falar em litigância de má-fé no presente caso, pois a parte ora embargada interpôs recursos legalmente previstos no ordenamento jurídico, e sem abusar do direito e recorrer; pelo que não se verifica afronta ou descaso com o Poder Judiciário.

3. "Não cabe a majoração dos honorários advocatícios nos termos do § 11 do art. 85 do CPC de 2015 quando o recurso é oriundo de decisão interlocutória sem a prévia fixação de honorários" (AgInt no REsp 1507973/RS, Rel. Ministro João Otávio de Noronha, Terceira Turma, julgado em 19/05/2016, DJe 24/05/2016).

4. Embargos de declaração acolhidos, sem efeitos infringentes.

STJ, EDcl no AgRg no AREsp 303.406/SP, Rel. Ministro LUIS FELIPE SALOMÃO, QUARTA TURMA, julgado em 28/06/2016, DJe 01/08/2016.

46. Conforme enunciado nº 242 do Fórum Permanente de Processualistas Civis: " *(art. 85, § 11). Os honorários de sucumbência recursal são devidos em decisão unipessoal ou colegiada".*

47. *"§ 2º Os honorários serão fixados entre o mínimo de dez e o máximo de vinte por cento sobre o valor da condenação, do proveito econômico obtido ou, não sendo possível mensurá-lo, sobre o valor atualizado da causa, atendidos:*
I – o grau de zelo do profissional;
II – o lugar de prestação do serviço;
III – a natureza e a importância da causa;
IV – o trabalho realizado pelo advogado e o tempo exigido para o seu serviço.
§ 3º Nas causas em que a Fazenda Pública for parte, a fixação dos honorários observará os critérios estabelecidos nos incisos I a IV do § 2º e os seguintes percentuais:
I – mínimo de dez e máximo de vinte por cento sobre o valor da condenação ou do proveito econômico obtido até 200 (duzentos) salários-mínimos;
II – mínimo de oito e máximo de dez por cento sobre o valor da condenação ou do proveito econômico obtido acima de 200 (duzentos) salários-mínimos até 2.000 (dois mil) salários-mínimos;
III – mínimo de cinco e máximo de oito por cento sobre o valor da condenação ou do proveito econômico obtido acima de 2.000 (dois mil) salários-mínimos até 20.000 (vinte mil) salários-mínimos;

recursais não só servem para remunerar o trabalho do advogado em âmbito recursal, mas igualmente para coibir a interposição de recursos meramente protelatórios[48].

Não obstante, com relação aos embargos de declaração, é relevante a ressalva apontada por Estefânia Viveiros, que observa que a finalidade dos embargos de declaração é sanar eventuais vícios constantes na decisão embargada, com o intuito de aperfeiçoar a prestação jurisdicional. Somente no caso de o pleito recursal dos embargos ter efeitos infringentes é que seria possível a efetiva alteração – e até a reforma – do julgado, extrapolando a simples correção de vícios. Conforme pondera a autora, somente no caso de provimento de pedido veiculado em embargos de declaração com efeitos infringentes é que seria possível a fixação de honorários recursais[49].

Nesse ponto, importante pontuar que os Tribunais Superiores vêm manifestando posições divergentes. No julgamento dos Embargos de Declaração no Agravo Regimental nos Embargos de Declaração nos Embargos de Declaração no Recurso Especial nº 1461914/SC[50] o Superior Tribunal de Justiça enten-

---

IV – mínimo de três e máximo de cinco por cento sobre o valor da condenação ou do proveito econômico obtido acima de 20.000 (vinte mil) salários-mínimos até 100.000 (cem mil) salários-mínimos;
V – mínimo de um e máximo de três por cento sobre o valor da condenação ou do proveito econômico obtido acima de 100.000 (cem mil) salários-mínimos.".

48. Vale ressaltar a posição de Leonardo Carneiro da Cunha no que tange aos honorários recursais no julgamento de agravo interno. Para o autor, não seriam cabíveis honorários recursais, pois quando o relator inadmite ou nega provimento ao recurso de forma isolada, já aplica o artigo 85, § 11, majorando os honorários fixados na instância originária. Rejeitado o agravo interno, o colegiado apenas corrobora o entendimento antecipado pelo relator. Apesar de compreender a lógica do autor, a autora discorda do posicionamento por três razões: a) a possibilidade de julgamento monocrático em determinadas hipóteses previstas no CPC é uma forma de simplificar o procedimento, sendo que, ao apresentar o recurso de agravo interno, a parte recorrente amplia o procedimento, gerando trabalho adicional ao advogado da parte recorrida, o qual deve ser remunerado; b) a fixação de honorários recursais no julgamento do agravo interno é uma forma de limitar a interposição de recursos protelatórios, sendo certo que o risco de majoração dos honorários fará com que a parte e seu advogado verifiquem a real possibilidade de reversão da decisão; c) na hipótese de procedência do agravo regimental, os ônus da sucumbência fixados na decisão monocrática do relator deverão ser invertidos e, portanto, os honorários recursais serão aplicados à parte vencedora na ocasião do julgamento do agravo interno. Cunha, Leonardo Carneiro da. *Direito intertemporal e o novo Código de Processo Civil*. Rio de Janeiro: Forense, 2016, p. 145.

49. VIVEIROS, Estefânia. Honorários advocatícios e sucumbência recursal. *Honorários Advocatícios – Coleção Grandes Temas do Novo CPC* – Vol. 2, 1ª ed., Salvador: Juspodivum, 2015, P. 673.

50. *"PROCESSUAL CIVIL. HONORÁRIOS. RECURSO EM MESMO GRAU. NÃO CABIMENTO.*

deu que "*os preceitos do art. 85, § 11, do CPC/2015, claramente estabelecem que a majoração dos honorários está vinculada ao trabalho desenvolvido em cada grau recursal, e não em cada recurso interposto no mesmo grau*". Assim, aplicou-se o enunciado nº 16 da ENFAM que dispõe que: "*Não é possível majorar os honorários na hipótese de interposição de recurso no mesmo grau de jurisdição (art. 85, § 11, do CPC/2015)*".

Por outro lado, o Supremo Tribunal Federal, no julgamento dos Embargos de Declaração no Agravo Regimental no RE nº 929.925 entendeu que: "*é possível condenar a parte sucumbente em honorários advocatícios na hipótese de o recurso de embargos de declaração não atender os requisitos previstos no art. 1.022 do referido diploma e tampouco se enquadrar em situações excepcionais que autorizem a concessão de efeitos infringentes*"[51].

Resta, ainda, saber se é admissível a fixação de honorários recursais na aplicação da técnica de ampliação do colegiado em caso de divergência, conforme disposta no artigo 942 e parágrafos do CPC/2015. De fato, a referida previsão legal vem em substituição aos embargos divergentes, recurso previsto no CPC/73. No entanto, concordamos com Fredie Didier Jr. e Leonardo Carneiro da Cunha no sentido de que o referido expediente não ostenta natureza recursal[52]. Assim, não se tratando de recurso, não há que se falar em condenação da parte sucumbente em honorários recursais.

OMISSÃO INEXISTENTE.
1. Os preceitos do art. 85, § 11, do CPC/2015, claramente estabelecem que a majoração dos honorários está vinculada ao trabalho desenvolvido em cada grau recursal, e não em cada recurso interposto no mesmo grau.
2. "Não é possível majorar os honorários na hipótese de interposição de recurso no mesmo grau de jurisdição (art. 85, § 11, do CPC/2015)" (Enunciado 16 da ENFAM).
3. No caso dos autos, o grau inaugurado com a interposição de recurso especial ocorreu em momento anterior à vigência da nova norma, o que torna sua aplicação indevida, sob pena de retroação de seus efeitos. Ressalte-se que até o agravo regimental, ao contrário do que aduz a embargante, foi interposto antes da vigência do novo CPC.
Embargos de declaração rejeitados."
STJ, EDcl no AgRg nos EDcl nos EDcl no REsp 1461914/SC, Rel. Ministro HUMBERTO MARTINS, SEGUNDA TURMA, julgado em 02/08/2016, DJe 10/08/2016.

51. Sobre o tema, com referência ao acórdão, e discordando da posição do STF por entender que a hipótese mais justificaria a multa prevista no § 2º do artigo 1.026 do que a sucumbência recursal, vale a leitura do texto de Luiz Dellore: Novo CPC: há honorários sucumbenciais nos embargos de declaração? Disponível em: http://jota.uol.com.br/novo--cpc-ha-honorarios-sucumbenciais-nos-embargos-de-declaracao
52. Observam os autores que, a despeito de a voluntariedade não ser característica dos recursos (fato que justificaria a natureza recursal da técnica prevista no art. 942 para alguns autores, como Eduardo José da Fonseca Costa, para que consistiria a técnica em um recurso de ofício), para que haja recurso, é preciso haver antes uma decisão, o que não ocorre no caso em comento, já que, diante do resultado não unânime, o julgamento não se encerra, mas é suspenso até o prosseguimento do julgamento com a presença de outros julgadores, em

Por fim, analisando-se a inovação do CPC/2015 à luz das normas de direito intertemporal, importante observar que a regra incide somente sobre os recursos interpostos após a vigência do novo Código de Processo Civil. De fato, a aplicação do artigo 85, § 11 aos recursos interpostos antes da vigência do CPC/2015 violaria a segurança jurídica, uma vez que a parte – e os advogados – que interpuseram recursos na vigência do CPC/73 não calcularam os riscos de terem honorários majorados contra si em grau recursal. Esse entendimento foi consagrado no enunciado administrativo nº 7 do Superior Tribunal de Justiça, que dispõe que: "*Somente nos recursos interpostos contra decisão publicada a partir de 18 de março de 2016, será possível o arbitramento de honorários sucumbenciais recursais, na forma do art. 85, § 11, do novo CPC*".

4. CONVENÇÕES PROCESSUAIS EM MATÉRIA DE HONORÁRIOS RECURSAIS

Verificou-se, portanto, que, em tese, são admissíveis convenções processuais sobre honorários advocatícios. Nada obstante, resta saber se, à luz de todas as questões analisadas sobre honorários recursais, seria admissível que as partes celebrassem negócio processual especificamente para ampliar ou limitar a fixação de honorários recursais.

Do ponto de vista das partes e dos advogados, aplicam-se todas as considerações acima esposadas sobre a possibilidade de convenção. Sem embargo, a questão deve ser igualmente analisada sob o ponto de vista da jurisdição. Isso porque, conforme já mencionado em linhas acima, os honorários recursais, além de remunerar a atuação do advogado na esfera recursal, servem como forma de desestimular recursos protelatórios. Ademais, conforme igualmente destacado, a majoração dos honorários constitui um dever do Tribunal, e não uma faculdade. Caberia, assim, às partes, impedir, mediante negócio processual, que o Tribunal exerça o dever que lhe foi imposto pela lei processual?

A indagação ganha relevo diante das últimas decisões proferidas pelo Supremo Tribunal Federal no julgamento dos Recursos Extraordinários nº 964.347 e 964.330 e no Agravo em Recurso Extraordinário 711.027[53]. Nos referidos julgados, a Suprema Corte fixou honorários recursais, mesmo diante da não apresentação de contrarrazões pela parte vencedora. Nesse ponto,

---

número suficiente para garantir a possibilidade de inversão do resultado inicial. DIDIER JR., Fredie; CUNHA, Leonardo Carneiro da. *Curso de Direito Processual Civil*, 13ª ed., Salvador: Juspodivum, 2016, p. 76-77.

53. Confira-se a notícia publicada em: http://www.migalhas.com.br/Quentes/17,MI244879,7 1043STF+E+possivel+majoracao+de+honorarios+ainda+que+advogado+nao. Acesso em 09 de setembro de 2016.

ficou vencido o relator, ministro Marco Aurélio, que entendeu que a falta de contrarrazões faz com que inexista trabalho realizado pelo advogado a ser remunerado. Não obstante, a maioria da 1ª Turma entendeu erem cabíveis honorários recursais.

O voto norteador desse entendimento foi o do ministro Luís Roberto Barroso, que entendeu que o fato de não ter o advogado apresentado contrarrazões não significa que não houve trabalho por parte do mesmo, observando que a defesa pode ter pedido audiência ou apresentado memoriais. Além disso, destacou que, em última análise, considera que a majoração de honorários se destina a desestimular a litigância procrastinatória. Destaca-se, portanto, que esse último ponto sublinhado pelo ministro é de suma importância na verificação da possibilidade de convenção processual em matéria de honorários recursais.

Isso porque, conforme já afirmamos em outra oportunidade[54], as partes não podem dispor de poderes, deveres, ônus e faculdades que não lhes pertencem. Portanto, caso se entenda que a majoração dos honorários constitui um dever do Tribunal, com o objetivo de evitar recursos procrastinatórios, não seria admissível o negócio processual, podendo o mesmo deixar de ser observado pelo julgador.

Outro limite ao objeto do negócio processual encontra-se na sua adequação ao devido processo legal. Conforme observa Flávio Luiz Yarshell, essa limitação não se encontra expressa no CPC de 2015, mas decorre do disposto nos incisos LIV e LV da Constituição da República[55].

É o que se verifica, por exemplo, com a aplicação de sanções processuais. Não é lícito às partes, mediante convenção processual, afastar a sua aplicação, o que já foi, inclusive, objeto de análise pelo Fórum Permanente de Processualistas Civil, que editou o enunciado nº 6, no seguinte sentido: "*O negócio jurídico processual não pode afastar os deveres inerentes à boa-fé e à cooperação*"[56]. Afastar a aplicação de sanções processuais pela violação de tais deveres, seria, de certa forma, o mesmo que autorizar o seu descumprimento, sendo, portanto, inadmissível.

---

54. FARIA, Marcela Kohlbach de. "Vinculación del jues a las convenciones em matéria de prueba." *Convenciones Procesales: estudios sobre negocio jurídico y processo*. NOGUEIRA, Pedro Henrique; CAVANI, Renzo. Lima: Raguel Ediciones, 2015, p. 395.
55. Conforme observa o autor: "*Aliás, poderia a nova lei, nesse particular, ter empregado dicção igual ou semelhante àquela constante do art. 21, § 2º da Lei 9.307/96; que condicionou a autonomia da vontade em matéria processual na arbitragem à observância dos princípios do contraditório, igualdade, imparcialidade e livre convencimento*". YARSHELL, Flávio Luiz. "Convenção das partes em matéria processual: rumo a uma nova era?" *Coleção Grandes Temas do Novo CPC*, v. 1, Salvador: Juspodivum, p. 82.
56. CUNHA, Leonardo Carneiro da. "Negócios processuais no processo civil brasileiro". *Coleção Grandes Temas do Novo CPC*, v. 1, Salvador: Juspodivum, p. 71.

Conforme leciona Leonardo Carneiro da Cunha: "*os negócios processuais devem situar-se no espaço da disponibilidade outorgada pelo legislador, não podendo autorregular situações alcançadas por normas cogentes*". As sanções por litigância de má-fé, ou outras sanções impostas pela lei com o intuito de penalizar a parte que age em abuso de direito, constituem instrumento de controle do devido processo legal pelo magistrado e, portanto, se inserem dentro do que costuma denominar de ordem pública processual, não podendo ser afastadas por manifestação da autonomia da vontade das partes[57].

Com efeito, a lógica acima desenvolvida com relação às sanções processuais não nos parece ser aplicável aos honorários recursais. Ainda que a majoração dos honorários funcione indiretamente como forma de coibir abusos ao direito de recorrer, esse não parece ser o objetivo principal da norma, mas sim a devida remuneração dos advogados em todos os graus de jurisdição.

Veja que o Código de Processo Civil é muito claro ao dispor no artigo 85, § 14, que os honorários constituem direito autônomo do advogado e têm natureza alimentar. Portanto, trata-se de um direito disponível do advogado que, por via de consequência, pode ser perfeitamente negociado, obviamente desde que haja a sua anuência para tanto.

Para coibir recursos protelatórios, o CPC/2015 traz uma série de medidas com caráter efetivamente punitivo. É o que se verifica em seus artigos 77, 80 e, especificamente com relação aos recursos, 1.021, § 4º e 1.026, §§ 2º e 3º. Assim, se por um lado a aplicação das multas legalmente impostas não podem ser afastadas por negócio processual, por outro, o mesmo não se verifica com os honorários recursais.

5. CONCLUSÃO

Diante de toda a análise desenvolvida, verifica-se que, em tese, é perfeitamente admissível a realização de negócios processuais com o objetivo de

---

57. "*Pode-se concluir que a expressão ordem pública processual é utilizada para identificar, dentro da relação jurídica processual, interesses públicos inafastáveis, seja pela vontade do juiz, seja pela vontade das partes. Esses interesses variam de acordo com as mutações sociais decorrentes do lugar e do momento histórico que se está a analisar. No Estado democrático de direito, no qual se objetiva assegurar aos litigantes direitos e garantias fundamentais no processo, esses interesses públicos preservados encontram-se na lei constitucional. A meu ver, são os seguintes: (i) a igualdade e a capacidade das partes; (ii) o contraditório e a ampla defesa; (iii) o devido processo legal; (iv) o princípio do juiz natural, a independência e a imparcialidade do julgador; (v) a fundamentação das decisões judiciais; (vii) a busca da verdade; (viii) a celeridade; (ix) a coisa julgada material*". ALMEIDA, Diogo Rezende, *A contratualização do procedimento: das convenções processuais no processo civil*, São Paulo, Ltr, 2015p. 153.

ampliar, limitar, ou mesmo afastar a incidência de honorários advocatícios, inclusive em âmbito recursal, desde que haja a anuência do advogado que será afetado pela convenção, e desde que observados os parâmetros éticos para a fixação de honorários.

Observou-se que em recentes julgados do Supremo Tribunal Federal, revelou-se o entendimento de que os honorários recursais figurariam como forma de sanção contra recursos meramente protelatórios, o que poderia levar à conclusão que os honorários recursais não poderiam ser objeto de convenção processual, assim como as demais sanções processuais.

Não obstante, conforme verificado no presente estudo, esse não nos parece o melhor entendimento. Se é certo que indiretamente os honorários recursais acabam por funcionar como um desestímulo à interposição de recursos meramente protelatórios, por outro é importante frisar que esse efeito é totalmente indireto, sendo que o objetivo primeiro da legislação ao prever a possibilidade de majoração dos honorários em grau de recurso é garantir a devida remuneração do advogado inclusive em âmbito recursal. Ademais, o diploma processual já traz inúmeras medidas para sancionar a parte que abusa do direito processual e interpõe recursos protelatórios. Portanto, conclui-se que o efeito indireto da previsão legal não pode servir como óbice para a possibilidade de realização de negócios processuais em matéria de honorários recursais.

Qual a natureza jurídica e aspectos procedimentais da preliminar de apelação e contrarrazões previstas no art. 1.009, parágrafo primeiro, do NCPC?

Marcela Melo Perez[1]

> **Sumário** • **1**. Introdução – **2**. Natureza Jurídica – **3**. Recurso independente ou subordinado? – **4**. Aspectos procedimentais sobre ordem de julgamento – **5**. Custas e honorários – **6**. Conclusão.

1. INTRODUÇÃO

A edição de um Novo Código de Processo Civil ("NCPC"), por meio da Lei Federal nº 13.105, de 16 de março de 2015, trouxe significativas mudanças na sistemática recursal brasileira. Dentre as alterações promovidas pelo NCPC na sistemática recursal, destaca-se a limitação da recorribilidade imediata das decisões interlocutórias, com a extinção da figura do agravo retido e a restrição do cabimento do agravo de instrumento a hipóteses legalmente previstas no art. 1.015 da nova lei processual.[2]

---

1. Advogada (Bocater, Camargo, Costa e Silva, Rodrigues Advogados), graduada em Direito pela Pontifícia Universidade Católica do Rio de Janeiro, mestre em Direito Processual pela Universidade do Estado do Rio de Janeiro.
2. Art. 1.015. Cabe agravo de instrumento contra as decisões interlocutórias que versarem sobre: I – tutelas provisórias; II – mérito do processo; III – rejeição da alegação de convenção de arbitragem; IV – incidente de desconsideração da personalidade jurídica;

As restrições ao cabimento do agravo de instrumento não são novidade no direito processual pátrio.[3] O próprio CPC73, com a redação que lhe foi atribuída pela Lei Federal nº 11.187/2005, já pretendia limitar a sua interposição, prevendo como regra a interposição de agravo retido em face das decisões interlocutórias e relegando o cabimento da modalidade de instrumento aos casos de "decisão suscetível de causar à parte lesão grave e de difícil reparação, bem como nos casos de inadmissão da apelação e nos relativos aos efeitos em que a apelação é recebida", consoante estabelecido pelo art. 522, *caput*.

Todavia, novidade é a previsão expressa de que "as questões resolvidas na fase de conhecimento, se a decisão a seu respeito não comportar agravo de instrumento, não são cobertas pela preclusão e devem ser suscitadas em preliminar de apelação, eventualmente interposta contra a decisão final, ou nas contrarrazões", segundo o art. 1.009, § 1º, NCPC.

Nota-se, portanto, que, como forma de conciliar o fim do agravo retido com a previsão de hipóteses taxativas para a interposição do agravo de instrumento, o NCPC postergou a incidência do fenômeno preclusivo[4] quanto às interlocutórias não recorríveis por agravo de instrumento para a fase de apelação.[5] Dessa forma, a parte que desejar impugnar uma decisão interlo-

---

V – rejeição do pedido de gratuidade da justiça ou acolhimento do pedido de sua revogação; VI – exibição ou posse de documento ou coisa; VII – exclusão de litisconsorte; VIII – rejeição do pedido de limitação do litisconsórcio; IX – admissão ou inadmissão de intervenção de terceiros; X – concessão, modificação ou revogação do efeito suspensivo aos embargos à execução; XI – redistribuição do ônus da prova nos termos do art. 373, § 1º; XII – (VETADO); XIII – outros casos expressamente referidos em lei. Parágrafo único. Também caberá agravo de instrumento contra decisões interlocutórias proferidas na fase de liquidação de sentença ou de cumprimento de sentença, no processo de execução e no processo de inventário.

3. Para um apanhado histórico sobre a impugnação das decisões interlocutórias no ordenamento jurídico brasileiro, conferir: SICA, Heitor Vitor Mendonça. *Recorribilidade das interlocutórias e sistema de preclusões no novo CPC – primeiras impressões*. Disponível em: https://www.academia.edu/17570940/2015_-_Recorribilidade_das_interlocut%C3%B3rias_e_sistema_de_preclus%C3%B5es_no_novo_CPC_rev Acesso em 25 mai. 2016.

4. Especificamente sobre preclusão e recorribilidade diferida das decisões interlocutórias remetemos o leitor ao nosso artigo: PEREZ, Marcela Melo. *A recorribilidade diferida das decisões interlocutórias no CPC/15 e preclusão lógica*. Disponível em: http://processualistas.jusbrasil.com.br/artigos/342797352/a-recorribilidade-diferida-das-decisoes-interlocutorias-no-cpc-15-e-preclusao-logica Acesso em 22 dez. 2016.

5. Como pontua Ricardo de Barros Leonel: "(...) essa é uma solução, antes de tudo, lógica. Se o legislador buscou prestigiar, em alguma medida, o princípio da oralidade, procurando concentrar a prática de atos processuais e reduzindo a possibilidade de recorribilidade em separado das decisões interlocutórias, é natural que com relação às decisões interlocutórias não passíveis de agravo de instrumento seja possível seu questionamento no recurso de apelação ou nas contrarrazões ao apelo interposto pela parte contrária. Assim não fosse,

cutória não impugnável de imediato deverá fazê-lo no evento da apelação ou em contrarrazões à apelação.

A previsão acima, elaborada com o propósito de contribuir para a duração razoável do processo,[6] traz, contudo, uma série de questionamentos sobre a sua aplicabilidade, a começar pela própria natureza jurídica da medida prevista no art. 1.009, § 1º, NCPC. Nessa linha, o presente trabalho tem por objetivo responder as seguintes indagações: i) qual a natureza jurídica das "questões" "suscitadas" em preliminar de apelação e em contrarrazões; e ii) os aspectos procedimentais acerca da apreciação dessas "questões" pelo órgão julgador competente.

2. NATUREZA JURÍDICA

Uma primeira dúvida que se coloca diz respeito à natureza jurídica das "questões"[7] "suscitadas" em preliminar de apelação e em contrarrazões,

---

teríamos a caracterização de decisões interlocutórias absolutamente inexpugnáveis, o que revelaria péssima solução legislativa, configurando, ademais, negativa de acesso integral à Justiça" (LEONEL, Ricardo de Barros. Anotações sobre o sistema recursal no novo código de processo civil. IN: *O novo código de processo civil: questões controvertidas*. São Paulo: Atlas, 2015, p. 358).

6. A Comissão de Juristas encarregada da elaboração do Anteprojeto do NCPC, na exposição de motivos do anteprojeto, afirmou que os seus trabalhos foram orientados para "estabelecer expressa e implicitamente verdadeira sintonia fina com a Constituição Federal", "simplificar, resolvendo problemas e reduzindo a complexidade de subsistemas, como, por exemplo, o recursal", "dar todo o rendimento possível a cada processo em si mesmo considerado", entre outras finalidades. Consta, ademais, que "Levou-se em conta o princípio da razoável duração do processo. Afinal a ausência de celeridade, sob certo ângulo, é ausência de justiça. A simplificação do sistema recursal, de que trataremos separadamente, leva a um processo mais ágil". Ao tratar da "simplificação do sistema recursal", é mencionado o fim do agravo retido, a alteração do sistema de preclusões e a restrição de cabimento de agravo de instrumento. Em que pese a redação do anteprojeto tenha sido alterada sobre esses pontos durante a tramitação legislativa, cremos que a finalidade da Comissão ao prever tais medidas foi mantida. In: *Anteprojeto do Novo Código de Processo Civil*. Disponível em <http://www.senado.gov.br/senado/novocpc/pdf/Anteprojeto.pdf>. Acesso em 20 de dez. 2016. Afirmando, igualmente, que o NCPC promoverá celeridade processual com a medida prevista no art. 1.009, § 1º, NCPC: CARNEIRO, Paulo Cezar Pinheiro; PINHO, Humberto Dalla Bernardina de [Coord.]. *Novo Código de Processo Civil – Anotado e Comparado*. Rio de Janeiro: Forense, 2015, p. 581.

7. Vale observar que o dispositivo parece dizer menos do que queria. Isso porque o dispositivo menciona "questões", mas não serão apenas decisões que resolvam "questões" – estas no sentido de pontos sobre os quais haja controvérsia entre autor e réu – que serão impugnáveis em apelação. É que, segundo observam Teresa Arruda Alvim Wambier, Maria Lúcia Lins Conceição, Leonardo Ferres da Silva Ribeiro e Rogerio Licastro Torres de Mello, "há decisões que atendem, ou não, pedidos formulados por uma das partes, como, por

como previsto no art. 1.009, § 1º, NCPC. É que chama atenção o fato de o dispositivo legal ter se valido do vocábulo "suscitadas" ao tratar das questões decididas por meio das interlocutórias não recorríveis de imediato.

Para responder tal questionamento, impositiva faz-se a diferenciação entre as situações previstas no art. 1.009, § 1º, NCPC.

Esse dispositivo, em um primeiro momento, trata das questões suscitadas em *preliminar de apelação*. Ou seja, trata de uma questão enfrentada no bojo de um recurso, o de apelação, constante do rol do art. 994 do NCPC. Nessa situação, a parte que recorrer contra a sentença, por meio de apelação, suscitará em preliminar as questões resolvidas na fase de conhecimento não cobertas pela preclusão. Usualmente, estar-se-á diante do caso em que uma das partes foi sucumbente em relação à decisão final e também sucumbente quanto a alguma decisão interlocutória não recorrível de imediato.

Por outro lado, em um segundo momento, o § 1º do art. 1.009, versa sobre a questão enfrentada no âmbito de *contrarrazões de apelação*. Nesse caso, a parte somente suscitará a questão resolvida na fase de conhecimento em sua resposta ao recurso interposto pela outra parte. Essa previsão teria aplicabilidade, notadamente, nos casos em que aquele que responde ao recurso de apelação foi sucumbente apenas no que diz respeito a certa decisão interlocutória.

Percebe-se, pois, que para definir o *locus* do enfrentamento da questão decidida por decisão interlocutória, deve-se examinar em qual momento a parte sucumbiu. Normalmente, se sucumbiu exclusivamente na decisão interlocutória, enfrentará a decisão em contrarrazões, se sucumbiu na interlocutória e na decisão final, enfrentará a decisão na apelação.

Feita essa diferenciação, cumpre observar que, a despeito da aparente falta de tecnicidade do legislador, o art. 1.009, § 1º, NCPC, ao dispor que as questões resolvidas na fase de conhecimento, não recorríveis por agravo de instrumento, devem ser "suscitadas" em preliminar de apelação ou nas contrarrazões, estabeleceu, na verdade, que tais questões devem ser "impugnadas" na apelação ou nas contrarrazões,[8] pelo que tanto a

---

exemplo, a que defere (ou não) produção de prova. Não se trata, então, propriamente, de decisões que resolvem questões. Estas são também impugnáveis, de acordo com o NCPC, na apelação ou nas contrarrazões" (WAMBIER, Teresa Arruda Alvim [et al.]. *Primeiros Comentários ao Novo Código de Processo Civil*, 2ª Edição. São Paulo: RT, 2016, p. 1.599).

8. Vide a posição de Fredie Didier Jr. e Leonardo Carneiro da Cunha, para quem: "(...) "Suscitadas", neste caso, significa "impugnadas". A parte que pretenda recorrer da decisão interlocutória não agravável terá de fazê-lo na apelação contra a sentença ou nas contrarrazões". CUNHA, Leonardo Carneiro da; DIDIER JR., Fredie. Apelação contra decisão interlocutória não agravável: a apelação do vencido e a apelação subordinada do vencedor. Duas novidades do CPC/2015. *Revista de Processo*, São Paulo: RT. Ano 40, vol. 241, março 2015, p. 233.

primeira quanto a segunda passam a veicular verdadeiro recurso da parte sucumbente.[9-10]

É que, sendo o recurso um "meio ou instrumento destinado a provocar o reexame da decisão judicial",[11] dentro de uma mesma relação jurídica processual,[12] para, ao final, obter-se a reforma, invalidação, esclarecimento ou integração do pronunciamento de caráter decisório, a impugnação de questões não recorríveis por agravo de instrumento, ainda que consubstanciada em uma simples preliminar de apelação ou no âmbito de contrarrazões, tem exatamente esse escopo e característica. Pretende-se, com essa impugnação, o reexame da decisão interlocutória, sem a instauração de uma nova relação jurídica processual.

O próprio art. 1.009, § 2º, previu que, se as questões referidas no § 1º forem suscitadas em contrarrazões, o recorrente será intimado para, em 15

---

9. No mesmo sentido: LIBARDONI, Carolina Uzeda. *Interesse recursal complexo e condicionado quanto às decisões interlocutórias não agraváveis no novo Código de Processo Civil: segundas impressões sobre a apelação autônoma do vencedor.* Disponível em: www.academia.edu Acesso em 22 ago. 2016. Veja, igualmente, a posição de Alexandre Freitas Câmara, para quem "no caso de a impugnação à interlocutória se dar em sede de contrarrazões, o capítulo deste ato destinado a atacar a decisão interlocutória terá natureza recursal, a ele se aplicando todas as normas incidentes sobre os recursos (por exemplo, a que versa sobre a possibilidade de desistência do recurso, que se extrai do art. 998). Esta impugnação, ato de natureza recursal, terá de ser fundamentada, sob pena de não conhecimento". (CÂMARA, Alexandre Freiras. In: CABRAL, Antonio do Passo; CRAMER, Ronaldo [Coord.]. *Comentários ao Novo Código de Processo Civil.* Rio de Janeiro: Forense, 2015, p. 1.486).

10. É interessante apontar a opinião de José Henrique Mouta Araújo. Haveria, para ele, "contrarrazões bipartida (impugnação recursal e recurso contra a interlocutória não recorrida de imediato)". Destaca, entretanto, o autor que "ocorre um recurso de apelação do vencedor no bojo das contrarrazões, ficando, em regra, subordinada a sua apreciação ao resultado do julgamento do recurso de vencido (apelação subordinada). Outrossim, se a o apelante requer a desistência recursal (art. 998 do CPC/2015), deverá ser analisada a manutenção do interesse recursal para o julgamento do recurso subordinado apresentado nas contrarrazões do apelado. (...) Em termos comparativos, as contrarrazões impugnando interlocutória anteriormente irrecorrível, guarda semelhança, inclusive no que respeita ao não impedimento de julgamento, ao caso de desistência da ação, estando pendente de apreciação o pedido contraposto formulado pelo réu. É possível concluir, portanto, que se trata de um pedido contraposto recursal nas contrarrazões à apelação do vencido" (ARAÚJO, José Henrique Mouta. A recorribilidade das interlocutórias no novo CPC: variações sobre o tema. *Revista de Processo.* São Paulo: RT. Vol. 251, janeiro 2016, p. 207/228).

11. DIDIER JR., Fredie; CUNHA, Leonardo Carneiro da. *Curso de Direito Processual Civil*, 13ª Edição. Salvador: Ed. JusPodivm, 2016, p. 170.

12. Flávio Cheim Jorge destaca que a interposição do recurso não dá início a um novo processo, mas apenas ao prosseguimento daquele que até ali vinha se desenvolvendo. Daí, conclui que "o prolongamento da mesma relação processual e a finalidade de impugnar a decisão são as características essenciais para se conceituar o recurso" (JORGE, Flávio Cheim. *Teoria geral dos recursos cíveis*, 3a Edição. São Paulo: RT, 2007, p. 22).

(quinze) dias, manifestar-se a respeito delas – o que denota que o legislador determina a observância do princípio do contraditório diante da veiculação da pretensão recursal por parte daquele que figurou originariamente como recorrido.

No caso de *preliminar de apelação*, temos uma mesma peça processual veiculando pretensão recursal em face da decisão interlocutória e outra em face da sentença, havendo aqui uma cumulação de pedidos recursais.[13] Já em *contrarrazões*, esta terá natureza de resposta, na parte destinada a impugnar os argumentos utilizados pelo outro sujeito processual para a reforma, anulação ou integração da sentença, e de recurso, na parte que desejar reformar, anular ou integrar decisão interlocutória,[14] também sendo possível vislumbrar aqui uma cumulação de pedidos recursais, se for o caso de impugnação de mais de uma decisão interlocutória.

Especificamente no que se refere à pretensão recursal manifestada em sede de contrarrazões, como aqui, usualmente, estaremos diante de casos em que a parte figurou como vencedora na decisão final, tendo sucumbido exclusivamente na decisão interlocutória, esse recurso trataria de uma "apelação do vencedor".

É importante dizer que o art. 1.009, § 1º, não trata, assim, de uma simples e automática ampliação do objeto ou efeito devolutivo da apelação,[15]

---

13. CUNHA, Leonardo Carneiro da; DIDIER JR., Fredie. Apelação contra decisão interlocutória não agravável: a apelação do vencido e a apelação subordinada do vencedor. Duas novidades do CPC/2015. *Revista de Processo*, São Paulo: RT. Ano 40, vol. 241, março 2015, p. 234.
14. CUNHA, Leonardo Carneiro da; DIDIER JR., Fredie. Apelação contra decisão interlocutória não agravável: a apelação do vencido e a apelação subordinada do vencedor. Duas novidades do CPC/2015. *Revista de Processo*, São Paulo: RT. Ano 40, vol. 241, março 2015, p. 237. Conferir também: (MELLO, Rogerio Licastro Torres de. In: WAMBIER, Teresa Arruda Alvim [et al.]. *Breves Comentários ao Novo Código de Processo Civil*. São Paulo: RT, 2015, p. 2.236).
15. Alguns autores, quando tratam do § 1º do art. 1.009, afirmam a ampliação de objeto da apelação ou de seu efeito devolutivo. Confira-se: "O objeto da apelação, por via de consequência, é ampliado, já que o recurso passa a combater não mais a sentença apenas, mas também todas as decisões interlocutórias proferidas no curso do processo e que não puderem ser desafiadas pela via do agravo de instrumento à época de sua prolação" (CARNEIRO, Paulo Cezar Pinheiro; PINHO, Humberto Dalla Bernardina de [Coord.]. *Novo Código de Processo Civil – Anotado e Comparado*. Rio de Janeiro: Forense, 2015, p. 581); "O Código de Processo Civil amplia o efeito devolutivo em sua extensão ao minimizar o sistema da preclusão das decisões interlocutórias. À exceção das hipóteses que especifica, a regra será a irrecorribilidade dessas decisões, com a postergação do tema para exame em apelação ou contrarrazões recursais" (QUARTIERI, Rita; ROMERO; Jorge Antonio Dias. Apelação. In: MACÊDO, Lucas Buril de; PEIXOTO, Ravi; FREIRE, Alexandre [Org.]. *Novo CPC doutrina selecionada, v. 6: processo nos tribunais e meios de impugnação às decisões judiciais*. Salvador: JusPodivm, 2016, p. 820).

não bastando a mera menção à questão decidida por meio da interlocutória para que essa seja considerada devidamente impugnada. Nesse diapasão, mesmo que o NCPC permita a impugnação de decisões interlocutórias por ocasião da apelação, essa insurgência deve ser manifestada de forma clara e expressa pelo recorrente, o qual apresentará os fundamentos que justificam a reforma, anulação ou integração da decisão interlocutória impugnada,[16] nos moldes do art. 1.010, inciso III, do NCPC,[17] denotando aqui a voluntariedade presente nos recursos.

Definido que se trata de ato que possui a natureza jurídica de recurso, pergunta-se se a pretensão recursal veiculada em contrarrazões, ou na "apelação do vencedor", seria independente (autônoma) ou subordinada.

3. RECURSO INDEPENDENTE OU SUBORDINADO?

O CPC73 previa, em sua regulamentação, o recurso independente, apresentado autonomamente pela parte interessada, sem relação com a conduta da parte contrária – nele se pressupõe o firme propósito de impugnar a decisão em qualquer hipótese –, e o recurso adesivo, que seria um "recurso contraposto" ao da parte adversária, "por aquela que se dispunha a não impugnar a decisão, e só veio a impugná-la porque o fizera o outro litigante".[18]

Há quem defenda que a "apelação do vencedor", prevista no art. 1.009, § 1º, do NCPC, tratar-se-ia de uma nova espécie de recurso subordinado. É o caso, por exemplo, de Fredie Didier Jr. e Leonardo Carneiro da Cunha. Segundo estes autores, na vigência do CPC73, recurso adesivo e subordinado eram "designações sinônimas". Entretanto, pelo regime do NCPC, recurso subordinado passa a ser gênero, do qual seria espécie o recurso adesivo e a

---

16. MEDINA, José Miguel Garcia. *Novo Código de Processo Civil Comentado*. Com remissões e notas comparativas ao CPC/1973. 4ª Edição. São Paulo: RT, 2016, p. 1.483.

17. Art. 1.010. A apelação, interposta por petição dirigida ao juízo de primeiro grau, conterá: III – as razões do pedido de reforma ou de decretação de nulidade.

18. BARBOSA MOREIRA, José Carlos. *Comentários ao Código de Processo Civil*, vol. V: arts. 476 a 565, 13ª Edição. Rio de Janeiro: Forense, 2006, p. 310. Comentando o art. 500 do CPC73, Barbosa Moreira afirma que, primeiramente, o cabimento do recurso adesivo demanda que a decisão seja apelável, embargável ou suscetível de recurso extraordinário ou especial. Ademais, é preciso que: i) a decisão tenha sido efetivamente impugnada pela parte contrária, de modo que o recurso deve já ter sido interposto pela parte contrária; ii) o recurso principal subsista na data de interposição do recurso adesivo. Esclarece o autor, ainda, que a sucumbência recíproca deve ser caracterizada tendo em vista o julgamento considerado em seu conjunto (p. 317/318). Para Barbosa Moreira, "o interesse em recorrer adesivamente afere-se à luz da função processual do recurso adesivo, que é a de levar à cognição do órgão *ad quem* matéria ainda *não* abrangida pelo efeito devolutivo do recurso principal, e que portanto ficaria preclusa em não ocorrendo a adesão" (p. 320).

apelação do vencedor. Nessa linha, seria possível encontrar no regramento do recurso adesivo regra para solucionar dúvidas pertinentes à "apelação subordinada" do art. 1.009, § 1º, NCPC, o que faria incidir sobre esta o previsto no art. 997, § 2º, III, NCPC.[19] Logo, essa apelação não seria analisada se a apelação interposta pelo vencido fosse objeto de desistência ou fosse reputada inadmissível.

Esclareça-se que, para os autores, o vencedor interpõe a sua apelação por meio das contrarrazões à apelação do vencido. Segundo eles, "rigorosamente, o vencedor não tem interesse de recorrer da sentença, mas pode, como visto, apelar de interlocutórias não agraváveis. O momento para o recurso contra as interlocutórias não agraváveis é o das contrarrazões, mas é possível, embora não recomendável, que o vencedor se antecipe e já interponha sua apelação, sem aguardar a oportunidade das contrarrazões". Neste caso, em que o vencedor se vale de "apelação autônoma", mas o vencido não apresenta apelação, "faltará interesse recursal ao vencedor, devendo ser inadmitido o seu recurso".[20] Assim, afirmam que o interesse recursal do vencedor em interpor recurso contra interlocutória surge tão somente com o possível provimento da apelação do vencido.[21]

Fredie Didier Jr. e Leonardo Carneiro da Cunha afirmam, outrossim, que outra peculiaridade do recurso previsto no art. 1.009, § 1º, NCPC, é que este seria um recurso condicionado, ou seja, será examinado apenas na

---

19. Art. 997, § 2º O recurso adesivo fica subordinado ao recurso independente, sendo-lhe aplicáveis as mesmas regras deste quanto aos requisitos de admissibilidade e julgamento no tribunal, salvo disposição legal diversa, observado, ainda, o seguinte: III – não será conhecido, se houver desistência do recurso principal ou se for ele considerado inadmissível.
20. CUNHA, Leonardo Carneiro da; DIDIER JR., Fredie. Apelação contra decisão interlocutória não agravável: a apelação do vencido e a apelação subordinada do vencedor. Duas novidades do CPC/2015. *Revista de Processo*, São Paulo: RT. Ano 40, vol. 241, março 2015, p. 241.
21. A posição dos autores foi complementada no Curso de Direito Processual Civil, volume 3. Ali, fazem a distinção entre o recurso adesivo e a apelação subordinada do vencedor, destacando que: i) o recurso do art. 1.009, § 1º, NCPC, cabe apenas contra apelação, enquanto o adesivo é cabível contra recurso especial e extraordinário; ii) o recurso adesivo exige a presença de sucumbência recíproca diferentemente do recurso do art. 1.009, § 1º, NCPC; e iii) "no recurso adesivo, o recorrente poderia ter recorrido de modo *independente* – ele, por ter sido parcialmente derrotado, poderia ter apresentado o seu recurso, mas deixou de fazê-lo. Na apelação subordinada do vencedor, o recorrente não poderia ter recorrido de modo independente, pois não havia interesse recursal – ele fora vencedor! Enquanto o recurso adesivo é *circunstancialmente* subordinado – como técnica legislativa para desestimular a interposição do recurso –, a apelação do vencedor é essencialmente um recurso subordinado, não havendo como ser diferente" (DIDIER JR., Fredie; CUNHA, Leonardo Carneiro da. *Curso de Direito Processual Civil*, 13ª Edição. Salvador: Ed. JusPodivm, 2016, p. 170).

eventualidade de a apelação do vencido ser provida. De acordo com eles, inicialmente o Tribunal analisará a apelação do vencido, para, então, se provida esta, examinar a apelação do vencedor.[22]

José Miguel Garcia Medina, por seu turno, defende que, como regra, a preliminar de impugnação à decisão interlocutória só será analisada se conhecida a apelação interposta contra a sentença. Todavia, entende que há casos em que a impugnação à decisão interlocutória é autônoma em relação à apelação interposta contra a sentença e, portanto, a impugnação à interlocutória deveria ser conhecida independentemente de conhecimento da impugnação à decisão final. Seria o caso em que a parte que se sagrou vencedora com a sentença tenha "razões" para apelar apenas contra decisão interlocutória não agravável – por exemplo, decisão interlocutória que tenha imposto ao vencedor o ônus de arcar com despesas processuais (como honorários periciais) ou determinada multa processual (previstas nos arts. 258 e 334, § 8º, NCPC). Nada obstante, para o autor, o conhecimento da impugnação à interlocutória independentemente do conhecimento da impugnação à decisão final somente ocorre quando a primeira é veiculada em apelação e não em preliminar de contrarrazões. Neste último caso, defende a necessidade de conhecimento da apelação para que a impugnação à decisão interlocutória seja conhecida, aplicando-se analogicamente o art. 997, § 2º, III, NCPC.[23]

Nesse cenário, uma primeira posição que se destaca a respeito do art. 1.009, § 1º, NCPC, é a de que a impugnação de decisão interlocutória pelo vencedor ("apelação do vencedor"), seja em contrarrazões de apelação, seja no bojo propriamente de uma apelação, é um recurso subordinado à apelação do vencido. Já uma segunda posição é aquela em que a subordinação da pretensão recursal existiria apenas na medida em que esta fosse veiculada em contrarrazões, inexistindo subordinação quando apresentada no bojo de uma petição de apelação.[24]

---

22. CUNHA, Leonardo Carneiro da; DIDIER JR., Fredie. Apelação contra decisão interlocutória não agravável: a apelação do vencido e a apelação subordinada do vencedor. Duas novidades do CPC/2015. *Revista de Processo*, São Paulo: RT. Ano 40, vol. 241, março 2015, p. 239/241.
23. MEDINA, José Miguel Garcia. *Novo Código de Processo Civil Comentado*. Com remissões e notas comparativas ao CPC/1973. 4ª Edição. São Paulo: RT, 2016, p. 1.483/1.484.
24. Veja, também, que Carolina Uzeda Libardoni defende que "para o vencedor na sentença, há interesse complexo e condicionado. É necessário, além da sucumbência na interlocutória, a existência do recurso da parte vencida na sentença, que justifique a álea e autorize a interposição do recurso em preliminar de contrarrazões. Todavia, o interesse recursal apenas será completado/formado quando do provimento da apelação do vencido, condição para conhecimento do recurso interposto pelo vencedor em preliminar de contrarrazões". A autora, entretanto, entende que há hipótese de apelação "autônoma" pelo vencedor, "cabível sempre que não exista relação de prejudicialidade entre a sentença e a decisão interlocutória. Nesses casos, poderá o vencedor na sentença apelar exclusivamente da

Por outro lado, há, também, uma terceira posição, defendendo que mesmo a pretensão veiculada nas contrarrazões, na forma do art. 1.009, § 1º, NCPC, não estaria subordinada ao conhecimento da apelação do vencido. Nesse sentido, aduz-se que, se a apelação do vencido é inadmitida, como no caso de intempestividade, ou deixa de existir, como na desistência do recurso, não necessariamente as contrarrazões perderão sua utilidade e relevância. Desse modo, havendo impugnação à decisão interlocutória em contrarrazões e enquanto não extinto o interesse recursal do apelado a respeito, será pertinente a sua análise pelo Tribunal, ainda na eventualidade de a apelação não mais existir.[25]

Quisesse o legislador que o procedimento de apreciação da impugnação prevista no art. 1.009, § 1º, NCPC fosse dependente deveria ter se manifestado expressamente, "e, ainda, assim, parece-nos que neste caso, haveria indevida (inconstitucional) supressão de recurso contra interlocutória não agravável de instrumento. Isto por ofensa ao princípio da isonomia, já que o recurso existe para o apelante (...) A dependência existe só na medida em que for *resposta*, mas não na medida em que for *recurso* (...)".[26]

---

decisão interlocutória desfavorável, sem qualquer laço de subordinação com o recurso do vencido" (LIBARDONI, Carolina Uzeda. *Interesse recursal complexo e condicionado quanto às decisões interlocutórias não agraváveis no novo Código de Processo Civil: segundas impressões sobre a apelação autônoma do vencedor*. Disponível em: www.academia. edu Acesso em 22 ago. 2016). Vale conferir, igualmente, a posição de Rodrigo Barioni. Embora este autor afirme que as contrarrazões de apelação não são recurso, destinando-se estas com o NCPC apenas a ampliar os limites objetivos do recurso de apelação, aduz que "havendo desistência ou inadmissibilidade do recurso de apelação, as matérias suscitadas nas contrarrazões não serão objeto de apreciação pelo órgão ad quem. A apreciação das matérias deduzidas em contrarrazões, portanto, está condicionada ao conhecimento do recurso de apelação interposto". Rodrigo Barioni, contudo, reconhece que pode ocorrer de a parte vencedora na causa apresentar interesse recursal em ver determinada decisão interlocutória reapreciada pelo Tribunal. Cita de exemplo o caso em que é rejeitada em primeira instância a impugnação do réu destinada a majorar o valor atribuído à causa e, ao final, a sentença de mérito julga improcedente o pedido, fixando honorários com base no valor da causa. Inobstante o réu ter vencido a demanda, subsistiria para ele o interesse recursal em ver reformada a interlocutória que rejeitou a impugnação ao valor da causa, com o intuito de aumentar a verba honorária. Nessa situação, admitir-se-ia apelação dirigida exclusivamente contra a interlocutória (BARIONI, Rodrigo. Preclusão diferida, o fim do agravo retido e a ampliação do objeto da apelação no novo Código de Processo Civil. *Revista de Processo*. Vol. 243, ano 40, p. 269-280. São Paulo: RT, maio 2015).

25. MELLO, Rogerio Licastro Torres de. In: WAMBIER, Teresa Arruda Alvim [et al.]. *Breves Comentários ao Novo Código de Processo Civil*. São Paulo: RT, 2015, p. 2.236.

26. WAMBIER, Teresa Arruda Alvim [et al.]. *Primeiros Comentários ao Novo Código de Processo Civil*, 2ª Edição. São Paulo: RT, 2016, p. 1.599/1.600. Para Teresa Arruda Alvim Wambier, Maria Lúcia Lins Conceição, Leonardo Ferres da Silva Ribeiro e Rogerio Licastro Torres de Mello, aduzem que "se for vencedor, deve impugná-las [as interlocutórias] por meio das contrarrazões, e estas desempenharão o papel de recurso – far-se-ão pedidos, nas contrarrazões, como se de um genuíno recurso se tratasse – uma outra apelação".

Para Rogerio Licastro Torres de Mello, a posição de que o recurso seria subordinado, como se adesivo fosse, não merece acolhida, eis que a subordinação do recurso adesivo ao principal configura exceção e deve ser interpretada restritivamente. A regra vigente no sistema seria a da manifestação recursal livre, independente, como previsto pelo art. 997, *caput*, do NCPC.[27]

Considerando esses três entendimentos expostos, parece-nos que o recurso manifestado segundo o § 1º do art. 1.009 do NCPC, inclusive aquele apresentado em contrarrazões, não está, como regra, subordinado ao conhecimento da apelação do vencido (interposta nos moldes do *caput* do art. 1.009). Concordamos que o não conhecimento da apelação do vencido não tem o condão de operar, de imediato, a perda de utilidade e relevância da apelação do vencedor, podendo subsistir interesse recursal para o exame do recurso do vencedor.

Nesse ponto, rememore-se que o interesse em recorrer não está limitado ao fato de ter a parte sucumbido formalmente em relação a alguma decisão do processo, ou seja, ao caso de haver divergência entre aquilo que a parte pretendia e o que lhe foi concedido. O interesse recursal guarda pertinência, também, com a possibilidade de obtenção de uma decisão diversa e mais favorável ao que se pretendia (sucumbência material).[28]

O interesse em recorrer resulta da conjugação de dois fatores: o primeiro é que o recorrente possa esperar a consecução de um resultado correspondente a uma situação mais vantajosa (*utilidade*) e o segundo é que seja imperiosa a utilização do recurso para se alcançar essa vantagem (*necessidade*). Logo, é vencida (para fins do art. 996, NCPC) tanto a parte que sofreu prejuízo, ficou em uma situação menos favorável ou simplesmente não teve o seu pedido acolhido, quanto a parte que teve proferida em seu desfavor decisão que não lhe tenha proporcionado, sob o ângulo prático, "tudo que ela poderia esperar".[29]

Ora, quando se estiver diante de interlocutória desfavorável ao vencedor, teremos configurada a sucumbência formal, eis que algum pleito dessa parte

---

27. MELLO, Rogerio Licastro Torres de. In: WAMBIER, Teresa Arruda Alvim [et al.]. *Breves Comentários ao Novo Código de Processo Civil*. São Paulo: RT, 2015, p. 2.237.
28. Sobre a insuficiência do conceito de sucumbência formal para a configuração do interesse recursal e o surgimento da sucumbência material, vide: JORGE, Flávio Cheim. *Teoria geral dos recursos cíveis*, 3a Edição. São Paulo: RT, 2007, p. 100/105. Segundo o autor "a sucumbência material não se liga propriamente ao prejuízo perpetrado com a decisão proferida, no seu aspecto formal, mas sim, e, principalmente, aos *efeitos prejudiciais* da decisão e à possibilidade de se obter uma decisão diversa e mais *favorável* do que aquela proferida" (p. 103).
29. Vide comentários de Barbosa Moreira ao art. 499 do CPC73, correspondente ao art. 996 do NCPC (BARBOSA MOREIRA, José Carlos. *Comentários ao Código de Processo Civil*, vol. V: arts. 476 a 565, 13ª Edição. Rio de Janeiro: Forense, 2006, p. 298/300).

não foi atendido, mas a sucumbência material também deve estar presente, exigindo-se da apelação do vencedor para sua admissibilidade, de forma autônoma, a demonstração de que o recurso tem utilidade e aptidão para proporcionar uma situação mais vantajosa à parte independentemente da admissibilidade e provimento do apelo do vencido. Serve de exemplo, para tanto, a apelação do vencedor que visa à impugnação da aplicação, por meio de decisão interlocutória, de certa multa processual (vide arts. 258 e 334, § 8º, NCPC);[30] igualmente, é o caso da impugnação à decisão interlocutória que indefere o pedido do réu de majoração do valor da causa;[31] e a situação em que a parte responsável pelo pagamento de honorários periciais tem interesse em recorrer contra o valor que foi fixado a esse título pelo juiz.[32]

É interessante apontar que, na vigência do CPC73, embora houvesse doutrina que defendesse tratar o agravo retido de recurso procedimentalmente subordinado e dependente da apelação,[33] o Superior Tribunal de Justiça decidiu que "o não conhecimento da apelação não implica, necessariamente, o não conhecimento do agravo retido".[34]

---

30. Embora exista respeitável posição contrária (DIDIER JR., Fredie; CUNHA, Leonardo Carneiro da. *Curso de Direito Processual Civil*, 13ª Edição. Salvador: Ed. JusPodivm, 2016, p. 214), não entendemos que as multas processuais possam ser recorridas por agravo de instrumento.
31. Caso o valor da causa não seja majorado e, futuramente, a sentença declare o réu vencedor, fixando honorários em percentual sobre o valor da causa, entendemos que a apelação do réu pode impugnar apenas a decisão interlocutória. Aqui, ainda que se vislumbre que a pretensão recursal manifestada contra a interlocutória possa ter um efeito reflexo sobre a sentença, eis que, na prática, propiciará um aumento da quantia final de honorários, formalmente a sentença continua a mesma, o percentual de honorários continua o mesmo. Portanto, o vencedor aqui pode requerer exclusivamente no seu recurso a majoração do valor da causa, sem pleitear expressamente que a sentença seja modificada para aumentar o valor de honorários advocatícios.
32. Nesse exemplo, ainda que a parte que pagou os honorários periciais tenha sido vencedora e, por isso, obtenha o direito de ser reembolsada pelo vencido no montante do valor despendido, é possível vislumbrar que ela, mesmo com a manutenção da sentença em segunda instância, tenha interesse em impugnar o valor dos honorários, em virtude de considerá-los excessivamente altos e desarrazoados, especialmente se já tiver condições de visualizar que o cumprimento de sentença não será exitoso.
33. Vide a posição de Teresa Arruda Alvim Wambier, para quem, entretanto, os agravos retidos interpostos pelo vencedor deveriam ser conhecidos por ocasião de reexame necessário, previsto no então art. 475 do CPC73. "Está-se, pois, diante de um caso em que, excepcionalmente, o agravo retido não se encontra procedimentalmente atrelado à apelação" (WAMBIER, Teresa Arruda Alvim. *Os agravos no CPC brasileiro*, 4ª Edição. São Paulo: RT, 2006, p. 594/595).
34. REsp 1125169/SP, Rel. Ministra NANCY ANDRIGHI, TERCEIRA TURMA, julgado em 17/05/2011, DJe 23/05/2011.

O recurso examinado pelo Superior Tribunal de Justiça sobre o tema discutia a possibilidade de conhecimento de um agravo retido ainda que não conhecido o recurso de apelação, por sua deserção. Na oportunidade, assentou-se que o art. 532 do CPC73 dispunha que o agravo retido será conhecido, "preliminarmente, por ocasião do julgamento da apelação". Assim, "ainda que deserto, o apelo será julgado, exigindo a lei que, antes disso, se conheça do agravo retido. Haverá situações em que o Tribunal, antevendo o não conhecimento da apelação, poderá considerar prejudicado o julgamento do agravo retido, mas isso dependerá da questão neste ventilada ter relação direta com o objeto daquela, o que nem sempre ocorre". Ademais, "há ocasiões em que o tema contido no agravo retido é absolutamente autônomo em relação ao recurso principal – como, aliás, ocorre na espécie, em que o agravo discute a incidência de multa por litigância de má-fé, enquanto a apelação versa sobre indenização por danos materiais e morais – hipótese em que aquele deverá ser apreciado independentemente do conhecimento deste, se forem preenchidos os requisitos legais".

José Miguel Garcia Medina cita esse julgado para defender que as razões que justificaram "o conhecimento da impugnação à decisão interlocutória independentemente do conhecimento da impugnação à decisão final são as mesmas que, segundo pensamos, justificam a interposição de apelação que, em casos extremos, se limite a impugnar a decisão interlocutória". Nada obstante, afirma que "idêntica solução, a nosso ver, não se aplica à impugnação à decisão interlocutória apresentada nas contrarrazões de apelação. No caso, segundo pensamos, é necessário que a apelação interposta seja conhecida".[35]

Acredita-se que, apesar de não haver na atual sistemática o recurso de agravo retido e previsão semelhante ao art. 532 do CPC/73 acerca do recurso previsto no art. 1.009, § 1º, do NCPC, prevalece o entendimento de que em alguns casos concretos a irresignação manifestada em face de certa decisão interlocutória contra a qual não caiba agravo de instrumento será absolutamente autônoma em relação à pretensão recursal veiculada contra a sentença.

Nessa linha, para que o tribunal decida se deve, ou não, analisar a pretensão recursal referente à decisão interlocutória, inobstante não conhecida aquela relacionada à sentença, impõe-se perquirir se há, ou não, interesse recursal por parte do recorrente, essencialmente sob a óptica da utilidade do recurso.

Assim, não cabe fazer uma definição *a priori* sobre se o recurso previsto no art. 1.009, § 1º, é subordinado ou autônomo. A subordinação ou autonomia, na verdade, apenas será passível de apuração diante caso concreto, conforme o interesse do recorrente em pretender ver examinado o seu

---

35. MEDINA, José Miguel Garcia. *Novo Código de Processo Civil Comentado*. Com remissões e notas comparativas ao CPC/1973. 4ª Edição. São Paulo: RT, 2016, p. 1.484.

recurso, independentemente de conhecimento da apelação contra a sentença ou mesmo de provimento do recurso do vencido.

Tal posicionamento subsiste mesmo diante de pretensão recursal veiculada pelo vencedor em preliminar de contrarrazões. Apesar de a própria "existência" das contrarrazões depender da prévia interposição de apelação, o legislador, ao dispor sobre a impugnação de interlocutórias não agraváveis no evento da apelação, não dispôs expressamente sobre restrições relativas ao processamento de pretensão recursal veiculada em contrarrazões, tal como fez acerca do recurso adesivo no art. 997, § 2º, III. Desse modo, se não foi feita distinção pelo legislador, não caberia ao intérprete fazê-lo, ainda mais com a finalidade de restringir direitos do jurisdicionado.

Tem-se, por conseguinte, que, *a priori*, apenas se pode falar em algum nexo de dependência entre o recurso definido no art. 1.009, § 1º, e a apelação prevista no art. 1.009, *caput*, na medida em que a efetiva existência das contrarrazões dependerá da interposição de prévia apelação. Nessa esteira, ainda que nem sempre as pretensões apresentadas na forma do art. 1.009, § 1º, sejam examinadas em seu mérito pelo órgão julgador, essa situação ocorrerá simplesmente por não subsistir interesse recursal para o requerente e não por ser o recurso do art. 1.009, § 1º, via de regra, subordinado.

4. ASPECTOS PROCEDIMENTAIS SOBRE ORDEM DE JULGAMENTO

Nota-se que, embora a impugnação da decisão interlocutória não recorrível por agravo de instrumento, ocorra por meio de recurso de apelação, na forma do § 1º do art. 1.009 do NCPC, o regime previsto para a impugnação da sentença, tal como previsto no art. 1.009 e seguintes, não será inteiramente aplicável. Isso se deve, especialmente, pelo fato de que, embora cabível apelação contra decisão interlocutória, o regime previsto no NCPC sobre os efeitos e julgamento da apelação não foram pensados para o caso do julgamento da apelação prevista especificamente no art. 1.009, § 1º.[36] Essa situação pode trazer algumas dificuldades na prática e, por isso, consideramos que deveria ser incluída uma regulamentação específica na lei processual sobre efeitos e julgamento da "apelação do vencedor". Enquanto isso não ocorre, caberá à doutrina e aos Tribunais debater o assunto, bem como adotar as providências que entender adequadas sobre essa apelação.

---

36. "O texto deveria ser mais claro e minucioso" (CUNHA, Leonardo Carneiro da; DIDIER JR., Fredie. Apelação contra decisão interlocutória não agravável: a apelação do vencido e a apelação subordinada do vencedor. Duas novidades do CPC/2015. *Revista de Processo*, São Paulo: RT. Ano 40, vol. 241, março 2015, p. 236).

Tendo isso em vista, quando interposta apelação pelo vencido e pelo vencedor, há que se analisar qual das duas será julgada em primeiro lugar. Há que se diferenciar o tipo de apelação do vencedor interposta. Se for uma apelação cujo interesse recursal é autônomo, é independente do que vier a ser decidido na apelação do vencido, embora a ordem não influencie no conteúdo do julgamento, parece recomendável que a apelação do vencido seja julgada em primeiro lugar. Por outro lado, se for uma apelação que tenha algum vínculo de prejudicialidade com o que vier a ser decidido na apelação do vencido, a ordem a ser seguida será de julgamento da apelação do vencido e, em seguida, da apelação do vencedor. Isso porque, a tendência é que, na maioria dos casos, somente haja utilidade em se julgar o mérito da apelação do vencedor caso a apelação do vencido venha a ser provida.

Logo, vislumbra-se a existência de dois cenários possíveis. O primeiro é aquele em que a apelação do vencido objetiva a reforma da sentença e o segundo aquele em que a apelação do vencido visa à invalidação da sentença. Em relação ao primeiro, tem-se que, sendo provida a apelação do vencido, o Tribunal prosseguirá para o exame da apelação do vencedor, e provendo igualmente esta, com a reforma ou invalidação da interlocutória, o processo voltará ao momento em que ela foi proferida. Daí, afirma-se que a decisão sobre a apelação do vencido "se resolve", eis que "a sentença não será substituída pela decisão que julgou a apelação do vencido, afinal o processo retrocederá a momento anterior a ela". No que tange ao segundo cenário, se a apelação do vencido for provida para invalidar sentença, o Tribunal analisará a apelação do vencedor. Aqui, com o provimento da apelação do vencedor, o processo retornará ao momento em que prolatada a interlocutória, convivendo tanto a decisão que deu provimento à apelação do vencido como aquela que deu provimento à apelação do vencedor, mas, sob o ponto de vista prático, "prevalece" "a decisão sobre a apelação do vencedor, pois se refere à decisão proferida em momento anterior, impondo a retomada do processo desde então".[37]

Destaque-se, entretanto, que nem sempre será necessário o provimento da apelação do vencido para exame da apelação do vencedor. Segundo pensamos, embora a lógica determine o prévio exame da apelação do vencido, pode ser que, ao se debruçar sobre a matéria debatida nesta apelação, o Tribunal verifique que o exame da apelação do vencedor tenha algum vínculo de influência sobre a apelação do vencido, ou seja, para se perquirir sobre se deve, ou não, ser provida a apelação do vencido, a apelação do vencedor

---

37. CUNHA, Leonardo Carneiro da; DIDIER JR., Fredie. Apelação contra decisão interlocutória não agravável: a apelação do vencido e a apelação subordinada do vencedor. Duas novidades do CPC/2015. *Revista de Processo*, São Paulo: RT. Ano 40, vol. 241, março 2015, p. 240/241.

deve ser examinar preliminarmente e, em sendo esta acolhida, não será preciso julgar definitivamente a apelação do vencido.

A título de exemplo, veja o caso em que *A* cobra de *B* determinada quantia devida em função de um inadimplemento contratual. No curso do processo é indeferida uma prova que teria sido requerida por *B* para comprovar que não houve o inadimplemento. A sentença julga o pedido de *A* improcedente. *A* apela contra a sentença de improcedência, aduzindo que houve o claro inadimplemento de *B*. *B* apela contra a interlocutória, afirmando que, em caso de eventual provimento de apelação de *A*, a prova outrora indeferida deveria ser realizada, para se comprovar que não houve o inadimplemento. O Tribunal, ao analisar a apelação de *A*, entende que é possível, sim, que tenha havido o inadimplemento, mas que não pode julgar em definitivo o pedido de condenação, uma vez que a prova indeferida na interlocutória apelada por *B* deve ser produzida para a formação do convencimento motivado do órgão julgador, ou seja, a apelação de *B* deve ser provida.

Nesse exemplo, a apelação de *A*, embora tenha sido examinada, não foi efetivamente provida. O Tribunal acreditou que a mesma teria chance de acolhimento, contudo, para tanto, deveria ser produzida a prova que foi indeferida ao *B*. Daí, a apelação de *A*, em virtude de sua perspectiva favorável de provimento, é julgada prejudicada, ao passo em que a de *B* é provida. É como se a apelação de *B* adquirisse autonomia, em função da perspectiva favorável de provimento da apelação de *A*.

Portanto, nem sempre a decisão sobre a apelação do vencido "se resolve", porque pode ser que não chegue a ser proferida. Pode ser que o mérito da apelação do vencido não seja examinado e esta seja julgada prejudicada.

5. CUSTAS E HONORÁRIOS

Levando em consideração que a impugnação de decisões interlocutórias, prevista no art. 1.009, § 1º, do NCPC, tem natureza recursal, no ato de sua veiculação ou "interposição", inclusive em contrarrazões, o requerente deverá, quando exigido pela legislação pertinente, comprovar o respectivo preparo, sob pena de deserção, na forma do art. 1.007 do NCPC.

Sobre o assunto, já há Tribunais, como o do Rio de Janeiro, que editaram regulamentação acerca do recolhimento de custas no caso de contrarrazões que suscitem questão nos moldes do § 1º do art. 1.009 do NCPC.[38] De acor-

---

38. O Tribunal de Justiça do Estado do Rio de Janeiro editou o Aviso CGJ nº 493/2016. Segundo o art. 1º deste Aviso, "quando em sede de contrarrazões de apelação cível forem suscitadas questões, nos moldes do § 1º, do art. 1009, do novo Código de Processo Civil, o apelado deverá recolher, por meio de GRERJ Eletrônica Judicial, custas idênticas àquelas corres-

do com a regulamentação desse Tribunal, as custas devidas serão "idênticas àquelas correspondentes ao preparo da apelação".

Assim, embora exista doutrina em sentido contrário,[39] parece-nos que, diante da constatação de a medida prevista no art. 1.009, § 1º, do NCPC, ter natureza de recurso de apelação, pode ser exigido do recorrente o recolhimento do preparo recursal, a não ser que o NCPC tivesse sido expresso em afirmar que não são devidas custas para o seu processamento e admissibilidade.[40]

Quanto aos honorários, verifica-se que outra novidade trazida pelo NCPC foi a previsão de sua fixação em sede recursal, na forma do art. 85, § 11º, do NCPC: "O tribunal, ao julgar recurso, majorará os honorários fixados anteriormente levando em conta o trabalho adicional realizado em grau recursal, observando, conforme o caso, o disposto nos §§ 2º a 6º, sendo vedado ao tribunal, no cômputo geral da fixação de honorários devidos ao advogado do vencedor, ultrapassar os respectivos limites estabelecidos nos §§ 2º e 3º para a fase de conhecimento".

Pois bem, questiona-se se os honorários recursais seriam devidos por ocasião do julgamento da apelação interposta contra decisão interlocutória.

Para a resposta dessa pergunta, há que se atentar que não há honorários recursais em todo e qualquer recurso, mas tão somente naqueles em que for admissível a condenação de honorários de sucumbência em primeira instância.[41] É que, como o art. 85, § 11º, dispõe sore "majoração" de honorários, apenas será cabível a condenação em honorários recursais na hipótese desses já terem sido fixados na instância originária.[42]

Diante dessa premissa, acredita-se que a apelação, apresentada na forma do art. 1.009, § 1º, do NCPC, não terá o resultado de implicar na fixação de honorários advocatícios recursais, porquanto a decisão interlocutória impugnada, ao menos pelos casos que se consegue imaginar por ora, não

---

pondentes ao preparo da apelação". Disponível em: http://webfarm.tjrj.jus.br/biblioteca/index.html Consulta em 22 jul. 2016.

39. Para José Henrique Mouta Araújo: "será, portanto, um recurso apresentado nas contrarrazões à apelação, sem pagamento de custas, preparo etc." (ARAÚJO, José Henrique Mouta. A recorribilidade das interlocutórias no novo CPC: variações sobre o tema. *Revista de Processo*. São Paulo: RT. Vol. 251, janeiro 2016, p. 207/228).

40. Como era o caso do art. 522, parágrafo único, do CPC73, que estabelecia que "o agravo retido independe de preparo". O próprio NCPC, em relação aos embargos de declaração, aduz que eles não se sujeitam a preparo (art. 1.023).

41. DIDIER JR., Fredie; CUNHA, Leonardo Carneiro da. *Curso de Direito Processual Civil*, 13ª Edição. Salvador: Ed. JusPodivm, 2016, p. 157.

42. FARIA, Marcela Kohlbach de. *Honorários recursais no NCPC*. Disponível em: https://processualistas.jusbrasil.com.br/artigos/378208896/honorarios-recursais-no-ncpc Acesso em 20 dez. 2016.

terá o condão de admitir a condenação de honorários de sucumbência em primeira instância.[43]

6. CONCLUSÃO

Pelo que foi exposto, acreditamos ter demonstrado que a medida prevista no art. 1.009, § 1º, do NCPC, destinada a impugnar decisões interlocutórias não recorríveis por agravo de instrumento, tem natureza jurídica de recurso de apelação.

O recurso do § 1º do art. 1.009 do NCPC, inclusive a "apelação do vencedor" manifestada em contrarrazões, não está, como regra, subordinado ao conhecimento da apelação do vencido (interposta nos moldes do *caput* do art. 1.009). Diante de interlocutória desfavorável ao vencedor, teremos configurada a sucumbência formal, todavia, a sucumbência material também deve estar presente, exigindo-se da apelação do vencedor para sua admissibilidade, de forma autônoma, a demonstração de que o recurso tem utilidade e aptidão para proporcionar uma situação mais vantajosa à parte independentemente da admissibilidade e provimento do apelo do vencido. Por conseguinte, para que o tribunal decida se deve, ou não, analisar a pretensão recursal referente à decisão interlocutória, inobstante não conhecida a apelação do vencido, impõe-se perquirir se há, ou não, interesse recursal por parte do recorrente, essencialmente sob a óptica da utilidade do recurso.

Quanto ao procedimento relacionado à ordem de julgamento, tem-se que, se a apelação do vencedor estiver motivada em interesse recursal autônomo, é recomendável que a apelação do vencido seja julgada em primeiro lugar. De outro turno, se a apelação guardar algum vínculo de prejudicialidade com o que vier a ser decidido na apelação do vencido, a ordem a ser seguida será de julgamento da apelação do vencido e, em seguida, da apelação do vencedor. Ressalve-se, no entanto, que nem sempre será necessário o provimento da apelação do vencido para exame da apelação do vencedor.

Finalmente, veja-se que: i) tendo a medida prevista no art. 1.009, § 1º, do NCPC, natureza de recurso de apelação, pode ser exigido pela legislação pertinente o recolhimento do preparo recursal, e; ii) a apelação, apresentada na forma do art. 1.009, § 1º, do NCPC, não terá o resultado de implicar na fixação de honorários advocatícios recursais.

---

43. Ressaltamos, entretanto, concordar com o posicionamento de que existem interlocutórias que ensejam a condenação em honorários, como é o caso da decisão interlocutória que julga parcialmente o mérito do processo e está sujeita a agravo de instrumento (vide art. 356, NCPC). Essa decisão, pelo seu conteúdo, pode, sim, ensejar a condenação em honorários advocatícios, a despeito de interlocutória.

Quais os limites da aplicação das regras recursais do CPC/15 aos juizados especiais cíveis estaduais?

Marcia Cristina Xavier de Souza[1] e
Bárbara Gomes Lupetti Baptista[2]

Sumário • 1. Considerações iniciais – **2.** Síntese sobre como o sistema recursal dos juizados funcionava antes do Novo CPC – **3.** As alterações pontuais (e expressas) promovidas pela Lei nº 13.105/2015 na Lei nº 9.099/1995: **3.1.** O art. 1.046 do Novo CPC e a regra da especialidade; **3.2.** O art. 1.062 e o incidente de desconsideração da personalidade jurídica: entre dúvidas e perspectivas; **3.3.** O art. 1063 e o procedimento sumário do antigo CPC (art. 275, II); **3.4.** Os artigos 1.064 a 1.066 do CPC/2015, modificativos do regramento sobre embargos de declaração – **4.** Entre o Novo CPC e os juizados especiais cíveis estaduais: aspectos recursais, enunciados do FPPC e do Fonaje e questões polêmicas: **4.1.** Blindagem contra a jurisprudência defensiva; **4.2.** Decisão monocrática de relator – agravo inter-

---

1. Professora Adjunta da Faculdade Nacional de Direito da Universidade Federal do Rio de Janeiro. Coordenadora do LEMAJ/UFRJ (Laboratório de Estudos em Meios Adequados de Justiça) e Pesquisadora do LETACI/UFRJ (Laboratório de Estudos Teóricos e Analíticos sobre o Comportamento das Instituições). Professora Permanente do Programa de Pós--Graduação em Direito da Faculdade Guanambi-BA. Doutora em Direito (UGF).
2. Professora Permanente do Programa de Pós-Graduação em Direito da Universidade Veiga de Almeida. Professora Adjunta da Universidade Federal Fluminense/Faculdade de Direito. Pesquisadora do Laboratório Fluminense de Estudos Processuais – LAFEP / FD-UFF. Pesquisadora do INCT-InEAC/NUPEAC – Instituto de Estudos Comparados em Administração Institucional de Conflitos. Doutora em Direito (UGF). Advogada (Contencioso Cível).

no; **4.3**. Demandas repetitivas; **4.4**. Juízo de admissibilidade; **4.5**. Julgamento de improcedência liminar; **4.6**. Possibilidade de juízo de retratação; **4.7**. Uniformização e precedentes; **4.8**. Impossibilidade de uso da técnica de julgamento que permite a ampliação da colegialidade; **4.9**. Outras questões reflexas e igualmente polêmicas: prazos, negócios processuais e tutelas provisórias – **5**. Considerações finais.

1. CONSIDERAÇÕES INICIAIS

Este trabalho está inserido em coletânea que traz como proposta principal discutir os Recursos no Novo Código de Processo Civil e, neste contexto geral, pretende explorar, de modo específico, as repercussões do Novo CPC no sistema recursal dos juizados especiais.

Por razões metodológicas, o recorte temático necessariamente conferido a este texto está centrado em problematizar, especificamente, os reflexos do novo sistema recursal implementado pelo CPC/2015 nos *juizados especiais cíveis estaduais*, de forma que a discussão acerca dos recursos criminais e dos juizados públicos[3] não será objeto deste artigo.

Antes de se adentrar diretamente à problemática central a ser explorada neste texto, é preciso marcar que, como cediço, o advento da Lei nº 9.099/1995, a lei que dispõe sobre os Juizados Especiais Cíveis e Criminais, se constituiu como um grande passo na direção da implementação de formas efetivas de garantir e ampliar o acesso à justiça.

É certo que a criação dos juizados especiais permitiu à população brasileira levar ao Judiciário uma série de demandas que, antes, estavam à margem do sistema de justiça e, com isso, facilitou a socialização das pessoas com o Poder Judiciário.

Apesar disso, também é certo que uma das questões mais intrigantes acerca do funcionamento dos juizados especiais, diz respeito à percepção de que este microssistema, na busca pela celeridade, acabou por comprometer garantias processuais importantes, e, com isso, embora tenha, de fato, assegurado um acesso mais facilitado da população ao Poder Judiciário, não conseguiu,

---

3. Registre-se, contudo, que a norma reguladora do processo e do procedimento dos Juizados Especiais Cíveis é a Lei nº 9.099/1995, sendo as demais (nº 10.259/2001 e nº 12.153/2009) apenas aplicáveis nas especificidades de atuação processual das Fazendas Públicas federal, estadual, municipal e distrital.

em suas práticas, garantir o propalado acesso à justiça, aqui entendido como acesso a um "processo justo" (GRECO, 2005; MIRANDA NETTO, 2009).

No contexto das "ondas renovatórias" de Cappelletti e de Garth (1988)[4], um modelo ideal de acesso à justiça depende, necessariamente, da (co)existência de distintos fatores, conjugando-se, de um lado, mecanismos oficiais capazes de solucionar rapidamente, sem custos ou com custos reduzidos, conflitos de menor complexidade, e, de outro lado [e ao mesmo tempo], garantir uma decisão justa, viabilizando ampla defesa, contraditório e possibilidade efetiva de participação das partes na direção do rito processual.

Nessa medida, após 20 anos de vigência da Lei nº 9.099/1995, críticas não faltam às disfunções do sistema dos juizados especiais, notadamente aos seus problemas estruturais e de operacionalização, assim como às diversas violações de garantias processuais que são suprimidas em nome da celeridade "a qualquer preço", que, nos dizeres de Barbosa Moreira, precisa ser contida, pois, "se uma Justiça lenta demais é decerto uma Justiça má, daí não se segue que uma Justiça muito rápida seja necessariamente uma Justiça boa." (BARBOSA MOREIRA, 2005, p. 5).

Por outro lado, não se pode negar que boa parte das críticas advêm daqueles que ainda buscam uma justiça formal, estruturada nos moldes rígidos e hierárquicos que mantiveram uma significativa parcela da população distante da solução de seus conflitos, naquilo que Kazuo Watanabe denominou de "litigiosidade contida" (WATANABE, 1985, p. 2).

Nesse contexto, a temática dos recursos parece muito apropriada para ser discutida neste texto, uma vez que, no âmbito dos juizados especiais, ela permite pensar sobre a dicotomia verificada entre a busca incessante por celeridade e efetividade processuais e a violação da garantia fundamental da ampla defesa[5].

---

4. É certo que os juizados especiais surgiram, no Brasil, como reflexo das ondas renovatórias, que visavam, à época, a ampliação do acesso à Justiça através da transformação do processo em um mecanismo mais informal, menos custoso e, principalmente, mais rápido para resolver os problemas dos cidadãos. A primeira regulamentação veio com a Lei nº 7.244/1984, que criou os juizados de pequenas causas. Após a CRFB/88, no entanto, houve a expressa previsão da necessidade de criação dos juizados especiais (art. 98, I), regulamentados, no âmbito estadual, em 1995, pela Lei nº 9099/1995, e em âmbito federal, pela Emenda Constitucional 22, de 1999, que previu a possibilidade destes juizados também no âmbito da Justiça Federal, o que ocorreu com o advento da Lei nº 10.259/2001 e, posteriormente, com a criação dos Juizados Especiais da Fazenda Pública, pela Lei nº 12.153/2009.

5. Por outro lado, não se pode perder de vista a *ratio* na elaboração das normas dos Juizados desde a Lei no 7.244/1984 e que se coaduna com a visão de CAPPELLETTI: a busca de uma justiça coexistencial e cujas decisões seriam fruto de consensualidade entre as partes e não de uma imposição de pessoa estranha ao conflito (SOUZA, 2010, p. 127).

Aliás, as limitações recursais dos juizados especiais sempre foram objeto de intensa reflexão doutrinária, na medida em que o sistema de impugnação das decisões proferidas no âmbito dos Juizados Especiais cíveis apresenta-se, desde a edição da Lei nº 9.099/95, deveras incompleto e insuficiente.

De fato, em relação ao sistema recursal que pretendeu instituir, o legislador dos juizados especiais limitou-se a dedicar ao tema duas únicas seções, a Seção XII, tratando da sentença (e dentro desta seção tratando do recurso "inominado") e a Seção XIII, tratando dos embargos de declaração, sendo absolutamente omisso quanto ao cabimento de recursos contra decisões interlocutórias proferidas pelo juiz ou pelo relator no âmbito das turmas recursais, assim como quanto aos eventuais recursos cabíveis contra as decisões colegiadas proferidas pelas Turmas/Conselhos Recursais.

A incompletude do sistema recursal dos juizados é tamanha, que, regularmente, a atuação nesse âmbito exige dos operadores uma submissão à doutrina e à jurisprudência, costumeiramente integrativa da legislação nessa via especial, a fim de, com isso, conferir-se uma mínima lógica à estrutura recursal dos juizados, sendo certo que não se pode conhecer o sistema dos juizados sem acessar os enunciados do FONAJE (Fórum Nacional dos Juizados Especiais) e os enunciados da súmula da jurisprudência dos Tribunais Superiores (STJ e STF), que compõem, em seu conjunto, o sistema de regras recursais dos juizados, visando suprir as lacunas da legislação e disciplinar o sistema de impugnação das decisões proferidas no âmbito desses órgãos jurisdicionais.

Para além disso, é certo que a medula espinhal do processo civil brasileiro é o procedimento comum, que funciona como estrutura central do sistema e a partir da qual os demais sistemas especiais se estruturam, resolvendo-se eventuais omissões pela aplicação subsidiária do Código de Processo Civil (SOUZA e MIRANDA NETTO, 2016, p. 376)[6].

Nessa linha, entender a nova sistemática recursal implementada pelo CPC/2015 é fundamental para repensar e continuar refletindo sobre os recursos no âmbito dos juizados.

É esta, portanto, a proposta deste texto.

---

6. Em que pesem conceituadas vozes, como a da Min. do STJ e ex-Corregedora Nacional de Justiça, Nancy Andrighi que, desde que a Lei nº 9.099/1995 entrou em vigor, sempre defendeu a não aplicação do CPC às normas da lei dos Juizados Especiais, sob o argumento de sua especialidade, e que manteve seu posicionamento com o advento do NCPC (ANDRIGHI, 2016). Disponível em: www.conjur.com.br/2016.../regras-cpc-nao-aplicam--aos-juizados-defende-nancy-andrighi Acesso em 10 set. 2016.

2. SÍNTESE SOBRE COMO O SISTEMA RECURSAL DOS JUIZADOS FUNCIONAVA ANTES DO NOVO CPC

Apenas para contextualizar brevemente a temática deste artigo, convém mencionar que a Lei nº 9.099/95, no que concerne aos recursos cabíveis, optou por reduzir significativamente a possibilidade de revisão das decisões judiciais, restringindo praticamente a defesa recursal das partes ao Recurso Inominado, cabível contra as sentenças proferidas nesse âmbito especial, excetuadas aquelas homologatórias de conciliação ou laudo arbitral (art. 41 da Lei nº 9.099/95), e aos embargos de declaração, previstos nos artigos 48, 49 e 50 da referida lei, em casos de omissão, obscuridade ou contradição verificadas na decisão judicial.

Além destes, obviamente, caberia o recurso extraordinário, de base constitucional, previsto no art. 102 da CRFB/88, e o seu respectivo agravo, em situações de inadmissão (antigo art. 544 do CPC/1973).

Em função da restrição recursal, como dito acima, a doutrina e a jurisprudência exerceram o importante papel de tentar amoldar e conformar a lógica dos juizados à sistemática do processo civil brasileiro comum, o que sempre gerou diversas controvérsias.

Como o tema central do texto não é este, mas não se pode declinar de tratar, ainda que *en passant*, desta problemática, convém destacar que, em sua maioria, entende-se que caberia, no âmbito dos juizados especiais, para além dos meios de impugnação legalmente previstos na Lei nº 9.099/1995 e na CRFB/88, também, em situações excepcionais: (1) o Mandado de Segurança (enunciados 7 do aviso 17/1998 e 19 do aviso 125/1995 e súmula 376 do STJ); (2) o Agravo Interno, em face de decisão proferida por relator em Turmas/Conselhos Recursais (enunciados 102 e 103 do XXXVI Encontro – Belém/PA); (3) a Reclamação Constitucional (Resolução 12/2009 do STJ)[7].

3. AS ALTERAÇÕES PONTUAIS (E EXPRESSAS) PROMOVIDAS PELA LEI Nº 13.105/2015 NA LEI Nº 9.099/1995

A aprovação do novo Código de Processo Civil (Lei nº 13.105/2015) traz inúmeras inovações no Direito brasileiro, sendo algumas positivas, outras nem tanto, mas, todas elas, bastante substanciais, especialmente, no que se refere à parte recursal do sistema processual brasileiro.

Nesse sentido, parece oportuno indagar quais serão os efeitos do Novo CPC não apenas no processo civil comum, mas também em outras áreas:

---

7. Para compreender melhor a questão recursal nos Juizados Especiais Cíveis, antes do Novo CPC, ver: ROCHA (2012).

aqui, especificamente, questionando-se, então, quais serão as inovações e os eventuais limites de aplicação do novo CPC no âmbito dos Juizados Especiais Cíveis Estaduais?

A primeira questão importante de destacar diz respeito ao fato de que, em relação às alterações expressamente previstas no Novo CPC, não há dúvida sobre a sua aplicação ao microssistema dos juizados.

Ou seja, o CPC/2015, certamente, será aplicado ao sistema dos Juizados Especiais, entretanto, considerado o princípio da especialidade, tal aplicação somente acontecerá nas seguintes hipóteses: (1) nos casos de remissão legal expressa; (2) nos casos em que haja compatibilidade do regramento do CPC/2015 com os critérios impostos pelo art. 2º da Lei nº 9.099/95.

Neste tópico, serão tratadas, então, as hipóteses de remissão expressa do Novo CPC ao sistema dos juizados.

3.1. O art. 1.046 do Novo CPC e a regra da especialidade

O livro complementar do Novo CPC, nas disposições finais e transitórias, é expresso ao prever, no § 2º do art. 1.046, que "permanecem em vigor as disposições especiais dos procedimentos regulados em outras leis, aos quais se aplicará supletivamente este código", consagrando o princípio da especialidade.

Inclusive, recentemente, o enunciado 161 do FONAJE, foi expresso nesse sentido: "considerado o princípio da especialidade, o CPC/2015 somente terá aplicação ao Sistema dos Juizados Especiais nos casos de expressa e específica remissão ou na hipótese de compatibilidade com os critérios previstos no art. 2º da Lei 9.099/95.".

3.2. O art. 1.062 e o incidente de desconsideração da personalidade jurídica: entre dúvidas e perspectivas

O art. 1.062 trata, expressamente, da aplicação aos juizados especiais, do incidente de desconsideração da personalidade jurídica, previsto no capítulo IV do título II do Novo CPC, artigos 133 a 137.

Em síntese, a desconsideração da pessoa jurídica visa proteger terceiros do uso ilícito do princípio da autonomia patrimonial entre as esferas da pessoa jurídica e de seus sócios. Isto é, obrigações patrimoniais da empresa podem ser adimplidas através da constrição do patrimônio dos sócios ou administradores, quando demonstrado desvio de finalidade ou confusão patrimonial (art. 50 do Código Civil).

Além disso, a desconsideração da personalidade jurídica também é possível na modalidade inversa, isto é, quando se persegue o patrimônio da empresa para a satisfação de obrigação de um dos seus sócios.

O Novo CPC regulamenta e procedimentaliza o incidente, prevendo questões que, antes, eram tratadas apenas pela doutrina e pela jurisprudência.

O problema em compatibilizar os procedimentos do Novo CPC com o sistema dos juizados é que, de fato, a sistemática dos juizados é mais simplista, reducionista e informal, tanto que não possibilita a intervenção de terceiros (art. 10 da Lei nº 9.099/95), de modo que um incidente que suspende o processo e permite a intervenção de terceiros parece, em um primeiro momento, ser estranho ao procedimento dos juizados.

Para além da burocracia que o incidente provoca, inclusive com a suspensão do processo, e dos obstáculos relacionados com a intervenção ulterior de terceiros no processo, é certo que a previsão de aplicação do incidente aos juizados traz uma questão objetiva e de quase impossível solução, no que se refere à questão recursal: é que o CPC/2015 trata do cabimento do agravo de instrumento contra a decisão que julgar, com ares de coisa julgada, o incidente de desconsideração (art. 1.015, IV, CPC/2015), recurso este que, expressamente, não é cabível na seara dos juizados.

Nesse sentido, que recurso será utilizado, no âmbito dos juizados, contra a decisão que decide o incidente?

Esta questão é de muito difícil tratamento.

Caberão Embargos de declaração? Em caso positivo, os E.D. resolvem a questão definitiva julgada no incidente? Certamente, não.

Então, será que o Novo CPC introduz uma nova espécie recursal nos juizados: o Agravo de Instrumento? E, em sendo esta a exegese, o A.I. caberá apenas contra esta decisão, em incidente de desconsideração, ou poderá ser ampliado para as demais decisões interlocutórias que causem prejuízo imediato ao jurisdicionado?

Ou será que os advogados terão de se valer do malfadado Mandado de Segurança?

Ou seja, como compatibilizar esta notória contradição criada pela própria Lei?[8]

---

8. Além dessa discussão, Sérgio Luiz de Almeida Ribeiro (2015) propõe outras reflexões acerca da difícil adaptação das novas regras de procedimento do incidente de desconsideração da personalidade jurídica introduzidas pelo NCPC e os juizados especiais, defendendo, em suma, que o incidente só é cabível nos juizados em duas hipóteses: (1) se pleiteado, na fase cognitiva, desde a petição inicial, inadmitido o pedido ulterior; (2) incidentalmente, na execução de título extrajudicial.

3.3. O art. 1063 e o procedimento sumário do antigo CPC (art. 275, II)

O art. 1063 do Novo CPC também menciona expressamente a Lei nº 9.099/95, ao prever que "até a edição de lei específica, os juizados especiais cíveis previstos na Lei nº 9.099, de 26 de setembro de 1995, continuam competentes para o processamento e julgamento das causas previstas no art. 275, inciso II, da Lei nº 5.869, de 11 de janeiro de 1973.".

O Novo CPC, ao extinguir o procedimento sumário, acaba por revogar parcialmente o inciso II do art. 3º da Lei dos Juizados, no entanto, prevê norma de compatibilidade, permitindo que ainda seja objeto de apreciação nos Juizados Especiais Cíveis, as causas do inciso II, ou seja, aquelas relativas ao antigo procedimento sumário, em função da matéria, considerando-se, sempre, o valor da causa não excedente a 40 salários mínimos e a não complexidade da matéria, independentemente do valor da causa[9].

3.4. Os artigos 1.064 a 1.066 do CPC/2015, modificativos do regramento sobre embargos de declaração

Os arts. 1.064 a 1.066 do Novo CPC modificam os arts. 48, 50 e 83 da Lei nº 9.099/95, construindo identidade entre a sistemática dos E.D. em ambos os regramentos e suprindo contradições e incoerências.

A primeira modificação importante diz respeito à regra do art. 1064, que esclarece, sem deixar nenhuma dúvida, o cabimento dos E.D. contra sentenças ou acórdãos.

Além dessa, também é bastante relevante a modificação introduzida pelos arts. 1.065 e 1.066 quanto aos efeitos da oposição dos E.D., que, antes, eram suspensivos, e agora são interruptivos em relação a outros recursos e/ou meios de impugnação[10].

Por fim, cumpre destacar a modificação do art. 1066, quanto ao cabimento dos E.D., que, antes, podiam ser opostos em caso de dúvida e, agora, apenas em casos de omissão, obscuridade e contradição.

---

9. Sobre o tema acerca de eventual obrigatoriedade do rito da Lei nº 9.099/1995 após a extinção do procedimento sumário, ver SOUZA (2015).

10. Em relação aos efeitos dos embargos de declaração, o FPPC também previu enunciado específico sobre o tema: Enunciado 483. (art. 1.065; art. 50 da Lei 9.099/1995; Res. 12/2009 do STJ). Os embargos de declaração no sistema dos juizados especiais interrompem o prazo para a interposição de recursos e propositura de reclamação constitucional para o Superior Tribunal de Justiça. (Grupo: Impacto nos Juizados e nos procedimentos especiais da legislação extravagante).

Quanto ao prazo e à desnecessidade de pagamento de preparo, as regras permanecem inalteradas, sendo cabível, os E.D., no prazo de cinco dias.

Apenas como argumento reflexivo, parece relevante pontuar uma inovação tangencial (e implícita), mas igualmente importante, prevista no *caput* do art. 1.022 do Novo CPC, que, embora não seja expressa em relação à sua extensão aos juizados, parece óbvia, porque funciona como consequência natural da nova sistemática que compatibiliza os embargos de declaração no CPC e nos juizados.

Trata-se da norma que prevê o cabimento dos E.D. contra "qualquer decisão judicial", ampliando as possibilidades recursais para a oposição do mesmo também em relação às decisões interlocutórias, questão que antes era muito polêmica.

O FPPC (Fórum Permanente de Processualistas Civis), através do enunciado 475, previu a possibilidade de extensão da regra do caput do art. 1.022 do Novo CPC aos juizados:

> "Cabem embargos de declaração contra decisão interlocutória no âmbito dos juizados especiais". (Enunciado 475 – Grupo: Impacto nos Juizados e nos procedimentos especiais da legislação extravagante).

4. ENTRE O NOVO CPC E OS JUIZADOS ESPECIAIS CÍVEIS ESTADUAIS: ASPECTOS RECURSAIS, ENUNCIADOS DO FPPC E DO FONAJE E QUESTÕES POLÊMICAS

Uma vez analisadas as normas do Novo CPC, que, expressamente, referenciam a Lei nº 9.099/95, modificando e adequando, de modo expresso e literal, a sistemática especial dos juizados às regras do CPC, convém, neste tópico, destacar as matérias, vinculadas à temática dos recursos, que foram introduzidas no sistema recursal brasileiro pelo Novo CPC, mas que não foram tratadas de modo explícito em relação aos juizados, e que, certamente, por seu potencial inovador, refletirão no funcionamento e nas práticas do microssistema dos juizados, se a eles estendidas.

A seleção dos temas destacados neste texto foi feita a partir dos enunciados do FONAJE (Fórum Nacional de Juizados Especiais) e do FPPC (Fórum Permanente de Processualistas Civis), tratando-se, sempre, de temáticas que, por sua natureza inovadora, prometem ser polêmicas e, por isso mesmo, foram aqui selecionadas.

4.1. Blindagem contra a jurisprudência defensiva

Em síntese, a jurisprudência defensiva consiste em um conjunto de entendimentos destinados a obstacularizar o exame do mérito dos recursos, de forma a filtrar a admissibilidade recursal através de decisões que priorizam o rigor da forma.

Caracteriza-se pela rigidez excessiva quanto aos requisitos de admissibilidade recursal, resultando em obstáculo à análise de mérito.

É notório que a jurisprudência defensiva acabou perdendo o fôlego com a promulgação do Novo CPC, pois este prevê normas que combatem expressamente o uso da jurisprudência defensiva pelos Tribunais.

É o caso, por exemplo, dos artigos 932, parágrafo único, 938, § 1°, e 1007 do NCPC. Trata-se de dispositivos que autorizam que certos vícios formais sejam sanados sem que impliquem na inadmissibilidade recursal, garantindo, assim, o direito da parte de ter uma decisão de mérito.

Sendo assim, verifica-se que a justificativa para combater a jurisprudência defensiva está na garantia da parte de, sempre que possível, receber a solução de mérito. Nessa linha, o Novo CPC consagra como norma fundamental o princípio da primazia da resolução do mérito, que, além de ter sido expressamente prescrito no art. 6°, também se manifesta sob distintas formas em dispositivos esparsos do Novo CPC.

A relativização da jurisprudência defensiva está, portanto, a serviço daquele princípio. E, nesse sentido, o Novo CPC inverte a lógica processual que vinha, até então, sendo adotada pelos Tribunais, que, imbuídos da ideologia de "esvaziar prateleiras", acabavam violando garantias dos jurisdicionados em nome da celeridade a qualquer custo.

Pois bem, embora não haja remissão expressa, o enunciado 98 do FPPC prevê a extensão do art. 1007 aos juizados:

Enunciado 98. (art. 1.007, §§ 2° e 4°) O disposto nestes dispositivos aplica-se aos Juizados Especiais. (Grupo: Ordem dos Processos no Tribunal, Teoria Geral dos Recursos, Apelação e Agravo)

É certo que a extensão é tímida, porque não abarca os demais parágrafos do art. 1.007 e tampouco os arts. 932 e 938, mas, ao menos, observa-se pretensão de aplicação ampliativa do art. 1.007 aos juizados, impedindo a deserção e viabilizando o conhecimento do recurso.

4.2. Decisão monocrática de relator – agravo interno

Outro enunciado relevante do FPPC é o enunciado 464:

Enunciado 464. (arts. 932 e 1.021; Lei 9.099/1995; Lei 10.259/2001; Lei 12.153/2009) A decisão unipessoal (monocrática) do relator em Turma Recursal é impugnável por agravo interno. (Grupo: Impacto nos Juizados e nos procedimentos especiais da legislação extravagante)

Trata-se de enunciado que estende aos juizados a possibilidade de agravo interno contra decisão monocrática de relator em instância recursal. É certo que já se admitia, como mencionado acima, o cabimento, via enunciados, do agravo interno em turmas recursais, mas a extensão do dispositivo do NCPC corrobora a possibilidade e minimiza os efeitos da discussão sobre o tema. Assim também entende ROCHA (2016), ao considerar que a nova regra do julgamento monocrático, prevista no art. 932, é totalmente compatível com os juizados, ensejando a interposição de Agravo Interno pela parte prejudicada.

Também o enunciado 465 do FPPC trata dos juizados e de sua relação com o NCPC, prevendo competência que dirime dúvida importante acerca da possibilidade de concessão de efeito suspensivo em recurso no JEC.

Enunciado 465: (arts. 995, parágrafo único; 1.012, § 3º; Lei 9.099/1995, Lei 10.259/2001, Lei 12.153/2009) A concessão do efeito suspensivo ao recurso inominado cabe exclusivamente ao relator na turma recursal. (Grupo: Impacto nos Juizados e nos procedimentos especiais da legislação extravagante)

4.3. Demandas repetitivas

O NCPC traz a proposta explícita de emprestar celeridade aos processos, mas, ao mesmo tempo, pretende garantir segurança jurídica aos jurisdicionados, através da igualdade no tratamento dos processos judiciais e da resolução idêntica de questões repetitivas.

Além dos recursos excepcionais repetitivos, que já estavam previstos no CPC/1973, o NCPC prevê o incidente de resolução de demandas repetitivas (IRDR), regulado nos arts. 976 a 987 e que visa, justamente, incentivar que os precedentes e a isonomia, de fato, ocorram no processo civil brasileiro, além de permitir uma discussão mais ampla, profunda e qualificada da questão de massa posta sob julgamento, uma vez que, em causas repetitivas, a decisão fixa orientação a ser seguida nos demais casos iguais, por todos os Tribunais.

Os enunciados 470, 471 e 480 do FPPC acabam por, de algum modo, permitir e ampliar técnicas procedimentais específicas dos incidentes de causas repetitivas do NCPC aos juizados especiais.

Enunciado 470. (art. 982, I) Aplica-se no âmbito dos juizados especiais a suspensão prevista no art. 982, I. (Grupo: Precedentes, IRDR, Recursos Repetitivos e Assunção de competência)

Enunciado 471. (art. 982, § 3º) Aplica-se no âmbito dos juizados especiais a suspensão prevista no art. 982, § 3º. (Grupo: Precedentes, IRDR, Recursos Repetitivos e Assunção de competência)

Enunciado 480. (arts. 1.037, II, 928 e 985, I) Aplica-se no âmbito dos juizados especiais a suspensão dos processos em trâmite no território nacional, que ver-

sem sobre a questão submetida ao regime de julgamento de recursos especiais e extraordinários repetitivos, determinada com base no art. 1.037, II. (Grupo: Precedentes, IRDR, Recursos Repetitivos e Assunção de competência)

Além disso, impõe marcar aqui, que o art. 985 do Novo CPC prevê, expressamente, em seu inciso II, a aplicação da tese jurídica repetitiva no âmbito dos juizados especiais.

Ou seja, uma vez julgado o incidente de resolução de demandas repetitivas, a tese jurídica do mesmo será aplicada a todos os processos individuais e coletivos que versem sobre questão idêntica e que tramitem na área de jurisdição do respectivo tribunal, inclusive as que tramitem nos Juizados. Regra coerente, que dá integridade ao sistema, mas que causa certa estranheza na medida em que, até hoje, o microssistema dos juizados jamais foi impactado ou se sujeitou às decisões dos demais Tribunais (TJs/TRFs/STJ), de modo que, nem mesmo constitucionalmente, estão subordinados jurisdicionalmente a tais jurisdições.

Sendo assim, esta é uma pergunta que fica sem resposta, por enquanto: "seria, ou não, inconstitucional, ou talvez assistemática, a regra do art. 985"?

O FPPC entende ser extensível aos juizados as teses repetitivas fixadas em decisões de quaisquer tribunais. Para além disso, o próprio CPC é expresso ao prever a extensão da decisão repetitiva aos juizados. Resta saber se, embora literal e taxativa, tal regra é compatível com lógica do microssistema dos juizados.

4.4. Juízo de admissibilidade

O juízo de admissibilidade dos recursos antecede (lógica e cronologicamente) o exame do mérito recursal e se situa no plano das preliminares, sendo certo que, antes do NCPC, era realizado, primeiro, pelo juízo *a quo*, e, depois, reforçado no juízo *ad quem*.

Hoje, o NCPC prevê que a competência para o juízo de admissibilidade recursal é do órgão *ad quem*.

O enunciado 474 do FPPC estende essa modificação de competência no âmbito dos juizados:

> Enunciado 474. (art. 1.010, § 3º, fine; art. 41 da Lei 9.099/1995) O recurso inominado interposto contra sentença proferida nos juizados especiais será remetido à respectiva turma recursal independentemente de juízo de admissibilidade. (Grupo: Impacto nos Juizados e nos procedimentos especiais da legislação extravagante)

O curioso é que o último encontro do FONAJE fixou um outro enunciado, específico dos juizados, o enunciado 166, que diz exatamente o contrário do que fora proposto no enunciado do FPPC, o que, de plano, sugere a polêmica que está por vir na aplicação da regra aos juizados.

ENUNCIADO 166 FONAJE. Nos Juizados Especiais Cíveis, o juízo prévio de admissibilidade do recurso será feito em primeiro grau (XXXIX Encontro – Maceió-AL).

4.5. Julgamento de improcedência liminar

A improcedência liminar do pedido foi introduzida no Código de Processo Civil de 1973, pela Lei nº 11.277/06, na onda das reformas processuais, tendo sido ampliada agora, sob a vigência do CPC/2015.

Com o instituto, passou a ser possível que o juiz deixasse de determinar a citação do réu e julgasse desde logo o mérito, ou seja, adentrasse o exame da causa de pedir e do pedido, para rejeitá-lo de plano, em situações previstas antes no art. 285-A e hoje no art. 332.

A Lei 9.099/95 não prevê instituto semelhante, mas o FPPC pretende ver estendida a norma do julgamento de improcedência liminar no âmbito dos juizados, conforme proposta dos enunciados 507 e 508, como, aliás, já vinha entendendo a jurisprudência em relação ao antigo artigo 285-A do CPC/1973[11].

Enunciado 507. (art. 332; Lei n.º 9.099/1995) O art. 332 aplica-se ao sistema de Juizados Especiais. (Grupo: Impacto nos Juizados e nos procedimentos especiais da legislação extravagante)

Enunciado 508. (art. 332, § 3º; Lei 9.099/1995; Lei 10.259/2001; Lei 12.153/2009) Interposto recurso inominado contra sentença que julga liminarmente improcedente o pedido, o juiz pode retratar-se em cinco dias. (Grupo: Impacto nos Juizados e nos procedimentos especiais da legislação extravagante)

4.6. Possibilidade de juízo de retratação

A regra da inalterabilidade da sentença prevê que, depois de publicada a sentença, o juiz não pode alterá-la ou dela se retratar, sendo certo que este tipo de "veto" à revogação da própria sentença constitui hipótese de "preclusão" para o magistrado.

---

11. Os enunciados 101 do FONAJE e 01 do FONAJEF já continham a previsão de compatibilidade do art. 285-A do CPC/73 com o sistema dos juizados. Hoje, com a promulgação do NCPC, Lucas Rister de Sousa Lima (2015) sustenta a ampliação dessa exegese, defendendo ser adequado ao sistema dos juizados, o julgamento de improcedência liminar do art. 332.

Não obstante a regra seja a inalterabilidade, em situações excepcionais, é permitido que o juiz se retrate da sentença anteriormente prolatada, como previsto tanto no CPC/1973 quanto no atual, sendo certo que hoje, a norma foi ampliada, permitindo-se, por força do art. 485, § 7º, do CPC/2015 que, sempre, em sentenças terminativas, o magistrado possa exercer o juízo de retratação.

Embora inexista norma expressa de extensão desta medida aos juizados, assim pretende o FPPC, ao prever o enunciado 520:

(art. 485, § 7º; Lei 9.099/1995; Lei 12.153/2009) Interposto recurso inominado contra sentença sem resolução de mérito, o juiz pode se retratar em cinco dias. (Grupo: Impacto nos Juizados e nos procedimentos especiais da legislação extravagante)

A aplicação do juízo de retratação ao sistema dos Juizados Especiais vem ao encontro do princípio da primazia da decisão de mérito e tem por condão evitar o prosseguimento de recursos contra decisões que o juiz verifica terem sido equivocadas.

4.7. Uniformização e precedentes

Uma importante marca do NCPC, como observado anteriormente, é a proposta de construir igualdade nas decisões judiciais.

Em função disso, a grande novidade do novo código é a força maior que impõe aos precedentes.

O novo CPC estabelece, de forma expressa, em seu artigo 926, que "os tribunais devem uniformizar sua jurisprudência e mantê-la estável, íntegra e coerente". Ou seja, os tribunais não devem permitir divergências internas sobre questões jurídicas idênticas, como se cada magistrado ou turma julgadora não fizesse parte de uma mesma estrutura.

Na mesma linha, o art. 927 do NCPC dispõe que os juízes e tribunais devem observar os precedentes.

Embora não tenha sido literalmente estendido aos juizados, o FPPC pretende aplicar o rol do art. 927 nesse âmbito:

Enunciado 549. (art. 927; Lei n.º 10.259/2001) – O rol do art. 927 e os precedentes da Turma Nacional de Uniformização dos Juizados Especiais Federais deverão ser observados no âmbito dos Juizados Especiais. (Grupo: Impacto nos Juizados e nos procedimentos especiais da legislação extravagante)

4.8. Impossibilidade de uso da técnica de julgamento que permite a ampliação da colegialidade

O Novo CPC inova bastante ao extinguir os embargos infringentes e, ao mesmo tempo, prever nova técnica de julgamento que, embora não tenha os mesmos traços, resgata a sua proposta originária.

Trata-se da técnica do art. 942 do NCPC.

Por essa técnica, que elimina divergências no seio do mesmo tribunal, se a votação em segunda instância não for unânime, ou seja, 2 x 1, outros dois julgadores serão convocados, a fim de ampliar a colegialidade e, eventualmente, eliminar a divergência.

O instituto da ampliação da colegialidade pretende, portanto, eliminar o estado de divergência e, ao mesmo tempo, possibilitar uma discussão genuína, em colegiado, acerca dos rumos do processo.

Embora inexista qualquer menção à aplicação dessa nova técnica de julgamento aos juizados, o enunciado 552 do FPPC confirma a sua inaplicabilidade aos juizados, assim como defende Felippe Borring Rocha (2016, p. 321), ao asseverar que a técnica de complementação não é cabível nesse âmbito, especialmente porque o próprio CPC a vincula, apenas, à Apelação e à Ação Rescisória, recursos estranhos ao sistema especial dos JEC's:

Enunciado 552. (art. 942; Lei n.º 9.099/1995) Não se aplica a técnica de ampliação do colegiado em caso de julgamento não unânime no âmbito dos Juizados Especiais. (Grupo: Impacto nos Juizados e nos procedimentos especiais da legislação extravagante)

4.9. Outras questões reflexas e igualmente polêmicas: prazos, negócios processuais e tutelas provisórias

De modo geral, no que se refere, especificamente, aos temas recursais, os enunciados acima referenciados são aqueles que foram objeto de discussão no FONAJE e no FPPC.

Mas, para além dessas questões diretamente vinculadas ao tema dos recursos, há ainda outros assuntos relativos aos juizados, que são tratados no Novo CPC e que, embora sejam mais gerais e apenas tangenciem a temática recursal, também prometem causar polêmicas e gerar discussões quanto à possibilidade, ou não, de aplicação no âmbito dos juizados e sobre os quais ambos os fóruns também se manifestaram.

Em função disso, parece conveniente mencioná-los, ainda que de modo reflexo e sem o mesmo aprofundamento dos temas anteriores.

4.9.1. Da contagem dos prazos processuais

A temática da contagem dos prazos processuais (se apenas em dias úteis, conforme orientação do art. 219 do NCPC, ou em dias corridos, como previa o código anterior) parece que causará bastante polêmica na doutrina e na jurisprudência.

O FPPC aprovou três enunciados sobre o tema e o FONAJE, recentemente, aprovou um enunciado que os contradiz.

Para o FPPC, a contagem de prazos processuais nos juizados deve seguir a orientação do Novo CPC, que prevê a computação somente em dias úteis, enquanto o FONAJE entendeu que os novos dispositivos sobre prazos não se estendem ao âmbito dos juizados, havendo contagem contínua.

Eis os referidos enunciados:

Enunciado 269 FPPC. (art. 220) A suspensão de prazos de 20 de dezembro a 20 de janeiro é aplicável aos Juizados Especiais. (Grupo: Impactos do CPC nos Juizados e nos procedimentos especiais de legislação extravagante)

Enunciado 415 FPPC. (arts. 212 e 219; Lei 9.099/1995, Lei 10.259/2001, Lei 12.153/2009). Os prazos processuais no sistema dos Juizados Especiais são contados em dias úteis. (Grupo: Impacto nos Juizados e nos procedimentos especiais da legislação extravagante)

Enunciado 416 FPPC. (art. 219) A contagem do prazo processual em dias úteis prevista no art. 219 aplica-se aos Juizados Especiais Cíveis, Federais e da Fazenda Pública. (Grupo: Impacto do novo CPC e os processos da Fazenda Pública)

Enunciado 165 FONAJE. Nos Juizados Especiais Cíveis, todos os prazos serão contados de forma contínua (XXXIX Encontro – Maceió-AL).

Quanto à contagem de prazo em dobro em caso de litisconsórcio com diferentes procuradores, apenas o FONAJE aprovou enunciado, de nº 164, entendendo que o art. 229 não se aplica em sede de juizados especiais.

Enunciado 264. O art. 229, caput, do CPC/2015 não se aplica ao Sistema de Juizados Especiais.

A argumentação no sentido de que a contagem dos prazos processuais em dias úteis nos Juizados Especiais Cíveis fere o princípio da celeridade, insculpido no art. 2º da Lei nº 9.099/1995 não se sustenta nem mesmo em sede recursal, principalmente considerando-se a exiguidade de meios de impugnação.

4.9.2. Dos negócios jurídicos processuais

O tema dos "negócios jurídicos processuais", inovação importante da atual sistemática do código, também promete causar polemica nos juizados.

Em suma, os negócios jurídicos processuais estão definidos nos artigos 190 e 191, e significam a possibilidade de flexibilização das normas do processo civil, por meio de acordo entre as partes.

O enunciado 413 do FPPC permite a sua aplicação na seara dos juizados.

Enunciado 413. (arts. 190 e 191; Leis 9.099/1995, 10.259/2001 e 12.153/2009). O negócio jurídico processual pode ser celebrado no sistema dos juizados especiais, desde que observado o conjunto dos princípios que o orienta, ficando sujeito a controle judicial na forma do parágrafo único do art. 190 do CPC. (Grupo: Impacto nos Juizados e nos procedimentos especiais da legislação extravagante)

Entretanto, a indeterminação e a abrangência do enunciado certamente causarão dúvidas sobre a extensão de sua aplicabilidade, especialmente por condicionar e restringir o uso de negócios processuais apenas quando se observar "o conjunto de princípios que orientam os juizados", categoria aberta e imprecisa, sendo certo que deverá haver aplicação casuística da norma.

Por outro lado, não se pode olvidar que em um sistema que sempre primou pelo empoderamento das partes, alçadas à posição de responsáveis pela solução de seu conflito, na medida em que se privilegia o consenso em detrimento da decisão estatal imposta, fosse natural que também o procedimento pudesse ser objeto de convenção.

O que pode trazer dificuldades à possibilidade de as partes poderem, por exemplo, convencionar sobre a não impugnação de eventuais decisões judiciais é o seu desconhecimento jurídico, apenas suprível pelo patrocínio de profissional devidamente qualificado e imbuído de espírito conciliador[12].

4.9.3. Das tutelas provisórias

As tutelas provisórias igualmente prometem causar bastante divergência empírica.

---

12. Nesse sentido, vejam-se os Enunciados do FPPC de n° 18: "(artigo 190, parágrafo único) Há indício de vulnerabilidade quando a parte celebra acordo de procedimento sem assistência técnico-jurídica (Grupo: Negócio processual)" e n° 21 (art. 190) "São admissíveis os seguintes negócios processuais: acordo para realização de sustentação oral, acordo para ampliação do tempo de sustentação oral, julgamento antecipado da lide convencional, convenção sobre prova, redução dos prazos convencionais" (Grupo: Negócio Processual).

Trata-se de inovação relevante do CPC/2015 e que está disciplinada nos artigos 300 a 310.

O FPPC e o FONAJE aprovaram enunciados completamente contraditórios acerca do tema, sendo que o FPPC entendeu que as tutelas provisórias seriam admissíveis nos juizados e o FONAJE, o contrário, ou seja, que o sistema de tutelas de urgência antecedentes é incompatível com o microssistema dos juizados. Eis os enunciados:

> *Enunciado 418 FPPC. (arts. 294 a 311; Leis 9.099/1995, 10.259/2001 e 12.153/2009).*
> *As tutelas provisórias de urgência e de evidência são admissíveis no sistema dos Juizados Especiais. (Grupo: Impacto nos Juizados e nos procedimentos especiais da legislação extravagante)*
>
> *Enunciado 163 FONAJE. Os procedimentos de tutela de urgência requeridos em caráter antecedente, na forma prevista nos arts. 303 a 310 do CPC/2015, são incompatíveis com o Sistema dos Juizados Especiais.*

Em que pesem os entendimentos contraditórios acima referenciados, assim como a concepção de abalizada doutrina que reconhece a compatibilidade das tutelas provisórias com o sistema dos juizados especiais (ROCHA, 2016, p. 175), vislumbra-se, de nossa parte, importante dificuldade de adaptação do procedimento especial dos juizados com o das tutelas provisórias, principalmente no que pertine ao recurso a ser interposto nas hipóteses do art. 304, do NCPC, para fins de se evitar a estabilização da tutela[13].

Além disso, em qualquer das hipóteses de tutela provisória é cabível a interposição do recurso de agravo de instrumento, conforme disposto no art. 1.015, inc. I, recurso este (ainda) não previsto na Lei nº 9.099/1995.

5. CONSIDERAÇÕES FINAIS

É indiscutível que o CPC/2015 traz diversas disposições inspiradas nos mesmos princípios que orientam o microssistema dos juizados, tais como celeridade e efetividade processuais, porém também é certo que ele sofistica certas técnicas de julgamento e determinados procedimentos que parecem, num primeiro momento, confrontar a lógica de flexibilização dos juizados.

A proposta deste texto está voltada, então [para além de problematizar os limites e possibilidades de diálogo entre o novo código e o sistema dos juizados], em mapear as temáticas que parecem, *de per si*, propícias a gerar

---

13. Também MIRANDA NETTO e LEAL (2015) entendem haver dificuldade de compatibilização entre o sistema dos juizados e os novos procedimentos previstos no NCPC, especificamente quanto à tutela de evidência.

polêmicas e discussões doutrinárias que venham a refletir nas práticas processuais dos juizados e contrastá-las com os enunciados que já foram debatidos nos fóruns institucionais e acadêmicos de discussão sobre o Novo CPC.

As normas expressas do CPC/2015 que referenciam os juizados, indiscutivelmente, como analisado, serão subsidiárias e se estenderão ao microssistema, que cuidará, apenas, para que haja compatibilidade do regramento do CPC/2015 com os critérios impostos pelo art. 2º da Lei nº 9.099/95.

A questão mais interessante foi, portanto, tentar entender os demais dispositivos do código atual que aparentam compatibilidade com o microssistema dos juizados, mas já estão causando perplexidades e enfrentamentos.

Este texto foi um primeiro esforço de percepção sobre quais são os limites e possibilidades de aplicação das regras recursais do CPC/15 aos juizados especiais cíveis estaduais. No futuro, a observação empírica das práticas dará novos contornos ao sistema e, em momento posterior, talvez valha a pena retomar essa discussão e descrever o que os operadores estarão fazendo com as normas que foram colocadas à sua disposição. E, a partir dessas experiências, propor-se alterações nas leis que integram o sistema dos Juizados Especiais para sua efetiva adequação ao CPC.

A boa-fé e a impugnação específica no agravo interno: um novo comportamento por força dos incisos IV e V do artigo 932 do CPC/15?

Mariana Ferradeira[1]

> **Sumário** • **1**. Introdução – **2**. As normas de conduta, o comportamento leal dos sujeitos processuais e o tão falado arquétipo social – **3**. Algumas reflexões e as principais alterações atinentes aos poderes atribuídos ao relator e ao agravo interno nos sistemas do CPC/73 e do CPC/15 – **4**. Conclusão: a boa-fé e a (velha) impugnação específica no agravo interno: um novo comportamento por força dos incisos iv e v do artigo 932 do CPC/15?

1. INTRODUÇÃO

O Código de Processo Civil em vigor (CPC) trouxe diversas modificações no campo processual, inclusive estruturais, e o procedimento no âmbito dos tribunais não passou incólume. Das alterações que afetam a atuação dos órgãos nessa seara está o art. 932, que elenca a maior parte dos poderes atribuídos ao relator, como o decisório, que será o objeto de nossa análise. Dentre as modificações dos recursos estão as relativas ao agravo interno, agora

---

[1]. Mestranda em Direito Processual pela UERJ. Pós-graduada em Direito Processual Civil e em Direito Privado Patrimonial, pela PUC/RJ. Graduada pela UFF. Advogada.

previsto no artigo 1.021, cuja leitura açodada pode fazer com que passem despercebidos os ajustes legislativos por que há tempos clamava a doutrina.

Antes de enfrentar esses temas e responder a indagação formulada, é preciso analisar os princípios da boa-fé e da cooperação e trazer, ao menos, breves reflexões sobre o tão complexo sistema de precedentes incorporado pelo CPC.

É inegável que a sociedade anseia, cada vez mais, por comportamentos retilíneos, previsíveis, não contraditórios, que não surpreendam o outro e que, portanto, atendam à legítima expectativa. Essa desejável postura comportamental impacta em todos os ramos do direito, dentre eles o direito processual, que dela não poderia escapar. A sua consagração nos artigos 5º e 6º, textos normativos inéditos (embora não representem normas inéditas[2]), dentre inúmeros outros, confirma o que se disse.

Também é preciso perceber que ganharam força determinadas decisões judiciais, previamente fixadas pelo legislador no artigo 927 – os chamados precedentes. A necessidade de observância (ou enfrentamento, se persuasivo) dessas teses jurídicas espraia consequências por todo o código; reflete, por exemplo, nos artigos 932 e 1.021, que estão diretamente relacionados ao tema deste estudo.

Para que este texto seja didático e atenda ao propósito estipulado, serão abordadas as questões que nos parecem preliminares, quais sejam: (i) alguns aspectos sobre a boa-fé e a cooperação, exigíveis de todos aqueles que, de qualquer maneira, influenciem na relação processual; (ii) as principais inovações normativas no que toca às decisões unipessoais e à respectiva via impugnativa (o agravo interno), para que, em seguida, se apontem algumas reflexões essenciais sobre os precedentes e a sua (obrigatória) observância e se alcance, enfim, a conclusão sobre a provocação formulada no título.

---

2. Em DIDIER JR., Fredie. *Eficácia do novo CPC antes do término do período de vacância da lei*. Revista de Processo. São Paulo: Revista dos Tribunais, 2014, pp. 325-332, o autor aduz que, mesmo antes do final do período de vacância da lei, há alguns enunciados normativos que, embora novos, geram efeitos imediatamente, porque nada trazem de inédito ao direito processual civil brasileiro. É o que acontece com as chamadas *pseudonovidades normativas*, que ratificam que o novo CPC está em consonância com o que já se havia consagrado, normativamente, no direito processual civil brasileiro, ainda que à míngua de texto normativo. É exemplo o art. 10, que decorre do dever de cooperação do juízo e veda a prolação de decisão-surpresa, é corolário do princípio do contraditório e, portanto, decorre do texto constitucional. Nesses casos, é estéril a discussão sobre o direito intertemporal, uma vez que o texto e a norma já eram aplicados antes da vigência do novo código. Ao revés, o debate pode até ser danoso, se afastada a eficácia daquela norma sob o argumento de que ainda em curso o período de vacância da lei.

2. AS NORMAS DE CONDUTA, O COMPORTAMENTO LEAL DOS SUJEITOS PROCESSUAIS E O TÃO FALADO ARQUÉTIPO SOCIAL

2.1. O princípio da boa-fé processual

O princípio em exame dita o comportamento dos sujeitos processuais e de quem, de qualquer forma, participa do processo. Trata, portanto, de uma norma de conduta, do que se depreende a irrelevância das boas (ou más) intenções quando da prática do ato processual, abandonando-se o estado psicológico do agente. O objetivo é proteger a confiança razoável do outro. A boa-fé deve guiar qualquer relação e não há razão para não ser aplicada no campo processual[3].

O novo CPC passou a trazer de forma expressa tal diretriz (CPC, art. 5º); é sepultada, de uma vez, qualquer discussão acerca da aplicação do princípio da boa-fé processual a todos os sujeitos do processo, incluído, portanto, o juiz[4], promotor, advogados e serventuários da justiça.

---

3. Em DIDIER JR., Fredie. *Curso de Direito Processual Civil: introdução ao direito processual civil, parte geral e processo de conhecimento*. 17ª ed. revista, ampliada e atualizada. Salvador: JusPodivm, 2015, pp. 106 e 107, o autor nos remete a uma das obras de Juan Montero Aroca (AROCA, Juan Montero. *Los princípios políticos de la nueva Ley de Enjuiciamiento Civil*. Vaência: Tirant lo blanch, 2001, pp. 106-108), em que são atribuídos traços autoritários ao princípio da boa-fé processual. O referido autor defende que a exigência de colaboração processual só pode ser compreendida a partir de um contexto ideológico em que os cidadãos não têm direito de utilizar todas as "armas" proporcionadas pelo ordenamento jurídico para defender o que acreditam ser o seu direito. Fredie Didier refuta a associação e ressalta, por meio de exemplos, que, mesmo em períodos de guerra, há uma preocupação com a preservação e o incentivo à boa-fé e a cooperação (art. 8º, 2, "b", vi e vii, do Estatuto de Roma). No mesmo sentido, o professor Leonardo Greco assevera que o princípio em exame, se bem aplicado, serve mais adequadamente ao processo liberal. Arremata o autor, na sequência, afirmando que "a eficácia das garantias fundamentais do processo impõe um juiz tolerante e partes que se comportem com lealdade". Em GRECO, Leonardo. *Publicismo e privatismo no processo civil*. Revista de Processo. São Paulo: RT, 2008, n. 164, pp. 49 e 52.

4. Sobre o comportamento do juiz, "[n]a admissão de argumentos e na produção de provas requeridas pelas partes, o juiz deve ser tolerante, mesmo quando contrariam os seus próprios pontos de vista, gerando a confiança de que conta com a colaboração delas para o bom desempenho das suas funções. (...) [O] juiz não pode ser preconceituoso, nem presumir a deslealdade das alegações e da conduta da parte, sob pena de transformar-se em juiz autoritário, que apenas ouve o que lhe interessa e que prejulga por suas próprias pré-formadas opiniões, sem se deixar influenciar pela atividade de uma ou de ambas as partes." Em GRECO, Leonardo. *Publicismo e privatismo no processo civil*. Revista de Processo. São Paulo: RT, 2008, n. 164, p. 50.

O apontado texto da legislação infraconstitucional não inova; a exigência de que os sujeitos processuais se comportem segundo o arquétipo social pode ser extraída de princípios constitucionais. A base pode ser encontrada no inciso I do artigo 3o[5], inciso III do artigo 1º, no direito fundamental à igualdade, no princípio do contraditório[6] ou na cláusula do devido processo legal[7]. É apontada, assim, uma matriz constitucional, o que faz com que eventual colisão seja entre preceitos igualmente constitucionais, de modo a impedir o socorro ao critério hierárquico para solucionar a antinomia.

É importante ressaltar o caráter público da norma[8], o que faz com que a aplicação da multa não esteja limitada ao requerimento das partes (o juízo pode aplicá-la de ofício) e impede que seja objeto de negociação entre as partes, mesmo diante da novidade trazida pelo artigo 190 do CPC sobre negócios processuais atípicos[9].

O dispositivo supratranscrito traz uma cláusula geral, não conseguiria o legislador antever de forma exaustiva todas as possibilidades de comportamento desleal[10]. Assim, conquanto desnecessário, são enumeradas, de

---

5. GRECO, Leonardo. *Contraditório efetivo*. In: Revista Eletrônica de Direito Processual, v.15, jan./jun. 2015. P. 299-310. Disponível em: http://www.redp.com.br/. Acesso em: 04.01.2017, p. 306.
6. Para Antonio do Passo Cabral, o princípio do contraditório não pode ser lido apenas como fonte de direitos processuais, isto é, de ser informado de todos os atos processuais, de se manifestar e de influenciar na decisão do julgador, mas também de deveres. Há limites para o exercício do contraditório, como o respeito à boa-fé objetiva. Confira em CABRAL, Antonio do Passo. *O contraditório como dever e a boa-fé processual objetiva*. Revista de Processo. São Paulo: RT, 2005, n. 126, p. 63.
7. Fredie Didier adota dito posicionamento. Em DIDIER JR., Fredie. *Curso de Direito Processual Civil: introdução ao direito processual civil, parte geral e processo de conhecimento*. 17ª ed. revista, ampliada e atualizada. Salvador: JusPodivm, 2015, pp. 108 e 109, aponta outros seguidores, como Joan Pico i Junoy. Na mesma linha, o Supremo Tribunal Federal (STF) e o direito norte-americano, para fundamentar a repressão dos comportamentos temerários. Para o processo ser devido, precisa ser ético e leal.
8. Em CABRAL, Antonio do Passo. *O contraditório como dever e a boa-fé processual objetiva*. Revista de Processo. São Paulo: RT, 2005, n. 126, p. 64, o autor assevera que "a superação das concepções privatistas do processo e a ascensão de sua face publicista sinalizaram no sentido de que o processo é um instrumento de que se utiliza o Estado precipuamente para finalidades públicas, e não uma ferramenta sujeita ao alvedrio das partes litigantes. Certamente que o interesse privado provoca a jurisdição, mas esta opera para manter ou restabelecer a ordem jurídica. E então se justifica a busca por retidão no manuseio dos mecanismos do processo".
9. Nesse sentido, o enunciado 6 do Fórum Permanente de Processualistas Civis (FPPC): "O negócio jurídico processual não pode afastar os deveres inerentes à boa-fé e à cooperação".
10. Antonio do Passo Cabral critica a prática legislativa de descrever comportamentos casuisticamente, diante da dificuldade da conceituação. Também ressalta que a tentativa de detalhar normativamente condutas das partes permite um apego à literalidade e a inope-

maneira exemplificativa, algumas condutas na contramão do comportamento adequado e esperado (*v.g.*, CPC, art. 77).

Age em desconformidade com um comportamento adequado aquele que recorre contra uma decisão que aceitou (CPC, art. 1.000) ou pede invalidação de um ato cujo defeito foi por ele provocado, isto é, a parte cria dolosamente uma situação maculada por um vício processual para, posteriormente, quando lhe convier, dele tirar proveito (CPC, art. 276). São exemplos de ilícitos processuais típicos de proibição de exercício de uma situação jurídica em descompasso com a conduta anterior, capaz de ter imputado na outra parte uma legítima expectativa e que, alterada de forma contraditória, lhe cause prejuízo ou haja potencial prejuízo. Trata-se da aplicação do *venire contra factum proprium* no processo civil. A vedação de comportamento contraditório também é direcionada ao juiz[11], pelo que ele não pode, por exemplo, indeferir a produção de uma prova, porque desnecessária para a solução da crise que lhe foi posta, e, posteriormente, quando da prolação da sentença, lastrear o entendimento na insuficiência de provas.

Há sanções de atos ilícitos processuais previstas na legislação com os olhos voltados para o elemento subjetivo, como a alteração da verdade dos fatos (CPC, art. 80, inciso II[12]) e o requerimento doloso da citação por edital (CPC, art. 258), se pelas partes, e a atuação dolosa do órgão jurisdicional (CPC, art. 143, inciso I), mas esse não é o alvo do citado artigo 5º.[13]

Cabe, ainda, uma ponderação: a sanção disposta nos §§ 2º a 5º do artigo 77 do CPC (multa de até vinte por cento do valor da causa, de acordo com a gravidade da conduta) ao descumprimento dos deveres descritos nos incisos

---

rância dos preceitos punitivos. Confira em CABRAL, Antonio do Passo. *O contraditório como dever e a boa-fé processual objetiva*. Revista de Processo. São Paulo: RT, 2005, n. 126.

11. Nesse sentido, os enunciados do FPPC 375, segundo o qual "O órgão jurisdicional também deve comportar-se de acordo com a boa-fé objetiva" e 376: "A vedação de comportamento contraditório aplica-se ao órgão jurisdicional". Também voltado à aplicação do princípio da boa-fé processual ao julgador o enunciado 377, FPPC, segundo o qual "A boa-fé objetiva impede que o julgador profira, sem motivar a alteração, decisões diferentes sobre uma mesma questão de direito aplicável às situações de fato análogas, ainda que em processos distintos".

12. Em NEVES, Daniel Amorim Assumpção. *Manual de Direito Processual Civil – volume único*. 8ª ed. Salvador: Jus Podivm, 2016, p. 152, o autor trata o rol descrito no citado artigo 80, CPC como de atos tipificados pelo legislador como de má-fé. No mesmo sentido, Alexandre Freitas Câmara. Confira em CÂMARA, Alexandre Freitas. *O novo processo civil brasileiro*. 2ª ed. rev e atualizada. São Paulo: Atlas, 2016, p. 67. Diversamente do rol trazido pelo artigo 77 do CPC, há divergência doutrinária se a relação do artigo 80 é exemplificativa ou exaustiva, sob o fundamento de que impera a interpretação restritiva para normas que reduzem direitos.

13. Nesse sentido, o enunciado 374, do FPPC, segundo o qual "O art. 5º prevê a boa-fé objetiva".

IV e VI do artigo 77 do CPC não pode ser aplicada ao advogado (privado[14] ou público[15]), membro de Defensoria Pública e do Ministério Público, devendo eventual responsabilidade disciplinar ser apurada pelo respectivo órgão de classe ou corregedoria, ao qual o juiz oficiará, nos termos do § 6º do mesmo artigo. Não obstante, ainda há decisões judiciais que a aplicam em desfavor do procurador da parte.

Ainda no que toca ao destinatário da sanção (quem praticou o ato considerado atentatório), não há consenso quanto à possibilidade, se em desfavor do próprio Estado em juízo. Isso porque, para alguns, estar-se-ia diante do fenômeno da confusão, em razão da identidade do credor e devedor. A doutrina aponta saídas para o referido argumento e para garantir a subsistência da punição – e, assim, não deixar impune quem se comportou de forma desleal – quais sejam: a (i) criação da existência de um fundo específico a ser gerido pelo Poder Judiciário; (ii) condenação cruzada, isto é, o direcionamento do crédito das multas aplicadas ao Estado (nos processos de competência da Justiça Estadual, portanto) para a União e vice-versa (concessão ao Estado das multas aplicas à União nos processos que tramitam na Justiça Federal); ou (iii) aplicação de sanção diretamente ao agente público e não ao órgão que integra.[16]

Finalmente, é importante registrar que o princípio da boa-fé processual impõe dever de cooperação, pelo que se faz necessária a análise do referido princípio.

2.2. O princípio da cooperação[17]

A cooperação traz a ideia de respeito, confiança, honestidade e razoabilidade na participação processual. Não por acaso o princípio da boa-fé

---

14. Nesse sentido, o artigo 32, do Estatuto da Advocacia (lei n.º 8.906/94).
15. Na vigência do CPC/73, o STF, quando do julgamento da ADIn 2.652-6/DF (j. 08.05.03), determinou que a expressão "ressalvados os advogados que se sujeitam exclusivamente aos estatutos da OAB", contida no parágrafo único, do artigo 14, deveria ser interpretada de modo a abranger advogados do setor privado e do setor público, em harmonia com a Constituição Federal, sem redução de texto.
16. As alternativas podem ser encontradas e resumidas em NEVES, Daniel Amorim Assumpção. *Manual de Direito Processual Civil – volume único*. 8ª ed. Salvador: Jus Podivm, 2016, p. 151.
17. Em STRECK, Lenio Luiz. *O pan-principiologismo e o sorriso do lagarto*. Disponível em http://www.conjur.com.br/2012-mar-22/senso-incomum-pan-principiologismo-sorriso--lagarto, há duras críticas ao que o autor denomina de pan-principiologismo, "verdadeira usina de produção de princípios despidos de normatividade". Diversos dos chamados de princípios por muitos, dentre eles, o da cooperação processual, seriam despidos de sentido normativo, intrínseco e essencial aos princípios. Acesso em 07.12.2016.

processual é referido pelo novo CPC como – repita-se – dever de todo e qualquer sujeito do processo e de quem de qualquer forma, dele participa como norte para a interpretação do pedido formulado (CPC, art. 322, § 2º) e das decisões judiciais (CPC, art. 489, § 3º).

O processo não deve ser um ambiente de "cartas na manga", capazes de prejudicar o contraditório sobre as alegações das partes ou de permitir que o juiz se valha de decisões-surpresa. As chamadas "nulidades de algibeira" são cada vez mais combatidas e repudiadas pelo nosso ordenamento. Aplica-se à hipótese a *supressio*, que implica a supressão de um direito ou de uma posição jurídica, em razão do não exercício em um lapso suficiente a incutir na outra parte a confiança legítima de que não mais seria exercido, admitindo-se uma renúncia tácita. Não há mais espaço no processo para trapaças e artifícios maliciosos na intenção de surpreender a outra parte e seguir vitorioso sem que ancorado em uma decisão justa.

A finalidade da cooperação, cristalina no artigo 6º do CPC, é a busca pela decisão de mérito em tempo razoável (CPC, art. 4º), símbolo da efetividade processual. O juiz deve se afastar dos formalismos inférteis e propiciar sempre as condições adequadas para a resolução do conflito social subjacente à demanda.

Um dos deveres que se atribui ao juiz é o de prevenção, consistente no convite ao aperfeiçoamento pelas partes de suas petições ou alegações. O juiz deve prevenir as partes de eventuais vícios, defeitos e incorreções, para que sejam sanados, nos termos, por exemplo, do parágrafo único do artigo 932 do CPC, que a seguir será analisado. O espírito aqui traçado também pode ser encontrado, por exemplo, nos art. 76, 139, inciso IX, 317, 321, 938, § 1º, 1.007, § 7º, 1.017, § 3º e 1.029, § 3º, todos do CPC.

De igual forma e com a mesma importância e intensidade, a cooperação exige ampla participação dos sujeitos processuais, sendo, pois, elemento essencial do contraditório. Nas palavras de Daniel Mitidiero, "(...) pressupondo o direito ao contraditório como direito a participar do processo, a influir positivamente sobre o convencimento judicial, tem-se entendido que as partes têm o direito de se pronunciar também sobre a valoração jurídica da causa, tendo o juiz o dever de submeter ao diálogo a sua visão jurídica das questões postas em juízo, mesmo sobre aquelas questões que deve conhecer de ofício."[18]

A decisão de mérito a ser proferida no processo deve, assim, ser fruto de uma comunidade de trabalho entre o juiz e as partes, de modo a não

---

18. Em MITIDIERO, Daniel. *Colaboração no processo civil: pressupostos sociais, lógicos e éticos*. São Paulo: RT, 2011, p. 102.

surpreendê-las em relação a quaisquer aspectos fáticos ou jurídicos da demanda[19]. O processo deve ser cooperativo, comparticipativo[20].

O princípio da cooperação não se limita aos participantes tradicionais do processo (autor e réu), devendo o juiz, especialmente nos processos cujo resultado possa alcançar um grande número de pessoas, permitir a intervenção de pessoas, órgãos ou de entidades com interesse, ainda que indireto, na controvérsia. Em razão de dita repercussão, são previstas as audiências públicas (CPC, arts. 927, § 2º; 983, § 1º; 1.038, II) e o ingresso de outros personagens que possam colaborar para a realização da justiça, caso do *amicus curiae* (CPC, arts. 138 e 1.038, I). Quanto maior a participação e os elementos de informação, maior será a legitimidade democrática da decisão.[21]

Intimamente associado ao que se aduz está o princípio da proteção da confiança, que decorre do princípio da segurança jurídica[22]. Ambos se

---

19. Nesse sentido, o art. 10 do CPC. Por isso, tão inadequados os enunciados 1, 2, 3, 4, 5 e 6 aprovados em setembro de 2015 pela Escola Nacional de Formação e Aperfeiçoamento de Magistrados (ENFAM):
    1) Entende-se por "fundamento" referido no art. 10 do CPC/2015 o substrato fático que orienta o pedido, e não o enquadramento jurídico atribuído pelas partes.
    2) Não ofende a regra do contraditório do art. 10 do CPC/2015, o pronunciamento jurisdicional que invoca princípio, quando a regra jurídica aplicada já debatida no curso do processo é emanação daquele princípio.
    3) É desnecessário ouvir as partes quando a manifestação não puder influenciar na solução da causa.
    4) Na declaração de incompetência absoluta não se aplica o disposto no art. 10, parte final, do CPC/2015.
    5) Não viola o art. 10 do CPC/2015 a decisão com base em elementos de fato documentados nos autos sob o contraditório.
    6) Não constitui julgamento surpresa o lastreado em fundamentos jurídicos, ainda que diversos dos apresentados pelas partes, desde que embasados em provas submetidas ao contraditório.
20. Por todos, THEODORO JÚNIOR, Humberto; NUNES, Dierle José Coelho. *Uma dimensão que urge reconhecer ao contraditório no direito brasileiro: sua aplicação como garantia de influência, de não surpresa e de aproveitamento da atividade processual*. Revista de Processo. São Paulo: RT, 2009, vol. 168.
21. Em WAMBIER, Teresa Arruda Alvim; DIDIER JR., Fredie; TALAMINI, Eduardo; DANTAS, Bruno (coordenadores.), *Breves comentários ao novo código de processo civil*, São Paulo: RT, 2015, p. 71.
22. Pela sua relevância, o princípio da proteção da confiança passou a estar expresso no diploma processual; é a base do sistema de precedentes judiciais brasileiro, tal como se depreende do § 4º do art. 927 do CPC. O processo jurisdicional gera ato normativo e pode, como qualquer ato normativo, servir de base da confiança a ser protegida. O órgão jurisdicional produz a norma jurídica individualizada, para regular o caso concreto apreciado, e uma norma jurídica geral, construída a partir daquele caso e a ser observada em casos semelhantes não decididos. Sobre o tema, remetemos o leitor para DIDIER JR., Fredie. *Curso de Direito Processual Civil: introdução ao direito processual civil, parte geral e processo de conhecimento.*

sustentam no Estado democrático de direito. Pela mesma razão, o sujeito, ao exercer a sua liberdade por confiar na aparente validade de um ato normativo, não pode ter as expectativas frustradas em razão da descontinuidade da vigência da norma em que se respaldou para a prática do ato, seja por mudança, revogação ou invalidação.[23]

3. ALGUMAS REFLEXÕES E AS PRINCIPAIS ALTERAÇÕES ATINENTES AOS PODERES ATRIBUÍDOS AO RELATOR E AO AGRAVO INTERNO NOS SISTEMAS DO CPC/73 E DO CPC/15

3.1. Os poderes atribuídos ao relator, a influência (vinculação) dos precedentes e o poder decisório do relator

Nos tribunais, as decisões devem ser em regra, colegiadas, sendo, por conseguinte, excepcional a decisão monocrática, nos casos em que permitida por lei[24]. Nestes casos, ampliados durante a vigência do CPC/73, por meio de alterações legislativas[25], o pronunciamento colegiado é relegado para a fase posterior, se interposto agravo interno.

17ª ed. revista, ampliada e atualizada. Salvador: Jus Podivm, 2015, pp. 141-145. De forma minuciosa e com amplas referências, confira em CABRAL, Antonio do Passo. *Coisa Julgada e preclusões dinâmicas*. 2ª ed. Salvador: Jus Podivm, 2014, pp. 526 a 546.

23. ÁVILA, Humberto. *Segurança jurídica. Entre permanência, mudança e realização no Direito Tributário*. São Paulo: Malheiros, 2011, p. 360. Na obra, o autor expõe os elementos necessários para que caracterizado o dever de proteção da confiança, quais sejam: (i) base da confiança; (ii) confiança na base; (iii) exercício da confiança e (iv) frustação causada por ato posterior do Poder Público. O tema também é tratado em DIDIER JR., Fredie. *Curso de Direito Processual Civil: introdução ao direito processual civil, parte geral e processo de conhecimento*. 17ª ed. revista, ampliada e atualizada. Salvador: Jus Podivm, 2015, pp. 137-141.

24. Enunciado 462 do FPPC: "É nula, por usurpação de competência funcional do órgão colegiado, a decisão do relator que julgar monocraticamente o mérito do recurso, sem demonstrar o alinhamento de seu pronunciamento judicial com um dos padrões decisórios descritos no art. 932."

25. Na década de 90, houve um movimento crescente no sentido de ampliar as possibilidades de julgamento monocrático pelo relator, cuja atuação se assemelha à de um porta-voz, que antecipa o julgamento do órgão colegiado. Em PANTOJA, Fernanda Medina; FERRAZ, Leslie S. *Julgamento Singular e Agravo Interno: Uma Análise Empírica*. São Paulo: Revista de Processo, v. 211, p. 61-100, 2012, as autoras expõem e analisam os resultados de pesquisa realizada para verificar se, no âmbito do TJRJ, o aumento dos poderes do relator para julgar os recursos foi capaz de gerar o resultado pretendido pelo legislador de minorar a carga de trabalho dos órgãos colegiados e de reduzir o tempo de julgamento de recursos. As autoras fizeram um estudo minucioso e trouxeram os dados estatísticos disponíveis pelo TJRJ, com corte temporal de 2003 a 2008. Em PANTOJA, Fernanda Medina. *Julgamento monocrático e agravo interno no novo CPC*, disponível em https://processualistas.jusbrasil.com.br/artigos/406876474/julgamento-monocratico-e-agravo-

O relator a quem foi distribuído determinado recurso deve analisá-lo, determinar a realização de diligências e a correção de vícios (desde que *sanáveis*, naturalmente), apreciar eventual pedido de tutela provisória (de urgência ou de evidência), decidir o incidente de desconsideração da personalidade jurídica, quando instaurado perante o tribunal, homologar autocomposição das partes[26] e, ao final, elaborar o relatório[27] e levar o caso a julgamento[28]. São os poderes ordenatório, instrutório e decisório.

O art. 932 elenca os principais desses poderes.[29] O relator deve dirigir e ordenar o processo no tribunal. Ele tem o dever de negar provimento ao recurso que confrontar precedente normativo vinculante, porque impeditivo de recurso. Os incisos IV e V versam, portanto, sobre decisões de mérito proferidas pelo relator[30].

-interno-no-novo-cpc. Acesso em 07.12.2016, a autora faz um retrospecto do julgamento singular desde a redação original do CPC/73, passando pelas modificações legislativas que estenderam a todas as espécies recursais e diversificaram as hipóteses de cabimento, e enumera, de forma crítica, as principais alterações havidas entre o CPC/73 e o CPC/15 sobre a decisão unipessoal e a sua via impugnativa (o agravo interno).

26. Se a autocomposição ocorrer após a prolação da sentença, será do relator a competência para homologá-la, mesmo antes de a apelação ter sido distribuída, haja vista que encerrada a atividade do juiz de primeiro grau.

27. Alexandre Câmara trata da relevância do relatório e da sua influência na agilidade e qualidade dos julgamentos em http://www.conjur.com.br/2016-ago-04/alexandre-camara--relatorio-influencia-qualidade-julgamento. Acesso em 06.12.16.

28. Se se tratar de causa de competência originária do tribunal, as atribuições do relator serão outras. Confira em DIDIER JR., Fredie; CUNHA, Leonardo Carneiro da. *Curso de Direito Processual Civil: meios de impugnação às decisões judiciais e processo nos tribunais*. Vol. 3, 13 ed. reform. Salvador: Juspodivm, 2016, p. 48 e 49.

29. Há outros dispositivos que também trazem poderes atribuídos ao relator, como o art. 139 do CPC. Em ZANETI JR., Hermes. Comentários ao art. 932 em CABRAL, Antonio do Passo e CRAMER, Ronaldo (coord.). *Comentários ao Novo Código de Processo Civil*. Rio de Janeiro: Forense, 2015, p. 1.341, o autor alerta que não são meros poderes do relator, mas direitos-função, logo, deveres-poderes. Presentes os requisitos de incidência, não há discricionariedade na decisão do relator, que deve aplicar as normas do artigo.

30. A possibilidade de julgamento singular contempla a remessa necessária. Nesse sentido, a súmula 253, do STJ, editada à época em que vigia o CPC revogado: "O art. 557 do CPC, que autoriza o relator a decidir o recurso, alcança o reexame necessário". É importante notar que as hipóteses dispostas no art. 932 serão reduzidas, se remessa necessária, por força do § 4º do art. 496 do CPC. O relator não estará diante das hipóteses descritas nos incisos IV e V do art. 932 do CPC, porque não haverá remessa necessária se o fundamento adotado na sentença for um dos precedentes ali listados.

Do mesmo modo, é permitida a decisão final pelo relator em processos de competência originária do tribunal, para indeferir a petição inicial ou julgar o pedido improcedente liminarmente (confira o art. 332 do CPC, que traz os precedentes apontados pelos incisos IV e V do art. 932 do CPC). Sobre esta possibilidade, há resistência por parte da doutrina. Também é contrária a decisão STJ, AgRg no MS 19.764/DF, 1ª Seção, rel. Min.

O CPC/73 utilizava conceitos jurídicos indeterminados[31] (*improcedente* e *jurisprudência dominante*) ao prever o não seguimento (*rectius*: provimento) do recurso pelo relator (CPC/73, art. 557), o que foi alvo de muitas críticas doutrinárias. O CPC/15 ajustou a falha, ao prever que é o efeito de precedente vinculante[32] que autoriza o julgamento monocrático pelo relator[33] – o dispositivo se refere ao não provimento ou provimento do recurso se confrontar ou for consonante, respectivamente, a uma das súmulas do próprio tribunal de que faz parte o relator, do STJ e do STF e a entendimentos firmados em julgamento de casos repetitivos e de assunção de competência[34].

Sérgio Kukina, rel. p/ acórdão Min. Ari Pargendler, j. 26.03.2014. A revogação do art. 38 da lei 8.038/90, que autorizava o relator, nos tribunais superiores, a decidir o pedido ou o recurso cujo objeto tivesse se perdido, bem como negar seguimento a pedido ou recurso manifestamente intempestivo, incabível, improcedente ou que contrariasse súmula do respectivo tribunal, pelo inciso IV do art. 1.072 do CPC, reforçaria a impossibilidade.

31. Mais adequado seria se qualificado como *determinável*, haja vista que possível (e necessário) seu preenchimento quando da sua aplicação.

32. A alínea a dos incisos IV e V do artigo 932 trazem o dever de negar ou dar provimento ao recurso que for contrário ou favorável, respectivamente, a "súmula do Supremo Tribunal Federal, do Superior Tribunal de Justiça ou do próprio tribunal". Para Alexandre Câmara, as súmulas não se enquadram no conceito de decisão, são apenas um resumo da *ratio decidendi*. Por isso, o enunciado de súmula não corresponde a um precedente, mas constitui um extrato de diversos pronunciamentos, da jurisprudência dominante de um Tribunal. CÂMARA, Alexandre Freitas. *O novo processo civil brasileiro*, 2ª edição. São Paulo: Atlas, 2016, p. 431.

33. Em ZANETI JR., Hermes. Comentários ao art. 932 em CABRAL, Antonio do Passo e CRAMER, Ronaldo (coord.). *Comentários ao Novo Código de Processo Civil*. Rio de Janeiro: Forense, 2015, p. 1.341, o autor comemora a distinção entre o atual artigo 932 e seu revogado correspondente 557 e aponta que jurisprudência dominante hoje corresponde aos precedentes vinculantes. Sobre a crítica suscitada em relação às súmulas, assevera que "o único risco seria que as súmulas fossem aplicadas fora da teoria dos precedentes, mas o Código previu esta necessidade expressamente, pela obrigatoriedade de referência às circunstâncias fáticas na formação dos enunciados das súmulas (art. 927, § 1º), e pela obrigatoriedade de citar os fundamentos determinantes quando aplicar o precedente judicial ou súmula que lhe serve de extrato, demonstrando que o caso sob julgamento se ajusta àqueles fundamentos (art. 489, § 1º, V). Portanto, a noção de *ratio decidendi* irá aderir aos enunciados das súmulas do STF, do STJ e do próprio tribunal (...)".

34. Há divergência doutrinária sobre a possibilidade de ampliação do rol para incluir todas as hipóteses elencadas no artigo 927 ou se, ao revés, se trata de rol taxativo. Parece-nos que devem ser ali incluídas e lidas todas as normas trazidas pelo citado artigo 927, que, sem margem, dispõe que os juízes e os tribunais *observarão* os entendimentos ali listados. Sobre o tema, nos deparamos com diversas controvérsias. A doutrina se divide, por exemplo, quanto à utilização do termo "precedente" para abranger todas as hipóteses previstas no art. 927 do CPC e quanto à força desses precedentes (confira WAMBIER, Teresa Arruda Alvim; DANTAS, Bruno. *Recurso especial, recurso extraordinário e a nova função dos tribunais superiores no direito brasileiro*. 3. ed. São Paulo: Revista dos Tribunais, 2016). Se se tratar de precedente persuasivo, não haveria de se falar em *dever* do relator de segui-lo e de negar ou dar provimento ao recurso, conforme o caso.

Quando se tratar de recurso especial ou de recurso extraordinário, o relator somente terá como base o entendimento do próprio tribunal, por não haver outro hierarquicamente superior para a resolução de questões federais infraconstitucionais ou constitucionais, respectivamente. Sobre essa ressalva, cabe outra: em razão da ausência de coerência das decisões judiciais, não é incomum a indesejável divergência sobre a mesma questão jurídica entre os tribunais superiores. Em casos em que definida a norma a partir de dispositivo legal federal infraconstitucional, à luz da Constituição Federal, não poderá prevalecer o entendimento fixado pelo STJ, se diverso do posicionamento do STF sobre o mesmo tema jurídico. Desta feita, não pode, por exemplo, haver julgamento monocrático no STJ com base na súmula 343 editada por esse tribunal[35], porque contrasta com a súmula vinculante 5 do STF [36] [37]

A alteração é substancial: as hipóteses previstas no CPC/15 para decisão unipessoal de mérito, em verdade, nada mais são do que entendimentos proferidos anteriormente por colegiados, em procedimentos qualificados por deliberação coletiva, que representam a consolidação de determinada tese jurídica. Nessas deliberações, é exigida a participação plural e o amadurecimento prévio do debate, bem como o enfrentamento de todos os fundamentos suscitados concernentes à tese jurídica discutida, sejam favoráveis ou contrários.

Esse é, portanto, o cenário previsto no CPC/15 para a atuação do relator no que toca às decisões unipessoais. Como dito, o primeiro elogio quanto às alterações contidas no art. 932 do CPC em vigor, se comparado ao seu correspondente art. 557 do CPC revogado, é a exclusão de conceitos jurídicos indeterminados (*improcedente* e *jurisprudência dominante*), hipóteses extremamente amplas para a negativa de provimento[38]. Diante das hipóteses objetivas adotadas pelo CPC, não há mais (aparentes)[39] espaços para subjeti-

---

35. Súmula 343, STJ: "É obrigatória a presença de advogado em todas as fases do processo administrativo disciplinar".
36. Súmula vinculante 5, STF: "A falta de defesa técnica por advogado no processo administrativo disciplinar não ofende a Constituição». Recentemente, o Plenário do STF rejeitou, por maioria de votos, o pedido de cancelamento da referida súmula, sob o argumento de que foi editado sem a observância de um dos pressupostos constitucionais (a existência de reiteradas decisões no mesmo sentido), feito pelo Conselho Federal da Ordem dos Advogados do Brasil. Confira em http://www.stf.jus.br/portal/cms/verNoticiaDetalhe.asp?idConteudo=330862. Acesso em 06.12.2016.
37. O exemplo está em MEDINA, José Miguel Garcia. *Direito processual civil moderno*. 2ª edição rev. atual. e ampl. São Paulo: Revista dos Tribunais, 2016, p. 1.242.
38. À luz do CPC/73, não era incomum a decisão unipessoal pelo simples fato de o próprio julgador já possuir entendimento consolidado sobre a matéria ali discutida.
39. O adjetivo aparente é utilizado com o fim de criticar a súmula 568 do STJ ("O relator, monocraticamente e no Superior Tribunal de Justiça, poderá dar ou negar provimento ao recurso quando houver entendimento dominante acerca do tema"), editada em 16.03.16. Em DELLORE, Luiz. *Agravo interno negado: sempre há a imposição de multa?* Disponível

vismos. O segundo é o prestígio, por meio dos incisos IV e V do art. 932 do CPC, das decisões judiciais cuja observância foi qualificada como *obrigatória* pelo legislador. Por ser vinculante, o órgão colegiado *deverá* seguir e adotar a norma ali listada como fundamento de sua decisão, seja para negar ou para dar provimento ao recurso, conforme o caso, salvo, claro, as hipóteses em que autorizado a assim não proceder, tendo nenhuma relevância o seu posicionamento pessoal se de encontro ao precedente, pois deve a ele se curvar em prol da uniformização da jurisprudência (*rectius*: precedentes) e da sua estabilidade, integridade e coerência (CPC, art. 926). Se esse seria o resultado do julgamento pelos seus pares (o órgão colegiado), nada mais elogiável que a *antecipação* pelo relator, por delegação, como porta-voz do órgão de que faz parte, a favor e em respeito ao precedente.

Em relação à tecnicidade, também andou bem o novo diploma processual, ao deixar de utilizar hipóteses de admissibilidade como de mérito (o antigo art. 557 dispunha que "O relator *negará seguimento* a recurso manifestamente inadmissível, *improcedente*, prejudicado (...)" (os grifos são nossos))

Há, ainda, uma ponderação importante: o inciso V, ao tratar do dever do relator de dar provimento a recurso que esteja em harmonia com um precedente vinculante, exige a oportunidade de contraditório *prévio*[40] – antes da prolação da decisão monocrática, portanto –, por meio da intimação do recorrido para oferecimento de contrarrazões, ocasião em que a parte poderá arguir a superação do precedente ou a sua não incidência, por ausência dos pressupostos, ou seja, em razão de peculiaridades do seu caso (distinção). A garantia em questão não consta no inciso anterior, que prevê o não provimento do recurso por colidir com a tese jurídica fixada, decerto porque não há *aparente* prejuízo a ser suportado pelo recorrido, a quem não foi facultada a apresentação de resposta. Diz-se que não há *aparente* prejuízo, porque, em verdade, pode haver, em razão da "antecipação" da convicção adotada pelo relator, quando da análise do potencial resultado do julgamento, para aferir a necessidade de intimar o recorrido. Essa intimação para resposta deve ocorrer antes da percepção pelo relator de que ao recurso provavelmente será dado provimento, de modo a permitir que haja *influência prévia* sobre a sua análise.[41]

---

em http://jota.info/colunas/novo-cpc/agravo-interno-negado-sempre-ha-imposicao-de--multa-05122016?utm_source=JOTA+Full+List&utm_campaign=96cdf699e9-EMAIL_CAMPAIGN_2016_12_05&utm_medium=email&utm_term=0_5e71fd639b-96cdf699e9-380182429. Acesso em 08.12.2016, o autor fala em repristinação do art. 557 do CPC/73 para o sistema do atual CPC, em razão do citado enunciado.

40. A exigência de contraditório prévio está de acordo com o dever de cooperação e com a vedação da decisão-surpresa (CPC, artigos 6º, 7º e 10).

41. Nesse sentido, MENDES, Aluisio Gonçalves de Castro e TEMER, Sofia. Comentários ao art. 1.023 em CABRAL, Antonio do Passo e CRAMER, Ronaldo (coord.). *Comentários ao Novo Código de Processo Civil*. Rio de Janeiro: Forense, 2015, p. 1.513, em relação à necessidade de

3.2. As boas-novas relativas ao agravo interno trazidas pelo CPC/15

Agravo interno é o recurso adequado para a parte pugnar pela reforma de decisões monocráticas em tribunal, sejam proferidas pelo relator[42], pelo presidente ou vice-presidente do tribunal.

Não obstante o artigo 1.021 só traga em seu bojo a decisão proferida por relator, a decisão prolatada por presidente ou vice-presidente do tribunal também abre a referida via e está contemplada em outros dispositivos: (i) artigo 39, da lei 8.038/90[43], que trata dos recursos no âmbito dos tribunais superiores, dentre outras matérias; (ii) § 2º do artigo 1.030, que remete, para o cabimento do agravo interno, às alíneas *a* e *b* do inciso I e ao inciso III; (iii) § 7º do artigo 1.035, que trata do indeferimento do requerimento objeto do § 6º do mesmo artigo e da aplicação de entendimento firmado em regime de repercussão geral ou em julgamento de recursos repetitivos; (iv) § 3º do artigo 1.036, que versa sobre a impugnação da decisão que indefere o requerimento do interessado da exclusão de recurso especial ou de recurso extraordinário intempestivo dentre os suspensos por força de decisão de sobrestamento, e a sua consequente inadmissibilidade; e (v) artigo 1.070, que, ao estipular o prazo de quinze dias para a interposição de qualquer agravo,

---

intimação da parte adversa para manifestar-se sobre embargos de declaração independentemente da prévia constatação de que o provimento do recurso pode importar na modificação do jugado. Uma ressalva: há casos em que o relator já recebe o caso com o contraditório prévio estabelecido (se apelação, recurso especial ou recurso extraordinário), em que o raciocínio exposto cairia por terra, notadamente se as partes já enfrentaram o precedente a ser utilizado pelo relator como motivação para negar ou dar provimento ao recurso. Se agravo de instrumento, o relator recebe o recurso sem que oferecidas as contrarrazões pelo agravado, o que só ocorrerá, pela literalidade do dispositivo (também do *caput* e do inciso II do art. 1.019 do CPC), se para dar provimento ao recurso (e, para alguns, desde que não seja hipótese de decisão *inaudita altera parte*, *v.g.*, sobre o indeferimento de tutela de urgência).

42. Embora incomum, é preciso lembrar que a decisão prolatada pelo relator de turma recursal (em sede dos Juizados Especiais) também desafia agravo interno. Nesse sentido, o enunciado 464 do FPPC: "A decisão unipessoal (monocrática) do relator em Turma Recursal é impugnável por agravo interno".

43. O citado artigo, que não foi revogado pelo CPC/15, como outros da mesma lei, foi o fundamento utilizado pelo STJ para manter o prazo de cinco dias para interposição do agravo interno contra decisão monocrática, no âmbito dos tribunais superiores, se matéria criminal. Confira em STJ, AgRg na Rcl 30714/PB, 3ª Seção, rel. Min. Reynaldo Soares da Fonseca, j. em 27.04.2016. A subsistência do referido prazo (em vez dos quinze dias determinados pelo § 5º do artigo 1.003 do CC) é exclusiva para matéria penal, conforme se infere do julgamento do AgInt nos EREsp 1.377.897/RJ, 2ª Seção, rel. Min. Moura Ribeiro, j. em 14.09.2016.

previsto em lei ou em regimento interno de tribunal[44], faz alusão a decisão de relator ou *outra decisão unipessoal proferida em tribunal*. [45]

Esclarecido o âmbito de abrangência do agravo interno, teceremos algumas modificações procedimentais previstas no CPC, que vige há cerca de um ano.

O CPC/15 unificou o regramento do tema, concentrando-o no artigo 1.021, o que sem dúvida facilita o seu estudo e a sua aplicação.

Ademais, em boa hora, sepultou as polêmicas em torno de seu cabimento: ressalvada regra expressa especial contrária[46], cabe agravo interno contra qualquer decisão monocrática[47] proferida por relator, presidente ou vice-presidente de tribunal[48].

---

44. Sobre o regimento interno dos tribunais, ainda que *caput* do art. 1.021 disponha que serão observadas as regras internas para o processamento do agravo interno, não há autorização para a estipulação de prazo diverso do estabelecido no CPC. Os regimentos internos não possuem força normativa, pelo que devem se adaptar aos prazos do CPC, independentemente de determinação legislativa nesse sentido.

45. DIDIER JR., Fredie; CUNHA, Leonardo Carneiro da. *Curso de Direito Processual Civil: meios de impugnação às decisões judiciais e processo nos tribunais*. Vol. 3, 13 ed. reform. Salvador: Juspodivm, 2016, p. 287.

46. Há algumas hipóteses em que está ausente prejuízo imediato à parte a quem é contrária a decisão monocrática e, por isso, não se admite a interposição de agravo interno. É o caso da decisão sobre a intervenção de *amicus curiae* (CPC, art. 138 e CPC, art. 950, § 3º) e da decisão do relator que releva a pena de deserção e fixa prazo de cinco dias para que efetuado o preparo, após o recorrente provar justo impedimento (CPC, art. 1.007, § 6º).

47. Sobre o cabimento, há um dado que merece destaque: o § 3º do art. 1.024 do CPC/15 afasta a equivocada tendência da jurisprudência que se formou à luz do CPC/1973 no sentido de que não seriam cabíveis embargos de declaração contra decisões monocráticas. Assim, se extrai do citado dispositivo uma regra de fungibilidade entre os embargos de declaração e o agravo interno: caso o órgão julgador entenda que cabível o agravo interno (e não os embargos de declaração opostos), deve conhecê-los como se agravo interno fossem, desde que determine previamente a intimação do recorrente para, no prazo de cinco dias, complementar as razões recursais, de modo a ajustá-las às exigências do § 1º do art. 1.021 (impugnação específica dos fundamentos da decisão agravada), principalmente em razão de os embargos de declaração terem sua fundamentação vinculada (CPC, art. .1.022). A regra mereceria encômio por concretizar os princípios da boa-fé, da cooperação, do contraditório e por evitar a decisão-surpresa, em apreço ao art. 10, mas, em verdade, trata-se de norma dispensável. Explica-se: o *caput* do art. 1.022 estabelece que cabem embargos de declaração contra *qualquer decisão judicial* e isso basta para solucionar a situação descrita e afastar o entendimento a que se fez alusão. De todo modo, uma vez prevista a fungibilidade, o legislador foi feliz ao conceder prazo de cinco dias ao recorrente para que adeque os requisitos para o recurso em que se transformará, de modo que o jurisdicionado não mais estará diante da conversão dos embargos de declaração em agravo interno e a subsequente inadmissibilidade do recurso por ausência de preenchimento dos requisitos próprios do agravo (impugnação específica dos fundamentos da decisão agravada), tal como era frequente à luz do CPC/73 no âmbito dos tribunais superiores.

48. Para sanar eventuais dúvidas, o enunciado 142, do FPPC elucida que "Da decisão monocrática do relator que concede ou nega o efeito suspensivo ao agravo de instrumento ou que concede,

Como aparente novidade, o legislador passou a exigir no § 1º do artigo 1.021 que o recorrente impugne, no agravo interno, os fundamentos da decisão agravada de forma específica. A previsão é, por um primeiro olhar, dispensável, por se tratar de requisito de admissibilidade de qualquer recurso, afeto a um dos requisitos formais e cuja inobservância implica a inadmissibilidade do recurso (CPC, art. 932, inciso III).[49] [50]

---

nega, modifica ou revoga, no todo ou em parte, a tutela jurisdicional nos casos de competência originária ou recursal, cabe o recurso de agravo interno nos termos do art. 1.021 do CPC."

49. Para que o recurso seja conhecido, deve preencher certos requisitos formais, *v.g.* (i) a apresentação de razões, com a impugnação específica dos fundamentos adotados na decisão recorrida; (ii) a juntada de peças obrigatórias, se agravo de instrumento e se os autos não forem eletrônicos (CPC, art. 1.017); (iii) a demonstração de repercussão geral, se recurso extraordinário (CPC, 1.035). Em DIDIER JR., Fredie; CUNHA, Leonardo Carneiro da. *Curso de Direito Processual Civil: meios de impugnação às decisões judiciais e processo nos tribunais*. Vol. 3, 13 ed. reform. Salvador: Juspodivm, 2016, p. 124, os autores tratam da regra da dialeticidade. Pelo não conhecimento do recurso que não contra-argumenta de forma específica os fundamentos adotados, a súmula 182 do STJ, editada à luz do CPC/73: "É inviável o agravo do art. 545 do CPC que deixa de atacar especificamente os fundamentos da decisão agravada".

Sobre outras hipóteses que impliquem a inadmissibilidade do recurso, ressalta-se que, antes de não conhecer do recurso, o relator deve conceder o prazo de cinco dias ao recorrente para sanar o vício ou complementar a documentação exigível, conforme disposto no parágrafo único do art. 932 do CPC para recursos interpostos em sede ordinária, ou no § 3º do artigo 1.029, se perante os tribunais superiores, que podem desconsiderar vício formal de recurso tempestivo ou determinar sua correção, desde que não seja grave. Também assim dispõe o § 1º do art. 938 do CPC. A regra veio em boa hora e preserva o princípio da primazia do julgamento do mérito (CPC, art. 4º), além de ser um reflexo do dever de cooperação (CPC, art. 6º). Sobre o tema, o enunciado 82, do FPPC: "É dever do relator, e não faculdade, conceder o prazo ao recorrente para sanar o vício ou complementar a documentação exigível, antes de inadmitir qualquer recurso, inclusive os excepcionais". Também sobre a aplicação do referido artigo, o enunciado 197, do FPPC: "Aplica-se o disposto no parágrafo único do art. 932 aos vícios sanáveis de todos os recursos, inclusive dos recursos excepcionais". O enunciado 551 do FPPC trata da oportunidade de se manifestar sobre a tempestividade do recurso (não de corrigi-la): "Cabe ao relator, antes de não conhecer do recurso por intempestividade, conceder o prazo de cinco dias úteis para que o recorrente prove qualquer causa de prorrogação, suspensão ou interrupção do prazo recursal a justificar a tempestividade do recurso". A ausência de demonstração de repercussão geral no recurso extraordinário (fora a hipótese trazida no art. 1.032 do CPC) é tida como vício insanável: "A inexistência de repercussão geral da questão constitucional discutida no recurso extraordinário é vício insanável, não se aplicando o dever de prevenção de que trata o parágrafo único do art. 932, sem prejuízo do disposto no art. 1.033" (Enunciado 550 do FPPC). Sobre as polêmicas que envolvem a sanabilidade dos vícios recursais, TEMER, Sofia. "NCPC: correção de vícios nos recursos". Disponível em https://processualistas.jusbrasil.com.br/artigos/357104956/ncpc-correcao-de-vicios-dos--recursos. Acesso em 04.12. 2016.

50. A exigência de fundamentação por parte do relator é o outro lado da moeda. Dispõe o § 3º do art. 1.021 que "É vedado ao relator limitar-se à reprodução dos fundamentos da

Diz-se dispensável *por um primeiro olhar*, porque o texto reforça e mostra de forma didática a necessidade de impugnação específica, sobretudo se diante de decisão de mérito do relator, ou seja, se invocado um precedente como fundamento para negar ou dar provimento ao recurso. Tal questão será esmiuçada em momento oportuno, na conclusão, capítulo voltado para a resposta da indagação que intitula este texto.

Merece aplausos a determinação disposta no § 2° do artigo 1.021 acerca da intimação do agravado para apresentação de resposta (contrarrazões) no mesmo prazo, de quinze dias. O CPC revogado silenciava[51]; a inovação é bem-vinda para garantir a higidez do contraditório nos vieses formal (aspecto negativo) e substancial (aspecto positivo), atrelado ao direito de influenciar ativamente no desenvolvimento do processo e na decisão judicial.

Ainda no que toca ao contraditório participativo, por veto presidencial, foi retirada do texto a previsão no inciso VII do art. 937 de sustentação oral para os julgamentos de agravo interno interposto contra decisão singular por meio da qual apreciado recurso de apelação, recurso ordinário, recurso especial ou recurso extraordinário.[52] Não obstante a ausência de previsão

---

decisão agravada para julgar improcedente o agravo interno", em harmonia com o inciso IX do art. 93 da CRFB e o § 1° do art. 489 do CPC, que, de maneira didática, aponta os casos em que não é considerada fundamentada (e, portanto, é nula) a decisão judicial.

51. No sentido de que dispensável a intimação por ausência de previsão legal, STJ, AgRg nos EDcl no AREsp 152612/SP, 3ª turma, rel. min. João Otávio de Noronha, j. 11.02.2014, DJe 24.02.2014; STJ, EDcl no AgRg no REsp 870054/SP, 6ª turma, rel. min. Alderita Ramos de Oliveira (desembargadora convocada do TJ/PE), j. 02.05.2013, DJe 09.05.2013 e STJ, EDcl no AgRg nos EDcl no REsp 1232349/SC, 5ª turma, rel. min. Marco Aurélio Bellizze, j. 06.11.2012, DJe 26.11.2012. Em sentido contrário, de que violado o contraditório se não intimado o agravado para apresentar contrarrazões, salvo se negado seguimento ao agravo pelo relator por ausência de prejuízo ao agravado, STJ, EREsp .1038.844-4/PR, 1ª seção, rel. min. Teori Albino Zavascki, j. 08.10.2008, DJe 20.10.2208. Na ocasião, asseverou o juízo que "A intimação do recorrido para apresentar contra-razões é o procedimento natural de preservação do princípio do contraditório, previsto em qualquer recurso, inclusive no de agravo de instrumento (CPC, art. 527, V). Justifica-se a sua dispensa quando o relator nega seguimento ao agravo (art. 527, I), já que a decisão vem em benefício do agravado. Todavia, a intimação para a resposta é condição de validade da decisão monocrática que vem em prejuízo do agravado, ou seja, quando o relator acolhe o recurso, dando-lhe provimento (art. 557, § 1°-A). Nem a urgência justifica a sua falta: para situações urgentes há meios específicos e mais apropriados, de "atribuir efeito suspensivo ao recurso (art. 558), ou deferir, em antecipação da tutela, total ou parcialmente, a pretensão recursal" (CPC, art. 525, III)".

52. Em PANTOJA, Fernanda Medina. *Julgamento monocrático e agravo interno no novo CPC*, disponível em https://processualistas.jusbrasil.com.br/artigos/406876474/julgamento--monocratico-e-agravo-interno-no-novo-cpc. Acesso em 07.12.2016, a autora lamenta o veto, uma vez que, a seu ver, não poderia banir tal direito das partes nos casos em que haja previsão legal para o recurso originário, que fora julgado por meio da decisão monocrática

legal, nada impede que o próprio regimento interno do tribunal traga a possibilidade (CPC, art. 937, inciso IX).

Outra alteração no procedimento se relaciona com o julgamento: após a intimação do recorrido para apresentar contrarrazões e o decurso do prazo, o relator, se optar por não exercer o juízo de retratação, levará o recurso para a apreciação do órgão colegiado, com *inclusão em pauta* (CPC, art. 1.021, § 2°), regra procedimental inexistente no CPC revogado[53] e que, claro, traz consigo um acréscimo temporal para o julgamento.

Sobre dito acréscimo temporal, ressalta-se que, de certa maneira, é abreviado em razão de o julgamento do agravo interno ter sido excluído da regra que trata da ordem cronológica de conclusão para prolação de sentença ou de acórdão (CPC, art. 12, § 2°, VI).[54] Em razão da alteração do dispositivo em comento durante a *vacatio legis* do CPC por força da Lei 13.256/16, para que a observância da referida ordem cronológica seja *preferencial* e não obrigatória, como constava no texto original, é bem verdade que haverá menor ocorrência desse procedimento nos tribunais e, com isso, menor repercussão prática da regra (e da exclusão do agravo interno da regra).

4. CONCLUSÃO: A BOA-FÉ E A (VELHA) IMPUGNAÇÃO ESPECÍFICA NO AGRAVO INTERNO: UM NOVO COMPORTAMENTO POR FORÇA DOS INCISOS IV E V DO ARTIGO 932 DO CPC/15?

Feitas as explanações pertinentes relativas a cada tema que influencia a resposta da indagação proposta (os princípios da boa-fé e da cooperação, os poderes do relator e o agravo interno), é possível uni-las, integrando-as, para que, somadas às últimas ponderações a seguir aduzidas sobre precedentes, seja alcançada a conclusão.

Retomando-se a análise dos incisos mencionados, ressaltamos que se trata de normas que prestigiam uma das tendências mais marcantes no CPC

---

que desafiou o agravo interno. Aponta, alfim, incoerência do veto com a manutenção do art. 937, § 3°, do CPC/2015, segundo o qual, "nos processos de competência originária previstos no inciso VI, caberá sustentação oral no agravo interno interposto contra decisão de relator que o extinga".

53. O § 1° do art. 557 do CPC revogado dispunha que, se o relator mantivesse sua decisão (não se retratasse), deveria apresentar o processo *em mesa*, proferindo voto. Não havia, portanto, informação e divulgação prévia da pauta. Se dado provimento ao agravo interno, o recurso teria seguimento.

54. De igual modo, estão excluídas da regra descrita no *caput*, sobre a ordem cronológica de conclusão para o julgamento (sentença ou acórdão) as decisões unipessoais do relator baseadas no art. 932 (CPC, art. 12, § 2°, inciso IV).

em vigor, voltada para a isonomia e a segurança jurídica, de que decorre a desejável previsibilidade, por meio de técnicas que assegurem a uniformização e estabilização das decisões judiciais[55]. Os incisos IV e V do art. 932 utilizam fórmulas inversas, são o espelho um do outro, têm a mesma essência e visam a alcançar a mesma finalidade.

A decisão unipessoal acima referida é impugnada por meio de agravo interno, no bojo do qual deve constar o contra-ataque, os contra-argumentos *específicos* e suficientes para infirmar os fundamentos da decisão agravada. Como se disse, por meio de uma análise técnica, a conclusão seria de que a exigência é dispensável, por se tratar de requisito formal de todo recurso. Todavia, a previsão não é grotesca, diante da corriqueira (e indesejável) prática forense de *reproduzir* os termos (as razões do recurso) apreciados pelo relator e agora expostos aos demais integrantes do órgão colegiado por força do agravo interno, como se suficientes para a *admissibilidade* do recurso. Não eram suficientes à luz do CPC/73 e não são à luz do CPC/15. O agravo interno não será admitido e, portanto, não será julgado o pedido de verificação do acerto (ou desacerto) da decisão unipessoal.[56]

A exigência de impugnação específica é acentuada nos casos em que o agravo interno combater decisão em que aplicado precedente (CPC, art. 932, incisos IV e V). É preciso que o recorrente demonstre a não incidência do precedente, por meio da distinção, ou a necessidade de que seja superado, total ou parcialmente.[57] Deve, neste caso, cumprir seu ônus *argumentativo* para modificar a tese jurídica, isto é, para demonstrar que não mais acertada e que, portanto, não merece subsistir, seja porque não analisado relevante argumento jurídico à época de sua formação ou alterado o cenário político, econômico, cultural ou social[58], de modo a implicar a sua revisão.

---

55. O art. 926 do CPC traz, em poucas palavras, o escopo a que se fez menção: "Os tribunais devem uniformizar sua jurisprudência e mantê-la estável, íntegra e coerente".
56. O legislador trouxe diversos outros dispositivos ao longo do CPC aparentemente desnecessários, com o fito de combater a inadequada e indevida prática forense, seja por parte dos advogados ou dos julgadores, muita vez *contra legem*, sem respaldo em qualquer norma.
57. Há divergência doutrinária em relação à competência para a revisão do precedente. Entendemos que só o órgão que formou o precedente (ou, naturalmente, o órgão hierarquicamente superior) são competentes para a superação. Nesse sentido, LIBARDONI, Carolina Uzeda. *Precedentes: breves notas sobre vinculação, dever de fundamentação e superação.* Disponível em https://processualistas.jusbrasil.com.br/artigos/409536353/precedentes-breves-notas--sobre-vinculacao-dever-de-fundamentacao-e-superacao. Acesso em 08.12.2016. Também assim entende Hermes Zaneti Jr. Confira em ZANETI JR., Hermes. Comentários ao art. 927 em CABRAL, Antonio do Passo e CRAMER, Ronaldo (coord.). *Comentários ao Novo Código de Processo Civil.* Rio de Janeiro: Forense, 2015, p. 1.328.
58. As causas mais comuns que geram a necessidade de superação de um precedente são a revogação ou modificação da lei em que ele se baseou e a alteração do contexto (econômico, político, cultural ou social) em que formado, a ponto de justificar o seu banimento

Expostos os argumentos tidos como relevantes para o enfrentamento da provocação que intitula este texto, pensamos que bem delineada a conclusão: sim, os incisos IV e V do art. 932 do CPC impõem um novo comportamento. Em verdade, dito novo comportamento não decorre *apenas* dos citados incisos, mas do resultado do invólucro do CPC: a lealdade processual, imposta pela boa-fé e pela cooperação, e a vinculação e o respeito aos precedentes, passos necessários para que haja previsibilidade, segurança jurídica, isonomia e não sejamos pegos de sobressalto por nossas condutas.

A novidade, a impor comportamento diverso do recorrente, não advém – insiste-se – da previsão de impugnação específica como requisito para a admissibilidade do agravo interno, inexistente no § 1º do art. 557 do CPC/73. Também já era exigida a atuação leal das partes no âmbito processual. Não havia o sistema de precedentes, a vinculação às decisões previamente estipuladas pelo legislador e, portanto, o *dever* de o recorrente enfrentar as decisões judiciais adotadas como fundamento. Se persuasivo ou vinculante, o recorrente deve (contra-)atacá-lo e demonstrar que não se aplica ao seu caso (distinção) ou que deve ser revisto, total ou parcialmente (superação), por força de *novos* argumentos (novo argumento jurídico ou novo contexto).

Tudo o que foi dito pode ser replicado para a atuação dos julgadores, de quem igualmente é exigido novo comportamento. A exigência de fundamentação por parte do relator é o outro lado da moeda (CPC, art. 1.021, § 3º)[59] e está em harmonia com o § 1º do art. 489 do CPC, notadamente incisos V e VI.

(retirada do ordenamento jurídico) e a substituição por nova tese jurídica com eficácia normativa. Nesse sentido, o enunciado 322 do FPPC. Sobre o procedimento a ser adotado para a superação, o enunciado 321 do FPPC.

59. Em NEVES, Daniel Amorim Assumpção. *Manual de direito processual civil*, vol. único. 8ª edição, Salvador: JusPodivm, 2016, p. 1.583, o autor alerta que a vedação promete mexer num vespeiro, em razão de muitas decisões de agravo interno utilizarem a fundamentação *per relationem*, admitida pelo STJ (confira, por exemplo, STJ, AgRg no AgRg no AREsp 630.003/SP, 4ª turma, rel min. Antonio Carlos Ferreira, j. 07.05.2015, DJe 19.05.2015). Em STJ, HC 214.049/SP, 6ª turma, rel originário min. Nefi Cordeiro, rel. p/ acórdão min. Thereza de Assis Moura, j. 05.02.2015, DJe 10.03.2015, afirmou-se que é admitida a "fundamentação *per relationem*, mas desde que o julgado faça referência concreta às peças que pretende encampar, transcrevendo delas partes que julgar interessantes para legitimar o raciocínio lógico que embasa a conclusão a que se quer chegar". Pensamos que é possível a transcrição de determinados trechos relevantes, o que não pode afastar o dever do tribunal de expor as razões pelas quais considera a decisão recorrida acertada, de modo a justificar a sua manutenção. A mera transcrição significa que não houve diálogo e verdadeira fundamentação. Se o tribunal, ao julgar o recurso, nada acrescenta aos fundamentos invocados pelo juiz prolator da decisão recorrida, ficam sem resposta as críticas feitas pela parte ao entendimento adotado anteriormente e simplesmente aplaudido no julgamento posterior. Estará violado o texto constitucional e os incisos I e IV do art. 489 do CPC. Não obstante, a possibilidade está prevista expressamente, por exemplo, no

Apesar de inadequada também à luz do CPC/73, em razão de a matriz do art. 489 do CPC ser constitucional (CRFB, art. 93, inciso IX), era diária a afronta ao dever de motivação das decisões judiciais, vivência infeliz e frequente nos corredores dos foros, de modo a justificar que, de maneira didática e exemplificativa, sejam apontados casos em que não é considerada fundamentada (e, portanto, é nula) a decisão judicial.

Desta feita, também é exigido um novo comportamento por parte dos julgadores, agora por força do § 3º do art. 1.021, além dos alicerces (uns dos) acima indicados em que elaborado o CPC/15, aqui comuns (a lealdade processual, imposta pela boa-fé e pela cooperação, e a vinculação e o respeito aos precedentes). Não pode mais ser tolerada a atuação que signifique ausência ou deficiência de motivação da decisão. Conforme nos *ensina* o art. 489 do CPC, não basta, por exemplo, (i) se limitar à indicação, à reprodução ou à paráfrase de ato normativo, sem explicar sua relação com a causa ou a questão decidida; (ii) empregar conceitos jurídicos indeterminados, sem explicar o motivo concreto de sua incidência no caso; (iii) invocar motivos que se prestariam a justificar qualquer outra decisão; (iv) não enfrentar todos os argumentos deduzidos no processo capazes de, em tese, infirmar a conclusão adotada pelo julgador[60]; (v) se limitar a invocar precedente ou enunciado de súmula, sem identificar seus fundamentos determinantes nem demonstrar que o caso sob julgamento se ajusta àqueles fundamentos; (vi) deixar de seguir enunciado de súmula, jurisprudência[61] ou precedente invocado pela

---

art. 46 da lei 9.099/95, que dispõe sobre os Juizados Especiais Cíveis e Criminais. Sobre esse tema com mais detalhes, confira SCHMITZ, Leonard Ziesemer. *Fundamentação das decisões judiciais – a crise na construção de respostas no processo civil.* São Paulo: RT, 2015.

60. Por isso, foi tão criticado o julgamento STJ, Dcl no MS 21.315/DF, 1ª seção, Rel. Ministra Diva Malerbi (desembargadora convocada do TRF da 3ª região), j. 08/06/2016, DJe 15/06/2016, em que, poucos meses após o início da vigência do CPC/15, repetido o chavão no sentido de que "O julgador não está obrigado a responder a todas as questões suscitadas pelas partes, quando já tenha encontrado motivo suficiente para proferir a decisão". No sentir dos ministros da Primeira Seção do STJ, "[a] prescrição trazida pelo art. 489 do CPC/2015 veio confirmar a jurisprudência já sedimentada pelo Colendo Superior Tribunal de Justiça, sendo dever do julgador apenas enfrentar as questões capazes de infirmar a conclusão adotada na decisão recorrida", interpretação descolada do texto constitucional e do citado artigo do CPC, que tem como alvo combater dita prática judicial de selecionar alguns dos argumentos trazidos pela parte vencida, sob escudo vago, arbitrário e subjetivo de que seriam suficientes, sendo os demais, por uma seleção pessoal, irrelevantes. O argumento da parte pode ser rejeitado, mas não desconsiderado; se tido como irrelevante (incapaz de alterar a decisão), o juiz deve apontar por quê. Nunca é demais lembrar que a ausência (ou deficiência) da motivação da decisão fere o contraditório e impede (ou dificulta) o recurso (aspecto endoprocessual) e lhe retira a legitimidade e inviabiliza o seu controle social (aspecto extraprocessual).

61. Aqui, parece ter havido um descuido técnico do legislador, ao se referir a jurisprudência como norma.

parte, sem demonstrar a existência de distinção no caso em julgamento ou a superação do entendimento. Não era suficiente à luz do CPC/73 e não é suficiente à luz do CPC/15, mas agora com um *quê* a mais, por força dos precedentes (CPC, art. 927), refletidos em parte dos incisos do art. 489 do CPC ora transcritos.

Finalmente, uma última questão, não menos importante que as demais enfrentadas, que envolve a boa-fé e o agravo interno: se o órgão colegiado considerar, por unanimidade, o recurso manifestamente inadmissível ou improcedente[62], o agravante será condenado, pelo órgão colegiado, a pagar uma

---

62. A incidência da sanção foi alterada: antes, à luz do § 2º do art. 557 do código revogado, a condenação tinha lugar diante de agravo "manifestamente inadmissível ou infundado", ao passo que o atual diploma processual faz alusão a agravo interno "manifestamente inadmissível ou improcedente em votação unânime". No sentido de que a improcedência também deve ser *manifesta* (e não apenas a inadmissibilidade), o enunciado 358, do FPPC: "A aplicação da multa prevista no art. 1.021, § 4º, exige manifesta inadmissibilidade ou manifesta improcedência." No sentido de que a inadmissibilidade também deve ser considerada por consenso unânime do órgão colegiado (e não apenas a improcedência), o enunciado 359, do FPPC: "A aplicação da multa prevista no art. 1.021, § 4º, exige que a manifesta inadmissibilidade seja declarada por unanimidade."
Em PANTOJA, Fernanda Medina. *Julgamento monocrático e agravo interno no novo CPC*, disponível em https://processualistas.jusbrasil.com.br/artigos/406876474/julgamento--monocratico-e-agravo-interno-no-novo-cpc. Acesso em 07.12.2016, a autora critica as expressões utilizadas pelo legislador, em razão de a imprecisão de seu conteúdo outorgar aos julgadores censurável arbítrio para defini-las. A seu ver, não se justifica que a lei, de um lado, tenha afastado a discricionariedade do julgador ao vedar a possibilidade de decisão monocrática de mérito com fundamento na manifesta improcedência do recurso e, de outro, haja mantido a aplicação da multa ao agravo interno com base exatamente nessa hipótese.
Finalmente, cabe uma indagação ainda sobre o campo de incidência da referida penalidade: trata-se de mera alteração redacional ou há diferença substancial entre o recurso ser considerado *infundado* ou *improcedente*? Não nos parece que haja distinção relevante entre os casos de recurso infundado ou improcedente. Em sentido contrário, Arlete Aurelli e Izabel Cristina Pantaleão afirmam que, embora pareça uma modificação sem importância à primeira vista, não o é: "Entendemos que a alteração prejudica o jurisdicionado, porque mudou de infundado para improcedente. Infundado, na nossa visão, seria o recurso sem fundamento, apresentado apenas para protelar o trânsito em julgado da decisão. Já o recurso improcedente diz respeito ao mérito que, embora tenha sido fundamentado, não será capaz de alterar a decisão recorrida." Confira em AURELLI, Arlete e PANTALEÃO, Izabel Cristina. "A multa do agravo interno X a necessidade de esgotamento das vias ordinárias para a interposição dos recursos excepcionais". Disponível em http://processualistas.jusbrasil.com.br/artigos/354373498/a-multa-do-agravo-interno-x-a-necessidade-de-esgotamento-das-vias-ordinarias-para-a-interposicao-dos-recursos-excepcionais. Acesso em 04.12.2016. Em AgRg no AgRE 938.519, 1a. turma, rel. min. Marco Aurélio Mello, j. em 24.05.2016, ao aplicar a multa prevista no § 4º do art. 1.021 do CPC, o STF se referiu a "agravo manifestamente infundado", pelo que parece não distinguir recurso manifestamente "infundado" de "improcedente", para fins da incidência da citada sanção.

multa em favor do agravado entre um e cinco por cento do valor da causa[63] (CPC, art. 1.021, § 4º), cujo recolhimento deverá anteceder a interposição de qualquer outro recurso[64], salvo se interposto pela Fazenda Pública ou por beneficiário de gratuidade de justiça[65], que farão o pagamento ao final (não ficam, portanto, exonerados do dever jurídico) (CPC, art. 1.021, § 5º).

---

63. A base de cálculo da multa permanece a mesma estabelecida pelo código revogado (valor atualizado da causa), mas o percentual máximo dantes fixado pelo § 2º do artigo 557 foi reduzido de dez para cinco por cento.
64. A exigência de depósito prévio da multa para a interposição de outro recurso é palco de debates doutrinários. Em PANTOJA, Fernanda Medina; FERRAZ, Leslie S. *Julgamento Singular e Agravo Interno: Uma Análise Empírica*. São Paulo: Revista de Processo, v. 211, p. 61-100, 2012, as autoras se posicionaram pela inconstitucionalidade do depósito da multa como condição de recorribilidade, por ferir a garantia de ampla defesa e de acesso à justiça. Ademais, demonstraram preocupação com o valor, sob o argumento de que a multa pode alterar significativamente o custo econômico do processo e mesmo o percentual mínimo (1% do valor da causa) pode cercear o direito ao recurso, de modo que deve ser infligida pelo juiz com moderação. Na vigência do CPC/73, o STF entendeu que legítimo como pressuposto objetivo de recorribilidade, que "visa a conferir real efetividade ao postulado da lealdade processual" e a "coibir os excessos, os abusos e os desvios de caráter ético--jurídico nos quais incidiu o "improbus litigator"". Confira em STF, AgRg nos EDcl em EDiv em EDcl no AgIn 567.171/SE, j. 03.12.2008. Pela constitucionalidade e ausência de restrição do acesso à justiça, haja vista que a sanção decorre de ato desleal da própria parte, NEVES, Daniel Amorim Assumpção. *Manual de direito processual civil*, vol. único. 8ª ed., Salvador: JusPodivm, 2016, p. 1.584. Em STJ, REsp 1.354.977/RS, 4ª turma, rel. Min. Luis Felipe Salomão, j. 02.05.2013, DJe 20.05.2013, decidiu-se, a nosso ver de forma acertada, que não se pode condicionar ao recolhimento da multa em comento a interposição, em outra fase processual, de recurso que busque a reforma de matéria diversa da tratada no recurso de que decorreu a multa, sob pena de obstaculizar demasiadamente o exercício do direito de defesa.
65. No sentido de que sem razão a exclusão, com base nos artigos 5º e 98, § 4º, ambos do CPC, e de que fere a isonomia, ARAÚJO, Luciano Vianna. Comentários ao art. 1.021 em CABRAL, Antonio do Passo e CRAMER, Ronaldo (coord.). *Comentários ao Novo Código de Processo Civil*. Rio de Janeiro: Forense, 2015, p. 1.509. Em DIDIER JR., Fredie; CUNHA, Leonardo Carneiro da. *Curso de Direito Processual Civil: meios de impugnação às decisões judiciais e processo nos tribunais*. Vol. 3, 13 ed. reform. Salvador: Juspodivm, 2016, p. 291, os autores alertam para a existência, no CPC, de um microssistema de regras aplicáveis aos entes públicos, assim considerados a Fazenda Pública, o Ministério Público e a Defensoria Pública, que impõe um regime jurídico único que lhes é aplicável. É exemplo o prazo em dobro e a intimação pessoal, dispostos nos artigos 180, 183 e 186, e a responsabilidade civil apenas regressiva e subjetiva (apenas quando agir com dolo ou fraude no exercício de suas funções), nos termos dos artigos 181, 184 e 187, todos do CPC. Por força do citado microssistema, o Ministério Público deve ser incluído – concluem – no dispositivo em comento e deve ser dispensado o depósito prévio para a interposição de outro recurso. No mesmo sentido de incluir o Ministério Público no dispositivo, por uma questão de coerência sistêmica, em razão de o Ministério Público não ter personalidade própria e

Acolhidas ou não as críticas doutrinárias que giram em torno da multa, há uma situação comumente apontada em que a rejeição do recurso, *em princípio*, não poderia implicar a aplicação da referida sanção: a interposição de agravo interno com o fim de esgotar as vias ordinárias, para que interposto, em seguida, recurso excepcional e seja, assim, levada a questão de direito para a análise dos tribunais superiores[66].

A partir das ponderações desenvolvidas, há, aqui, um ponto para reflexão, que impõe que a alegação acima seja feita com parcimônia. A multa será imposta se manifesta a inadmissibilidade do recurso ou se manifesta a improcedência, desde que, em qualquer dos casos, seja fruto de entendimento unânime do colegiado. Se o relator, monocraticamente, negar seguimento ao recurso em razão de vício processual (recurso inadmissível, prejudicado ou que não tenha impugnado especificamente os fundamentos da decisão recorrida – CPC, art. 932, inciso III), ainda que entenda que *manifesta* tal inadmissibilidade, não *deverá* aplicar a multa em comento se a parte interpuser agravo interno com a impugnação específica dos fundamentos da decisão singular *e* assim proceder com o fim de esgotar as vias ordinárias para demonstrar o desacerto da decisão por meio de recurso excepcional ao tribunal superior competente.

O que se disse será inumado se a questão processual tiver sido objeto de precedente *vinculante e* a parte não demonstrar o desacerto da decisão singular em razão da não incidência no caso em questão (distinção) ou se não trouxer as razões que ensejam a modificação da tese jurídica adotada (superação). Em poucas palavras, não basta a rebeldia. Não basta, para a superação, o mero inconformismo, a reiteração de argumentos já apreciados, enfrentados e rechaçados quando da formação do precedente obrigatório.

A elucidação acima é exatamente o que se defende para se a decisão singular for de mérito (CPC, art. 932, incisos IV e V), que replica, portanto, um precedente.

Assim, o argumento de que a interposição do agravo interno é imprescindível para que seja a última na instância ordinária e para a abertura da via excepcional não nos parece, *por si só*, capaz de afastar a penalidade em comento, se a decisão singular – seja de admissibilidade (CPC, art. 932, inciso III) ou de mérito (CPC, art. 932, incisos IV e V) – se basear em precedente *vinculante* e a parte atacá-lo, por meio de agravo interno, sem trazer razões que subsidiem a distinção ou superação.

---

ser um órgão da União ou do Estado, NEVES, Daniel Amorim Assumpção. *Manual de direito processual civil*, vol. único. 8ª edição, Salvador: JusPodivm, 2016, p. 1.585.

66. A exigência é prevista em CRFB, art. 102, inciso III (recurso extraordinário) e art. 105, inciso III (recurso especial). Nesse sentido, a súmula 281 do STF.

Se a norma (o precedente) em que baseada a decisão unipessoal não deveria incidir no caso, em verdade, o entendimento não foi acertado e o agravo interno que contra ele se volta não é manifestamente inadmissível ou improcedente. Se não há mais razão para subsistir e a parte esmiúça por que, deve ser garantido a ele o agravo interno e o recurso excepcional, de modo a permitir a revisão da tese jurídica pelo órgão prolator competente, e seja, assim, oxigenado o direito. Nesses casos, não há de se falar em multa. Se, ao revés, o agravante se limitou a trazer seu convencimento pessoal contra o precedente ou contra a sua observância obrigatória, o recurso será protelatório (porque manifestamente improcedente) na instância ordinária, de modo a atrair a multa disposta no § 4º do art. 1.021 do CPC, ou na instância extraordinária, de modo a atrair a multa disposta no inciso VII do art. 80, que tem como escopo combater o mesmo mal.

A conclusão exposta decorre do fato de a lei ter afastado a discricionariedade do relator, ao vedar a possibilidade de a decisão monocrática de mérito se respaldar na *improcedência* do recurso ou na sua dissonância com a *jurisprudência dominante* do respectivo tribunal ou de tribunal superior, tal como permitia o art. 557 do CPC revogado[67], limitando o CPC/15 as decisões unipessoais de mérito àquelas que se prestam a se harmonizar com (i) súmula do STF, do STJ ou do próprio tribunal que o relator integra; (ii) acórdão proferido pelo STF ou pelo STJ em julgamento de recursos repetitivos; ou (iii) entendimento firmado em incidente de resolução de demandas repetitivas[68] ou de assunção de competência.

Nesse sentido, salvo os casos de distinção e superação, a decisão do tribunal superior, cuja manifestação pretende o agravante, deverá ser rigorosamente a mesma do tribunal de origem, pelo que justificada estaria a multa em questão, mesmo diante da alegação da parte de interposição do agravo interno para esgotamento da via ordinária.

---

67. Porque as hipóteses correspondiam a conceitos jurídicos indeterminados (*rectius*: determináveis) e, portanto, abertos, vagos e tinham de ser preenchidos pelo julgador, era possível que o entendimento do tribunal de origem não coincidisse com o do tribunal superior. Hoje, porque a decisão singular de mérito se baseará em precedente vinculante, os julgamentos deverão ser o mesmo, eis que os tribunais superiores também são obrigados a seguir seus próprios precedentes por vinculação horizontal, salvo – repita-se – se caso de distinção ou revisão. Por óbvio, dito raciocínio e conclusão não se sustentam se diante de precedente *persuasivo*, justamente por não ser obrigatória a sua observância e haver margem, assim, para decisões discrepantes, embora não seja o desejável.

68. Sobre o incidente de resolução de demandas repetitivas: TEMER, Sofia. *Incidente de resolução de demandas repetitivas*. Salvador: Juspodivm, 2016.

Notas Introdutórias sobre o Recurso de Apelação no Novo Código de Processo Civil

Mônica Pimenta Júdice[1]

> **Sumário** • **1**. Introdução – **2**. Noções preliminares em matéria de direito intertemporal – **3**. O direito intertemporal recursal – **4**. O agravo de instrumento previsto no artigo 1.015 do NCPC – **5**. Conclusão.

O recurso de apelação é cabível contra o pronunciamento do magistrado que põe fim a alguma fase do processo (cognitiva ou executiva) com fundamento nos arts. 485 ou 487 do CPC/15. É como dispõe o art. 203, § 1º, do CPC/15, que revela que *"o conteúdo do ato é relevante, mas não o suficiente para qualificá-lo, importando também a finalidade do mesmo ato para que se dê essa classificação: se tem o conteúdo do CPC, art. 485 ou 487 e, também, extingue o processo é sentença; se contém matéria do CPC, art. 485 ou 487, mas não extingue o processo de execução nem a fase cognitiva do procedimento comum (especial ou de jurisdição voluntária), é decisão interlocutória"* (NERY, Nelson. NERY, Rosa Maria de Andrade. Comentários ao Código de Processo Civil – Novo CPC – Lei n. 13.105/2015, São Paulo: RT, 2015, p. 2.078).

Em outras palavras, apelação é o recurso cabível contra a sentença terminativa (sem resolução do mérito) ou definitiva (com resolução do mérito), de procedência, total ou parcial, ou de improcedência.

É o que traz o art. 1.009 do CPC/15:

---

1. Mestre em Direito Processual Civil pela PUC/SP. LLM em Direito Marítimo pela Universidade de Oslo. Diretora de Direito Marítimo, Aduaneiro e Portuário na ESA/ES. Autora do livro "O Direito Marítimo no Código de Processo Civil". Advogada e Professora.

Art. 1.009. Da sentença cabe apelação.

Excluem-se, nesse conceito, aquelas sentenças objeto de recurso ordinário constitucional (CF/88, art. 105, II, "c").

O prazo de interposição será de 15 (quinze) dias, na forma do art. 1.003, § 5º, do CPC/15.

Prosseguindo a análise, tem-se que, no CPC/15, o recurso de apelação poderá impugnar a sentença e/ou a decisão interlocutória não impugnável por agravo de instrumento (CPC/15, art. 1.015, § 1º)[2], desde que essa matéria seja objeto de preliminar nas razões da apelação pelo recorrente ou nas contrarrazões pelo recorrido.

Essa impugnação terá, naturalmente, natureza recursal, devendo ser devidamente fundamentada, sob pena de não conhecimento[3].

Não caberá, portanto, agravo retido nos autos, em decorrência da ausência de preclusão daquelas matérias objeto de decisão interlocutória não passíveis de agravo de instrumento (CPC/15, art. 1.015).

Assim, não caberá agravo de instrumento contra a decisão que indefere a produção de algum meio de prova, por exemplo, porque não consta no rol do art. 1.015, de modo que o interessado deverá impugnar o pronunciamento interlocutório em apelação, ou em contrarrazões de apelação, sob pena de essa decisão não ser objeto de reapreciação pelo juízo *ad quem*. É claro que caso a matéria verse sobre questões de ordem pública, sobre as quais não incide preclusão (CPC/15, art. 485, § 3º), essas matérias poderão ser reapreciadas independentemente de impugnação específica sobre elas.

Nesse sentido, há alguns julgados recentes sobre o assunto:

AGRAVO DE INSTRUMENTO – ART. 1.015 DO CÓDIGO DE PROCESSO CIVIL (LEI 13.105/15)– HIPÓTESES TAXATIVAS DE CABIMENTO – DECISÃO RECORRIDA QUE NAQUELAS NÃO SE ENQUADRA – INAGRAVABILIDADE – INEXISTÊNCIA DE PRECLUSÃO – ART. 1.009, § 1º, DO CPC – PRELIMINAR DE INADMISSIBILIDADE RECURSAL, SUSCITADA DE OFÍCIO, ACOLHIDA – RECURSO NÃO CONHECIDO. – O novo Código de Processo Civil, instituído pela Lei 13.105/15, prevê, em seu art. 1.105, hipóteses taxativas de cabimento do agravo de instrumento. De sorte que não são todas as decisões interlocutórias que podem ser atacadas por este recurso. – Se a decisão recorrida não se amolda ao índice do art. 1.015 do CPC, nem

---

2. Art. 1.009. "Da sentença cabe apelação. [...]§ 1.º As questões resolvidas na fase de conhecimento, se a decisão a seu respeito não comportar agravo de instrumento, não são cobertas pela preclusão e devem ser suscitadas em preliminar de apelação, eventualmente interposta contra a decisão final, ou nas contrarrazões".

3. § 2.º Se as questões referidas no § 1.º forem suscitadas em contrarrazões, o recorrente será intimado para, em 15 (quinze) dias, manifestar-se a respeito delas.

às hipóteses previstas em disposições legais esparsas, é ela inagravável, isto é, não pode ser atacada pelo recurso de agravo de instrumento. - Ressalva-se, contudo, que a matéria não está coberta pela preclusão, em que pese a inagravabilidade da decisão interlocutória recorrida, eis que, consoante dispõe o art. 1.009, § 1º, do CPC, poderá ser suscitada em eventual apelo ou contrarrazões de apelação. - Preliminar de inadmissibilidade recursal, suscitada de ofício, acolhida. (TJ-MG - AI: 10024143323574002 MG, Relator: Eduardo Mariné da Cunha, Data de Julgamento: 23/08/0016, Câmaras Cíveis / 17ª CÂMARA CÍVEL, Data de Publicação: 29/08/2016)

AGRAVO DE INSTRUMENTO. AÇÃO INDENIZATÓRIA. DIREITOS AUTORAIS. PERÍCIA CONTÁBIL. INCONFORMISMO DAS PARTES COM O LAUDO. Determinação pelo juízo de realização de segunda perícia. Posterior revogação do comando. Decisão revogadora proferida em 30 de março de 2016 que se sujeita, por conseguinte, ao regime recursal no novo Código de Processo Civil (Lei 13.105/15). Hipótese que não comporta impugnação pela via do agravo de instrumento. Decisão que teve por objeto matéria diversa daquelas previstas no rol exaustivo do art. 1.015 do CPC. Inteligência do art. 1.009, § 1º, da mesma Lei. Recurso manifestamente inadmissível. Agravo de instrumento não conhecido, na forma do art. 932, III, do CPC/15. (TJ-RJ - AI: 00223502120168190000 RIO DE JANEIRO BARRA DA TIJUCA REGIONAL 3 VARA CÍVEL, Relator: EDUARDO GUSMÃO ALVES DE BRITO NETO, Data de Julgamento: 13/05/2016, DÉCIMA SEXTA CÂMARA CÍVEL, Data de Publicação: 19/05/2016)

PROCESSO CIVIL. AGRAVO POR INSTRUMENTO. AÇÃO DE OBRIGAÇÃO DE FAZER. PEDIDO DE INTERNAÇÃO EM UTI DE HOSPITAL PÚBLICO OU PARTICULAR. DECISÃO QUE DECLINA DA COMPETÊNCIA DA VARA DE FAZENDA PÚBLICA PARA UMA DAS VARAS DOS JUIZADOS ESPECIAIS DA FAZENDA PÚBLICA. RESOLUÇÃO Nº 7/10, DO TJDFT. VALOR DA CAUSA. ILIQUIDEZ. ARTIGO 38, DA LEI Nº 9.099/95. AUTOR INCAPAZ. VEDAÇÃO. ARTIGO 8º DA LEI Nº 9.099/95. RECUSO PROVIDO. 1. No monumental Código Buzaid, o agravo era gênero no qual ingressavam duas espécies: o agravo retido e o de instrumento. Qualquer decisão, que viesse a resolver questão incidental sem colocar termo ao processo, era passível de agravo suscetível de imediata interposição por alguma estas duas formas. O NCPC alterou estes dois dados ligados à conformação do agravo: a agravo retido desaparece do sistema (as questões resolvidas por decisões interlocutórias não suscetíveis de agravo de instrumento só poderão ser atacadas nas razões de apelação, art. 1009, § 1º, NCPC) e o agravo de instrumento passa a ter cabimento apenas contra as decisões expressamente arroladas pelo legislador (art. 1015 NPC), tal como ocorria no CPC de 1939, em seu art. 822. 2. Agravo de instrumento tirado contra interlocutória proferida pelo Juízo da 6ª Vara de Fazenda Pública do DF, que declinou da competência em favor de uma das Varas dos Juizados Especiais da Fazenda Pública. 3. (...). (TJDFT, 2ª Turma Cível, AGI nº 2015.00.2.029483-3, relª. Desª. Gislene Pinheiro, DJe de 11/2/2016, p. 137). 6. Agravo conhecido e provido. (TJ-DF - AGI: 20150020242462, Relator: MARIO-ZAM BELMIRO, Data de

Julgamento: 17/02/2016, 2ª Turma Cível, Data de Publicação: Publicado no DJE : 18/03/2016 . Pág.: 145)

AGRAVO DE INSTRUMENTO. INDEFERIMENTO DO PEDIDO DE PRODUÇÃO DE PROVA TESTEMUNHAL. Decisão não enquadrada nas hipóteses previstas no art. 1.015 do CPC/2015. Diante do não cabimento do agravo de instrumento, a questão não estará coberta pela preclusão, podendo ser suscitada em preliminar de apelação eventualmente interposta ou nas contrarrazões. Inteligência do art. 1009, § 1º do CPC/2015. RECURSO DA CORRÉ NÃO CONHECIDO. (TJ-SP – AI: 21117138720168260000 SP 2111713-87.2016.8.26.0000, Relator: Berenice Marcondes Cesar, Data de Julgamento: 28/06/2016, 28ª Câmara de Direito Privado, Data de Publicação: 30/06/2016)

Cumpre ainda registrar que não vem se admitindo a fungibilidade recursal entre os recursos de apelação e de agravo de instrumento:

AGRAVO DE INSTRUMENTO. DECISÃO QUE INDEFERIU A PROVA PERICIAL EIS QUE NÃO QUESTIONADO OS FATOS A SEREM COMPROVADOS ATRAVÉS DA PROVA TÉCNICA. ART. 1.015 **DO NCPC. ROL TAXATIVO. INADMISSIBILIDADE DE APLICAÇÃO DO PRINCÍPIO DA FUNGIBILIDADE.** DECISÃO QUE NÃO É COBERTA PELA PRECLUSÃO E QUE DEVE SER SUSCITADA EM PRELIMINAR DE APELAÇÃO, 1º DO ART. 1.009 DO NCPC. AUSÊNCIA DE REQUISITO DE ADMISSIBILIDADE. DESCONHECIMENTO DO RECURSO. (TJ-RJ – AI: 00242573120168190000 RIO DE JANEIRO CAPITAL 9ª VARA CÍVEL, Relator: MARIA DA GLORIA OLIVEIRA BANDEIRA DE MELLO, Data de Julgamento: 31/08/2016, VIGÉSIMA TERCEIRA CÂMARA CÍVEL CONSUMIDOR, Data de Publicação: 02/09/2016).

No tocante à regularidade da apelação, deve-se observar o art. 1.010 do CPC/2015, *in verbis*:

Art. 1.010. A apelação, interposta por petição dirigida ao juízo de primeiro grau, conterá:

I – os nomes e a qualificação das partes;

II – a exposição do fato e do direito;

III – as razões do pedido de reforma ou de decretação de nulidade;

IV – o pedido de nova decisão.

§ 1.º O apelado será intimado para apresentar contrarrazões no prazo de 15 (quinze) dias.

§ 2.º Se o apelado interpuser apelação adesiva, o juiz intimará o apelante para apresentar contrarrazões.

§ 3.º Após as formalidades previstas nos §§ 1.º e 2.º, os autos serão remetidos ao tribunal pelo juiz, independentemente de juízo de admissibilidade.

Há a necessidade da fundamentação do recurso que, somado ao pedido, deve ser imediata, não podendo a parte apresentá-las posteriormente. Porém, a reiteração dos argumentos da contestação e da inicial não implica necessariamente a inadmissibilidade[4], desde que evidencie a inconformidade e se contraponha aos fundamentos da sentença, ensejando a reforma (ALVIM, Arruda; ASSIS, Araken; ALVIM, Eduardo A. *Comentários ao Código de Processo Civil*, 3. ed. São Paulo: Revista dos Tribunais, 2014, p. 1006).

Note-se, nesse ponto, que, ainda que se repita a fundamentação outrora lançada nos autos, não poderá a parte eximir-se de impugnar especificamente os fundamentos da decisão recorrida. Ainda, será o apelado intimado para apresentar contrarrazões no prazo de 15 (quinze) dias, bem como poderá aproveitar-se do recurso da parte contrária (CPC/2015, art. 997[5]), por meio do recurso adesivo.

Nesse caso, a secretaria do juízo abrirá vista ao apelante para que possa apresentar suas contrarrazões ao recurso adesivo no prazo de 15 (quinze) dias, abrirá ainda vista para que ele se manifeste sobre a impugnação sobre alguma decisão interlocutória do apelado, de modo que, caso o apelado tenha praticado a apelação adesiva e impugnado decisão interlocutória nas contrarrazões, correrá o prazo único de quinze dias para o apelante.

Passada essa etapa, a secretaria deverá encaminhar os autos ao órgão *ad quem*. A novidade trazida, portanto, encontra-se na previsão de que os autos serão remetidos ao tribunal, independentemente de juízo de admissibilidade. Ou seja, o recurso de apelação continua sendo interposto e processado no juízo de primeiro grau, mas, intimado o apelado, e decorrido o prazo de resposta, os autos serão remetidos ao tribunal, sendo este o órgão competente para realizar o juízo de admissibilidade. Logo, no CPC/2015 não mais existe

---

4. ADMINISTRATIVO E PROCESSUAL CIVIL. RECURSO ESPECIAL. INEXISTÊNCIA DE OFENSA AO ART. 535 DO CPC. APELAÇÃO. REPRODUÇÃO DAS RAZÕES DEDUZIDAS NA CONTESTAÇÃO. DEMONSTRAÇÃO DE INTERESSE NA REFORMA DA SENTENÇA. POSSIBILIDADE. PRECEDENTES. TOMBAMENTO. CONSERVAÇÃO E REPARAÇÃO DO BEM. AUSÊNCIA DE CONDIÇÕES DE SUPORTAR O ENCARGO. ANÁLISE DE PROVAS. IMPOSSIBILIDADE. SÚMULA 7/STJ. RECURSO PARCIALMENTE CONHECIDO E DESPROVIDO. (REsp 1027685/MG, Rel. Ministro TEORI ALBINO ZAVASCKI, PRIMEIRA TURMA, DJe 04/02/2009).
5. **Art. 997.** Cada parte interporá o recurso independentemente, no prazo e com observância das exigências legais.§ 1º. Sendo vencidos autor e réu, ao recurso interposto por qualquer deles poderá aderir o outro.§ 2º. O recurso adesivo fica subordinado ao recurso independente, sendo-lhe aplicáveis as mesmas regras deste quanto aos requisitos de admissibilidade e julgamento no tribunal, salvo disposição legal diversa, observado, ainda, o seguinte: I – será dirigido ao órgão perante o qual o recurso independente fora interposto, no prazo de que a parte dispõe para responder; II – será admissível na apelação, no recurso extraordinário e no recurso especial; III – não será conhecido, se houver desistência do recurso principal ou se for ele considerado inadmissível.

a distribuição solidária entre os órgãos *ad quem* e *a quo* do exame do juízo de admissibilidade no recurso de apelação. Nesse sentido, o Enunciado n. 99 do Fórum Permanente de Processualistas Civis – FPPC: "O órgão *a quo* não fará juízo de admissibilidade da apelação" (Grupo: Ordem dos Processos no Tribunal, Teoria Geral dos Recursos, Apelação e Agravo).

Mantém-se, aqui, novamente, o caminho da simplificação processual, evitando que a parte eventualmente lesada pela inadmissibilidade de seu recurso de apelação interponha o recurso de agravo de instrumento (CPC/73, art. 522), de modo que, com as mudanças em comento, caberá à parte recorrer da decisão do próprio tribunal (CPC/2015, art. 1.021[6]). Nesse sentido, Arruda Alvim, "*a medida seria* útil *por evitar a interposição de recursos contra o juízo de admissibilidade negativo que viesse a ser feito em 1.º grau de jurisdição e por eliminar a realização inócua do juízo de admissibilidade positivo, que fica de todo modo sujeito* à *confirmação ou revogação pelo tribunal*" (ALVIM, Arruda. Notas sobre o projeto de novo Código de Processo Civil. *RePro* 191/300). Veja que o tempo processual investido no recurso obteve uma vantagem maior, sob a ótica legislativa, diante de uma eventual eficácia do prévio exame do juízo de admissibilidade realizado pelo magistrado.

Após o processamento do recurso de apelação no juízo *a quo*, os autos serão encaminhados ao tribunal *ad quem*. Com efeito, não é mais o magistrado de primeiro grau quem realiza o juízo de admissibilidade do recurso de apelação (CPC/2015, art. 1.010).

Assim, recebido o recurso no tribunal, poderá o relator, monocraticamente, não conhecer de recurso inadmissível, prejudicado ou que não tenha impugnado especificamente os fundamentos da decisão recorrida; negar provimento a recurso que for contrário a: a) súmula do Supremo Tribunal Federal, do Superior Tribunal de Justiça ou do próprio tribunal; b) acórdão proferido pelo Supremo Tribunal Federal ou pelo Superior Tribunal de Justiça em julgamento de recursos repetitivos; c) entendimento firmado em incidente

---

6. **Art. 1.021.** Contra decisão proferida pelo relator caberá agravo interno para o respectivo órgão colegiado, observadas, quanto ao processamento, as regras do regimento interno do tribunal. § 1º Na petição de agravo interno, o recorrente impugnará especificadamente os fundamentos da decisão agravada. § 2º O agravo será dirigido ao relator, que intimará o agravado para manifestar-se sobre o recurso no prazo de 15 (quinze) dias, ao final do qual, não havendo retratação, o relator levá-lo-á a julgamento pelo órgão colegiado, com inclusão em pauta. § 3º É vedado ao relator limitar-se à reprodução dos fundamentos da decisão agravada para julgar improcedente o agravo interno. § 4º Quando o agravo interno for declarado manifestamente inadmissível ou improcedente em votação unânime, o órgão colegiado, em decisão fundamentada, condenará o agravante a pagar ao agravado multa fixada entre um e cinco por cento do valor atualizado da causa. § 5º A interposição de qualquer outro recurso está condicionada ao depósito prévio do valor da multa prevista no § 4º, à exceção da Fazenda Pública e do beneficiário de gratuidade da justiça, que farão o pagamento ao final.

de resolução de demandas repetitivas ou de assunção de competência; depois de facultada a apresentação de contrarrazões, dar provimento ao recurso se a decisão recorrida for contrária a: a) súmula do Supremo Tribunal Federal, do Superior Tribunal de Justiça ou do próprio tribunal; b) acórdão proferido pelo Supremo Tribunal Federal ou pelo Superior Tribunal de Justiça em julgamento de recursos repetitivos; c) entendimento firmado em incidente de resolução de demandas repetitivas ou de assunção de competência, na forma do art. 1.011.

Note-se que as hipóteses elencadas estão relacionadas com o efeito vinculante dos provimentos jurisdicionais proferidos pelas Cortes Superiores, especificamente do STF, do STJ e do próprio tribunal.

A "monocratização do mérito" encontra-se no sistema processual desde a edição da Lei n. 9.139/95, que trouxe as inovações do art. 557 do CPC/73 (CPC/2015, art. 932[7]), permitindo que o relator, em decisão monocrática, negue seguimento ao recurso de apelação contrário à súmula do tribunal ou de tribunal superior, bem como dê provimento, caso a sentença recorrida contrarie a súmula. Em todas as hipóteses previstas, o relator deverá intimar o recorrente para que sane o vício processual ou complemente a documentação (CPC, art. 932, parágrafo único).

Pela obrigatoriedade dessa concessão de prazo para saneamento processual, tem-se o Enunciado n. 82 do FPPC, cujo teor assim estabelece: "É dever do relator, e não faculdade, conceder o prazo ao recorrente para sanar o vício ou complementar a documentação exigível, antes de inadmitir qualquer

---

7. **Art. 932.** Incumbe ao relator: I – dirigir e ordenar o processo no tribunal, inclusive em relação à produção de prova, bem como, quando for o caso, homologar autocomposição das partes; II – apreciar o pedido de tutela provisória nos recursos e nos processos de competência originária do tribunal; III – não conhecer de recurso inadmissível, prejudicado ou que não tenha impugnado especificamente os fundamentos da decisão recorrida; IV – negar provimento a recurso que for contrário a: a) súmula do Supremo Tribunal Federal, do Superior Tribunal de Justiça ou do próprio tribunal; b) acórdão proferido pelo Supremo Tribunal Federal ou pelo Superior Tribunal de Justiça em julgamento de recursos repetitivos; c) entendimento firmado em incidente de resolução de demandas repetitivas ou de assunção de competência; V – depois de facultada a apresentação de contrarrazões, dar provimento ao recurso se a decisão recorrida for contrária a: a) súmula do Supremo Tribunal Federal, do Superior Tribunal de Justiça ou do próprio tribunal; b) acórdão proferido pelo Supremo Tribunal Federal ou pelo Superior Tribunal de Justiça em julgamento de recursos repetitivos; c) entendimento firmado em incidente de resolução de demandas repetitivas ou de assunção de competência; VI – decidir o incidente de desconsideração da personalidade jurídica, quando este for instaurado originariamente perante o tribunal; VII – determinar a intimação do Ministério Público, quando for o caso; VIII – exercer outras atribuições estabelecidas no regimento interno do tribunal. Parágrafo único. Antes de considerar inadmissível o recurso, o relator concederá o prazo de 5 (cinco) dias ao recorrente para que seja sanado vício ou complementada a documentação exigível.

recurso, inclusive os excepcionais" (Grupo: Ordem dos Processos no Tribunal, Teoria Geral dos Recursos, Apelação e Agravo) – de modo que se mantém preservado o direito da parte à interposição do recurso de agravo interno[8] (CPC/2015, art. 1.021) e, em consequência, o seu direito à decisão colegiada.

É de se ressaltar, nesse ponto, que caso o relator verifique que o caso é distinto daquele que deu origem ao precedente (*distinguishing*) ou que o caso é de superação do precedente (*overruling*), não será admissível a decisão monocrática, passando o colegiado a julgá-lo.

Manteve-se a ideia de não se permitir uma eficácia imediata da decisão que é aquela considerada como o principal pronunciamento do juiz.

O recurso de apelação continua, portanto, dotado de efeito suspensivo (art. 1.012 do CPC/2015[9]), havendo, não obstante, exceções à regra. Além de outras hipóteses previstas em leis especiais (*ex.vi.* art. 58 da Lei n. 8.245/91, arts. 90 e 164 da Lei n. 11.101/2005, art. 14 da Lei n. 12. 016/2009 etc.), começa a produzir efeitos imediatamente após a sua publicação, a sentença que: I – homologa divisão ou demarcação de terras; II – condena a pagar alimentos; III – extingue sem resolução do mérito ou julga improcedentes os embargos do executado; IV – julga procedente o pedido de instituição de arbitragem; V – confirma, concede ou revoga tutela provisória; VI – decreta a interdição. O CPC/2015 basicamente repete o CPC/73, com a inclusão da sentença que decreta a interdição e exclusão da sentença em processo cautelar, em razão de sua extinção do sistema processual (CPC/2015, art. 294[10]).

---

8. Cabimento de Agravo Interno: TJ-DF 20160020113107 0012586-44.2016.8.07.0000, Relator: FLAVIO ROSTIROLA, Data de Julgamento: 06/07/2016, 3ª TURMA CÍVEL, Data de Publicação: Publicado no DJE : 13/07/2016 . Pág.: 202/214.

9. Art. 1.012. A apelação terá efeito suspensivo. § 1.º Além de outras hipóteses previstas em lei, começa a produzir efeitos imediatamente após a sua publicação a sentença que: I – homologa divisão ou demarcação de terras; II – condena a pagar alimentos; III – extingue sem resolução do mérito ou julga improcedentes os embargos do executado; IV – julga procedente o pedido de instituição de arbitragem; V – confirma, concede ou revoga tutela provisória; VI – decreta a interdição. § 2.º Nos casos do § 1.º, o apelado poderá promover o pedido de cumprimento provisório depois de publicada a sentença. § 3.º O pedido de concessão de efeito suspensivo nas hipóteses do § 1.º poderá ser formulado por requerimento dirigido ao: I – tribunal, no período compreendido entre a interposição da apelação e sua distribuição, ficando o relator designado para seu exame prevento para julgá-la; II – relator, se já distribuída a apelação. § 4.º Nas hipóteses do § 1.º, a eficácia da sentença poderá ser suspensa pelo relator se o apelante demonstrar a probabilidade de provimento do recurso, ou, sendo relevante a fundamentação, houver risco de dano grave ou difícil reparação.

10. Art. 294. A tutela provisória pode fundamentar-se em urgência ou evidência. Parágrafo único. A tutela provisória de urgência, cautelar ou antecipada, pode ser concedida em caráter antecedente ou incidental.

De todo modo, mantém-se ainda a concessão do efeito suspensivo *ope judicis*. A eficácia da sentença poderá ser suspensa pelo relator do recurso de apelação se o apelante demonstrar a probabilidade de provimento do recurso, ou, sendo relevante a fundamentação, houver risco de dano grave ou de difícil reparação. Para tanto, o pedido de concessão do efeito suspensivo poderá ser formulado em petição autônoma, devidamente instruída, dirigido ao tribunal, no período compreendido entre a interposição da apelação e sua distribuição, ficando o relator designado para seu exame prevento para julgá-la; ou dirigido para o relator, se devidamente distribuído o recurso de apelação. Nesse jaez, já se posicionava a jurisprudência pátria:

> **DIREITO PROCESSUAL CIVIL. EMBARGOS DE DIVERGÊNCIA. MEDIDA CAUTELAR E AÇÃO PRINCIPAL. SENTENÇA ÚNICA. APELAÇÃO. EFEITOS.** – Julgadas ao mesmo tempo a ação principal e a cautelar, a respectiva apelação deve ser recebida com efeitos distintos, ou seja, a cautelar no devolutivo e a principal no duplo efeito. – As hipóteses em que não há efeito suspensivo para a apelação estão taxativamente enumeradas no art. 520 do CPC, de modo que, verificada qualquer delas, deve o juiz, sem qualquer margem de discricionariedade, receber o recurso somente no efeito devolutivo. – Não há razão para subverter ou até mesmo mitigar a aplicação do art. 520 do CPC, com vistas a reduzir as hipóteses em que a apelação deva ser recebida apenas no efeito devolutivo, até porque, o art. 558, § único, do CPC, autoriza que o relator, mediante requerimento da parte, confira à apelação, recebida só no efeito devolutivo, também efeito suspensivo, nos casos dos quais possa resultar lesão grave e de difícil reparação, sendo relevante a fundamentação. Embargos de divergência a que se nega provimento. (EREsp 663.570/SP, Rel. Ministra NANCY ANDRIGHI, CORTE ESPECIAL, julgado em 15/04/2009, DJe 18/05/2009)

O recurso de apelação devolve ao tribunal o conhecimento da matéria impugnada (efeito devolutivo), cabendo aqui a ressalva de que, caso a sentença contenha diversos capítulos, somente será objeto de devolução aqueles capítulos expressamente impugnados. É o que dispõe o art. 1.013:

> **Art. 1.013.** A apelação devolverá ao tribunal o conhecimento da matéria impugnada.
>
> § 1.º Serão, porém, objeto de apreciação e julgamento pelo tribunal todas as questões suscitadas e discutidas no processo, ainda que não tenham sido solucionadas, desde que relativas ao capítulo impugnado.
>
> § 2.º Quando o pedido ou a defesa tiver mais de um fundamento e o juiz acolher apenas um deles, a apelação devolverá ao tribunal o conhecimento dos demais.
>
> § 3.º Se o processo estiver em condições de imediato julgamento, o tribunal deve decidir desde logo o mérito quando:
>
> I – reformar sentença fundada no art. 485;

II – decretar a nulidade da sentença por não ser ela congruente com os limites do pedido ou da causa de pedir;

III – constatar a omissão no exame de um dos pedidos, hipótese em que poderá julgá-lo;

IV – decretar a nulidade de sentença por falta de fundamentação.

§ 4.º Quando reformar sentença que reconheça a decadência ou a prescrição, o tribunal, se possível, julgará o mérito, examinando as demais questões, sem determinar o retorno do processo ao juízo de primeiro grau.

§ 5.º O capítulo da sentença que confirma, concede ou revoga a tutela provisória é impugnável na apelação.

Dentro desses limites, o tribunal poderá apreciar todas as questões suscitadas no processo, ainda que não tenham sido solucionadas, ou não colhidos pela sentença. O CPC/2015 ampliou as hipóteses em que o tribunal poderá diretamente examinar o mérito da causa. É o que prescrevia o art. 515, § 3.º, do CPC/73, que possibilitava o julgamento pelo tribunal diante de sentenças terminativas (CPC/73, art. 267) que tratavam de "matéria exclusivamente de direito" e que simultaneamente estivessem "maduras" para apreciação.

A nova regra processual possibilita o julgamento diretamente pelo tribunal quando a causa estiver em "condições de imediato julgamento". Isso amplia o alcance do dispositivo, já que não se limita à "matéria exclusivamente de direito".

Dessa forma, o CPC/2015 previu o julgamento da causa diretamente pelo tribunal quando, além da hipótese da reforma da sentença que extinguiu o processo sem julgamento do mérito, a decisão decretar a nulidade da sentença por não ser ela congruente com os limites do pedido ou da causa de pedir, ou quando constatar a omissão no exame de um dos pedidos, hipótese em que poderá julgá-lo, ou quando decretar a nulidade de sentença por falta de fundamentação, ou, ainda, quando reformar sentença a que reconheceu a prescrição ou decadência.

Daí por que, quando o pedido ou a defesa tiver mais de um fundamento e o juiz acolher apenas um deles, a apelação devolverá ao tribunal o conhecimento dos demais: "em função do efeito devolutivo do recurso de apelação, o conhecimento do tribunal não se cinge às questões efetivamente resolvidas na instância inferior; abrange também as que poderiam tê-lo sido como, por exemplo, aquelas que, não sendo examináveis de ofício, deixaram de ser apreciadas, a despeito de haverem sido suscitadas e discutidas pelas partes" (REsp 824.430/PR, rel. Min. Castro Meira, 2.ª T., j. 12-12-2006, *DJ* 1.º-2-2007, p. 454).

Nesse sentido se manifestava a doutrina pátria, conceituando "condições de imediato julgamento" como o fato de a questão ter sido objeto de debate pelas partes em primeiro – ou pelo menos de se ter verificado o contraditório –, a ponto de ser possível identificar, com clareza, qual é a questão de direito sobre a qual se funda a controvérsia (MEDINA, José Miguel Garcia. *Código de Processo Civil Comentado*, São Paulo: Revista dos Tribunais, 2011).

Com efeito, optou-se pelo recurso de apelação diante da concessão ou da revogação da tutela provisória (CPC/2015, art. 297) em um dos capítulos da sentença. A despeito de raciocínio doutrinário em parte divergente (MARINONI, Luiz Guilherme; MITIDIERO, Daniel. *Código de Processo Civil comentado artigo por artigo*. 3. ed., São Paulo: Revista dos Tribunais, 2011, p. 272), manteve-se o caminho da simplificação processual diante da opção pelo recurso mais amplo. *"Tem-se nesses casos, na unidade formal de uma sentença só, uma pluralidade de 'capítulos' que a compõem, cada um portador de um preceito independente ou conjugado a outro (...) – não é sistematicamente correto desdobrar o ato judicial com que o juiz decide a causa e ao mesmo tempo concede uma antecipação de tutela, como se ali houvesse dois atos, uma sentença e uma decisão interlocutória".* (DINAMARCO, Cândido R. *A Nova Era do Processo Civil*, São Paulo: Saraiva, 2013, p. 95).

Por fim, o art. 1.014 do novo diploma legal repete o disposto no art. 517 do CPC/73, permitindo a parte que suscite "questões de fato", pela primeira vez, em sede de apelação diante da superveniência dessa questão. Nesse passo, privilegia-se a economia processual a previsão de que essas questões poderão ser levadas no juízo *ad quem*, se a parte provar que deixou de fazê-lo por motivo de força maior.

Agravo de instrumento no direito intertemporal:
Alguns questionamentos sobre aspectos práticos

Paula Menna Barreto Marques[1]

> **Sumário** • **1**. Introdução – **2**. Noções preliminares em matéria de direito intertemporal – **3**. O direito intertemporal recursal – **4**. O agravo de instrumento previsto no artigo 1.015 do NCPC – **5**. Conclusão.

1. INTRODUÇÃO

O novo Código de Processo Civil entrou em vigor no dia 18 de março de 2016. Com a nova Lei, inicia-se um período de transição, para verdadeira adaptação de todos os personagens do processo (Magistrados, Advogados, membros do Ministério Público, Defensores Públicos e, até mesmo, Partes).

Nesse contexto, ganha relevância o estudo do denominado Direito Intertemporal. O tema, apesar de seu evidente destaque, costuma ser postergado para as disposições finais e transitórias, as quais, em regra, não conseguem abranger todas as hipóteses casuísticas ocorridas no dia-a-dia forense.

No caso específico dos recursos, a nova lei processual trouxe profundas alterações no sistema. A título exemplificativo, merecem ênfase a supressão do agravo retido e dos embargos infringentes, além da criação de um rol taxativo para as hipóteses de recorribilidade por agravo de instrumento. A novel legislação tratou, ainda, de inúmeras hipóteses de saneamento de vícios extrínsecos e de desburocratização de procedimentos recursais.

---

1. Mestranda em Direito Processual (UERJ). Especialista em Direito Processual Civil (PUC--RJ). Advogada no Rio de Janeiro.

No presente estudo, buscaremos abordar alguns dos aspectos polêmicos relativos ao recurso de agravo de instrumento com a reforma processual, apresentando tentativas de solução sistematizada aos impasses que se avizinham.

A problematização em relação a esse tema, contudo, certamente não será esgotada nesse artigo e dependerá de análise no caso concreto.

2. NOÇÕES PRELIMINARES EM MATÉRIA DE DIREITO INTERTEMPORAL

A expressão direito intertemporal foi criada pelo jurista Affolter, para tratar de direito adquirido e da retroatividade das leis[2].

O seu estudo é voltado para a definição de situações concretas que são regidas por uma regra preexistente, mas agora revogada pela edição da nova. Essa solução de conflito intertemporal será a definida por uma metanorma[3], ou seja, por uma norma que disciplina a aplicação de outra norma. Trata-se, portanto, de matéria que busca sanar os conflitos de lei no tempo.

Integram o denominado direito intertemporal (i) o estudo dos casos concretos e de suas respectivas soluções e, também, (ii) as metanormas intertemporais.

Apesar de parecer em um primeiro momento, não é suficiente pensar que a entrada em vigor de uma nova lei cessaria os efeitos da lei antiga[4]. Para oferecimento de um critério seguro de análise do conflito no tempo é necessário um exame sistemático do ordenamento jurídico, com especial atenção às garantias fundamentais.

As previsões Constitucionais[5], repetidas na LINDB[6], em matéria de direito intertemporal, também não esgotam o tema.

Por outro lado, norma Constitucional é inflexível[7], e traz como regra fundamental a determinação de que nenhuma lei nova poderá desfazer o ato jurídico perfeito, o direito adquirido ou a coisa julgada. A irretroatividade

---

2. CAMPOS BATALHA, Wilson de Souza. Direito Intertemporal. Rio de Janeiro : Forense, 1980, p. 54.
3. GUERRA, Marcelo Lima. Comentários à nova Lei do mandado de segurança. Napoleão Nunes Maia Filho, Caio Cesara Vieira Rocha, Tiago Asfor Rocha Lima. São Paulo : Editora Revista dos Tribunais, 2008, p. 378.
4. OST, François. O tempo do direito. Trad. Maria Fernanda Oliveira. Lisboa : Instituto Piaget, 1999, p. 123.
5. Artigo 5º, inc. XL e XXXVI da CRFB/88.
6. Artigo 6º, da LINDB.
7. ÁVILA, Humberto. Teoria da segurança jurídica. 3ª ed. São Paulo : Malheiros, 2014, p. 363.

da lei é, assim, salvaguardada constitucionalmente, de forma a garantir a segurança jurídica aos jurisdicionados.

Como se sabe, a segurança jurídica é valor fundamental no Estado de Direito, garantindo aos cidadãos cognoscibilidade, estabilidade e previsibilidade[8].

A primeira (cognoscibilidade) se relaciona com o aspecto estático da segurança jurídica, dizendo respeito à possibilidade de conhecimento prévio das fontes normativas aplicáveis. A segunda (estabilidade) é o aspecto dinâmico da segurança jurídica para o passado, no sentido de garantir a irretroatividade das situações já consolidadas. E, por último, a terceira (previsibilidade) consiste na dimensão dinâmica com vistas para o futuro, garantindo a possibilidade de se antever determinadas soluções.

Leonardo Carneiro da Cunha, se debruçando sobre o tema em questão, conclui que "*a tutela da segurança jurídica concretiza-se, enfim, com o impedimento de frustração de expectativas legitimamente fundadas, evitando-se o desfazimento de atos já constituídos e o atingimento dos efeitos deles decorrentes*"[9].

Verifica-se, então, que o estudo do direito intertemporal se relaciona com a ideia de que as leis supervenientes não podem retroagir no tempo, de forma a prejudicar a segurança jurídica, em todas as suas dimensões.

2.1. Os sistemas – critérios de solução de conflitos intertemporais processuais

Postas essas premissas, passa-se ao exame das possíveis soluções legislativas em matéria de direito intertemporal.

Como dito acima, os preceitos Constitucionais sobre o tema não dão conta integralmente da questão, os quais ficam a cargo do direito infraconstitucional.

Quatro são os sistemas[10] consagrados majoritariamente pela doutrina como critérios de solução de conflito de direito intertemporal processual[11]. São

---

8. GOMETZ, Gianmarco. La certezza giurridica come previdibilità, Torino: Giappichelli, 2005, p. 246-247.
9. CUNHA, Leonardo Carneiro da. Direito intertemporal e o novo Código de Processo Civil – Rio de Janeiro : Forense, 2016, p. 8.
10. Utilizaremos, ao longo do presente trabalho, os termos sistemas, expressão predominantemente utilizada pela doutrina, seguindo o pensamento da obra clássica de Moacyr Amaral Santos (Primeiras linhas de direito processual civil, vol. 1, p. 31-34), e metanorma como sinônimos para tratar dos possíveis casos de aplicação da lei no tempo.
11. A utilização desses sistemas como critérios de sistematização não esgota a possibilidade de criação e utilização, em tese, de outros métodos intermediários.

eles: (i) metanorma de total não incidência; (ii) metanorma de total incidência; (iii) metanorma de incidência parcial por isolamento de fase processual; e (iv) metanorma de incidência parcial por isolamento de ato processual.

O primeiro critério diz respeito à norma que afaste, por completo, a incidência de nova legislação processual aos feitos pendentes. Essa exceção à aplicação imediata da norma poderá dizer respeito ao conjunto de normas ou apenas a parcelas delas.

No outro extremo, tem-se a norma que preveja a aplicação irrestrita e imediata da legislação processual aos processos que pendem de julgamento.

Não obstante ser inaceitável, a primeira vista, diante do ordenamento positivo brasileiro, para efeitos meramente teóricos se poderia admitir essa opção.

Ambas as propostas baseiam-se no entendimento do processo como uma unidade[12], o que demandaria a necessidade de uma aplicação ou rejeição total da nova lei aos processos em curso.

As soluções parciais, por sua vez, de isolamento por fase processual ou por ato processual, pressupõem a aplicação imediata da nova lei, ressalvando, no primeiro caso, os atos praticados em fase processual já iniciada e, na segunda hipótese, os atos praticados na vigência da lei anterior.

No sistema de fases processuais, considera-se cada fase isoladamente como uma unidade processual. Nesse caso, entende-se que, sobrevindo uma nova lei, essa só incidiria para as fases vindouras, não sendo aplicável à já iniciada sobre a vigência do Código anterior.

Por sua vez, o sistema do isolamento dos atos processuais determina que cada ato deva ser regido pela lei em vigor no momento de sua realização. A lei nova alcançaria, portanto, os atos a serem praticados, independentemente da fase processual, respeitando unicamente os atos já praticados sob a égide da lei anterior.

Já à primeira vista é de fácil percepção a problemática para aplicação dessas duas soluções, tendo em vista a dificuldade de isolamento tanto das fases processuais, quanto dos atos processuais e seus respectivos efeitos.

A clara interpolação de fases no processo civil brasileiro faz com que a teoria da aplicação por fases processuais seja de pouca utilidade prática. O que se tem é que todas as fases se intercalam, sendo difícil isolá-las.

---

12. Marcelo Lima Guerra defende que as opções sistemáticas de direito interetemporal são opções legislativas e independem da concepção do processo como uma unidade. Para o doutrinador a adoção pode ser justificada a depender de outros fatores relevantes. Conclui, assim, que "não há limites 'ontológicos' ou 'naturais' à retroatividade, mas sim limites normativos (e axiológicos", e não se pode excluir, a priori, a legitimidade normativa de toda e qualquer retroatividade" (GUERRA, Marcelo Lima, Op. Cit., p 383)

Por outro lado, a metanorma por isolamento de atos também traz em si sérias dificuldades, pois a verificação concreta dos atos e de seus efeitos diretos são de complexa percepção. A verdade é que sendo o processo uma sequência de atos que se pressupõem, a verificação solitária de um ato para efeitos de aplicação da lei no tempo é de difícil apuração.

2.2. A necessidade de aplicação temperada do tempus regit actum

Consagrou-se juridicamente a metanorma de incidência parcial por isolamento de atos processuais, por força da regra prevista no antigo CPC/1973[13] e repetida no novo CPC/2015[14].

Entretanto, a aplicação acrítica do princípio do *tempus regit actum* pode levar a situações esdrúxulas e desconectadas sistematicamente com outros institutos jurídicos.

Na verdade, a dificuldade da delimitação do alcance dessa metanorma diz respeito à complexidade na verificação dos atos processuais que são efeitos diretos de atos anteriores e, ainda, de atos processuais isolados dos que lhe antecederam, consoante exposto acima.

Como falado anteriormente, a concepção do processo como unidade acaba por esvaziar a ideia de atos processuais isolados, na medida em que estes se interdependem diretamente[15].

Nesse contexto, a extensão dos efeitos dos atos processuais, como consequência direta do ato anterior, ressalvaria a incidência imediata da lei aos feitos pendentes, resultando, por determinação lógica, em sua não incidência total.

O que parece mais coadunar com a noção de processo justo seria a categoria desenvolvida por Marcelo Guerra, de "metanorma de incidência parcial por isolamento de surpresas legítimas".

Esse entendimento foi parcialmente utilizado pelo legislador para, em alguns dispositivos isolados, excepcionar a aplicação do sistema de isolamento

---

13. Artigo 1.211 do CPC/1973 previa que "ao entrar em vigor, suas disposições aplicar-se-ão desde logo aos processos pendentes"
14. Artigos 14 e 1.046, do CPC/2015.
15. Essa noção é inteiramente consagrada na disciplina jurídica de nulidades processuais, a qual pressupõe que a nulidade de um ato processual resulta na consequente nulidade de todos os atos processuais subsequentes, em razão de sua evidente interdependência. Por todos, WAMBIER, Teresa Arruda Alvim. Nulidades do processo e da sentença, 7ª ed., rev. ampl. e atual., com notas de referência ao Projeto Novo Código de Processo Civil. São Paulo: RT, 2014, p. 171-172.

dos atos processuais, adotando o sistema da unidade processual ou das fases em algumas hipóteses.

A preocupação se deu, exatamente, para proteção do contraditório e da segurança jurídica, garantindo a "confiança legítima das partes"[16].

3. O DIREITO INTERTEMPORAL RECURSAL

Também em matéria recursal o novo Código de Processo Civil passou por severas reformas, modificando não só o sistema de recursos, mas até mesmo alguns requisitos de admissibilidade, e, também, suprimindo recursos então existentes.

Entretanto, apesar de profunda modificação sistemática, não há previsão na nova legislação especificamente quanto ao direito intertemporal recursal[17].

Em sede de recursos, prevalece o entendimento de que *"a recorribilidade se rege pela lei em vigor na data em que foi publicada (isto é, dada a público) a decisão"*[18]. Ou seja, *"a lei do recurso é a lei do dia da sentença"*[19].

Ocorre, portanto, o fenômeno da ultratividade da lei[20], que deverá regular a admissibilidade do recurso mesmo interposto na vigência da nova lei.

Trata-se de verdadeiro direito adquirido processual ao recurso[21]. Enquanto não publicada a decisão, há mera expectativa de direito ao recurso, mas, após ser proferida a decisão, a modificação legislativa posterior não poderá frustrar o direito já adquirido no processo.

Quanto ao processamento do recurso, a lei em vigor na data de sua interposição é que regulamentará o procedimento a ser adotado[22]. De fato, não há direito adquirido ao regime jurídico, que deverá ser regulado pela nova lei.

Esses princípios deverão nortear todo o estudo de direito intertemporal recursal, o qual poderá ser flexibilizado por considerações de ordem prática, de modo a adequar-se aos novos procedimentos legais.

---

16. CUNHA, Leonardo Carneiro da, op. cit., p. 29.
17. O CPC/1939, em seu artigo 1.047, § 2º, fazia expressa determinação sobre o direito intertemporal recursal.
18. MOREIRA, José Carlos Barbosa. Comentários ao Código de Processo Civil, Lei nº 5.869, de 11 de janeiro de 1973, vol. V: arts. 476 a 575. Rio de Janeiro: Forense, 2008, p. 269.
19. LACERDA, Galeno. *O Novo direito processual civil e os feitos pendentes*. Rio de Janeiro: Forense, 1974, p. 68.
20. CARDOZO, José Eduardo Martins. Da retroatividade da lei. São Paulo, 1995, p. 296 e seq..
21. CUNHA, Leonardo Carneiro da, op. cit., p. 131.
22. ROUBIER, Paul. Le droit transitoire (conflits des lois dans le temps), 2ª ed., Paris. 1960, p. 564/565 ; Les conflits des lois dans le temps (Théorie dite de la non-retroactivité des lois), v. II, Paris, 1933, p. 728/729.

4. O AGRAVO DE INSTRUMENTO PREVISTO NO ARTIGO 1.015 DO NCPC

O agravo de instrumento é o recurso cabível para impugnar decisões interlocutórias[23].

Na sistemática prevista no Código anterior (1973), o agravo era o recurso utilizado em face de qualquer decisão interlocutória, de modo a evitar a preclusão da matéria. Ele poderia ser interposto nas modalidades de instrumento ou retido nos próprios autos, a depender de determinados requisitos previstos legalmente.

O artigo 1.015, do novo Código de Processo Civil alterou a previsão anterior para delimitar, taxativamente[24,25], as decisões que estão sujeitas ao agravo. O CPC/15 também extinguiu a figura do agravo retido, que era a regra na modalidade dos agravos, determinando que as decisões não agraváveis mediante instrumento não precluem e deverão ser impugnadas, se for o caso, mediante interposição de recurso de apelação ou contrarrazões[26].

A nova lei buscou enumerar as hipóteses de evidente prejuízo de ordem material ou processual imediato, deixando a recorribilidade das interlocutórias

---

23. "No CPC-1973 a decisão interlocutória era o pronunciamento do juiz que resolvia uma questão incidente. No CPC-2015, a definição de decisão interlocutória passou a ser residual: o que não for sentença é decisão interlocutória. Se o pronunciamento judicial tem conteúdo decisório e não se encaixa na definição do § 1º do art. 203, é, então, uma decisão interlocutória. (...) A classificação dos pronunciamentos do juiz é importante para a definição do recurso cabível. O CPC-2015 inaugura uma classificação importante, até então irrelevante no sistema do CPC-1973: há, de um lado, as interlocutórias agraváveis e, de outro lado, as não agraváveis." (DIDIER Jr., Fredie; CUNHA, Leonardo Carneiro da. *Curso de direito processual civil: o processo civil os tribunais, recursos, ações de competência originária de tribunal e querela nullitatis, incidentes de competência originária de tribunal.* Salvador: JusPodivm, 2016, p. 206)

24. Parte da doutrina já defende a possibilidade de interpretação extensiva ou analógica dos incisos. Por todos CUNHA, Leonardo Carneiro da; DIDIER JR., Fredie. Agravo de instrumento contra decisão que versa sobre competência e a decisão que nega eficácia a negócio jurídico processual na fase de conhecimento: uma interpretação sobre o agravo de instrumento previsto no CPC/2015. Revista de Processo. São Paulo: RT, v. 242, 2015, p. 273-282, e CÂMARA, Alexandre Freitas. O novo processo civil brasileiro. São Paulo: Atlas, 2015, p. 520.

25. Gilberto Gomes Bruschi, ao comentar o artigo 1.015, do CPC/15, levanta a polêmica hipótese de decisões que possam causar a parte *lesão grave e de difícil reparação*, que não estejam taxativamente previstas no Código, abordando a possibilidade aparente de cabimento de mandado de segurança contra esse ato judicial. (Breves comentários do Novo Código de Processo Civil / Teresa Arruda Alvim Wambier... [et at.], coordenadores. São Paulo: RT, 2015, p. 2251).

26. Artigo 1.009, § 1º, do CPC/2015.

deve ser feito de forma concentrada e em momento posterior à sentença (impugnação diferida).

Postas as primeiras linhas sobre o direito intertemporal aplicável aos recursos e a nova dinâmica do agravo de instrumento previsto no Código de Processo Civil de 2015, passaremos abaixo à análise de uma das principais controvérsias relativas à aplicação da lei no tempo.

4.1. Data da decisão x data da intimação

Com o objetivo de orientar os Tribunais locais e os operadores do direito em geral, em sessão administrativa realizada em março de 2016, o Superior Tribunal de Justiça editou os enunciados 2 e 3, que preveem, respectivamente: *"Aos recursos interpostos com fundamento no CPC/1973 (relativos a decisões publicadas até 17 de março de 2016) devem ser exigidos os requisitos de admissibilidade na forma nele prevista, com as interpretações dadas, até então, pela jurisprudência do Superior Tribunal de Justiça"* e *"Aos recursos interpostos com fundamento no CPC/2015 (relativos a decisões publicadas a partir de 18 de março de 2016) serão exigidos os requisitos de admissibilidade na forma do novo CPC".*

A problemática nasce, exatamente, no uso da expressão "publicação da decisão".

Isto porque a palavra *publicação* é utilizada no dia-a-dia forense em dois sentidos: (a) o ato de tornar público e, portanto, o momento em que a decisão é lançada nos autos do processo; e (b) o ato de intimar a parte, pessoalmente ou via imprensa oficial.

Essa questão é de extrema relevância, pois, conforme exposto acima, o direito ao recurso nasce no *"dia da sentença".*

Os filiados à primeira corrente, defendem que com a publicação da decisão – no sentido de torna-la publica –, já surgiria o direito ao recurso[27].

Nesse sentido, o Fórum Permanente de Processualistas Civis (FPPC), encontro que reúne professores e estudiosos do Processo Civil de todo o País, editou o enunciado interpretativo n° 476, que determina: *"O direito ao recurso nasce com a publicação em cartório, secretaria da vara ou inserção nos autos eletrônicos da decisão a ser impugnada, o que primeiro ocorrer".*

---

27. Seria nesse momento que a parte interessada *"tem o direito adquirido à interposição do recurso (antes mesmo da intimação eletrônica ou pelo Diário Oficial), que deve ser respeitado pela nova lei".* (ROQUE, Andre Vasconcelos; GAJARDONI, Fernando da Fonseca. Breves questionamentos sobre direito transitório no novo CPC. Direito intertemporal, coordenadores, Flávio Luiz Yarshell, Fabio Guidi Tabosa Pessoa. Salvador: Juspodivm, 2016, p. 62).

Por sua vez, os defensores da segunda corrente se vinculam à ideia de que a decisão só seria impugnável após a sua publicação por meio de imprensa oficial, com a regular intimação e ciência das partes[28].

Entretanto, nos parece que a primeira hipótese seria a mais adequada, pois o direito ao recurso nasce com a prolação da decisão.

Além disso, hoje é tranquilo em doutrina e pacificado pela regra prevista no artigo 218, § 4º, do NCPC, o entendimento de que "será considerado tempestivo o ato praticado antes do termo inicial do prazo".

Assim, proferida a decisão, o ato já seria imediatamente apto à impugnação, pela via do recurso previsto na data de seu lançamento nos autos.

Além disso, as partes podem, em tese, ser intimadas da decisão em momentos distintos. Nesse caso, chegar-se-ia à esdrúxula conclusão de que os recursos a serem interpostos pelas partes poderiam ter regras de admissibilidade diversas [29].

Esse entendimento violaria a isonomia processual, criando situação de desigualdade entre as partes, em clara afronta aos princípios do processo justo[30].

Desta forma, o marco para a existência da sua decisão seria a sua publicização em cartório, com o seu registro, data na qual entende-se por proferia a decisão, com o nascimento do direito das partes ao recurso regularmente previsto na lei do tempo.

No caso específico do agravo de instrumento, a nosso ver, o direito recursal aplicável seria o da data da prolação da decisão. Assim, mesmo

---

28. Nesse sentido, a súmula 26, do TRF da 1ª Região: "A lei regente do recurso é a em vigor na data da publicação da sentença ou decisão". Segundo essa linha, o STJ, no julgamento da RMS 38/SP, de relatoria do Min. Sálvio de Figueiredo, decidiu que "o recurso rege pela lei vigente à data em que publicada a decisão".
29. "No que toca especificamente ao regime recursal, a doutrina estabeleceu como marco a ser observado para determinar a norma aplicável para impugnar a sentença ou acórdão aquela vigente na data em que a decisão foi proferida. Ainda que a jurisprudência já tenha se pronunciado em sentido contrário, firmando ser a data da publicação o momento que deve orienta a legislação incidente, entendemos que a data em que efetivamente foi tomada a decisão evita a possibilidade de que se apliquem regimes recursais distintos para partes (autor e réu) em face do mesmo decisum. (...) Logo, a fim de não coexistirem duas disciplinas recursais a serem contempladas simultaneamente para combater a mesma decisão judicial, deve ser a data da decisão o critério temporal para delimitar as normas processuais a serem seguidas." (LIMA, Tiago Asfor Rocha; SILVA, André Garcia Xerez. Recursos sob a ótica do direito intertemporal. Direito intertemporal, coordenadores, Flávio Luiz Yarshell, Fabio Guidi Tabosa Pessoa. Salvador: Juspodivm, 2016, p. 476).
30. GRECO, Leonardo. Garantias fundamentais do processo: o processo justo. In PEIXINHO, Manoel Mesias; GUERRA, Isabella Franco; NASCIMENTO FILHO, Firly (Org.). Os Princípios da Constituição de 1988. 2ª ed., Rio de Janeiro: Lumen Juris, 2006, p. 369-406.

na hipótese de intimação posterior à entrada em vigor do novo Código, as partes não estariam adstritas ao rol enunciativo do artigo 1.015, do NCPC, devendo, unicamente, demonstrar o requisito do artigo 522, do CPC/1973, qual seja, a capacidade de causar a parte "lesão grave e de difícil reparação".

4.2. A hipótese de complementação da decisão via julgamento de embargos de declaração

Outro tema polêmico diz respeito à hipótese de oposição de embargos de declaração contra decisão proferida na vigência da lei anterior, com o seu resultado proferido já com a lei nova.

Os embargos são o remédio que visa sanar vícios constantes de decisão monocrática[31] ou acórdão.

Embora tenham inegável caráter de recurso, os embargos declaratórios são, em geral[32], integrativos. Nelson Nery Junior, nesse sentido, defende que, no julgamento dos embargos, o magistrado não profere nova decisão, apenas aclara a anterior[33].

Assim, há de se verificar o momento em que nasce o direito ao recurso, na hipótese de oposição de embargos de declaração em face da decisão.

Como dito acima, os embargos de declaração, em regra, são meramente integrativos da decisão anterior[34].

Com efeito, tendo-se em mente que os embargos interrompem o prazo para interposição de recurso[35], entendemos que o direito ao recurso a ser interposto surgiu com a prolação da decisão contra a qual foram opostos os aclaratórios[36].

---

31. Decisão monocrática na acepção de decisão, no sentido amplo, proferida por um julgador singular.
32. A hipótese de interposição de embargos com caráter infringente, apesar de aceita pela jurisprudência, é excepcional.
33. NERY JUNIOR, Nelson. Teoria geral dos recursos, 7ª ed. rev. atual. – São Paulo: Editora Revista dos Tribunais, 2014, p. 415.
34. Por todos, Pontes de Miranda disserta que "A sentença nos embargos de declaração não substitui a outro, porque diz o que a outra disse. Nem pode dizer algo menos, nem diferente, nem mais. Se o diz, foi a decisão embargada que o disse." (PONTES DE MIRANDA. Comentários ao Código de Processo Civil (de 1973), Rio de Janeiro – São Paulo, com atualização de Sérgio Bermudes: t. VII, 3ª ed., 1999, p. 341.
35. Art. 1.026, do CPC/2015.
36. "Acórdão que, ao julgar embargos de declaração, decide algo pertinente à causa ou ao recurso anterior, *integra-se* na decisão respectiva e é recorrível nos mesmos termos em que ela, no ponto, o seria." (BARBOSA MOREIRA, José Carlos. Op. cit., p. 563).

Assim, se a decisão embargada foi proferida na vigência do Código de 1973, tem-se que o direito ao recurso de agravo de instrumento será regido pelas regras então previstas na legislação processual.

Por outro lado, na hipótese em que os embargos de declaração tiverem efeitos infringentes, nos parece que a decisão anterior não será unicamente integrada, mas, de fato, modificada. São os casos, por exemplo, de omissão na apreciação de um pedido ou de uma matéria de defesa que modifiquem a decisão proferida anteriormente.

Nessa situação, estar-se-ia diante de nova decisão, diferente daquela outra anteriormente dada.

Diante disso, considerando que há, neste cenário, o proferimento de uma nova decisão, diversa da decisão anterior, dado o efeito infringente concedido aos embargos, entendemos que essa nova decisão reger-se-á pelas regras recursais ao tempo da sua publicação[37].

De tudo, conclui-se que o direito adquirido ao agravo de instrumento, na hipótese de oposição de embargos declaratórios, concebe-se na data da prolação da decisão embargada, excetuando-se a hipótese de concessão excepcional de efeitos infringentes ao recurso.

4.3. A aplicação imediata das regras procedimentais aos agravos de instrumento pendentes de julgamento

O novo Código de Processo Civil alterou, profundamente, as regras relativas aos procedimentos recursais.

No caso do agravo de instrumento, foram alteradas não só as normas relativas ao seu cabimento, como abordado acima, como, ainda, às concernentes ao seu julgamento, contagem de prazo e documentos essenciais para a sua instrução.

Com isso, cria-se a necessidade de verificação do regime jurídico aplicável ao recurso, se o do Código anterior, ou o da Lei nova.

Essa análise é de difícil verificação exatamente pela noção não tão clara de efeitos dos atos já praticados.

No caso dos recursos, o seu processamento seria *um efeito do ato praticado* (sua interposição) e, por esse motivo, aplicável a lei anterior, ou um *novo ato*, e, consequentemente, regido pela lei nova?

---

37. "O direito não será reputado adquirido (e, portanto, nesse aspecto, a lei nova incidirá imediatamente) na parte em que, acolhidos os embargos de declaração, forem concedidos efeitos modificativos. Isso porque não há como se sustentar que existira direito adquirido a recurso contra provimento judicial que sequer existia ao tempo da lei revogada." (ROQUE, Andre Vasconcelos; GAJARDONI, Fernando da Fonseca. Op. Cit., p. 62)

Consoante já exposto acima, o entendimento majoritário é no sentido de que não há direito adquirido à regime jurídico. Essa premissa é o ponto de base para analisar corretamente a questão posta.

A admissibilidade recursal, ou seja, o cabimento do recurso em si, será regido pela lei na data em que proferida a decisão. Cria-se, nesse momento, a legitima expectativa da parte prejudicada ao recurso. Esse entendimento atende à segurança jurídica, protegendo as partes de uma modificação legislativa que frustre seu direito.

Na hipótese do processamento do recurso, defende-se majoritariamente que não existe direito a um determinado procedimento a ser adotado, o qual deveria ser regido pela lei ao tempo do ato.

Deste modo, o processamento do recurso seria o previsto em lei no ato de sua interposição e, não, do momento da prolação do *decisum*.

Os defensores da tese diversa da sustentada acima, partem do entendimento de que o direito nasceria do ato de intimação da parte para recorrer e, não, da efetiva interposição do recurso[38].

Entretanto, contrariando ambos os entendimentos destacados, acreditamos que o melhor critério seria no sentido de utilizar a cláusula aberta proposta por Marcelo Guerra, acima citada, com a verificação da *"incidência parcial por isolamento de surpresas legítimas"*.

A aplicação dessa regra buscaria proteger o titular do direito, no caso concreto, de eventuais disparidades pela aplicação irrestrita de determinada regra (aplicação total ou não aplicação ao procedimento recursal).

Esse entendimento se coadunaria com a ideia de constitucionalização do direito processual, atendendo aos princípios do contraditório e da ampla defesa, corolários do *due process of law*.

No caso da nova Lei Processual, por exemplo, o § 3º, do art. 1.017[39], fazendo referência expressa ao art. 932, parágrafo único[40], determina que o

---

38. Seguindo essa linha de pensamento, Roberto Rosas afirma que "se a lei nova adotou diverso procedimento, e, consequentemente, outro recurso, com prazo diferente, não se aplicará a nova regra, mesmo porque não se adota outro rito quando já estabelecida a relação processual com a citação." (ROSAS, Roberto. Direito intertemporal processual. Doutrinas essenciais de processo civil, vol. 1. São Paulo: RT, 2011, p. 639).
39. Art. 1.017. (...)
    § 3º Na falta da cópia de qualquer peça ou no caso de algum outro vício que comprometa a admissibilidade do agravo de instrumento, deve o relator aplicar o disposto no art. 932, parágrafo único.
40. Art. 932. Incumbe ao relator:
    Parágrafo único. Antes de considerar inadmissível o recurso, o relator concederá o prazo de 5 (cinco) dias ao recorrente para que seja sanado vício ou complementada a documentação exigível.

relator do recurso deverá, antes de declarar a inadmissibilidade do agravo de instrumento, intimar a parte para sanar eventual vício, com a apresentação das peças que porventura não tiverem sido anexadas no ato da interposição.

Essa ideia, há muito já defendida em sede doutrinária, vai ao encontro da concepção de que o processo não é um fim em si mesmo[41] e, a nosso ver, deverá ser adotada até mesmo para recursos interpostos antes da promulgação da *novel* lei.

O mestre italiano Enrico Tullio Liebman, com brilhantismo, já afirmava que "*deve-se evitar, o tanto quanto possível, que as formas sejam um empecilho e um obstáculo ao pleno bom sucesso do escopo processual; deve-se impedir que a cega observância da forma sufoque a substância do direito.*"[42].

Assim, as adequações legislativas que visam proteger direitos, atendendo as expectativas do processo justo, merecem e devem ser imediatamente aplicadas aos recursos de agravo de instrumento, independentemente da data de sua interposição.

4.4. A técnica de julgamento prevista no artigo 942, do Novo Código De Processo Civil

A polêmica nova técnica de julgamento nas hipóteses de resultados não unânimes, prevista no art. 942, do novo CPC[43], também se aplica ao julgamento de agravos de instrumento, quando interpostos contra decisões parciais de mérito.

A questão de direito intertemporal a ser definida em relação a este ponto é a seguinte: em quais casos caberia a utilização dos "embargos infringentes *cover*"? Ele poderia ser utilizado para os recursos anteriores ou somente os recursos de agravo interpostos já na vigência do novo Código?

---

41. "A instrumentalidade do direito processual ao substancial e do processo à ordem social constitui uma diretriz a ser permanentemente lembrada pelo processualista e pelo profissional, para que não seja subvertida a ordem das coisas nem sejam feitas injustiças em nome do injustificável culto à forma. A invocação desse fundamental princípio constitui seguro expediente metodológico, apto a conferir certeza aos resultados encontrados."(DINAMARCO, Cândido Rangel, in Fundamentos do Processo Civil Moderno, São Paulo : Malheiros, 2010, p. 247).
42. LIEBMAN, Enrico Tullio. Manual de direito processual civil, v. I, 2003, São Paulo, Intelectos, p. 195.
43. Art. 942. Quando o resultado da apelação for não unânime, o julgamento terá prosseguimento em sessão a ser designada com a presença de outros julgadores, que serão convocados nos termos previamente definidos no regimento interno, em número suficiente para garantir a possibilidade de inversão do resultado inicial, assegurado às partes e a eventuais terceiros o direito de sustentar oralmente suas razões perante os novos julgadores.

Parece-nos que o Enunciado 463 do Fórum Permanente de Processualistas Civis (FPPC) deu boa solução para esta dúvida. Dispõe o Enunciado: *"O art. 932, parágrafo único, deve ser aplicado aos recursos interpostos antes da entrada em vigor do CPC de 2015 e ainda pendentes de julgamento".*

Seguindo essa linha, portanto, os agravos de instrumento interpostos ainda na forma do Código de Processo Civil de 1973 que, versando sobre decisões ditas parciais de mérito, ainda pendem de julgamento, seguiriam a regra da nova legislação.

Na verdade, considerando-se que era incabível a interposição de Embargos Infringentes contra o acórdão não unanime no caso, estar-se-ia diante da criação de um novo direito – no caso, a um julgamento por um colégio de desembargadores superior ao antigo.

Assim, como o procedimento novo seria aplicado, não para restringir direito das partes, mas para verdadeiramente amplia-lo, criando um julgamento com um número superior de julgadores, o que, supostamente, levaria a um julgamento mais correto e justo, a ideia de sua aplicação imediata se coadunaria com princípios constitucionais do processo.

5. CONCLUSÃO

Conforme exposto acima, os conflitos normativos intertemporais permanecem sem clara definição legislativa. Não há, hoje, um critério de solução claro para a verificação dos litígios que possam surgir.

Apesar do entendimento pacífico da doutrina no sentido de adoção da metanorma de incidência parcial por isolamento dos atos processuais – *tempus regit actum* –, essa fórmula ainda é incapaz de solucionar os conflitos de normas processuais no tempo.

Com a promulgação do novo CPC/15, que modificou severamente o Código anterior, surge um clima de instabilidade jurídica, o qual deve ser apaziguado pela doutrina, responsável pela manutenção de um ambiente seguro, com a criação de soluções teóricas, que devem orientar o direito processual.

Defendemos, nesse contexto, a adoção de critérios que atendam os anseios sociais, sem a utilização irrestrita de paradigmas, com a aplicação de uma solução sistematizada e integrada ao processo como um todo.

Competência Legislativa dos Estados-Membros em Matéria Recursal.

Paula Sarno Braga[1]

> **Sumário • 1.** Introdução – **2.** Processo e procedimento – **3.** Norma de processo e norma de procedimento – **4.** Recursos como matéria processual e procedimental – **5.** competência legislativa em matéria processual. arts. 22, I, e 24, XI, CF/1988 – **6.** Competência legislativa dos estados e distrito federal e normas suplementares sobre recursos – **7.** Competência legislativa dos estados e distrito federal e normas supletivas sobre recursos

1. INTRODUÇÃO

O artigo 22, I, CF, confere *competência privativa à União para legislar sobre "direito processual"*. Mas a grande extensão territorial da República Federativa Brasileira, somada às diferenças regionais, fez surgir a necessidade de atribuir-se aos seus Estados-membros (e ao Distrito Federal) o poder de compatibilizar a disciplina do processo jurisdicional à realidade local. Assim, prevê o art. 24, XI, CF, a *competência concorrente da União, dos Estados e do Distrito Federal para legislar sobre "procedimentos em matéria processual"* – e sobre o "processo" nos juizados (art. 24, X, CF).

Esse regramento, à primeira vista simples e equilibrado, gera, contudo, duas grandes dificuldades para o intérprete: diferenciar as normas de "direito processual" (de competência privativa da União) das normas procedimentais (de competência concorrente da União, Estados e Distrito Federal)[2]; e, já no

---

1. Advogada e consultora jurídica. Doutora e Mestre (UFBA). Professora Adjunta da Universidade Federal da Bahia. Professora da Faculdade Baiana de Direito.
2. Considerando-se que as normas de "processo" nos juizados também se encontram submetidas a esse poder concorrente.

contexto das normas ditas procedimentais (e processuais dos juizados), identificar o que deve ser objeto de normatização geral da União, e o que deve ser suplementado (ou suprido) pelos estados federados, com normas locais.

Com o presente trabalho, pretende-se demonstrar a inexistência de diferença entre processo e procedimento e, pois, entre norma de processo e de procedimento[3], de modo a que se enxergue que os recursos são objeto de disciplina nesse contexto processual/procedimental, que é um só.

Admitida a possibilidade de os Estados tratarem da temática recursal (que é procedimental e processual), o desafio maior será definir o que pode ser objeto de normatização estadual suplementar e supletiva, sem chocar com a competência da União para estabelecer uma normatização geral.

2. PROCESSO E PROCEDIMENTO

O processo é procedimento, i.e., é ato complexo de formação sucessiva[4], cujos atos integrantes são reunidos em cadeia causal, ordenada e progressiva – em série de atos e posições –, que seguem rumo à obtenção de um ato único e final.

É sucessão de atos, teleologicamente entrelaçados, e potencialmente eficazes. Desenvolve-se de modo que cada ato se realiza com base em uma situação jurídica e a partir dela[5]; bem assim que cada ato faz nascer uma nova situação jurídica, dando origem a ela[6].

---

3. Temática que fora abordada com muito mais profundidade em: BRAGA, Paula Sarno. **Norma de processo e norma de procedimento. O problema da repartição de competência legislativa no Direito Constitucional Brasileiro.** Salvador: Jus Podivm, 2015.
4. Tratando do ato complexo com postura afim, MELLO, Marcos Bernardes de. **Teoria do fato jurídico. Plano de existência.** 12.ed. São Paulo: Saraiva, 2003, p. 154-156; CONSO, Giovanni. **I fatti giuridici processuali penali. Perfezione ed efficacia.** Milano: Dott. A. Giuffreé, 1955, p. 115-137; PASSOS, J. J. Calmon de. **Esboço de uma teoria das nulidades aplicada às nulidades processuais.** Rio de Janeiro: Forense, 2002, p. 83-88; DIDIER JÚNIOR, Fredie. **Pressupostos processuais e condições da ação.** O juízo de admissibilidade do processo. São Paulo: Saraiva, 2005, p. 14 et seq. Esse mesmo autor, em obra mais atual, reafirma que o processo é procedimento (sinônimos entre si) que se define como ato complexo de formação sucessiva. Mas isso não exclui o fato de o mesmo termo (processo) ser utilizado para se referir aos efeitos desse ato em sua complexidade (relações jurídicas daí decorrentes). (DIDIER JR., Fredie. **Curso de Direito Processual Civil.** 16 ed. Salvador: Jus Podivm, 2014, 1 v, p. 21 e 22; DIDIER JR., Fredie. **Sobre a Teoria Geral do Processo, Essa Desconhecida.** 2 ed. Salvador: Jus Podivm, 2013, p. 64 ss.).
5. Definindo processo, em essência, como fato complexo, mas sem negar a existência de situações jurídicas. (PAIXÃO JUNIOR, Manuel Galdino da. **Teoria Geral do Processo.** Belo Horizonte: Del Rey, 2002, p. 147-149).
6. Cf. VERDE, Giovanni. **Profili del processo civile. Parte Generale.** 6 ed. Napoli: Jovene, 2002, p. 270.

As diferentes situações/relações jurídicas funcionam como elo entre atos, ao longo dessa corrente fática. Assim, existem, enquanto fundamento e efeito desses atos, não tendo razão de ser observá-las ou regrá-las sem com eles correlacioná-las — ou simplesmente deles (atos) dissociando-as.

O processo se instaura por provocação de um ente autorizado e/ou capaz que postula a produção de decisão/norma (por instrumentos como a petição inicial, requerimento administrativo ou proposta legislativa) perante autoridade estatal investida em poder normativo[7]. É o que basta para "existir" no mundo do Direito processual, para "ser" processo.

É, assim, dado indispensável para sua configuração, que o ato de provocação inicial desse procedimento veicule a postulação de que se produza processualmente um ato normativo. Processo que é processo tem, por fim último e principal, a produção normativa.

Todo processo estatal[8] visa ter como resultado uma decisão, típico ato jurídico de natureza normativa[9], sendo que, em estado democrático de direito,

---

7. A questão do mínimo necessário para que exista o processo costuma ser abordada na esfera jurisdicional. Em que pese parta de conceito distinto de processo, abrangendo procedimento e relação jurídica, Pontes de Miranda afirma que, para que o processo exista, basta autor com capacidade de ser parte demandando perante juiz. (MIRANDA, Francisco Cavalcanti Pontes de. Relação Jurídica Processual In: SANTOS, J. M. Carvalho (org.). **Repertório Enciclopédico do Direito Brasileiro**. Rio de Janeiro: Borsói, s/a, 48 v, p. 90 e 91). Assim DIDIER JR, Fredie. **Pressupostos processuais e condições da ação**. São Paulo. Saraiva, 2005, p. 111-133. Tendo em vista a possibilidade excepcional de o juiz instaurar processo de ofício, e que não há como admiti-lo como sujeito parcial com legitimidade extraordinária para demandar — como sustenta Didier na obra citada —, entende-se que não é necessária demanda, mas, só, ato de provocação inicial (tal como, BUENO, Cássio Scarpinella. **Curso Sistematizado de Direito Processual Civil. Teoria de Direito Processual Civil**. 2 ed. São Paulo: Saraiva, 2008, 1 v, p. 402). Não parece adequado sustentar que tais processos são administrativos até a citação do réu, quando assumem feição jurisdicional. (CARVALHO, José Orlando Rocha de. **Teoria dos pressupostos e dos requisitos processuais**. Rio de Janeiro: Lumen Juris, 2005, p. 137 e 138; TESHEINER, José Maria Rosa; BAGGIO, Lucas Pereira. **Nulidades no Processo Civil Brasileiro**. Rio de Janeiro: Forense, 2008, p. 135 e 136). Basta observar ser essencialmente jurisdicional a decisão de improcedência liminar do pedido, que se dá independentemente da presença do réu, porquanto órgão imparcial e investido na jurisdição esteja realizando o direito por decisão insuscetível de controle externo e apta a fazer coisa julgada.
8. Também os particulares. Mas essa pesquisa gira em torno de processos estatais.
9. Fala nas funções estatais como produtoras de normas por meio de processo formativo, SIMÕES, Mônica Martins Toscano. **O Processo Administrativo e a Invalidação de Atos Viciados**. São Paulo: Malheiros, 2004, p. 26 e 27.

para que seja válido, pressupõe que seja produzida em contraditório[10-11], ou seja, com a participação direta ou indireta daqueles que serão atingidos pela norma jurídica daí resultante.

Por isso se diz que o processo: *i)* ontologicamente é ato; *ii)* teleologicamente visa à produção normativa; sendo, enfim, *iii)* axiologicamente um instrumento de participação democrática.

E isso se justifica em todas as esferas estatais: jurisdicional, administrativa e legislativa.

Em todos esses casos, o Estado-Juiz, o Estado-Legislador e o Estado--Administrador conduzem processos estatais, com observância do contraditório, voltados para a produção de uma dada norma jurídica (ato estatal normativo)[12].

Especificamente o *processo jurisdicional*, é aquele que culmina em uma decisão judicial, da qual decorre a norma jurídica que regulamenta a situação jurídica trazida a juízo pelas partes interessadas. Trata-se, portanto, de ato

---

10. O princípio do contraditório consiste na manifestação do regime democrático do processo. Cf. MARINONI, Luiz Guilherme. **Novas linhas do direito processual civil**. 3 ed. São Paulo: Malheiros, 1999, p. 250 e 251; MENDONÇA JUNIOR, Delosmar. **Princípios da ampla defesa e da efetividade no processo civil brasileiro**. São Paulo: Malheiros, 2001, p. 34 e 35; OLIVEIRA, Carlos Alberto Alvaro de. Garantia do Contraditório. *In* CRUZ E TUCCI, José Rogério (coord.) **Garantias Constitucionais do Processo Civil**. São Paulo: Revista dos Tribunais, 1999, p. 144; DIDIER JR, Fredie. **Curso Direito Processual Civil**. 16. ed. Salvador: Jus Podivm, 2014, 1 v, p. 55.
11. Ressalve-se, contudo, que o princípio da instrumentalidade faz concluir que a ausência de contraditório só conduz à ilegitimidade e invalidade do ato final se o sujeito ausente e dele (contraditório) privado sofrer alguma sorte de prejuízo. Não há invalidade sem prejuízo.
12. Assim, PASSOS, J. J. Calmon. Instrumentalidade do processo e devido processo legal. **Revista de Processo**, São Paulo, n. 102, 2001, p. 57-59. Também Kelsen, sustentando que poder de criação de norma se exercita processualmente. (KELSEN, Hans. **Teoria Pura do Direito**. São Paulo: Martins Fontes, 2003, p. 261). Sustentando que o poder estatal se exerce processualmente, MEDAUAR, Odete. **A Processualidade no Direito Administrativo**. São Paulo: Revista dos Tribunais, 1993, p. 28. Já Adolfo Merkl defende que o processo produz uma norma inferior em virtude de uma norma superior (ex.: produção da lei por processo legislativo disciplinado na Constituição) e, também, em virtude de uma norma jurídica, pode produzir um ato meramente executivo. (MERKL, Adolfo. **Teoria General del Derecho Administrativo**. México: Nacional, 1980, p. 281).

decisório que se particulariza e se distingue dos demais pela sua peculiar vocação à imutabilidade (coisa julgada)[13-14].

Todo o processo jurisdicional, instaurado em um estado democrático de direito, deve desenvolver-se com a participação das partes (ou seus substitutos processuais) que serão atingidas pelos efeitos do ato decisório (normativo) ali produzido.

Em termos ontológicos, quando investigada a natureza jurídica do processo e do procedimento, à luz das mais diversas teorias historicamente consideradas, com análise crítica daquelas que se predispõem a diferenciá-los entre si, conclui-se que processo é procedimento (no ordenamento jurídico brasileiro, democrático) de produção de ato normativo, marcado por sucessão de atos processuais (e situações jurídicas correlatadas). Não há nada de processual que não seja essencialmente procedimental e vice-versa. Cada ato processual é também, em si, ato procedimental, e integra essa cadeia dirigida à produção normativa visada.

Podem ser encontrados, em doutrina, 04 diferentes critérios (os principais) utilizados para diferenciar processo e procedimento, sendo que nenhum deles infirma a conclusão acima já colocada, como se pretende demonstrar.

O primeiro deles é o *critério da dissociação fático-social*, com base no qual se diz que o processo é entidade complexa que abrange o procedimento (elemento externo) e a relação jurídica (elemento interno)[15]. Ocorre que, para fins de repartição de competência legislativa (arts. 22, I, e 24, XI, CF), é irrelevante diferenciar o ato (integrante do procedimento) dos seus efeitos (situação jurídica nascente, relacional ou não); não é razoável extremar a

---

13. Afinal, uma das características essenciais da jurisdição é a sua definitividade, conforme clássicas obras de GRINOVER, Ada Pellegrini; ARAÚJO, Antonio Carlos Cintra de; DINAMARCO, Cândido Rangel. **Teoria Geral do Processo**. São Paulo: Malheiros, 2004, p.136; CARNEIRO, Athos Gusmão. **Jurisdição e Competência**. 12. ed. São Paulo: Saraiva, 2002, p. 13-14.
14. Relembre-se, ainda, que há também a norma geral criada diante do caso, que integra os fundamentos da decisão, a chamada razão de decidir (*ratio decidendi*), que pode atuar como precedente judicial a ser invocado no julgamento de casos futuros e semelhantes àquele, tornando-se, quiçá, jurisprudência (ou enunciado de súmula). Pode-se dizer, assim, que a decisão judicial é ato duplamente normativo.
15. cf., por ex., LIEBMAN, Enrico Tullio. **Manual de Direito Processual Civil**. 3. ed. São Paulo: Malheiros, 2005, 1 v, p. 62-65; MALACHINI, Edson Ribas. A Constituição Federal e a legislação concorrente dos Estados e do Distrito Federal em matéria de procedimentos. **Revista Forense**, Rio de Janeiro, n. 324, 1993, p. 50; DINAMARCO, Cândido Rangel. **Instituições de direito processual civil**. 6 ed. São Paulo: Malheiros, 2009, 2 v, p. 23 ss.; em termos, GAJARDONI, Fernando da Fonseca. **Flexibilização procedimental. Um novo enfoque para o estudo do procedimento em matéria processual**. São Paulo: Atlas, 2008, p. 66

situação jurídica que se exerce do ato com base nela praticado, afinal, ela justifica e dá razão de ser ao ato.

O segundo é o *critério do objeto*, a partir do qual sustenta-se que o processo teria por objeto uma lide, e o procedimento, não[16]. Revela-se postura sincretista e ultrapassada, facilmente questionável, na medida em que, no processo jurisdicional, são tuteladas situações jurídicas materiais não-litigiosas, como uma ameaça de lesão a direito (quando ainda não há pretensão a ser resistida), bem como aquelas relativas unicamente a um sujeito (ex.: direito de alterar o próprio nome)[17].

O terceiro é o *critério teleológico* que é usado para conceber o processo numa ótica finalística ou teleológica, i.e., como conjunto de atos concatenados e destinados ao alcance de um resultado final (decisão para o caso concreto), bem como o procedimento numa ótica estrutural e formal, ou seja, como o aspecto extrínseco, exterior, visível, palpável do processo e/ou, simplesmente, como a forma ou modo como caminha o processo[18].

Ainda que o procedimento pudesse ser tomado, de fato, como simples aspecto exterior e extrínseco do processo ou a forma de sua realização, se-

---

16. Informação de MEDAUAR, Odete. **A Processualidade no Direito Administrativo.** São Paulo: Revista dos Tribunais, 1993, p. 33 e 34.
17. Cf. DIDIER JR., Fredie. **Curso de Direito Processual Civil.** 13 ed. Salvador: Jus Podivm, 2011, 1 v, p. 97; CINTRA, Antonio Carlos de Araújo; DINAMARCO, Cândido Rangel; GRINOVER, Ada Pelegrini. **Teoria Geral do Processo.** 25. ed. São Paulo: Malheiros, 2009, p. 150; CAETANO, Marcello. **Manual de Direito administrativo.** 10 ed. Coimbra: Almedina, 1999, 2 t, p. 1292; XAVIER, Alberto. **Conceito e Natureza do Acto Tributário.** Coimbra: Almedina, 1972, p. 141 e 142.
18. Cf., dentre outros, ALMEIDA JUNIOR, João Mendes de. **Direito Judiciário Brasileiro.** 2 ed. Rio de Janeiro: Typographia Baptista de Souza, 1918, p. 298-300; COSTA, Alfredo Araújo Lopes da. **Direito Processual Civil Brasileiro.** 2 ed. Rio de Janeiro: Forense, 1959, 1 v, p. 195; PASSOS, J. J. Calmon de. **Comentários ao Código de Processo Civil.** 9 ed. Rio de Janeiro: Forense, 2004, 3 v, p. 04 e 05; ALVIM NETTO, José Manuel Arruda. **Manual de Direito Processual Civil.** 8 ed. São Paulo: Revista dos Tribunais, 2003, 1 v, p. 110, 140 e 546; WAMBIER, Luiz Rodrigues. **Sentença Civil: Liquidação e Cumprimento.** 3 ed. São Paulo: Revista dos Tribunais, 2006, p. 87-90; WAMBIER, Teresa Arruda Alvim. **Nulidade do processo e da sentença.** 6 ed. São Paulo: Revista dos Tribunais, 2007, p. 27; FABRÍCIO, Adroaldo Furtado. **Ensaios de Direito Processual.** Rio de Janeiro: Forense, 2003, p. 34-36; TUCCI, Rogério Lauria. Processo e procedimentos especiais. **Revista dos Tribunais.** São Paulo, 1998, 749, v, p. 491 e 492; ARAGÃO, Egas Dirceu Moniz de. **Comentários ao Código de Processo Civil.** 9 ed. Rio de Janeiro: Forense, 2000, 2 v, p. 295; FUX, Luiz. **Curso de Direito Processual Civil.** 3 ed. Rio de Janeiro: Forense, 2005, p. 235-237; GAJARDONI, Fernando da Fonseca. **Flexibilização procedimental. Um novo enfoque para o estudo do procedimento em matéria processual.** São Paulo: Átlas, 2008, p. 66.

riam eles intimamente relacionados entre si, não havendo como separá-los de modo a considerá-los fenômenos distintos, ainda mais para fins legislativos[19].

Tais doutrinadores identificam o processo como fenômeno imbuído dos fins a serem alcançados (perspectiva teleológica) e o procedimento com realidade puramente formal, despida de fins, que se reduz à condição de "técnica". Questiona-se, contudo, se o procedimento assim visto como meio indispensável para desenvolvimento e realização do processo poderia ser absolutamente destituído de fins, como se propõe. O procedimento como toda técnica pressupõe fins e deve ser apto a alcançá-los[20]. Não pode ser um caminho ou veículo para chegar a lugar nenhum.

E o último critério, enfim, é o da *estrutura dialética*, que permite a definição do procedimento gênero e o processo, espécie. O processo seria uma espécie de procedimento que se dá em contraditório. É, como diz Fazzalari, um procedimento em contraditório, democrático, que se deve dar com a participação daqueles que serão atingidos pelos efeitos do ato final[21]. E a conclusão é possível, diz-se, porque há procedimentos que não se caracterizam pela peculiaridade que identifica o processo, que é o contraditório. Basta pensar naqueles adotados em ordenamentos que não decorram de um regime democrático. Já o processo tem todos os atributos que qualificam o procedimento – é atividade de preparação de um provimento[22]. Assim,

---

19. BALEEIRO, Jedor Pereira. Processo e Procedimento. **Revista do Curso de Direito da Universidade de Uberlândia**, Uberlândia, 1991, 2 v, p. 219 e 228.
20. GONÇALVES, Aroldo Plínio. Técnica Processual e Teoria do Processo. Rio de Janeiro: AIDE Editora, 2001, p. 66.
21. FAZZALARI, Elio. **Istituzioni di Diritto Processuale**. 8 ed. Padova: CEDAM, 1996, p. 82 e 83, que parte da concepção de Bevenuti de processo e procedimento como integrantes de uma categoria comum, constante em BENVENUTI, Feliciano. Funzione amministrativa, procedimento, processo. **Rivista Trimestrale di Diritto Pubblico**, Milano, Giuffrè, 1952, p. 128, 130 ss. Essa concepção é levada adiante por GONÇALVES, Aroldo Plínio. **Técnica processual e teoria do processo**. Rio de Janeiro: Aide, 2001, p. 68-69 e 102-132; NUNES, Dierle José Coelho. **Processo jurisdicional democrático**. Curitiba: Juruá, 2012, p. 203-208; OLIVEIRA, Carlos Alberto Alvaro. **Do Formalismo no Processo Civil**. 3 ed. São Paulo: Saraiva, 2009, p. 129 ss.; MITIDIERO, Daniel. **Elementos para uma Teoria Contemporânea do Processo Civil Brasileiro**. Porto Alegre: Livraria do Advogado, 2005, p. 144 e 145; ZANETI JUNIOR, Hermes. Processo constitucional: Relações entre Processo e Constituição. *In* **Introdução ao Estudo do Processo Civil – Primeiras Linhas de um Paradigma Emergente**. Porto Alegre: Sérgio Antonio Fabris Editor, 2004, p. 48; DANTAS, Miguel Calmon. Direito fundamental à processualização. *In* DIDIER JR, Fredie; WAMBIER, Luiz Rodrigues; GOMES JR, Luiz Manoel (coord.). **Constituição e Processo**. Salvador: Jus Podivm, 2007, p. 412
22. GONÇALVES, Aroldo Plínio. Técnica Processual e Teoria do Processo. Rio de Janeiro: AIDE Editora, 2001, p. 113 e 114. Adota essa teoria na diferenciação de processo e procedimento, LEAL, Rosemiro Pereira. **Teoria Geral do Processo. Primeiros Estudos**. 5 ed. São Paulo: Thomson-IOB, 2004, p. 98 e 99.

não há nada de processual que não seja procedimental, o que torna inviável diferençá-los[23].

Pois bem.

Por muito tempo, na chamada fase sincretista ou praxista do Direito processual (até meados do século XIX), o processo jurisdicional se resumia à condição de procedimento – ou seja, de atos e formas sequenciados.

Com a afirmação científica do Direito processual observada a partir da segunda metade do século XIX, o processo passa a ser predominantemente visto como relação jurídica, assumindo o procedimento posição, quando muito, secundária (de aspecto externo, exteriorização de movimento, o modo ou a forma como caminha e se desenvolve).

Só quando se chega mais próximo do final do século XX que o processo passa a ter, para muitos, como elemento essencial o procedimento[24], sendo visto como procedimento de exercício de função estatal.

Hoje, pode-se dizer que a tendência é o reconhecimento de que o processo é procedimento democrático de produção de ato normativo.

Sucede que, tomado o processo como conceito jurídico fundamental, o contraditório não pode ser considerado em sua definição, como elemento constitutivo de seu núcleo conceitual, na medida em que há que se admitir ordenamentos não-democráticos que se valem do fenômeno processual sem contraditório inerente. Além disso, em ordenamentos democráticos, há processos nulos, sem contraditório, mas que são processos.

Daí dizer-se não ser o contraditório elemento constitutivo ou imprescindível para a existência de um processo, mas um requisito de validade seu, juridicamente positivado[25].

Mesmo assim, não se pode negar que a noção de processo como procedimento de produção normativa que exige, para sua validade, o contraditório é a apropriada para a explicação do fenômeno processual em países democráticos, em que atuação estatal (e privada) desse viés deve se aperfeiçoar com a participação dos interessados[26].

---

23. Com análise e crítica pormenorizada de todas essas visões e critérios, BRAGA, Paula Sarno. **Norma de processo e norma de procedimento. O problema da repartição de competência legislativa no Direito Constitucional Brasileiro.** Salvador: Jus Podivm, 2015, p. 146 ss.
24. FERNANDES, Antonio Scarance. **Teoria Geral do Procedimento e o Procedimento no Processo Penal.** São Paulo: Revista dos Tribunais, 2005, p. 23 ss.; DINAMARCO, Cândido Rangel. **Instrumentalidade do processo.** São Paulo: Malheiros, 2003, p. 152 e 153
25. DIDIER JR., Fredie. **Sobre a Teoria Geral do Processo, Essa Desconhecida.** 2 ed. Salvador: Jus Podivm, 2013, p. 65.
26. DIDIER JR., Fredie. **Sobre a Teoria Geral do Processo, Essa Desconhecida.** 2 ed. Salvador: Jus Podivm, 2013, p. 65. Daí Marinoni, que reconhece ser o processo procedimento

Em especial, quando os termos "processo" e "procedimento" (ou termos afins, como "direito processual") são conceitos jurídicos indeterminados positivados na CF/1988 (art. 22, I, e 24, X e XI, CF), para fins de repartição da competência legislativa brasileira sobre tais matérias, devem ser eles analisados e interpretados à luz do contexto da própria ordem constitucional e infraconstitucional brasileira e da realidade dominante, que é de democracia. Devem ser objeto desse olhar sistemático, que reclama a presença do contraditório.

Desse modo, o que se pode concluir é que processo é procedimento. Que não há nada de processual que não seja essencialmente procedimental e vice-versa. Cada ato processual é também, em si, ato procedimental, e integra essa cadeia dirigida à produção normativa visada.

E não há nada do processo/procedimento, sobretudo o jurisdicional, que possa ser útil e legitimamente realizado sem atenção ao contraditório. De tudo devem estar as partes cientes, de tudo devem participar, sempre com oportunidade de se manifestar, com poder de influência e cooperativamente. Logo, todo ato processual é procedimental e deve ser concebido para ser praticado democraticamente. Ao menos assim é no Direito brasileiro.

Enfim, não há como cogitar processo/procedimento que não abranja exercício de poder normativo (ou de decisão) ou não tenha como exigência (de validez), em um ordenamento democrático, o contraditório[27].

A conclusão é uma só.

Processo e procedimento são, em essência, noções indissociáveis entre si[28]. E legislar sobre um significa legislar sobre o outro.

(de tutela de direitos na dimensão da CF), afirmar tratar-se de instituto que não pode ser compreendido de modo desprendido ou alheio aos direitos fundamentais e aos valores do Estado constitucional, não vendo razão para, em sua obra, analisar outro processo que não seja esse relativo ao exercício da jurisdição do Estado contemporâneo. (MARINONI, Luiz Guilherme. **Curso de Direito Processual Civil. Teoria Geral do Processo**. São Paulo: Revista dos Tribunais, 2006, 1 v, p. 466 e 467).

27. Ao contrário do que cogita Cândido Rangel Dinamarco, exemplificando com o inquérito policial que não seria endereçado a provimento algum, finalizando-se com relatório da autoridade policial, nem pressuporia contraditório (DINAMARCO, Cândido Rangel. **Instrumentalidade do processo**. São Paulo: Malheiros, 2003, p. 161). Não é bem assim. O rito referido é finalizado com *decisão* de arquivamento ou não e conta com contraditório mínimo.

28. Com postura afim, CRETELLA JUNIOR, **Tratado de Direito Administrativo**. Rio de Janeiro e São Paulo: Forense, 2002, 6 v, p. 16 e 17; DIDIER JR., Fredie. **Sobre a Teoria Geral do Processo, Essa Desconhecida**. 2 ed. Salvador: Jus Podivm, 2013, p. 65; SILVA, Paula Costa e. **Acto e Processo**. Coimbra: Coimbra Editora, 2003, p. 124-128.

3. NORMA DE PROCESSO E NORMA DE PROCEDIMENTO

A norma de processo é aquela que impõe o critério de proceder no exercício do poder de produção de decisão estatal; a norma material é aquela que impõe o critério de julgamento a ser empregado nessas decisões estatais[29-30].

Disso se extrai que a norma de processo jurisdicional, que é o foco do trabalho, é aquela que define o critério de proceder no exercício da jurisdição, em contraditório, regrando atos (e fatos) processuais, em todos os seus planos (existência, validade e eficácia), teleologicamente enlaçados pelo escopo comum que é a obtenção da decisão jurisdicional (e seu cumprimento). E isso, tomando-a em perspectiva estática e objetiva, desconsiderando sua aptidão para, dinamicamente, atuar como critério de julgamento nas causas (incidentes ou recursos) que versem sobre questões ou bens jurídicos processuais (ex.: ação rescisória por incompetência absoluta).

O Direito processual é exatamente o conjunto dessas normas que disciplinam o processo jurisdicional, nos termos acima explicitados, sejam elas regras ou princípios.

É sobre o "direito processual", enquanto conjunto de normas processuais, que é atribuída a competência privativa à União para legislar (art. 22, I, CF). A preocupação é saber se dela (norma processual) se distingue a chamada norma procedimental, na medida em que o Constituinte, na mesma carta constitucional, estabelece que União, Estados e Distrito Federal têm competência concorrente para legislar sobre "procedimento em matéria processual" (art. 24, XI, CF) – bem como sobre criação, funcionamento e processo nos juizados (art. 24, inc. X).

---

29. Rosemiro Pereira Leal admite que norma processual (jurisdicional) estabelece critério de proceder. Sua afirmação é para o âmbito unicamente jurisdicional, tanto que defende que a norma processual disciplina a jurisdição e o procedimento como estrutura e instrumento de debate de direitos materiais. Assevera, ainda, ser a norma material comando de criação de direitos, conformando critério de julgamento a ser empregado na atividade de decidir, mas ainda restrito à esfera jurisdicional. Trata-se de proposta conceitual criticável quando se observa que normas processuais também criam direitos (LEAL, Rosemiro Pereira. **Teoria Geral do Processo. Primeiros Estudos.** 5 ed. São Paulo: Thomson-IOB, 2004, p. 118 e 119). Apesar de menos abrangente, é nessa linha a colocação de Kelsen, ao sustentar que o Direito formal disciplina a organização e o processo jurisdicional e administrativo e o Direito material determina o conteúdo dos atos daí resultantes. "O Direito material e o Direito formal estão inseparavelmente ligados. Somente na sua ligação orgânica é que eles constituem o Direito, o qual regula a sua própria criação e aplicação". (KELSEN, Hans. **Teoria Pura do Direito.** São Paulo: Martins Fontes, 2003, p. 256 e 257).
30. Essa é visão estática da diferença entre normas processuais e materiais. Para uma visão dinâmica e funcional, conferir: BRAGA, Paula Sarno. **Norma de processo e norma de procedimento. O problema da repartição de competência legislativa no Direito Constitucional Brasileiro.** Salvador: Jus Podivm, 2015, p. 169 ss.

A definição e distinção da norma processual e da norma procedimental não parece teoricamente viável, afinal, processo é procedimento. São noções conceitualmente coincidentes entre si.

Um mergulho na doutrina brasileira permite confirmar que é difícil, senão inviável, a referida diferenciação, em que pese se tenha dela valido a Constituição Federal ao distribuir competência legislativa entre os entes federados.

Mas prevalece o grande esforço doutrinário em promovê-la.

Ocorre que a análise de todas as propostas da doutrina é incompatível com a brevidade desse trabalho[31]. O que se pode dizer é que os critérios que têm sido erigidos para diferenciar norma de processo e norma de procedimento são inconsistentes e falham na árdua missão assumida.

Não há como distinguir legislativamente o ato e a forma como é praticado, como pretendem os adeptos do *critério teleológico*[32], para sustentar que a norma procedimental trata da forma e a norma processual trata do ato.

A forma processual se coloca para externar o ato de vontade e sempre deve ser pensada e instituída para atender suas finalidades, contribuindo para a justa e efetiva tutela do direito material. A forma é instrumental e não pode ser concebida desprendida de seus fins. Forma, ato e fins visados devem ser, sempre, conjugadamente considerados, em qualquer iniciativa legislativa processual. Não há como se cogitar que possa uma lei estadual tratar da forma de um ato processual sem que isso diga respeito, diretamente, à vontade manifestada (seu conteúdo) e à sua susceptibilidade de alcance das finalidades pretendidas.

Tampouco há como dissociar os atos da situação jurídica que os precede (fundamento de sua prática) e os sucede (seu efeito), como se observa do esforço dos seguidores do *critério da dissociação fático-eficacial*[33].

---

31. Foram abordadas criticamente e com profundidade em BRAGA, Paula Sarno. **Norma de processo e norma de procedimento. O problema da repartição de competência legislativa no Direito Constitucional Brasileiro.** Salvador: Jus Podivm, 2015, p. 221 ss.
32. Destaca-se como adepto desse critério, embora trazendo muitos desdobramentos e considerações adicionais, ALVIM NETTO, José Manuel Arruda. **Manual de Direito Processual Civil.** 8 ed. São Paulo: Revista dos Tribunais, 2003, 1 v., p. 135-150. No mesmo sentido, WAMBIER, Teresa Arruda Alvim. **Nulidade do processo e da sentença.** 6 ed. São Paulo: Revista dos Tribunais, 2007, p. 28-30.
33. O principal representante dessa visão é DINAMARCO, Cândido Rangel. **Instituições de Direito Processual Civil.** 6 ed. São Paulo: Malheiros, 2009, 2 v., p. 23 ss. e 454 ss.; DINAMARCO, Cândido Rangel. **Instituições de Direito Processual Civil.** 6 ed. São Paulo: Malheiros, 2009, 1 v., p. 68 e 69. Sua inspiração é a visão de Liebman de que o processo pode ser considerado do ponto de vista da relação entre seus atos (enquanto procedimento) e do ponto de vista interno da relação entre seus sujeitos (enquanto série de posições agrupadas em relação processual). (LIEBMAN, Enrico Tullio. **Manual de Direito Processual Civil.**

Além disso, se o processo é procedimento e exige contraditório, é pouco provável a possibilidade de falar-se de regência de procedimento "em matéria processual" sem contraditório[34], ao contrário do que se pode dizer com a adoção de um *critério dialético*[35]. O procedimento deve realizar-se e caminhar passo a passo em contraditório. Nada pode ocorrer sem que os interessados tenham conhecimento e possam manifestar-se cooperativamente – sempre em tempo de influenciar no convencimento do juiz. Ao menos não validamente.

Em verdade, aquilo que a lei determina que seja realizado no processo que *não vise assegurar* o contraditório é juridicamente *irrelevante* para o regular andamento do feito e se não observado não conduzirá a nenhuma invalidade. E aquilo que a lei determine seja realizado no processo que *não assegure* o contraditório é substancialmente *inconstitucional*, por violação ao art. 5.º, LVI e LV, CF. Não há essa norma dita estritamente procedimental, que seja juridicamente relevante e constitucional, só voltada para a construção de procedimentos em que se dispensa contraditório e ampla defesa.

Difícil, ainda, sustentar ser estritamente processual a norma que trata das condições da ação e dos pressupostos processuais (*critério da admissibilidade da demanda e da conformidade com as normas fundamentais*). As polêmicas condições da ação, para quem ainda sustenta sua subsistência no CPC-2015, confundem-se com o mérito ou, na pior das hipóteses, enquadram-se como pressupostos processuais (caso da legitimação extraordinária e, para alguns, do interesse de agir). E os pressupostos processuais, por sua vez, determinam a existência e regularidade do procedimento e de cada ato do procedimento[36], não podendo ser vistos como categoria estranha ao fenômeno procedimental, como se chega a sugerir no bojo de outras teorias[37].

Tradução de Cândido Rangel Dinamarco. 3. ed. V. I. São Paulo: Malheiros, 2005, p. 62-65). Parece, a princípio, ser seguida por Marcia Cristina Xavier de Souza, em que pese inclua também as condições, requisitos e pressupostos para atuações dos sujeitos processuais, o que a aproxima da corrente eclética a seguir exposta. (SOUZA, Marcia Cristina Xavier de. A competência constitucional para legislar sobre processo e procedimentos. **Revista da Faculdade de Direito Candido Mendes**, Rio de Janeiro, n. 13, 2008, p. 121).

34. Manifestam dificuldades na distinção GONÇALVES, Aroldo Plínio. **Técnica processual e teoria do processo**. Rio de Janeiro: AIDE, 2001, p. 57 e 58; BALEEIRO, Jedor Pereira. Processo e Procedimento. **Revista do Curso de Direito da Universidade de Uberlândia**, Uberlândia, v. 2, 1991, p. 228.

35. Seguido por LEAL, Rosemiro Pereira. **Teoria Geral do Processo**. 5 ed. São Paulo: Síntese, 2004, p. 119.

36. Cf., por todos, DIDIER JR., Fredie. **Pressupostos processuais e condições da ação**. O juízo de admissibilidade do processo. São Paulo: Saraiva, 2005, p. 107 e 108.

37. RODRIGUES, Marcelo Abelha. **Elementos de Direito Processual Civil**. 2 ed. São Paulo: Revista dos Tribunais, 2003, 2 v., p. 28.

Também não há cabimento em dizer-se ser processual aquilo que se refira a "princípios processuais", à isonomia e à uniformidade do processo em território nacional (ainda no *critério da admissibilidade da demanda e da conformidade com as normas fundamentais*)[38]. Normas processuais e normas procedimentais (se é que diferem entre si) devem referir-se e estar de acordo com normas (princípios ou regras) fundamentais (sobretudo as constitucionais a que se apega o Marcelo Abelha em seus exemplos[39]), sob pena de inconstitucionalidade.

No mais, o que há de receber tratamento abstratamente *uniforme* e *igualitário* em plano nacional, é aquilo que fica reservado à lei federal *geral*. Só cabe à lei estadual local agir em caráter suplementar, portando minúcias e particularidades que atendam às necessidades da população local.

Isso decorre do simples fato de a competência ser concorrente – e por essa concorrência de atribuições é assegurado – e não do conteúdo ou da natureza da norma produzida (processual *ou* procedimental), até porque é um só (processual *e* procedimental)[40].

Isso demonstra ser indefinido e impreciso o conteúdo de normas ditas processuais que não seja também procedimental – e vice-versa.

Se parece certa a necessidade de que os estados federados tenham competência para produzir leis estaduais que afeiçoem o procedimento "em matéria processual" às particularidades locais, incerta é a viabilidade de divisar, de forma minimamente segura e precisa, aquilo que, sem ser processual, é meramente procedimental, ao menos à luz das propostas existentes.

---

38. RODRIGUES, Marcelo Abelha. **Elementos de Direito Processual Civil**. 2 ed. São Paulo: Revista dos Tribunais, 2003, 2 v., p. 28.
39. RODRIGUES, Marcelo Abelha. **Elementos de Direito Processual Civil**. 2 ed. São Paulo: Revista dos Tribunais, 2003, 2 v., p. 28.
40. Há, ainda, um critério eclético, que parece ser mais amplo e que perpassa pelos anteriores, acolhendo elementos de todos eles e colocando quase tudo, direta ou indiretamente, como objeto de norma processual (encontrada, por exemplo, em MALACHINI, Edson Ribas. A Constituição Federal e a legislação concorrente dos Estados e do Distrito Federal em matéria de procedimentos. **Revista Forense**, Rio de Janeiro, n. 324, 1993, p. 53 e 54; BERMUDES, Sérgio. Procedimentos em matéria processual. **Revista de Direito da Defensoria Pública**, Rio de Janeiro, n. 5, 1991, p. 163 e 164; GAJARDONI, Fernando da Fonseca. A competência constitucional dos estados em matéria de procedimento (art. 24, XI, da CF/1988): ponto de partida para releitura de alguns problemas do processo civil brasileiro em tempo de novo Código de Processo Civil. **Revista de Processo**, São Paulo, n. 186, 2010, p. 204 e 205; RODRIGUES, Marco Antonio dos Santos. Processo, procedimento e intimação pessoal da fazenda pública. **Revista Dialética de Direito Processual**, São Paulo, n. 95, 2011, p. 84; SANTOS, Ernane Fidélis. **Manual de Direito Processual Civil**. 12 ed. São Paulo: Saraiva, 2009, 3 v., p. 1 e 2).

O processo jurisdicional é procedimento. E o procedimento jurisdicional é processo.

Por essa razão, não se consegue diferenciar norma de processo e norma de procedimento. Têm o mesmo objeto. É um só tipo de norma. É partindo dessa premissa que se deve compreender e resolver o problema da repartição da competência legislativa para tratar de tema processual/procedimental no Brasil.

4. RECURSOS COMO MATÉRIA PROCESSUAL E PROCEDIMENTAL

O recurso é um dos atos integrantes do processo e, pois, da cadeia procedimental. É praticado no exercício de uma situação jurídica – o direito de recorrer, desdobramento do próprio direito de ação –, produzindo os seus próprios efeitos (ex.: devolutivo, obstativo, suspensivo, a depender do caso etc.) e gerando novas situações (ex.: o poder-dever do julgador de fazer exame de sua admissibilidade de mérito, o ônus da contraparte de contrarrazoá-lo etc.).

É, mais precisamente, remédio voluntário de impugnação de uma decisão judicial, dentro do mesmo processo em que foi proferida, apto a conduzir à sua reforma, invalidação, esclarecimento ou integração[41]. É um ato de postulação de uma nova prestação jurisdicional, revisora da decisão impugnada, sujeito à análise de sua admissibilidade e de mérito. Tem o condão de prolongar o estado de litispendência e renovar o procedimento naquela mesma instância ou em nova instância.

Dito isso, há que se esclarecer que a disciplina do recurso é tema de processo e, também, de procedimento. Não há nada em torno dele que seja procedimental sem ser processual e vice-versa, ainda mais para fins de repartição de competência legislativa.

Não há como regrar o direito de recorrer sem interferir na disciplina do próprio ato recursal; nem há como tratar dos efeitos e de situações jurídicas que dele (recurso) decorrem sem se estar a cuidar do próprio ato que lhe serve de nascedouro.

Além disso, a forma exigida em torno do recurso é elemento de exteriorização do próprio ato de vontade de recorrer e deve ser construída legislativamente à luz dele, bem como das finalidades por ele visadas – afinal a forma é instrumental.

Não só as formas necessárias para o manejo do recurso, que se impõem como requisito de validade e admissibilidade do ato (respeito ao seu forma-

---

41. BARBOSA MOREIRA, José Carlos. **Comentários ao Código de Processo Civil**. Volume 11. Rio de Janeiro: Forense, 2003, p. 233.

lismo processual), devem ter sua disciplina legislativa a ele (ato) vinculada. Todos os outros pressupostos e requisitos que se impõem para sua existência e validade consistem em disciplina em torno do próprio ato de recorrer que integra a cadeia procedimental e, pois, processual.

E não há nada no direito e no ato de recorrer, nem em seus efeitos, que possa se dar sem a ciência e oportunidade de participação dos interessados, i.e., que dispense o contraditório, ao menos não em um estado democrático de direito. Logo, insista-se, não há nada de procedimental que não seja também processual no contexto recursal.

Por exemplo, um dispositivo de lei estadual que estabeleça que o recurso de apelação será interposto pessoal e oralmente no tribunal de segunda instância, e, ali, reduzido a termo, trata do ato e forma de recorrer, não há dúvida. Mas interfere diretamente no direito de recorrer (e no contraditório, ampla defesa e duplo grau) e seu exercício, inclusive por iniciativa daqueles jurisdicionados que estejam em localidades distantes da sede do tribunal local e sem acesso a tecnologias necessárias para uma atuação remota ou virtual. Interferirá, também, nos efeitos do recurso, podendo implicar óbice à sua devolutividade, à possibilidade de suspensão da eficácia da decisão recorrida, ao impedimento do seu trânsito em julgado, podendo implicar uma supressão do seu exame (de admissibilidade e de mérito) na instância revisora.

Enfim, recurso é tema de processo e de procedimento, restando definir como compatibilizar a competência para legislar sobre a matéria, considerando a aparente antinomia no regramento da matéria encontrada no texto da CF.

5. COMPETÊNCIA LEGISLATIVA EM MATÉRIA PROCESSUAL. ARTS. 22, I, E 24, XI, CF/1988

Como visto, a Constituição atribui à União competência privativa para legislar sobre "direito processual" e, paralelamente a isso, confere à União, aos Estados e ao Distrito Federal competência concorrente para disciplinar o "procedimento da matéria processual" (e o "processo" nos juizados) – de modo que sejam produzidas simultaneamente, legislação federal geral e legislação estadual (e distrital) suplementar (ou supletiva) sobre o tema.

Ocorre que processo e procedimento são, em essência, noções indissociáveis entre si. Legislar sobre um significa legislar sobre o outro.

Assim, ao conceder competência privativa à União e competência concorrente à União, Estados e Distrito Federal sobre uma mesma matéria (processo/procedimento), incorre em um conflito aparente de competência, que deve ser solucionado mediante uma interpretação histórica, teleológica e sistemática das normas de competência legislativa em questão, assentada na própria Constituição, e que garanta a unidade e integração político-

-constitucional, atribuindo eficácia ótima às normas constitucionais levadas em consideração.

Teleologicamente, vislumbra-se ser opção do Constituinte de 1988 admitir leis estaduais (e distritais) suplementares e supletivas sobre "procedimento em matéria processual" com o objetivo de viabilizar que a legislação genérica da União seja adaptada às diferentes necessidades e realidades locais – que devem ser atendidas e supridas, ainda que a União seja omissa –, considerando-se a dimensão territorial e a variedade social, cultural, estrutural e econômica brasileira[42-43].

A ideia é que se mantenha um mínimo de uniformidade nacional sobre a matéria, com leis federais gerais, naquilo que seja de interesse de todos ou em que haja risco de atrito na interação federativa se não for objeto de tratamento homogêneo em todo país. Mas sem deixar de garantir certa dose de descentralização e autonomia estadual, permitindo a compatibilização

---

42. CHAGAS, Magno Guedes. **Federalismo no Brasil**. O Poder Constituinte Decorrente na Jurisprudência do Supremo Tribunal Federal. Porto Alegre: Sergio Antonio Fabris Editor, 2006, p. 79; GAJARDONI, Fernando da Fonseca. **Flexibilização procedimental. Um novo enfoque para o estudo do procedimento em matéria processual**. São Paulo: Atlas, 2008, p. 28; TEIXEIRA, Sálvio de Figueiredo. O processo civil na nova constituição. **Revista de Processo**, São Paulo, v. 53, 1989, p. 05 e 06. Contra, MACHADO, Antonio Claudio Costa. **Código de Processo Civil Interpretado e Anotado: artigo por artigo**. 5 ed. Barueri: Manole, 2013, p. 34). Com posicionamento centralista, SANTOS, Altamiro J. Processo e Procedimento à luz das Constituições Federais de 1967 e 1988 – Competência para Legislar. **Revista de Processo**, São Paulo, n. 64, 1991, p. 241-244.

43. Foi o então Constituinte Nelson Jobim que sustentou, no debate que ocorreu na Comissão de Sistematização da Assembleia Constituinte, a necessidade imperiosa de regionalizar a legislação sobre o tema, adequando-a à realidade vivida na região, o que se coloca dentro do espírito da CF/1988: "Este dispositivo possibilitará que cada Estado, considerando a realidade processual e praxista dos Estados, possa criar procedimentos adequados às realidades procedimental e cartorária. Lembrem-se de que é competência dos Estados legislarem sobre Justiça estadual e o procedimento ajustará à técnica da Justiça de cada Unidade federada. Entendemos que esta possibilidade está-se abrindo no projeto do eminente Relator. Isto se ajusta claramente àquilo que o Rio Grande do Sul foi o grande iniciador, ou seja, o procedimento relativo às pequenas causas. A Associação dos Juízes do Rio Grande do Sul criou uma técnica chamada procedimento para as pequenas causas e implantou esse sistema, na época, mesmo sem legislação. Hoje, há uma legislação que veio do Rio Grande do Sul e que possibilitou, então, aquilo que chamaríamos de atendimento do magistrado e da Justiça brasileira a todo João-sem-nome deste País. Se mantivermos o que veio de 1939, e passou por 1974 no Código Processual, estaremos inviabilizando um compromisso desta Constituinte, isto é, fazer com que a Justiça brasileira seja acessível a todos aqueles a quem Oliveira Viana chamava os joãos-sem-nome deste País. Era o que tinha a dizer". (Disponível em: <http://www.senado.gov.br/publicacoes/anais/constituinte/sistema.pdf.>. Acesso em 09 fev 2015, p. 727).

desse manancial normativo genérico às particularidades regionais e locais, com leis estaduais suplementares e supletivas.

Sistematicamente, autorizar a produção de leis estaduais suplementares e supletivas de processo e procedimento (indissociáveis entre si) é o padrão constitucional, por exemplo, para processos dos juizados especiais estaduais (art. 24, X, CF) e para os processos licitatórios (art. 22, X, CF), permitindo-se também que os Estados disciplinem plenamente seus processos administrativos em geral.

Ainda sistemática, mas também historicamente, a distinção de processo e procedimento está superada em doutrina e sequer é acolhida nos mais diversos dispositivos da Constituição (a ex. dos arts. 5.º, LXXII e LXXVIII, 24, X, 37, XXI, 41, § 1.º, 59, *caput*, 84, III, 166, § 7.º, CF/1988)[44]. Não se justifica servir de base para repartir a competência legislativa neste mesmo diploma constitucional, cujo art. 24, XI, certamente, por um lapso, não acompanhou essa evolução conceitual, ecoando o passado.

Demais disso, os princípios constitucionais do devido processo legal, da autoridade natural e da competência adequada, bem como o princípio federativo e do interesse predominante (moldado pela subsidiariedade)[45] são determinantes para a adequada interpretação dessas regras.

---

44. A competência legislativa do art. 24, XI, CF, colocada unicamente sobre "procedimento", foi construída à luz de uma concepção ultrapassada do instituto, i.e., de que existiriam procedimentos estatais não processualizados (como se falava do procedimento administrativo ou daquele realizado sem contraditório), e que seria possível, pois, falar em procedimento independentemente da presença de uma realidade processual. Mas o tempo, a reflexão e a história conduziram à conclusão inversa. Predominou, doutrinariamente, o reconhecimento da processualização do exercício de qualquer poder do Estado (Como demonstra muito bem, MEDAUAR, Odete. **A Processualidade no Direito Administrativo.** São Paulo: Revista dos Tribunais, 1993, p. 14 e 15). O próprio Constituinte de 1988 acaba consagrando a processualização dos procedimentos estatais, na medida em que opta pela expressão "processo" e, não, "procedimento", quando trata do instrumento de exercício dessas funções nos dispositivos citados.

45. O Constituinte originário, na repartição vertical de competências, levou em consideração o princípio do interesse predominante ou do peculiar interesse (e a própria subsidiariedade), segundo o qual nenhum poder será exercido por ente de estatura superior se puder sê-lo por ente inferior (BASTOS, Celso Ribeiro. **A federação e a constituinte.** São Paulo: Themis, 1986, p. 9; BARACHO, José Alfredo de Oliveira. **O princípio de subsidiariedade.** Rio de Janeiro: Forense, 1996; BORGES NETTO, André Luiz. **Competências legislativas dos Estados-Membros.** São Paulo: Revista dos Tribunais, 1999, p. 84). Assim, o ente federal só deve fazer aquilo que não possa ser realizado senão com esse grau de universalização e generalidade – para atender necessidades nacionais e que pressupõem preservação de interação interestadual; caso contrário, há preferência do Estado e do Município. É preciso, pois, identificar e segregar matérias de interesse nacional, estadual e municipal, prestigiando, sempre, a tomada de decisões legislativas pelo ente político de nível mais baixo possível.

É necessário identificar e tutelar o interesse regional ou local, que sobressai prevalecente, em adequar normas processuais gerais às especificidades do modo de exercício da jurisdição *estadual* – naturalmente, sem contrariar a legislação federal e sem gerar disparidades nacionais perniciosas.

Afinal, o legislador estadual (e distrital) está próximo dos problemas locais, relativos à Justiça do seu Estado (ou do Distrito Federal), o que o torna a autoridade natural e titular da competência adequada para, conduzindo um processo legislativo devido, moldar o processo instituído por lei federal ao ambiente jurisdicional regional.

Nada mais razoável do que reconhecer o poder dos Estados (e do Distrito Federal) de suplementar e suprir a legislação que rege o instrumento de trabalho de uma função sua, a *jurisdição estadual* – até mesmo como um poder implícito ou resultante, que assegura e viabiliza a implantação dos fins constitucionalmente visados.

Equilibram-se, dentro da razoabilidade, os interesses da uniformidade nacional (com legislação federal plena para a jurisdição federal e geral para a jurisdição estadual) e da adaptabilidade local (com legislação estadual suplementar e supletiva para jurisdição estadual), conservando-se o núcleo essencial da esfera legislativa dos entes federados implicados[46].

A razoabilidade da proposta de reconhecer-se a competência legislativa estadual (e distrital), em tema de processo jurisdicional estadual, sobressai ainda mais por não ser gravosa para o interesse nacional ou para a uniformidade e homogeneidade daquilo que há de fundamental no âmbito do Direito processual.

Afinal, só quando *não há* lei federal com normas gerais sobre a matéria, admite-se que o legislador estadual exerça sua competência legislativa de forma plena (supletiva) e, *havendo* (lei federal), ficará adstrito a uma atuação em caráter suplementar (art. 24, §§ 2.º e 3.º, CF). E, em ambos os casos, agirá com a produção de leis (supletivas ou suplementares) que, por só terem eficácia local, e regramento voltado para aquilo que é peculiar à realidade ali vivida, não gerariam prejuízos ao interesse nacional, mas, só, benefícios locais.

Desse modo, a partir dessa leitura teleológica, sistemática, histórica e principiológica dos arts. 22, I, e 24, X e XI, CF, pode-se concluir que:

i) a União tem competência legislativa plena para disciplinar o processo jurisdicional federal;

ii) a União, os Estados e o Distrito Federal têm competência legislativa concorrente para tratar do processo (que é procedimento) voltado para o desempenho de jurisdições estaduais.

---

46. DUARTE, Maria Luísa. **A Teoria dos Poderes Implícitos e a Delimitação de Competências entre a União Europeia e os Estados-Membros.** Lisboa: Lex, 1997, p. 87 e 88.

O Direito processual aplicável pelos órgãos jurisdicionais estaduais, inclusive em matéria recursal, pode ter dupla origem (federal e estadual), convivendo leis federais *gerais* e leis estaduais (ou distritais) *suplementares e supletivas*. Resta definir e delimitar a competência da União para estabelecer esse regramento geral sobre os recursos, ao lado da competência dos Estados e do Distrito Federal para suplementá-lo e supri-lo em suas omissões.

6. COMPETÊNCIA LEGISLATIVA DOS ESTADOS E DISTRITO FEDERAL E NORMAS SUPLEMENTARES SOBRE RECURSOS

As normas *gerais*[47] de processo, produzidas pela União (com leis federais gerais), são aquelas que estabelecem princípios e regras comuns para os fatos e situações jurídicas processuais, e respectivos sujeitos, observados no exercício da função jurisdicional em todo território nacional.

Visam atender interesse comum a todas as unidades políticas parciais, ou relativo apenas a algumas ou a muitas delas, mas que, ainda assim, deve ser objeto de tratamento uno, para evitar distorções ou atritos que poderiam decorrer da adoção de tratamentos diferentes, esparsos e localizados.

Dessa forma, são enunciados normativos que têm o condão de uniformizar a disciplina de eventos processuais e seus efeitos em todos os processos estatais, empregados no exercício de jurisdições federais e estaduais, indiscriminadamente, de modo que se refiram a toda população do território brasileiro que atue, auxilie ou se sirva destas jurisdições.

As normas estaduais (ou distritais) *suplementares*[48] de processo são aquelas que irão regulamentar e desenvolver, no plano regional, aquilo que foi firmado na lei federal geral de caráter nacional.

Independentemente de portar regras ou princípios, de firmar diretrizes fundamentais, critérios basilares ou minúcias, dirigem-se à complementação da disciplina dos fatos e situações processuais (e respectivos sujeitos), genericamente tratados em lei federal, no âmbito do exercício da função jurisdicional estadual, territorialmente limitada.

E visam, sempre, atender ao interesse local de melhor funcionamento processual da Justiça do Estado (ou Distrito Federal) para todos aqueles que atuem, auxiliem ou fruam da jurisdição ali desempenhada.

---

47. Definição inspirada na doutrina de FERRAZ, Tércio Sampaio. Normas gerais e competência concorrente. Uma exegese do art. 24 da Constituição Federal. **Revista da Faculdade de Direito USP**, v. 90, São Paulo: 1995, p. 248-250.
48. A base teórica da definição também se encontra em FERRAZ, Tércio Sampaio. Normas gerais e competência concorrente. Uma exegese do art. 24 da Constituição Federal. **Revista da Faculdade de Direito USP**, v. 90, São Paulo: 1995, p. 248-250.

Com este fim, as normas estaduais suplementares voltam-se à adequação das normas federais gerais à realidade processual ali vivida, satisfazendo necessidades locais, sem gerar dificuldades no diálogo ou contato (inclusive interestadual) de justiças ou atritos federativos.

Por isso, dizer-se, na linha de Tércio Ferraz, que essa não é exatamente uma legislação que concorre com a federal, mas, sim, que decorre dela, regulamentando-a[49] na sua aplicabilidade aos fatos, atos e consequências processuais, no contexto do processo da Justiça estadual.

Quando o objeto de disciplina é matéria recursal, algumas diretrizes podem ser estabelecidas em torno daquilo que poderá ser objeto de disciplina suplementar por lei estadual.

Inicialmente, pode-se firmar que o legislador estadual tem competência para estabelecer regramento suplementar para as "*disposições gerais*" acerca dos recursos.

Exemplo disso é o regramento do preparo. Há quem sustente que o momento do recolhimento e comprovação do preparo não é tema para tratamento federal e nacional, devendo ser fixado de acordo com a realidade local, considerando horário de expediente bancário. Inconstitucional seria o art. 511 do CPC-1973 (inserido pela Lei n. 9.756/1998)[50] – que equivale ao art. 1007, CPC-2015 –, na visão de Alencar, que previu comprovação de preparo no ato de interposição do recurso.

Mas não se pode coadunar inteiramente com esse entendimento. A comprovação do preparo é tema que pode, sim, ser objeto de abordagem de lei federal, desde que isso se dê dentro dos limites da competência da União e, pois, com atenção ao interesse nacional. Por exemplo, a lei federal geral poderia instituir, sem qualquer prejuízo a interesses locais, que o preparo seja efetuado no ato de interposição do recurso ou no primeiro dia útil subsequente, quando a interposição do recurso ocorrer após o encerramento do expediente bancário naquela localidade – como se ressalvou no enunciado de súmula n. 484, do STJ.

Em qualquer caso, não fica excluída a possibilidade de uma lei estadual suplementar regulamentar a regra e amoldá-la a uma realidade mais particular que venha a surgir. Até porque não deixa de ser uma regra sobre prazo para prática de um ato, que se insere no contexto a seguir comentado.

---

49. FERRAZ JUNIOR, Tércio Sampaio. Normas gerais e competência concorrente. Uma exegese do art. 24 da Constituição Federal. **Revista da Faculdade de Direito USP**, São Paulo, v. 90, 1995, p. 250.
50. ALENCAR, Luiz Carlos Fontes de. A federação brasileira e os procedimentos em matéria processual. **Revista do Centro de Estudos do Conselho de Justiça Federal**, Brasília, n. 13, 2011, p. 186.

A Lei n. 11.404/1996 do Estado de Pernambuco[51] trata das taxas, custas e emolumentos do Judiciário local – incluindo os juizados especiais. Mas acaba estabelecendo, nos seus arts. 12 a 15, regras que interferem diretamente, no âmbito dos juizados especiais, na *recorribilidade de capítulo da sentença* e na *execução de sentenças recorridas*.

De um lado, institui um *depósito recursal* cível no *valor integral da condenação* (cem por cento) – com outros acréscimos de lei –, a ser realizado sob pena de inadmissibilidade do recurso inominado. É um instrumento de inibição de recursos protelatórios, de garantia de pagamento do valor devido – de cunho acautelatório, pois –, além de praticamente dispensar a atividade executiva quando improvido, pois o depósito pode facilmente ser convertido em objeto de penhora e expropriação. A própria lei diz que será "revertido em favor do recorrido o valor depositado [...] para cumprimento do disposto na sentença" (art. 15).

De outro, prevê que, nos casos em que prolatada sentença condenatória de obrigação de fazer e não fazer, o *juiz fixará o valor do depósito recursal*, considerando o valor do pedido – por *decisão* (capítulo da sentença) *irrecorrível*. E mais, o valor do depósito fica retido até que o recorrente vencido cumpra a sentença cominatória, o que o torna não só meio de inibição de investida recursal e de coerção indireta (pressão psicológica) para forçar o adimplemento espontâneo da obrigação. Além disso, funciona como garantia de eventual pagamento de perdas e danos pelo seu inadimplemento (facilitando, nos mesmos termos acima, a execução da quantia correlata).

Também há lei alagoana sobre a matéria, com previsões semelhantes. A exigência de depósito recursal prévio (de cem por cento do valor da condenação até o teto de quarenta salários mínimos) aos recursos do juizado especial cível consta igualmente no art. 7.º da Lei estadual n. 6.816/2007 (AL), que o coloca como requisito de admissibilidade do recurso. Fica previsto, também, que será revertido para o recorrido em caso de não provimento do recurso, para cumprimento do disposto na sentença. Mas se a sentença for de condenação em obrigação de fazer e não fazer, o valor do depósito é de duas vezes o valor das custas – valor este que também não pode ser levantado pelo recorrente sucumbente enquanto não cumprida a cominação constante na sentença.

Ocorre que essa lei foi alvo de medida cautelar em ação direta de inconstitucionalidade. E fora deferida a cautelar pelo Pleno do STF para suspender a eficácia do seu art. 7º, *caput* e respectivos parágrafos, sob argumento de que trataria de tema próprio de Direito processual de competência privativa

---

51. Disponível em: <http://digital.tjpe.jus.br/cgi/om_isapi.dll?clientID=1089772414&PesqG lobal=dep%f3sito%20recursal&TipoNormas=&advquery=dep%f3sito%20recursal&infob ase=legislacao&record={AF02E}&softpage=ref_doc>. Acesso em 07 out 2014.

da União (art. 22, I. CF) e, não, procedimental – o que parte de premissa aqui não adotada de que seriam matérias distintas[52].

Posteriormente, fora julgada em definitivo sua inconstitucionalidade formal, com a mesma linha de fundamentação: i) trata-se de lei que cria requisito de admissibilidade para a interposição de recurso inominado no âmbito dos juizados especiais, consistente no depósito prévio de cem por cento do valor da condenação; ii) como versa sobre admissibilidade recursal, teria natureza processual; iii) e, enfim, por dificultar ou inviabilizar a interposição de recurso, viola os princípios constitucionais do acesso à jurisdição, do contraditório e da ampla defesa[53].

Inspirado nesse precedente, pouco tempo depois, o Plenário do STF, por unanimidade, também considerou inconstitucionais os artigos 4.º e 12 da Lei estadual 11.404/1996, de Pernambuco, acima citada, nos autos da ADI n. 2699-PE[54], por usurpação da competência da União para tratar de Direito processual (instituindo "pressuposto adicional para a interposição de recurso"), bem como por malferir o direito de defesa e o devido processo legal.

Ao contrário do afirmado pelo STF, acredita-se que, formalmente, a matéria poderia ser objeto de lei estadual suplementar, pelas razões já amplamente expostas nesse trabalho. Concorda-se, contudo, que, em substância, sua constitucionalidade é questionável. Exigir que o jurisdicionado, para o exercício do seu direito constitucional de recorrer, disponibilize todo o valor da condenação (ou valor discricionariamente fixado pelo juiz) como requisito para tanto, é óbice irrazoável ao acesso à justiça, ao duplo grau, contraditório e ampla defesa etc.

Também é possível o legislador estadual dar tratamento suplementar aos recursos que são utilizados no contexto do exercício da jurisdição do seu estado, como a *apelação*, o *agravo de instrumento*, o *agravo interno*, os *embargos de declaração*, e à *própria ordem dos processos* a ser seguida em seus tribunais.

É possível apontar, ilustrativamente, o art. 526, CPC-1973 (introduzido pelas Leis n. 9.139/95 e n. 11.352/2001)[55]. Não caberia ao legislador federal genericamente instituir a necessidade de comunicação da interposição do agravo de instrumento em primeira instância e a forma (e prazo) de fazê-

---

52. STF, Pleno, ADI n. 4161/MC-AL, rel. Min. Menezes de Direito, j. em 29.10.2008, publicado no DPJ de 16.04.2009.
53. STF, Pleno, ADI n. 4161-AL, rel. Min. Cármen Lúcia, j. em 30.10.2014, publicado no DPJ de 12.11.2014.
54. rel. Min. Celso de Mello, j. em 20.05.2015, publicado no DPJ de 20.05.2015
55. ALENCAR, Luiz Carlos Fontes de. A federação brasileira e os procedimentos em matéria processual. **Revista do Centro de Estudos do Conselho de Justiça Federal**, Brasília, n. 13, 2011, p. 186.

-lo, pois há Estados em que o processo já informatizado permite que juiz e a parte agravada consultem pela via eletrônica a petição correspondente. O dispositivo equivalente no CPC-2015 (art. 1.018, § 2.º) é mais adequado ao dispensar a exigência nos casos em que os autos são eletrônicos.

Acrescente-se a isso que o prazo de três dias para comprovação é absolutamente inadequado e exíguo nas localidades em que há grandes dificuldades de transporte entre a sede do tribunal e a do juízo de primeira instância (exigindo às vezes longas viagens de barco, como no norte do país). Isso, quando o processo não é informatizado, naturalmente.

Sergio Bermudes, em 1991 (na vigência do CPC-1973), já constatava a necessidade de adequação dos prazos por lei estadual em localidades vastas em que não é fácil o deslocamento – considerando que a possibilidade de adequação de prazos do art. 182, CPC-1973 ficaria ao alvedrio do juiz[56].

Fernando da Fonseca Gajardoni também opina sobre essa normatização, trazendo exemplos, sempre de modo crítico – inclusive acerca das situações anteriormente explicitadas. Sustenta que a regra do art. 527, II, CPC-1973, acrescida e aperfeiçoada respectivamente pelas Leis n. 10.358/2002 e 11.187/2005, era formalmente inconstitucional por vício de competência, pois não veio atender interesse nacional, mas, sim, de determinadas localidades (em especial do Estado de São Paulo)[57].

Previa o dispositivo que o relator do agravo de instrumento, entendendo não ser o recurso cabível, poderá convertê-lo em retido e determinar seu apensamento aos autos em primeira instância. Dispunha, ainda, ser essa decisão irrecorrível.

O objetivo dessa regra foi reduzir a quantidade de agravos nos tribunais estaduais mais abarrotados (sobretudo o do Estado de São Paulo), para que se retornasse à preferência de julgar as apelações em primeiro lugar, então preterida com a ampla recorribilidade de interlocutórias – muitas delas liminares (arts. 273 e 461, § 3º, CPC-1973) –, por um agravo destituído de custos (antes da Lei estadual paulista n. 11.347/2005).

A questão é que esse era um problema do Estado de São Paulo e de alguns outros Estados. Mas não era, por exemplo, para as justiças estaduais de Minas Gerais, Rio de Janeiro ou Goiás onde não havia congestionamento

---

56. BERMUDES, Sérgio. Competência Legislativa Concorrente sobre Procedimentos em Matéria Processual. **Revista de Direito do Tribunal de Justiça do Estado do Rio de Janeiro**, Rio de Janeiro, v. 21, 1994, p. 49.

57. O autor também atribui essa inconstitucionalidade ao fato de criar previsões procedimentais muito específicas e detalhadas, o que não parece relevante, se considerados os conceitos de generalidade e de suplementariedade aqui adotados (GAJARDONI, Fernando da Fonseca. **Flexibilização procedimental. Um novo enfoque para o estudo do procedimento em matéria processual**. São Paulo: Atlas, 2008, p. 44).

recursal. Ao contrário, nos judiciários estaduais em que a pauta recursal está em dia, na visão do autor, era proveitoso para o processo que as interlocutórias, nos casos previstos em lei, fossem imediatamente revisadas antes da sentença que poderia restar prejudicada com julgamento do agravo[58].

De fato, mais apropriado seria que uma lei estadual suplementar adequasse o rito do agravo, com regime de retenção e irrecorribilidade da inadmissão monocrática, a essa realidade particular de excesso de recursos pendentes[59]. Ou simplesmente investisse em estrutura melhor para recebê-los.

Situação similar se observou na elaboração do CPC-2015.

De acordo com o art. 1.010, CPC-2015, a apelação será processada pelo juízo de primeira instância, sem que lhe seja dado o poder para fazer qualquer juízo de admissibilidade ou deliberar sobre os efeitos em que será recebida. Possivelmente, isso ensejará o protocolo de grande número de petições nos tribunais brasileiros pedindo ao relator do recurso que conceda o efeito suspensivo pretendido.

Essa regra não deveria ser objeto de lei federal geral, por não atender interesse nacionalmente predominante de que a apelação fosse interposta diretamente no Tribunal, que já deliberaria sobre o referido efeito suspensivo, de modo mais econômico e célere.

Deveria ser regra reservada à iniciativa legislativa suplementar de Estados que revelem um interesse local nessa disciplina, decorrente da circunstância de que seu tribunal local, assoberbado de processos, não suportaria receber diretamente todos os recursos de apelação e processá-los na segunda instância.

Interessante seria, ainda, a iniciativa da lei estadual de regulamentar o art. 937, § 2.º, CPC, para prever a preferência da advogada gestante em apresentar sua sustentação oral. Ou, quiçá, regulamentar o art. 937, § 4.º, de modo a prever a possibilidade de o advogado em licença médica ou a advogada gestante (e/ou em licença médica) requerer que sua sustentação oral por meio de videoconferência ou outro recurso tecnológico de transmissão de sons e imagens em tempo real, desde que o requeira até o dia anterior ao da sessão.

Mas nem todos os recursos são de competência de tribunais locais. Há aqueles restritos às instâncias especiais.

Dessa forma, não cabe ao legislador estadual produzir norma que venha disciplinar, ainda que em caráter suplementar, *recursos extraordinários*,

---

58. GAJARDONI, Fernando da Fonseca. **Flexibilização procedimental. Um novo enfoque para o estudo do procedimento em matéria processual.** São Paulo: Atlas, 2008, p.44-46.
59. Cogita lei estadual que estabeleça "novo modelo de agravo", TEIXEIRA, Sálvio de Figueiredo. O processo civil na nova constituição. **Revista de Processo**, São Paulo, v. 53, 1989, p. 06.

agravo em recurso especial ou extraordinário, recurso ordinário e *embargos de divergência*, na medida em que o juízo definitivo de sua admissibilidade e de seu mérito incumbe à Corte Suprema e Superior e fogem ao contexto do exercício da jurisdição estadual. Na melhor das hipóteses, quando se tratar de recurso interposto originariamente em tribunal estadual, seria possível cogitar a possibilidade de um regramento suplementar em torno do seu processamento no âmbito local, desde que não interfira na admissibilidade do ato recursal.

7. COMPETÊNCIA LEGISLATIVA DOS ESTADOS E DISTRITO FEDERAL E NORMAS SUPLETIVAS SOBRE RECURSOS

A competência legislativa estadual não é só suplementar. É, também, supletiva.

Diante da omissão da lei federal, a lei estadual poderá tratar da matéria recursal em sua plenitude – mas dentro dos limites considerados acima para a legislação estadual suplementar –, em todos os seus aspectos, mas, ainda assim, para dar conta de peculiaridades próprias e locais (ainda que não exclusivas).

Não é necessário, como visto, a absoluta ausência de lei sobre dada temática, basta que haja omissão sobre um ou outro ponto.

E, no mais, só cabem aqui, considerações casuísticas e exemplificativas de devido exercício estadual desse poder.

Por exemplo, há localidades em que é recorrente a reclamação dos advogados de que juízes e relatores se furtam em apreciar pedidos liminares de tutela de urgência, anunciando que o farão após oitiva da outra parte, quando, na verdade, o risco em jogo não permite aguardar tanto. Em casos tais, é costume, ainda, entender-se que essa não-atuação do juiz não é omissão recorrível por embargos de declaração ou agravo de instrumento, por não se poder extrair explicitamente esse cabimento de lei federal.

Deve-se cogitar a possibilidade de o legislador estadual tomar a iniciativa de suprir a lei federal, preenchendo essa lacuna pontual e prevendo essas hipóteses a mais de cabimento recursal.

O mesmo raciocínio pode autorizar a previsão de cabimento de agravo de instrumento em outras hipóteses que não as constantes no rol do art. 1.015, CPC, como o uso deste recurso contra aquela decisão que versa sobre competência ou que negue eficácia ao negócio processual[60].

---

60. Evitando-se a necessidade de contar com interpretação extensiva do rol de cabimento de agravo de instrumento, como sugerido por DIDIER JR., Fredie; CUNHA, Leonardo José

Também se deve admitir que a prática sedimentada em dada região de admitir-se o acesso unilateral de advogado a audiências fechadas com desembargadores, muitas vezes munidos de memoriais (com fatos ou documentos novos), sem que o advogado da parte adversa seja convocado ou ao menos comunicado do encontro – ou tenha ciência ou acesso aos referidos memoriais –, enseje uma iniciativa legislativa estadual proibitiva.

Seria cabível a produção de uma lei estadual exigindo que: i) todo e qualquer contato entre advogado e desembargador (e, também, juiz de primeira instância) para dialogar sobre processo em curso (nesse caso, recursos) seja em dia e hora previamente agendados e mediante intimação do advogado da parte adversária para, caso queira, comparecer, sob pena de afastamento do julgador da causa e invalidade dos seus atos decisórios a partir de então praticados, se configurado o prejuízo; bem assim ii) quando apresentados memoriais pelo advogado, sejam estes anexados aos autos, dando vistas ao advogado da parte contrária antes do início da sessão de julgamento – o que concretizaria e, de certa forma, acabaria por regulamentar o art. 10, CPC.

Por fim, é perfeitamente possível uma lei estadual criar um recurso a ser utilizado no contexto do exercício da sua jurisdição estadual, em sede de juizados ou do tribunal de justiça local, por exemplo. E, nesse contexto, há espaço, por exemplo, para a tentativa já empreendida e rejeitada pelo STF de criar recurso por lei estadual como os citados embargos de divergência contra decisão de turma recursal[61], preenchendo lacuna em lei federal, ainda mais quando realidade do Estado é de desalinho jurisprudencial.

Ficam, assim, registrados alguns exemplos de legislação estadual supletiva que se encaixam nos espaços em branco deixados pela legislação federal, inclusive em matéria recursal – sem prejuízo de que muitos outros sejam encontrados e explorados.

Carneiro da. **Curso de Direito Processual Civil.** V. 3. 13 ed. Salvador: Jus Podivm, 2016, p. 209-212, 216 e 217.

61. STF, 2.ª T., AI n. 253.518-AgR/SC, rel. Min. Marco Aurélio, j. em 28.08.1998, publicado no DPJ de 30.10.1998; STF, Pleno, RE n. 273.899/SC, rel. Min. Sepúlveda Pertence, j. em 29.03.2001, publicado no DPJ de 25.05.2001; STF, 2.ª T., AI-AgR n. 210.068/SC, rel. Min. Marco Aurélio, j. em 28.8.1998, publicado no DPJ de 30.10.1998.

Há possibilidade de utilização do incidente de assunção de competência quando houver repetição de demandas a respeito de uma mesma relevante questão de direito?

Renata Cortez Vieira Peixoto[62]

Sumário • 1. Introdução – **2.** Dos prejulgados do CPC/1939 ao incidente de assunção de competência do CPC/2015: Do efeito meramente persuasivo ao efeito vinculante dos precedentes oriundos da uniformização da jurisprudência dos tribunais – **3.** Das distinções quanto ao cabimento entre o incidente de assunção de competência e o incidente de resolução de demandas repetitivas – **4.** Conclusão: há possibilidade de utilização do incidente de assunção de competência quando houver repetição de demandas a respeito de uma mesma relevante questão de direito?

---

62. Mestre em Direito pela Universidade Católica de Pernambuco – UNICAP e Especialista em Direito Processual Civil pela mesma Universidade. Graduada em Direito. Membro do Instituto Brasileiro de Direito Processual – IBDP. Membro da Associação Norte e Nordeste de Professores de Processo – ANNEP. Membro da Associação Brasileira de Direito Processual – ABDPro. Professora de Processo Civil da graduação do Centro Universitário Maurício de Nassau – UNINASSAU e de cursos de Pós-Graduação. Professora da Escola Superior de Advocacia de Pernambuco – ESA-PE. Professora do Espaço Jurídico. Palestrante. Assessora Técnica de Desembargador do Tribunal de Justiça de Pernambuco – TJPE. Idealizadora do site www.inteiroteor.com.br

1. INTRODUÇÃO

O incidente de uniformização da jurisprudência, previsto nos arts. 476 a 479 do CPC/73 foi substituído no CPC/2015, pelo incidente de assunção de competência (IAC), cujas disposições se encontram no seu art. 947.

Dentre as principais distinções entre os dois institutos – o revogado e o em vigor – pode-se mencionar o efeito vinculante da tese fixada no incidente de assunção de competência em relação aos juízes e órgãos fracionários vinculados ao tribunal que o julgou (art. 947, § 3º e art. 927, III do CPC/2015), que inexistia no extinto incidente de uniformização da jurisprudência.

O mesmo efeito há no incidente de resolução de demandas repetitivas (IRDR), conforme arts. 985 e 927, III do CPC/2015, porquanto ambos são previstos como instrumentos hábeis à formação de precedentes vinculantes.

Essa semelhança entre o IAC e o IRDR – serem institutos destinados a formar precedentes vinculantes – viabiliza um tratamento também similar relativamente a diversos aspectos, a exemplo das previsões contidas nos arts. 332, III (hipóteses de improcedência liminar do pedido) e 496, § 4º, III (exceções ao reexame necessário).

Pela mesma razão, a ausência de disposições relativamente ao procedimento do IAC tem levado a doutrina a considerar a ele aplicáveis algumas regras previstas para o IRDR, tais como a possibilidade de realização de audiências públicas (art. 983, § 1º) e de oitiva das partes e demais interessados, inclusive pessoas, órgãos e entidades com interesse na controvérsia (art. 983, *caput*).

Por outro lado, há uma distinção entre o IAC e o IRDR, contida textualmente no CPC/2015, relacionada ao cabimento dos mencionados institutos.

O IRDR é admitido quando houver, simultaneamente, efetiva repetição de processos que contenham controvérsia sobre a mesma questão unicamente de direito e risco de ofensa à isonomia e à segurança jurídica (art. 976, I e II).

Tais requisitos não são exigidos para o IAC. Ao contrário, conforme o art. 947, *caput, in fine*, do CPC/2015, não cabe IAC se houver repetição em múltiplos processos.

O IAC também pode ser utilizado, segundo o art. 947, § 4º, "quando ocorrer relevante questão de direito a respeito da qual seja conveniente a prevenção ou a composição de divergência entre câmaras ou turmas do tribunal".

Há, como se pode perceber, uma diferença primordial entre o IAC e o IRDR: a inexistência de repetição em múltiplos processos da questão de direito no IAC, enquanto que o IRDR deve ser manejado justamente quando estiver presente a litigiosidade repetitiva.

Apesar da precisa delimitação do cabimento de um e de outro incidente no CPC/2015, verificam-se dúvidas sobre a sua aplicação nos tribunais pátrios, notadamente no que diz respeito aos seus requisitos de admissibilidade. Também não se vislumbra uma interpretação uniforme na doutrina já firmada até o presente momento sobre o tema.

Assim é que, no presente artigo, buscar-se-á distinguir o incidente de assunção de competência do incidente de resolução de demandas repetitivas, especificamente no tocante ao cabimento de ambos, respondendo-se, ao final, ao seguinte questionamento: há possibilidade de utilização do incidente de assunção de competência quando houver repetição de demandas a respeito de uma mesma relevante questão de direito?

2. DOS PREJULGADOS DO CPC/1939 AO INCIDENTE DE ASSUNÇÃO DE COMPETÊNCIA DO CPC/2015: DO EFEITO MERAMENTE PERSUASIVO AO EFEITO VINCULANTE DOS PRECEDENTES ORIUNDOS DA UNIFORMIZAÇÃO DA JURISPRUDÊNCIA DOS TRIBUNAIS

Os denominados prejulgados encontravam previsão no art. 861 do Código de Processo Civil de 1939[63]. A finalidade dos prejulgados era a prevenção ou a composição de divergências acerca da interpretação das normas jurídicas, inclusive processuais[64], pelos órgãos fracionários dos tribunais, ou seja, buscava-se a uniformização da jurisprudência.

O procedimento não se encontrava regulado pela lei, ficando a cargo da doutrina e dos regimentos internos dos tribunais.

Se fosse utilizado a fim de dirimir o dissídio jurisprudencial já instaurado, exigia-se a prova da divergência; caso contrário – se usado de modo preventivo – mostrava-se despicienda e obviamente inviável tal comprovação, bastando que se justificasse a providência em razão da suscetibilidade de controvérsia acerca da interpretação de uma dada norma jurídica[65].

---

63. "Art. 861. A requerimento de qualquer de seus juízes, a Câmara, ou turma julgadora, poderá promover o pronunciamento prévio das Câmaras reunidas sobre a interpretação de qualquer norma jurídica, se reconhecer que sobre ela ocorre, ou poderá ocorrer, divergência de interpretação entre Câmaras ou turmas". Previsão anterior já constava da nossa legislação, como bem ressaltam Fredie Didier Junior e Leonardo José Carneiro da Cunha (In: Curso de Direito processual civil: o processo nos tribunais, recursos, ações de competência originária de tribunal e *querela nullitatis*, incidentes de competência originária de tribunal. Salvador: editora juspodivm, 2016, p. 653): "O Decreto nº 16.273, de 20 de dezembro de 1923, que organizou a Justiça do Distrito Federal, previu o instituto do prejulgado, dispondo, em seu art. 103, que, quando se antevisse pela votação que a câmara julgadora iria proferir resultado diverso do entendimento já manifestado por outra, fosse convocada uma reunião das duas câmaras para uniformizar o entendimento".

64. CASTRO FILHO, José Olympio de. Prejulgado. Revista da Faculdade de Direito da Universidade Federal de Minas Gerais, vol. 4, 1952, p. 157-171, p. 162.

65. *Idem*, p. 165.

As teses fixadas nos prejulgados não eram de obediência obrigatória relativamente aos órgãos fracionários do tribunal e tampouco quanto aos demais juízes a ele vinculados. O efeito dos precedentes firmados era, portanto, meramente persuasivo[66].

Apesar das evidentes vantagens da uniformização da jurisprudência, os prejulgados caíram em desuso[67].

Com a entrada em vigor do Código de Processo Civil de 1973, foram extintos os prejulgados e foi criado o incidente de uniformização de jurisprudência.

O cabimento do incidente estava previsto no art. 476 do CPC/73[68].

Com o novo instituto, foi eliminada a possibilidade de uniformização da jurisprudência de modo preventivo – que vigorava com os prejulgados – evidenciando-se indispensável a demonstração de uma real divergência na interpretação do direito por parte dos órgãos fracionários de um mesmo tribunal para que fosse admitido o instituto.

Diversamente dos prejulgados, a legitimidade para suscitar o incidente também era conferida às partes[69], que deveriam fazê-lo nas razões recursais

---

[66]. A esse respeito, leciona Castro Filho (*Idem*, p. 169): "Na realidade, está na tradição do nosso Direito, neste particular também muito distanciado do sistema anglo-americano dos precedentes, que não tem a jurisprudência fôrça obrigatória, porque os juízes não são legisladores e não podem, por via de interpretação, fixar normas gerais para o futuro. (...) Assim, por igual, entre nós, com o prejulgado, que, sendo providência destinada à unidade interna do Tribunal, terá na autoridade dos que o decidirem e nos fundamentos por que fôr tomado a maior dose do seu poder de persuasão e coerção intelectual, bastantes para lograr a uniformização da jurisprudência".

[67]. As razões para tanto são apontadas por CASTRO FILHO, José Olympio de Castro Filho (In: Prejulgado. Revista da Faculdade de Direito da Universidade Federal de Minas Gerais, vol. 4, 1952, p. 157-171*Idem*, p. 170 e 171): a) legitimidade para suscitá-lo atribuída exclusivamente aos juízes e membros dos tribunais; b) desorganização interna dos tribunais, à época (década de 50), que não tinham um mecanismo adequado para divulgação da sua jurisprudência entre os órgãos fracionários que os compunham; c) a falta de estudos doutrinários a respeito do tema.. Prejulgado. Revista da Faculdade de Direito da Universidade Federal de Minas Gerais, vol. 4, 1952, p. 157-171, p. 170 e 171.

[68]. "Art. 476. Compete a qualquer juiz, ao dar o voto na turma, câmara, ou grupo de câmaras, solicitar o pronunciamento prévio do tribunal acerca da interpretação do direito quando: I – verificar que, a seu respeito, ocorre divergência; II – no julgamento recorrido a interpretação for diversa da que lhe haja dado outra turma, câmara, grupo de câmaras ou câmaras cíveis reunidas".

[69]. Inclusive ao Ministério Público, quando atuasse como recorrente ou recorrido, conforme explicitam Luiz Guilherme Marinoni e Sérgio Cruz Arenhart (In: Processo de Conhecimento. São Paulo:Editora Revista dos Tribunais, 2008, p. 617).

ou por meio de petição avulsa (art. 476, parágrafo único)[70]. Ademais, havia expressa previsão de intervenção do Ministério Público como fiscal da lei (art. 478, parágrafo único).

Requerida a instauração do incidente, cabia ao órgão fracionário do tribunal competente para julgar o recurso, reexame necessário ou causa de competência originária reconhecer ou não a divergência a respeito da interpretação da norma jurídica. Em caso afirmativo, deveria lavrar o acórdão respectivo.

Reconhecida a divergência e sobrestado o julgamento do feito, o tribunal pleno ou o seu órgão especial deveria estabelecer a interpretação a ser observada. Antes, porém, também deveria decidir a respeito da existência ou não do dissídio, não estando, portanto, vinculado à decisão do órgão fracionário anterior. Fixada a tese pelo tribunal, a decisão respectiva era irrecorrível[71].

Se o julgamento fosse tomado pelo voto da maioria absoluta dos membros do tribunal, a tese deveria ser objeto de súmula (de jurisprudência predominante), constituindo precedente na uniformização da jurisprudência (arts. 478 e 479)[72].

No incidente de uniformização da jurisprudência, o tribunal (pleno ou órgão especial) limitava-se a definir a interpretação da norma jurídica, sem promover o julgamento do caso concreto, que ficava a cargo do órgão fracionário do qual se originou o incidente, para o qual a tese estabelecida pelo tribunal era vinculante, exceto em situações excepcionais[73].

---

70. Segundo José Carlos Barbosa Moreira (In: O Novo Processo Civil Brasileiro: exposição sistemática do procedimento. Rio de Janeiro: Forense, 2008, p.178), "(...) a despeito da omissão do texto, deve entender-se que o requerimento é formulável na própria sessão de julgamento, quanto tocar à parte a sustentação oral, se for o caso".
71. Nesse sentido, pontua José Carlos Barbosa Moreira (Idem, p.179): "O tribunal há de limitar-se a assentar, dentre as teses jurídicas contrastantes, a que deve prevalecer. (...) A decisão do tribunal sobre a questão de direito é irrecorrível: qualquer recurso unicamente poderá caber, satisfeitos os respectivos pressupostos, contra o acórdão do órgão suscitante, que decidir a espécie à luz da interpretação assentada pelo tribunal, pois só com esse acórdão se completará o julgamento do recurso anterior ou da causa, cindido em virtude da suscitação do incidente".
72. Importante ressaltar que a decisão não deveria ser tomada, necessariamente, pela maioria absoluta do tribunal. Esse quorum era exigido apenas para a edição de súmula.
73. Eduardo Arruda Alvim (In: Direito Processual Civil. São Paulo: Editora Revista dos Tribunais, 2013, p. 774), após mencionar julgado do Superior Tribunal de Justiça que reputou válida a excepcional não aplicação da tese fixada pelo tribunal, em razão da posterior edição de súmula sobre o tema pelo próprio STJ, explicita que "O tribunal local, corretamente, ao invés de aplicar a tese firmada na sua uniformização, pode aplicar, desde logo, o entendimento do Superior Tribunal de Justiça, expressado na súmula".

Do mesmo modo que os prejulgados, entrementes, não havia obrigatoriedade de observância da tese fixada pelo tribunal relativamente aos demais órgãos que o compunham e nem aos juízes a ele vinculados, ainda que houvesse edição de súmula[74]. A decisão constituía precedente para a uniformização da jurisprudência do tribunal no que tange a casos semelhantes, em tramitação ou propostos posteriormente, mas sem efeito vinculante.

O incidente de uniformização da jurisprudência, embora melhor delineado que os prejulgados, também não era de uso frequente nos tribunais pátrios. A inexistência de efeito vinculante quanto aos juízes e órgãos fracionários do tribunal e o fracionamento entre a fixação da tese e o julgamento do mérito do feito constituíam entraves à sua larga utilização.

A fim de dirimir tais dificuldades, ainda que parcialmente, foi inserido um parágrafo no art. 555 (§ 1º[75]) do CPC/73, por meio da Lei nº 10.352, de 26.12.2001, que trouxe para o nosso sistema processual a denominada assunção de competência[76].

Assim é que, havendo questão de direito relevante, identificada por meio do reconhecimento do interesse público na uniformização da interpretação da norma respectiva[77], poderia o relator propor o deslocamento da competência do julgamento da apelação ou do agravo para órgão colegiado de maior composição, a ser definido pelos regimentos internos dos tribunais, a fim de que tal órgão não apenas fixasse a interpretação da norma como também julgasse o recurso.

A primeira distinção em relação ao incidente de uniformização de jurisprudência já se evidencia: não havia a cisão entre a fixação da tese e

---

74. A esse respeito, José Carlos Barbosa Moreira (*op. cit.*, p.180) afirmava: "(...) o fato de ser incluída em 'súmula' não confere à tese jurídica eficácia *vinculativa* própria das normas legais".

75. Art. 555. No julgamento de apelação ou de agravo, a decisão será tomada, na câmara ou turma, pelo voto de 3 (três) juízes. § 1º Ocorrendo relevante questão de direito, que faça conveniente prevenir ou compor divergência entre câmaras ou turmas do tribunal, poderá o relator propor seja o recurso julgado pelo órgão colegiado que o regimento indicar; reconhecendo o interesse público na assunção de competência, esse órgão colegiado julgará o recurso.

76. O instituto recebia inúmeras denominações. Assunção de competência foi a designação dada por Nelson Nery Jr. e Rosa Nery (In: Código de Processo Civil comentado e legislação extravagante. São Paulo: Editora Revista dos Tribunais, 2005, p. 957). Eduardo Arruda Alvim, adotando posição de Araken de Assis, considerava que o legislador criou outra hipótese de uniformização da jurisprudência, que deveria ser chamada de "expediente da afetação do julgamento".

77. Assim expõem Luiz Guilherme Marinoni e Sérgio Cruz Arenhart (*op. cit.*, p. 613/614): "(...) o conceito de 'relevante' deve relacionar-se, necessariamente, com a idéia de *interesse público,* de maneira que somente será relevante a questão jurídica quando houver *interesse público em sua resolução* e na solução da efetiva ou potencial divergência jurisprudencial a seu respeito".

o julgamento do recurso entre órgãos fracionários distintos, o que deveria servir à facilitação de sua aplicação.

Além disso, restaurou-se a possibilidade de prevenir o dissídio jurisprudencial entre órgãos fracionários de um mesmo tribunal.

Outros problemas, no entanto, persistiam, caso o texto legal fosse interpretado em sua literalidade: a legitimidade era atribuída exclusivamente ao relator[78]; o cabimento, em tese, era apenas em relação ao agravo e à apelação[79]; e inexistia efeito vinculante relativamente ao precedente firmado no que se refere aos casos semelhantes que debatessem a mesma questão de direito.

Levando em conta as vantagens do instituto criado pelo art. 555, § 1º do CPC/73, o CPC/2015 extinguiu o incidente de uniformização de jurisprudência, substituindo-o pelo incidente de assunção de competência, que restou regulado em seu art. 947[80].

O texto do art. 555, § 1º do CPC/73 foi parcialmente reproduzido no § 4º do art. 947, mas inúmeras modificações em relação às disposições anteriores são perceptíveis no novo instituto.

Em primeiro lugar, além da prevenção e da composição da divergência interna dos tribunais relativamente a questão de direito relevante (art. 947, § 4º), reputa-se cabível o IAC, conforme o *caput* do art. 947, quando o julgamento envolver relevante questão de direito, com grande repercussão social, sem repetição em múltiplos processos.

---

78. Segundo Eduardo Arruda Alvim (*op. cit.*, p. 777), "Nada impede, porém, a provocação do assunto no debate oral, ou no parecer do Ministério Público, e sua encampação pelos demais julgadores, ficando vencido o relator". No mesmo sentido: Luiz Guilherme Marinoni e Sérgio Cruz Arenhart *op. cit.*, 2008, p. 615).

79. Embora parcela da doutrina reconhecesse o cabimento no que tange a outros recursos, ao reexame necessário e a ações de competência originária. Nesse sentido, Eduardo Arruda Alvim (*op. cit.*, p. 777) e José Carlos Barbosa Moreira (*op. cit.*, p.181). Em sentido contrário: Luiz Guilherme Marinoni e Sérgio Cruz Arenhart (*op. cit.* , 2008, p. 613).

80. "Art. 947. É admissível a assunção de competência quando o julgamento de recurso, de remessa necessária ou de processo de competência originária envolver relevante questão de direito, com grande repercussão social, sem repetição em múltiplos processos. § 1º Ocorrendo a hipótese de assunção de competência, o relator proporá, de ofício ou a requerimento da parte, do Ministério Público ou da Defensoria Pública, que seja o recurso, a remessa necessária ou o processo de competência originária julgado pelo órgão colegiado que o regimento indicar. § 2º O órgão colegiado julgará o recurso, a remessa necessária ou o processo de competência originária se reconhecer interesse público na assunção de competência. § 3º O acórdão proferido em assunção de competência vinculará todos os juízes e órgãos fracionários, exceto se houver revisão de tese. § 4º Aplica-se o disposto neste artigo quando ocorrer relevante questão de direito a respeito da qual seja conveniente a prevenção ou a composição de divergência entre câmaras ou turmas do tribunal".

Ademais, há expressa previsão do cabimento do incidente relativamente a recurso, reexame necessário e processo de competência originária, eliminando-se a controvérsia que existia em torno do instituto revogado, ante a redação do art. 555, § 1º, que se referia tão somente a recurso.

A legitimidade foi também ampliada, admitindo-se que seja o incidente proposto pelo relator de ofício ou a requerimento das partes, do Ministério Público e da Defensoria Pública[81].

O interesse público passou a ser definido como pressuposto da assunção de competência, além da relevância da questão de direito, com grande repercussão social[82].

Finalmente, a mudança mais significativa implementada pelo CPC/2015 é a que consta do § 3º, do art. 947: há previsão de efeito vinculante da tese fixada pelo tribunal no julgamento do IAC relativamente aos juízes e órgãos fracionários a ele subordinados, exceto se houver superação do precedente.

Tendo em vista não ser mais concebível a instabilidade da jurisprudência brasileira, foram incluídas disposições no CPC que têm o nítido escopo de promover uma profunda mudança na atuação dos juízes e tribunais no que diz respeito à uniformização de seus entendimentos, numa tentativa de impor-lhes a prática de seguir seus próprios precedentes e aqueles provenientes de tribunais que lhe sejam hierarquicamente superiores[83].

O art. 926, *caput*, do CPC/2015 consagra o dever dos tribunais de uniformizar sua jurisprudência, mantendo-a estável, íntegra e coerente e o art. 947 prevê o incidente de assunção de competência como um dos instrumentos hábeis a promover tal uniformização, dada a imperiosidade de dirimir as divergências internas dos tribunais.

---

81. Para Vinícius Lemos (In: Recursos e processos nos tribunais no novo CPC. São Paulo: Lexia, 2016, p. 508), a alteração é relevante, visto que de acordo como art. 555, § 1º do CPC/73, cabia ao relator propor o incidente, restando às partes e ao Ministério Púbico apenas sugerir ao relator a sua instauração, que poderia acatar ou não tal sugestão, o que terminava por desestimular sua utilização. Agora a legitimidade das partes e do Ministério Público para requerer o incidente é expressa e direta, forçando a análise acerca do seu cabimento.

82. Daniel Amorim Assumpção Neves (In: Manual de Direito Processual Civil: volume único. Salvador: Editora JusPodivm, 2016, p. 1345) entende a referência ao interesse público é um tanto peculiar e que a tendência é a de que tal expressão seja considerada como sinônima da repercussão social, sendo admissível o incidente quando houver interesse de uma quantidade razoável de sujeitos na definição da interpretação da norma jurídica.

83. Não se desconhece a controvérsia em torno da necessidade ou não de efeito vinculante decorrente da lei para os precedentes, considerando-se que nos sistemas da *common law* não há essa previsão e que, a rigor, os tribunais devem seguir os seus precedentes por razões de segurança jurídica, isonomia, coerência sistêmica, dentre outras razões, não incluída entre elas a imposição legal. Considerando-se, porém, que tal temática não é objeto central do presente texto, deixaremos para abordá-la em artigo posterior.

Outrossim, considerando que os institutos anteriores não alcançaram sua finalidade a contento, não sendo utilizados com grande frequência, optou-se, no CPC/2015, pela definição de instrumentos processuais com aptidão para formar precedentes vinculantes, os quais se encontram descritos no seu art. 927[84]. Dentre eles está o IAC.

A previsão do efeito vinculante, atrelada às demais modificações acima descritas, certamente acarretará uma ampliação no uso do IAC pelos tribunais, que nele vislumbrarão a possibilidade de uma efetiva uniformização de sua jurisprudência interna, além da concreta possibilidade de redução do número de demandas nos juízos de primeiro grau e nos órgãos fracionários que lhes são subordinados, os quais terão que seguir a tese fixada pelo órgão de maior composição, responsável pelo julgamento do incidente.

3. DAS DISTINÇÕES QUANTO AO CABIMENTO ENTRE O INCIDENTE DE ASSUNÇÃO DE COMPETÊNCIA E O INCIDENTE DE RESOLUÇÃO DE DEMANDAS REPETITIVAS

O CPC/2015 prevê outros dois institutos que também têm a finalidade de promover a unidade da interpretação do direito[85], mas que têm a específica finalidade de conter a denominada litigiosidade de massa[86]: a

---

84. Art. 927. Os juízes e os tribunais observarão: I – as decisões do Supremo Tribunal Federal em controle concentrado de constitucionalidade; II – os enunciados de súmula vinculante; III – os acórdãos em incidente de assunção de competência ou de resolução de demandas repetitivas e em julgamento de recursos extraordinário e especial repetitivos; IV – os enunciados das súmulas do Supremo Tribunal Federal em matéria constitucional e do Superior Tribunal de Justiça em matéria infraconstitucional; V – a orientação do plenário ou do órgão especial aos quais estiverem vinculados.

85. Para Tereza Arruda Alvim Wambier, Maria Lúcia Lis Conceição, Leonardo Ferres da Silva Ribeiro e Rogério Licastro Torres de Mello (In: Primeiros comentários ao novo Código de Processo Civil – artigo por artigo. São Paulo: Revista dos Tribunais, 2015, p. 1395), o IRDR trata-se de um incidente que tem por objeto à semelhança do que já ocorre com muitos institutos do CPC em vigor, proporcionar uniformização do entendimento acerca de certa tese jurídica".

86. Em texto publicado em 2011, intitulado "O Novo Processo Civil", durante a tramitação do projeto do novo CPC, Luiz Fux (In: FUX, Luiz. O novo Processo Civil brasileiro (direito em expectativa): (reflexões acerca do projeto do novo Código de Processo Civil. Rio de Janeiro: Forense, 2011, p. 22/23) já apontava o objetivo do IRDR: "O incidente criado pelo anteprojeto permite a seleção de causas piloto com base na experiência germânica do mercado de capitais (*musterverfhren*) as quais, uma vez julgadas servem de paradigma obrigatório para as inúmeras ações em curso na mesma base territorial da competência do tribunal local encarregado de admitir o incidente (...)".

sistemática dos recursos especiais e extraordinários repetitivos[87] e o incidente de resolução de demandas repetitivas, previstos, respectivamente, nos arts. 1.036/1.041 e 976/987.

Segundo o art. 928 do CPC/2015, considera-se julgamento de casos repetitivos a decisão proferida em incidente de resolução de demandas repetitivas e em recursos especial e extraordinário repetitivos. Daí porque tem falado a doutrina na existência de um "microssistema de gestão e julgamento de casos repetitivos"[88], de modo que as regras aplicáveis aos referidos institutos devem se complementar.

Ocorre que o incidente de assunção de competência não integra o microssistema da litigiosidade repetitiva.

O art. 928 acima referido e o próprio *caput* do art. 947, *in fine*, do CPC já destacam tal distinção: o IAC não deve ser utilizado quando houver repetição em múltiplos processos. Se houver demandas em série, o incidente a ser utilizado é o de resolução de demandas repetitivas.

Nesse sentido, deve-se mencionar o teor do Enunciado nº 334 do Fórum Permanente de Processualistas Civis, *verbis*: "Por força da expressão 'sem repetição em múltiplos processos', não cabe o incidente de assunção de competência quando couber julgamento de casos repetitivos".

Parece não haver divergência doutrinária a respeito: se houver multiplicidade de demandas, não cabe IAC e sim IRDR ou a sistemática do julgamento de recursos especial e extraordinário repetitivos[89].

A questão é que todos esses institutos – o IAC, o IRDR e os recursos repetitivos – figuram no art. 927 do CPC/2015 como hábeis a formar precedentes com efeito vinculante relativamente aos juízes e tribunais. Por isso também tem se falado na doutrina num microssistema de formação de precedentes vinculantes.

---

87. Já prevista no CPC/73, mas a tese fixada não era de obediência obrigatória relativamente aos demais juízes e tribunais.
88. Fredie Didier Junior e Leonardo Carneiro da Cunha. *op. cit.*, p. 590.
89. Assim, vejam-se: NEVES, Daniel Amorim Assumpção. *op. cit.*, p. 1345, BUENO, Cassio Scarpinella. Novo código de processo civil anotado. São Paulo: Editora Saraiva, 2015, p. 593, LEMOS, Vinicius Silva. *op. cit.*, p. 504, MARINONI, Luiz Guilherme, ARENHART, Sergio Cruz e MITIDIERO, Daniel. Novo código de processo civil comentado. São Paulo: editora revista dos tribunais, 2015. P. 889, CÂMARA, Alexandre Freitas. O novo processo civil brasileiro. São Paulo: Atlas, 2015, p. 452, ALMEIDA, Mariana Pacheco Rodrigues Almeida. O incidente de competência no microssistema de formação de precedentes obrigatórios. In: PEIXOTO, Renata Cortez Vieira, SOUSA, Rosalina Freitas Martins de e ANDRADE, Sabrina Dourado França. Temas relevantes de direito processual civil: elas escrevem. Recife: Armador, 2016, p. 268/268 e DIDIER JR. Fredie e CUNHA, Leonardo Carneiro da. *op. cit.*, p. 665.

Nas palavras de Fredie Didier Jr. e Leonardo Carneiro da Cunha[90], tais instrumentos compõem o denominado "microssistema de formação concentrada de precedentes obrigatórios". Segundo os mencionados autores[91], "Há uma unidade e coerência sistêmicas entre o incidente de assunção de competência e o julgamento de casos repetitivos (...)", razão pela qual "para que se formem precedentes obrigatórios, devem ser aplicadas as normas que compõem esse microssistema"[92].

Em razão desse liame entre o IAC e o julgamento de casos repetitivos, há, na prática, certa confusão a respeito do cabimento de tais institutos, notadamente no que concerne ao IAC e ao IRDR, visto que ambos são incidentes cujo julgamento compete aos tribunais de segundo grau[93] e é neles que terão mais larga utilização, além de que a sistemática de recursos repetitivos aplica-se tão somente aos recursos excepcionais.

Desse modo, faz-se necessário delimitar o âmbito de incidência de cada um desses instrumentos que integram o microssistema de formação de precedentes vinculantes, diferenciando-os no que diz respeito aos seus pressupostos de admissibilidade.

Nos termos do art. 976, do CPC/2015, "é cabível a instauração do incidente de resolução de demandas repetitivas quando houver, simultanea-

---

90. op. cit., p. 658.
91. Editora Juspodivm Idem, p. 658.
92. Assim, considerando que há pouquíssimas disposições sobre o IAC e que há algumas omissões no texto do CPC/2015 a seu respeito nos artigos que tratam do IRDR e dos recursos repetitivos, consideram-se a ele aplicáveis regras que dizem respeito ao IRDR e aos recursos repetitivos. Assim, seriam aplicáveis ao IAC os seguintes dispositivos legais, dentre outros: arts. 938 e 1038, I (regras relativas à participação do amicus curiae nos julgamentos de casos repetitivos); arts. 938, § 1º e 1.038, II (regras relativas à realização de audiências públicas); arts. 984, § 2º e 1.038, § 3º (reforço do dever de motivar); art. 311, II (cabimento da tutela da evidência).
93. Há quem defenda o cabimento do IRDR nos tribunais superiores, a exemplo de Fredie Didier Jr. e Leonardo Carneiro da Cunha (op. cit., p. 630/631). Com a devida vênia, entende-se que o instituto somente tem cabimento no âmbito dos tribunais de segundo grau, visto que a estruturação do seu procedimento leva a essa conclusão (a exemplo da previsão do cabimento dos recursos especial e extraordinário), além de que admitir o IRDR significa aos tribunais superiores o reconhecimento de seu próprio fracasso quanto à função de dar unidade à interpretação do direito nas causas que são de sua competência originária, já que um dos requisitos do IRDR é o risco de ofensa à isonomia e à segurança jurídica. A nosso ver, são cabíveis apenas os recursos repetitivos. Mesmo que se admita a sua utilização, certamente será em menor escala que nos tribunais de segundo grau. Quanto ao IAC, a doutrina entende ser ele admissível no âmbito do STF e do STJ. Não há, entretanto, como haver dúvidas quanto ao cabimento do IAC e da sistemática de julgamento dos recursos repetitivos, visto que esta se aplica especificamente aos recursos especial e extraordinário repetitivos.

mente: I – efetiva repetição de processos que contenham controvérsia sobre a mesma questão unicamente de direito; II – risco de ofensa à isonomia e à segurança jurídica".

Em primeiro lugar, é preciso que haja uma *efetiva* repetição de processos. Assim, evidencia-se o descabimento do incidente com a finalidade de *prevenir* a multiplicidade de demandas.

Ademais é necessário que haja controvérsia sobre a mesma questão unicamente de direito (material ou processual, segundo o art. 928, parágrafo único), de modo que não cabe o IRDR quando o dissenso a ser dirimido referir-se à matéria fática.

A questão precisa ser controvertida, pois, se assim não for, não haverá o preenchimento do requisito contido no inciso II: risco de ofensa à isonomia e à segurança jurídica. Só haverá comprometimento desses dois pilares constitucionais se houver decisões em sentidos distintos a respeito de um mesmo tema.

Não há um quantitativo definido pela lei de casos em tramitação para caracterizar a litigiosidade repetitiva e a doutrina oscila sobre o ponto. Alguns, como Leonardo da Cunha e Fredie Didier Jr.[94], afirmam não haver necessidade de um grande número de processos e que o critério que deverá preponderar é o do risco à isonomia e à segurança jurídica, orientação contida, inclusive, no enunciado 87 do Fórum Permanente de Processualistas Civis[95]. Outros, como Alexandre Freitas Câmara[96], consideram que a repetitividade se caracteriza pela grande quantidade de demandas.

Pensa-se que o cabimento do IRDR está sim atrelado a uma quantidade significativa de processos versando sobre uma mesma questão de direito. O dispositivo exige uma efetiva repetição de processos e a finalidade precípua do instituto é conter a litigiosidade de massa, que se evidenciará inexistente se houver poucos processos em tramitação, ainda que decididos de forma antagônica. Não é à toa que se excluiu do texto do CPC aprovado a possibilidade de manejo do IRDR de forma preventiva[97]. A intenção é a de que o

---

94. *op. cit.*, p. 658
95. A instauração do incidente de resolução de demandas repetitivas não pressupõe a existência de grande quantidade de processos versando sobre a mesma questão, mas preponderantemente o risco de quebra da isonomia e de ofensa à segurança jurídica.
96. *op. cit.*, p. 477.
97. No projeto do novo CPC (PLS nº 166/2010) havia possibilidade de instauração do IRDR quando estivesse presente a potencial multiplicação de demandas, o que não consta do texto em vigor, que exige a efetiva repetição. Eduardo Cambi e Mateus Vargas Fogaça (In: Incidente de Resolução de Demandas Repetitivas no novo Código de Processo Civil. In: MACÊDO, Lucas Buril de, PEIXOTO, Ravi e DIDIER JR., Fredie. Novo CPC doutrina selecionada, v. 6: processos nos tribunais e meios de impugnação às decisões judiciais. Salvador: JusPodivm, 2015, p. 280) explicitam as razões pelas quais não se deve admitir

incidente só seja utilizado se já houver múltiplas demandas em andamento acerca de uma mesma questão de direito, que esteja sendo decidida de modo divergente por parte dos juízes e/ou do tribunal.

Em suma, para fins de admissibilidade do IRDR, devem coexistir a multiplicidade de demandas e a divergência de posicionamentos a respeito da mesma questão.

Se estiverem presentes os requisitos acima, evidencia-se indiscutível o cabimento do IRDR. Há, no entanto, situações de admissibilidade duvidosa.

É possível que haja, por exemplo, poucas demandas em tramitação versando sobre uma mesma questão de direito, mas com uma evidente potencialidade de repetição em ações futuras. Havendo divergência na interpretação sobre a questão de direito nelas debatidas, é possível que o tribunal, em situações assim, admita o IRDR, buscando essencialmente *evitar* a propositura de novas demandas repetidas?

Como já dito, o quantitativo de ações em andamento é relevante para fins de cabimento do IRDR, critério que deve ser analisado em conjunto com o risco de ofensa à isonomia e à segurança jurídica, presente quando houver dissenso interpretativo.

Se não há, contudo, múltiplas demandas em trâmite a respeito da mesma questão de direito, não deve ser manejado o IRDR. Não se pode olvidar que tal incidente não pode ser utilizado de modo *preventivo*, o que terminaria por ocorrer nesse caso. Destarte, para caber o mencionado instituto, seria mais adequado aguardar a propositura de novas demandas, a fim de que se caracterizasse a repetição em múltiplos processos, justificando-se a instauração do IRDR.

Nessa situação, se houver algum processo em trâmite no tribunal, poderá ser admitido o IAC e não o IRDR[98].

Destaque-se, finalmente, que seguimos a corrente doutrinária que reputa necessária a existência de pelo menos uma causa em trâmite no tribunal para cabimento do IRDR, pela necessidade de maturação das discussões a respeito da tese jurídica aplicável à questão de direito controvertida e também em face do disposto no art. 978, parágrafo único, do CPC/2015[99].

---

o IRDR preventivo. "(...) a definição da tese jurídica central e comum às demandas repetitivas, de forma prévia e sem o amadurecimento das discussões em torno dela, apesar de valorizar a garantia constitucional da razoável duração do processo (art. 5º, LXXVIII, CF), poderia criar o risco de o julgamento deixar de levar em consideração argumentos capazes de influenciar decisivamente em seu resultado".

98. A questão será novamente tratada após a análise dos requisitos de admissibilidade do incidente de assunção de competência.

99. A divergência a respeito da existência ou não de causa pendente no tribunal não será analisada no presente ensaio, tendo em vista que há um grande debate doutrinário a respeito

No tocante ao incidente de assunção de competência, pensa-se que o art. 947 consagra duas hipóteses de cabimento: uma em seu *caput* e outra em seu § 4º[100].

O texto do § 4º é similar ao que constava do revogado art. 555, § 1º do CPC/2015. Se o objetivo do incidente previsto no novo Código fosse apenas o de promover a uniformização da jurisprudência, bastava a reprodução do retromencionado dispositivo no *caput* do art. 947 do CPC/2015.

O *caput*, no entanto, trouxe uma redação que não existia no CPC revogado: "É admissível a assunção de competência quando o julgamento de recurso, de remessa necessária ou de processo de competência originária envolver relevante questão de direito, com grande repercussão social, sem repetição em múltiplos processos".

O IAC, nesse caso, busca transferir o julgamento de uma ou algumas causas extremamente importantes – cuja questão de direito debatida tenha grande repercussão social – do órgão fracionário menor do tribunal, originariamente competente, para um órgão colegiado maior, que assumirá a competência, para que a decisão seja tomada com mais cautela e por meio de discussões mais profundas e, ainda, para que seja formado um precedente com efeito vinculante, na eventual hipótese da questão se repetir no futuro[101], inclusive com a incidência da regra da fundamentação específica[102] e das regras destinadas à ampliação da cognição[103] e da publicidade[104].

Assim, para a admissibilidade do IAC, nos termos do *caput* do art. 947, são necessários três requisitos: a) tramitação de um recurso, reexame

---

do tema, que estenderia demasiadamente o conteúdo do texto. O tema merecerá maior atenção em artigo futuro.

100. Muitos autores defendem que as regras se complementam, a exemplo de Humberto Theodoro Júnior (In: Curso de Direito Processual Civil: execução forçada, processo nos tribunais, recursos e direito intertemporal. Rio de Janeiro: Forense, 2016, p. 811), segundo o qual "Não é todo e qualquer recurso, remessa necessária ou processo de competência originária que poderá ser objeto de assunção de competência. É essencial que a questão de direito envolvida na lide (i) seja relevante, (ii) tenha grande repercussão social, (iii) não haja sido repetida em múltiplos processos, (iv) de modo a tornar conveniente a prevenção ou a composição de divergência entre câmaras ou turmas do tribunal".

101. Guardadas as devidas proporções, tal previsão assemelha-se à contida no art. 109, § 5º da Constituição da República, que prevê a federalização de processos que tramitem na Justiça Estadual, por meio do incidente de deslocamento de competência, com a finalidade de assegurar o cumprimento de obrigações decorrentes de tratados internacionais de direitos humanos dos quais o Brasil seja parte. Isso porque, nas duas hipóteses, a questão debatida no processo é de tamanha relevância que permite a alteração da competência absoluta.

102. Arts. 984, § 2º e 1038, § 3º do CPC/2015.

103. Arts. 983 e 1038, incisos I e II do CPC/2015.

104. Art. 979, § § 1º a 3º do CPC/2015.

necessário ou ação de competência originária do tribunal; b) discussão acerca de uma relevante questão de direito processual ou material, com grande repercussão social; b) inexistência de repetição em múltiplos processos (pressuposto negativo).

Entende-se que a questão de direito é relevante, com grande repercussão social (que denotará o interesse público na assunção da competência (art. 947, § 2º)), quando se tratar de uma questão muito importante cuja solução quanto à interpretação respectiva se revelar impactante no contexto social, político, econômico ou jurídico, transcendendo os interesses dos sujeitos envolvidos no litígio, utilizando-se como parâmetro os mesmos pressupostos para reconhecimento da repercussão geral, previstos no art. 1.035, § 1º do CPC.

Aliás, essa é a posição da maioria dos autores[105].

Não pode haver repetição em múltiplos processos e o incidente não precisa ser usado com a finalidade de prevenir ou compor divergência interna do tribunal. Pode haver, desse modo, julgamento de um único processo[106], cuja questão de direito debatida se repute extremamente relevante (averiguada pela existência de repercussão social).

É o que constata Daniel Amorim Assumpção Neves[107]:

> "o objetivo do legislador parece claro: criar um incidente em processo únicos ou raros de alta relevância social, até porque, se houver a multiplicidade de processos com a mesma matéria jurídica, existirão outros instrumentos processuais para se atingir o objetivo do IAC".

Discorda-se parcialmente desse raciocínio, visto que, quando o art. 947 se reporta à inexistência de repetição em *múltiplos* processos, quer dizer que não pode haver litigiosidade de massa – posto que se houver, será cabível

---

105. A exemplo de Mariana Pacheco Rodrigues Almeida (*op. cit.*In: O incidente de competência no microssistema de formação de precedentes obrigatórios. In: PEIXOTO, Renata Cortez Vieira, SOUSA, Rosalina Freitas Martins de e ANDRADE, Sabrina Dourado França. Temas relevantes de direito processual civil: elas escrevem. Recife: Armador, 2016, p. 264), que sustenta: "Além de ser relevante, a questão tem que ter grande repercussão social, o que também é um requisito genérico, sem possibilidade de prévia caracterização, mas, tão-somente, quando da análise do caso concreto. De qualquer forma, é absolutamente possível a utilização do conceito de repercussão geral trazido pelo art. 1.035, § 1º, do CPC".
106. No Tribunal de Justiça do Rio Grande do Sul foi suscitado incidente de assunção de competência na apelação criminal nº 0086865-60.2016.8.21.7000, não por haver divergência interna no tribunal, mas por ter sido a questão de direito reputada relevante com grande repercussão social: saber qual a infração administrativa cabível em caso de violação do art. 250 do Estatuto da Criança e do Adolescente.
107. *op. cit.*, p. 1344.

o IRDR - mas isso não significa que não pode haver repetição da questão relevante em *alguma quantidade de processos* que tramitem no tribunal.

Havendo, portanto, alguns recursos, reexames necessários ou ações de competência originária dos tribunais em andamento sobre uma mesma questão de direito, mas sem a presença da multiplicidade (propositura em série), caberia IAC e não IRDR, desde que a questão debatida fosse de extrema relevância (com base no *caput* do art. 947).

Por outro lado, ainda no caso do *caput*, não há necessidade de preenchimento dos requisitos constantes do § 4º, quais sejam, prevenir ou compor divergência interna do tribunal. É dizer, mesmo que não haja, em tese, risco de interpretações dissonantes sobre a questão de direito, dada a sua relevância e a sua repercussão social, reputa-se adequado o seu julgamento por um órgão de maior composição, em face de todas as vantagens acima mencionadas.

Já na hipótese do art. 947, § 4º, é preciso que estejam presentes os pressupostos da prevenção ou composição da divergência interna do tribunal. Aqui o objetivo do IAC é essencialmente promover a uniformização da jurisprudência dos tribunais, evitar a divergência interna e, em consequência, prevenir a propositura de outras demandas que versem sobre a mesma controvérsia, a partir da definição da interpretação da norma correspondente e da fixação de uma tese com efeito vinculante para os órgãos fracionários e para os juízes subordinados ao tribunal.

Desse modo, em sem tratando de IAC fundado no art. 947, § 4º, há necessidade de preenchimento de quatro requisitos: a) tramitação de um recurso, reexame necessário ou ação de competência originária do tribunal; b) discussão acerca de uma relevante questão de direito processual ou material; c) conveniência da prevenção ou composição de divergência interna dos tribunais; e d) inexistência de repetição em múltiplos processos.

A questão debatida, nesse caso, não precisa ser de grande *repercussão social*, uma vez que o art. 947, § 4º não reproduz a expressão contida no *caput,* mencionando tão somente a sua *relevância.*

É preciso, pois, que a questão seja importante, que mereça destaque. Uma questão irrelevante, de somenos importância, não deverá ser objeto de um IAC, posto que o escopo do incidente é a transferência do julgamento da causa para um colegiado maior, cuja decisão formará um precedente vinculante.

No tocante ao terceiro requisito, qual seja: a conveniência da prevenção ou composição de divergência interna dos tribunais. Entendemos que o termo *conveniência* apenas deve ser atrelado ao cabimento do IAC quando o objetivo for *prevenir* o dissenso jurisprudencial. Explica-se.

A conveniência relaciona-se à discricionariedade na tomada da decisão pela autoridade e, com a entrada em vigor do CPC/2015, pensa-se que não há mais espaço para um juízo de conveniência e oportunidade dos tribunais no tocante à uniformização da sua jurisprudência, que é imposta pelo art. 926.

Assim é que, se o tribunal antever que sobre uma determinada questão de direito pode haver divergência futura em seus órgãos fracionários, em razão da existência de posicionamentos doutrinários distintos acerca de sua interpretação e até mesmo a constatação de que há decisões proferidas pelos juízos de primeiro grau em sentidos diversos a seu respeito, deverá, discricionariamente, decidir sobre a necessidade de *evitar* tal dissídio jurisprudencial e também, em última instância, a própria litigiosidade repetitiva. Considerando conveniente tal prevenção, admitirá o IAC; caso contrário, não.

Por outro lado, se sobre a questão houver divergência interpretativa *atual*[108] nos órgãos fracionários de um determinado tribunal, impõe-se a uniformização da jurisprudência, regra que decorre do pré-falado art. 926 do CPC/2015. Sendo a questão relevante e havendo, sobre ela, dissenso, não há conveniência quanto à instauração do incidente.

Embora o último pressuposto – inexistência de repetição em múltiplos processos – não esteja contido no art. 947, § 4º, entendemos ser ele aplicável à hipótese, dada a constatação de que o IAC não integra o microssistema de julgamento de casos repetitivos.

Quando a intenção do IAC for prevenir a divergência interna do tribunal e, em consequência, evitar a repetição múltipla de demandas – no primeiro e no segundo grau de jurisdição – que contenham discussão sobre a mesma questão de direito, não devem existir maiores problemas no tocante à identificação do seu cabimento em relação ao IRDR, já que este último não pode ser utilizado com escopo meramente preventivo.

Por isso é que, conforme assinalamos linhas atrás, se existirem poucas demandas em tramitação no primeiro grau de jurisdição acerca de uma mesma questão de direito, ainda que haja uma potencial repetição em ações futuras, se houver divergência na interpretação respectiva, será cabível o IAC e não o IRDR, desde que alguma demanda que verse sobre a questão chegue ao tribunal, para que seja transferida a competência para o seu julgamento e fixação da tese com efeito vinculante para o órgão de maior composição. Admitir o IRDR equivale a permitir que tal incidente tenha nítido escopo preventivo, o que não é permitido pela lei.

De outro lado, quando o IAC tiver por finalidade compor a divergência interna dos tribunais já instaurada, pode haver alguma dúvida a respeito de sua admissibilidade relativamente ao IRDR.

---

108. Se tiver havido divergência no passado, mas já superada, não deve ser cabível o incidente.

Para Humberto Theodoro Júnior[109], a hipótese do art. 947, § 4º, no tocante à *composição da divergência interna dos tribunais*, dá margem para o cabimento do IAC quando houver multiplicidade de demandas. Nesse sentido, escreve o autor:

"Se já existem múltiplos processos que repetem a mesma questão de direito, em curso em primeiro e segundo grau, a uniformização da tese de direito (...) não deve ser postulada, em princípio pelo incidente de assunção de competência, como, aliás, ressalva o art. 947, caput, in fine. O caminho processual a seguir, por mais adequado, será o do incidente de resolução de demandas repetitivas (art. 976, I). Há, contudo, uma exceção que afasta esta regra geral, para dar preferência inversa ao incidente de assunção de competência sobre o de resolução de demandas repetitivas, mesmo existindo repetição do tema em múltiplos processos, exceção essa contemplada pelo § 4º do art. 947".

Discorda-se desse posicionamento. Pensa-se que não há nenhuma excepcionalidade no art. 947, § 4º. Trata-se, na verdade, de mais uma hipótese de cabimento do IAC, mas não deve estar presente a multiplicidade de demandas. Se houver, deverá ser manejado o IRDR.

A situação – que, de fato, dá margem a dúvidas – deve ser solucionada a partir do mesmo raciocínio que empregamos ao analisar os requisitos do *caput*: o legislador veda o uso do IAC quando estiver presente a litigiosidade de massa. No entanto, se houver algumas causas em andamento no tribunal e/ou no primeiro grau de jurisdição sobre uma mesma questão de direito, com decisões anteriores divergentes em seus órgãos fracionários, sem que se vislumbre a sua multiplicidade e, bem assim, o seu efeito multiplicador (eventual propositura de demandas similares em série), caberia IAC e não IRDR, desde que a questão debatida fosse relevante (com base no art. 947, § 4º) e desde que houvesse algum processo em trâmite no tribunal (recurso, reexame necessário ou ação de competência originária) para que fosse transferida a competência para o órgão de maior composição.

É possível que haja, nesses casos, algum subjetivismo dos tribunais – principalmente quanto à identificação do número de demandas que caracterizará ou não a multiplicidade – podendo se evidenciar equívocos na interpretação dos dispositivos legais sob análise.

---

109. *op. cit.*Curso de Direito Processual Civil: execução forçada, processo nos tribunais, recursos e direito intertemporal. Rio de Janeiro: Forense, 2016, p. 917. Para o autor, "A aplicação da norma excepcional se dá quando a divergência atual se achar instalada entre processos já julgados entre câmaras ou turmas do próprio tribunal. Nessa situação, não haverá necessidade de se recorrer ao incidente de resolução de demandas repetitivas".

Alguns incidentes de assunção de competência já têm sido instaurados nos tribunais de justiça brasileiros, alguns de forma incorreta, outros com acerto.

No Tribunal de Justiça do Rio Grande do Sul foi recentemente suscitado incidente de assunção de competência na apelação nº 0210188-05.2016.8.21.7000[110]. No voto do relator, reconheceu-se que havia discussão sobre matéria de direito, a saber: identificar "o termo inicial do prazo decadencial para constituição do crédito tributário de ITCMD no caso de doação com reserva de usufruto vitalício". Constatou-se que, sobre o tema, havia duas teses opostas e que existia, também, controvérsia interna sobre a matéria naquele tribunal, fazendo-se referência aos julgados respectivos dos seus respectivos órgãos fracionários. Foram analisados os requisitos para admissibilidade do IAC: questão exclusivamente de direito; relevância e repercussão social (esse último seria dispensável, segundo propomos no presente texto); inexistência em múltiplos processos, afirmando-se que "o debate não está a todo momento presente, muito embora não seja incomum à Corte".

Houve, contudo, confusão como o IRDR, quando se assinalou que "a divergência constante nos julgados desta Corte se reflete em primeiro grau, refletindo em insegurança jurídica no meio tributário". O risco à segurança jurídica é requisito do IRDR e se o tribunal reconhece que a matéria está sendo debatida com frequência no primeiro grau, é porque pode haver multiplicidade de demandas sobre o tema, sendo cabível o IRDR e não o IAC.

Importante chamar a atenção para a circunstância de que não há como afastar o requisito negativo da inexistência de multiplicidade de demandas na hipótese do § 4º, do art. 947, visto que, como já dito, não integra o IAC o microssistema de resolução de casos repetitivos, nos termos do art. 928 do CPC/2015.

Imperioso também destacar, outrossim, que há vantagens na utilização do IRDR nessas situações, posto que há regras a ele pertinentes que não se aplicam ao IAC, a exemplo da suspensão de todos os processos que tramitem no Estado ou na Região que versem sobre a mesma questão de direito controvertida, a fim de que aguardem a definição da tese pelo tribunal, posto que essa regra só tem incidência quando houver multiplicidade de demandas[111].

No Tribunal de Justiça de Santa Catarina foi suscitado um IAC na apelação nº 0002958-59.2014.4.24.0022[112]. Do voto do relator, extrai-se que o objeto

---

110. Relatora Desa. Marilene Bonzanini. 22ª Câmara Cível. Julgado em 11.08.2016, publicado no DJE de 18.08.2016.
111. Nesse sentido, DIDIER JÚNIOR, Fredie e CUNHA, Leonardo Carneiro da. op. cit., p. 659. Em sentido contrário: LEMOS, Vinicius Silva. op. cit., p. 509/510. Este último, no entanto, reconhece haverá um interesse menor do tribunal na suspensão ante a falta de multiplicidade.
112. IAC nº 1. Relator Desembargador João Henrique Blasi. Julgado em 11.05.2016, acórdão publicado em 16.05.20'6.

da demanda era a obtenção de inscrição de matrícula em registro imobiliário, objetivando a obtenção da propriedade do correspondente imóvel de baixo custo, na ambiência do "Projeto Lar Legal". Discutia-se no apelo do Ministério Público a respeito da necessidade de realização de estudo socioambiental como premissa para que se efetivasse o registro ou se seriam suficientes os documentos expedidos pelo Município, que indicavam o atendimento das exigências legais. Resolveu-se, assim, instaurar o IAC, levando em conta a relevância da questão, "reveladora de grande interesse público e de elevada repercussão social, daí porque, a bem da segurança jurídica, reclama solução uniforme nesta Corte, prevenindo-se divergências em futuros julgamentos em torno da matéria". Destacou-se o não cabimento do IRDR "porque o volume de processos versantes sobre a mesma temática, ao menos até este momento, não a justifica". Ressaltou-se que outros casos chegariam ao Tribunal, havendo alguns já pendentes de julgamento, razão pela qual "o encaminhamento uniforme, via assunção de competência, *per saltum*, pelo Grupo de Câmaras de Direito Público, avulta como medida necessária e oportuna, em homenagem, sobretudo ao princípio da segurança jurídica, ou da proteção da confiança legítima". O incidente foi admitido e julgado, fixando-se a tese no sentido da desnecessidade do estudo socioambiental quando houver provas nos autos, fornecidas pelo Poder Público, suficientes para demonstrar o preenchimento dos requisitos legais para o registro bem no contexto do Projeto "Lar Legal".

Embora existissem algumas demandas em curso sobre o tema, inclusive no tribunal, considerou-se que o quantitativo não justificava a instauração do IRDR. Vislumbrando-se uma multiplicação futura, em homenagem à segurança jurídica, instaurou-se o IAC, a fim de fixar a tese aplicável e prevenir uma futura divergência interpretativa sobre a questão – evitando-se, em última instância, a própria litigiosidade de massa. É exatamente o que se defende no presente texto.

Como se pode constatar dos casos acima, apesar da delimitação no texto do CPC/2015 acerca da admissibilidade do IAC e do IRDR, há alguns pontos em comum entre os dois institutos que podem levar a situações de dúvida quanto ao seu cabimento na prática, o que é reconhecido pela doutrina.

Sobre a temática, Fredie Didier Jr. e Leonardo Carneiro da Cunha[113] asseveram:

> "Há situações que podem estar entre as duas hipóteses, acarretando eventuais dúvidas sobre o cabimento do IAC. Imagine-se, por exemplo, que haja cinco ou dez processos sobre o mesmo tema. Todos foram julgados no mesmo sentido. Rigorosamente, há aí casos repetitivos, mas não há a existência de 'múltiplos processos'. Por terem sido todos julgados no mesmo sentido, também não há risco de ofensa à isonomia, nem à segurança jurídica, mas a questão pode ser

---

113. *op. cit.*, p. 666.

relevante, de grande repercussão social. Nesse caso, não caberá o incidente de resolução de demandas repetitivas (por não haver risco à isonomia nem à segurança jurídica), mas é possível que se instaure a assunção de competência, por ser conveniente prevenir qualquer possível divergência futura (CPC, art. 947, § 4º)".

Nesse caso narrado pelos autores, há repetição de demandas, mas não há dissenso na intepretação do direito, de modo que não estão presentes os requisitos da ofensa à isonomia e à segurança jurídica, não sendo, assim, cabível o IRDR, devendo-se também lembrara que um potencial dissídio jurisprudencial não enseja a sua admissibilidade.

Por outro lado, o IAC pode ser manejado com a finalidade de prevenir a divergência interna nos tribunais, de modo que, antevendo uma possível controvérsia na interpretação da norma – ainda não presente nas decisões judiciais, mas crescente na doutrina, por exemplo – poderia o tribunal admitir o incidente aqui referido.

Dentro do mesmo contexto – existência ou não de risco à isonomia e à segurança jurídica – podem haver situações em que se evidencie uma divergência não significativa na interpretação de uma mesma norma jurídica, ou seja, pode haver uma repetição em múltiplos processos de uma mesma questão de direito, sendo que a solução interpretativa dada é amplamente majoritária num determinado sentido, havendo, entrementes, uma corrente minoritária em sentido contrário acolhida em algumas decisões.

Para Daniel Amorim Assumpção Neves[114], somente é cabível o IRDR quando houver uma multiplicidade de processos já decididos com divergência considerável[115].

Em sentido contrário, Alexandre Freitas Câmara[116] considera que "(...) o IRDR só deve ser instaurado quando se verifica a existência de decisões divergentes. Enquanto as demandas idênticas estiverem a ser, todas, decididas

---

114. *op. cit.*, 2016, p. 1400/1401. Para o autor, "a mera existência de algumas decisões em sentido contrário ao que vem majoritariamente se decidindo, pode não ser suficiente para colocar em risco a isonomia e a segurança jurídica, porque se houver um entendimento amplamente majoritário sendo aplicado nas decisões sobre a mesma questão jurídica, previsibilidade do resultado não estará sendo afetada de forma considerável, não sendo nesse caso necessária a instauração do IRDR".
115. Vinícius Silva Lemos (*op. cit.*In: Recursos e processos nos tribunais no novo CPC. São Paulo: Lexia, 2016, p. 526) chama a atenção para o fato de que há uma subjetividade em torno da definição da controvérsia que pode autorizar a instauração do incidente de resolução de demandas repetitivas. Em seu entender, não é o quantitativo da divergência que deve ser utilizado como critério para o cabimento do incidente e sim a existência ou não de posicionamento firmado sobre a matéria por uma turma ou câmara do tribunal
116. *op. cit.*, p. 479.

no mesmo sentido, não há utilidade (e, pois, falta interesse) na instauração do incidente (...)".

Nesse caso, estão presentes todos os requisitos para cabimento do IRDR: multiplicidade de demandas e controvérsia sobre uma mesma questão unicamente de direito. Não importa o tamanho da divergência: operando-se a controvérsia, ainda que diminuta, deve haver fixação de uma tese para que seja ela aplicada às situações semelhantes, a fim de evitar a odiosa desigualdade que acarreta diuturnamente a insatisfação do jurisdicionado.

Alexandre Freitas Câmara[117], embora afirme que o IAC não deve ser usado no âmbito dos casos repetitivos, entende que há questões de direito material e processual que, apesar de não repetitivas, têm grande repercussão social e podem gerar divergência, arrematando o seu raciocínio da seguinte forma:

> "Perceba-se, assim, que o texto do § 4º do art. 947 complementa o teor de seu *caput*, permitindo que se verifique exatamente qual o campo de incidência da assunção de competência. **Esta deve ser utilizada quando houver questão de direito repetitiva que surge em processos de causas distintas, que não podem ser consideradas demandas seriais.**
>
> Pense-se, por exemplo, na interpretação dos requisitos para a desconsideração da personalidade jurídica. Esta é uma questão de direito que pode surgir em processos completamente diferentes, muito distantes de qualquer tentativa de caracterização das demandas repetitivas. Basta pensar na possibilidade de se ter suscitado questão atinente ao preenchimento dos requisitos da desconsideração da personalidade jurídica em uma execução de alimentos devidos por força de relação familiar e em outro processo, em que se executa dívida de aluguel garantida por fiança. Estas duas demandas não são, evidentemente, repetitivas, mas a questão de direito que nelas surgiu é a mesma: quais os requisitos para a desconsideração da personalidade jurídica nas causas em que incide o disposto no art. 50 do Código Civil.
>
> Pois para casos assim, a fim de prevenir ou compor divergências entre câmaras ou turmas do tribunal (isto é, divergências *intra muros*, internas a um mesmo tribunal), produzindo-se uma decisão que terá eficácia de precedente vinculante, é que se deve utilizar o incidente de assunção de competência" (grifo nosso).

Tem razão o autor quando afirma que, no exemplo por ele colacionado referente à desconsideração da personalidade jurídica, não há repetição de *demandas*, pois há causas de pedir e pedidos distintos: uma delas seria uma execução de alimentos e a outra uma execução de dívida de aluguel garantida por fiança.

Inobstante, há, nessas demandas, repetição da mesma *questão de direito material*: saber quais os requisitos para a desconsideração da personalidade jurídica nas causas em que incide o disposto no art. 50 do Código Civil.

---

117. O novo processo civil brasileiro. São Paulo: Atlas, 2015, p. 452/453.

É certo que o CPC/2015, em seu art. 976, *caput*, faz referência ao cabimento do incidente de resolução de *demandas repetitivas* e não de *questões de direito repetitivas*, mas nos parece mais acertada a corrente doutrinária que defende que o incidente tem por objeto fixar teses para questões repetitivas a cujo respeito haja dissenso interpretativo[118].

Essa orientação resta evidenciada a partir da leitura do próprio art. 926, I do CPC/2016, o qual define como requisito do IRDR a "efetiva repetição de processos que contenham controvérsia sobre a mesma **questão unicamente de direito**" (grifo nosso).

Ademais, se assim não fosse, não haveria o menor sentido em se admitir o incidente de resolução de demandas repetitivas e, bem assim, o julgamento dos recursos especial e extraordinário repetitivos para a resolução de questões de direito processual, como expressamente o faz o CPC/2015 em seu art. 928, parágrafo único, que, aliás, utiliza a expressão "questão de direito material ou processual" ao se reportar ao objeto do julgamento de casos repetitivos. Isso porque a repetição de uma mesma questão de direito processual não se dará, necessariamente, em demandas que versem sobre direitos individuais homogêneos. Ao contrário, a tendência é a de que esses processos envolvam causas de pedir e pedidos distintos.

Destarte, havendo divergência sobre a interpretação de questão de direito em múltiplos processos, ainda que se tratem de demandas heterogêneas, ou seja, relativas a causas de pedir ou pedidos distintos, não terá cabimento o incidente de assunção de competência, e sim um dos instrumentos que compõem o microssistema de resolução de casos repetitivos.

4. CONCLUSÃO: HÁ POSSIBILIDADE DE UTILIZAÇÃO DO INCIDENTE DE ASSUNÇÃO DE COMPETÊNCIA QUANDO HOUVER REPETIÇÃO DE DEMANDAS A RESPEITO DE UMA MESMA RELEVANTE QUESTÃO DE DIREITO?

Na evolução histórica do sistema processual brasileiro, inúmeros instrumentos foram instituídos com o escopo de reduzir a instabilidade da jurisprudência e, em consequência, garantir isonomia no tratamento de situações semelhantes e mais segurança jurídica aos jurisdicionados.

---

118. É o que defende Sofia Temer (In: Incidente de resolução de demandas repetitivas. Salvador: JusPodivm, 2016, p. 63): "(...) as 'demandas' repetitivas, para o nosso direito positivo, são processos que contém questões jurídicas homogêneas. Não há a exigência de uma relação substancial padrão e tampouco de uniformidade em relação às causas de pedir e pedidos. O relevante, nesse contexto, é a presença de controvérsia sobre ponto de direito que se repita em vários processos". A mesma posição é defendida por Leonardo da Cunha e Fredie Didier Júnior (*op. cit.*, p. 626)

Os prejulgados no CPC/39, o incidente de uniformização de jurisprudência e o IAC no CPC/73, entrementes, apesar de apresentarem alguns aspectos positivos, não alcançaram o sucesso esperado e não eram utilizados a contento, porque não há nos tribunais brasileiros, de modo geral, o costume do respeito aos precedentes.

O CPC/2015 busca modificar essa realidade com mais vigor. O seu art. 926 determina aos tribunais que uniformizem a sua jurisprudência, mantendo-a estável, íntegra e coerente.

O art. 927, por seu turno, relaciona diversas decisões com aptidão para formar precedentes vinculantes. Instrumentos como a sistemática de recursos repetitivos, o IRDR e o IAC funcionarão como mecanismos de fixação de teses que terão incidência nos processos em andamento e também nos futuros.

Talvez não seja a melhor solução, do ponto de vista da teoria dos precedentes, mas quem conhece a realidade da Justiça brasileira sabe que dificilmente haveria outro modo de alcançar um maior comprometimento dos juízes e tribunais com a observância de seus próprios precedentes e daqueles oriundos dos órgãos jurisdicionais que lhe sejam hierarquicamente superiores.

O IAC não deve ser confundido, quanto ao seu cabimento, com o IRDR. Embora ambos integrem, junto com os recursos repetitivos, o microssistema de formação de precedentes vinculantes, o IAC não integra o microssistema de julgamento de casos repetitivos, voltado à contenção da denominada litigiosidade de massa, o que se depreende facilmente da leitura do art. 928 do CPC.

Ademais, o próprio art. 947, que regula o IAC, na parte final do *caput* deixa claro que tal incidente não pode ser usado quando houver repetição em múltiplos processos.

Apesar dessa distinção bem delineada pelo novo Código, é certo que há, na doutrina e já na prática dos nossos tribunais, alguma confusão a respeito do cabimento de um e de outro incidente, posto que, existem algumas situações que suscitam dúvidas razoáveis.

O IRDR é cabível, a nosso ver, quando houver conjugação de dois pressupostos, ambos igualmente essenciais: a multiplicidade de demandas a respeito de uma mesma questão unicamente de direito, o que só se imagina quando estiver em tramitação uma grande quantidade de processos; e a divergência a respeito da interpretação da(s) norma(s) respectiva(s), configurando o risco à isonomia e à segurança jurídica.

Ocorre que o IAC não está afastado, em absoluto, da repetição de demandas. Não se admite o IAC quando houver litigiosidade de massa, mas, em certas circunstâncias, pode haver repetição da questão relevante em certa quantidade de processos que tramitem no tribunal e nos juízos de primeiro grau, sem que se evidencie a multiplicidade hábil a ensejar o cabimento do IRDR.

Há duas hipóteses de cabimento do IAC – uma no *caput* e outra no § 4º do art. 947 – e em nenhuma delas pode haver repetição em múltiplos processos, mas a situação que certamente acarretará mais dúvidas é quando for o referido incidente manejado com a finalidade de compor a divergência interna dos tribunais.

Isso porque, nesse caso, é inevitável a repetição de processos a respeito da mesma questão de direito. Se há dissenso acerca da sua interpretação nos órgãos fracionários do tribunal, é porque o ponto já foi ou está sendo debatido mais de uma vez, podendo haver alguma quantidade de demandas a seu respeito em andamento no tribunal e também nos juízos de primeiro grau.

A solução que se apresenta para situações como essa é a seguinte: se houver algumas causas em andamento no tribunal e/ou no primeiro grau de jurisdição sobre uma mesma questão de direito, com decisões anteriores divergentes em seus órgãos fracionários, sem que se vislumbre a sua multiplicidade e, bem assim, o seu efeito multiplicador (eventual propositura de demandas similares em série), cabe IAC e não IRDR, desde que a questão debatida seja relevante e desde que haja obviamente algum processo em trâmite no tribunal (recurso, reexame necessário ou ação de competência originária) para que seja transferida a competência para o órgão de maior composição.

Por outro lado, se estiverem presentes, a divergência e a multiplicidade de demandas, será cabível o IRDR, que apresenta inúmeras regras diferenciadas em decorrência da sua inserção no microssistema de resolução de casos repetitivos, a exemplo da suspensão de todas as ações em tramitação que versem sobre a mesma controvérsia, até a fixação da tese pelo tribunal – regra inaplicável ao IAC.

A natureza jurídica do juízo de admissibilidade recursal

Renata Fonseca Ferrari[1]

> **Sumário • 1.** Considerações iniciais – **2.** Admissibilidade e inadmissibilidade: breves notas sobre a fenomenologia do fato jurídico – **3.** O conceito de juízo de admissibilidade recursal – **4.** A natureza jurídica do juízo de admissibilidade recursal – **5.** Eficácia ex tunc da admissão e eficácia ex nunc da inadmissão – **6.** Considerações finais.

1. CONSIDERAÇÕES INICIAIS

Não obstante a variação semântica que permeia os vocábulos do idioma, identificar o significado de um termo é tarefa indispensável para se precisar um conceito, independentemente da atribuição científica que se lhe agrega. Investigar a natureza jurídica do juízo de admissibilidade recursal é a proposta deste ensaio. Contudo, para aventurar-se *epistemologicamente* em terreno trafegável por estudiosos de Teoria Geral do Direito, é preciso tracejar um percurso científico-investigativo que atenda a esse fim. Para tanto, esta jornada terá início com a significação do termo nuclear da expressão investigada [= admissibilidade] e terminará com a almejada definição taxonômica do instituto jurídico analisado [= juízo de admissibilidade recursal].

---

1. Advogada. Especialista em Direito Processual Civil pela Universidade de São Paulo (USP). Membro do Centro de Estudos Avançados de Processo (CEAPRO). Coordenadora da Comissão de Processo Civil da OAB/SP – 12ª Subseção.

Dentre as acepções encontradas em Língua Portuguesa, "reconhecer como verdadeiro ou legítimo"[2] é o significado que melhor imprime pertinência temática ao verbo *admitir*. Todavia, ao transmudar-lhe a classe gramatical de verbo para substantivo abstrato – admissibilidade – perde-se o parecer confirmatório do sentido. Ou seja, o "reconhecer como verdadeiro ou legítimo" deixa de ser uma certeza e passa a ser uma possibilidade. Isso ocorre porque *admissibilidade* é substantivo qualificado em sua definição pelo adjetivo *admissível*, que é referenciado como aquilo que pode ser admitido[3]. É exatamente do signo "pode" que se infere a faculdade atribuída à acepção dada a *admissibilidade*. Revestindo-a de cientificidade jurídica e interpretando-a à luz da função deliberativa de um magistrado, não seria errado afirmar que o juízo de admissibilidade é o ato de reconhecer (ou não) como verdadeiro ou legítimo algo suscetível de apreciação jurisdicional.

Porém, ainda que se tome por verdadeira a proposição apresentada, ela carece de precisão técnica para ser assimilada corretamente[4].

É o que se fará a seguir.

2. ADMISSIBILIDADE E INADMISSIBILIDADE: BREVES NOTAS SOBRE A FENOMENOLOGIA DO FATO JURÍDICO

Em clássica lição, ensinava Francisco Cavalcanti Pontes de Miranda[5] que é incomensurável a infinidade de fatos (acontecimentos ou condutas) encontrados no mundo físico. Mas, a despeito da impossibilidade de discriminar-lhes as variadas naturezas, uma parcela desses eventos é destacada como relevante pelo Direito. Tais fatos – em razão do valor jurídico que lhes é reconhecido – intitulam-se *fatos jurídicos*.

Assim, de modo fictício, vislumbram-se duas realidades: a jurídica e a não-jurídica. O aporte de eventos que migra do mundo físico para o mundo

---

2. BRASIL, Larousse do; CARVALHO, Laiz Barbosa de. *Minidicionário Larousse da Língua Portuguesa*. 3. ed. São Paulo: Larousse do Brasil, 2009, p. 14.
3. Nesse sentido, a definição do dicionário Houaiss: "passível de se admitir; aceitável; adotável". (HOUAISS, Antônio; VILLAR, Mauro de Salles. *Minidicionário Houaiss de Língua Portuguesa*. 4. ed. Rio de Janeiro: Moderna, 2010, p. 17).
4. Embora insuficientes para demonstrar se uma proposição é verdadeira ou falsa, é extremamente oportuno valer-se de critérios lógico-jurídicos para fixar as condições em que a definição de admissibilidade pode ser alçada como verdadeira. A respeito do método ora empregado, p. ex.: ECO, Umberto. *Da árvore ao labirinto: estudos históricos sobre o signo e a interpretação*. 1. ed. Tradução de Maurício Santana Dias. Rio de Janeiro: Record, 2013, p. 539.
5. PONTES DE MIRANDA, Francisco Cavalcanti. *Tratado de direito privado*. 4. ed. São Paulo: RT, 1974, t. 1, p. 1-6.

jurídico denomina-se *suporte fático*, cujo passaporte migratório se traduz na incidência da norma jurídica sobre si. Ou seja, a afetação jurídica do suporte fático [= transformação do suporte fático em fato jurídico] ocorre no instante em que a hipótese normativa [= previsão abstrata da regra] atinge os fatos da realidade física. Noutros termos, a norma jurídica incide sobre os fatos, *colorindo-os*, tornando-os jurídicos.

Na realidade fictícia do mundo do Direito, os fatos jurídicos dimensionam-se em três planos distintos: existência, validade e eficácia. Marcos Bernardes de Mello, ao sistematizar a teoria do fato jurídico preconizada na doutrina brasileira por Pontes de Miranda, esclarece que a edificação do fato jurídico nas três dimensões apresentadas pressupõe a *suficiência* do suporte fático e a *perfeição* dos elementos que o compõem[6]. Nessa estrutura – em cujo arquétipo o embrião do fato jurídico se desenlaça – decompõe-se em cada plano um aspecto do suporte fático a ser analisado. No plano da existência, apura-se a sua suficiência [= integral composição do núcleo do tipo normativo]; nos planos da validade e da eficácia, a sua eficiência [= perfeita adequação ao *molde* normativo preestabelecido e consequente aptidão para irradiar efeitos jurídicos][7].

Grosso modo, para que um fato jurídico exista, desenvolva-se validamente e propague eficácia jurídica, deve revestir-se integralmente dos elementos que permitam amoldá-lo à hipótese de incidência normativa. Na insuficiência desses elementos, fala-se em inexistência jurídica; na incompletude ou na deficiência, é de invalidade ou de ineficácia jurídica que se trata. Assim, por exemplo, quando o artigo 1.806 do Código Civil assinala que "a renúncia da

---

6. Assim é a doutrina de Marcos Bernardes de Mello: "[...] a concepção rigorosamente científica das questões referentes à existência, validade e eficácia dos fatos jurídicos se relacionam com os problemas relativos à formação do suporte fático e à perfeição de seus elementos". (MELLO, Marcos Bernardes de. *Teoria do fato jurídico: plano da validade*. 14. ed. São Paulo: Saraiva, 2015, p. 48).
7. São elementos do suporte fáticos: (a) cernes; (b) completantes; (c) complementares; e (d) integrativos. O elemento cerne constitui o dado fático fundamental do fato jurídico (ex.: a morte na sucessão); o elemento completante tem o condão de completar o elemento cerne (ex.: no mútuo, o acordo de vontades é o elemento cerne, ao passo que a tradição da coisa fungível é o elemento completante). Juntos formam o núcleo do suporte fático, relacionando-se, pois, ao plano da existência. Os elementos complementares não integram o núcleo do suporte fático: apenas o complementam para que ele se concretize regularmente (ex.: a capacidade dos agentes para celebrarem contrato de compra e venda); referem-se, portanto, aos planos da validade e da eficácia. Por fim, quando o fato jurídico precisa de ato jurídico de terceiro para produzir efeitos, diz-se que a composição do suporte fático depende de elemento integrativo (ex.: o registro do acordo de transmissão de propriedade no Cartório de Registro de Imóveis no contrato de compra e venda de bem imóvel); por isso, dizem respeito exclusivamente ao plano da eficácia. (*Idem. Teoria do fato jurídico: plano da existência*. 20. ed. São Paulo: Saraiva, 2014, p. 93-98).

herança deve constar expressamente de instrumento público ou termo judicial", o suporte fático será insuficiente ou deficiente nas seguintes situações: (i) se não declarada a vontade de maneira expressa, o suporte é insuficiente para que exista renúncia; (ii) se exteriorizada a vontade de forma expressa e inteligível, mas em instrumento particular, a renúncia (conquanto existente) é nula por deficiência do suporte fático[8].

Como gênero, o fato jurídico *lato sensu*, separado em lícito e ilícito, abrange as seguintes espécies: (a) fato jurídico *stricto sensu* – acontecimento da natureza independente da ação humana[9]; (b) ato-fato jurídico – situação de fato que precisa da conduta humana (comissiva ou omissiva, voluntária ou involuntária) para materializar-se[10]; (c) ato jurídico *lato sensu* – evento essencialmente atrelado à exteriorização da vontade humana voluntária e consciente[11].

O ato jurídico *lato sensu*, ainda, subdivide-se em: (c') ato jurídico *stricto sensu* e (c") negócio jurídico. Neste, a expressa declaração de vontade é imprescindível para que se produzam os efeitos jurídicos pretendidos pelas partes, cuja regulação é autorizada pelo ordenamento[12]; naquele, a manifestação de vontade comporta-se como mero pressuposto da eficácia jurídica que, previamente fixada pelas normas, é imodificável pelos interessados[13].

Há, por fim, a categoria dos atos jurídicos (*stricto sensu*) complexos e compostos. Recebem tal denominação porque resultam da prática concatenada e sucessiva de outros atos jurídicos que funcionam como elementos constitutivos de um *procedimento*. Isso significa que os atos preparatórios [= atos praticados em série] integram o suporte fático do ato final [= ato conclusivo no qual se realiza a finalidade do procedimento]. Assim, embora os atos preparatórios, isoladamente, constituam-se de elementos (de existência, de validade e de eficácia) próprios, em conjunto, configuram elementos de validade e de eficácia do ato final. Por isso, a eventual deficiência do suporte fático de qualquer deles, além de contaminar os atos que lhe são posteriores, pode invalidar o ato complexo ou composto como um todo[14].

Ancorado na doutrina administrativista, Marcos Bernardes de Mello os define como atos de direito público que se distinguem pela forma como são praticados. Ou seja, os complexos compõem-se de atos realizados dentro de um mesmo Poder de Estado (Legislativo, Executivo e Judiciário), ao passo

---

8. PONTES DE MIRANDA, Francisco Cavalcanti. *Tratado de direito privado*. Op. cit., p. 48.
9. MELLO, Marcos Bernardes de. *Teoria do fato jurídico*: plano da existência. Op. cit., p. 185.
10. *Idem. Ibidem*, p. 188.
11. *Idem. Ibidem*, p.198.
12. *Idem. Ibidem*, p. 222.
13. *Idem. Ibidem*, p. 218-219.
14. MELLO, Marcos Bernardes de. *Teoria do fato jurídico: plano da existência*. Op. cit., p. 216.

que os compostos são formados por atos emanados de órgãos de Poderes diversos[15].

É no contexto dos atos jurídicos complexos que se inserem o *processo jurisdicional*[16] e, em última análise, o *juízo de admissibilidade*.

À luz da teoria do fato jurídico, o processo jurisdicional é espécie de procedimento [= ato jurídico complexo][17], de cujo suporte fático os atos praticados em conexidade e ordenados no tempo são elementos de validade e de eficácia. Como os elementos que constituem o ato complexo são outros atos jurídicos, a validade do procedimento dependerá da validade de cada ato que o configura. Assim, se os atos que integram o ato complexo não se recobrirem dos requisitos que lhes foram previamente cominados, o direito impõe-lhes como sanção a invalidade[18]. Logo, a falta ou a irregularidade de qualquer dos atos constitutivos da cadeia procedimental implicará a invalidação do próprio procedimento.

Nessa conjuntura, (α) *admissibilidade* é o juízo que se exerce sobre a validade dos atos jurídicos processuais e, de modo geral, sobre a validade do procedimento. De outro lado, (β) *inadmissibilidade* é a sanção de invalidade a qual se sujeita o procedimento defeituoso[19]. Funcionam como giros de

---

15. *Idem. Ibidem*, p. 215-216.
16. Nesse sentido, escreve Fredie Didier Jr.: "[...] é possível definir processo jurisdicional como o ato jurídico complexo pelo qual se busca a produção de uma norma jurídica por meio do exercício da função jurisdicional". (DIDIER JR., Fredie. *Sobre a teoria geral do processo, essa desconhecida*. 3. ed. Salvador: JusPodivm, 2016, p. 85). Na mesma linha, posiciona-se Paula Sarno Braga: "Dentro do que ora se denomina ato complexo *lato sensu*, Marcos Bernardes de Mello reconhece atos complexos (*stricto sensu*) e atos compostos. [...] Com base em sua doutrina, os procedimentos jurisdicionais, legislativos e administrativos (como a licitação ou um procedimento disciplinar) seriam, em regra, atos jurídicos complexos; os procedimentos estatais seriam atos complexos". (BRAGA, Paula Sarno. *Norma de processo e norma de procedimento: o problema da repartição de competência legislativa no Direito constitucional brasileiro*. 1. ed. Salvador: JusPodivm, 2015, p. 106).
17. É o que defende Fredie Didier Jr.: "Pode-se falar do *procedimento* como um gênero, de que o *processo* seria uma espécie. Nesse sentido, *processo* é o *procedimento estruturado em contraditório*". (DIDIER Jr., Fredie. *Ibidem*, p. 81).
18. A respeito da invalidade como sanção, expõe Marcos Bernardes de Mello: "A invalidade, seja nulidade ou anulabilidade, tem, portanto, caráter de sanção com a qual se punem as condutas que violam certas normas jurídicas". (MELLO, Marcos Bernardes de. *Teoria do fato jurídico: plano da validade*. Op. cit., p. 44).
19. Em sentido similar, mas distinguindo nulidade de inadmissibilidade, exortava José Joaquim Calmon de Passos: "Quando o tipo (*fattispecie*) é da categoria do procedimento [...] observou-se que determinados pressupostos eram exigíveis no tocante a todos os atos do procedimento, pelo que sua falta ou irregularidade afeta não apenas um ou alguns dos atos da série que configura o procedimento, mas ao próprio procedimento como um todo. Essa invalidade, assim abrangente, foi categorizada como *inadmissibilidade*". (CAMON DE PASSOS, José Joaquim. *Esboço de uma teoria das nulidades aplicadas às nulidades*

chave numa maçaneta: enquanto a primeira destranca a fechadura, permitindo que o procedimento avance para o ato final, a segunda obstaculiza o fluxo procedimental, trancando o caminho que culmina no exame de mérito da matéria postulada.

3. O CONCEITO DE JUÍZO DE ADMISSIBILIDADE RECURSAL

A atividade intelectivo-prescritiva da função jurisdicional é desempenhada em duas etapas distintas e logicamente sucessivas, conhecidas como *exame de admissibilidade* e *exame de mérito*. Na etapa preliminar, perquire-se a legitimidade do procedimento; na etapa posterior, escruta-se a pertinência da pretensão deduzida em juízo. Por estarem imbricados, essa dupla apreciação recai, a um só tempo, sobre o ato postulatório e sobre o ato-complexo-procedimento[20].

Como se vê, a admissibilidade é o juízo adstrito à primeira etapa do julgamento, cujo desiderato é examinar a regularidade dos atos processuais para – se for o caso – habilitar o procedimento ao julgamento de mérito[21]. Dessa avaliação preliminar resultará um "parecer" que poderá ser positivo ou negativo. Haverá juízo positivo quando concorrerem os elementos indispensáveis à validade do ato, ao passo que será hipótese de juízo negativo quando tais elementos forem impróprios para legitimar o seu exercício. Por isso, é comum a assertiva de que o juízo de admissibilidade é dotado de precedência lógica em relação ao juízo de mérito. Nas palavras de José Carlos Barbosa

---

processuais. 1. ed. Rio de Janeiro: Forense, 2009, p. 37-38). Imperioso registrar que a invalidação é a consequência mais grave aplicada ao ato processual defeituoso. Pelo sistema da instrumentalidade das formas, invalidar-se-á um ato do procedimento somente quando ele não puder ser aproveitado. Segundo Fredie Didier Jr., "a invalidade processual é sanção que decorre da incidência de regra jurídica sobre o suporte fático composto: defeito + prejuízo". Assim, se o ato defeituoso atingiu a finalidade a que se propunha e não causou prejuízo às partes, deve ser preservado. (DIDIER JR., Fredie. *O juízo de admissibilidade na teoria geral do direito*. Revista Eletrônica de Direito Processual. n. 4, jul. 2010, p. 336).

20. Expressão cunhada por Fredie Didier Jr., quem, com muita propriedade, defende as ideias propagadas neste ensaio. Sobre o tema, consulte-se, p. ex.: *Idem. Ibidem*, p. 322-354.

21. A respeito da função do juízo de admissibilidade, preceitua Trícia Navarro Xavier Cabral: "O juízo de admissibilidade consiste na análise judicial da presença dos requisitos de cada ato processual, bem como do procedimento como um todo, objetivando afastar eventuais defeitos e se alcançar o exame do mérito. Trata-se de importante filtro processual, responsável por garantir a regularidade do procedimento, em benefício da boa administração da justiça e do equilíbrio das partes, legitimando a prestação jurisdicional". (CABRAL, Trícia Navarro Xavier. *Ordem Pública Processual: técnica de controle da regularidade do processo*. 2014. 480 f. Tese (Doutorado em Direito Processual) – Curso de pós-graduação em Direito, Universidade do Estado do Rio de Janeiro, Rio de Janeiro, 2014, p. 206).

Moreira, "é óbvio que só se passa ao juízo de mérito se o de admissibilidade resultou positivo; de uma postulação inadmissível não há como nem porque investigar o fundamento"[22].

À semelhança do que acontece na postulação inicial, há dissonância entre *juízo de admissibilidade* e *juízo de mérito* na esfera recursal. No que concerne à admissibilidade da "ação", a legitimidade, o interesse e outros pressupostos processuais são analisados antes de se apurar o objeto litigioso da demanda. Por outro lado, no âmbito dos recursos, são os requisitos intrínsecos (cabimento, legitimidade, interesse, inexistência de fato impeditivo ou extintivo do poder de recorrer) e extrínsecos (tempestividade, regularidade formal e preparo) de admissibilidade[23] que ditarão se o recurso reúne as condições mínimas para ser julgado no mérito. No primeiro caso, a demanda será *deferida* ou *indeferida*; no segundo, o recurso será *conhecido* ou *não conhecido*.

Nesse contexto, diz-se do juízo de admissibilidade recursal o ato que reconhece como legítima à apreciação de mérito a peça recursal elaborada conforme os ditames impostos pelo ordenamento jurídico.

4. A NATUREZA JURÍDICA DO JUÍZO DE ADMISSIBILIDADE RECURSAL

O juízo de admissibilidade recursal é atividade típica do exercício da função jurisdicional. Exercem-no os órgãos jurisdicionais para aferir se o recurso interposto tem ou não condições de prosseguir no *iter* procedimental, possibilitando-lhes o exercício do juízo de mérito. Transitando pelo plano da validade do mundo jurídico, proferem-no justamente para atestar a validade do ato ou, se for o caso, sancioná-lo inválido. Em última análise, examinam a incolumidade do procedimento para justificar o exame do mérito recursal.

Assim, se o suporte fático do ato complexo estiver proficientemente composto, abrir-se-á espaço para a *declaração* (ainda que implícita) de juízo positivo de admissibilidade. Entretanto, se o suporte fático se compuser de maneira deficiente, haverá ensejo para a *decretação* de juízo negativo de admissibilidade. No último caso, não só o ato que contamina o procedimento poderá ser extirpado do mundo do direito, como acarretará o impedimento da apreciação daquilo que foi postulado.

Dito de outro modo, *declara-se a validade* porquanto apenas se reconhece uma situação jurídica já existente: o ingresso do ato jurídico incólume ao mundo jurídico. Noutro sentir, *decreta-se a invalidade* porque se constitui

---

22. BARBOSA MOREIRA, José Carlos. *Comentário ao Código de Processo Civil.* 17. ed. Rio de Janeiro: Forense, 2013, v. 5, p. 261.
23. *Idem. Ibidem*, p. 263.

(negativamente) nova situação jurídica: o desfazimento do ato jurídico imperfeito, cuja consequência imediata é a sua expulsão do mundo jurídico[24].

Inferem-se tais conclusões dos postulados do sistema de invalidades aplicados à processualística[25], timidamente reproduzidos a seguir.

A base dessa lição consiste na premissa de que a validação e a invalidação pressupõem a existência do ato jurídico. Logo, atentam para a deficiência do suporte fático e não para a sua insuficiência, cuja constatação implicaria ato inexistente. Todavia, embora no plano da eficácia também se presuma a passagem pelo plano da existência, não é necessariamente presumível a passagem pelo plano da validade[26]. Isso significa que são passíveis de produção de efeitos tanto atos válidos quanto atos inválidos. Aliás, não raro, os atos inválidos produzem efeitos até que se lhes certifique a invalidade[27]. Daí por que, atestada a invalidade, o ato inválido (conquanto existente e suscetível

---

24. Nesse sentido, ensinava Pontes de Miranda: "Qualquer nulidade, seja cominada ou não no seja, tem de ter a decretação do juiz porque todo ato judicial a respeito é constitutivo negativo (quem diz que o juiz declara nulidade confunde invalidade com inexistência). (PONTES DE MIRANDA, Francisco Cavalcanti. *Comentário ao Código de Processo Civil*. 1. ed. Rio de Janeiro: Forense, 1974, t. 3, p. 346). Ademais, a diferença entre as ações declaratória e constitutiva retratada por Pontes de Miranda pode esclarecer essa dicotomia dos juízos positivo e negativo de admissibilidade. Dizia o jurista alagoano que se postulam ações de natureza declaratória para dirimir-se o estado de incerteza a respeito da existência ou da inexistência de uma relação jurídica, ou (quanto à única hipótese fática) acerca da autenticidade ou da falsidade de um documento; não se busca a certificação do direito e a conseguinte satisfação da pretensão, mas almeja-se "pôr-se claro (= declarar-se)" o ser ou o não-ser da relação jurídica. De caráter constitutivo são as ações nas quais se cria, modifica-se ou extingue-se uma situação jurídica; podem ser constitutivo-positivas (com a prolação da sentença inaugura-se a relação jurídica) ou constitutivo-negativas (com a prolação da sentença extingue-se a relação jurídica existente). (*Idem. Tratado das ações*. 1. ed. Campinas: Bookseller, 1998, t. 1, p. 132-133).

25. Não se pretende aqui pormenorizar a teoria das invalidades, razão pela qual a distinção entre ato nulo e ato anulável não será abordada. Tecer-se-ão apenas comentários pertinentes à proposta deste ensaio. No entanto, cumpre fazer três observações: (i) nulidade e anulabilidade são espécies de invalidação; (ii) ambas se sujeitam à desconstituição; (ii) nulidade em sentido estrito é tão rara no direito processual civil que muitos entendem não haver ato processual nulo *ipso iure*. Sobre a inexistência nulidades processuais "absolutas", consulte-se, p. ex.: WAMBIER, Teresa Arruda Alvim. *Nulidades do processo e da sentença*. 5. ed. São Paulo: RT, 2004, p. 162.

26. Nesse sentido, leciona Marcos Bernardes de Mello: "O plano da eficácia, como o da validade, pressupõe a passagem do fato jurídico pelo plano da existência, não, todavia, essencialmente, pelo plano da validade". (MELLO, Marcos Bernardes de. *Teoria do fato jurídico: plano da existência*. Op. cit., p. 157).

27. Nessa linha, ensinava Pontes de Miranda: "De regra, os atos jurídicos nulos são ineficazes; mas, ainda aí, pode a lei dar efeitos ao nulo". (PONTES DE MIRANDA, Francisco Cavalcanti. *Tratado de direito privado*. 3. ed. São Paulo: RT, 1983, t. 4, p. 7).

de eficácia) deverá sair do mundo jurídico, o que só é possível mediante decisão que o desconstitua[28].

Na esfera recursal, quando o recurso interposto não preenche os requisitos intrínsecos e extrínsecos de admissibilidade, poderá ser *rechaçado* [= inadmitido] e, consequentemente, *defenestrado* [= desconstituído]. Nessa toada, a inadmissão acarreta-lhe três desdobramentos: (i) *sanção de invalidade* – será denegado, pois contém vício que macula a cadeia procedimental; (ii) *desconstituição de existência* – será desfeito por estar impedido de permanecer no procedimento; (iii) *cassação de eficácia* – cessar-lhe-á a produção de efeitos em virtude da desconstituição. Ademais, por existir no mundo jurídico, produz efeitos até que a invalidade seja decretada, razão pela qual deve ser desfeito e não simplesmente ser reconhecido inválido.

De lado oposto, estando presentes todos os requisitos de admissibilidade, reconhece-se não só a aptidão do recurso à análise de mérito, mas a falta de óbice para deter-lhe a eficácia. Portanto, a admissão tem o condão de apenas proclamar uma situação preexistente: a de que o ato processual existe, é válido e produz efeitos.

Por esse raciocínio, entende-se que o juízo de admissibilidade terá natureza jurídica: (α) *declaratória*, quando positivo; ou (β) *constitutivo-negativa*, quando negativo[29].

---

28. Assim explanava Pontes de Miranda: "O ato jurídico nulo e o ato jurídico anulável estão no mundo jurídico. Saem, segundo regras jurídicas de decretação da invalidade; portanto, é preciso que haja decisão que os desconstitua (decisão constitutiva negativa). Se essa decisão pode ser *incidenter*, ou em prejudicial, ou de ofício, ou se há de ser em processo ordinário, ou especial, é outra questão; em qualquer caso, é constitutiva negativa". (*Idem*. Tratado de direito privado. Op. cit., t. 1, p. 54).

29. Nesse sentido, sinalizava Pontes de Miranda: "Os recursos são atos constitutivos. O ato do juiz que lhe nega seguimento é *constitutivo negativo*, a despeito da forte dose de declaração. O ato do juiz que manda que subam é *declarativo-mandamental*". (*Idem*. *Comentários ao Código de Processo Civil*. 1. ed. Rio de Janeiro: Forense, 1975, t. 7, P. 13). Seguindo o mesmo raciocínio, Fredie Didier Jr. e Leonardo Carneiro da Cunha: "[...] o juízo de admissibilidade é um juízo sobre a validade do procedimento (neste caso, do recursal). Assim, a) *se for positivo*, o juízo de admissibilidade é *declaratório* da eficácia do recurso, decorrente da constatação da validade do procedimento (aptidão para prolação da decisão sobre o objeto litigioso); b) *se negativo*, o juízo de admissibilidade será *constitutivo negativo*, em que se aplica a sanção da inadmissibilidade (invalidade) ao ato-complexo, que se apresenta defeituoso/viciado". (DIDIER JR., Fredie Didier; CUNHA, Leonardo Carneiro da Cunha. *Curso de direito processual civil*. 13. ed. Salvador: JusPodivm, 2016, v 3, p. 131). Porém, esse não é o entendimento de parte considerável da doutrina. A posição mais notável é de Barbosa Moreira, quem defende ser de natureza declaratória tanto o juízo positivo de admissibilidade quanto o negativo: "Positivo ou negativo, o juízo de admissibilidade é essencialmente *declaratório*". (BARBOSA MOREIRA, José Carlos. *Comentários ao Código de Processo Civil*. Op. cit, p. 265).

5. EFICÁCIA *EX TUNC* DA ADMISSÃO E EFICÁCIA *EX NUNC* DA INADMISSÃO

Questão intricada é a que se refere ao *modo* de produção de efeitos do juízo de admissibilidade recursal, mormente no que concerne à retroatividade da desconstituição. Isso porque, via de regra, a desconstituição decorrente da sanção de invalidade tende a desmanchar tanto a existência jurídica do ato quanto a sua eficácia, visto que seus efeitos operam *ex tunc* [= desde a origem]. Contudo, como se verá adiante, essa não parece a melhor solução para a hipótese de desfazimento dos recursos.

Consoante se assentou na investigação eidética do exame de admissibilidade, a *admissão* – fruto do juízo positivo – possui natureza jurídica declaratória. Tem, em função dessa taxonomia, eficácia *ex tunc*. No que toca aos pronunciamentos declaratórios, em rigor, não se poderia falar em retroeficácia, já que não têm o condão de inovar no mundo jurídico: simplesmente reconhecem a existência de uma situação jurídica anterior. Todavia, esse reconhecimento alcança o ato desde a sua constituição, motivo por que só pode ter eficácia retroativa[30].

Quanto à eficácia *ex tunc* da admissão, nenhum problema de ordem pragmática se avista. Os problemas aparecem quando se busca delimitar a eficácia da *inadmissão*, que tem natureza jurídica constitutivo-negativa. Em geral, a eficácia da desconstituição é sempre *ex tunc*, uma vez que o ato jurídico produz todos os seus efeitos até ser decretado inválido, de maneira que, além de cassados, tais efeitos precisam ser apagados[31]. No entanto, quão prejudicial à segurança jurídica seria a aplicação dessa regra na hipótese em que um recurso é inadmitido após terem decorridos três anos da sua interposição? Ora, se a inadmissão tem efeito *ex tunc*, a desconstituição da eficácia deve retroagir à data da interposição, quando haverá de se constatar o trânsito em julgado da decisão impugnada. Logo, eventual causa de rescindibilidade ficaria imune à rescisão porque já exaurido o prazo de dois anos para o ajuizamento de ação rescisória.

Como se vê, o rigorismo técnico aqui serviria tão só para fulminar o direito à rescisão de que dispõe o jurisdicionado. Na dicção de Fredie Didier Jr. e Leonardo Carneiro da Cunha: "não se exercitou o direito porque não era possível, mas, a despeito disso, o direito deixou de existir por conta do

---

30. MELLO, Marcos Bernardes de. *Teoria do fato jurídico: plano da eficácia*. Op. cit., p. 75.
31. *Idem. Ibidem*, p. 74.

não exercício"[32]. Por isso, divisa-se mais razoável atribuir eficácia *ex nunc* [= desde agora] ao juízo negativo de admissibilidade[33].

Ademais, essa "modulação de efeitos" do juízo de inadmissibilidade encontra respaldo dogmático na teoria do fato jurídico. Em sua monumental obra sobre o tema, Marcos Bernardes de Mello não descarta tal possibilidade ao enunciar que o modo de atuação da eficácia dos fatos jurídicos deve ater-se não só à essência das coisas, mas às vicissitudes que as circunscrevem[34]. Por vezes, recomendava Ovídio Araújo Baptista da Silva, as abstrações teóricas devem "descer das alturas para enfrentar as inimagináveis adversidades do caso concreto"[35]. Assim, a ponderação interpretativa sugere que o entendimento mais consentâneo com os ditames de segurança jurídica é o que prega a eficácia *ex nunc* ao exame negativo de admissibilidade.

Com efeito, consagra-se esta concepção: (α) de um lado, a *admissão* opera com eficácia retroativa [= *ex tunc*]; (β) de outro, a *inadmissão* projeta efeitos para o futuro [= *ex nunc*].

6. CONSIDERAÇÕES FINAIS

Partindo-se da premissa de que o juízo de admissibilidade recursal tem por escopo examinar a validade do procedimento, é possível concluir que: (α) *se for positivo*, o juízo de admissibilidade terá natureza jurídica *declaratória*, porquanto pressupõe a existência jurídica do procedimento recursal, reconhecendo-o válido e eficaz; (β) *se for negativo*, o juízo de admissibilidade terá natureza jurídica *constitutivo-negativa*, porque, uma vez sancionado inválido o ato complexo recursal, faz-se mister a sua desconstituição.

---

32. DIDIER JR., Fredie; CUNHA, Leonardo Carneiro da. *Curso de direito processual civil*. Op. cit., p. 133.
33. Esse é o entendimento de Fredie Didier Jr. e Leonardo Carneiro da Cunha: "[...] o juízo de admissibilidade, que decorre da constatação de que o procedimento recursal está defeituoso, tem eficácia *ex nunc*, respeitando-se os efeitos então produzidos pelos atos do procedimento já praticados". (*Idem. Ibidem*, p. 131).
34. MELLO, Marcos Bernardes de. *Teoria do fato jurídico: plano da eficácia*. Op. cit., p. 72.
35. SILVA, Ovídio Araújo Baptista. *Coisa julgada relativa?* In: WAMBIER, Luiz Rodrigues; WAMBIER, Teresa Arruda Alvim (Org.). Doutrinas Essenciais. São Paulo: RT, 2001, v. 6, p. 825.

A possibilidade de concessão de efeito suspensivo *ope iudicis* com base na probabilidade do provimento recursal.

Rita Dias Nolasco[1] e Rita Vasconcelos[2]

Sumário • Introdução – **1**. Efeito devolutivo – **2**. Efeito suspensivo no CPC/2015 – **3**. Das atribuições do relator – **4**. Da concessão de efeito suspensivo ope judicis no CPC/2015 – **5**. Conclusão.

INTRODUÇÃO

Recebemos com grande entusiasmo o convite da Equipe Processualistas para integrar uma coletânea de artigos. Integrar esta coletânea nos deixa especialmente felizes precisamente por se tratar de uma coletânea coordenada e produzida por mulheres. É ótimo que estejam surgindo iniciativas como

---

1. Doutora em Direito pela PUC/SP; Professora do COGEAE/PUC-SP na Especialização de Direito Processual Civil; Membro do IBDP – Instituto Brasileiro de Direito Processual; Secretária-Geral Adjunta do IBDP no Estado de São Paulo; Membro do CEAPRO – Centro de Estudos Avançados de Processo Civil; Procuradora da Fazenda Nacional; Diretora Estadual do Centro de Altos Estudos da Procuradoria da Fazenda Nacional da 3ª Região.
2. Doutora em Direito Processual Civil pela PUC/SP; Mestre em Direito Econômico e Social pela PUC/PR. Especialista em Direito pela Universidade Estadual de Ponta Grossa. Professora nos cursos de especialização da PUC/SP e nos cursos de graduação e de especialização da PUC/PR. Membro do Instituto Paranaense de Direito Processual. Membro da Associação dos Advogados de São Paulo – AASP. Membro do conselho de apoio e pesquisa da Revista de Processo – RePro – Editora Revista dos Tribunais. Advogada em Curitiba.

esta, que impulsionam o reconhecimento e a valorização das mulheres que se dedicam ao estudo do processo. Sem a intenção de levantar aqui qualquer bandeira, sentimo-nos honradas por integrar este grupo de mulheres processualistas.

Escolhemos trazer para a coletânea uma reflexão sobre a concessão de efeito suspensivo *ope iudicis* com base na probabilidade do provimento recursal. É o que se tem denominado de *tutela da evidência no* **âmbito** *dos recursos*. O assunto gera polêmica, sobretudo porque, no tocante à concessão de efeito suspensivo *ope iudicis*, o CPC de 2015 não traz, em seu texto, disciplina idêntica para todas as espécies de recursos.

Com o advento do CPC de 2015, também ressurgiu, ainda mais forte, a polêmica em torno das atribuições e poderes do relator. Neste artigo, interessa-nos analisar as alterações que dizem respeito às atribuições na fase de admissibilidade dos recursos, pois entre elas está a de atribuir ou não o efeito suspensivo.

Num primeiro momento, descrevemos as principais regras sobre os efeitos dos recursos, devolutivo e suspensivo, com a intenção de contextualizar o leitor. Num segundo momento, apresentamos a ampliação das atribuições do relator na disciplina instituída pelo CPC de 2015. O novo CPC atribui ao relator a competência para concessão de efeito suspensivo *à* apelação, aos embargos de declaração e aos recursos extraordinário e especial, conforme dispõe o § 3º do art. 1.012, § 1º do art. 1.026 e § 5º do art. 1.029, respectivamente, e, no inciso II do art. 932 estabelece que cabe ao relator 'apreciar o pedido de tutela provisória nos recursos e nos processos de competência originária do tribunal'.

Na sequência, analisamos as condições para que seja atribuído efeito suspensivo *ope iudicis* às diferentes espécies de recursos.

1. EFEITO DEVOLUTIVO

Abordamos inicialmente o efeito devolutivo por estar presente em todo recurso, pois é da própria essência do recurso. Consiste na devolução da matéria impugnada ao conhecimento do órgão *ad quem*.

Alguns autores[3] sustentam que somente haverá efeito devolutivo se o reexame da matéria objeto do recurso for feito por órgão judicial superior àquele que proferiu a decisão recorrida. Todavia, a maioria da doutrina não exige que a devolução seja dirigida a órgão judicial diverso.

---

3. BARBOSA MOREIRA, José Carlos. *Comentários ao Código de Processo Civil*, v. 5, 11ª ed., Rio de Janeiro: Forense, 2003, p. 260.

O que caracteriza a devolução é o reexame da matéria impugnada por via do recurso cabível, nos limites estabelecidos em lei. A devolução se dá ao próprio Poder Judiciário, por um órgão superior ou mesmo pelo próprio órgão prolator da decisão recorrida.[4]

Todo recurso gera efeito devolutivo, variando-se somente sua extensão e profundidade. Assim, a análise deste efeito se dá em duas dimensões: horizontal e vertical.

A dimensão horizontal do efeito devolutivo diz respeito a matéria objeto do recurso; a extensão da devolução é delimitada pelas matérias impugnadas pela parte. Nelson Nery afirma que a delimitação do efeito devolutivo decorre do princípio do dispositivo[5]. Esta dimensão nada mais é do que a regra do *tantum devolutum quantum appellatum*.[6]

Como bem afirma Cassio Scarpinela Bueno,[7] "a extensão do recurso, portanto, será diretamente proporcional à quantidade de matéria impugnada pelo recorrente até o limite, como não poderia deixar de ser, do quanto efetivamente decidido pela decisão recorrida".

O efeito devolutivo da apelação, na dimensão horizontal, está previsto no art. 1.013, *caput*, do novo CPC. O recorrente poderá impugnar a decisão recorrida total ou parcialmente.

Destacamos o § 3º do art. 1.013, que estabelece que se o processo estiver em condições de imediato julgamento, o tribunal deve decidir desde logo o mérito quando forem preenchidos algum dos casos previstos nos incisos I a IV – houver reforma de uma sentença terminativa; decretar a nulidade da sentença por não ser ela congruente com os limites do pedido ou da causa

---

4. "A circunstância de o reexame ser feito por um órgão superior ou mesmo pelo próprio prolator da decisão recorrida (como os embargos de declaração ou ainda os embargos infringentes previstos na Lei de Execução Fiscal – Lei 6.830/1980, art. 34), em nada interfere na compreensão e na existência do efeito devolutivo, motivo pelo qual se revela completamente equivocado sustentar-se que os recursos que são julgados pelo mesmo órgão que prolatou a decisão impugnada não possuem efeito devolutivo" (JORGE, Flávio Cheim. Teoria Geral dos recursos cíveis, 7ª edição revista atualizada e ampliada, São Paulo: RT, 2015, p. 347).
5. NERY JUNIOR, Nelson; ANDRADE NERY, Rosa Maria. *Comentários ao Código de Processo Civil – Novo CPC Lei 13.105/2015*, 1ª edição, São Paulo: RT, 2015, p. 2067.
6. O efeito devolutivo se apresenta como uma decorrência natural da incidência do princípio dispositivo nos recursos. A aplicação desse princípio no nosso sistema recursal, como se demonstrou, faz com que se atribua ao recorrente o direito de fixar o âmbito de devolução da matéria ao Judiciário. Somente será devolvida à apreciação do tribunal e, portanto, objeto de novo exame e julgamento, aquela matéria expressamente impugnada pelo recurso. (JORGE, Flávio Cheim. Op. cit., p. 347).
7. BUENO, Cassio Scarpinella. Execução provisória e antecipação da tutela, São Paulo: Saraiva, 1999, p. 32.

de pedir, que seria o caso das decisões *extra petita* ou *ultra petita*; constatar a omissão no exame de um dos pedidos, que seria o caso de decisão *citra petita*, e por fim, quando decretar a nulidade de sentença por falta de fundamentação. O processo precisa estar "em condições de imediato julgamento", ou seja, não ter a necessidade de produção de provas. O processo deve estar "pronto" ou "maduro" para o julgamento.

Na dimensão vertical, que se refere à profundidade da devolução, serão devolvidas ao tribunal todas as questões suscitadas e discutidas no processo, ainda que não tenham sido decididas, desde que relativas ao capítulo impugnado (§ 1º). A devolução também poderá abranger as matérias decididas por interlocutórias não agraváveis, impugnadas nas razões ou contrarrazões do recurso de apelação.

No art. 1.013, § 2º, do CPC/2015, estabelece-se a devolução ao tribunal de todos os fatos e fundamentos referentes à matéria devolvida, dentro dos limites fixados pela extensão.

Outrossim, podemos dizer que, pelo CPC/2015, isso também se dará nos recursos extraordinário e especial, nos termos do art. 1.034, parágrafo único, uma vez que tal dispositivo prevê que *"admitido o recurso extraordinário ou o recurso especial por um fundamento, devolve-se ao tribunal superior o conhecimento dos demais fundamentos para a solução do capítulo impugnado."*

As matérias de ordem pública podem ser conhecidas em sede recursal mesmo que não haja impugnação expressa, e mesmo que a decisão recorrida não tenha se manifestado a respeito (CPC/2015, art. 485, § 3.º). No entanto, o art. 10 do novo CPC veda a chamada "decisão surpresa", ao fixar que o juiz, em qualquer grau de jurisdição, não pode decidir com base em fundamento a respeito do qual não se tenha dado às partes oportunidade de se manifestar, ainda que se trate de matéria sobre a qual deva decidir de ofício.

2. EFEITO SUSPENSIVO NO CPC/2015

O efeito suspensivo impede o cumprimento da decisão impugnada, ou seja, impede a eficácia da decisão até que seja julgado o recurso interposto. A atribuição do efeito suspensivo ao recurso interposto gera a suspensão da eficácia da decisão recorrida até a publicação da decisão do recurso.

Dinamarco afirma que "o recurso pode ter o efeito de obstar a eficácia natural de que os atos judiciais são dotados, refreando sua natural tendência a produzir no processo ou no mundo exterior os efeitos indicados na parte dispositiva."[8]

---

8. Dinamarco, Cândido Rangel. Efeitos dos recursos. *In* Aspectos polêmicos e atuais dos recursos (Coord.: Nelson Nery Junior e Teresa Arruda Alvim Wambier). São Paulo: RT, 2002, v. 5, p. 52.

Paulo Lucon fala em "efeito obstativo".[9] Barbosa Moreira afirma ser preferível falar de "efeito impeditivo"[10], já que, com a interposição do recurso ao qual foi atribuído efeito suspensivo, será impedida a eficácia da sentença.

Existem dois critérios para a concessão do efeito suspensivo:

(i) Critério *ope legis*, no qual a própria lei fixa a previsão de tal efeito como regra.

(ii) Critério *ope judicis*, no qual caberá ao juiz no caso concreto, desde que preenchidos os requisitos legais, a concessão do efeito suspensivo.

Nos casos de efeito suspensivo *ope legis*, a decisão que recebe o recurso no efeito suspensivo, além de não depender de provocação da parte, tem uma natureza declaratória, com efeitos *ex tunc*, considerando-se que reafirma e prorroga a situação de ineficácia natural da decisão recorrida. Já no segundo critério, *ope judicis* – efeito suspensivo impróprio –, a decisão, que depende de expresso pedido do recorrente, é a responsável pela concessão do efeito suspensivo, que somente existirá a partir dela, sendo, portanto, um pronunciamento de natureza constitutiva, com efeitos *ex nunc*.[11]

Por muito pouco não foi eliminado, do nosso direito processual civil codificado, o efeito suspensivo *ope legis*, isto é, o efeito suspensivo automático, obtido com a simples interposição do recurso. O Projeto 166/2010, primeiro Projeto do novo CPC, proveniente do Senado Federal, estabelecia que o recurso de apelação seria recebido, em regra, somente no efeito devolutivo. Todavia, no texto substitutivo proveniente da Câmara dos Deputados modificou-se o que seria uma importante alteração no tocante aos efeitos em que a apelação é recebida, mantendo-se o efeito suspensivo da apelação como regra.

Assim, de acordo com o artigo 1.012 do CPC/2015 a apelação em regra terá efeito suspensivo *ope legis*.

As hipóteses excepcionais em que o CPC/2015 atribui apenas o efeito devolutivo à apelação estão elencadas no artigo 1.012, § 1º, nos incisos I a VI. Nestes casos e em outros previstos em lei específica, o apelado poderá

---

9. LUCON, Paulo Henrique dos Santos. *Eficácia das decisões e execução provisória*. São Paulo: RT, 2000, p. 219.
10. Barbosa Moreira, José Carlos. *Comentários ao Código de Processo Civil*. 10ª ed., Rio de Janeiro: Forense, 2002, vol. 5, p. 257.
11. ASSUMPÇÃO NEVES, Daniel Amorim. *Manual de Direito Processual Civil*. 7ª ed. rev., atual. e ampl. Rio de Janeiro: Forense; São Paulo: Método, 2015, p. 721. No mesmo sentido, Flávio Cheim Jorge afirma que a natureza do pronunciamento que atribui efeito suspensivo ao recurso, pelo critério *ope judicis*, "é constitutiva, pois com ele uma nova situação passará a existir no processo". A decisão teria naturalmente eficácia que é obstada pela concessão pelo juiz do efeito suspensivo. (*Teoria Geral dos recursos cíveis*. 7ª edição revista atualizada e ampliada, São Paulo: RT, 2015, p. 391).

promover o cumprimento provisório da sentença logo depois de publicada, ou seja, nestes casos a interposição da apelação não impede a geração dos efeitos da decisão.

Entretanto, mesmo nas hipóteses do § 1º do artigo 1.012 poderá ser atribuído o efeito suspensivo *ope judicis* à apelação, para que a eficácia da sentença seja suspensa, ou seja, para obstar a satisfação do provimento jurisdicional concedido na sentença recorrida.

Nas demais espécies de recurso, o CPC de 1973 nunca chegou a adotar o efeito suspensivo como regra. Da mesma forma no CPC de 2015 os demais recursos não possuem efeito suspensivo *ope legis*. Por essa razão, prolatada a decisão, imediatamente passam a serem gerados seus efeitos, independentemente do transcurso do prazo para a interposição do recurso. Conforme veremos, poderá ser atribuído o efeito suspensivo *ope judicis*.

3. DAS ATRIBUIÇÕES DO RELATOR

A preocupação com as atribuições e os poderes do relator não é recente. Sobretudo no tocante ao juízo de admissibilidade dos recursos essas atribuições foram assumindo maior relevância, com o passar do tempo, e mesmo as mais polêmicas no início – em especial o julgamento unipessoal do recurso, pelo relator – mostraram-se positivas.

No regime do CPC de 1973, no campo dos recursos, especificamente, a atividade exercida pelo relator já se dividia em quatro fases, que embora distintas, são interdependentes. Na fase *ordinatória*, o relator determina providências relativas à própria tramitação do recurso, como, por exemplo, a eventual determinação de complementação do preparo e a abertura de vista ao Ministério Público. A fase *preparatória* é aquela em que o relator deixa o recurso em condições de ser julgado, via de regra, preparando o relatório do caso a ser julgado. Na fase *instrutória* se desenvolvem os esclarecimentos necessários, podendo o relator, conforme o caso, determinar a juntada de documentos novos, a realização de perícia, e mesmo converter o julgamento em diligência. Na fase *decisória*, além de proferir o voto (que seria a decisão de cunho definitivo), o relator poderá proferir decisões provisórias, como a concessão de efeito suspensivo ou a antecipação da tutela recursal, e, ainda, poderá proferir julgamento unipessoal do recurso (no CPC de 1973, nas hipóteses previstas no art. 557).[12]

A redação original do art. 557 do CPC/73 foi objeto de muitas críticas, principalmente em razão de impropriedades terminológicas. A regra foi mo-

---

12. CARVALHO, Fabiano. *Poderes do relator nos recursos. Art. 557 do CPC*. São Paulo: Saraiva, 2008, p. 9-12.

dificada pela Lei 9.139/95, mas a alteração que gerou maior polêmica foi a operada pela Lei 9.758/98[13]. Isto porque os poderes do relator teriam sido ampliados com o claro propósito de, além de privilegiar-se a celeridade dos processos, criar-se um 'filtro' para os recursos dirigidos aos tribunais superiores, diminuindo-se – mediante a atuação dos relatores, em segundo grau de jurisdição – a sobrecarga de processos submetidos ao Superior Tribunal de Justiça e ao Supremo Tribunal Federal.

Mas a polêmica em torno das atribuições e poderes do relator ressurgiu, ainda mais forte, com o advento do CPC de 2015. São várias e intrincadas as dúvidas geradas pelas novas disposições legais.[14] É que além de se manterem todos os poderes conferidos pela legislação anterior, ampliaram-se as atribuições confiando-se ao relator a tarefa de – assim como o juiz de primeiro grau – gerir o processo.

3.1. Da ampliação das atribuições do relator no CPC/2015

O CPC de 2015, assim como o CPC de 1973, atribui poderes ao relator para julgar singularmente o recurso, seja para dele não conhecer, seja para negar-lhe ou dar-lhe provimento (CPC/2015, art. 932, incisos III a V). Mas, no CPC de 2015 as atribuições e os poderes do relator vão muito além disso. Eis as incumbências do relator, como se apresentam no art. 932:

"I – dirigir e ordenar o processo no tribunal, inclusive em relação à produção de prova, bem como, quando for o caso, homologar autocomposição das partes; II – apreciar o pedido de tutela provisória nos recursos e nos processos de competência originária do tribunal; III – não conhecer de recurso inadmissível,

---

13. CPC/73, art. 557 (com a redação que lhe foi dada pela Lei nº 9.756/98): "O relator negará seguimento a recurso manifestamente inadmissível, improcedente, prejudicado ou em confronto com súmula ou com jurisprudência dominante do respectivo tribunal, do Supremo Tribunal Federal ou de Tribunal Superior. § 1º-A: Se a decisão recorrida estiver em manifesto confronto com súmula ou com jurisprudência dominante do Supremo Tribunal Federal ou de Tribunal Superior, o relator poderá dar provimento ao recurso. § 1º: Da decisão caberá agravo, no prazo de cinco dias, ao órgão competente para o julgamento do recurso, e, se não houver retratação, o relator apresentará o processo em mesa, proferindo o voto; provido o agravo, o recurso terá seguimento. § 2º: Quando manifestamente inadmissível ou infundado o agravo, o tribunal condenará o agravante a pagar ao agravado multa entre um e dez por cento do valor corrigido da causa, ficando a interposição de qualquer outro recurso condicionada ao depósito do respectivo valor".

14. Sobre o tema, veja-se: VASCONCELOS, Rita; MUGAYAR, Lucia. Ampliação das atribuições e poderes do relator no Código de Processo Civil de 2015. In: Renata Cortez Vieira Peixoto; Rosalina Freitas Martins de Sousa; Sabrina Dourado França Andrade (coord.). *Temas relevantes de direito processual civil: elas escrevem*. Recife: Ed. Armador, 2016, p. 299.

prejudicado ou que não tenha impugnado especificamente os fundamentos da decisão recorrida; IV – negar provimento a recurso que for contrário a: a) súmula do Supremo Tribunal Federal, do Superior Tribunal de Justiça ou do próprio tribunal; b) acórdão proferido pelo Supremo Tribunal Federal ou pelo Superior Tribunal de Justiça em julgamento de recursos repetitivos; c) entendimento firmado em incidente de resolução de demandas repetitivas ou de assunção de competência; V – depois de facultada a apresentação de contrarrazões, dar provimento ao recurso se a decisão recorrida for contrária a: a) súmula do Supremo Tribunal Federal, do Superior Tribunal de Justiça ou do próprio tribunal; b) acórdão proferido pelo Supremo Tribunal Federal ou pelo Superior Tribunal de Justiça em julgamento de recursos repetitivos; c) entendimento firmado em incidente de resolução de demandas repetitivas ou de assunção de competência; VI – decidir o incidente de desconsideração da personalidade jurídica, quando este for instaurado originariamente perante o tribunal; VII – determinar a intimação do Ministério Público, quando for o caso; VIII – exercer outras atribuições estabelecidas no regimento interno do tribunal".

Todas essas incumbências, como bem observa José Alexandre Manzano Oliani, devem ser lidas em sintonia com outras regras que também preveem atribuições e poderes do relator, no CPC de 2015, quais sejam: arts. 933; 938; 939; 940; 941; 995 e parágrafo único; 1.012, § 3º, II e § 4º; 1.019, I; 1.020; 1.026, § 1º; e, 1.029, § 5º, II.[15]

A maioria das atribuições contidas no art. 932 são exercidas na fase de admissibilidade do recurso, e muitas delas dizem respeito à própria gestão do processo.[16] Mas, aperfeiçoando-se o que se estabeleceu no art. 557 do CPC de 1973, o dispositivo do novo CPC prevê que o relator, em atuação monocrática, exercerá juízo de mérito positivo se, depois de oportunizada a apresentação de contrarrazões, a decisão recorrida for contrária: a súmula do Supremo Tribunal Federal, do Superior Tribunal de Justiça ou do próprio tribunal; a acórdão proferido pelo Supremo Tribunal Federal ou pelo Superior Tribunal de Justiça em julgamento de recursos repetitivos; e, a entendimento firmado em incidente de resolução de demandas repetitivas ou de assunção de competência (art. 932, V, alíneas *a* a *c*). Como não poderia deixar de ser, se o recurso – e não a decisão recorrida – é que estiver em confronto com as súmulas, os acórdãos ou os entendimentos descritos nas alíneas *a* a *c*, o

---

15. OLIANI, José Alexandre Manzano. Atribuições e poderes do relator no NCPC. In: Luiz Rodrigues Wambier; Teresa Arruda Alvim Wambier (coord.) *Temas essenciais do novo CPC*. São Paulo: RT, 2016, p. 580.
16. Nas palavras de Rodrigo da Cunha Lima Freira, aqui o relator estará dirigindo o processo (Da ordem dos processos no tribunal. In: Teresa Arruda Alvim Wambier; Fredie Didier Jr.; Eduardo Talamini; Bruno Dantas (coord.). *Breves comentários ao novo Código de Processo Civil*. 2ª ed. São Paulo: RT, 2016, p. 2182).

relator deverá negar provimento ao recurso, ou seja, exercerá juízo de mérito negativo (art. 932, IV, alíneas *a* a *c*).

Sobre os incisos IV e V do art. 932, Teresa Arruda Alvim Wambier, Maria Lúcia Lins Conceição, Leonardo Ferres da Silva Ribeiro e Rogerio Licastro Torres de Melo afirmam que "os dispositivos são um o espelho do outro: têm a mesma razão de ser e a mesma finalidade". Segundo os autores, as previsões neles contidas criam "condições para que se concretize de modo mais pleno o princípio da isonomia, proporcionando condições e criando técnicas para uniformização e estabilização da jurisprudência".[17]

É oportuno mencionar, no tocante ao julgamento do mérito do recurso, exercido individualmente pelo relator, o Enunciado 462 do Fórum Permanente de Processualistas Civis, segundo o qual "é nula, por usurpação de competência funcional do órgão do colegiado, a decisão do relator que julgar monocraticamente o mérito do recurso, sem demonstrar o alinhamento de seu pronunciamento judicial com um dos padrões decisórios descritos no art. 932".

No parágrafo único do art. 932, está disposto que, "antes de considerar inadmissível o recurso, o relator concederá o prazo de cinco dias ao recorrente para que seja sanado vício ou complementada a documentação exigível". Nesta regra, assim como na do inciso I do art. 932 (acima transcrito) e na do art. 933 (que versa sobre a hipótese de o relator constatar a ocorrência de fato superveniente à decisão recorrida ou a existência de questão apreciável de ofício), evidencia-se que o relator exercerá atividade saneadora[18]. Só depois de saneado o recurso é que, não sendo hipótese de julgamento singular, os autos serão apresentados ao presidente para que designe dia para julgamento (art. 934).

4. DA CONCESSÃO DE EFEITO SUSPENSIVO OPE JUDICIS NO CPC/2015

Ainda que não se tenha modificado substancialmente o tratamento conferido à apelação, mantém-se a importância de se voltarem as atenções para os fundamentos que autorizam a atribuição de efeito suspensivo *ope judicis* ao recurso, nas hipóteses do § 1º do artigo 1.012 do novo CPC, o que é previsto no § 4º do mesmo artigo.

---

17. WAMBIER, Teresa Arruda Alvim; CONCEIÇÃO, Maria Lúcia Lins; SILVA, Leonardo Ferres da; MELLO, Rogerio Licastro Torres de. *Primeiros Comentários ao novo Código de Processo Civil artigo por artigo*. São Paulo: RT, 2015, p. 1327-1328.
18. Nesse sentido: OLIANI, José Alexandre Manzano. Atribuições e poderes do relator no NCPC. Obra citada, p. 583.

De acordo com o § 4º do artigo 1.012 do novo CPC poderá ser atribuído efeito suspensivo *ope iudicis* se o *apelante demonstrar a probabilidade de provimento do recurso ou se, sendo relevante a fundamentação, houver risco de dano grave ou de difícil reparação.*

Os requisitos para a concessão do efeito suspensivo *ope iudicis* estabelecidos no § 4º do Art. 1.012 do Novo CPC diferem dos requisitos do parágrafo **único** do art. 995.

No art. 995, parágrafo **único,** o novo CPC estabelece que a eficácia da decisão recorrida, poderá ser suspensa, pelo relator, nas hipóteses em que "houver risco de dano grave, de difícil ou impossível reparação, e ficar demonstrada a probabilidade de provimento do recurso". Veja-se que aqui o legislador utilizou a conjunção *e*, ao invés da conjunção *ou*. Logo, como regra geral, ambas as condições devem estar presentes para que se impeça a imediata produção dos efeitos da decisão recorrida.

A exigência de que se demonstrem a existência de risco de dano (*periculum in mora*) e a probabilidade de provimento do recurso (*fumus boni iuris*) evidencia a natureza acautelatória da decisão que acata pedido de suspensão da eficácia da decisão recorrida. E a concessão do efeito suspensivo poderá ocorrer sem a oitiva do recorrido, precisamente ante à necessidade de, com urgência, se neutralizar o risco de dano.[19]

Neste artigo veremos que alguns dos recursos previstos no CPC, apresentam novas regras, em atenção às suas peculiaridades. O que é comum a todas as hipóteses em que o efeito suspensivo é concedido por decisão singular do relator, e por isso mencionamos neste tópico, é a possibilidade de se interpor agravo interno para o **órgão** colegiado, observando-se, quanto ao processamento, as regras do regimento interno do respectivo tribunal (CPC/2015, art. 1.021, *caput*) [20].

A disciplina do agravo interno está contida nos parágrafos do art. 1.021, e nos parece importante destacar – porque consistem em importantes inovações – as regras dos §§ 1º e 3º, segundo as quais, respectivamente, o recorrente deve impugnar especificadamente, na petição do agravo, os fundamentos da decisão agravada; e, ao relator é vedado, para julgar improcedente o agravo interno, limitar-se à reprodução dos fundamentos da decisão agravada. Privilegiam-se, assim, o princípio da dialeticidade e – guardando

---

19. Nesse sentido: BRUSCHI, Gilberto Gomes. Do agravo de instrumento. In: Teresa Arruda Alvim Wambier; Fredie Didier Jr.; Eduardo Talamini; Bruno Dantas (coord.). *Breves comentários ao novo Código de Processo Civil.* 2ª ed. São Paulo: RT, 2016, p. 2359.
20. Embora o *caput* do art. 1.021 só faça menção a decisão proferida por relator, o agravo interno é interponível também em face de decisões dos presidentes ou vice-presidentes dos tribunais. Ou seja, o agravo interno é cabível contra todas as decisões monocráticas proferidas no âmbito dos tribunais.

coerência com ele – a garantia de que as decisões sejam fundamentadas de forma clara, precisa e completa, refutando-se, se for o caso, um a um os argumentos contidos na petição do agravo.

4.1. A concessão de efeito suspensivo ope iudicis com base na probabilidade do provimento recursal

Relevante destacar as diferenças entre o § 4º do Art. 1.012 do Novo CPC (que diz respeito à apelação) e o parágrafo **único** do art. 995 do Novo CPC (que disciplina a concessão de efeito suspensivo *ope judicis* aos recursos em geral).

O § 4º do Art. 1.012 estabelece duas hipóteses em que poderá ser concedido o efeito suspensivo *ope judicis* à apelação, quais sejam:

(i) se o apelante demonstrar a probabilidade de provimento do recurso[21] – sem necessidade da verificação da urgência –; ou

(ii) se, relevante a fundamentação (*fumus boni iuris*), houver risco de dano grave ou de difícil reparação (*periculum in mora*).

Na primeira hipótese o efeito suspensivo pode ser concedido se verificar a probabilidade do provimento recursal, independentemente de haver risco de dano. É o que se tem denominado tutela de evidência recursal.[22]

A concessão da *tutela da evidência recursal* será fundada **exclusivamente** na evidência do direito do apelante, quando houver probabilidade de que o recurso seja provido.

4.2. O efeito suspensivo ope iudicis na apelação

Como mencionado acima, no novo CPC se manteve, como regra, o efeito suspensivo *ope legis* na apelação (art. 1.012, *caput*). Mas, há situações excepcionais em que o efeito suspensivo não é automático, ou seja, a sentença começa a produzir efeitos imediatamente após a sua publicação (art. 1.012, § 1º).

---

21. André Vasconcelos Roque afirma que a "probabilidade de provimento do recurso" parece ser mais intensa que a simples demonstração de ser "relevante a fundamentação", como se tratasse de uma espécie de *fumus boni iuris* qualificado. (http://jota.uol.com.br/uma--tutela-nada-evidente-a-tutela-da-evidencia-recursal , publicado 21 de Dezembro, 2015).

22. Enunciado do 423 do FPPC (Fórum Permanente de Processualistas Civis): "Cabe tutela de evidência recursal".

O § 1º do art. 1.012, prevê nos incisos I a V [23] as hipóteses que o recurso de apelação não possui efeito suspensivo. A novidade textual, em relação ao CPC de 73, está no inciso V: sentença que 'confirma, concede ou revoga tutela provisória'.[24]

Nesses casos, o apelante poderá formular o pedido de concessão de efeito suspensivo dirigindo-o ao relator, se já distribuída a apelação (art. 1.021, § 3º, inciso II), ou ao tribunal, no período compreendido entre a interposição da apelação e sua distribuição. Neste último caso, o relator designado para o exame do pedido de efeito suspensivo ficará prevento para o julgamento do recurso (art. 1.021, § 3º, inciso I).

Nos casos em que o efeito suspensivo da apelação não decorre da lei, o pedido de atribuição de efeito suspensivo deve observar os requisitos legalmente previstos, no art. 1.021, § 4º. Referido dispositivo prevê a possibilidade da concessão de efeito suspensivo, e também, a concessão de "efeito ativo" (antecipação de tutela recursal), no sentido do relator poder dar provimento, desde logo, ao recurso.[25]

---

23. CPC/2015, art. 1.021, § 1º. "Além de outras hipóteses previstas em lei, começa a produzir efeitos imediatamente após a sua publicação a sentença que: I– homologa divisão e demarcação de terras; II– condena a pagar alimentos; III– extingue sem resolução do mérito ou julga improcedentes os embargos do executado; IV– julga procedente o pedido de instituição de arbitragem; V– confirma, concede ou revoga tutela provisória; VI– decreta a interdição".

24. "Sobre conceder a tutela provisória na sentença, aliás, cabe dar a devida atenção ao dispositivo que acaba por evidenciar o que, no CPC de 1973, já decorre do sistema processual civil, quando devidamente interpretado. Será possível, ao menos caso a caso, que o magistrado conceda cláusula de cumprimento provisório às sentenças, sempre quando estiver diante dos pressupostos respectivos da tutela provisória, seja de urgência ou seja de evidência. Cabe anotar, a propósito, que as hipóteses do art. 311 do novo CPC terão, para este fim, fértil campo de aplicação. A revogação da tutela provisória e sua imediata execução, de outra parte, só podem ser compreendidas como a pronta cessação dos efeitos da tutela anteriormente antecipada com o proferimento de sentença desfavorável ao seu benefício. Algo que, na clássica jurisprudência do STF, ocupa a sua Súmula 405 e que, em tempos mais recentes, motivou a edição do art. 7º, § 3º, da Lei n. 12.016/2009, a nova Lei do Mandado de Segurança. Neste caso, caberá ao interessado buscar perante o relator a concessão de medida que faça as vezes da anterior tutela provisória. O fundamento para tanto está no art. 932, II. Cabe evidência a respeito desta última afirmação de que o § 5º do art. 1.013, embora tenha ficado fora do lugar, é expresso ao estabelecer que o capítulo da sentença que confirma, concede ou revoga a tutela provisória é impugnável na apelação." (BUENO, Cassio Scarpinella. Novo Código de Processo Civil anotado. 2ª edição rev., atual. e ampl. São Paulo: Saraiva, 2016. P. 835-836).
– Enunciado n.º 217 do FPPC: A apelação contra o capítulo da sentença que concede, confirma ou revoga a tutela antecipada da evidência ou de urgência não terá efeito suspensivo automático.

25. BUENO, Cassio Scarpinella. Novo Código de Processo Civil anotado. 2ª edição rev., atual. e ampl. São Paulo: Saraiva, 2016, p. 836.

O relator poderá conceder efeito suspensivo quando o apelante requerer, demonstrando "a probabilidade de provimento do recurso **ou** se, sendo relevante a fundamentação, houver risco de dano grave ou de difícil reparação". Note-se que aqui o legislador adotou a conjunção *o* **ou**, a indicar que nem sempre dependerá da necessidade de se neutralizar um risco de dano.

Assim, o relator poderá atribuir o efeito suspensivo tanto nos casos de tutela provisória da evidência (quando o apelante demonstrar a probabilidade do provimento do recurso) como também nos casos de tutela provisória de urgência (relevância da fundamentação acompanhada de risco de dano grave ou de difícil reparação). [26]

Quando houver, no caso a ser examinado pelo relator, a existência de risco de dano a ser neutralizado com a suspensão da eficácia da sentença, ainda assim, há que se demonstrar, além da existência desse risco (*periculum in mora*), a relevância da fundamentação (*fumus boni iuris*). Afinal, a providência de se suspenderem os efeitos da sentença recorrida não faria qualquer sentido – e, o que é pior, poderia causar dano à parte adversa – se a apelação não tivesse fundamentos relevantes, que levassem a crer que possivelmente a pretensão recursal seria acolhida.

Nessa mesma linha, e com intensidade ainda maior, está a primeira condição estabelecida no § 4º, qual seja, a de o apelante demonstrar que a apelação provavelmente será provida. Trata-se, precisamente, da probabilidade de provimento do recurso, de que antes se tratou.

A tutela provisória da evidencia e da urgência repercutem no sistema como um todo.

Na apelação, para ser concedida a tutela da evidencia no âmbito recursal, será fundamental observarem-se as hipóteses previstas no art. 932, inciso V, que autorizam o relator até mesmo a dar provimento ao recurso,[27] autorizando também, desde logo, a atribuição do efeito suspensivo, antes mesmo de facultada a apresentação de contrarrazões. Portanto, as hipóteses previstas no inciso V do art. 932 evidenciam a necessidade de atribuição do efeito suspensivo.

---

26. Idem, p. 836.
27. Nesse sentido: "(...) há aqui uma espécie de tutela da evidência para fins de atribuição de efeito suspensivo à apelação, sem cogitar-se de demonstração de *periculum in mora*: demonstrando a parte que seu recurso reúne elevada probabilidade de provimento (porque a decisão apelada hostiliza jurisprudência sumulada ou firmada em julgamento de recurso repetitivo, por exemplo, além de outras hipóteses previstas no art. 932, V, do CPC/2015), sendo evidente que existirá o êxito recursal, poderá o recorrente pretender a suspensão da eficácia da sentença" (MELLO, Rogerio Licastro Torres de. Da apelação. In: Teresa Arruda Alvim Wambier; Fredie Didier Jr.; Eduardo Talamini; Bruno Dantas (coord.). *Breves comentários ao novo Código de Processo Civil*. 2ª ed. São Paulo: RT, 2016, p. 2344).

4.3. O efeito suspensivo ope iudicis no agravo de instrumento

Assim como no regime do CPC de 1973, no novo regime o agravo de instrumento também não é dotado de efeito suspensivo automático. Ocorre que em relação ao agravo, diferentemente do que se deu com a apelação (art. 1.021, § 4º) e mesmo com os embargos de declaração (art. 1.026, § 1º), não há disposição legal expressa sobre as condições a serem atendidas para que se atribua efeito suspensivo ao recurso. Aplicam-se, assim, as condições estabelecidas no parágrafo **único** do art. 995, de que antes se tratou.

O que se prevê expressamente, isto sim, **é** tão somente a possibilidade de o relator, se não for o caso de aplicação do art. 932, incisos III e IV, atribuir efeito suspensivo ao recurso ou deferir, em antecipação de tutela, total ou parcialmente, a pretensão recursal (art. 1.019, inciso I). Tal previsão já existia no regime do CPC de 1973, inclusive no tocante à possibilidade de antecipar-se, total ou parcialmente, a pretensão do recorrente.

A exemplo do que já ocorria no regime anterior, de nada adiantaria o relator atribuir efeito suspensivo a recurso quando a decisão recorrida nenhuma providência determina (por não se ter concedido a providência pleiteada), ou seja, não haveria o que verdadeiramente suspender. Nesses casos, presentes os requisitos, o que realmente atenderá à pretensão do recorrente é providência que antecipe a tutela recursal.

É importante mencionar que o CPC de 2015 não reproduziu a regra do CPC de 1973 que vedava a interposição de agravo interno em face da decisão do relator que concedia ou não o efeito suspensivo ao agravo, ou que antecipava ou não a tutela recursal (assim como em face da decisão que convertia o agravo de instrumento em retido)[28]. A alteração é positiva, pois nunca nos pareceu razoável tal vedação, tendo em vista a indiscutível possibilidade dessas decisões causarem danos irreparáveis ou de dificílima reparação. Tanto é assim que, no regime do CPC de 1973, as partes se valiam com muita frequência, nesses casos, do mandado de segurança contra ato judicial, o qual, como se sabe, não deve ser manejado como sucedâneo de recurso.

4.4. O efeito suspensivo ope iudicis nos embargos de declaração

O CPC de 2015 pôs fim à discussão em torno de serem ou não, os embargos de declaração, dotados de efeito suspensivo. No art. 1.026, *caput*,

---

28. CPC/73, art. 527, parágrafo único, relativo às hipóteses dos incisos I e II do mesmo artigo.

está disposto que os embargos de declaração não têm efeito suspensivo, apenas interrompendo o prazo para a interposição de outro recurso. Não há, portanto, efeito suspensivo *ope legis*.

Isso não quer dizer que não se poderá suspender a eficácia da decisão embargada. No § 1º do art. 1.026 se prevê que a eficácia da decisão monocrática ou colegiada poderá ser suspensa, pelo juiz ou relator, "se demonstrada a probabilidade de provimento do recurso **ou**, sendo relevante a fundamentação, se houver risco de dano grave ou de difícil reparação".

Veja-se que foi reproduzida, aqui, a regra relativa ao recurso de apelação (art. 1.012, § 4º), a indicar que, também no tocante aos embargos de declaração, é possível se falar em concessão de efeito suspensivo *ope judicis* em razão da evidência quanto à pretensão recursal.

Nas hipóteses em que os embargos de declaração não digam respeito à totalidade da decisão, porque o vício ou os vícios neles apontados atingem somente parte dela, deverá o relator explicitar a abrangência do efeito suspensivo concedido, de modo a permitir que o capítulo ou capítulos da decisão que não contenham vício possam produzir efeitos desde logo.[29]

Não se pode perder de vista, no entanto, que se o próximo recurso a ser interposto depois do julgamento dos embargos for o recurso de apelação, sendo esta – em regra – dotada de efeito suspensivo automático, não poderá ser iniciado o cumprimento provisório da sentença embargada.[30]

4.5. O efeito suspensivo ope iudicis nos recursos especial e extraordinário

O CPC de 2015 prevê expressamente, no § 5º do art. 1.029, a possibilidade de concessão de efeito suspensivo aos recursos especial e extraordinário. E por disposição do mesmo Código, a regra do § 5º do art. 1.029 se aplica, também, ao recurso ordinário (CPC/2015, art. 1.027, § 2º). Por essa razão não foi dedicado, neste estudo, um item específico sobre o efeito suspensivo do recurso ordinário. Limitamo-nos a dizer, neste ponto, que também este recurso não tem efeito suspensivo *ope legis*.

Assim como na disciplina do agravo de instrumento, em relação aos recursos de estrito direito não há disposição legal expressa sobre as con-

---

29. Nesse sentido: MAZZEI, Rodrigo. Dos embargos de declaração. In: Teresa Arruda Alvim Wambier; Fredie Didier Jr.; Eduardo Talamini; Bruno Dantas (coord.). *Breves comentários ao novo Código de Processo Civil*. 2ª ed. São Paulo: RT, 2016, p. 2390.

30. Nesse sentido, cite-se o Enunciado 218 do FPPC (Fórum Permanente de Processualistas Civis): "A inexistência de efeito suspensivo dos embargos de declaração não autoriza o cumprimento provisório da sentença nos casos em que a apelação tenha efeito suspensivo".

dições a serem atendidas para que se atribua efeito suspensivo ao recurso. Portanto, se aplicam as condições estabelecidas no parágrafo **único** do art. 995, quais sejam, risco de dano grave, de difícil ou impossível reparação, **e** demonstração da probabilidade de provimento do recurso.

A despeito da natureza acautelatória da respectiva decisão, não é sem propósito lembrar que o pedido de concessão de efeito suspensivo não será veiculado por meio de ação cautelar, pois não há, mais, processo cautelar autônomo, devendo ser formulado em simples petição.

O referido § 5º do art. 1.029 indica a quem poderá ser dirigido o pedido de concessão de efeito suspensivo aos recursos especial e extraordinário. Se já distribuído o recurso, deve dirigir-se ao relator (inciso II). No período compreendido entre a publicação da decisão de admissão do recurso e sua distribuição, o pedido deve dirigir-se ao tribunal superior respectivo, ficando prevento o relator designado para examiná-lo (inciso I, com a redação da Lei 13.256/2016). No período compreendido entre a interposição do recurso e a publicação da decisão de admissão, bem como no caso de o recurso ter sido sobrestado nos termos do art. 1.037, o pedido de concessão de efeito suspensivo deve dirigir-se ao presidente ou vice-presidente do tribunal recorrido (inciso III, com a redação da Lei 13.256/2016).

5. CONCLUSÃO

A possibilidade de concessão de efeito suspensivo *ope iudicis* com base na probabilidade do provimento recursal está prevista no § 4º do Art. 1.012 e no § 1º do art. 1.026 do Novo CPC.

Como verificar se há, efetivamente, a probabilidade de provimento do recurso, a evidenciar o direito do recorrente?

Vimos no item dedicado às atribuições do relator, neste estudo, que entre os poderes contidos no art. 932, inciso V, está o de exercer juízo de mérito positivo se, depois de oportunizada a apresentação de contrarrazões, a decisão recorrida for contrária a: súmulas do Supremo Tribunal Federal, do Superior Tribunal de Justiça ou do próprio tribunal; acórdão proferido pelo Supremo Tribunal Federal ou pelo Superior Tribunal de Justiça em julgamento de recursos repetitivos; e, entendimento firmado em incidente de resolução de demandas repetitivas ou de assunção de competência.

Assim, entendemos que antes de exercer o juízo de mérito positivo, no entanto, e antes mesmo de oportunizar a apresentação de contrarrazões, nas hipóteses do art. 932, V, o relator pode constatar que o recorrido dificilmente poderá trazer qualquer elemento que afaste a evidência do direito do recorrente de ver acolhida sua pretensão recursal, pois o êxito do recorrente é evidente, nesses casos. Assim, nessas mesmas hipóteses em que, depois de ouvir a parte adversa, poderá o relator dar provimento ao recurso, poderá ele, antes disso, suspender a eficácia da decisão recorrida, que probabilissimamente será reformada.

Verificamos que o novo CPC estabelece condições diferentes para a concessão do efeito suspensivo (ora utiliza a conjunção **ou**, ora utiliza a conjunção **e**), todavia, não vemos razão para isso. Assim, concluímos que a tutela da evidencia recursal prevista apenas para a Apelação e para os Embargos de Declaração pode ser aplicada para todos os recursos.

O novo modelo recursal significa, necessariamente, celeridade processual?

Sabrina Dourado[1]

> **Sumário** • **1**. Introdução – **2**. Meios de impugnação das decisões judiciais– noções basilares – **3**. As novidades do sistema recursal implementadas através do CPC/15 – **4**. A celeridade como norma processual fundamental – **5**. O novo sistema recursal x a concretização da celeridade – **6**. Conclusão.

1. INTRODUÇÃO

As reiteradas reformas processuais são sempre alvo de muitas discussões no mundo jurídico, por todos os seus operadores. De forma marcante, debate-se a chegada do novo código de ritos, que, por seu turno, afastou a vigência do CPC/73[2]. Através dele foram introduzidas inúmeras alterações processuais. Eis uma nova legislação procedimental, a qual objetiva, especialmente, a mudança da cultura processual de todos que lidam com o direito.

Ademais, a pretensão da nova lei é a mesma das diversas legislações, que foram publicadas na última década, com intuito de modificar o sistema processual em diversos pontos, na tentativa de conferir celeridade processual aos inúmeros litígios em curso e, no mesmo passo, evitar a tão debatida morosidade.

---

1. Mestre em Direito Público pela UFBA. Especialista em Direito Processual Civil. Professora de cursos preparatórios e Pós-graduação de Direito Processual Civil do CERS, Escola de Magistratura do Estado da Bahia, Escola Paulista de Direito-SP e outros cursos. Advogada e consultora Jurídica. Membro do CEAPRO, ABDPRO, IBDP, ANNEP, palestrante. Autora de várias obras Jurídicas.
2. Ele é também chamado de código de Buzaid.

As alterações e constantes reformas compartimentadas no Código de Processo Civil trouxeram, no seu bojo, a marca caraterística de sempre, ou seja, a tentativa de conferir ao processo uma marcha cuja duração fosse razoável sem a perda da qualidade de atuação dos órgãos que compõem o Poder Judiciário. Em única análise sem ofensa ao ideário da segurança jurídica.

No entanto, compreende-se que o encontro desses objetivos não se dá unicamente através de reformas na legislação, mas sim através da reformulação do sistema como um todo. Há questões não processuais envolvidas em tal temática.

Nessa toada, muitas mudanças foram contempladas no sistema recursal brasileiro. Cuidaremos de estudar as principais inovações relacionadas à temática recursal advindas com a multicitada legislação processual.

Deve-se destacar, por oportuno, que o CPC de 2015 é o primeiro código que nasce no estado democrático de direito. Percebe-se em suas linhas uma tentativa de harmonização de diversos interesses.

Cuidaremos de abordar algumas das mencionadas mudanças e, ao mesmo tempo, refletir se as mesmas importarão na concretização da norma fundamental, que nos garantirá um amplo acesso à justiça[34], vale dizer, a concretização da prestação jurisdicional tempestiva[5].

Por amplo acesso à justiça[6], ou acesso à justiça substancial visualize-se a possibilidade de demandar, exercer o direito de defesa e ter acesso a uma

---

3. "É comum notar no âmbito do Judiciário lides que se arrastam por anos a fio, sem qualquer resolução por conta da natural burocracia do serviço público associada às dilações recursais procrastinatórias que dificultam o resultado do próprio litígio para uma das partes, não atentando, o sistema, para a economia e celeridade no curso do processo. Nesse passo, o Estado, sub-rogado no direito-dever de fazer realizar justiça, não poderia, nem deveria penalizar os jurisdicionados com absurda duração". (MOURA; CARDOSO, 2008).

4. A Constituição Federal de 1988 traz expressamente tal conotação deste direito, nos termos do art. 5º, XXXV, ao dispor que "a lei não excluirá da apreciação do Poder Judiciário lesão ou ameaça a direito.". Trata-se da afirmação constitucional do princípio da inafastabilidade da jurisdição, o qual significa, em linhas gerais, que o Estado não pode negar-se a solucionar quaisquer conflitos em que alguém alegue lesão ou ameaça de direito.

5. Para Fernando Gajardoni: "Penso, sinceramente, que o NCPC trabalha com a utopia de que ele é capaz de resolver os problemas do sistema de Justiça brasileira. [...] Nenhuma lei é capaz de transformar um sistema ou dar-lhe melhores condições materiais ou humanas. A lei de Execução Penal (7.210/84) é prova viva disso. Diploma extremamente avançado, bem feito. Mas incapaz, nos últimos 30 anos, de transformar o nosso sistema carcerário em algo melhor.".

6. A doutrina clássica considera o acesso à justiça como direito de ingressar no sistema jurisdicional, ou seja, de demandar. Assim ensinam Mauro Cappelletti e Bryan Garth: "[...]Direito ao acesso a proteção judicial significava essencialmente o direito formal do indivíduo agravado de propor ou contestar uma ação. A teoria era de que, embora o acesso à justiça pudesse ser um "direito natural", os direitos naturais não necessitavam de uma

prestação jurisdicional justa tempestiva e efetiva. Saliente-se que uma das normas fundamentais estabelecidas pelo CPC/15 é a obtenção da chamada tutela satisfativa.

Analisaremos de imediato, a diferença estabelecida entre os meios de impugnação das decisões judiciais. Na sequência, explanaremos sobre as principais mudanças sensíveis aos recursos com o CPC/15. Enveredaremos, em seguida, na compreensão da celeridade como norma fundamental e, por fim, na análise de tais mudanças como expressões sinônimas à concretização da duração razoável do processo.

2. MEIOS DE IMPUGNAÇÃO DAS DECISÕES JUDICIAIS- NOÇÕES BASILARES

São três os meios de impugnação das decisões judiciais, quais sejam: recursos, ações autônomas de impugnação e os chamados sucedâneos recursais[7].

Por recurso compreendamos o meio de impugnação das decisões judiciais, que tem por escopo a reforma, invalidação, aclaramento ou integração da decisão, ora combatida.

Eis um meio que prolonga a litispendência da demanda em curso, uma vez que não originará relação processual nova. O recurso tem como marca a sua voluntariedade. Logo, será assim considerado se a sua interposição se der por ato de vontade do legitimado[8].

Para Alexandre Freitas Câmara, "o recurso é uma manifestação de insatisfação". Ele destaca ainda que: "impende ter claro que o recurso se destina a impugnar decisões judiciais. Atos que não provêm de um órgão jurisdicional não são atacados por recurso."[9].

---

ação do Estado para a sua proteção. Esses direitos eram considerados anteriores ao Estado; sua preservação exigia apenas que o Estado não permitisse que eles fossem infringidos por outros. O Estado, portanto, permanecia passivo, com relação a problemas tais como aptidão de uma pessoa para reconhecer seus direitos e defendê-los adequadamente, na prática." CAPELLETTI, Mauro; GARTH, Bryant. **Acesso à justiça**. Tradução de Ellen Gracie Northfleet. Porto Alegre: Sérgio Antonio Fabris, 1988, p. 11.

7. Registre-se, desde logo, que a proposta não é esgotar o assunto, mas sim, trazer à tona o panorama processual civil, que ora se descortina. Buscaremos fazê-lo de forma clara, sucinta, objetiva e abrangente.
8. De acordo com o artigo 996 são três os legitimados recursais, vejamos: partes, ministério público e terceiro prejudicado.
9. CÂMARA, Alexandre Freitas. O novo processo civil brasileiro. 2ª edição, São Paulo: Atlas, 2016, p.490 e 491.

A palavra recurso provém do latim *recursos*. Ele pode ser visto e entendido como ferramenta processual voluntariamente utilizada pelo legitimado[10] que sofreu prejuízo decorrente do pronunciamento judicial, para obter a sua reforma, a sua invalidação, o seu esclarecimento ou a sua integração, com o expresso requerimento de que nova decisão seja proferida, podendo ou não substituir o procedimento combatido. Trata-se de um ato postulatório e solene, uma vez que carece do preenchimento de diversos requisitos de admissibilidade para ser conhecido.

> "Numa acepção mais técnica e restrita, recurso é o meio ou instrumento destinado a provocar o reexame da decisão judicial, no mesmo processo em que proferida, com a finalidade de obter-lhe a invalidação, a reforma, o esclarecimento ou a integração.[11] [...] O recurso prolonga o estado de litispendência, não instaura processo novo. É por isso que estão fora do conceito de recurso as ações autônomas de impugnação."

As ações autônomas de impugnação, por seu turno, têm o condão de originar uma demanda nova, a fim de combater determinada decisão judicial. Eis uma das suas principais características. A formação de outra relação processual é seu ponto característico. Através delas, como dito, originar-se-ão novas relações processuais. São exemplos de tais ações autônomas: o mandado de segurança contra ato judicial[12] e a ação rescisória[13].

O artigo 485 do Código de Processo Civil revogado, por exemplo, enumerava as situações em que seria cabível a utilização da ação rescisória, a qual aparece como sendo o modelo pátrio da categoria de ações autônomas de impugnação. No CPC de 2015, as hipóteses de cabimento da ação rescisória estão dispostas no art. 966, cujo rol é taxativo.

Por fim, os sucedâneos recursais têm o seu conceito estabelecido por exclusão. Eles correspondem aos demais meios de impugnação das decisões judiciais, os quais não se confundem com recursos ou ações autônomas, já mencionadas. Um dos seus grandes exemplos é o reexame necessário, também chamado de remessa necessária[14]. A remessa necessária é condição de eficácia da sentença contra a Fazenda Pública.

---

10. Os legitimados recursais estão dispostos no artigo 996 do CPC/15.
11. DIDIER Jr., Fredie. CUNHA, Leonardo Carneiro. Curso de Direito Processual Civil. 13ª edição, Salvador: editora Juspodivm, p. 87-88.
12. O Mandado de Segurança está regrado pela Lei 12.016/09.
13. O tema sofreu modificações importantes no CPC/15.
14. O instituto também é chamado de Duplo Grau de Jurisdição obrigatório. Ele estava previsto no art. 475 do CPC/73 e recebeu diferentes contornos no CPC/15. No novo diploma ele está regulado no artigo 496.

Compete ao magistrado, ao proferir a decisão, determinar o imediato encaminhamento dos autos ao Tribunal, sob pena de a sentença não transitar em julgado. Não há prazo para essa determinação, que poderá ser de ofício ou a requerimento da parte, da Fazenda Pública e do Ministério Público (*fiscal do ordenamento* ou como parte). O Tribunal poderá avocar os autos, inclusive, de ofício ou mediante provocação.

Observadas as exigências legais, tais decisões só produzirão efeitos depois de obrigatoriamente revistas pelos tribunais. Eis uma nítida manifestação da supremacia do interesse público em detrimento do interesse privado.

Assim, em arremate, são três os meios de impugnação das decisões judiciais, quais sejam: recursos, ações autônomas e os sucedâneos recursais.

3. AS NOVIDADES DO SISTEMA RECURSAL IMPLEMENTADAS ATRAVÉS DO CPC/15

Muitos críticos destacam o inchaço na máquina judiciária brasileira. As críticas são diversas e de ordens variadas. Há muita insatisfação para com a demora da oferta jurisdicional. Eles indicam que o elevado número de recursos existentes é um dos motivos relevantes para a dificuldade de implementação do comando constitucional da duração razoável do processo.

Tal princípio foi inserido na CF/88 através da EC 45/04, a qual fora responsável por uma série de modificações legislativas, as quais foram realizadas a fim de minorar a crise que assola o Poder Judiciário. No CPC/15, são feitas duas referências importantíssimas ao princípio da duração razoável do processo, as quais são encontradas nos arts. 4^{o15} e 6^{o16}.

Muitas mudanças foram ofertadas no sistema recursal brasileiro através da Lei 13.105/15. Vale realçar que o CPC/15 sofreu uma importante modificação, a qual se estabeleceu antes mesmo da sua entrada em vigor. Foi através da Lei 13.256/16 que as ditas alterações se estabeleceram. Para alguns doutrinadores o CPC/15 teria passado por um *recall*.

De saída, destacamos, mais, uma vez, que o recurso é meio de impugnação das decisões judiciais, que sendo um ato postulatório e voluntário objetivará a reforma, invalidação ou o aperfeiçoamento do decisum. Ademais, sua interposição não importará na formação de uma nova relação processual. Através da interposição do dito recurso dar-se-á o prolongamento do curso do processo.

---

15. As partes têm o direito de obter em prazo razoável a solução integral do mérito, incluída a atividade satisfativa.
16. Todos os sujeitos do processo devem cooperar entre si para que se obtenha, em tempo razoável, decisão de mérito justa e efetiva.

É cediço que os recursos cíveis estão atrelados ao princípio da taxatividade, a qual está anunciada expressamente no art. 994 do CPC em vigor. Conclui-se que o rol dos recursos que podem ser manejados na sistemática processual civil brasileira é fechado[17].

Há quem diga que mesmo atrelado à taxatividade o número de recursos que podem ser utilizados é um dos motivos que viabilizam a demora da prestação jurisdicional. Além do longo rol de recursos, eles são utilizados, com frequência, para impedir, injustificadamente, a concretização dos direitos daqueles que logram êxito nas suas contendas.

Nesta toada, o novo texto legislativo se propôs, como visto, a diminuir o número de recursos que poderiam ser interpostos. Foram excluídos do mencionado texto, por exemplo, os Embargos Infringentes e o Agravo Retido, conforme destacamos e voltaremos e mencionar.

Vejamos algumas das principais novidades trazidas para o sistema recursal com a chegada do CPC/15[18].

De acordo com o atual artigo 942, se o resultado da apelação for não unânime, o julgamento terá prosseguimento em sessão a ser designada com a presença de outros julgadores, que serão convocados nos termos previamente definidos no regimento interno, em número suficiente para garantir a possibilidade de inversão do resultado inicial, assegurado às partes e a eventuais terceiros o direito de sustentar oralmente suas razões perante os novos julgadores. Eis a chamada técnica de julgamento ampliado.

Logo, apesar de não estarem previstos os embargos infringentes, o objeto central do seu cabimento não foi desprezado no CPC/15. Há quem defenda que tal técnica é frontalmente letal para a celeridade.

Sendo possível, o prosseguimento do julgamento dar-se-á na mesma sessão, colhendo-se os votos de outros julgadores que porventura componham o órgão colegiado. Os julgadores que já tiverem votado poderão rever seus votos por ocasião do prosseguimento do julgamento.

A dita técnica de julgamento, prevista no artigo acima se aplica, igualmente, ao julgamento não unânime proferido em:

---

[17]. Já o rol das provas estabelecidas no texto processual é meramente exemplificativo. Além das provas típicas, estabelecidas em lei, admite-se a produção de outras tantas, desde que idôneas ou moralmente legítimas. Eis o disposto no art. 369, vejamos: "As partes têm o direito de empregar todos os meios legais, bem como os moralmente legítimos, ainda que não especificados neste Código, para provar a verdade dos fatos em que se funda o pedido ou a defesa e influir eficazmente na convicção do juiz.".

[18]. O objetivo de tal apresentação é a de mostrar ao leitor algumas das mudanças que se visualizam no sistema recursal.

- ação rescisória, quando o resultado for à rescisão da sentença, devendo, nesse caso, seu prosseguimento ocorrer em órgão de maior composição previsto no regimento interno;
- agravo de instrumento, quando houver reforma da decisão que julgar parcialmente o mérito.

De acordo com o novel dispositivo 995, os recursos não impedem a eficácia da decisão, salvo disposição legal ou decisão judicial em sentido diverso. Percebe-se que em prol da busca pela celeridade, os recursos não serão, como regra geral, dotados de efeito suspensivo.

No entanto, a eficácia da decisão recorrida poderá ser suspensa por decisão do relator, se da imediata produção de seus efeitos houver risco de dano grave, de difícil ou impossível reparação, e ficar demonstrada a probabilidade de provimento do recurso.

Há algumas mudanças interessantes no tocante à tempestividade recursal, senão vejamos:

O prazo para interposição de recurso conta-se da data em que os advogados, a sociedade de advogados, a Advocacia Pública, a Defensoria Pública ou o Ministério Público são intimados da decisão.

Digna de nota a disposição que indica que para a aferição da tempestividade do recurso remetido pelo correio, será considerada como data de interposição a data de postagem. Tal regra prestigia, especialmente, o princípio da primazia do julgamento de mérito[19][20].

Excetuados os embargos de declaração, o prazo para interpor os recursos e para responder-lhes é de 15 (quinze) dias. Vale lembrar que o prazo será contados nos moldes preconizados no artigo 219, o qual, destaca que para prazos processual e em dias, contabilizar-se-ão apenas os dias uteis.

Outra novidade pode ser vista no parágrafo 1º do artigo 85 do CPC/15, que assim dispõe: "são devidos honorários advocatícios na reconvenção, no cumprimento de sentença, provisório ou definitivo, na execução, resistida ou não, e nos recursos interpostos, cumulativamente.".

Desta forma, para cada recurso utilizado, havendo sucumbência da parte, haverá condenação em honorários advocatícios. Eis os chamados honorários advocatícios recursais. Eles também foram criados para evitar a interposição

---

19. Tratamos da temática de forma mais profunda no Temas relevantes de Direito Processual Civil: elas escrevem. Eis uma publicação da editora Armador.
20. O art. 4º do CPC de 2015 faz alusão a três princípios fundamentais do processo civil e do Estado Democrático Brasileiro: o da duração razoável do processo (que tem guarida constitucional no art. 5º, LXXVIII, da Lei Maior), o da efetividade e o da *primazia da resolução do mérito*. É que o aludido dispositivo expressamente destaca que "as partes têm o direito de obter em prazo razoável a solução integral do mérito, incluída a atividade satisfativa".

de recursos com o fito de procrastinar o feito. Infelizmente, tornou-se uma prática reiterada no cotidiano forense.

Há uma limitação posta para o mínimo de 10% e ao máximo de 20% do valor da condenação, do proveito econômico obtido ou, não sendo possível apurá-lo, do valor atualizado da causa. Frise-se que quando a causa tiver proveito econômico inestimável ou irrisório e, ainda, quando o valor da causa ínfimo, cumprirá ao magistrado a fixação do valor dos honorários por apreciação equitativa[21].

No que tange ao preparo, há algumas disposições interessantes, observemos:

Passou a ser dispensado o recolhimento do porte de remessa e de retorno no processo em autos eletrônicos. Entendemos mais que razoável a medida. A razoabilidade da cobrança do porte, em comento, só se justifica para os autos impressos em papel.

Já o recorrente que não comprovar, no ato de interposição do recurso, o recolhimento do preparo, inclusive porte de remessa e de retorno, será intimado, na pessoa de seu advogado, para realizar o recolhimento em dobro, sob pena de deserção.

Provando o recorrente justo impedimento[22], o relator relevará a pena de deserção, por decisão irrecorrível, fixando-lhe prazo de 5 (cinco) dias para efetuar o preparo.

Por fim, o equívoco no preenchimento da guia de custas não implicará a aplicação da pena de deserção, cabendo ao relator, na hipótese de dúvida quanto ao recolhimento, intimar o recorrente para sanar o vício no prazo de 5 (cinco) dias.

Outra mudança de relevo foi a extinção do agravo retido[23]. As interlocutórias passaram a ser recorríveis por meio da interposição do agravo de instrumento.

Tal agravo passa a autorizar a sua interposição nas taxativas hipóteses mencionadas no artigo 1015[24].

---

21. art. 85, § 8º, CPC/15.
22. Eis um conceito jurídico indeterminado. Ele será aferido à luz de cada caso concreto.
23. Ditava o artigo 522 do CPC revogado que das decisões interlocutórias caberia agravo, no prazo de 10 (dez) dias, na forma retida, salvo quando se tratasse de decisão suscetível de causar à parte lesão grave e de difícil reparação, bem como nos casos de inadmissão da apelação e nos relativos aos efeitos em que a apelação era recebida, quando era admitida a sua interposição por instrumento. O agravo retido passou, com as modificações oriundas da Lei 11.187/2005, a ser o recurso regra para combater as mais variadas decisões interlocutórias. Tal recurso não dependia de preparo.
24. Art. 1.015. Cabe agravo de instrumento contra as decisões interlocutórias que versarem sobre:
    I – tutelas provisórias;

O tema é, no entanto, um dos mais polêmicos[25]. Apesar de entender que o rol é taxativo, percebemos a possibilidade de utilização de uma interpretação extensiva para as hipóteses de cabimento. No mesmo sentido, Fredie Didier e Leonardo Carneiro da Cunha advertem que a taxatividade do artigo não é incompatível com a sua interpretação extensiva. Destacam que embora taxativas as hipóteses de decisões agraváveis, é possível interpretação extensiva[26] de cada um dos seus tipos.

O art. 1.015 do novo CPC não prevê, por exemplo, a possibilidade de agravo de instrumento contra decisão que declina a competência. Vale dizer, se a sua decisão não está especificada nele, não caberia, por conseguinte, a interposição do dito agravo.

Os já mencionados processualistas Leonardo Carneiro da Cunha e Fredie Didier Jr.[27] começaram a defender o cabimento do Agravo em casos de decisões que tratem da competência, dentre outros casos.

Na mesma esteira, o TRF-2 admitiu recurso para rediscutir decisão que versava sobre competência, de modo a que, apesar de as hipóteses relacionadas ao art. 1.015 do CPC/2015 serem taxativas, elas admitem interpretação extensiva. O Tribunal considerou que a discussão sobre competência se insere no art. 1.015, inciso III (decisão que rejeita convenção de arbitragem)[28].

II – mérito do processo;
III – rejeição da alegação de convenção de arbitragem;
IV – incidente de desconsideração da personalidade jurídica;
V – rejeição do pedido de gratuidade da justiça ou acolhimento do pedido de sua revogação;
VI – exibição ou posse de documento ou coisa;
VII – exclusão de litisconsorte;
VIII – rejeição do pedido de limitação do litisconsórcio;
IX – admissão ou inadmissão de intervenção de terceiros;
X – concessão, modificação ou revogação do efeito suspensivo aos embargos à execução;
XI – redistribuição do ônus da prova nos termos do art. 373, § 1º;
XII – conversão da ação individual em ação coletiva;(VETADO)
XIII – outros casos expressamente referidos em lei.
Parágrafo único. Também caberá agravo de instrumento contra decisões interlocutórias proferidas na fase de liquidação de sentença ou de cumprimento de sentença, no processo de execução e no processo de inventário.

25. Sobre o tema, recomendamos o excelente texto da coluna Jota. Disponível em: http://jota.uol.com.br/hipoteses-de-agravo-de-instrumento-no-novo-cpc-os-efeitos-colaterais--da-interpretacao-extensiva

26. De acordo com os já mencionados autores, a interpretação extensiva opera por comparações e isonomizações, não por encaixes e subsunções.

27. DIDIER Jr., Fredie. CUNHA, Leonardo Carneiro da Cunha. **Curso de Direito Processual Civil**. 13ª ed. Salvador: editora Juspodivm, pgs. 208 a 215.

28. (TRF-2, Agravo de Instrumento nº 0003223-07.2016.4.02.0000 Rel. Des. Luis Antônio Soares, Turma Espec. II, j. em 28.03.2016).

Uma inovação de indiscutível relevância pode ser observada no julgamento dos recursos extraordinário e especial repetitivos, senão confiramos:

Sempre que houver multiplicidade de recursos extraordinários ou especiais com fundamento em idêntica questão de direito, haverá afetação para julgamento de acordo com as disposições desta Subseção, observado o disposto no Regimento Interno do Supremo Tribunal Federal e no do Superior Tribunal de Justiça.

De acordo com o artigo 1030, parágrafo 1º, o presidente ou o vice-presidente de tribunal de justiça ou de tribunal regional federal selecionará 2 (dois) ou mais recursos representativos da controvérsia, que serão encaminhados ao Supremo Tribunal Federal ou ao Superior Tribunal de Justiça para fins de afetação, determinando a suspensão do trâmite de todos os processos pendentes, individuais ou coletivos, que tramitem no Estado ou na região, conforme o caso[29].

Decididos os recursos afetados, os órgãos colegiados declararão prejudicados os demais recursos versando sobre idêntica controvérsia ou os decidirão aplicando a tese firmada.

Publicado o acórdão paradigma, por seu turno:

- o presidente ou o vice-presidente do tribunal de origem negará seguimento aos recursos especiais ou extraordinários sobrestados na origem, se o acórdão recorrido coincidir com a orientação do tribunal superior;
- o órgão que proferiu o acórdão recorrido, na origem, reexaminará o processo de competência originária, a remessa necessária ou o recurso anteriormente julgado, se o acórdão recorrido contrariar a orientação do tribunal superior;
- os processos suspensos em primeiro e segundo graus de jurisdição retomarão o curso para julgamento e aplicação da tese firmada pelo tribunal superior;
- se os recursos versarem sobre questão relativa à prestação de serviço público objeto de concessão, permissão ou autorização, o resultado do julgamento será comunicado ao órgão, ao ente ou à agência reguladora competente para fiscalização da efetiva aplicação, por parte dos entes sujeitos a regulação, da tese adotada.

Constata-se que tal mecanismo tem por escopo concretizar a duração razoável do processo. Entendemos que se bem aplicado for, permitirá que

---

29. A lei dispõe que o interessado pode requerer, ao presidente ou ao vice-presidente, que exclua da decisão de sobrestamento e inadmita o recurso especial ou o recurso extraordinário que tenha sido interposto intempestivamente, tendo o recorrente o prazo de 5 (cinco) dias para manifestar-se sobre esse requerimento.

a isonomia e a segurança jurídica sejam instaladas para tais casuísticas. Em outra medida, evitar-se-ão decisões conflitantes e dispares, as quais são tão comuns. Num país de extensão continental como o nosso, tais decisões conflitantes são ainda mais rotineiras. Impedir-se-ão que as mesmas matérias sejam distinta e contraditoriamente deliberadas.

É cediço que muitos são os casos semelhantes que se debatem no judiciário, nos dias de hoje. Buscar-se-á com o fortalecimento de tais ferramentas que as decisões aplicáveis aos ditos casos sejam as mesmas e, por conseguinte, sejam resolvidas de uma só vez[30].

Por fim, com o escopo e tarefa hercúlea de garantir a celeridade, as questões resolvidas na fase de conhecimento, se a decisão a seu respeito não comportar agravo de instrumento, não são cobertas pela preclusão e devem ser suscitadas em preliminar de apelação, eventualmente interposta contra a decisão final, ou nas contrarrazões.

4. A CELERIDADE COMO NORMA PROCESSUAL FUNDAMENTAL

No dizer de Rui Barbosa[31], "Justiça que tarda é sempre falha".

A temática da morosidade do judiciário é antiga. Faz muito que se critica e discute o tempo de tramite processual do nosso ordenamento. A dita morosidade traz consigo diversas consequências, tais como: a descrença no poder judiciário, a angústia interminável nos litigantes, a insatisfação dos procuradores e, até, mesmo, o estímulo ao descumprimento de direitos de toda coletividade.

Diz-se que o judiciário como um todo está assoberbado. Nas mais variadas instâncias há grande número de processos, os quais tramitam por longíssimos e intermináveis anos. Até mesmo o STF se encontra numa situação alarmante.

"O Supremo Tribunal Federal (STF) levou 24 anos para, ao decidir sobre um processo, dizer que o assunto não era com ele. O caso faz parte do cenário de morosidade que foi constatado na mais alta Corte do país por um levantamento inédito da FGV Direito Rio, obtido com exclusividade pelo GLOBO. Ao analisar a duração de processos e liminares no Supremo de 1988 a 2013, o estudo viu que o STF leva, em média, cinco anos para julgar de forma definitiva Ações Diretas de Inconstitucionalidade (Adins) — mas há Adins que ficaram mais de 20 anos até

---

30. Com o intento semelhante, foram criados os Incidentes de assunção de competência e o de resolução de demandas repetitivas.
31. 1849-1923.

transitar em julgado, ou seja, terem decisão definitiva da Corte, sem possibilidade de recurso. Entre as liminares concedidas pelo STF e que tiveram mérito analisado, o levantamento mostrou que as de Adins duraram, em média, seis anos, o tempo que a Corte levou para julgar as ações." (DUARTE, ALESSANDRA)

A Emenda Constitucional n° 45/2004 contemplou o princípio da razoável duração do processo dentro das garantias fundamentais asseguradas a cada cidadão, insculpido no inciso LXXVIII do art. 5° da Constituição Federal de 1988, com o seguinte teor: "a todos, no âmbito judicial e administrativo, são assegurados a razoável duração do processo e os meios que garantam a celeridade de sua tramitação".

Tal inserção se deu, de forma assertiva, a fim de viabilizar uma série de medidas, que tinham por escopo concretizar o pacto republicano e minorar os impactos da crise do poder judiciário, acima indicada.

"A excessiva demora do processo, mesmo que se tenha uma decisão segura, gera nas partes litigantes, principalmente no vencedor da demanda, inconteste dano marginal. Se o tempo é a dimensão fundamental da vida humana e se o bem perseguido no processo interfere na felicidade do litigante que o reivindica, a delonga no processo gera um aspecto emocional negativo, ou seja, a angústia e a infelicidade. O processo deve dar àquele que tem o direito de obter tudo aquilo e precisamente aquilo que tem o direito de obter. Daí a preocupação e a busca da sua efetividade." (MOURA;GALVÃO, 2008).

Percebe-se, como já dito, que o conceito e a estrutura da dinâmica do acesso à justiça foram alterados com o curso do tempo. Não se pode descuidar que tal garantia não pode se resumir ao direito de ingressar com uma demanda. A questão do tempo de tramitação processual brasileiro começou a ser objeto de preocupação, uma vez que muitos não logravam a concretização dos seus direitos, em tempo que pudesse fruir dos mesmos.

Nessa toada, os motivos que levaram o legislador a erigir a questão do tempo do processo ao nível de garantia fundamental denotam uma insatisfação da sociedade com a prestação da tutela jurisdicional e o entendimento de que a jurisdição não deve ser apenas "prestada" pelo Estado como decorrência do direito de ação, mas que a tutela jurisdicional deve ser efetiva, tempestiva e adequada, sendo atribuição do Estado alcançar este intento.

De acordo com essa roupagem de acesso à justiça, aliada à garantia formal de se postular a tutela jurisdicional, é necessário que haja o acesso a uma ordem jurídica justa e o desempenho da atividade jurisdicional ética e dentro de um prazo razoável.

Por ordem jurídica justa internalize-se aquela que permite a realização do ideal de justiça social, oportunidades isonômicas para as partes do processo[32], exercício de contraditório efetivo e tutela jurisdicional de qualidade.

Tal aspecto do direito de acesso à justiça reflete os ideais de uma Constituição de caráter democrático que busca efetivar os direitos fundamentais[33]. Torná-los reais.

A fim de materializar e conceder efetividade ao direito fundamental acima mencionado, o Código de Processo Civil de 2015 fez constar do rol (meramente exemplificativo) de normas fundamentais do processo civil o *princípio da celeridade ou duração razoável do processo*, objeto do artigo em tela.

O art. 4º do CPC de 2015 faz alusão a três princípios fundamentais do processo civil e do Estado Democrático Brasileiro: o da duração razoável do processo (que tem guarida constitucional no art. 5º, LXXVIII, da Lei Maior, como já mencionamos), o da efetividade e o da *primazia da resolução do mérito*. É que o aludido dispositivo expressamente destaca que "as partes têm o direito de obter em prazo razoável a solução integral do mérito, incluída a atividade satisfativa"[34].

Ademais, no mesmo sentido, o novel artigo 6º do CPC/15 preconiza que "todos os sujeitos do processo devem cooperar entre si para que se obtenha, em tempo razoável, decisão de mérito justa e efetiva".

Assim, resta inconteste a consagração da celeridade como uma norma constitucional, a qual foi reforçada pelo atual CPC, como um direito funda-

---

32. O CPC/15 no seu artigo 7º assim dispõe: "É assegurada às partes paridade de tratamento em relação ao exercício de direitos e faculdades processuais, aos meios de defesa, aos ônus, aos deveres e à aplicação de sanções processuais, competindo ao juiz zelar pelo efetivo contraditório".
33. Ingo Sarlet distingue os direitos humanos dos ditos direitos fundamentais, vejamos: "Em que pese os dois termos ("direitos humanos" e "direitos fundamentais") sejam comumente utilizados como sinônimos, a explicação corriqueira para a distinção é de que o termo "direitos fundamentais" se aplica para aqueles direitos do ser humano reconhecidos e positivados na esfera do direito constitucional positivo de determinado Estado (como é o caso, dentre tantos, de José Joaquim Gomes Canotilho) ao passo que a expressão "direitos humanos" guardaria relação com os documentos de direito internacional, por referir-se àquelas posições jurídicas que se reconhecem ao ser humano como tal, independentemente de sua vinculação com determinada ordem constitucional, e que, portanto, aspiram à validade universal, para todos os povos e tempos, de tal sorte que revelam um inequívoco caráter internacional (Jorge Miranda). Mas também tal definição não é a única disponível, seja para direitos fundamentais, seja para o caso dos direitos humanos." SARLET, Wolfgang Ingo. **As aproximações e tensões existentes entre os Direitos Humanos e Fundamentais.** Disponível em: www.conjur.com.br. Acesso em: 30 de abril 2016.
34. Nesse sentido o novo CPC concentra a defesa numa só peça, cria institutos como o incidente de resolução de demandas repetitivas, aprimora as figuras já existentes do julgamento de recurso especial e extraordinário repetitivos, imprimindo maior eficiência ao Judiciário e reforçando a celeridade no julgamento dos processos.

mental de todo jurisdicionado. Além de fazer jus à prestação jurisdicional célere, ainda tem o direito de obter um provimento de mérito que lhe seja efetivo[35].

5. O NOVO SISTEMA RECURSAL X A CONCRETIZAÇÃO DA CELERIDADE

Nesse instante, cuidaremos de confrontar se as mudanças que foram viabilizadas nos recursos terão, por si só, o condão de concretizar a celeridade.

Para Gisele Leite[36]: "Toda a proposta de novo CPC se direciona a reduzir o número de demandas judiciais, além de trazer maior organicidade ao diploma legal, uma vez que depois de ser fartamente alvejado por inúmeras reformas legislativas, este se transformou numa misteriosa colcha de retalhos.".

Um dos enormes estímulos do novo CPC é o de oferecer maior celeridade à prestação jurisdicional, como já estudamos. Com tal intento, muitas mudanças impactaram o sistema recursal, tais como a extinção dos recursos de agravo retido e os embargos infringentes. Muitos doutrinadores justificam que é a grandiosa variedade de recursos a responsável por marcas processuais tão longas e duradouras.

No entanto, observe-se a premente necessidade de atendermos a dois valores constitucionais que não se antagonizam, quais sejam: o ideário da segurança jurídica e a multicitada celeridade processual.

José Afonso da Silva[37] assegura que:

> "a segurança jurídica pode ser compreendida em sentido amplo e em sentido estrito. No primeiro ela refere-se ao sentido geral de garantia, proteção, estabilidade de situação ou pessoa em diversos campos. Em sentido estrito, a segurança jurídica assume o sentido de garantia de estabilidade e de certeza dos negócios jurídicos, permite que as pessoas saibam previamente que, uma vez envolvidas em certa relação jurídica, esta se mantém estável, mesmo se alterar a base legal sob a qual se instituiu."

---

35. A efetividade é um tema se suma relevância. Através dela o direito violado será adimplido concretamente.
36. LEITE, GISELE. **A tão desejada celeridade processual em face do Novo Código Processual Civil.** Disponível em: http://professoragiseleleite.jusbrasil.com.br/artigos/171027439/a--tao-desejada-celeridade-processual-em-face-do-novo-codigo-processual-civil. Acesso em: 04 set. 2016.
37. SILVA, José Afonso da. Constituição e segurança jurídica. *In:* ROCHA, Carmen Lúcia Antunes (Coord.).**Constituição e segurança jurídica**, p. 17.

Como se não bastasse, a concretização da duração razoável do processo perpassa por outras importantes questões, a saber: a conscientização da população sobre o ajuizamento de demandas razoáveis, a litigância responsável e colaborativa, o cumprimento dos prazos, por todos que compõe o cenário do processo, maior estrutura para o judiciário, aumento do número de servidores, ampliação do chamado sistema multiportas, estímulo à conciliação e mediação etc.

Para a já mencionada Gisele Leite: "Em verdade dar fim na morosidade da justiça é uma tarefa que exige sacrifício de todos, inclusive do Poder Judiciário." E ela divaga: "Também há a possibilidade de delegar a prática de determinados atos processuais, de conteúdo não decisório, aos auxiliares do juízo, caminhando para modelo de execução administrativa, conforme já ocorre com sucesso, em alguns países europeus." [...] "De qualquer forma, entende-se sinceramente que o sistema processual civil brasileiro realmente necessita a uma redução prudente de número de recursos, porém, isto apenas, não é garantia ou certeza de maior celeridade na marcha processual civil."[38].

Assim, o novo modelo recursal traz consigo muitas novidades, que poderão servir de base para a efetivação da tão buscada celeridade. No entanto, tais mudanças sozinhas não serão capazes de tornar mais razoável o tempo de espera da prestação jurisdicional. Eis o que pensamos. Uma nova cultura processual, que contamine todos os operadores do direito, será fator de primeira grandeza, para que a longa marcha do processo não seja sinônimo de manifestas injustiças.

6. CONCLUSÃO

O processo civil brasileiro, no contexto do Estado Democrático que se objetiva concretizar, tem por base a instauração de uma nova ordem processual, através da qual a Constituição seja fonte direta de influência e direcionamento.

Através do CPC/2015, inúmeras medidas foram implementadas para concretizar tal ideal. Destacamos a nova configuração do acesso à justiça, bem como a regulamentação de diversas normas processuais constitucionais.

Dentre as normas ditas fundamentais, encontramos a celeridade. Ela está estabelecida nos artigos 4º e 6º. Destaca-se que as partes têm direito ao

---

38. LEITE, GISELE. **A tão desejada celeridade processual em face do Novo Código Processual Civil.** Disponível em: http://professoragiseleleite.jusbrasil.com.br/artigos/171027439/a--tao-desejada-celeridade-processual-em-face-do-novo-codigo-processual-civil. Acesso em: 04 set. 2016.

processo cuja duração seja razoável, bem como ao julgamento preferencial de mérito, incluída a atividade satisfativa.

Percebemos que muitas mudanças foram contempladas no sistema recursal pátrio. Dentre as mudanças é notável a busca pela concretização da duração razoável do processo. No entanto, não há uma lógica matemática. Não acreditamos que tais mudanças sozinhas serão capazes de tornar o processo judicial brasileiro mais célere.

Tais mudanças são como um *start*. Elas devem ser vistas, no nosso entender, como posturas que, alinhadas à mudança cultural dos operadores do direito, reformulação e ampliação da estrutura do poder Judiciário, o prestígio às soluções autocompositivas bem como, a repressão à litigância de má-fé poderão assinalar novos contornos para o cenário jurídico pátrio. Diante disso, tais mudanças serão capazes de viabilizar a oferta da tutela jurisdicional tempestiva.

Assim, à luz da proporcionalidade e da ponderação justa de interesses, cumpre ao órgão julgador prestigiar e atentar para a celeridade. No entanto, não poderá perder de vista, a observância a outras normas fundamentais, que não podem ser aviltadas em detrimento da sua busca incessante. A celeridade deve estar embasada e aliada no contraditório, cooperação, isonomia substancial, a fim de figurar como medida de concretização e efetivação de direitos levados ao Judiciário.

Recursos no incidente de resolução de demandas repetitivas: quem pode recorrer da decisão que fixa a tese jurídica?

Sofia Temer[1]

> **Sumário** • **1**. Introdução – **2**. Panorama geral sobre o incidente de resolução de demandas repetitivas – **3**. A formação de precedente vinculativo no IRDR: Breves notas sobre a decisão que fixa a tese jurídica – **4**. Quem pode recorrer da decisão que julga o IRDR? – **5**. Conclusões

1. INTRODUÇÃO

O Código de Processo Civil de 2015 instituiu uma técnica diferenciada para resolução de questões de direito repetitivas no âmbito dos tribunais estaduais e regionais,[2] denominada de "incidente de resolução de demandas repetitivas" ("IRDR") (arts. 976 a 987).

---

1. Doutoranda e Mestre em Direito Processual pela Universidade do Estado do Rio de Janeiro (UERJ). Advogada.
2. Nas versões do projeto que gerou a Lei 13.105/2015 (CPC), havia previsão expressa no sentido de que o IRDR deveria ser instaurado em tribunal de justiça ou tribunal regional federal (art. 988, § 1º, PL 8.046/2010). À vista da supressão de tal redação, grande parte da doutrina vem admitindo a instauração do IRDR também nos TRTs, especialmente por força da Lei 13.015/2014 (assim reconheceu o TST, ao editar a Instrução Normativa n. 39/2016), nos TREs (CABRAL, Antonio do Passo. Comentários aos arts. 976 a 987. In: CABRAL, Antonio do Passo; CRAMER, Ronaldo. *Comentários ao novo Código de Processo Civil*. Rio

Objetiva-se, com o incidente, fixar um entendimento que resolva questão jurídica que esteja sendo discutida em inúmeros processos, o qual será aplicado em todos os casos em que esteja presente a controvérsia, evitando-se a quebra de isonomia entre os jurisdicionados e gerando segurança jurídica.

Ocorre que, assim como a técnica dos recursos repetitivos, no incidente há um julgamento "por amostragem", que opera pela lógica da seleção de casos representativos da controvérsia, para que seja reproduzido no tribunal um modelo da discussão e o órgão julgador possa definir o melhor entendimento sobre o tema.

Como nem todos os sujeitos dos processos repetitivos terão suas razões individualmente apreciadas, mas sofrerão os efeitos da tese fixada, é indispensável que haja, no incidente, abertura à participação de tais interessados, além de pessoas com *expertise* na matéria controvertida, de órgãos públicos eventualmente vinculados à problemática, enfim, daqueles que possam contribuir com argumentos para maturação do debate que antecede à pacificação do entendimento.

Uma das questões mais sensíveis neste cenário diz respeito à recorribilidade da decisão que fixa a tese, notadamente no que se refere à identificação de quais sujeitos poderão interpor recursos contra tais decisões. É preciso identificar quais os critérios para determinar a legitimação e o interesse recursais no incidente, o que exige o enfrentamento da problemática da tensão entre o direito à participação e a própria natureza da técnica, que opera pela lógica da seleção de alguns sujeitos (em princípio, em detrimento de outros), para reprodução da controvérsia.

Neste estudo, apresentaremos algumas reflexões sobre o tema, com o objetivo de dar alguns passos na direção da resposta a respeito de quem poderá recorrer da decisão que fixa a tese jurídica.

2. PANORAMA GERAL SOBRE O INCIDENTE DE RESOLUÇÃO DE DEMANDAS REPETITIVAS

O incidente de resolução de demandas repetitivas será cabível quando houver repetição de processos com a mesma controvérsia jurídica, causando risco de ofensa à isonomia e segurança jurídica (art. 976).[3]

---

de Janeiro: Forense, 2015, p. 1427), e, ainda, nos tribunais superiores (DIDIER JR., Fredie; CUNHA, Leonardo Carneiro da. *Curso de direito processual civil*. Vol. 3. 13ed. Salvador: Juspodivm, 2016, p. 630). Em sentido contrário, inadmitindo a instauração nos tribunais superiores: CAVALCANTI, Marcos. *Incidente de resolução de demandas repetitivas*. São Paulo: RT, 2016, p. 267.

3. Para uma análise detalhada sobre a natureza do incidente, seus requisitos de cabimento, procedimento e efeitos, ver: TEMER, Sofia. *Incidente de resolução de demandas repetitivas*. Salvador; Juspodivm, 2016. TEMER, Sofia; MENDES, Aluisio Gonçalves de Castro. O

A questão jurídica repetitiva pode ser de natureza material ou processual (art. 928, parágrafo único, CPC/2015), de modo que o incidente poderá ser instaurado quando houver repetição de *demandas* homogêneas (pretensões decorrentes de relações substanciais padronizadas, como as decorrentes de serviço público, telecomunicações, serviços bancários, em que haja causas de pedir e pedidos semelhantes), mas também quando a homogeneidade apenas se referir a uma das questões veiculadas no processo, ainda que não haja similitude entre as *demandas* propriamente ditas, o que poderá ocorrer, por exemplo, quando a repetição for pertinente a uma questão relativa ao procedimento[4]. Ou seja, no IRDR, o tribunal tanto pode fixar tese relativa à legalidade de cláusulas bancárias, como de invalidade de intimação dos atos processuais[5].

Objetiva-se a uniformização da interpretação sobre a questão de direito, para conferir mais coerência ao sistema jurídico, mais isonomia entre os jurisdicionados e mais celeridade no julgamento das demandas que veiculem a questão repetitiva.

Contudo, caso já haja afetação do mesmo tema jurídico para julgamento em sede de recurso especial ou extraordinário repetitivo, ou, ainda, quando já haja entendimento pacificado sobre o tema nos tribunais superiores mediante seus procedimentos (art. 927, CPC/2015), não será cabível o IRDR (art. 976, § 4º, CPC/2015).

O incidente poderá ser suscitado pelo órgão julgador – juiz ou relator –, pelas partes dos processos repetitivos, pelo Ministério Público ou pela Defensoria Pública (art. 977 do CPC/2015). O requerimento de instauração deverá ser acompanhado de documentos que comprovem a multiplicidade de casos sobre a mesma questão, causando o risco de ofensa à isonomia. Uma vez requerida a instauração do incidente, o órgão do Tribunal a quem caiba

---

    incidente de resolução de demandas repetitivas do novo Código de Processo Civil. *Revista de Processo*. Vol. 243. Maio/2015, p. 283-331.

4. Por isso, entendemos que o IRDR pode ser empregado para resolver *questões* repetitivas e não apenas *demandas repetitivas*, o que é um dos motivos que nos levou à conclusão, em estudo anterior, que o IRDR tem características distintas e escopo diferenciado em relação às ações coletivas. Ver: TEMER, Sofia. *Incidente de resolução de demandas repetitivas*. Salvador: Juspodivm, 2016, capítulo 2.

5. Este é o regime aplicável sob a égide do CPC/73 aos recursos repetitivos. Veja, como exemplos, que o STJ afetou para julgamento as questões relativas à "legalidade da cláusula que, em contratos bancários, prevê a cobrança da comissão de permanência na hipótese de inadimplência do consumidor" (Tema nº 49), e também a "discussão a respeito da possibilidade de se dispensar a juntada da certidão de intimação da decisão agravada para a formação de agravo de instrumento, nos casos em que há vista pessoal à Fazenda Nacional (Tema nº 809).

a uniformização de jurisprudência procederá ao juízo de admissibilidade, que deverá ser colegiado (arts. 978 e 981).

Com a instauração do incidente, deverá haver ampla publicidade e divulgação nos bancos de dados dos tribunais e do Conselho Nacional de Justiça (art. 979 do CPC/2015), e ocorrerá, em seguida, a suspensão de todos os processos que versem sobre idêntica controvérsia e que tramitem na circunscrição do respectivo tribunal (art. 982). A suspensão poderá ser nacional, caso requerida ao STJ ou ao STF (art. 982, § 3º). Os processos repetitivos ficarão suspensos enquanto estiver sendo julgado o IRDR, porque será necessário aguardar a definição da tese jurídica pelo tribunal, a qual será posteriormente aplicada nos casos concretos. O prazo para julgamento do incidente e de suspensão das demandas será de um ano, prorrogável por decisão fundamentada (art. 980).

Como o julgamento do incidente objetiva a definição de uma tese jurídica sobre uma questão que se repete em dezenas, milhares ou mesmo milhões de processos, a legitimidade desta decisão e de sua aplicação aos casos repetitivos está diretamente ligada à pluralidade do debate que a precede. N'outros termos: quanto mais debate e amadurecimento houver acerca da questão controvertida, mais legítima será a decisão judicial que uniformizar seu entendimento.

Por este motivo, não só é relevante a escolha dos sujeitos que conduzirão o incidente, como também o Código prevê formas de qualificar o debate, como a oitiva das partes e de interessados, além de *amicus curiae*, a realização de audiências públicas e oitiva de *experts* (art. 983). Tais mecanismos visam atenuar o déficit de contraditório dos que serão afetados pela decisão judicial, e daí se extrai sua extrema relevância.

O acórdão proferido no IRDR, por sua vez, deverá conter ampla fundamentação, com "a análise de todos os fundamentos suscitados concernentes à tese jurídica discutida, sejam favoráveis ou contrários" (art. 984, § 2º). A motivação da decisão que aprecia a questão é também de especial importância, porque permitirá a análise sobre os fundamentos considerados para a definição daquela tese específica, o que terá consequências para efeitos de enquadramento ou distinção dos casos repetitivos e de superação do entendimento no futuro[6].

A tese será aplicada a todos os processos que tramitem na área do respectivo tribunal, inclusive juizados especiais[7], bem como aos casos futuros.

---

6. Sobre a questão, ver: TEMER, Sofia; MENDES, Aluisio Gonçalves de Castro. O incidente de resolução de demandas repetitivas do novo Código de Processo Civil. *Revista de Processo*. Vol. 243. Maio/2015, p. 283-331.

7. Sobre a relação entre juizados especiais e IRDR, ver: KOEHLER, Frederico. O incidente de resolução de demandas repetitivas e os juizados especiais. *Revista de Processo*, vol. 237,

Caso a questão refira-se a prestação de serviço público, a tese será comunicada ao respectivo órgão para fiscalização do cumprimento (art. 985, § 2º).[8]

O Código prevê que contra a decisão proferida no IRDR poderão ser interpostos os recursos especial e extraordinário (art. 987), além dos embargos de declaração, cabíveis contra qualquer decisão judicial (art. 1.022). Quanto aos recursos excepcionais, o legislador optou por facilitar o acesso aos tribunais superiores, concedendo-lhes efeito suspensivo e definindo a presunção de repercussão geral da questão constitucional. Uma vez julgado o recurso pelo tribunal superior competente, a tese passa a ser aplicável a todos os processos que versem sobre a controvérsia e que tramitem no território nacional.

Delineado, ainda que brevemente, o procedimento do incidente, incumbe passar à questão central deste estudo, que diz respeito à recorribilidade da decisão que fixa a tese jurídica, sob a perspectiva dos requisitos do interesse e da legitimidade. Este breve ensaio tem o objetivo de responder quais sujeitos podem interpor tais recursos, notadamente os recursos excepcionais, que funcionarão como veículo não só para a revisão ou confirmação do entendimento, mas para que a uniformização atinja abrangência nacional.

3. A FORMAÇÃO DE PRECEDENTE VINCULATIVO NO IRDR: BREVES NOTAS SOBRE A DECISÃO QUE FIXA A TESE JURÍDICA

Há, no novo Código, claro fortalecimento da decisão judicial como fonte de direito, o que se observa, sobretudo nos arts. 926 e 927. Com efeito, considerando a necessidade de manter a jurisprudência íntegra, estável e coerente (art. 926), o novo Código aponta quais decisões gerarão precedentes vinculativos, os quais deverão ser observados pelos tribunais inferiores e pelo próprio tribunal que o fixar (art. 927).

No que importa para este estudo, citamos o inciso III do art. 927, que menciona que os juízes e tribunais deverão observar: "os acórdãos em incidente de assunção de competência ou de resolução de demandas repetitivas e em julgamento de recursos extraordinário e especial repetitivos".

---

nov/2014; MENDES, Aluisio Gonçalves de Castro; ROMANO NETO, Odilon. Análise da relação entre o novo incidente de resolução de demandas repetitivas e o microssistema dos juizados especiais. *Revista de Processo*, vol. 245, jul/2015, p. 275-309.

8. Apontando a necessidade de comunicar o órgão ou ente público quando da instauração do IRDR: DIDIER JR, Fredie; TEMER, Sofia. A decisão de organização do incidente de resolução de demandas repetitivas: importância, conteúdo e o papel do regimento interno do tribunal. *Revista de Processo*. Vol. 258, ago/2016, p. 257-278.

O novo Código atribui à decisão que julga o incidente de resolução de demandas repetitivas a força de precedente vinculativo, de aplicação obrigatória no julgamento de todos os casos que versem sobre a questão e que estejam no âmbito do tribunal que a prolatar.

A força obrigatória da decisão é coerente com a natureza e objetivos desta técnica processual, considerando que os escopos do incidente se centram justamente na necessidade de manter isonomia entre os jurisdicionados[9], além de garantir segurança jurídica e previsibilidade das decisões judiciais[10].

Conferir às decisões judiciais prolatadas nesta seara força vinculativa é pressuposto do próprio sistema. Afinal, não haveria sentido em criar uma técnica processual diferenciada, que trabalha com uma lógica de julgamento a partir de um modelo da controvérsia jurídica para que seja fixada uma só tese, e admitir que os juízos de primeiro grau e tribunais continuassem aplicando entendimentos divergentes no julgamento dos casos que contivessem tal controvérsia.

Assim, a decisão que fixa a tese jurídica, por ter força vinculativa, aplica-se necessariamente a todos os casos que versem sobre a controvérsia, sem possibilidade de rediscussão, salvo excepcional hipótese de revisão ou superação da tese.[11] Todos os sujeitos dos processos repetitivos sofrem, então, a eficácia da tese jurídica fixada, ainda que indiretamente, por ocasião do julgamento de suas demandas (individuais ou coletivas).

---

9. Nesse sentido: "Tudo leva a crer que [o incidente] contribuirá de forma significativa para a efetivação dos princípios da segurança jurídica, da isonomia, da economia processual e da duração razoável do processo, ao possibilitar uma maior uniformização nos julgamentos proferidos no país, contribuindo, assim, para a construção de um sistema jurisdicional mais racional e harmônico" (MENDES, Aluisio Gonçalves de Castro; RODRIGUES, Roberto de Aragão Ribeiro. Reflexões sobre o incidente de resolução de demandas repetitivas previsto no projeto de novo código de processo civil. *Revista de Processo*, vol. 211, set/2012, p. 191).

10. Jaldemiro Rodrigues de Ataíde Jr aponta que "é inegável que o regime processual das demandas de massa, na medida em que possibilita uma rápida fixação de tese jurídica que é objeto de milhares ou até milhões de ações, proporciona a uniformização da jurisprudência, aumenta em muito a previsibilidade das decisões, e, portanto, a segurança jurídica" (As demandas de massa e o projeto do novo Código de Processo Civil. In: FREIRE, Alexandre; et all. *Novas tendências do processo civil*. Vol. III. Salvador: Juspodivm, 2014, p. 53).

11. A tese jurídica, apesar de estável, pode ser revisada ou superada, mormente diante de modificações no contexto social, político, jurídico, mas também por erro. A superação ou revisão da tese são tratadas nos arts. 986 e 927, § § 2º a 4º do CPC/2015. Ver sobre o tema: PEIXOTO, Ravi. *Superação do precedente e segurança jurídica*. Salvador: Juspodivm, 2015.

4. QUEM PODE RECORRER DA DECISÃO QUE JULGA O IRDR?

4.1. Algumas premissas sobre a natureza do incidente e sobre os seus sujeitos processuais

O Código prevê, no art. 987, o acesso aos tribunais superiores, pela via recursal, para que se possa apreciar o acerto ou desacerto da tese firmada e, como consequência, estender o entendimento uniforme sobre a questão para âmbito nacional. Muito se questiona, então, a quem caberá interpor tais recursos.

Para responder a tal indagação, parece necessário apresentar algumas de nossas premissas quanto ao IRDR, notadamente no que se refere à sua natureza e à posição e classificação dos seus sujeitos processuais[12]. Esta apresentação inicial é importante para que sejam coerentes as posições defendidas no que se refere ao tema específico da recorribilidade das decisões.

Primeiramente, é indispensável pontuar que, para nós, o incidente de resolução de demandas repetitivas é *técnica processual de natureza objetiva*, em que há a fixação da tese sem a resolução direta de conflitos subjetivos, o que decorre tanto da limitação cognitiva às "questões de direito homogêneas"[13], quanto da previsão legal de prosseguimento do incidente a despeito do abandono ou desistência da demanda (art. 976, § 1º). Não há, no incidente, resolução de "causa"[14], muito embora haja referibilidade a situações concretas

---

12. A maioria das premissas que serão apresentadas são sínteses das ideias defendidas em: TEMER, Sofia. *Incidente de resolução de demandas repetitivas*. Salvador: Juspodivm, 2016, para onde remetemos o leitor. Como este estudo tem o objetivo de analisar exclusivamente a legitimidade e interesse recursais, não poderíamos nos aprofundar em outras questões. Também não parecia possível, contudo, adentrar neste tema sem tecer estas considerações introdutórias.

13. Já defendemos que "o incidente de resolução de demandas repetitivas não julga 'causa', mas apenas fixa tese, porque seu objeto está restrito às questões de direito – material ou processual – que se repetem em diversos processos. Não se analisam questões de fato e questões de direito heterogêneas, o que impede que se possa falar em julgamento da demanda, que depende necessariamente da análise da causa de pedir e do pedido" (TEMER, Sofia. *Incidente de Resolução de Demandas Repetitivas*. Salvador: Juspodivm, 2016, capítulo 3.2.1).

14. Nesse sentido também é a posição de: MENDES, Aluisio Gonçalves de Castro; RODRIGUES, Roberto de Aragão Ribeiro. Reflexões sobre o incidente de resolução de demandas repetitivas previsto no projeto de novo código de processo civil. *Revista de Processo*, vol. 211, set/2012, versão digital; NUNES, Dierle. Comentários aos arts. 1.036 a 1.040. In: WAMBIER, Teresa Arruda Alvim *et al* (Coords.). *Breves comentários ao novo Código de Processo Civil*. São Paulo: Revista dos Tribunais: 2015, p. 2320; CAMBI, Eduardo; FOGAÇA, Mateus. Incidente de resolução de demandas repetitivas no novo Código de Processo Civil. *Revista de Processo*. Vol. 243, mai/2015, p. 333-362, versão digital; CAMARGO, Luiz Henrique Volpe. O incidente de resolução de demandas repetitivas no projeto de novo

repetitivas, as quais serão reconstruídas no incidente a partir de uma projeção da situação fática padrão, ou do fato-tipo. O tribunal fixa tese que, em seguida, será aplicada para resolução das demandas formuladas em juízo, as quais, sim, veiculam problemas relativos a casos concretos.

É claro que, ao defender a *abstração* na atividade realizada no incidente, não negligenciamos a necessidade de se manter uma ligação com dados concretos, com o contexto social e político e com as características dos conflitos judicializados em que surge a controvérsia submetida a julgamento no incidente. A posição defendida simplesmente afasta o IRDR dos meios processuais tradicionais centrados na *lide*, no conflito intersubjetivo. Defendemos, então, que no incidente há simultaneamente abstração e concretude, mas que esta técnica tutela *preponderantemente* o direito objetivo.

Em segundo lugar, e justamente em razão desta natureza dessubjetivizada, entendemos que o incidente não é formado pela simples transposição do processo relativo a um conflito subjetivo para o tribunal, para que este fixe uma tese *ao julgar uma demanda*. O incidente é formado a partir de processos repetitivos (cujos objetos serão conflitos subjetivos), mas adquire autonomia mediante uma cisão decisória, desvinculando-se de interesses materiais dos sujeitos das "lides" originárias, para que haja tão somente a definição do melhor entendimento sobre uma questão de direito.

Esta dessubjetivação faz com que sejam inapropriadas a maioria das construções tradicionais relativas aos sujeitos processuais, notadamente no que se refere aos pressupostos e possibilidade de intervenções. Em realidade, considerando a natureza do incidente, a classificação dos sujeitos processuais e das possibilidades de participação a que estamos habituados precisa ser repensada.

CPC: a comparação entre a versão do Senado Federal e a da Câmara dos Deputados. In: FREIRE, Alexandre *et al* (Orgs). *Novas tendências do processo civil*. Vol. III. Salvador: Juspodivm, 2014, p. 283; OLIVEIRA, Guilherme Peres de. Incidente de resolução de demandas repetitivas – uma proposta de interpretação de seu procedimento. In: FREIRE, Alexandre *et al* (Orgs). *Novas tendências do processo civil*. Vol. II. Salvador: Juspodivm, 2014, p. 670. Há, contudo, posições divergentes: CÂMARA, Alexandre Freitas. *O novo processo civil brasileiro*. São Paulo: Atlas, 2015, p. 479, grifo nosso; CABRAL, Antonio do Passo. Comentários aos arts. 976 a 987. In: CABRAL, Antonio do Passo; CRAMER, Ronaldo. *Comentários ao novo Código de Processo Civil*. Rio de Janeiro: Forense, 2015, p. 1418. DIDIER JR., Fredie; CUNHA, Leonardo Carneiro da. Curso de direito processual civil. Vol. 3. 13ed. Salvador: Juspodivm, 2016, p. 593-599. Todos estes autores ressalvam a situação de desistência da "causa-piloto", hipótese em que o incidente assumiria natureza distinta, porque não haveria julgamento do conflito subjetivo. Sobre esta problemática, com a abordagem de pontos de vista distintos, que consideram que no IRDR há julgamento de "causa", ver: TEMER, Sofia. *Incidente de Resolução de Demandas Repetitivas*. Salvador: Juspodivm, 2016, capítulo 3.

Com efeito, é da desvinculação do conflito subjetivo que surge a possibilidade de se admitir que a condução do incidente não seja realizada necessariamente pelo sujeito que o provocou, a partir de seu caso concreto, mas pelo sujeito que reúna as melhores condições de apresentar para o tribunal os argumentos para resolução da controvérsia jurídica[15]. Também é da natureza da técnica de caráter objetivo que se extrai, por exemplo, a inadequação do instituto da assistência para justificar a intervenção dos sujeitos interessados.[16]

Para nós, portanto, é preciso assentar, quanto aos sujeitos processuais, que: "i) não há possibilidade de participação direta e pessoal de todos os interessados, tampouco é adequado o regime de substituição processual, típico dos meios de tutela do direito subjetivo; ii) no IRDR, o contraditório se exerce pelo direito à influência e a participação é entendida como direito ao convencimento e não como exigência de consentimento; iii) os pressupostos processuais de atuação – interesse e legitimidade – não são extraídos de uma relação substancial litigiosa, mas são analisados sob a perspectiva dos atos ou conjuntos de atos do incidente, visando a atingir pluralidade argumentativa e excelência, sob a perspectiva racional, da decisão; iv) a estrutura subjetiva do incidente é multipolarizada"[17].

---

15. Embora seja coerente imaginar que o incidente será formado a partir do(s) processo(s) de onde tenha se originado o requerimento ou ofício visando a instauração, sendo as partes destes processos selecionadas como *sujeitos condutores* do incidente, é possível que haja escolha de outros sujeitos que apresentem melhores condições de representar a controvérsia, já que o objetivo será formar, no IRDR, um "modelo" da questão controvertida para apreciação do tribunal. Nesse sentido, é o entendimento de Antonio do Passo Cabral, para quem "devendo existir uma decisão de afetação entre a admissão do IRDR e o início da instrução, *não é obrigatório que o próprio processo de onde partiu o ofício ou petição de instauração do incidente venha a ser afetado.* A admissão do incidente não leva à automática afetação do processo de onde ocorreu a provocação pela sua instauração" (CABRAL, Antonio do Passo. Comentários aos arts. 976 a 987. In: CABRAL, Antonio do Passo; CRAMER, Ronaldo. *Comentários ao novo Código de Processo Civil.* Rio de Janeiro: Forense, 2015, p. 1437). Sobre o tema, ver, também: TEMER, Sofia. *Incidente de resolução de demandas repetitivas.* Salvador: Juspodivm, 2016, capítulo 4.2.; CABRAL, Antonio do Passo. A escolha da causa-piloto nos incidentes de resolução de processos repetitivos. *Revista de Processo,* vol. 231, maio/2014, p. 201.

16. Fredie Didier e Leonardo Carneiro da Cunha defendem a participação das partes dos processos repetitivos no incidente, por terem interesse jurídico na resolução da questão. Entendem, contudo, que o fazem na condição de assistentes do caso-piloto, até porque defendem que o IRDR julga também a causa (conflito subjetivo). Ver: DIDIER JR., Fredie; CUNHA, Leonardo Carneiro da. *Curso de direito processual civil.* Vol. 3. 13ed. Salvador: Juspodivm, 2016, p. 607. Também é a posição de Daniel Neves, que entende que a intervenção ocorrerá na modalidade de assistência litisconsorcial: NEVES, Daniel Amorim Assumpção. *Novo CPC Comentado.* Salvador: Juspodivm, 2016, p. 1610.

17. TEMER, Sofia. *Incidente de Resolução de Demandas Repetitivas.* Salvador: Juspodivm, 2016, p. 262.

Por isso, tendo em mente a desvinculação da *lide* e a necessidade de ampliar o debate no incidente, o que deve ser feito sob a perspectiva da intensificação dos argumentos levados à apreciação judicial, entendemos que a classificação dos sujeitos processuais é a seguinte:

a) sujeitos condutores (ou líderes), que deverão ser escolhidos dentre os que possam apresentar o máximo de perspectivas argumentativas para o debate, ou seja, devem ser sujeitos que levem ao tribunal maior quantidade e qualidade de argumentos sobre a controvérsia jurídica, mesmo que não sejam os sujeitos que tiveram iniciativa para suscitar o incidente;

b) sujeitos sobrestados, ou seja, as partes dos processos repetitivos, que terão interesse para intervir no incidente por força do direito ao contraditório como direito de influência, a despeito de não terem qualquer vínculo jurídico com os sujeitos condutores;

c) o *amicus curiae*, que "embora não se equipare ao sujeito sobrestado, também pode intervir no incidente, ainda que na defesa de algum interesse (institucional, acadêmico, político, econômico), mas sua participação dependerá da demonstração do requisito da representatividade, entendido como capacidade e idoneidade do sujeito e como pertinência em relação ao objeto do incidente. Sua participação também deverá ser autorizada quando a manifestação for relevante, ou seja, quando trouxer novos argumentos e informações para o debate e sua participação"[18];

d) o Ministério Público, que, pela condição de fiscal da ordem jurídica, deverá atuar no incidente em todos os seus atos, podendo suscitá-lo, conduzi-lo ou participar de sua instrução;

e) a Defensoria Pública, que terá legitimidade para instauração, condução e participação no incidente quando a matéria debatida apresentar pertinência no que se refere à defesa de vulneráveis, conforme suas atribuições constitucionais.

A participação dos sujeitos será avaliada, sobretudo, sob a perspectiva do potencial que tenham para aprofundar o debate para fixação da tese. Assim, um dos importantes filtros para sua participação será a apresentação de novos argumentos ou informações[19].

---

18. TEMER, Sofia. *Incidente de Resolução de Demandas Repetitivas*. Salvador: Juspodivm, 2016, p. 263.
19. Já defendemos que: "a necessidade de apresentar alguns elementos para construir esse sistema de participação diferenciado, parece, para nós, que o principal filtro para nortear a atuação dos sujeitos sobrestados seja a *apresentação de novos argumentos* que possam contribuir com a definição da melhor solução racional para a questão de direito objeto

Estas são em síntese, nossas premissas iniciais sobre a problemática dos sujeitos e suas modalidades de participação.

4.2. Legitimidade e interesse recursais: alguns parâmetros, limites e propostas quanto ao procedimento recursal

O art. 987 do CPC/2015, embora preveja o cabimento de recursos especial e extraordinário contra a decisão de mérito do incidente (ou seja, a decisão que fixa a tese jurídica), não trata da legitimação e interesse recursais. É que, embora houvesse previsão, na versão inicial do projeto de lei aprovado pelo Senado (PLS 166/2010), de cabimento de recursos por "terceiros interessados", essa disposição não foi mantida na versão final da Lei, que silencia a respeito do tema. Na falta de disposição legal clara, a tarefa de delimitar os pressupostos de atuação na fase recursal incumbirá à doutrina e à jurisprudência.

Primeiramente, é preciso pontuar que parece haver consenso quanto à legitimidade recursal dos sujeitos condutores do incidente, que são inclusive denominados como "partes" no texto legal. Os sujeitos que forem escolhidos pelo tribunal para apresentar a controvérsia poderão se irresignar contra a tese fixada, levando a discussão aos tribunais superiores para reapreciação.

Também não há muita controvérsia quanto à interposição de recursos pelo *amicus curiae*, considerando que há disposição legal expressa admitindo esta atuação (art. 138, § 3º, CPC/2015)[20].

---

do incidente. Afinal, se se entende que a violação ao contraditório decorreria, no caso, da impossibilidade de influenciar a convicção do tribunal sobre a questão de direito, não haveria nenhuma violação em vedar repetição de argumentos já apresentados, pelo simples fato de estes não terem nem *potencialidade* para exercer tal influência" (TEMER, Sofia. *Incidente de Resolução de Demandas Repetitivas*. Salvador: Juspodivm, 2016, p. 177). No mesmo sentido: BASTOS, Antonio Adonias Aguiar. *O devido processo legal nas demandas repetitivas*. 2012. 266p. Tese (Doutorado em Direito) – Universidade Federal da Bahia, Faculdade de Direito. Salvador, 04/04/2012, p. 177.

20. Paulo Cezar Pinheiro Carneiro afirma que a possibilidade de interpor recursos decorre de dois motivos principais: "primeiro, porque no referido incidente, diferentemente de todas as outras espécies de técnicas de julgamentos vinculantes (seja aquela embasada nos recursos repetitivos, seja aquela decorrente da aplicação de texto de súmulas), o precedente poderá ser construído com muita rapidez, antes do momento em que, normalmente, são formados (art. 976), ou seja, depois de anos de discussão e após julgamentos de diversos processos e em várias instâncias. Segundo, porque o legislador tem interesse em admitir vários legitimados para levar a discussão da matéria, por meio de recurso especial ou extraordinário, ao Superior Tribunal de Justiça ou ao Supremo Tribunal Federal, conforme o caso, para uniformizar nacionalmente o precedente (art. 987,§ 2º)" (CARNEIRO, Paulo Cezar Pinheiro. Comentários ao art. 138. In: CABRAL, Antonio do Passo; CRAMER, Ronaldo. *Comentários ao novo Código de Processo Civil*. Rio de Janeiro: Forense, 2015, p. 252).

A legitimação recursal do Ministério Público, do mesmo modo, parece não suscitar muitos debates, considerando não só a sua ampla possibilidade de participação, já que atuará na condição de "fiscal da ordem jurídica", mas pela previsão específica do art. 996 do CPC/2015, que dispõe que o recurso pode ser interposto pelo órgão ministerial "como parte *ou como fiscal da ordem jurídica*". Assim, o MP poderá recorrer se for condutor do incidente, mas também quando atue apenas como *custos legis*.

A Defensoria Pública, por sua vez, atuará como sujeito condutor ou mesmo como *amicus curiae* (a depender da questão afetada), hipótese em que é admitida a interposição de recursos, como visto.[21]

A situação mais problemática refere-se, então, à legitimação e interesse dos sujeitos dos processos repetitivos sobrestados pela instauração do incidente de resolução de demandas repetitivas. Podem todas as partes dos processos suspensos interpor recurso contra a decisão que fixa a tese?

Boa parte da doutrina vem defendendo a possibilidade de tais sujeitos interporem recursos contra a decisão do IRDR[22], notadamente os que defendem a intervenção para participação no debate que antecede a fixação da tese[23]. A legitimidade recursal foi reconhecida, ademais, pelo Fórum Permanente de Processualistas Civis, que editou a este respeito o enunciado de nº 94[24].

---

21. Caso seja parte de processo suspenso, se enquadrará como sujeito sobrestado, o que será analisado em seguida.
22. Essa é a posição de Antonio Adonias: "Qualquer um dos legitimados a suscitar o incidente de resolução de causas repetitivas pode interpor recursos de decisões nele proferidas pelo tribunal. Com efeito, qualquer das partes, o Ministério Público e a Defensoria Pública podem interpor recursos no referido incidente. Quem atuou – ou quem poderia atuar – como interveniente no incidente também pode interpor recursos no mencionado incidente" (BASTOS, Antonio Adonias Aguiar. *O devido processo legal nas demandas repetitivas*. 2012. 266p. Tese (Doutorado em Direito) – Universidade Federal da Bahia, Faculdade de Direito. Salvador, 04/04/2012, p. 190). No mesmo sentido: ARENHART, Sérgio. *O recurso de terceiro prejudicado e as decisões vinculantes*. Disponível em: https://www.academia.edu/214085/o_recurso_de_terceiro_prejudicado_e_as_decis%c3%95es_vinculantes, acesso em 08/11/2015. Também é a posição de: CABRAL, Antonio do Passo. Comentários aos arts. 976 a 987. In: CABRAL, Antonio do Passo; CRAMER, Ronaldo. *Comentários ao novo Código de Processo Civil*. Rio de Janeiro: Forense, 2015, p. 1454; CAVALCANTI, Marcos. *Incidente de resolução de demandas repetitivas e ações coletivas*. Salvador: Juspodivm, 2015, p. 466; NEVES, Daniel Amorim Assumpção. *Novo CPC Comentado*. Salvador: Juspodivm, 2016, p. 1614.
23. Até porque, como bem aponta Fredie Didier Jr., "não há como afirmar, ao mesmo tempo, que cabe a intervenção de terceiro e são permitidos determinados recursos, mas não cabe a interposição destes recursos por aqueles terceiros cuja intervenção é permitida" (DIDIER JR., Fredie. *Recurso de terceiro*. 2ª ed. São Paulo: RT, 2005, p. 96).
24. Enunciado nº 94 do FPPC: "(art. 982, § 4º; art. 987) A parte que tiver o seu processo suspenso nos termos do inciso I do art. 982 poderá interpor recurso especial ou extraordinário contra o acórdão que julgar o incidente de resolução de demandas repetitivas".

Corroboramos tais vozes doutrinárias, aderindo à posição que reconhece legitimidade recursal às partes dos processos repetitivos. Com efeito, os sujeitos sobrestados não apenas podem intervir no incidente na fase instrutória, mas também podem interpor recursos contra a decisão final, o que decorre da importância de se permitir o exercício do direito de participação no processo judicial, enquanto esfera de exercício do poder estatal[25], e é fortalecida pela visão do IRDR como técnica do processo objetivo.

Com efeito, assim como para intervir no debate pré-fixação da tese, o interesse e a legitimidade recursais não são analisados a partir de uma relação substancial conflituosa, sendo desnecessário perquirir qualquer vínculo material entre o terceiro recorrente e a "parte" condutora do IRDR[26]. No que se refere ao incidente, o direito à interposição de recursos não segue os requisitos construídos para o processo civil individual de natureza subjetiva, como também não pode ser identificado com a sistemática do processo coletivo[27].

A possibilidade de interpor recursos decorre do fato de possuírem interesse jurídico na definição da tese (o que inclui, por óbvio, a etapa recursal em que pode haver sua revisão). Trata-se de uma *especial* categoria de recurso de terceiro prejudicado. Dizemos *especial* porque, ao contrário do processo

---

25. Sobre a importância do contraditório e participação na formação da decisão judicial: CABRAL, Antonio do Passo. *Nulidades no processo moderno.* Rio de Janeiro: Forense, 2010, capítulo III.

26. Sobre a problemática dos recursos contra a ratio dos precedentes, ver: LIPIANI, Julia. Reconstrução do interesse recursal no sistema de força normativa do precedente. *Civil Procedure Review*, v.5, n.2, mai-ago/2014, p. 45-72; ARENHART, Sérgio. *O recurso de terceiro prejudicado e as decisões vinculantes* Disponível em: https://www.academia.edu/214085/o_recurso_de_terceiro_prejudicado_e_as_decis%c3%95es_vinculantes, acesso em 08/11/2015.

27. Como já tivemos a oportunidade de defender, "não se aplica, como fundamento para evitar o recurso dos sujeitos sobrestados, a vedação de cabimento de recurso pela pessoa natural que é assistente litisconsorcial nas ações coletivas para defesa de direitos individuais homogêneos. Não se aplica tal fundamento como óbice, além do fato de serem intervenções com pressupostos e características distintas, pelo fato de que, na ação coletiva, o assistente não pode recorrer porque é um regime que se baseia na legitimação extraordinária exclusiva. Para a doutrina especializada, como a pessoa natural não tem legitimação para exercer direito de ação coletiva, também lhe falta para exercer o direito ao recurso. No IRDR, a situação é distinta. Não há substituição processual e os sujeitos sobrestados não são substituídos pelo sujeito condutor. Aqueles têm interesse e legitimidade para atuar no incidente, especialmente nos espaços não preenchidos por este" (TEMER, Sofia. *Incidente de resolução de demandas repetitivas*. Juspodivm, p. 248). Ver, sobre o tema dos recursos nas ações coletivas: SPADONI, Joaquim Felipe. Assistência coletiva simples: a intervenção dos substituídos nas ações coletivas para a defesa de direitos individuais homogêneos. *Revista de Processo*, vol. 116, jul-ago/2004.

subjetivo tradicional, o interesse jurídico não decorre de vínculos materiais entre situações substanciais[28].

O interesse na formação do precedente decorre do fato de que tais sujeitos serão afetados pela tese jurídica, já que é como se a discussão travada no IRDR tivesse ocorrido em cada um dos processos de que sejam partes. O vínculo que justifica a intervenção não é entre esferas jurídicas de sujeitos distintos (o condutor e o sobrestado), mas entre o sujeito sobrestado e o objeto debatido no incidente.

Todos os sujeitos afetados pela definição da tese terão, então, interesse jurídico para interposição de recursos visando à sua rediscussão. O exercício deste direito potencial, contudo, ficará sujeito ao filtro da *utilidade da intervenção recursal*, que diz respeito à apresentação de novos e relevantes fundamentos para o debate[29].

Com efeito, assim como o filtro para a participação antes da decisão de mérito deve ser a apresentação de novos argumentos, também para os recursos esta exigência é aplicável. Não havendo utilidade na intervenção, não devem ser admitidos os recursos[30], o que se aplica tanto aos sujeitos sobrestados como aos demais legitimados recursais, como Ministério Público, Defensoria Pública (na condição de sujeito condutor ou sujeito sobrestado) e *amicus curiae*.

---

28. Por isso, apesar de entendermos que a situação do sujeito sobrestado possa se enquadrar no art. 996 do CPC/2015, temos algumas ressalvas com a inclusão irrefletida deste recurso no IRDR como recurso de terceiro prejudicado, porque, como este instituto esteve tradicionalmente ligado ao processo subjetivo, sempre se exigiu a vinculação entre o direito de terceiro e a "relação jurídica submetida à apreciação judicial" (o que fica claro do parágrafo único do art. 996), o que não se aplica à lógica objetiva do IRDR.

29. Já tivemos a oportunidade de defender a revisitação do requisito da utilidade para os recursos no IRDR: "A utilidade deixa de ser apreciada sob uma perspectiva subjetivista – ou seja, vinculada com benefício prático direto na esfera de direito do sujeito –, e passa a ter um caráter objetivo. Será útil a intervenção que contribuir racionalmente para o debate, visando à definição de uma tese jurídica. Por isso, aliás, que são admitidas manifestações não só dos sujeitos sobrestados, mas também de *amicus curiae*, do Ministério Público, de *experts*, entre outros (art. 983). A utilidade deixa de ser analisada sob a perspectiva do sujeito e passa a ser aferida sob o prisma do objeto do IRDR, no plano das razões apresentadas" (TEMER, Sofia. *Incidente de Resolução de Demandas Repetitivas*. Salvador: Juspodivm, 2016, p. 178).

30. Fredie Didier Jr. e Leonardo Carneiro da Cunha defendem, nessa linha, que "para serem admitidos como intervenientes no incidente, é preciso que demonstrem a utilidade de sua intervenção. É preciso, em outras palavras, que demonstrem que têm novos argumentos para apresentar, podendo contribuir efetivamente (e com utilidade) da discussão e da formação do precedente" (DIDIER JR., Fredie; CUNHA, Leonardo Carneiro da. *Curso de direito processual civil*. Vol. 3. 13ed. Salvador: Juspodivm, 2016, p. 608).

Este filtro da utilidade leva à conclusão de que "quanto mais completo e abrangente for o recurso do sujeito condutor, menos espaço haverá para os sujeitos sobrestados atuarem. Do contrário, na ausência de recurso do sujeito condutor, os sujeitos sobrestados atuarão de forma mais ampla"[31]. Com efeito, os recursos dos sujeitos não-condutores apenas serão admitidos na parte em que não sejam mera reprodução dos argumentos já aventados.

Analisando o tema, Fredie Didier Jr. e Leonardo Carneiro da Cunha propõem uma sistemática específica para o processamento de recursos excepcionais contra a decisão que julga o IRDR. Embora os autores admitam a legitimidade dos sujeitos dos processos sobrestados, entendem que a multiplicidade de recursos pode ser tão grande a ponto de inviabilizar o julgamento, o que os leva a defender que seria razoável considerar a legitimidade como concorrente e disjuntiva, de modo que "todos os legitimados são considerados como sendo a mesma pessoa. Assim, interposto um recurso especial ou extraordinário, não é possível mais haver a interposição de outro, sob pena de caracterizar-se uma litispendência"[32].

Pensamos que o raciocínio é interessante, desde que seja conjugado ao critério da utilidade de que tratamos acima. Ou seja, tratando-se de recursos iguais, com os mesmos fundamentos, configurar-se-ia a impossibilidade do processamento; havendo novos fundamentos recursais, contudo, não se configuraria a ficção de que os recorrentes seriam a mesma pessoa, sendo possível acrescer à matéria do primeiro recurso o que haja de novo nos demais.

Pensando nisso, aliás, é que entendemos possível uma nova fase de escolha de sujeitos condutores para o debate nas instâncias superiores. Com efeito, tratar-se-ia de uma espécie de seleção de recursos especiais e/ou extraordinários representativos da controvérsia, tal como no regime dos arts. 1.036 e seguintes, mas em âmbito do IRDR.

Afinal, não havendo defesa direta de direito subjetivo, o critério que deve nortear a escolha dos líderes (também para a fase recursal) deve ser objetivo: aqueles que melhor conduzam o debate, apresentando tantas *perspectivas argumentativas* quantas forem possíveis. Se for constatado que o até então líder não teve boa atuação ou, ainda, que há, para a fase recursal, sujeitos que possam melhor apresentar o debate para os tribunais superiores, não há óbice para que o tribunal faça nova afetação e escolha novos sujeitos condutores para os recursos[33].

---

31. TEMER, Sofia. *Incidente de Resolução de Demandas Repetitivas*. Salvador: Juspodivm, 2016, p. 247.
32. DIDIER JR., Fredie; CUNHA, Leonardo Carneiro da. *Curso de direito processual civil*. Vol. 3. 13ed. Salvador: Juspodivm, 2016, p. 641.
33. É interessante notar que no *Musterverfahren*, que serviu de inspiração para o IRDR brasileiro, há a possibilidade de nomeação de novos líderes para a fase recursal, como

Assim, caso o julgador constate a existência de muitos recursos contra a mesma decisão, poderá selecionar apenas alguns, com o objetivo de formar o melhor conjunto de argumentos para a fase recursal[34], tal como ocorreria no regime de recursos repetitivos (arts. 1.036 e seguintes do CPC/2015).

É possível, então, conciliar a ampliação da legitimidade e interesse recursais para os sujeitos que serão afetados pela decisão que julga o incidente com a gestão de tais recursos, de modo a viabilizar o enfrentamento da matéria pelos tribunais superiores.

4.3. "Recurso" para extensão da tese para âmbito nacional: peculiar interesse e legitimação das partes de processos em outros estados ou regiões

Além da possibilidade de interposição de recurso pelos sujeitos dos processos suspensos, com o objetivo de reformar a tese fixada, há outra hipótese que merece ser analisada, que diz respeito ao recurso (ou seria mero requerimento?) cujo único objetivo é estender a eficácia da tese jurídica para âmbito nacional. Explica-se.

O Código prevê que a tese jurídica deverá ser observada, a princípio, pelo tribunal (estadual ou regional) que a fixou, além dos juízos inferiores a ele vinculados. Não obstante, uma vez interposto recurso contra a decisão e analisada a questão pelo STF ou STJ, a tese ganha abrangência nacional.

Considerando esta potencial abrangência nacional (decorrente da interposição de recurso aos tribunais superiores), a lei autoriza que partes de processos repetitivos tramitando em outros estados ou regiões, além do Ministério Público e Defensoria Pública, solicitem aos tribunais superiores a suspensão em nível nacional, antes mesmo da fixação da tese em nível estadual ou regional (art. 982, §§ 3º e 4º).

Objetiva-se, com isso, evitar atividade jurisdicional inútil nos outros Estados e regiões, bem como decisões conflitantes, já que, se levada a matéria para apreciação do STF ou STJ, a tese (que foi inicialmente fixada com abrangência restrita ao tribunal originário) passa a ter abrangência para todo o território nacional.

---

aponta Antonio Cabral: "Os intervenientes também podem recorrer ou aderir a recursos de outrem. A lei disciplina ainda a nomeação de outros líderes para as partes caso o *Musterkläger* ou o *Musterbeklagte* não recorram ou desistam dos recursos interpostos" (CABRAL, Antonio do Passo. O novo procedimento-modelo (*Musterverfahren*) alemão: uma alternativa às ações coletivas. *Revista de Processo*, 2007, vol. 147, p. 142).

34. Também defendemos essa possibilidade em: MENDES, Aluisio Gonçalves de Castro; TEMER, Sofia. O incidente de resolução de demandas repetitivas do novo Código de Processo Civil. *Revista de Processo*, vol. 243, maio/2015, p. 323-324.

Assim, considerando este cenário, é possível perceber que, fixada a tese em um Estado (p. ex. São Paulo), a parte de processo repetitivo tramitando em outro Estado (como o Rio de Janeiro) pode ter interesse em que a discussão atinja os tribunais superiores, apenas para que possa aproveitá-la para sua demanda. Neste caso, ainda que a tese tenha sido fixada em sentido que lhe seria totalmente "favorável" (caso seu processo estivesse tramitando em São Paulo), ela terá interesse e legitimidade para "recorrer", com o único objetivo de que o STJ ou STF confirmem a decisão e que seja possível, assim, aplicar a tese por ocasião do julgamento de sua demanda.

A princípio, parece mais tranquilo reconhecer a legitimidade das partes dos processos em outros estados quando já tenha sido reconhecida a suspensão previamente, porque estes já serão *sujeitos sobrestados*. Não obstante, pensamos que nada impede que a possibilidade de interpor recurso seja estendida mesmo quando não tenha ocorrido a suspensão prévia, porque interesse haverá, já que a tese será aplicada nacionalmente, após o julgamento do recurso, independentemente da prévia suspensão. Neste caso, pode-se afirmar que a parte que pretender recorrer terá um ônus adicional: comprovar que é parte de processo que contenha tal questão, já que não terá a presunção do enquadramento (operada pela suspensão) a seu favor.

Nestes casos, o recurso aos tribunais superiores – que talvez possa ser considerado como mero requerimento (ou, quem sabe, outro instituto) – nada tem a ver com sucumbência e não exige qualquer demonstração da tentativa de "melhorar" a tese, sob a perspectiva da pretensão subjetiva do recorrente.

O "recurso", nesta hipótese, tem o único objetivo de acarretar no espraiamento da tese para âmbito nacional[35]. É situação que gera, então, interesse e legitimidade recursal muito peculiares[36], que se distanciam da concepção

---

35. E, caso não tenha sido deferida a suspensão nacional previamente, a tão só interposição do recurso significará a ampliação da estrutura subjetiva do processo, que passará a ter, como *sujeitos sobrestados*, não só as partes dos processos na área de determinado tribunal, mas em âmbito nacional, o que completa a observação que fizemos na nota de rodapé anterior. Sobre a "inclusão" de sujeitos no incidente por força da interposição de recurso, Antonio Adonias aponta que: "sujeitos que não figuravam como parte no incidente, poderão passar a integrá-lo. É o que acontece com os autores e réus de processos que tramitam sob a jurisdição de outro tribunal inferior que não aquele onde tramitou o incidente originariamente" (BASTOS, Antonio Adonias Aguiar. *O devido processo legal nas demandas repetitivas*. 2012. 266p. Tese (Doutorado em Direito) – Universidade Federal da Bahia, Faculdade de Direito. Salvador, 04/04/2012, p. 179). Todavia, o autor parte da premissa de que os sujeitos serão litisconsortes, com o que não concordamos.

36. Esta circunstância foi constatada por Sérgio Arenhart, no que se refere à abrangência territorial da sentença proferida em ação coletiva. O autor comenta que "ao atrelar a dimensão da eficácia da sentença ao grau de jurisdição que examina (ou reexamina) a causa, o STJ cria, forçosamente, uma hipótese de interesse recursal mesmo para aquele que venceu a demanda" (ARENHART, Sérgio Cruz. *A tutela coletiva de interesses individuais*. Para além

tradicional que liga a intenção de interpor recurso com a reforma, invalidação, esclarecimento ou integração de uma decisão judicial. Os pressupostos para atuação, neste caso, decorrem de outro fundamento, que é a abrangência da tese em nível nacional.

Trata-se, em realidade, de uma provocação aos tribunais superiores para que confirmem a tese, o que trará, automaticamente, a aplicação a nível nacional. Deve ser reconhecido, por isso, o interesse e a legitimidade recursais também às partes dos processos em trâmite perante outros estados ou regiões, tenha sido reconhecida a suspensão nacional previamente, ou não.

5. CONCLUSÕES

O incidente de resolução de demandas repetitivas é técnica processual de natureza objetiva, que visa à fixação de tese jurídica, com força vinculativa e aplicação obrigatória no julgamento de todas as demandas em que se discuta a questão jurídica submetida à uniformização.

Considerando o necessário equacionamento entre tal força vinculativa e o direito à participação nas decisões judiciais, pensamos que os sujeitos condutores do incidente, os *amici curiae*, o Ministério Público, também enquanto fiscal da ordem jurídica, e também os sujeitos sobrestados podem interpor recursos contra a decisão que julga o IRDR. Não obstante, a atuação na fase recursal está condicionada ao requisito da utilidade na intervenção, que será aferido sob a perspectiva da contribuição de novos elementos para o aprimoramento do debate.

Sendo múltiplos os recursos, para operacionalizar o processamento e julgamento dos recursos pelos tribunais superiores é possível que haja escolha de novos sujeitos para conduzir o debate em âmbito recursal, em procedimento de seleção análogo ao que ocorre para os recursos repetitivos. Essa técnica de nova seleção por amostragem permite conciliar a ampliação da legitimidade e interesse recursais e a gestão dos múltiplos recursos pelos tribunais superiores.

Por fim, considerando a potencial abrangência nacional da tese fixada no IRDR (decorrente do julgamento dos recursos especial ou extraordinário), deve ser possibilitado às partes dos processos em trâmite perante outros estados ou regiões que interponham recurso aos tribunais superiores, inclusive para o fim exclusivo de provocar a extensão da tese para âmbito nacional, sem postular sua modificação.

---

da proteção de interesses individuais homogêneos. 2 ed. São Paulo: Revista dos Tribunais, 2014, p. 76). Esse raciocínio é plenamente aplicável para o IRDR e demonstra claramente que a concepção tradicional de interesse (também recursal) não se aplica para este sistema.

A litigância repetitiva como importante fator para o reconhecimento de repercussão geral pelo Supremo Tribunal Federal

Susana Henriques da Costa[37] e
Lara Lago Noronha[38]

Sumário • **1**. Introdução – **2**. Repercussão geral – **3**. Metodologia – **4**. Análise dos resultados obtidos – **5**. Conclusão.

1. INTRODUÇÃO

Vive-se hoje no Judiciário brasileiro um momento de crise caracterizado, dentre outros, pela chamada litigância repetitiva, ou seja, pela existência de uma multiplicidade de processos tratando da mesma questão de fato e/ou direito, representativa de um macro conflito social que se dispersa perante as Cortes por meio de demandas individuais e coletivas. O relatório *Justiça em Números* do CNJ de 2014 dava conta de existência de 70,8 milhões de processos em andamento perante o Judiciário brasileiro e identificava a tendência de crescimento de acervo, na medida em que todo ano são ajuizados mais processos do que julgados. Como consequência do crescimento do quantitativo de processos novos e pendentes, a taxa de congestionamento do Poder Judiciário foi

---

37. Professora Doutora da Faculdade de Direito da USP e do programa GVlaw da FGV Direito SP. Mestre e Doutora em Direito Processual pela Faculdade de Direito da USP e Pós-doutora pela University of Wisconsin – Madison Law School. Promotora de Justiça do Estado de São Paulo.

38. Graduada em Direito pela Faculdade de Direito da USP. Assistente Jurídica do Tribunal de Justiça do Estado de São Paulo.

de 71,4% no ano de 2014, com aumento de 0,8% em relação ao ano anterior. Muitos desses processos têm a nota da repetitividade, com petições e decisões repetidas, viabilizadas pelos recursos de informática, mas que demandam movimentação da máquina cartorária e geram morosidade e ineficiência.

As demandas repetitivas são fundadas em situações jurídicas homogêneas, que possuem perfil próprio, não se resumindo apenas aos interesses individuais homogêneos. As demandas seriais identificam-se no plano abstrato, no que diz respeito à questão fática ou jurídica em tese, mas não no âmbito de cada situação concreta. Portanto, caracteriza-se a demanda de massa pela identidade de tese da causa de pedir e do pedido, associada à repetição em larga escala[39].

As demandas repetitivas também se caracterizam pela presença constante de um litigante habitual em um dos polos da relação jurídica processual. Nesse sentido, é interessante cruzar os dados do relatório *Justiça em Números* com os da pesquisa sobre os 100 maiores litigantes da justiça brasileira[40], também realizada pelo Conselho Nacional de Justiça. Nesta, figuram nas primeiras posições o Poder Público, instituições financeiras e empresas de telecomunicações seja na posição de autores, seja na posição de réus.

O estudo *Civil and Political Rights (including the questions of independence of the Judiciary, administration of Justice and Impunity)*[41], apresentado pela Comissão de Direitos Humanos das Nações Unidas em 2005, corrobora os dados do CNJ. Nesse sentido, concluiu que grande parcela da população brasileira, por motivos sociais, econômicos e culturais, ainda se encontra impedida de ter acesso ao Judiciário, que possui poucos atores como os responsáveis pelo congestionamento crescente. BOTTINI crê que o incremento da quantidade de processos não decorre da democratização da justiça, mas da utilização exagerada por diminutos agentes, como o Poder Público, as empresas concessionárias prestadoras de serviços e as instituições financeiras, acarretando a multiplicação de feitos de semelhante teor, de conteúdo idêntico e repetido[42].

---

39. BASTOS, Antonio Adonias Aguiar. Situações jurídicas homogêneas: um conceito necessário para o processamento das demandas de massa. **Revista de Processo**, São Paulo, v. 35, n. 186, p. 96-100, jul. 2010.
40. Disponível em <http://www.cnj.jus.br/images/pesquisas-judiciarias/pesquisa_100_maiores_litigantes.pdf>. Acesso em 25/07/2015.
41. UNITED NATIONS. **Civil and political rights (including the questions of Independence of the Judiciary, administration of justice and Impunity)**. New York: United Nations, 2005. Disponível em <http://acnudh.org/wp-content/uploads/2011/01/Report-of-the-SR-on-the-independence-of-judges-and-lawyers-Mission-to-Brazil-2005.pdf>. Acesso em 30/07/2015.
42. BOTTINI, Pierpaolo Cruz. **A reforma do sistema judicial**. Brasília: Ministério da Justiça, 2006, p.5.

De fato, depreende-se que alguns atores têm oportunidades ampliadas para utilização do Judiciário – como autores ou réus de demandas –, obtendo maior experiência do que aqueles que litigam apenas ocasionalmente. GALANTER há mais de quarenta anos já apontou que litigantes habituais possuem vantagens nas Cortes.[43] Eles têm conhecimento prévio, desenvolvem *expertise* e têm fácil acesso a especialistas, possuindo economias de escala e baixos custos iniciais na maioria de seus casos. Preocupam-se também com qualquer decisão que possa favorecer e influenciar os resultados de casos futuros, uma vez que as demandas em que costumam atuar repetem-se. Portanto, os litigantes habituais são maiores ou mais ricos ou mais poderosos do que a maior parte dos litigantes eventuais, possuindo uma posição de vantagem na configuração das partes em disputa[44].

A pesquisa sobre os maiores litigantes no Judiciário brasileiro indica que grande parte das demandas que ocasionam o congestionamento do Poder Judiciário está intimamente ligada a disputas envolvendo grandes litigantes, públicos e privados, que demandam na Justiça e perante esta são frequentemente demandados em litígios individuais e coletivos. Estes costumam versar sobre questões de fato e de direito semelhantes e, diante da amplitude da atuação da empresa ou do ente público envolvido, multiplicam-se de maneira rápida.

Destarte, compreende-se que os litígios repetitivos[45] têm relação com o aumento na quantidade de processos que versam sobre questões de fato

---

43. Marc GALANTER publicou o estudo "Why the 'Haves' Come Out Ahead: Speculations on the Limits of Legal Change", em 1974, no qual relata a experiência de litigantes habituais e litigantes eventuais, suas diferenças e as principais consequências de suas atuações perante o Poder Judiciário. Sobre a diferença das partes na demanda, o autor norte-americano entende que "because of differences in their size, difference in the state of the law, and differences in their resources, some of the actors in the society have many occasions to utilize the courts (in the broad sense) to make (or defend) claims; others do so only rarely. We might divide our actors into those claimants who have only occasional recourse to the courts (one-shooters or OS) and repeat players (RP) who are engaged in many similar litigations over time". GALANTER, Marc. Why the Haves Come Out Ahead: Speculations on the Limits of Legal Change. Aldershot, Dartmouth, 1994, p. 3.

44. GALANTER, Marc. Why the Haves Come Out Ahead: Speculations on the Limits of Legal Change. Aldershot, Dartmouth, 1994, p. 4-6.

45. Os direitos individuais homogêneos são compreendidos como direitos acidentalmente coletivos, para fins de tratamento processual, que guardam relação de similitude, afinidade e ligação com outros direitos individuais. Sobre o tema, Teori Albino Zavascki revela que "homogeneidade não é sinônimo de igualdade, mas de afinidade. Direitos homogêneos não são direitos iguais, mas similares. Neles é possível identificar elementos comuns (núcleos de homogeneidade), mas também em maior ou menor medida, elementos característicos e peculiares, o que os individualiza, distinguindo-se uns dos outros (margem de heterogeneidade). O núcleo de homogeneidade decorre, segundo visto, da circunstância de serem direitos com origem comum; e a margem de heterogeneidade está relacionada a circunstâncias variadas, especialmente a situações de fato, próprias do titular". **Processo**

e de direito semelhantes perante o Judiciário. Esses litígios, que geralmente contam com litigantes repetitivos em situação de vantagem em um dos seus polos, quando entram no Judiciário assumem a forma dos chamados "processos repetitivos" ou "demandas repetitivas"[46].

A existência de várias demandas que versam sobre a mesma questão desperta a preocupação dos juristas acerca da divergência jurisprudencial e, principalmente, sobre a gestão de um acervo em constante crescimento[47].

O ordenamento brasileiro criou vários mecanismos processuais para o julgamento de disputas repetitivas, como a inclusão do artigo 103-A na Constituição Federal, que passou a prever a atribuição de efeito vinculante às súmulas emanadas pelo Supremo Tribunal Federal, estabelecendo precedentes para evitar grave insegurança jurídica e relevante multiplicação de processos sobre questões idênticas.[48] O Novo CPC trouxe também os arts. 976 e ss. que possibilitam ao Tribunal local a instauração do incidente de resolução de demandas repetitivas e a geração de precedente vinculante aplicável em casos repetitivos perante a justiça local.

---

coletivo – Tutela de direitos coletivos e tutela coletiva de direitos. 4ª edição. São Paulo: Revista dos Tribunais, 2009, p. 146.

46. ASPERTI, Maria Cecilia de Araújo. **Meios consensuais de resolução de disputas repetitivas: a conciliação, a mediação e os grandes litigantes do Judiciário**. Dissertação (Mestrado em Direito) – Faculdade de Direito da Universidade de São Paulo, São Paulo, 2014, p. 16.

47. Cândido Rangel Dinamarco entende que "todos são unânimes em proclamar que a Justiça está abarrotada e é lenta, que os casos repetitivos recebem tratamentos desiguais e trazem o seriíssimo mal da quebra da equidade, que essa situação desgasta o Poder Judiciário e prejudica o universo de consumidores dos serviços jurisdicionais, etc.". **Decisões vinculantes**, Revista de processo, São Paulo, v. 25, n. 100, 2000, p. 185.

48. Art. 103-A. O Supremo Tribunal Federal poderá, de ofício ou por provocação, mediante decisão de dois terços dos seus membros, após reiteradas decisões sobre matéria constitucional, aprovar súmula que, a partir de sua publicação na imprensa oficial, terá efeito vinculante em relação aos demais órgãos do Poder Judiciário e à administração pública direta e indireta, nas esferas federal, estadual e municipal, bem como proceder à sua revisão ou cancelamento, na forma estabelecida em lei.

§ 1º A súmula terá por objetivo a validade, a interpretação e a eficácia de normas determinadas, acerca das quais haja controvérsia atual entre órgãos judiciários ou entre esses e a administração pública que acarrete grande insegurança jurídica e relevante multiplicação de processos sobre questão idêntica.

§ 2º Sem prejuízo do que vier a ser estabelecido em lei, a aprovação, revisão ou cancelamento de súmulas poderá ser provocada por aqueles que podem propor a ação direta de inconstitucionalidade.

§ 3º Do ato administrativo ou decisão judicial que contrariar a súmula aplicável ou que indevidamente a aplicar, caberá reclamação ao Supremo Tribunal Federal que, julgando-a procedente, anulará o ato administrativo ou cassará a decisão judicial reclamada, e determinará que outra seja proferida com ou sem a aplicação da multa, conforme o caso.

O instituto da repercussão geral merece destaque dentro do rol de mecanismos processuais criados para o julgamento de demandas repetitivas, aliando-se à suspensão de demandas até a definição da matéria pelo STF (recursos repetitivos), conforme se verá abaixo.

É que o Supremo Tribunal Federal não ficou imune ao movimento de massificação e repetição de conflitos. Em 2014 foram 48.963 os recursos interpostos, dado que por si dá a dimensão do volume de conflitos submetidos à Corte Suprema.[49].

O STF foi concebido como Corte Constitucional, com a finalidade precípua de salvaguarda da Constituição Federal. O órgão de cúpula do Poder Judiciário, portanto, não deve ser compreendido como mais uma instância recursal a qual se possa recorrer, em virtude do sentimento de inconformismo das partes diante da decisão proferida pelo Tribunal local[50]. A Constituição Federal prevê a competência do STF para o julgamento do recurso extraordinário para proteção do direito objetivo. O recurso extraordinário não se destina propriamente à recomposição da justiça, mas antes à preservação da inteireza positiva da Constituição Federal[51]. Trata-se, portanto, de meio excepcional de impugnação das decisões judiciais, não se presta à correção de eventuais injustiças e destina-se à salvaguarda dos preceitos constitucionais. Não é, entretanto, essa a realidade da Corte que se vê abarrotada de recursos, muitas vezes, repetitivos.

Tendo em vista esse cenário, a reforma do Judiciário, que em 2004 aprovou a Emenda 45, previu a técnica de filtragem da repercussão geral. A ideia era a de reposicionar o STF no cenário do sistema de justiça como uma Corte Constitucional de vértice, que pudesse selecionar, a partir de alguns critérios definidos em lei – que serão apresentados adiante neste artigo, – os recursos que merecessem a sua apreciação, justamente por possuírem *repercussão geral*. À repercussão geral atrelou-se a técnica do sobrestamento de

---

49. Incluindo recursos extraordinários, agravos em recursos extraordinários e agravos internos, segundo estatística disponível em http://www.stf.jus.br/portal/cms/verTexto.asp?servico=estatistica&pagina=REAIProcessoDistribuido, acesso em 7 de setembro de 2016.

50. Ovídio Araújo Baptista da Silva explica que "em virtude de circunstâncias históricas conhecidas, esses tribunais, no caso brasileiro, o Supremo Tribunal Federal e o Superior Tribunal de Justiça, ficam a meio caminho, muitas vezes oscilando entre um verdadeiro juízo de cassação, originariamente não jurisdicional, e uma terceira instância ordinária, alternativa esta última que se harmoniza com a submissão do direito brasileiro à burocratização da função judicial, a que serve um sistema de recursos, cuja vastidão não tem paralelo no mundo, além de ser altamente tolerante e permissivo". **A função dos Tribunais Superiores**. In: BRASIL. Superior Tribunal de Justiça. **STJ 10 anos**: obra comemorativa: 1989-1999. Brasília: Superior Tribunal de Justiça, 1999, p. 145-165.

51. MANCUSO, Rodolfo Camargo. **Recurso Extraordinário e Recurso Especial**, 12ª edição. São Paulo: Revista dos Tribunais, 2013, p. 35.

recursos repetitivos prevista pelo antigo art. 543-B, do CPC/1973, que era restrita somente aos recursos extraordinários, mas que foi ampliada pelos arts. 1036 e ss., do CPC/2015 para abranger todas as demandas presentes e futuras.

Contudo, em que pese à instituição da repercussão geral, o acervo do Supremo Tribunal Federal, depois de mais de uma década, continua imenso. Em 2014, o Ministro Luís Roberto Barroso declarou que, mantida a média de julgamento de recursos com repercussão geral reconhecida (27 casos/ ano), a Corte Suprema levaria 12 anos para julgar os casos pendentes até aquele momento.[52]

É nesse cenário de abarrotamento e de construção e aprimoramento de técnicas processuais para lidar com a litigância repetitiva no STF que este artigo pretende responder às seguintes perguntas: existe relação entre a litigância repetitiva e o reconhecimento da repercussão geral pela Suprema Corte? Existe relação entre a presença de um litigante habitual em um dos polos da demanda e o reconhecimento da repercussão geral pela Suprema Corte?

Parte-se da hipótese de que a litigância repetitiva, bem como a presença de um litigante habitual, são fatores importantes para o reconhecimento de repercussão geral nos recursos extraordinários apreciados pelo Supremo Tribunal Federal. Trata-se de técnica utilizada mais para a gestão de acervo, que para a própria alocação da Corte à posição de guardiã da Constituição Federal.

Para testar a hipótese, este artigo realizou análise empírica da jurisprudência do STF, conforme será explicitado abaixo. Antes, porém, para fins de complementação do marco teórico, será realizada uma breve exposição sobre a técnica processual da repercussão geral no ordenamento jurídico brasileiro.

2. REPERCUSSÃO GERAL

As hipóteses de cabimento dos recursos extraordinários estão expressamente previstas na Constituição Federal e relacionam-se intimamente com suas funções de nomofilaquia e uniformização. O artigo 102, III, determina a competência recursal extraordinária do Supremo Tribunal Federal, dispondo acerca da possibilidade de interposição de RE quando a decisão recorrida, "a) contrariar dispositivo desta Constituição; b) declarar a inconstitucionalidade de tratado ou lei federal; c) julgar válida lei ou ato de governo local contestado em face desta Constituição; d) julgar válida lei local contestada em face de lei federal".

---

52. http://www.conjur.com.br/2014-ago-26/roberto-barroso-propoe-limitar-repercussao- -geral-supremo, acesso em 7 de setembro de 2016.

A Emenda Constitucional n° 45/2004 adicionou ao dispositivo mencionado o § 3°, segundo o qual o recorrente, no recurso extraordinário, terá o ônus de demonstrar "a repercussão geral das questões constitucionais discutidas no caso, nos termos da lei, a fim de que o Tribunal examine a admissão do recurso, somente podendo recusá-lo pela manifestação de dois terços de seus membros".

Posteriormente, a matéria foi regulada pela Lei n° 11.418/2006, na qual se definiu que "para efeito da repercussão geral, será considerada a existência, ou não, de questões relevantes do ponto de vista econômico, político, social ou jurídico, que ultrapassem os interesses subjetivos da causa"[53] e que "haverá repercussão geral sempre que o recurso impugnar decisão contrária a súmula ou jurisprudência dominante do Tribunal"[54].

O tema também foi tratado no novo Código de Processo Civil, havendo regulamentação do instituto em seu artigo 1.035[55], que, basicamente, mantém a redação dada ao artigo 543-A do Código de 1973. A Lei n° 13.105/15 inova

---

53. Art. 543-A, § 1°, do Código de Processo Civil.
54. Art. 543-A, § 3°, do Código de Processo Civil.
55. Art. 1.035 O Supremo Tribunal Federal, em decisão irrecorrível, não conhecerá do recurso extraordinário quando a questão constitucional nele versada não tiver repercussão geral, nos termos deste artigo.
    § 1° Para efeito de repercussão geral, será considerada a existência ou não de questões relevantes do ponto de vista econômico, político, social ou jurídico que ultrapassem os interesses subjetivos do processo.
    § 2° O recorrente deverá demonstrar a existência de repercussão geral para apreciação exclusiva do Supremo Tribunal Federal.
    § 3° Haverá repercussão geral sempre que o recurso impugnar acórdão que:
    I – contrarie súmula ou jurisprudência dominante do Supremo Tribunal Federal;
    II – tenha sido proferido em julgamento de casos repetitivos;
    III – tenha reconhecido a inconstitucionalidade de tratado ou de lei federal, nos termos do art. 97 da Constituição Federal.
    § 4° O relator poderá admitir, na análise da repercussão geral, a manifestação de terceiros, subscrita por procurador habilitado, nos termos do Regimento Interno do Supremo Tribunal Federal.
    § 5° Reconhecida a repercussão geral, o relator no Supremo Tribunal Federal determinará a suspensão do processamento de todos os recursos pendentes, individuais ou coletivos, que versem sobre a questão e tramitem no território nacional.
    § 6° O interessado pode requerer, ao presidente ou ao vice-presidente do tribunal de origem, que exclua da decisão de sobrestamento e inadmita o recurso extraordinário que tenha sido interposto intempestivamente, tendo o recorrente o prazo de 5 (cinco) dias para manifestar-se sobre esse requerimento.
    § 7° Da decisão que indeferir o requerimento referido no § 6° caberá agravo, nos termos do art. 1.042.
    § 8° Negada a repercussão geral, o presidente ou o vice-presidente do tribunal de origem negará seguimento aos recursos extraordinários sobrestados na origem que versem sobre matéria idêntica.

em relação às hipóteses em que sempre haverá repercussão geral, incluindo as situações em que o recurso impugnar acórdão que tenha sido proferido em julgamento de casos repetitivos ou que tenha reconhecido a inconstitucionalidade de tratado ou de lei federal. O Novo CPC também amplia a abrangência da técnica de julgamento de recursos repetitivos. Nesse sentido, o artigo 1.036 do CPC dispõe que, sempre que houver multiplicidade de recursos extraordinários ou especiais com fundamento em idêntica questão de direito, o presidente ou o vice-presidente do tribunal de justiça ou de tribunal regional federal selecionará dois ou mais recursos representativos da controvérsia, que serão encaminhados ao STF ou ao STJ para fins de afetação, determinando-se a suspensão do trâmite de todos os processos pendentes, individuais ou coletivos, que tramitem no Estado ou na região. A decisão, por seu turno, será vinculante e aplicável a demandas presentes e futuras tratando da mesma questão de direito.

Parece bastante claro que a Constituição Federal criou um novo requisito de admissibilidade (repercussão geral) do recurso extraordinário e que, para defini-lo, a lei fez uso de conceito jurídico indeterminado, cuja configuração deverá ser realizada à luz do caso concreto.[56] Compreende-se que a utilização de conceitos vagos se mostra importante para que se possa operar o direito de maneira eficaz, evitando que as leis sejam constantemente alteradas. Permite-se, dessa maneira, a complementação do texto legal e a interpretação do sentido do conceito vago de acordo com cada caso con-

---

§ 9º O recurso que tiver a repercussão geral reconhecida deverá ser julgado no prazo de 1 (um) ano e terá preferência sobre os demais feitos, ressalvados os que envolvam réu preso e os pedidos de *habeas corpus*.

§ 10º Não ocorrendo o julgamento no prazo de 1 (um) ano a contar do reconhecimento da repercussão geral, cessa, em todo o território nacional, a suspensão dos processos, que retomarão seu curso normal.

§ 11º A súmula da decisão sobre a repercussão geral constará de ata, que será publicada no diário oficial e valerá como acórdão.

56. Teresa Arruda Alvim Wambier compreende que: "relevância jurídica no sentido estrito existe, por exemplo, quando esteja em jogo o conceito ou a noção de um instituto básico do nosso direito, de molde a que aquela decisão, se subsistir, possa significar perigoso e relevante precedente, como por exemplo, a de *direito adquirido*. (...) Relevância social há numa ação em que se discutem problemas relativos à escola, à moradia, à saúde ou mesmo à legitimidade do MP para a propositura de certas ações. (...) Relevância econômica se vê em ações que discutem, por exemplo, o sistema financeiro da habitação ou a privatização de serviços públicos essenciais, como a telefonia, o saneamento básico, a infraestrutura etc. Repercussão política pode-se entrever quando, por exemplo, de uma causa possa emergir decisão capaz de influenciar relações com Estados estrangeiros ou organismos internacionais" (WAMBIER, Teresa Arruda Alvim. **Recurso especial, recurso extraordinário e ação rescisória**. 2ª edição. São Paulo: Revista dos Tribunais, 2008, pp. 297-298).

creto e em seu tempo[57]. Por outro lado, é forçoso notar que se concedeu ao Supremo Tribunal Federal amplo poder para controlar o que será ou não apreciado por ele, uma vez que deve completar o sentido do termo abstrato.

Teoricamente, a repercussão geral é uma técnica que propicia a abertura do sistema recursal para que a Suprema Corte contribua, efetivamente, para a melhor distribuição da justiça, abrindo espaço em sua pauta para a tutela dos direitos fundamentais e para o desenvolvimento do Estado de Direito Democrático brasileiro[58]. Por essa perspectiva, a mais importante finalidade da repercussão geral seria a de possibilitar uma apreciação detalhada das questões que têm maior relevância para o país, que podem irradiar efeitos para todos ou para determinados estamentos sociais. Visa-se, em suma, a reduzir o enorme número de recursos encaminhados para a análise do STF bem como prestigiar a qualidade dos julgamentos proferidos pela mais alta Corte, ressaltando sua característica primordial de formar precedentes.

Empiricamente, porém, o instituto da repercussão geral também pode ser utilizado como meio de gestão de acervo pelos Ministros. Diante do conceito indeterminado utilizado pelo legislador, cabe aos julgadores da Suprema Corte decidirem quais matérias serão ou não julgadas, uma vez que devem completar a carga semântica do conceito de "repercussão geral". Dá-se, assim, certa margem aos Ministros para controlar o fluxo e o conteúdo de processos levados à Corte. Ao permitir que o Supremo Tribunal Federal julgue apenas as causas que entender relevantes, há abertura para a realização de uma verdadeira gestão de processos.

Interessante notar o posicionamento da Suprema Corte quanto às funções da repercussão geral. Em estudo realizado pelo Gabinete da Presidência do STF[59], afirma-se que a repercussão geral possui duas finalidades: a) delimitar a competência da Corte, no julgamento de recursos extraordinários, às questões constitucionais com relevância social, política, econômica ou jurídica, que transcendam os interesses subjetivos da causa; b) uniformizar

---

57. Para Cruz e Tucci em **Anotações sobre a repercussão geral como pressuposto de admissibilidade do recurso extraordinário - Lei 11.418/2006** (Revista de Processo, p. 155), "andou bem o legislador não enumerando as hipóteses que possam ter tal expressiva dimensão, porque o referido preceito constitucional estabeleceu um 'conceito jurídico indeterminado' (como tantos outros previstos em nosso ordenamento jurídico), que atribui ao julgador a incumbência de aplica-lo diante dos aspectos particulares do caso analisado".
58. CAMBI, Eduardo. **Critério da transcendência para a admissibilidade do recurso extraordinário (art. 102, § 3º, da CF)**: entre a autocontenção e o ativismo do STF no contexto da legitimação democrática da jurisdição constitucional. Reforma do Judiciário. São Paulo: Revista dos Tribunais, 2005, p. 161.
59. Relatório Repercussão Geral, elaborado em março de 2010. Disponível em: <http://www.stf.jus.br/arquivo/cms/jurisprudenciaRepercussaoGeralRelatorio/anexo/RelatorioRG_Mar2010.pd>

a interpretação constitucional, sem exigir que o STF decida múltiplos casos idênticos sobre a mesma questão constitucional (grifo nosso).

Como se vê, internamente a repercussão geral também é compreendida como técnica voltada a contribuir para a diminuição dos processos a serem julgados pela Suprema Corte, permitindo, conforme afirmado acima, que esta se dedique à análise de questões relevantes para a ordem constitucional.

A hipótese deste artigo, como já explicitada acima, é a de que a litigância repetitiva, bem como a presença de um litigante habitual são fatores importantes para o reconhecimento de repercussão geral nos recursos extraordinários apreciados pelo Supremo Tribunal Federal, justamente porque a técnica tem sido utilizada como mecanismo de gestão processual. Para testar esta hipótese, foi realizado estudo empírico da jurisprudência do STF, cuja metodologia passa a se expor.

3. METODOLOGIA

Tendo em vista que a proposta deste artigo é verificar se a litigância repetitiva, bem como a presença de litigantes habituais, são fatores importantes para o reconhecimento ou não da repercussão geral, a principal fonte de pesquisa utilizada foi o *site* do Supremo Tribunal Federal. Neste, existe seção específica dedicada à repercussão geral, que cataloga os casos em temas, sobre os quais há manifestação dos Ministros ou, pelo menos, do relator. Na manifestação – que, em tese, deveria ser fundamentada, nos termos do art. 93, X, da Constituição Federal, – o Ministro relata brevemente o caso e se posiciona sobre a existência ou não de repercussão geral. Ainda, utilizou-se como fonte de pesquisa o recente relatório geral sobre repercussão geral, que explica regras procedimentais do instituto e dispõe de estatísticas processuais na Suprema Corte.

Quanto à análise da existência de grandes litigantes nos polos das demandas apreciadas pelo STF, considerou-se a já mencionada pesquisa elaborada pelo Conselho Nacional de Justiça, que recebeu dados coletados sobre os maiores litigantes dos tribunais estaduais, regionais federais e do trabalho, referentes a processos que não foram baixados definitivamente até 31 de março de 2010. O CNJ elaborou lista dos 100 maiores litigantes, também sendo subdividida em quatro outras listagens, que detalham os maiores litigantes nacionais e de acordo com o ramo de justiça (federal, trabalhista e estadual).

Com base neste pesquisa, considerou-se como litigantes habituais a União, os Estados, o Distrito Federal, os Municípios das capitais brasileiras, Ministérios Públicos em geral, Instituto Nacional de Seguro Social (INSS), Fundação Nacional de Saúde (FUNASA), Instituto Brasileiro do Meio Ambiente e dos Recursos Naturais Renováveis (IBAMA), Instituto de Previdência do Estado do Rio Grande do Sul (IPERGS), Eletropaulo Metropolitana Eletricidade de São Paulo, Companhia de Saneamento Básico do Estado de São Paulo (SABESP), Empresa Brasileira de Correios e Telégrafos, instituições bancárias de maior porte, como Banco do Brasil, Caixa Econômica Federal, Santander e Itaú Unibanco, empresas administradoras de planos de saúde, como a Unimed, e empresas de telefonia, como Brasil Telecom.

Observou-se, ainda, a aplicação pelo Supremo Tribunal Federal da técnica processual de sobrestamento de recursos repetitivos, atrelada a da repercussão geral, pois nesses casos há o reconhecimento de que a repetitividade é relevante para a aplicação do filtro. Como a pesquisa foi realizada antes do início da vigência do Novo CPC, levou-se em conta somente a quantidade de recursos extraordinários sobrestados, conforme a técnica prevista pelo art. 543-B, do CPC de 1973. Para verificar esse quantitativo, tomou-se por base os dados colhidos nos questionários acerca da temática de repercussão geral enviados pelo STF a todos os tribunais brasileiros, cujos resultados foram apresentados no II Seminário Repercussão Geral em Evolução[60].

Sobre esta última técnica, verificou-se que os processos representativos de controvérsia são eleitos pelos tribunais de origem, por meio de juízo de admissibilidade, bem como pela seleção do STF, após a distribuição, de dez recursos sobre a mesma controvérsia. Os principais critérios de eleição destes processos adotados pelos tribunais são (a) o número de demandas com a mesma temática, (b) recurso formalmente apto e (c) a questão jurídica debatida. Dentre os tribunais que responderam os questionários, 60% deles adotaram a quantidade de demandas existentes em seus cartórios como critério para eleição de processos representativos da controvérsia.

Ainda em relação aos dados fornecidos, é necessário consignar que a quantidade de processos sobrestados na origem em razão do reconhecimento de existência de repercussão geral é dado questionável, podendo ser, na realidade, muito superior àquela informada pelo Supremo Tribunal Federal. Isso porque no preenchimento dos questionários enviados, 24% dos tribunais não informaram como a contabilização é feita, 13% indicaram que não há metodologia específica (a contagem precisa não seria possível ou demandaria muito tempo para ser realizada), 34% responderam que é feita mediante contagem manual e apenas 29% dos tribunais relataram que a contabilização é realizada de maneira rápida, por meio de recursos informáticos.

Apesar da disponibilização de dados incompletos, as informações fornecidas auxiliam na resposta às perguntas objeto deste artigo.

Quando da realização da pesquisa exploratória, em fevereiro de 2015, o Supremo Tribunal Federal tinha julgado a existência ou não de repercussão

---

60. Realizado em 21 de março de 2012, disponível em <http://www.stf.jus.br>. Acesso em 25/08/2015.

geral em aproximadamente 582 temas, excluindo-se desta contagem os processos em que não houve reconhecimento em razão de se tratar de matéria infraconstitucional[61]. O grande quantitativo de acórdãos tornava inviável o estudo empírico a que este artigo se propunha, motivo pelo qual foi realizada opção por recorte temporal das decisões finais do Plenário Virtual prolatadas a partir de 2011. Chegou-se, assim, a um total de 292 temas, com início no tema nº 362 e final no tema nº 788, excluídos, como já dito acima, aqueles casos em que não houve reconhecimento de repercussão geral por não haver questão jurídica de natureza constitucional debatida.

Com o intuito de testar a hipótese levantada por este artigo, foram elaboradas fichas de coleta de informações pontuais, contendo os seguintes campos: (i) temas abordados, (ii) partes litigantes do processo representativo da controvérsia (recorrentes e recorridos), (iii) reconhecimento da existência ou não de repercussão geral, (iv) justificativa do Ministro relator para a decisão de reconhecimento, quando disponibilizada, e, por fim, (v) o número de processos sobrestados na origem.

Ainda, para bem fundamentar as conclusões acerca da questão norteadora deste estudo, foram elaborados três gráficos, contendo os resultados obtidos: (i) com o número de temas em que houve o reconhecimento da existência de repercussão geral, sem que houvesse processos sobrestados na origem *versus* o número de temas em que também houve o reconhecimento, com processos sobrestados na origem; (ii) com o número de temas com reconhecimento de repercussão geral e a presença de pelo menos um grande litigante em um dos polos *versus* o número de temas com reconhecimento de repercussão geral mas sem a presença de um grande litigante na relação jurídica processual representativa da controvérsia; e (iii) com o número de temas nos quais há a presença de um grande litigante em um dos polos e que haja o reconhecimento da repercussão geral *versus* o número de temas nos quais litigam grandes agentes sem ter tido o reconhecimento do instituto pelo Supremo Tribunal Federal.

Esses serão os gráficos expostos e discutidos abaixo.

4. ANÁLISE DOS RESULTADOS OBTIDOS

Foram analisados 292 temas, dos quais apenas 5 não tiveram reconhecimento da repercussão geral, o que corresponde a menos de 2% do total dos temas apreciados pelo Supremo Tribunal Federal. Como fundamento para o não reconhecimento de repercussão geral nesses temas, destacam-se: (i) o fato de a causa não ultrapassar o interesse das partes e não possuir relevância a

---

61. Contagem atualizada até 10 de fevereiro de 2015.

justificar o pronunciamento do STF sobre a matéria[62]; (ii) a situação do caso concreto envolver número determinado de servidores[63]; (iii) a matéria a ser analisada ter caráter residual[64]; bem como (iv) existir limitação temporal[65].

Existência de repercussão geral	Número de temas
Não	5
Sim	287
Total de temas analisados	292

Tabela 1. Existência de repercussão geral nos temas analisados. Fonte: autoras.

Já quanto aos demais 287 temas nos quais a repercussão geral foi reconhecida pelo Supremo Tribunal Federal, 87 processos não tiveram a manifestação disponibilizada no *site* da Suprema Corte ou, se disponibilizadas, não traziam nenhuma justificativa para o reconhecimento do instituto.

Na grande maioria dos casos, houve apenas o pronunciamento do relator sobre o reconhecimento ou não de repercussão geral no recurso extraordinário escolhido. Os demais Ministros da Suprema Corte deixaram de se manifestar.

---

62. Tema 681: Utilização do salário mínimo como indexador para fins de correção monetária no período anterior ao advento da Lei 4.357/1964. Nota-se que neste tema, apesar da existência de um grande litigante no polo da demanda (Unibanco), consta que não existe processo sobrestado. Entendo que, neste ponto, revela-se a ressalva feita inicialmente acerca dos dados coletados, pois muito se estranha que não haja processos sobrestados a esse respeito.
63. Tema 717: Possibilidade de regularização da situação de servidor da Polícia Federal nomeado por força de decisão judicial e após aprovação em curso de formação, independentemente do resultado final da ação judicial que lhe garantiu continuidade no certame público, tendo em vista a existência de decisão administrativa que assegurou a nomeação e a posse de outros candidatos em situação similar. Neste tema, a União figura como parte no recurso, existindo, ainda, 79 processos sobrestados na origem.
64. Tema 746: Equiparação do valor do auxílio-alimentação pago aos servidores públicos da Justiça Federal de Santa Catarina ao valor percebido por outros servidores público federais, tomados como paradigma. Novamente, a União é parte litigante, porém não houve reconhecimento de repercussão geral, existindo também 79 processos sobrestados.
65. Tema 760: Competência da Justiça Federal comum para processar e julgar causas em que se discute o direito de servidores estatutários do extinto Departamento de Correios e Telégrafos optantes pelo regime celetista à percepção de quinquênios completados anteriormente à opção. Aqui, a Empresa Brasileira de Correios e Telégrafos, considerada grande litigante, não obteve reconhecimento de repercussão, havendo 79 processos sobrestados.

Nas manifestações em que houve fundamentação, os relatores simplesmente repetiam a letra do artigo 543-A, § 1º, do Código de Processo Civil de 1973, isto é, mencionavam a existência de relevância do ponto de vista econômico, político, social ou jurídico, que ultrapassava o interesse subjetivo da causa, contudo, deixaram de revelar especificamente em que consistia tal relevância.

Por outro lado, dentre as decisões devidamente fundamentadas em que houve o reconhecimento da repercussão geral, em 45 delas houve menção da recorrência ou da possibilidade de repetição da controvérsia como justificativas para a admissibilidade do recurso[66]. Por exemplo, foi reconhecida a repercussão geral em casos em que "questão semelhante está reproduzida em inúmeras demandas"[67] ou em que a matéria é apta a atingir inúmeros casos[68].

Quanto ao número de processos sobrestados, é importante novamente salientar que os dados estão incompletos, pois muitos tribunais locais deixaram de informar ao Supremo Tribunal Federal a quantidade de processos que ficaram retidos na origem. Todavia, com as informações disponibilizadas, verifica-se que dos 287 temas em que houve reconhecimento de repercussão geral, somente 85 não possuem processos sobrestados. Assim, cerca de 70,4% dos temas apreciados pelo STF, com reconhecimento relevância da questão constitucional tratada, possuem processos sobrestados. Mais que a repercussão geral, percebe-se que o sobrestamento, previsto pelo art. 543-B do Código de Processo Civil do CPC de 1973 e pelo atual art. 1036, do CPC, representa importante técnica de gestão de recursos encaminhados ao STF.

---

66. Tema 784: Direito à nomeação de candidatos aprovados fora do número de vagas previstas no edital de concurso público no caso de surgimento de novas vagas durante o prazo de validade do certame.
    Tema 774: Competência legislativa, se privativa da União ou concorrente, para adoção de política pública dirigida a compelir concessionária de energia elétrica a promover investimentos, com recursos de parcela da receita operacional auferida, voltados à proteção e à preservação ambiental de mananciais hídricos em que ocorrer a exploração. Nestes temas, nos quais há um grande litigante, os relatores salientaram a possibilidade de o tema repetir-se em inúmeros processos, indicando a relevância das controvérsias, que superam os limites da causa. Contudo, não foram sobrestados na origem nenhum processo, razão pela qual, confrontando os dados e a própria fundamentação dos relatores, nota-se a limitação da coleta de informações pelo STF.
67. Tema 739: Possibilidade de recusa de aplicação do art. 94, II, da Lei 9.472/1997 em razão da inovação da Súmula 331 do Tribunal Superior do Trabalho, sem observância da regra de reserva de plenário. Não existem grandes litigantes nessa demanda, contudo, existem 79 processos sobrestados na origem, o que se coaduna com o posicionamento do Ministro relator.
68. Tema 526: Possibilidade de concubinato de longa duração gerar efeitos previdenciários. A controvérsia tem como grande litigante o INSS, havendo 8 processos sobrestados na origem.

Processos com reconhecimento de repercussão geral	
Processos Sobrestados	Número de temas
Não	85
Sim	202
Total de temas analisados	287

Tabela 2. Existência de processos sobrestados em temas com repercussão geral reconhecida. Fonte: autoras.

Ademais, 236 processos do total de temas analisados possuem grandes litigantes em pelo menos um dos polos da demanda, o que equivale a dizer que 80,8% dos temas apreciados pelo Supremo Tribunal Federal envolvem aqueles que estão habitualmente no sistema de justiça.

Presença de grande litigante	Número de temas
Não	56
Sim	236
Total de temas analisados	292

Tabela 3. Existência de grandes litigantes em um dos polos da demanda nos temas analisados. Fonte: autoras.

Por outra perspectiva, dentre os temas analisados com a presença de um litigante habitual em um dos polos da demanda, em 98% deles houve o reconhecimento de repercussão geral, num total de 232 temas, o que é um forte indicativo de que a presença deste tipo de agente é importante fator para o reconhecimento da repercussão geral.

Processos com grandes litigantes	
Reconhecimento de repercussão geral	Número de temas
Não	4
Sim	232
Total de temas analisados	236

Tabela 4. Processos com grandes litigantes em um dos polos da demanda nos quais houve ou não reconhecimento de repercussão geral. Fonte: autoras.

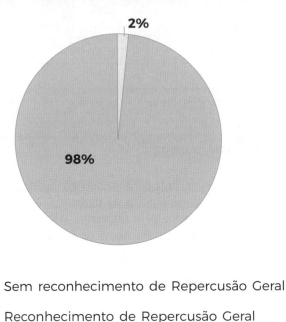

Gráfico 1. *Quantidade de processos com grandes litigantes em que houve ou não o reconhecimento de repercussão geral. Fonte: autoras.*

No total dos 236 temas analisados, com presença de grandes litigantes em um dos polos e com reconhecimento de repercussão geral, vê-se que aproximadamente 69% possuem processos sobrestados, que aguardavam a decisão da Corte sobre a existência ou não de reconhecimento de repercussão geral.

TEMAS ANALISADOS

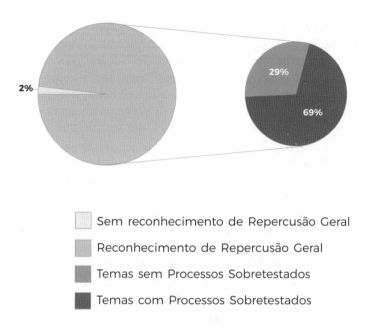

☐ Sem reconhecimento de Repercusão Geral
☐ Reconhecimento de Repercusão Geral
■ Temas sem Processos Sobretestados
■ Temas com Processos Sobretestados

Gráfico 2. *Processos com grandes litigantes em um dos polos da demanda e reconhecimento de repercussão geral nos temas analisados, com ou sem processos sobrestados. Fonte: autoras.*

Assim, a partir dos resultados da pesquisa feita com base nos dados obtidos no *site* do Supremo Tribunal Federal, chega-se a algumas conclusões. Inicialmente, faz-se crítica quanto à ausência de fundamentação pelos Ministros relatores em várias manifestações disponibilizadas no *site*. A repercussão geral é requisito intrínseco de admissibilidade de recursos extraordinários. Por se tratar de decisão judicial, é essencial que a decisão que aprecia a existência ou não de repercussão geral seja devidamente motivada, tendo em vista a disposição do artigo 93, X, da Constituição Federal.

Também se encontram inúmeras decisões em que os Ministros simplesmente repetiram a letra do artigo 543-A do Código de Processo Civil 1973, não trazendo nenhum argumento específico e relacionado ao caso concreto. A simples menção ao § 1º do dispositivo 543-A do CPC de 1973 não pode ser compreendida como uma verdadeira fundamentação. Uma decisão fundamentada exige que se explicite *como* as características do caso concreto implicam relevância do ponto de vista político, econômico, social ou jurídico, e exatamente *qual* desses fatores restou demonstrado no caso. Portanto, apesar da indicação do dispositivo legal que levou ao reconhecimento da repercussão geral, nos casos mencionados não existe efetiva motivação.

Nas decisões em que não houve o reconhecimento da repercussão geral, os fundamentos foram: (a) a restrição da matéria tratada, que somente atingia determinado grupo de pessoas (como alguns servidores), não vindo a interferir sobre maior contingente, e (b) o fato de o tema não ultrapassar o interesse das partes litigantes. Esse é um dado muito revelador, pois os STF, por via indireta, condicionou o reconhecimento de repercussão geral à possibilidade de a questão ser capaz de irradiar efeitos a um grande número de pessoas.

Cruzando os dados obtidos a partir da leitura da fundamentação das decisões do STF e da informação sobre a quantidade de processos sobrestados, é possível concluir que o potencial de gerar demandas repetitivas é um fator muito importante para o reconhecimento de repercussão geral. Houve o sobrestamento na origem de processos que versavam sobre idêntica questão em quase 70% dos temas analisados pelo Supremo Tribunal Federal, ressalvando-se que a porcentagem pode ser ainda maior em virtude da inexatidão dos dados disponibilizados (ausência de informação nos tribunais de origem, dificuldade de contagem dos processos, falta de núcleos especializados em manejo de questões repetitivas nos tribunais locais etc.).

Um inesperado dado adveio da pesquisa: apenas 2% dos temas analisados pelo Supremo Tribunal Federal, desde 2011 até fevereiro de 2015, não foram reconhecidos como de repercussão geral. Esperava-se que este índice fosse maior, pois a maior parte da doutrina sobre repercussão geral a considera um filtro de demandas que seria responsável, por si, pela redução da quantidade de processos encaminhados ao STF. Talvez esse dado se explique pela regra regimental do STF de que a ausência de manifestação em plenário virtual pelos Ministros signifique o reconhecimento da repercussão geral. Assim, na inércia, reconhece-se a repercussão geral e a técnica, paulatinamente, deixa de ter a função de reduzir o quantitativo de processos apreciados pela Corte Suprema.

A técnica mais utilizada pelo STF como mecanismo de gestão de demandas tem sido o sobrestamento de processos, que impede que os recursos com fundamento em idêntica controvérsia sejam encaminhados à Corte, ficando retidos nos tribunais de origem até o pronunciamento definitivo da Corte. De acordo com informações da Assessoria de Gestão Estratégica do STF, estima-se que 570.139 processos se encontram sobrestados na origem, aguardando o julgamento sobre repercussão geral[69].

---

69. Disponível em: <http://www.stf.jus.br/portal/cms/verTexto.asp?servico=estatistica&pagina=sobrestadosrg>. Acesso em 16/09/2015.

Havendo a negação da repercussão geral, os recursos sobrestados são automaticamente inadmitidos; caso contrário, haverá o julgamento do mérito do recurso extraordinário e os recursos sobrestados serão apreciados localmente e, na sua maioria, não chegarão ao STF.

5. CONCLUSÃO

Diante dos resultados obtidos na pesquisa empírica, é possível concluir que a possibilidade da matéria se repetir em inúmeros processos é um argumento amplamente utilizado nas manifestações como justificativa para o reconhecimento da repercussão geral, o que permite confirmar a primeira hipótese levantada neste artigo. Além disso, constatou-se o não reconhecimento da repercussão geral em casos em que a decisão a ser proferida seria restrita a determinado grupo de pessoas.

Por outro lado, a repercussão geral em si não tem servido como filtro eficaz de demandas pelo STF que prefere combiná-la com a técnica infra legal prevista pelo art. 543-B, do CPC de 1973 (atual art. 1036, CPC), consistente no sobrestamento de recursos extraordinários que tratem da mesma questão de direito. Justamente pelo atrelamento da técnica da repercussão geral com a técnica do sobrestamento de processos, cuja aplicação somente faz sentido em um contexto de multiplicidade de demandas, a existência de demandas repetitivas, por questão de lógica, teria mesmo que ser o fator determinante para a aplicação do filtro constitucional. Resta evidente, por fim, que, da forma como aplicada pelo STF, a repercussão geral (atrelada à técnica do sobrestamento de feitos) serve menos como filtro de relevância das questões apreciadas pela Corte e mais como mecanismo de gestão de julgamento dos milhares de processos cujo mérito ela opta por julgar.

Frise-se que os dados da pesquisa constatam uma alteração na dinâmica de utilização da técnica da repercussão geral pelo STF. É que originariamente, quando da edição da Emenda Constitucional 45/04, a repercussão geral chegou a funcionar como filtro redutor da quantidade de recursos extraordinários levados à apreciação pelo STF. Em menos de um ano e meio do início de sua vigência, o instituto já havia reduzido de forma significativa o número de processos em curso na Suprema Corte, que recebeu 40,6% menos processo em 2008 que o total distribuído em 2007[70]. Contudo, ao confrontar os dados de janeiro de 2011 a fevereiro de 2015, nota-se, curiosamente, que menos de 2% dos temas apresentados não tiveram o reconhecimento da repercussão geral, o que permite concluir que o instituto perdeu sua função de filtro

---

70. "Instituto da Repercussão Geral reduz em quase 41% volume de processos no STF". Notícias do Supremo Tribunal Federal. Disponível em: < http://www.stf.jus.br/portal/cms/verNoticiaDetalhe.asp?idConteudo=97627>. Acesso em 25/08/2015.

constitucional de demandas. Atualmente, o reconhecimento da repercussão geral, que deveria ser exceção, passou a ser a regra.

Da mesma forma, a pesquisa confirmou a segunda hipótese levantada. Em 81% dos temas em que houve reconhecimento de repercussão geral há pelo menos um litigante habitual que consta na lista dos 100 Maiores Litigantes do país. Dentre todos os temas com a presença de um grande litigante, em 98% deles houve o reconhecimento de repercussão geral. Em suma, a presença de um litigante habitual é fator também relevante para o reconhecimento da repercussão geral. O dado é coerente com a premissa teórica adotada neste artigo de que demandas repetitivas geralmente é fruto de um macro conflito social envolvendo um litigante habitual que acaba aparecendo em um dos seus polos.

Assim, conclui-se que o STF tem utilizado o instituto da repercussão geral, atrelado ao sobrestamento de recursos, como instrumento para possibilitar o julgamento das demandas repetitivas e não necessariamente para a averiguação da relevância da questão constitucional trazida no recurso extraordinário. Essa constatação decorre do já mencionado dado de que apenas 2% dos temas não tiveram o reconhecimento de repercussão geral, associado ao dado de que em 70,4% dos casos o reconhecimento da repercussão geral houve também sobrestamento dos recursos extraordinários em curso no país (art. 543-A atrelado ao art. 543-B, CPC). Há nítido interesse do Supremo Tribunal Federal em apreciar o mérito de demandas repetitivas, dando-lhes decisão definitiva, o que por si gera o reconhecimento pela Corte da relevância constitucional da questão.

A confirmação das hipóteses implica o reforço do posicionamento gestor adotado pelo STF, que por meio de decisões nem sempre adequadamente fundamentadas, não utiliza com frequência o filtro da repercussão geral e opta por apreciar o mérito de demandas repetitivas envolvendo grandes litigantes, dando-lhes decisão definitiva que será seguida pelas instâncias inferiores. Ao atrelar a "relevância" da questão constitucional à repetitividade de demandas, ao que parece, o STF busca evitar o aumento do congestionamento de processos relacionados à litigância em série.

A interpretação extensiva da hipótese de cabimento de agravo de instrumento prevista no art. 1.015, III, do NCPC: O reconhecimento de competência pelo árbitro como pressuposto processual negativo no processo judicial

Suzana Santi Cremasco[1]

> **Sumário** • **1**. Considerações iniciais – **2**. Pressupostos processuais negativos: conceito, contornos e efeitos para o processo – **3**. O reconhecimento de competência pelo árbitro como pressuposto processual negativo no processo judicial – **4**. Conclusões.

1. CONSIDERAÇÕES INICIAIS

O Direito Processual Civil brasileiro iniciou uma nova era com a publicação e posterior entrada em vigor do Código de Processo Civil de

---

[1]. Doutoranda em Direito pela Universidade de Coimbra em processo de cotutela com a USP. Mestre em Direito Processual pela UFMG. Professora de Direito Processual Civil da Faculdade de Direito Milton Campos. Secretária Adjunta do IBDP para Minas Gerais. Advogada.

2015, cujo texto foi aprovado de forma definitiva pelo Congresso Nacional em 16 e 17 de dezembro de 2014, sancionado pela Presidente da República em 16 de março de 2015 e publicado no Diário Oficial da União de 17 de março de 2015, na forma da Lei 13.105.

O caminho percorrido até então, desde a publicação do Ato n.º 379, do Presidente do Senado Federal, datado de 30 de setembro de 2009, que instituiu a Comissão de Juristas encarregada de elaborar o Anteprojeto de Novo Código de Processo Civil, foi longo e contou com a marca da participação ampla, do debate efetivo e da construção conjunta que são próprios do Estado Democrático de Direito.

E, ainda que o Novo Código de Processo Civil tenha por finalidade principal o estabelecimento de regras e princípios que disciplinam a solução de conflitos perante o Poder Judiciário, desde as primeiras luzes do processo legislativo, ficou clara a preocupação de todos os envolvidos – direta ou indiretamente – na elaboração do novo ordenamento com o respeito e o prestígio aos demais métodos integrados de solução de litígios, notadamente a mediação, a conciliação e a arbitragem.

Tal ocorreu a partir da percepção, constante na mensagem de encaminhamento do texto do Anteprojeto ao Senado Federal pelo Ministro Luiz Fux, Presidente da Comissão de Juristas, acerca da imperatividade da criação de um novo diploma adequado às necessidades e às exigências da vida moderna e capaz de combater a insatisfação e a descrença no Poder Judiciário, suas antinomias e sua morosidade e, assim, de "tornar realidade a promessa constitucional de justiça pronta e célere"[2].

De fato, já no primeiro momento, houve uma opção clara da Comissão de Juristas – que foi encampada no texto do PLS 166/2010 do Senado Federal – no sentido de prestigiar a conciliação – e, posteriormente, a mediação – tornando-a "o primeiro ato de convocação do réu a juízo", com vistas a "otimizar o relacionamento social com larga margem de eficiência em relação à prestação jurisdicional"[3], deixando à cargo da legislação especial – atualmente, a Lei 9.307/96, com as alterações trazidas pela Lei 13.129/2015 – a disciplina da arbitragem.

Em virtude disso, o Projeto do Novo Código de Processo Civil inicialmente aprovado pelo Senado Federal em 15 de dezembro de 2010

---

2. A propósito, confira: Anteprojeto do Novo Código de Processo Civil, disponível em http://www.senado.gov.br/senado/novocpc/pdf/Anteprojeto.pdf, p. 7. Acesso em 25/10/2015.

3. A propósito, confira: Decisões temáticas da Comissão de Juristas encarregada de elaborar o Novo Código de Processo Civil em fase anterior à de elaboração redação dos dispositivos. Disponível em http://www.oab.org.br/pdf/Cartilha1afase.pdf, p. 3. Acesso em 25/10/2015.

mantinha a disciplina econômica do texto legislativo no que pertine à arbitragem, nos moldes como ocorria no Código de Processo Civil de 1973, apenas para pontuar a possibilidade de as partes se submeterem à arbitragem (art. 3°, 2ª parte, e art. 42), a comunicação de atos por meio de carta arbitral (art. 69, § 1° e § 2°, art. 206, IV e art. 236) e a confidencialidade do seu cumprimento quando comprovado o sigilo na arbitragem perante o juízo estatal (art. 164, IV), a necessidade de alegação de convenção de arbitragem como preliminar de contestação (art. 327, X) pelo interessado e a impossibilidade do seu conhecimento de ofício pelo juiz (art. 327, § 4°), a extinção do processo sem resolução de mérito quando o juiz verificar a existência de convenção de arbitragem (art. 472, VII), a qualificação da sentença arbitral como título executivo judicial (art. 502, VII) sujeito a cumprimento de sentença e a competência para este cumprimento (art. 503, III), o cabimento de agravo de instrumento contra a decisão que rejeitar a alegação de convenção de arbitragem (art. 969, III) e a homologação de sentença arbitral estrangeira (art. 913 a 918)[4].

A remessa do texto do Novo Código de Processo Civil aprovado na origem no Senado Federal à Câmara dos Deputados, para revisão, conforme determina o art. 65 da Constituição Federal, deu ensejo à elaboração de um Substitutivo, no qual – entre outras proposições – optou-se por um regramento mais extenso, técnico, abrangente e até ousado da arbitragem – mas nem por isso inoportuno ou invasivo, cujo ápice vinha inserto no Capítulo VIII do PL 8.046/2010 entre os artigos 345 a 350[5].

A disciplina proposta para esses dispositivos fazia com que a alegação da existência de convenção de arbitragem deixasse de ser matéria preliminar de contestação – como se dava na sistemática do Código de Processo Civil de 1973 (art. 267, VII) e como se previu originariamente no Anteprojeto da Comissão de Juristas e no Projeto aprovado no Senado (art. 327, X) – para se transformar em uma petição autônoma, que deveria ser apresentada na audiência de conciliação ou de mediação (art. 345, *caput*) ou, no caso de não designação de audiência, no prazo de contestação (art. 346, § 1°), devidamente acompanhada do instrumento comprobatório da

---

4. Os dispositivos citados neste texto em referência ao Projeto de NCPC aprovado pelo Senado Federal em 15 de dezembro de 2010, guardam a numeração original do PLS 166/2010. Disponível em http://www.senado.gov.br/atividade/materia/getPDF.asp?t=85510&tp=1. Acesso em 25/10/2015.

5. Os dispositivos citados neste trabalho em referência ao texto do Substitutivo da Câmara dos Deputados igualmente observam a numeração e a redação original do PL 8046/2010, aprovado por aquela Casa em 26 de março de 2014. Disponível em http://www.senado.gov.br/atividade/materia/getPDF.asp?t=148084&tp=1. Acesso em 25/10/2015.

afirmação, sob pena de ser rejeitada liminarmente (art. 345, § 1º) e, no segundo caso, de revelia do réu (art. 346, § 1º).

Apresentada a alegação pelo réu e respeitado o contraditório do autor (art. 345, § 2º e art. 346[6], § 3º), o juiz decidiria a questão (art. 345, § 4º e art. 346, § 3º), extinguindo o processo sem resolução de mérito e, por conseguinte, remetendo as partes ao juízo arbitral no caso do acolhimento da exceção de arbitragem (art. 348 e art. 495, VII) ou intimando as partes da decisão que rejeitasse a alegação (art. 345, § 4º e art. 346, § 3º), oportunidade em que começaria a correr o prazo de contestação do réu.

Além disso, o texto constante no Substitutivo para a alegação de convenção de arbitragem consagrou o *Kompetenz-Kompetenz* – um dos princípios fundamentais da teoria da arbitragem[7] – ao estabelecer no art. 347, *caput*, regra por força da qual uma vez iniciada a arbitragem – com a apresentação do respectivo requerimento pela parte interessada – o juiz deveria suspender o processo "à espera da decisão do juízo arbitral sobre a sua própria competência".

A consagração do princípio da competência-competência do árbitro pelo texto do Substitutivo da Câmara dos Deputados ficou ainda mais evidente quando tanto o art. 348, quanto o art. 495, VII passaram a prever que não apenas o acolhimento da alegação de convenção de arbitragem seria causa de

---

6. Quanto a esse aspecto, note-se que a redação do art. 347, *caput*, do Substitutivo da Câmara dos Deputados utiliza o verbo *instaurar* de modo a marcar o evento ao qual se vincularia a suspensão do processo em virtude da alegação de convenção de arbitragem. A terminologia parece-nos inadequada, na medida em que poderia sugerir que o evento ao qual o legislador tencionava referir é a *instituição* da arbitragem, evento esse que encontra definição legal no art. 19 da Lei n.º 9307/96, em virtude do qual "considera-se instituída a arbitragem quando aceita a nomeação pelo árbitro, se for único, ou por todos, se forem vários". Exatamente porque o processo de nomeação, comunicação e aceitação de árbitro(s), mesmo quando bastante célere, demanda algum tempo – e, ainda, dá margem para a adoção dos mais variados expedientes pela(s) parte(s) com vistas a protelá-lo o mais possível – tal associação – indevida, frise-se – poderia representar verdadeiro desastre legislativo, notadamente à luz da previsão posta no parágrafo único do art. 347, no qual se estabeleceu o poder do juiz para decidir sobre a alegação de convenção de arbitragem quando não instaurado o juízo arbitral. De fato, em virtude de tal associação, não se pode duvidar que a medida funcionaria como verdadeiro *anti-suit injunction*, que retardaria sobremaneira o desenvolvimento do procedimento arbitral. Por força disso, muito mais coerente é, portanto, que o legislador tenha utilizado instaurar como sinônimo de iniciar, assim considerada a simples apresentação do requerimento de arbitragem perante a secretaria da respectiva Câmara – no caso das arbitragens institucionais – ou perante o respectivo árbitro (ou Presidente) – no caso das arbitragens *ad hocs*.

7. No direito brasileiro, o referido princípio está positivado no texto do art. 8º, parágrafo único da Lei 9.307/96, que estabelece a competência do árbitro para "decidir de ofício, ou por provocação das partes, as questões acerca da existência, validade e eficácia da convenção de arbitragem e do contrato que contenha a cláusula compromissória".

extinção do processo sem resolução de mérito, mas também o reconhecimento do juízo arbitral acerca da sua própria competência, nos seguintes termos:

> Art. 348, SCD – "Acolhida a alegação de convenção de arbitragem, *ou reconhecida pelo juízo arbitral a sua própria competência*, o processo será extinto sem resolução de mérito".
>
> Art. 495, VII, SCD – "O órgão jurisdicional não resolverá o mérito quando acolher a alegação de existência de convenção de arbitragem *ou quando o juízo arbitral reconhecer sua própria competência*, nos termos do art. 348".

Aprovado o texto do Substitutivo na Câmara dos Deputados em 26 de março de 2014, o Projeto de Novo Código de Processo Civil voltou ao Senado Federal em virtude das emendas apresentadas ao texto originário, tendo sido constituída Comissão Temporária, sob a presidência do Senador Vital do Rêgo (PMDB/PB), especialmente para que se procedesse ao exame e à elaboração de parecer acerca das mudanças realizadas na Casa Revisora.

No Relatório Final apresentado pela Comissão Especial do Senado, a inovação trazida pelo Substitutivo da Câmara dos Deputados no tocante ao procedimento da alegação da convenção de arbitragem foi suprimida com o fundamento de que, com ela, se estaria "ressuscitando as 'exceções' que o Senado eliminou em prol da celeridade. Não se justifica a apresentação de petição avulsa, com evidente atraso para o processo, quando tais questões cabem como preliminar de contestação"[8].

Em que pese o Senado Federal tenha optado por rejeitar e suprimir a disciplina proposta no Substitutivo no tocante à disciplina da alegação de convenção de arbitragem[9], com o consequente retorno da matéria ao rol de questões a serem suscitadas como preliminares de contestação (art. 334, X), o

---

8. A propósito, cf. Parecer n.º 956, de 2014, de relatoria do Senador Vital do Rêgo, p. 66. Disponível em http://www.senado.gov.br/atividade/materia/getPDF.asp?t=159354&tp=1. Acesso em 25/10/2015.

9. Tanto é assim que a supressão dos dispositivos foi objeto de Moção de Discordância no IV Fórum Permanente de Processualistas Civis, promovido pelo Instituto Brasileiro de Direito Processual, em Belo Horizonte, Minas Gerais, entre os dias 05 a 07 de dezembro de 2014. Foi, igualmente, objeto de Manifesto encaminhado ao Senado Federal pela Comissão Especial de Mediação, Conciliação e Arbitragem do Conselho Federal da Ordem dos Advogados do Brasil (CEMCA/CFOAB) e pelo Colégio de Presidentes das Comissões de Mediação e Arbitragem das Seccionais da Ordem dos Advogados do Brasil e Entidades Nacional (COPREMA). E foi, por fim, objeto de exame primoroso em breve ensaio publicado pelos Professores André Vasconcelos Roque e Thiago Rodovalho, disponível em http://www.migalhas.com.br/dePeso/16,MI212183,41046-A+convencao+de+arbitragem+e+o+novo+CPC+no+Senado+Federal+a+excecao. Acesso em 25/10/2015.

legislador entendeu por bem manter a consagração do *Kompetenz-Kompetenz* no texto do Novo Código de Processo Civil ao preservar o reconhecimento de competência pelo juízo arbitral como causa de extinção do processo sem resolução de mérito, em conjunto com o acolhimento da alegação de existência de convenção de arbitragem (art. 485, VII).

Ao assim proceder, a redação final do Novo Código de Processo Civil – mesmo não tendo avançado tanto quanto poderia caso a estrutura da alegação de convenção de arbitragem tivesse mantido os contornos da proposta do Substitutivo da Câmara dos Deputados – contempla inovação importante que cria um novo – e verdadeiro – pressuposto processual negativo para o processo judicial. E traz com ela, também, questionamentos acerca dos contornos da sua instrumentalização no caso concreto, cujas impressões serão objeto de exame nesta sede.

2. PRESSUPOSTOS PROCESSUAIS NEGATIVOS: CONCEITO, CONTORNOS E EFEITOS PARA O PROCESSO

No âmbito da atividade de cognição, o exercício do direito de ação pela parte interessada – com apresentação ao Poder Judiciário do conflito de interesses que se pretende ver solucionado – tem como expectativa natural a extinção do processo com exame de mérito e, por conseguinte, com a realização do acertamento da existência do direito controvertido, de sua extensão e de sua titularidade.

Para que a análise do mérito – entendido na clássica lição de Cândido Rangel Dinamarco como "aquilo que alguém vem a juízo pedir, postular, exigir"[10] – possa ser realizada no processo, não é suficiente que autor e réu se estabeleçam em juízo e apresentem as suas razões de fato e de direito, diligenciando pela produção da prova respectiva. Para que o exame de mérito se dê e para que o Poder Judiciário, por meio do juiz, conheça do conflito de interesses existente entre as partes, é indispensável que se observe e, sobretudo, se supere, diante do caso concreto, duas categorias impeditivas prévias – verdadeiros "requisitos do direito à tutela jurídica"[11] – que consistem nos pressupostos processuais e nas condições da ação.

Enquanto as condições da ação são requisitos essencialmente ligados à pretensão trazida pelo autor em juízo e que será objeto da atividade ju-

---

10. DINAMARCO, Cândido Rangel. *Fundamentos do processo civil moderno*. 2.ed, São Paulo: Malheiros, 1987, p. 202, n. 110.
11. BEDAQUE, José Roberto dos Santos. Pressupostos processuais e condições da ação. *Justitia*, São Paulo, 53 (156), out.-dez., 1991, p.49. Disponível em http://www.revistajustitia.com.br/revistas/46axc8.pdf. Acesso em 25/10/2015.

risdicional do Estado[12] e sem os quais ocorre aquilo que Liebman[13] definiu como "carência de ação" que traz consigo o consequente dever do juiz de se "refutar a prover sobre o mérito da demanda", os pressupostos processuais, por sua vez, são elementos criados por Büllow[14] e que se relacionam à relação jurídica processual e a seus elementos – individualizados e distintos da relação jurídica de direito material – e cuja observância, em concreto, é indispensável para que essa relação jurídica processual possa constituir-se e se desenvolver de forma válida e eficaz. Isso porque, "como toda e qualquer relação jurídica, [o processo] tem sua formação e eficácia subordinada a determinados requisitos legais. Sem atender a esses pressupostos jurídicos, não se estabelece ou não se desenvolve o processo como instrumento hábil a propiciar a composição jurisdicional do litígio"[15].

Por tratar-se de categoria abrangente, várias são as classificações dos pressupostos processuais encontradas na doutrina[16], sendo que, para os fins deste ensaio, interessa-nos apenas a distinção dos pressupostos processuais em *positivos* – aqueles que devem estar necessariamente presentes na relação jurídica para que ela se constitua e se desenvolva de forma válida – e *negativos* – aqueles que, em contrapartida, devem estar necessariamente ausentes na relação jurídica processual, sob pena de inviabilizarem que o processo se instaure e corra de modo regular.

Perempção, litispendência e coisa julgada são os exemplos que normalmente[17] vêm apontados como pressupostos processuais negativos, que têm como traço comum referirem-se a elementos extrínsecos – isto é, externos e estranhos – à relação processual e terem natureza peremptória. Isso faz

---

12. THEODORO JR., Humberto. *Curso de direito processual civil.* v. 1, 53. ed. Rio de Janeiro: Forense, 2012, p. 74, n. 52.
13. LIEBMAN, Enrico Tullio. L'azione nella teoria del processo civile. *Rivista trimestrale di diritto e procedura civile,* a. IV, Milano: Giuffrè, 1950, p. 66, em tradução livre.
14. BÜLLOW, Oskar von. *Teoria das exceções e dos pressupostos processuais.* [tradução e notas de Ricardo Rodrigues Gama]. Campinas, SP, LZN, 2005.
15. THEODORO JR., Humberto. Pressupostos processuais, condições da ação e mérito da causa. RePro 17/41. Disponível em WAMBIER, Teresa Arruda Alvim; WAMBIER, Luiz Rodrigues [org.]. *Doutrinas essenciais de processo civil,* v. II, São Paulo, RT, p. 109.
16. Para o exame exauriente das diversas classificações e categorizações dos pressupostos processuais, cf., DALL'AGNOL, Jorge Luis. *Pressupostos processuais.* Porto Alegre, Letras Jurídicas, 1988. E DIDIER JR., Fredie. *Pressupostos processuais e condições da ação: o juízo de admissibilidade do processo.* São Paulo: Saraiva, 2005.
17. Quanto a esse aspecto, merece destaque a posição do Prof. Fredie Didier Júnior no sentido de que também a convenção de arbitragem seria um pressuposto processual negativo, que impediria o desenvolvimento válido e regular do processo. (DIDIER JR., Fredie. *Curso de direito processual civil,* v. 1, 10. ed. Salvador: Jus Podivm, 2008, p. 221), o que encontra respaldo em julgado do Superior Tribunal de Justiça (cf. STJ, REsp 1324430/SP, Rel. Ministra Nancy Andrighi, 3ª Turma, j. 19/11/2013, DJe 28/11/2013)

com que a constatação do pressuposto processual negativo diante do caso impeça, como regra[18], a correção do vício pela parte interessada – como normalmente ocorreria com os pressupostos processuais de natureza dilatória – e, por conseguinte, acarrete a extinção do processo sem resolução de mérito, nos exatos termos em que determina o art. 485, IV c/c V, do Novo Código de Processo Civil.

Outro traço comum aos pressupostos processuais negativos – e que também se verifica tanto nos pressupostos processuais positivos quanto nas condições da ação – é a possibilidade de que sejam objeto de exame e arguição pelo magistrado, inclusive de ofício, a qualquer tempo e em qualquer grau de jurisdição[19], conforme dispõe o art. 485, § 3º, do Novo Código de Processo Civil.

Nesse cenário, saber se a nova redação do art. 485, VII do NCPC introduz um novo pressuposto processual negativo na sistemática jurídica brasileira ao estabelecer que o reconhecimento de competência pelo juízo arbitral acarreta a extinção do processo sem resolução de mérito passa por saber, essencialmente, três questões: i). se se está diante de um elemento extrínseco à relação processual que se constituiu perante o juízo estatal; ii). se esse elemento tem natureza peremptória; e iii). se pode ser conhecido *ex officio* pelo juiz da causa.

Ainda que se entenda que possam existir outros elementos aptos a caracterizar os pressupostos processuais – e, especificamente, os pressupostos processuais negativos – cumpre sempre lembrar as lições de Barbosa Moreira[20] ao tratar sobre o tema, quando dizia que "a utilidade prática da reunião de várias figuras sob o mesmo rótulo consiste em permitir o tra-

---

18. Diz-se em regra, na medida em que o pressuposto processual negativo pode macular a relação processual apenas de forma parcial. Nesse caso, frisa o Prof. Fredie Didier Júnior que "haverá inadmissibilidade parcial da causa, sem extinção do processo, que prosseguira em relação à parcela restante" (DIDIER JR., Fredie. *Curso de direito processual civil*, v. 1, 10. ed. Salvador: Jus Podivm, 2008, p. 221).

19. Sobre o tema, é importante ressaltar o entendimento consolidado na jurisprudência do Superior Tribunal de Justiça no sentido de que o conhecimento dessas matérias *ex officio* estaria limitada às instâncias ordinárias, não sendo dado àquela Corte Superior fazê-lo de forma originária, sob pena de inobservância da exigência de prequestionamento prévio da questão decidida. Nesse sentido, cf., entre outros: STJ, AgRg nos EDcl no AREsp 19.300/SC, Rel. Ministro Raul Araújo, 4ª Turma, j. 21/08/2012, DJe 11/09/2012; STJ, AgRg no AREsp 36.828/PE, Rel. Ministro Mauro Campbell Marques, 2ª Turma, j. 08/11/2011, DJe 17/11/2011; e STJ, AgRg no REsp 1155696/AL, Rel. Ministro Luiz Fux, 1ª Turma, j. 15/06/2010, DJe 29/06/2010.

20. BARBOSA MOREIRA, José Carlos. Pressupostos processuais. In: *Temas de direito processual*. Quarta série. São Paulo: Saraiva, 1984, p. 93. Disponível em https://docs.google.com/file/d/0B2PvW_zd40WmODI5NWIzYWEtNmQwMy00NzViLWIxMjItN-zY4ZjhhZmVhOTgz/edit?hl=en. Acesso em 25/10/2015.

tamento conjunto: o que se disser de substancial acerca de qualquer delas poderá dizer-se de todas. Subsistirão, é óbvio, as diferenças específicas, de alcance, contudo, acidental; nos pontos mais importantes, haverá necessariamente comunhão. Destarte, fixado o regime genérico, bastará afirmar, de tal ou qual espécie, que pertence ao gênero, para que desde logo se saiba a disciplina a que ela se sujeita".

3. O RECONHECIMENTO DE COMPETÊNCIA PELO ÁRBITRO COMO PRESSUPOSTO PROCESSUAL NEGATIVO NO PROCESSO JUDICIAL

3.1. A competência do juízo arbitral como elemento extrínseco e de natureza peremptória para o processo judicial

A convenção de arbitragem é o instrumento que contém a materialização da manifestação de vontade de dois ou mais agentes de submeterem os conflitos havidos entre si à solução por meio de arbitragem. Nos termos do art. 3º da Lei 9.307/96, pode ser de dois tipos: a cláusula compromissória ou o compromisso arbitral.

Por conter a manifestação de vontade das partes em arbitrar conflitos de interesses existentes entre elas, a convenção de arbitragem é um negócio jurídico e, como tal, submete-se aos requisitos gerais de validade dessa categoria previstos no art. 104 do Código Civil, a saber: deve ter agente capaz, objeto lícito, possível, determinado ou determinável e forma prescrita ou não defesa em lei.

Os referidos requisitos devem ser lidos, necessariamente, à luz dos preceitos da Lei de Arbitragem, que, por sua vez, impõe a necessidade de que i). os agentes devem ser capazes nos termos da lei civil, não se admitindo, porém, o suprimento de eventuais incapacidades por representação ou assistência, ii). o objeto do conflito a ser solucionado pelo árbitro deve envolver direito patrimonial e disponível, e iii). a convenção deve guardar forma escrita, sendo que, no caso do compromisso arbitral, deve conter, necessariamente, os elementos previstos no art. 10 da Lei 9.307/96.

Enquanto negócio jurídico cuja constituição, validade e eficácia estão condicionadas à observância de determinados requisitos legais, certo é que a convenção pode ter a sua existência, validade e eficácia contestadas pelos próprios contratantes.

Sempre que surge entre as partes signatárias da convenção de arbitragem qualquer controvérsia acerca da regularidade e da higidez da manifestação de vontade em arbitrar, o art. 8º, parágrafo único da Lei 9.307/96 – que adota expressamente no Direito Brasileiro o princípio do *Kompetenz-Kompetenz* – outorga ao árbitro regularmente constituído para conduzir a arbitragem a competência para se manifestar, originariamente e em primeira mão, sobre o(s) vício(s) suscitado(s) – e, por conseguinte, sobre a sua própria competência, do mesmo modo, aliás, como se dá quando há qualquer tipo de discussão acerca da competência do juiz, no bojo do processo judicial.

De fato, é do árbitro a competência "para decidir sobre a sua própria competência, resolvendo as impugnações que surjam acerca da sua capacidade de julgar, da extensão de seus poderes, da arbitrabilidade da controvérsia, enfim, avaliando a eficácia e a extensão dos poderes que as partes lhe conferiram tanto por via de cláusula compromissória quanto por meio do compromisso arbitral"[21].

Em regra, o questionamento em torno da existência, validade e eficácia do juízo arbitral pode se dar dentro do próprio procedimento arbitral que está em curso – usualmente, já na resposta ao requerimento de arbitragem no caso da parte requerida ou, tecnicamente, a teor do art. 20, *caput*, da Lei 9.307/96, "na primeira oportunidade que [a parte] tiver de se manifestar, após a instituição da arbitragem", instituição essa que se dá, nos termos do art. 19 da referida lei, com a aceitação da nomeação pelo árbitro, se único, ou pelo último membro do Tribunal arbitral, se múltiplos.

Quando isso ocorre e, por conseguinte, o questionamento à convenção de arbitragem se dá com o procedimento arbitral em curso e com o árbitro regularmente constituído, dúvidas não subsistem quanto à competência do(s) próprio(s) julgador(es) para apreciar a impugnação, oportunidade em que se pode acolhê-la – remetendo-se as partes ao órgão do Poder Judiciário que, de acordo com as regras gerais de distribuição de competência, for competente para processar e julgar a matéria (art. 20, § 1º, Lei 9.307/96) – ou rejeitá-la –caso em que o procedimento arbitral seguirá seu curso regular, não havendo, porém, preclusão em torno do tema, que poderá ser objeto de arguição oportuna pela parte perante o Poder Judiciário, nos termos em que autorizam os arts. 20, § 2º, 32, I, e 33 da Lei de Arbitragem, mediante o ajuizamento de ação anulatória.

Mas, para além da impugnação da existência, validade ou eficácia da convenção de arbitragem no curso do próprio procedimento arbitral, a manifestação de vontade também pode vir a ser objeto de contestação diretamente perante o Poder Judiciário, seja por meio do ajuizamento de ação autônoma com vistas a obter o reconhecimento do(s) vício(s) existente(s) e, por conseguinte, a sua invalidação, seja como meio de defesa no curso de procedimento intentado com fulcro no art. 7º da Lei 9.307/96, com vistas a

---

21. CARMONA, Carlos Alberto. *Arbitragem e processo: um comentário* à *Lei n.º 9.307/96.* 3.ed, rev., atual. e ampl. São Paulo: Atlas, 2009, p. 175.

obter o compromisso arbitral, seja como matéria de impugnação à contestação naquelas situações e circunstâncias nas quais a convenção de arbitragem é suscitada como preliminar de contestação pelo réu em demanda intentada pelo autor no juízo estatal na qual a inépcia da convenção é lançada pelo autor justamente de forma a contrapor a sua invocação pelo réu.

Em todas essas situações, em virtude da ocorrência de uma lacuna no Código de Processo Civil de 1973 - e mesmo da ausência de uma previsão mais específica da Lei de Arbitragem em torno do tema - não era incomum[22] que o juízo estatal assumisse posição concorrente com o juízo arbitral para conhecer e dizer, de antemão, acerca da existência, validade e eficácia da convenção de arbitragem, ainda que, por força do disposto no art. 8º, parágrafo único, da Lei 9.307/96, tecnicamente a referida competência devesse ser, necessariamente, do árbitro.

A existência dessa "competência concorrente" entre o Poder Judiciário e o(s) árbitro(s) acabava por possibilitar a criação, porém, de situações bastante sensíveis diante do caso concreto. Discorrendo sobre o tema, Carlos Alberto Carmona[23] cita como exemplo a hipótese de uma das partes iniciar o procedimento arbitral com fundamento na convenção de arbitragem oportunamente firmada com a parte contrária, ver a parte *ex adversa* impugnar a regularidade desta convenção de arbitragem por qualquer razão dentro do procedimento arbitral instaurado, ao mesmo tempo em que propõe demanda perante o juízo estatal que, em tese, diante da apresentação de exceção de arbitragem, deveria extinguir o processo sem resolução de mérito.

A este exemplo se poderia acrescentar, entre outras situações, a hipótese na qual são igualmente iniciados procedimentos perante tanto o juízo arbitral quanto o juízo estatal, e, enquanto aquele reconhece a higidez da convenção e, por conseguinte, determina o prosseguimento da arbitragem, este entende a existência de vícios que comprometem a sua existência, validade ou eficácia, determinando o processamento do conflito perante o Poder Judiciário.

---

22. O Superior Tribunal de Justiça tem posição firme no sentido de que: "Nos termos do artigo 8º, parágrafo único, da Lei de Arbitragem, a alegação de nulidade da cláusula arbitral, bem como, do contrato que a contém, deve ser submetida, em primeiro lugar, à decisão arbitral, sendo inviável a pretensão da parte de ver declarada a nulidade da convenção de arbitragem antes de sua instituição, vindo ao Poder Judicial sustentar defeitos de cláusula livremente pactuada pela qual, se comprometeu a aceitar a via arbitral, de modo que inadmissível a prematura judicialização estatal da questão" (STJ, REsp 1355831/SP, Rel. Ministro Sidnei Beneti, 3ª Turma, j. 19/03/2013, DJe 22/04/2013), em que pese também tenha reconhecido a invalidade *prima facie* no caso de cláusula compromissória inserta em contrato de consumo. A propósito, cf.: STJ, REsp 819.519/PE, Rel. Ministro Humberto Gomes de Barros, 3ª Turma, j. 09/10/2007, DJ 05/11/2007, p. 264.
23. CARMONA, Carlos Alberto. *Arbitragem e processo: um comentário à Lei n.º 9.307/96*. 3.ed, rev., atual. e ampl. São Paulo: Atlas, 2009, p. 176.

O risco real de ocorrência de conflitos – positivos e negativos – de competência entre jurisdição arbitral e jurisdição estatal é inequívoco e, diante da sistemática existente, a opção que normalmente se impõe, porque impossível a reunião de ambos os procedimentos por conexão, e, sempre conforme lições de Carlos Alberto Carmona, mais sensato seria "suspender o processo arbitral até a decisão, pelo juiz togado, da questão preliminar que lhe terá sido submetida, até porque, ao final e ao cabo, tocará ao juiz togado enfrentar a questão da validade da convenção na demanda, que será certamente movida pela parte resistente com base no art. 32 da Lei"[24].

O texto criado para o art. 485, VII, do Novo Código de Processo Civil subverte essa lógica e faz uma opção clara: a competência para dizer acerca da existência, validade e eficácia da convenção de arbitragem e, por conseguinte, da competência do árbitro para processar e julgar o conflito existente entre as partes é, inicialmente e com exclusividade, do juízo arbitral.

E o é não só em virtude do enunciado do art. 8º, parágrafo único, da Lei de Arbitragem – que, repita-se, preconiza a competência-competência como princípio basilar da arbitragem brasileira –, mas, sobretudo, em razão da consequência prevista para o processo judicial em função do reconhecimento da higidez da convenção (e da sua competência) pelo(s) árbitro(s): extinção do processo judicial sem resolução de mérito.

Isso significa que – mesmo que a própria Lei de Arbitragem preveja o caráter de provisoriedade desta decisão do juízo arbitral, na medida em que autoriza o seu questionamento em posterior ação anulatória que vier a ser ajuizada pela parte interessada, nos moldes dos já referidos arts. 20, § 2º, 32, I e 33 da Lei 9.307/96 – o Novo Código de Processo Civil deixa claro que a competência do juízo arbitral não pode ser atropelada e tanto menos suprimida pelo juízo estatal, eis que, uma vez iniciado o procedimento arbitral, o árbitro teria sempre e inequivocamente a primeira palavra sobre a convenção e a sua competência.

Com isto, a partir do momento em que a arbitragem é instaurada – ainda que haja procedimento judicial em curso entre as mesmas partes acerca do mesmo objeto litigioso, não nos parece mais haver qualquer dúvida: compete ao(s) árbitro(s) e apenas a ele(s) dizer, de início, sobre a regularidade da convenção e sobre a competência do juízo arbitral para processar e julgar a controvérsia, restando ao Poder Judiciário a possibilidade de vir a manifestar-se sobre a questão apenas e tão-somente se oportunamente provocado por meio de ação anulatória.

Uma vez reconhecida a competência para conhecer da demanda pelo árbitro, a regra do art. 485, VII, do NCPC é clara: o processo deverá ser ex-

---

24. CARMONA, Carlos Alberto. *Arbitragem e processo: um comentário* à *Lei n.º 9.307/96*. 3.ed, rev., atual. e ampl. São Paulo: Atlas, 2009, p. 176.

tinto e o juiz não se pronunciará sobre o mérito da controvérsia trazida pela parte. Perceba-se, por oportuno, que o legislador optou por usar a locução *não resolverá* no futuro do presente do indicativo, não dando margem, portanto, para qualquer tipo de discricionariedade por parte do magistrado que, em constatando no caso concreto o reconhecimento de competência pelo juízo arbitral, outra conduta não poderá ter senão a extinção do processo sem resolução de mérito, ainda que discorde da decisão que tenha sido tomada naquela sede e que só poderá ser revista caso a parte interessada se valha do mecanismo processual adequado para tanto.

Está-se aqui, portanto, diante de fato verdadeiramente impeditivo e obstativo do prosseguimento da relação processual que se estabeleceu perante o juízo estatal. Um fato que é estranho ao procedimento em curso no Poder Judiciário e que, portanto, lhe é externo e extrínseco, como o são os demais pressupostos processuais negativos em geral – como a perempção, a litispendência e a coisa julgada.

Este fato tem, igualmente, natureza peremptória, na medida em que, para o processo judicial que está em curso, o reconhecimento pelo juízo arbitral da sua competência não tem como ser sanado, porquanto a única consequência legal possível de ocorrer é a extinção do processo sem julgamento de mérito, sendo certo que esta extinção estará adstrita, única e exclusivamente, à matéria que for objeto da convenção de arbitragem firmada entre as partes e que tenha escorado o reconhecimento da competência pelo respectivo árbitro. Isso significa que, se a convenção de arbitragem outrora impugnada e cuja regularidade se assentou contiver matéria diversa ou mesmo mais restrita daquela que é objeto de discussão no processo judicial, o processo será afetado apenas e tão-somente naquilo que for ponto comum com a arbitragem, permanecendo intocado, em todos os seus termos, quanto ao mais. Tudo isso na mesma forma e termo como também ocorre com os demais pressupostos processuais negativos, especialmente a litispendência e a coisa julgada, que, consoante outrora já se assentou, podem ser parciais.

3.2. O reconhecimento de competência pelo juízo arbitral e os contornos do seu exame ex officio pelo juiz da causa

Uma vez reconhecido o caráter extrínseco da competência do juízo arbitral e sua natureza essencialmente peremptória, a questão final que se coloca para análise nesta sede, portanto, é se tal matéria poderia ser conhecida de ofício pelo magistrado, o que nos leva a outros questionamentos necessários: quais os limites para que esse conhecimento pelo magistrado se dê? Há necessidade de comunicação do juízo estatal pelo juízo arbitral acerca da sua decisão? De que forma isso deveria ser feito? Qualquer das partes interessadas poderia fazer esse papel de comunicação da decisão nos autos do procedimento em curso perante o Poder Judiciário, desde que se responsabilizando, evidentemente, pela comprovação daquilo que alegar? O juiz poderia se valer de informações extra-autos para promover esta extinção? O que ocorreria caso o magistrado se recusasse a reconhecer a competência assentada pelo juízo arbitral e desse seguimento ao processo?

Para que se faça a análise de todos esses aspectos – o que será objeto de exame a seguir – é indispensável, porém, que se façam duas distinções de antemão:

i) a primeira diz respeito à situação na qual não há procedimento arbitral ainda em curso e na qual toda a controvérsia em torno da regularidade da convenção de arbitragem se dá exclusivamente perante o Poder Judiciário.

Nesse caso, não há que se falar na aplicação da segunda parte do art. 485, VII, do NCPC à hipótese, na medida em que nenhum posicionamento acerca da competência do juízo arbitral – que sequer se constituiu –, por razões óbvias, pode ser manifestada por ele nos autos.

Disso decorre que, em havendo discussão entre as partes acerca da existência, validade ou eficácia da convenção, a questão deve ser analisada à luz do enunciado do art. 8º, parágrafo único, da Lei 9.307/96, autorizando-se o magistrado a reconhecer apenas e tão-somente aqueles vícios que possam ser identificados "*prima face*, ou seja, de pronto, sem necessidade de maior exame"[25]. Logo, "poderia o juiz togado reconhecer a invalidade de um compromisso arbitral a que falte qualquer de seus requisitos essenciais [art. 10, Lei 9.307/96], ou a impossibilidade de fazer valer uma convenção arbitral que diga respeito a uma questão de direito indisponível; mas não poderia determinar o prosseguimento da instrução probatória para verificar o alcance da convenção arbitral ou para aferir se algum dos contratantes teria sido forçado ou induzido a celebrar o convênio arbitral"[26];

ii) a segunda se refere ao tratamento da disciplina da existência da convenção de arbitragem, assim considerada única e exclusivamente o fato de haver instrumento escrito que materialize eventual manifestação de vontade outrora levada a efeito pelas partes e que pode

---

25. CARMONA, Carlos Alberto. *Arbitragem e processo: um comentário* à *Lei n.º 9.307/96*. 3.ed, rev., atual. e ampl. São Paulo: Atlas, 2009, p. 177.

26. CARMONA, Carlos Alberto. *Arbitragem e processo: um comentário* à *Lei n.º 9.307/96*. 3.ed, rev., atual. e ampl. São Paulo: Atlas, 2009, p. 177. Já se assentou, porém, que não há consenso na jurisprudência acerca desta temática, existindo julgados que autorizam ao Poder Judiciário o exame, de imediato, acerca da questão, mesmo diante da previsão inserta na Lei de Arbitragem. A propósito, cf. Nota 27 deste trabalho.

ser invocada pelo interessado como preliminar de contestação, nos moldes como previsto no art. 334, X, do Código de Processo Civil.

E o alerta aqui refere-se ao fato de que, a despeito do entendimento do Prof. Fredie Didier Júnior e do entendimento já manifestado pelo Superior Tribunal de Justiça[27] a esse respeito, a indicação da convenção de arbitragem como pressuposto processual negativo, a nosso ver, merece cautela, notadamente em vista da redação do art. 334, § 5º, do Novo Código de Processo Civil no sentido de que a existência da convenção de arbitragem firmada entre as partes acerca de matéria que é objeto de processo perante o Poder Judiciário não poderia ser conhecida de ofício pelo juiz.

Isso nos leva a crer que a tão-só existência da convenção de arbitragem não é, pura e simplesmente, pressuposto processual negativo, ainda que, em tese, um dos seus efeitos seja, sem dúvida, impedir que as partes se valham da jurisdição estatal para solucionar a sua controvérsia. A existência da convenção de arbitragem só se torna, de fato, um pressuposto processual negativo a partir do momento em que ela é alegada – e, evidentemente, provada – pelo réu na sua contestação, autorizando, então, a extinção do processo sem resolução de mérito pelo juiz.

O silêncio do réu na sua defesa no tocante à convenção de arbitragem implica em revogação tácita, pelas partes, da manifestação de vontade anteriormente exarada e em consequente renúncia à jurisdição arbitral, não acarretando nenhum efeito, notadamente de natureza negativa, em relação ao processo que está em curso.

Diferente do que ocorre nessas duas situações acima retratadas – ou seja, quando não há procedimento arbitral iniciado ou quando se tem pura e simplesmente convenção de arbitragem firmada entre as partes – é o que se dá quando a hipótese em exame é aquela na qual há um procedimento arbitral em curso, com árbitro regularmente constituído, que, ao promover a análise das impugnações à convenção, reconheceu a sua própria competência para processar e julgar o litígio existente entre as partes.

Isso porque, a partir do momento em que uma das partes inicia a arbitragem e, por conseguinte, manifesta o seu interesse em litigar na jurisdição arbitral e obtém o reconhecimento do(s) árbitro(s) de que a sua competência pode, de fato, ser exercida, isso tem como consequência lógica, como um dos efeitos da própria convenção de arbitragem que foi firmada – e cuja higidez restou reconhecida – a impossibilidade da atuação do juízo estatal sobre a matéria.

Com efeito, o estabelecimento da convenção de arbitragem e o reconhecimento da sua regularidade (e, por conseguinte, da sua competência) pelo árbitro traz consigo um antecedente lógico que é o próprio reconhecimento

---

27. A propósito, cf. Nota 19 *retro*.

inequívoco da jurisdição arbitral[28] – e consequente afastamento do juízo estatal. Esse afastamento – que, em tese, é um dos efeitos da convenção de arbitragem que sequer dependeria da instauração do juízo arbitral[29] – ganha contornos ainda mais definitivos quando o próprio árbitro reconhece que inexistem motivos para que ele não possa atuar no caso concreto.

Ora, a partir do momento em que o juízo estatal tem sua incompetência reconhecida pela existência da convenção de arbitragem e pelo reconhecimento da competência pelo árbitro, atinge-se frontalmente no processo judicial um pressuposto processual subjetivo de validade relacionado ao juiz que lhe é essencial: a sua competência para processar e julgar a matéria. Vale dizer: assentada a competência pelo juízo arbitral, o juízo estatal, em contrapartida, deixa de ter competência para atuar no caso – e deixa de forma absoluta.

Disso decorre que a questão pode ser inequivocamente conhecida de ofício pelo juiz da causa, o que deverá se dar, em princípio, por meio de comunicação expedida pelo árbitro ao juízo estatal – valendo-se, para tanto, de ofício[30] no qual informe a sua decisão, diligenciando, inclusive, para dar ao juiz informações, dados e elementos suficientes acerca da legitimidade (formal[31]) da decisão tomada, sem se descuidar, contudo, da confidencialidade

---

28. Jurisdição sim, como, inclusive, reconheceu o Superior Tribunal de Justiça quando assentou que "a atividade desenvolvida no âmbito da arbitragem tem natureza jurisdicional" (STJ, CC 111.230/DF, Rel. Ministra Nancy Andrighi, 2ª Seção, j. 08/05/2013, DJe 03/04/2014). Também no julgamento do Conflito de Competência n.º 113.260/SP, em acórdão publicado em 07/04/2011, a mesma 2ª Seção do Superior Tribunal de Justiça já tinha tido a oportunidade de consignar que "os argumentos da doutrina favoráveis à jurisdicionalidade do procedimento arbitral revestem-se de coerência e racionalidade. Não há motivos para que se afaste o caráter jurisdicional dessa atividade". A propósito, cf. CREMASCO, Suzana Santi; SILVA, Tiago Eler. O caráter jurisdicional da arbitragem e o precedente arbitral. Revista da Faculdade de Direito da UFMG, Belo Horizonte, n. 59, p. 367 a 404, jul./dez. 2011. Disponível em http://www.egov.ufsc.br/portal/sites/default/files/o_carater_jurisdicional_da_arbitragem_e_o_precedente_arbitral.pdf. Acesso em 25/10/2015.

29. A propósito, cf. CARMONA, Carlos Alberto. *Arbitragem e processo: um comentário* à *Lei n.º 9.307/96*, 3.ed., rev., atual. e ampl. São Paulo: Atlas, 2009, p. 79.

30. Não é o caso de a comunicação ser feita mediante carta arbitral, tendo em vista que, à luz do Novo Código de Processo Civil, o instrumento se presta a solicitar que "órgão do Poder Judiciário pratique ou determine o cumprimento, na área de sua competência territorial, de ato objeto de pedido de cooperação judiciária formulado por juízo arbitral, inclusive os que importem efetivação de tutela provisória", o que não nos parece, evidentemente, a hipótese retratada, eis que não se pede qualquer providência ao juízo estatal, mas apenas lhe dá ciência acerca de decisão tomada pelo juízo arbitral.

31. Vale esclarecer que não é dado ao juízo estatal, uma vez comunicado pelo juízo arbitral acerca da decisão tomada, tecer qualquer juízo de valor no tocante ao mérito desta decisão, na medida em que carece de pressuposto processual para fazê-lo. A este respeito, bastante oportuno é o entendimento manifestado no Enunciado n.º 27 do Fórum Permanente de Processualistas Civis para a carta arbitral, mas que é plenamente aplicável também a essa

eventualmente estabelecida na arbitragem. Por outro lado, nada impede que o interessado leve a questão à ciência nos autos do processo judicial, desde que o faça de forma devidamente comprovada.

Caso o magistrado tome ciência da decisão de algum outro modo – notadamente extra-autos – deve diligenciar no sentido de obter a certificação no processo judicial acerca da decisão do juízo arbitral, o que pode se dar por meio da intimação das partes para que digam a esse respeito nos autos, documentando, evidentemente, a sua manifestação ou por meio da expedição de ofício ao próprio árbitro solicitando informações sobre o tema.

Quanto a esse aspecto, é de se destacar que o Novo Código de Processo Civil prestigia os mecanismos de cooperação jurisdicional, sendo certo que, nos termos do Enunciado n.º 5 do Fórum Permanente de Processualistas Civis "o pedido de cooperação jurisdicional poderá ser realizado também entre o árbitro e o Poder Judiciário", via esta que é, inequivocamente, de mão-dupla.

O que se deve, em verdade, a todo custo evitar é a manutenção simultânea de dois procedimentos – em curso no juízo arbitral e no juízo estatal – entre as mesmas partes e sobre a mesma questão, não só em virtude do desperdício – de tempo e recursos de todos os envolvidos –, mas, sobretudo, frente ao risco de decisões conflitantes, com todos os inconvenientes daí decorrentes.

Uma vez levada a questão ao conhecimento do magistrado, a regra inserta no art. 485, VII, do Novo Código de Processo Civil é clara e não comporta flexibilizações ou recusas: reconhecida a competência pelo juízo arbitral, o processo judicial deve ser extinto sem resolução de mérito.

3.3. A interpretação extensiva da hipótese de cabimento de agravo de instrumento prevista no art. 1.015, III, do código de Processo Civil

Questão que se coloca, por fim, é quais são as medidas que poderiam ser eventualmente adotadas pela parte interessada caso o magistrado, uma vez ciente do reconhecimento de competência por parte do árbitro, eventualmente se negue a atender o comando do art. 485, III, do Código de Processo Civil e, por conseguinte, prossiga com a tramitação do processo perante o Poder Judiciário.

Não se tem dúvidas de que tal postura autoriza, de início, a tomada de medidas administrativas junto aos órgãos disciplinares do Tribunal, na medida

---

comunicação: "Não compete ao juízo estatal revisar o mérito da medida ou decisão arbitral cuja efetivação se requer por meio da carta arbitral". Nesse sentido, uma vez recebido o ofício, compete ao magistrado se certificar, apenas, acerca da autenticidade, regularidade e idoneidade da comunicação e nada além.

em que representa violação literal à disposição de lei e traz com ela todos os inconvenientes decorrentes da manutenção de dois procedimentos – judicial e arbitral – que versem sobre o mesmo tema. Há, destarte, risco intrínseco de existência de decisões contraditórias, além de um imenso, desnecessário e inadmissível desperdício da atividade processual, eis que, como cediço, o prosseguimento do processo judicial com seu julgamento por quem não detém jurisdição para fazê-lo é causa de nulidade da decisão que vier a ser eventualmente proferida, passível de impugnação por vias endoprocessuais e extraprocessuais.

Mas além disso – e sob a perspectiva estritamente processual, a eventual recusa do magistrado em extinguir o processo sem resolução de mérito desafia, a nosso ver, a interposição imediata de agravo de instrumento, por aplicação extensiva do comando do art. 1015, III, do Novo Código de Processo Civil.

O referido dispositivo prevê o cabimento de agravo de instrumento no tocante "à rejeição da alegação de convenção de arbitragem" – isto é, naquela hipótese em que a parte ré, devidamente citada no curso de um processo judicial, arguiu a existência de convenção de arbitragem outrora firmada entre as partes e, por conseguinte, a inviabilidade de processamento e julgamento da controvérsia perante o Poder Judiciário e, não obstante, o argumento é afastado pelo juiz estatal.

A razão de ser do cabimento do agravo de instrumento na hipótese expressamente prevista no art. 1.015, III é, justamente, impedir que o objeto do litígio existente entre as partes corra o risco de se ver indevidamente julgado por alguém que não detenha jurisdição para fazê-lo, *a priori*. O escopo do legislador ao contemplar a previsão é, portanto, exatamente o mesmo que aquele que se pretende evitar ao se sustentar nesta sede a possibilidade de utilização do agravo de instrumento quando o magistrado se recusa a observar o preceito do art. 485, VII, diante do reconhecimento de competência pelo árbitro.

Trata-se, assim, de viabilizar a utilização de uma mesma ferramenta processual para situações cujos objetivos perseguidos são idênticos, o que recomenda, por uma questão de racionalidade legislativa e interpretativa, a extensão temática pretendida para o cabimento do agravo de instrumento com fundamento no art. 1.015, III, em contraposição a uma interpretação taxativa e restritiva das hipóteses previstas no dispositivo, que pode acarretar tratamento jurídico diverso a um cenário base comum.

Com efeito, não há como afastar o cabimento de recurso nesta hipótese, especialmente quando reconhecida a qualificação da competência do juízo arbitral como um novo pressuposto processual negativo no processo judicial – o que justificou, inclusive, que o Grupo de Trabalho de Arbitragem no IV Fórum Permanente de Processualistas Civis, propusesse enunciado interpretativo – submetido e aprovado na plenária do V FPPC – no qual se assentou que "o reconhecimento da competência pelo juízo arbitral é causa para a extinção do processo judicial sem resolução de mérito"[32].

A consequência desse entendimento é o Enunciado n.º 435, do V FFPC--Vitória, que diz, de forma precisa, "cabe agravo de instrumento contra a decisão do juiz que, diante do reconhecimento de competência pelo juízo arbitral, se recusar a extinguir o processo judicial sem resolução de mérito".

4. CONCLUSÕES

Diante do exposto, são conclusões necessárias deste trabalho:

(a) o Novo Código de Processo Civil, em que pese não tenha avançado tanto quanto poderia no tocante às relações e a interação entre Arbitragem e Poder Judiciário, com a supressão da disciplina da alegação de convenção de arbitragem proposta no Substitutivo da Câmara dos Deputados, adotou, expressamente, o entendimento da primazia do árbitro para primeiro dizer sobre a sua competência;

(b) o prestígio do princípio da *Kompetenz-Kompetenz* pelo Novo Código de Processo Civil vem expresso na segunda parte do art. 485, VII, que previu o reconhecimento da competência do juízo arbitral, pelo árbitro, como causa de extinção do processo sem resolução de mérito;

(c) ao inserir esta nova hipótese no art. 485, VII, o legislador criou novo – e verdadeiro – pressuposto processual negativo no processo civil brasileiro, na medida em que (i) se trata de elemento extrínseco – porque externo e estranho – ao processo judicial em curso, (ii) tem natureza inequivocamente peremptória – que não pode ser sanado pelo interessado e que (iii) pode – e deve – ser conhecido de ofício pelo juiz da causa, a qualquer tempo ou grau de jurisdição – eis que tem o condão de retirar a sua própria competência e, assim, afeta diretamente um dos pressupostos processuais subjetivos de validade que lhe são mais caros;

(d) o reconhecimento da competência pelo árbitro atinge o processo judicial em curso apenas e tão somente naquelas temáticas que são comuns a ambos os procedimentos, não importando em extinção sem resolução de mérito caso a questão controvertida que esteja em curso perante o juízo estatal seja mais ampla ou diversa que aquela que é objeto da arbitragem;

---

32. A propósito, confira-se Enunciado n.º 434, V FPPC-Vitória.

(e) o reconhecimento da competência pelo árbitro deve ser comunicado ao juízo estatal pelo envio de ofício ou pelos próprios interessados, sendo certo que o magistrado também deve zelar por buscar informações a respeito da questão, de sorte a evitar a tramitação simultânea de dois procedimentos comuns, com todos os entraves, dificuldades e inconvenientes daí decorrentes;

(f) uma vez comunicado o juízo estatal acerca da decisão do juízo arbitral, não poderá haver recusa de sua parte em extinguir o processo sem resolução de mérito e, caso isso ocorra por qualquer razão, a parte poderá valer-se de medidas disciplinares e, ainda, de agravo de instrumento para reverter a decisão.

A técnica de julgamento não unânime do novo CPC: avanço ou retrocesso?

Tatiana Machado Alves[1]

> **Sumário** • **1**. Consideração inicial – **2**. Apresentação da técnica de julgamento do artigo 942 do CPC/2015 – **3**. Primeiro problema: o âmbito de incidência da técnica para as apelações – **4**. Segundo problema: as hipóteses controversas de cabimento – **5**. Terceiro problema: a aplicação da técnica aos agravos de instrumento – **6**. Quarto problema: a aplicação da técnica às ações rescisórias – **7**. Conclusão.

1. CONSIDERAÇÃO INICIAL

O ponto de partida de elaboração deste artigo foi a seguinte pergunta de pesquisa, apresentada pelas organizadoras desta coletânea[2]: *Quais os possíveis problemas decorrentes da técnica que substituiu os embargos infringentes?*

Sabemos que as palavras escolhidas pelo orador em um discurso podem revelar muito sobre o seu ponto de vista acerca do tema debatido. Por outro lado, sabemos também que as proponentes da pergunta acima transcrita provavelmente não tinham a intenção de denotar uma visão apriorística negativa acerca da técnica de julgamento que substituiu os embargos infringentes no novo Código de Processo Civil brasileiro (Lei nº 13.105, de 16 de março de 2015 – CPC/2015), mas sim promover o debate e incentivar a elaboração de

---

1. Mestranda em Direito Processual na UERJ. Pesquisadora visitante na Maastricht University (Holanda, 2016). Graduada em Direito pela UERJ. Advogada no Rio de Janeiro.
2. A autora deste artigo gostaria de agradecer novamente o convite feito pelas idealizadoras deste admirável projeto para contribuir para a presente obra coletiva.

um artigo que fosse relevante e útil para o desenvolvimento da doutrina e para a prática judiciária. Afinal, parcela da doutrina tem demonstrado insatisfação com a técnica adotada pelo legislador do CPC/2015 para substituir os embargos infringentes, razão pela qual é pertinente analisar os problemas que podem advir da sua aplicação.

Não obstante, o questionamento feito sobre os *"problemas* decorrentes" desta técnica inevitavelmente nos levou a uma segunda pergunta (relacionada à primeira): *A técnica do artigo 942 do novo CPC representa um avanço ou um retrocesso com relação ao sistema anterior?* A resposta desta pergunta é dependente da primeira, na medida em que definir se a técnica é um avanço ou um retrocesso está diretamente ligado à investigação sobre os problemas que podem decorrer da sua aplicação, e se eles superam as melhoras por ela trazidas com relação ao regime anterior.

Assim sendo, iniciaremos o artigo com uma apresentação das linhas gerais da técnica de julgamento não-unânime[3] do CPC/2015 (prevista no art. 942) e de breves considerações sobre o regime anterior dos embargos infringentes. Em seguida, analisaremos cada um dos problemas identificados na técnica do art. 942. Tal análise levará em consideração a nossa própria interpretação do instituto e as observações encontradas em sede doutrinária. Ainda, tentaremos apresentar para cada problema uma proposta de interpretação que vise superá-lo, respeitando a finalidade do instituto e a sistemática do Código. Por fim, na conclusão, buscaremos responder, com base na análise feita, a segunda pergunta, referente à avaliação geral desta nova técnica: se um avanço ou um retrocesso.

---

3. Não adentraremos no debate sobre a nomenclatura da técnica. Cada autor, pelo que se tem visto, opta por um nome diferente. Para citar apenas alguns: "técnica de julgamento por maioria" (ROQUE, André Vasconcelos. Novo CPC e direito intertemporal: nem foi tempo perdido – parte II. **Jota**, 19 out. 2016. Disponível em <http://jota.uol.com.br/novo-cpc-e-direito-intertemporal-nem-foi-tempo-perdido-parte-ii>. Acesso em 23 ago. 2016); "técnica de ampliação do julgamento" (BECKER, Rodrigo Franz; NÓBREGA, Guilherme Pupe. Artigo 942 do novo CPC pode massacrar a divergência nos julgamentos. **Consultor Jurídico**, 27 mar. 2015. Disponível em <http://www.conjur.com.br/2015-mar-27/artigo-942-cpc-massacrar-divergencia-julgamentos>. Acesso em 25 ago. 2016); "técnica da complementação do julgamento" (FREIRE, Rodrigo da Cunha Lima. A técnica da complementação do julgamento da apelação no Novo CPC. **Portal Processual**. Disponível em <http://portalprocessual.com/a-tecnica-da-complementacao-do-julgamento-da-apelacao-no-novo-cpc/>. Acesso em 23 ago. 2016); "técnica de suspensão de julgamento de acórdãos não unânimes" (STRECK, Lenio Luiz; HERZL, Ricardo Augusto. O que é isto – Os novos embargos infringentes? Uma mão dá e a outra... **Consultor Jurídico**, 13 jan. 2015. Disponível em <http://www.conjur.com.br/2015-jan-13/isto-novos-embargos-infringentes-mao-outra>. Acesso em 23 ago. 2015). Optamos para este artigo pelo termo "técnica de julgamento não-unânime".

2. APRESENTAÇÃO DA TÉCNICA DE JULGAMENTO DO ARTIGO 942 DO CPC/2015

No Código de Processo Civil de 1973 (CPC/1973), os embargos infringentes, previstos nos artigos 530 e seguintes, conferiam à parte sucumbente na apelação ou na ação rescisória a possibilidade de tentar reverter o resultado desfavorável ainda no tribunal que proferiu o acórdão, desde que (i) o julgamento tivesse sido *não-unânime* para (ii) na apelação, reformar a sentença de mérito, ou (iii) na ação rescisória, julgá-la procedente. Caso a divergência tivesse sido *parcial*, os embargos seriam restritos ao ponto sobre o qual houve a divergência. Neste caso, ainda, a interposição dos infringentes contra a parte *não-unânime* do julgado suspenderia o prazo para interposição de recurso especial ou recurso extraordinário com relação à parte *unânime*.

O principal argumento aduzido a favor dos infringentes sempre foi de que ele garantiria um maior grau de correção e, consequentemente, de justiça nas decisões judiciais. A razão de fundo era que a votação por maioria (2 a 1) para reformar a sentença em sede de apelação ou julgar procedente a ação rescisória somar-se-ia à sentença reformada e à decisão rescindenda, gerando um virtual "empate".[4] Por esse motivo, o resultado teria um grau maior de certeza se fosse revisitado por um órgão composto por um número maior de julgadores.

Em contrapartida, o principal argumento contra os embargos infringentes seria a demora imposta ao processo, que não justificaria esse suposto acréscimo de certeza sobre a justiça da decisão do órgão colegiado.

Não obstante as muitas críticas que eram formuladas aos embargos infringentes, nunca havia se logrado, desde a sua primeira previsão na Lei nº 319, de 25 de novembro de 1936, extingui-los do ordenamento jurídico brasileiro;[5] apenas, em algumas reformas processuais, restringir o seu escopo de incidência.[6]

---

4. STRECK, Lenio Luiz; HERZL, Ricardo Augusto. O que é isto – Os novos embargos infringentes? Uma mão dá e a outra... Op. cit.
5. Uma relação dos doutrinadores que eram favoráveis à extinção dos embargos infringentes e dos que eram pela sua manutenção, acompanhada dos argumentos em cada sentido, é apresentada por Marcelo Navarro Ribeiro Dantas, *in* Alteração nos infringentes traz mais danos que vantagens. **Consultor Jurídico**, 25 fev. 2013. Disponível em <http://www.conjur.com.br/2013-fev-25/marcelo-dantas-alteracao-infringentes--traz-danos-vantagens>. Acesso em 25 ago. 2016.
6. BARBOSA MOREIRA, José Carlos. Novas vicissitudes dos embargos infringentes. **Revista de Processo**, v. 109, p. 113-123, jan./mar. 2003.

Entre as idas e vindas do processo legislativo de tramitação do novo Código de Processo Civil (do Senado Federal para a Câmara dos Deputados, e de volta para o Senado), os embargos infringentes tiveram uma sorte curiosa.

Inicialmente, o intento da Comissão de Juristas formada para elaborar o Anteprojeto do novo CPC – apresentando originalmente no Senado – era de simplesmente abolir a figura dos embargos infringentes do processo civil brasileiro. Quando o projeto aportou na Câmara dos Deputados, sem este recurso, optou-se por uma solução que manteria vivo o "espírito" dos embargos infringentes, mas supostamente simplificaria a sua utilização: incluiu-se a previsão de uma *técnica processual* segundo a qual,

> [q]uando o resultado da apelação for não unânime, o julgamento terá prosseguimento em sessão a ser designada com a presença de outros julgadores, a serem convocados nos termos previamente definidos no regimento interno, em número suficiente para garantir a possibilidade de inversão do resultado inicial, assegurado às partes a eventuais terceiros o direito de sustentar oralmente suas razões perante os novos julgadores.

No retorno para o Senado, discutiu-se se essa nova previsão seria realmente capaz de manter a "vantagem" dos embargos infringentes (garantia de maior grau de correção e justiça da decisão judicial), sem incorrer na sua "desvantagem" (atraso e complicação do processo). Ao final, o dispositivo referente à técnica de julgamento não-unânime foi votado como um destaque (i.e. separado do texto básico), aprovado, e incluído no texto do novo Código como artigo 942 com a seguinte linguagem no *caput*:

> Quando o *resultado da apelação* for *não unânime*, o julgamento terá prosseguimento em sessão a ser designada com a presença de *outros julgadores*, que serão convocados nos termos previamente definidos no regimento interno, em *número suficiente para garantir a possibilidade de inversão do resultado inicial*, assegurado às partes e a eventuais terceiros o direito de sustentar oralmente suas razões perante os novos julgadores (grifo nosso).

Por seu turno, o § 3º do art. 942 estende a aplicação desta técnica à *ação rescisória*, "quando o resultado for a rescisão da sentença" (inciso I), e ao *agravo de instrumento*, "quando houver reforma da decisão que julgar parcialmente o mérito" (inciso II); ao passo que o § 4º veda a sua aplicação ao incidente de assunção de competência e ao incidente de resolução de demandas repetitivas (inciso I), à remessa necessária (inciso II), e aos julgamentos não-unânimes que forem proferidos no âmbito do plenário ou da corte especial dos tribunais (inciso III).

A primeira observação geral que se faz sobre a previsão do art. 942 é que ele *não traz uma espécie recursal, mas sim uma técnica processual de julgamento*.[7] A ausência do elemento "voluntariedade" – uma vez que o art. 942 será obrigatoriamente aplicado quando ocorrer a não-unanimidade no julgamento – já afastaria a sua qualificação como recurso.[8] Ainda, a inclusão topográfica desse mecanismo sob o capítulo referente à ordem dos processos no tribunal (Capítulo II do Título I do Livro III), e não sob o capítulo referente aos recursos em espécie (Título II do Livro III), afasta qualquer dúvida que poderia haver sobre essa questão.

O correto, portanto, é qualificar a figura do art. 942 do CPC/2015 como uma *técnica processual* aplicada em certos casos de resultados não-unânimes.

Ao dispensar a necessidade de interposição de um recurso, com a correlata apresentação de contrarrazões pela parte adversa, para que a questão divergente seja analisada por um órgão colegiado maior, a técnica do art. 942 pelo menos apresenta uma vantagem com relação ao regime anterior, dos embargos infringentes, no que tange à economia processual e à celeridade. Questionamos, todavia, se referida técnica logrou *simplificar* o procedimento.

Nessa medida, ao analisar o artigo 942, e levando em consideração as controvérsias que já existiam em sede doutrinária e jurisprudencial a respeito dos embargos infringentes, pudemos identificar alguns potenciais problemas que podem decorrer da aplicação desta técnica, nomeadamente:

1) O âmbito de incidência da técnica para as apelações;

2) As hipóteses controversas de cabimento, para além das previsões dos §§ 3º e 4º;

3) A aplicação da técnica aos agravos de instrumento;

4) A aplicação da técnica às ações rescisórias.

Passamos, assim, à exposição e análise de cada um desses problemas; ocasião na qual tentaremos propor uma solução de interpretação.

3. PRIMEIRO PROBLEMA: O ÂMBITO DE INCIDÊNCIA DA TÉCNICA PARA AS APELAÇÕES

Diferentemente do CPC/1973, que desde a alteração da Lei nº 10.352/2001 limitava o cabimento dos embargos infringentes, no caso da apelação, aos

---

7. Nesse sentido, ZANETI JR., Hermes. Comentários ao art. 942. In: CABRAL, Antonio do Passo; CRAMER, Ronaldo. **Comentários ao Novo Código de Processo Civil**. Rio de Janeiro: Forense, 2015, p. 1354-1359, p. 1356.

8. Cf. STRECK, Lenio Luiz; HERZL, Ricardo Augusto. O que é isto – Os novos embargos infringentes? Uma mão dá e a outra... Op. cit.

julgamentos que resultassem em *reforma da sentença de mérito*, o CPC/2015 fala apenas no cabimento da técnica do art. 942 "quando o resultado da apelação for não unânime". Segue, assim, o que era a redação original do art. 530 do CPC/1973 para os embargos infringentes.

Diante disso, a doutrina vem questionando se sob a égide do novo CPC a aplicação da técnica processual para as apelações ocorre apenas quando há indicação de reforma da sentença de mérito, ou se ela abrange todos os casos de resultado não-unânime neste recurso.

Para Rodrigo da Cunha Lima Freire, deveria haver a necessidade de o resultado não-unânime alcançado no julgamento da apelação ser pela *reforma* de sentença de *mérito*, uma vez que entendimento em sentido contrário implicaria um "descompasso inexplicável entre o caput e o § 3º do art. 942", o qual prevê a aplicação da técnica ao agravo de instrumento com limitação às hipóteses de reforma da decisão de mérito.[9]

Por seu turno, Hermes Zaneti Jr. defende, *a priori*, a interpretação literal do dispositivo, sem impor restrições que lá não estão, argumentando que "caso [a técnica do art. 942] se mostre eficaz para melhoria da qualidade das decisões, deve ser aplicada sempre que possível, ou seja, preferimos a hipótese que mantém a leitura literal do artigo em comento, sem interpretações extensivas da restrição".[10]

Inobstante as (válidas) críticas à opção do legislador de adotar um escopo amplo para a técnica do art. 942 do CPC/2015 na apelação, especialmente em vista da restrição imposta à hipótese do agravo de instrumento no § 3º, entendemos que a interpretação não pode afastar-se excessivamente da letra da lei. Dessa forma, por mais que esse âmbito de incidência amplo vá provavelmente gerar mais trabalho para os tribunais, o art. 942, *caput*, não deixa dúvidas quanto ao seu cabimento em *todas as hipóteses* de resultado não-unânime de julgamento de apelação, não apenas quando ocorrer a reforma de sentença de mérito. Corroborando este entendimento, nota-se que, conforme será visto adiante, no caso da ação rescisória e do agravo de instrumento (art. 942, § 3º), o legislador teve o cuidado de especificar as hipóteses de cabimento da técnica processual, limitando, nestes casos, o âmbito de incidência deste dispositivo.

Uma outra questão relevante, também relacionada com o escopo da técnica do art. 942, diz respeito aos pontos que serão objeto de análise pelo

---

9. FREIRE, Rodrigo da Cunha Lima. A técnica da complementação do julgamento da apelação no Novo CPC. Op. cit. P. 3.
10. ZANETI JR., Hermes. Op. cit. P. 1357. Também entendendo pela aplicação da técnica a todas as hipóteses de resultado não-unânime no julgamento de apelação, não apenas aquelas que julgam o mérito, LANES, Júlio Cesar Goulart. Comentários ao artigo 942. In: WAMBIER, Teresa Arruda Alvim et al. (Coord.) **Breves Comentários ao novo Código de Processo Civil**. São Paulo: Revista dos Tribunais, 2015, p. 2102-2107, p. 2105.

corpo ampliado de julgadores. Explica-se: o *caput* do referido dispositivo afirma que, quando verificada a divergência no resultado do julgamento, este deverá ser interrompido e prosseguir em outra sessão, "com a presença de outros julgadores, em número suficiente para garantir a possibilidade de inversão do resultado inicial" (item 4, *infra*). O § 2º, por sua vez, estabelece que "os julgadores que já tiverem votado poderão rever seus votos por ocasião do prosseguimento do julgamento". Há, aqui, duas questões em aberto. Primeiro, se os "novos" julgadores convocados somente poderão se manifestar sobre os pontos não-unânimes; segundo, se os "antigos" julgadores poderão rever seus votos somente quanto aos pontos não-unânimes, que suscitaram a aplicação da técnica, ou se também poderão rever seus posicionamentos quanto aos pontos sobre os quais houve, no primeiro julgamento, unanimidade. Dito de outro modo: haveria preclusão para as questões unânimes?

Para Júlio Cesar Goulart Lanes, como o resultado do julgamento ainda não terá sido proclamado, os desembargadores que compunham o quórum do primeiro julgamento poderão rever seus votos também naqueles pontos que não foram objeto de divergência. Quanto aos desembargadores convocados para a nova sessão, entende, contudo, que eles somente podem manifestar-se sobre o ponto que foi objeto da divergência, salvo se, antes deles proferirem seus votos, os desembargadores "originários" tiverem revisto seus votos quanto a algum ponto anteriormente unânime criando, com isso, uma nova divergência.[11]

Concordamos com essa opinião. A técnica do art. 942 deve ser interpretada restritivamente para permitir a manifestação dos "novos" julgadores apenas com relação aos pontos não-unânimes, que motivaram a sua convocação. Apenas se surgir uma nova divergência durante o segundo julgamento é que eles poderão se manifestar também sobre este novo ponto. Por outro lado, como o § 2º do art. 942 afirma de forma ampla que os desembargadores que participaram do primeiro julgamento "poderão rever seus votos", sem especifica se esta revisão está limitada ao ponto não-unânime, entendemos que não seria razoável impor uma limitação que não existe na lei e que, mais ainda, não se coaduna com a sua teleologia, tendo em vista que o resultado do julgamento não terá sido proclamado, nem mesmo com relação aos pontos sobre os quais houve unanimidade na primeira sessão.

4. SEGUNDO PROBLEMA: AS HIPÓTESES CONTROVERSAS DE CABIMENTO

O artigo 942 delineia o campo das hipóteses de cabimento da técnica de julgamento não-unânime em uma dimensão positiva e em uma dimensão negativa. Pela dimensão positiva, este dispositivo prevê, no *caput* e no § 3º, a

---

11. LANES, Júlio Cesar Goulart. Comentários ao artigo 942. Op. cit. P. 2106.

aplicação da técnica nas hipóteses de (i) apelação; (ii) ação rescisória, desde que o resultado seja a rescisão da sentença; e (iii) agravo de instrumento, no qual se tenha decidido pela reforma da decisão que julgou parcialmente o mérito.

Pela dimensão negativa, é estabelecido que a técnica *não* pode ser aplicada em casos de (i) incidente de assunção de competência; (ii) incidente de resolução de demandas repetitivas; (iii) remessa necessária; e (iv) julgamento não-unânime proferido pelo plenário ou pela corte especial dos tribunais.

Embora o legislador tenha dado um passo além no novo Código ao tratar de mais casos do que o CPC/1973, o CPC/2015 ainda deixou sem resposta certas hipóteses que já geravam controvérsia quanto ao cabimento de embargos infringentes sob o regime anterior. Nessa medida cabe fazer um questionamento importante: o rol de hipóteses de aplicação da técnica do art. 942 é taxativo?

A resposta a essa pergunta pode representar uma situação de "cobertor curto". Como vimos, o art. 942 traz uma relação tanto das situações de *cabimento* como das de *não-cabimento* da técnica processual. Ainda, a linguagem dos §§ 3º e 4º são essencialmente as mesmas: aquele fala que a técnica "aplica-se, igualmente, ao julgamento não-unânime proferido em", e esta diz que "não se aplica (...) ao julgamento". Não há em ambos os casos termo que permita inferir a intenção do legislador em estabelecer um rol de forma exaustiva e o outro de forma exemplificativa.

Assim sendo, seria difícil justificar a atribuição de um caráter taxativo ao rol de cabimento e um caráter exemplificativo ao rol de não-cabimento, ou vice-versa. Por outro lado, se admitirmos que as hipóteses de cabimento estão previstas taxativamente – de modo que a técnica somente poderia ser aplicada nas três situações previstas – e, da mesma forma, que as hipóteses de não-cabimento estão todas listadas no referido § 4º, o que deveria ser feito com aquelas situações para as quais não há previsão legal?

Antes de tentarmos responder essa indagação, cumpre analisar de quais situações não-previstas (e controversas) estamos tratando.

Sob a égide do Código de 73, o Superior Tribunal de Justiça (STJ) editou quatro enunciados de súmula que tratavam da (in)admissibilidade dos embargos infringentes em certos casos. Os Enunciados 88 e 255 previam a *admissibilidade* do recurso no processo falimentar e em agravo retido que tratasse de matéria de mérito, respectivamente. Já os Enunciados 169 e 390 fixavam a *inadmissibilidade* dos embargos infringentes em mandado de segurança e em reexame necessário, respectivamente. O Supremo Tribunal Federal (STF), quando era da sua competência, editou Enunciado de Súmula nº 597 afirmando que "não cabem embargos infringentes de acórdão que em mandado de segurança decidiu, por maioria de votos, a apelação".

Com a eliminação dos embargos infringentes do processo civil brasileiro, esses enunciados sumulares ficaram superados.[12] É preciso, contudo, indagar o *status* atual dessas quatro hipóteses tratadas pelo STJ e da hipótese objeto de enunciado sumular do STF, diante da técnica processual do artigo 942 do CPC/2015.

No caso do processo falimentar, a controvérsia sob o regime anterior decorria da previsão do artigo 100 da lei 11.101/2005, o qual estabelecia que o recurso cabível contra a decisão que decretasse falência era o agravo. Dessa forma, como o CPC/1973 apenas previa o cabimento dos embargos infringentes para a apelação, quando houvesse reforma da sentença de mérito, e para a ação rescisória, quando o julgamento fosse procedente. Debatia-se, portanto, se seria possível estender, por analogia, a aplicação do artigo 530 do CPC/1973 aos agravos de instrumento que decidissem o mérito – como era o caso do processo falimentar. A jurisprudência do STJ já havia firmado entendimento – consolidado no enunciado sumular nº 88 – que era possível.

Tendo em vista que o CPC/2015 prevê a aplicação da técnica de julgamento não-unânime aos agravos de instrumento que reformarem decisão de mérito, entende-se que o caso dos processos falimentares recebeu tratamento no novo Código.[13]

Quanto aos agravos retidos que tratem de matéria de mérito, a questão ficou resolvida na medida em que o agravo retido deixou de existir e as de-

---

12. Nesse sentido, o Enunciado nº 233 do Fórum Permanente de Processualistas Civis (FPPC): "233. Ficam superados os enunciados 88, 169, 207, 255 e 390 da súmula do STJ como consequência da eliminação dos embargos infringentes (*"São admissíveis embargos infringentes em processo falimentar"*; *"São inadmissíveis embargos infringentes no processo de mandado de segurança"*; *"É inadmissível recurso especial quando cabíveis embargos infringentes contra o acórdão proferido no tribunal de origem"*; *"Cabem embargos infringentes contra acórdão, proferido por maioria, em agravo retido, quando se tratar de matéria de mérito"*; *"Nas decisões por maioria, em reexame necessário, não se admitem embargos infringentes"*) (Grupo: Ordem dos Processos nos Tribunais e Recursos Ordinários)."

13. Hermes Zaneti Jr. lembra que o art. 100 da lei 11.101/2015 prevê o agravo como recurso cabível contra a decisão que decreta a falência e a apelação contra a sentença que julga improcedente o pedido de falência. Ocorre que como o CPC/2015 conferiu tratamento diferenciado para a aplicação da técnica do art. 942 às apelações e aos agravos de instrumento, exigindo, para estes, que se tenha decidido pela *reforma* da decisão de mérito, haveria uma disparidade nos processos falimentares, na medida em que a aplicação da técnica em caso de decretação de falência seria mais restrita do que quando a decisão de primeira instância (sentença) tivesse sido pela improcedência do pedido. Com referência a este ponto, Zaneti afirma que embora não seja possível saber se os tribunais acabarão restringindo a aplicação da técnica do artigo 942 nas apelações àqueles casos em que o resultado for a reforma de sentença de mérito, ele entende que caso referida técnica "se mostre eficaz para melhoria da qualidade das decisões, deve ser aplicada sempre que possível", prestigiando assim "a leitura literal do artigo em comento, sem interpretações extensivas da restrição". (*in* Op. cit. P. 1357.)

cisões interlocutórias passaram a ser impugnadas em apelação (nos termos do art. 1009, § 1º, do CPC/2015), estando, portanto, sujeitas à aplicação da técnica de julgamento não-unânime por força do art. 942, *caput*.[14]

O reexame necessário, por seu turno, passou a ser tratado expressamente pelo art. 942, § 4º, inciso II, do CPC/2015, o qual estabelece a *não-aplicação* da técnica a esta hipótese.

Resta, portanto, a hipótese do *mandado de segurança*, que merece uma atenção especial. Isso porque, além de ser objeto dos referidos enunciados nº 169 da súmula do STJ e nº 597 da súmula do STF, também contava com previsão específica na lei nº 12.016/09 (lei do mandado de segurança), que assim dispunha no artigo 25: "Não cabem, no processo de mandado de segurança, a interposição de embargos infringentes (...)".

Com a extinção desta espécie recursal, este dispositivo da lei 12.016/09 perdeu a sua eficácia.[15] Por seu turno, o art. 942 do CPC/2015 não tratou da aplicação da técnica de julgamento não-unânime ao mandado de segurança – nem no rol do § 3º, nem no rol do § 4º. Para investigar essa hipótese, iremos analisar duas ordens de situações: as apelações em mandado de segurança e os mandados de segurança da competência originária dos tribunais.

Em virtude da ausência de previsão expressa vedando a aplicação da técnica ao mandado de segurança de forma geral, entendemos que seria possível em tese admitir essa hipótese para a apelação interposta contra mandado de segurança, por força do art. 942, *caput*.

A questão é um pouco mais complexa quando tratamos dos mandados de segurança que são de competência originária dos tribunais – é o caso, para citar apenas um, dos mandados de segurança da competência originária dos Tribunais Regionais Federais (art. 108, inciso I, alínea "c", da Constituição Federal de 1988). Essa situação não se encaixa em nenhuma das três hipóteses de aplicação da técnica do art. 942, *caput* e § 3º, do CPC/2015. Por outro lado, alguns mandados de segurança impetrados diretamente nos Tribunais Regionais Federais poderão, eventualmente, incidir na vedação do § 4º, inciso III, quando o Regimento Interno prever a competência do plenário ou do órgão especial para julgamento. No âmbito do TRF2, por exemplo, os artigos 11, parágrafo único, e 12, inciso IV, preveem as situações nas quais os mandados de segurança serão julgados, respectivamente, pelo

---

14. Cf. Loc. cit.
15. Zaneti pontua que o art. 1.046, § § 2º e 4º, do CPC/2015 não seriam aplicadas a esta hipótese. (*in* Ibid. P. 1358) Com efeito, o artigo 942 do CPC/2015 não corresponde ao artigo 530 do CPC/1973, o que só ocorreria se aquele dispositivo legal previsse a figura dos embargos infringentes. O que o art. 942 traz é uma nova *técnica processual* que veio a substituir a *espécie recursal* extinta – a diferença na natureza jurídica das duas figuras deixa evidente a ausência de correspondência.

plenário ou pelo órgão especial. Nestes casos, entendemos que em caso de julgamento não-unânime não caberá a aplicação da técnica do art. 942 – não por se tratar de mandado de segurança, mas sim em virtude do julgamento ser realizado pelo plenário ou pelo órgão especial, fazendo incidir a citada vedação do § 4°, inciso III.

O que ocorre, contudo, com os mandados de segurança que são da competência originária do Tribunal Regional Federal, e serão julgados por Turma ou Seção Especializada (órgão fracionário)? Para esses casos, não há, conforme dito, previsão no § 3° (hipóteses de aplicação da técnica) ou no § 4° (hipóteses de não-aplicação da técnica). Voltamos, assim, à pergunta que fizemos no início deste tópico: o rol de cada um desses parágrafos é taxativo ou exemplificativo?

Responder que os dois são taxativos não resolve o problema – as hipóteses que não têm previsão legal não podem ficar em um vazio normativo (i.e. não é uma coisa nem outra). Por outro lado, não conseguimos vislumbrar uma interpretação razoável que admita que um rol é taxativo e o outro não, tendo em vista que ambos usam rigorosamente a mesma linguagem (a única diferença é que um traz uma previsão positiva e o outro, negativa). Dessa forma, tenderíamos a afirmar que o rol do § 3° e o rol do § 4° trazem relações exemplificativas de hipóteses de aplicação e não-aplicação da técnica do art. 942, podendo serem ampliadas para abarcar outras situações não previstas pela lei.

Nessa linha, seria possível defender a aplicação da técnica quando houver resultado não-unânime no julgamento da mandado de segurança por órgão fracionário de tribunal com competência originária.

5. TERCEIRO PROBLEMA: A APLICAÇÃO DA TÉCNICA AOS AGRAVOS DE INSTRUMENTO

Outro possível problema que pode surgir da aplicação da técnica está na linguagem do inciso II do § 3°, que trata do seu uso no agravo de instrumento, "quando houver reforma da decisão *que julgar parcialmente o mérito*".

Uma primeira leitura desse dispositivo inevitavelmente nos remete à hipótese de julgamento parcial do mérito – novidade incorporada expressamente pelo novo Código de Processo Civil brasileiro, com previsão no art. 354, parágrafo único, c/c art. 487, incisos II e III, e no art. 356. Nestes casos, a decisão parcial de mérito é impugnável pela via do agravo de instrumento.

A pergunta que se coloca aqui é: diante dessa previsão, e da linguagem utilizada pelo art. 942, § 3°, inciso II, a aplicação da técnica processual está limitada aos agravos de instrumento que julgarem parcialmente o mérito nos termos dos artigos 354, parágrafo único, e 356, ou se estende a todos os agravos de instrumento contra decisão que decidiu o mérito? (Ressalvada em ambas as hipóteses a necessidade de o resultado não-unânime no agravo ter sido pela *reforma* da decisão de mérito, evidentemente.)

Não há, em nosso entendimento, razão para estabelecer uma discriminação com relação aos agravos de instrumento interpostos contra decisão que versar sobre o mérito, sem implicar necessariamente um julgamento antecipado parcial do mérito nos termos dos dispositivos supracitados. A previsão do novo CPC incorpora a *ratio* de questão que já era pacificada na jurisprudência do STJ: o cabimento dos embargos infringentes em caso de agravo (retido e de instrumento) que versa sobre o mérito da causa, aplicando por analogia a previsão referente às apelações. Dessa forma, não faria sentido estabelecer uma interpretação restritiva sobre o art. 942, § 3º, inciso II.

6. QUARTO PROBLEMA: A APLICAÇÃO DA TÉCNICA ÀS AÇÕES RESCISÓRIAS

Uma nota deve ainda ser feita sobre a aplicação da técnica do art. 942 às ações rescisórias. No CPC/1973, o art. 530 previa o cabimento dos embargos infringentes quando a ação rescisória fosse *julgada procedente* por maioria dos votos.

Pois bem. O julgamento da ação rescisória, como bem se sabe, comporta duas partes: o *iudicium rescindens* e o *iudicium rescisorium*. O primeiro corresponde à decisão do tribunal de rescindir/desconstitui a decisão que transitou em julgado, por incidência de uma das hipóteses do antigo art. 485 do CPC/73; ao passo que o *iudicium rescisorium* representa o novo julgamento da causa, quando este for cabível. Há duas observações a serem feitas: primeiro, que o *iudicium rescisorium* será necessariamente dependente e posterior ao *iudicium rescindens*;[16] segundo, que nem sempre haverá o *iudicium rescisorium*, pois em algumas hipóteses de rescisão, não há espaço para um novo julgamento – é o caso, por exemplo, da rescisão com base em violação a coisa julgada.

Conforme observou Barbosa Moreira, quando art. 530 do CPC/73 fazia referência ao julgamento procedente da ação rescisória, abarcava, com isso, tanto a decisão do tribunal sobre a rescisão (quando fosse julgado procedente o pedido do autor para rescindir a decisão) quanto o novo julgamento da causa (quando este fosse favorável ao autor da rescisória). Nesse sentido, somente o réu poderia interpor embargos infringentes.[17]

---

16. DIDIER JR., Fredie; CUNHA, Leonardo Carneiro da. **Curso de Direito Processual Civil**, vol. 3. 11. ed. rev., ampl. e atual. Salvador: Juspodivm, 2013, p. 485.
17. MOREIRA, José Carlos. Novas vicissitudes dos embargos infringentes. Op. cit.

Haveria, assim, três possíveis cenários para os embargos infringentes sob o regime anterior: o acórdão foi (i) não-unânime em julgar pela rescisão, mas unânime ao julgar novamente o caso favoravelmente ao autor; (ii) unânime em decidir pela rescisão, mas não-unânime no novo julgamento em favor do autor, e (iii) não-unânime pela rescisão e no novo julgamento favorável ao autor.[18] Na hipótese (i) os embargos infringentes seriam limitados ao *iudicium rescindens*; na (ii) ao *iudicium rescisorium*, e na (iii) abarcariam ambos os juízos.

O novo CPC estabelece que a técnica do art. 942 será aplicada quando o resultado for a *rescisão* da sentença (por maioria dos votos). A *rescisão* da sentença corresponde, conforme dito, ao *iudicium rescindens*. Assim sendo, isso significa que quando os julgadores proferirem seus votos sobre o *iudicium rescindens*, entendendo pela rescisão da sentença, e for verificada a ocorrência de divergência, o julgamento deverá ser interrompido para prosseguir "em sessão a ser designada com a presença de outros julgadores", *sem adentrar, portanto, no iudicium rescisorium*. Esse entendimento se impõe por uma questão de economia processual – sendo o *iudicium rescisorium* dependente do *iudicium rescindens*, não seria lógico que ocorresse um novo julgamento da causa quando haveria a possibilidade de o resultado sobre a rescisão ser invertido.

Por ocasião do prosseguimento da sessão, questiona-se se os "outros julgadores" convocados deverão proferir seus votos apenas sobre o *iudicium rescindens* – cuja divergência no resultado motivou a sua convocação – ou se eles também poderão/deverão participar do novo julgamento da causa (dado que o resultado seja pela rescisão da sentença). Aplicando o mesmo entendimento utilizado para a aplicação da técnica do art. 942 na apelação quando houver pontos unânimes e não-unânimes, entendemos que os novos julgadores *não devem*, em um primeiro momento, participar do *iudicium rescisorium*, sob pena de violação à garantia do juiz natural; salvo se durante o novo julgamento da causa – que ocorre como ato contínuo da deliberação sobre o *iudicium rescindens* – surgir uma divergência. Nesta hipótese, a participação deles justificar-se-ia por força do § 1º do art. 942.

Vê-se que ao tratarmos dessa questão revelamos nosso posicionamento sobre outro problema decorrente da linguagem do art. 942, § 3º, inciso I: quando este dispositivo fala na hipótese de resultado não-unânime pela *rescisão* da sentença, ele está limitando a aplicação da técnica à não-unanimidade no *iudicium rescindens*, ou seria possível também aplica-la quando o *iudicium rescindens* foi decidido por unanimidade mas o *iudicium rescisorium* não. A nosso ver, esse dispositivo não deveria ser interpretado restritivamente. Afinal, se o resultado não-unânime no julgamento de uma causa por órgão

---

18. Ibid.

fracionário do tribunal em sede de apelação atrai a aplicação da técnica, por que razão o mesmo não ocorreria com o novo julgamento em sede de ação rescisória? Não há justificativa plausível para aplicar dois pesos, duas medidas.

Por fim, há que se fazer referência também ao uso do termo "sentença" pelo inciso I do § 3º do art. 942. O art. 966 do CPC/2015 prevê o seu cabimento da ação rescisória contra *decisão de mérito*. Por sua vez, o § 2º deste artigo estende a aplicação do *caput* às decisões que não são de mérito mas impedem "nova propositura da demanda" (inciso I) ou "admissibilidade do recurso correspondente" (inciso II).

Quando o art. 966, *caput*, fala em decisão de mérito ele está abarcando não apenas as sentenças (em sentido estrito), mas todas as decisões que versem sobre mérito. Por esse motivo, entendemos que o termo "sentença" utilizado no art. 942, § 3º, inciso II, deve ser lido ampliativamente para abarcar todas as decisões de mérito que são objeto do art. 966, *caput*. Ainda, com relação às decisões referidas no § 2º do art. 966, uma vez que o art. 942, § 3º, inciso II, não fala em uma limitação a decisões que sejam objeto de ação rescisória e tenham decidido mérito, tenderíamos a afirmar a possibilidade de aplicação nestes casos.

7. CONCLUSÃO

A extinção dos embargos infringentes atendeu o reclame de uma parte considerável da doutrina que via poucas vantagens e muitas desvantagens nesta espécie recursal. O suposto acréscimo de certeza e de maior grau de justiça à decisão judicial não seria compensado pela demora imposta ao processo por *mais um recurso*.

Entretanto, a extirpação desta espécie recursal do processo civil brasileiro foi uma "falsa vitória", na medida em que veio a ser substituída pela técnica processual de julgamento não-unânime do art. 942 do CPC/2015.

Quanto a esta, o que podemos afirmar ao final da nossa análise? Se houve um benefício com relação ao sistema anterior, ele certamente consiste na dispensa da necessidade de interposição de recurso e de abertura de prazo para contrarrazões – os quais afetavam negativamente a celeridade processual. Neste ponto, portanto, a nova técnica representa um avanço com relação aos embargos infringentes.

Por outro lado, no quadro geral houve uma *ampliação* do escopo de incidência – a técnica do art. 942 admite aplicação em mais casos do que eram as hipóteses de cabimento dos embargos infringentes. Isso potencialmente implicará um aumento do trabalho dos tribunais.

No que tange à regulamentação da técnica, não se pode dizer que houve uma *simplificação* do procedimento propriamente dito. Dispensa-se a interposição de recurso; de resto, a tramitação continua muito similar. Aliás, em virtude da determinação de convocação de "outros julgadores, (...) em número suficiente para garantir a possibilidade de inversão do resultado inicial", é possível que a nova técnica gere complicações para a dinâmica de trabalho nos tribunais.

As hipóteses controversas de aplicação da técnica e de escopo da sua incidência certamente ainda suscitarão muitos e ricos debates em sede doutrinária e jurisprudencial. De modo geral – e respondendo à segunda pergunta que colocamos no início deste artigo – parece-nos que a técnica do artigo 942 do CPC/2015 não configura propriamente um retrocesso; contudo, dizer se ela representa um avanço, ou se, simplesmente, não mudou nada com relação ao regime anterior, é algo que somente poderá ser afirmado com o passar do tempo e com a verificação da forma como será aplicada pelos tribunais brasileiros.

Os novos embargos de declaração

Teresa Arruda Alvim[1]

Sumário • **1**. Introdução – **2**. Questões de ordem pública e efeitos recursais – **3**. Questões de ordem pública e sua decrescente importância no processo – **4**. Questões de ordem pública e os julgamentos parciais de mérito – **5**. Recursos ordinários – **6**. Recursos excepcionais – **7**. Conclusão.

Finalmente, entrou em vigor o NCPC em 18 de março de 2016. Pode-se dizer que se trata de um Código que, em muitos pontos, apenas respondeu às necessidades que vinham sendo sentidas pelo operador do direito. Um destes pontos é justamente a disciplina dos embargos de declaração.

O novo Código esclarece a dúvida que chegou a existir à luz do CPC/1973 e diz claramente serem cabíveis embargos de declaração contra todo e qualquer pronunciamento do juiz, seja decisão interlocutória, sentença, decisão de relator, de órgão colegiado etc. Pode-se afirmar ser recurso interponível até mesmo de pronunciamento desprovido de conteúdo relevantemente decisório.

---

1. Livre-docente, doutora e mestre em Direito pela PUC-SP. Professora nos cursos de graduação, especialização, mestrado e doutorado da mesma instituição. Professora Visitante na Universidade de Cambridge – Inglaterra (2008, 2011 e 2015). Professora Visitante na Universidade de Lisboa (2011). Diretora de Relações Internacionais do IBDP. Vice-Presidente do Instituto Ibero-americano de Direito Processual. Executive Secretary General da International Association of Procedural Law. Membro Honorário da Associazione italiana fra gli studiosi del processo civile. Membro Honorário do Instituto Paranaense de Direito Processual. Membro do Instituto Panamericano de Derecho Procesal, do Instituto Português de Processo Civil, da Academia de Letras Jurídicas do Paraná e São Paulo, do IAPPR e do IASP, da AASP, do IBDFAM. Membro do Conselho Consultivo da Câmara de Arbitragem e Mediação da Federação das Indústrias do Estado do Paraná – CAMFIEP. Membro do Conselho Consultivo RT (Editora Revista dos Tribunais). Coordenadora da Revista de Processo – RePro, publicação mensal da Editora Revista dos Tribunais. Advogada.

O legislador de 2015, assim, corrigiu imperfeição do art. 535, I, CPC/1973 que se referia tão somente à sentença e ao acordão, como pronunciamentos suscetíveis de serem impugnados por meio dos embargos de declaração.

Sabe-se, quanto aos recursos em geral, que a noção de interesse de agir liga-se à sucumbência. No entanto, considerando-se as características peculiares dos embargos de declaração, não existe necessidade de que a decisão impugnada tenha gerado, para o recorrente, gravame ou prejuízo.

Todos aqueles a quem a decisão atinge, direta ou indiretamente, podem apresentar os embargos de declaração: réu, autor, assistentes simples ou litisconsorciais, o Ministério Público etc. Com efeito, os embargos de declaração servem para *revelar* decisão que já deveria ter sido proferida antes. Assim, e por isso, até mesmo o vencedor tem *interesse* em que a decisão seja clara, completa e não contraditória. O interesse em recorrer, no caso dos embargos, não nasce da sucumbência.

Os embargos de declaração eram, e continuam sendo, recurso de *fundamentação vinculada*, o que significa dizer que só podem ser interpostos nas expressas situações previstas em lei. As hipóteses de cabimento foram expressamente alargadas, para que se passasse a admitir os embargos em hipóteses em que a jurisprudência dominante já vinha admitindo.

Cabiam e continuam cabendo quando há *obscuridade* ou *contradição*. Diz-se que a decisão é obscura quando não se pode compreender o sentido do que foi decidido. Há casos em que a obscuridade é tamanha, que leva à impossibilidade de obediência à ordem judicial. A obscuridade pode estar no relatório, na fundamentação ou na parte decisória propriamente dita; ou, ainda, na relação entre estes elementos.

A decisão *contraditória* é a que contém elementos racionalmente inconciliáveis. A contradição, desta forma, confunde-se com a incoerência interna da decisão. Da mesma forma que a obscuridade, a contradição interna pode estar no relatório, na fundamentação, na parte decisória propriamente dita, ou, ainda, na relação entre estes elementos.

Há também a contradição externa que ocorre quando o conteúdo do acórdão e sua respectiva ementa são incoerentes entre si. Ainda, fala-se em contradição entre o teor dos votos proferidos e o teor do acórdão. Por outro lado, a contradição que porventura exista entre a decisão e os *elementos do processo* não enseja a interposição de embargos de declaração.

A hipótese mais frequente de interposição dos embargos de declaração, todavia, é a *omissão*. Ocorre omissão quando faltam quaisquer elementos essenciais à decisão (relatório, fundamentação e parte decisória propriamente dita). Pode haver omissão em apenas um dos capítulos da decisão. A interpretação conjunta das regras contidas no art. 489 e § 1.º, do art. 943, do NCPC nos leva a afirmar que a ausência da ementa também é vício que enseja a interposição de embargos de declaração. Voltaremos a este tema mais à frente.

A norma expressa do NCPC indica que a omissão pode dizer respeito a ponto ou questão "sobre o qual devia se pronunciar o juiz de ofício ou a requerimento". Andou bem o NCPC, a nosso ver, de maneira muito positiva, ao acrescentar as matérias sobre as quais o *juiz deveria ter-se manifestado de ofício*, encerrando discussões havidas em relação ao texto do CPC/1973, tanto na doutrina quanto na jurisprudência, a respeito da possibilidade de o juiz conhecer de *matéria de ordem pública* no bojo dos embargos de declaração, ainda que não tenha relação alguma com a matéria impugnada.

O fato de os embargos de declaração ter efeito devolutivo restrito levantou a questão a respeito de ser ou não possível o órgão julgador conhecer de uma nulidade, sem que esta tivesse sido abrangida pelos limites do efeito devolutivo em sua dimensão horizontal (= o que se impugnou) do recurso de embargos de declaração. À luz do CPC/1973 isto já era possível, segundo a jurisprudência dominante,[2] e, agora, o NCPC expressamente admite essa hipótese, de forma a realizar, de modo inequívoco, o princípio da economia processual.

Os vícios da *obscuridade* e da *contradição* são normalmente defeitos internos à decisão, salvo quando a hipótese for de haver contradição entre *acórdão* e *ementa*. É claro, como dissemos, que a falta de qualquer dos elementos da decisão – relatório, fundamentação ou parte decisória propriamente dita – caracteriza-se como omissão para fins de interposição dos embargos de declaração. Porém, no que diz com a omissão relativa as matérias sobre as quais o juiz deve se manifestar a requerimento das partes, o NCPC traz norma analítica, no tocante à forma como a decisão judicial deve ser fundamentada, que merece abordagem específica.

Sabe-se que o relatório é parte integrante da fundamentação da decisão. É, em verdade, uma espécie de "pré-fundamentação", visto que é o relatório que imprime sentido à fundamentação da decisão. Assim, sua ausência ou incompletude gera nulidade, passível de ser corrigida com a interposição dos embargos declaratórios.[3]

---

2. A orientação predominante do STJ já era no sentido de que o juiz ou o Tribunal deve conhecer de matéria de ordem que não tenha sido objeto dos embargos de declaração, de ofício ou por provocação das partes (STJ, EDcl no AgRg no REsp 982.011/SC, 6.a T., j. 19.09.2013, v.u., rel. Min. Rogerio Schietti Cruz, *DJe* 27.09.2013; STJ, REsp 1.225.624/RJ, 2.a T., j. 18.10.2011, v.u., rel. Min. Castro Meira, *DJe* 03.11.2011; STJ, AgRg no REsp 1.103.473/RS, 5.a T., j. 14.06.2011, v.u., rel. Min. Laurita Vaz, *DJe* 28.06.2011).

3. STJ, REsp 101.845/RJ, 3. T., j. 24.06.1997, v.u., rel. Min. Carlos Alberto Menezes Direito, *DJ* 22.09.1997.

Há três espécies de vícios intrínsecos das sentenças ligados à fundamentação: que, a bem da verdade, se reduzem a um só, em última análise: (i) ausência de fundamentação; (ii) deficiência de fundamentação; e, (iii) ausência de correlação entre fundamentação e decisório.

As três espécies, de rigor, se reduzem à *ausência de fundamentação*, vício que gera a *nulidade da sentença ou da decisão*. Esse entendimento realiza de forma plena a garantia constitucional de que as decisões judiciais devem ser *motivadas*.

O art. 489, § 1.º do NCPC, que trata da fundamentação da decisão judicial, estabelece os requisitos mínimos, uma espécie de *standard* mínimo de qualidade da fundamentação, sem o qual a decisão se considera *não fundamentada*. Essa norma endossa a concepção acima referida, desde há muito, temos sustentado ser correta, no sentido de que *sentença inadequadamente fundamentada é sentença não fundamentada*.

O § 1.º, do art. 489 estabelece, em seis incisos, hipóteses em que *não se considera fundamentada qualquer decisão judicial*. Trata-se de fundamentação juridicamente inexistente. Diz, por exemplo, ser necessário que se expliquem os *motivos* pelos quais o magistrado elegeu determinada norma para aplicar ao caso concreto, não bastando que indique a lei. Trata-se, evidentemente, de exigência que há muito existe, à luz da Constituição Federal. Não basta mera referência à lei aplicada, deve-se explicar porque é aquelas a lei que incide no caso concreto. A mesma exigência apresenta-se, e de forma mais intensa, quando da aplicação de *conceitos jurídicos indeterminados*: deve o magistrado demonstrar o liame entre a *norma eleita* e o *caso concreto*. E isso se torna mais agudamente necessário justamente porque o emprego de *conceitos vagos* ou indeterminados enseja discussões a respeito de sua correta interpretação no contexto dos casos concretos. São conceitos que não dizem respeito a objeto fácil, imediato e prontamente identificáveis no mundo dos fatos. Assim, quando o juiz resolve o caso à luz de um conceito vago, seu dever de fundamentação é mais denso.

Esses conceitos frequentemente aparecem na formulação de dispositivos legais, de *princípios jurídicos* e de *cláusulas gerais*.

Conceitos vagos são aqueles sobre cujo real sentido se discute, pois não são precisos. São, por exemplo, expressões como "meios de comunicação idôneos" ou "bom pai de família".

"Cláusulas gerais" são normas jurídicas, verbalmente formuladas com o uso de conceitos vagos, e fortemente carregadas de peso axiológico, como, por exemplo, a "função social da propriedade".

Princípios jurídicos são normas jurídicas, também de formulação verbal aberta, que podem ou não estar positivadas, como, por exemplo, o princípio da isonomia.

As *cláusulas gerais*, ao lado dos *princípios jurídicos* e dos *conceitos vagos*, são elementos característicos do direito contemporâneo, que estão cada vez mais presentes nos textos das leis e nas discussões jurídicas. São *poros*, através dos quais o direito se comunica com a realidade. Um direito com estas feições, como é o direito brasileiro, pretende abranger a realidade que há hoje e a que está por vir, integrando um sistema aberto e flexível, desempenhando o papel de *janela aberta* para a mobilidade social e para a velocidade em que as coisas ocorrem no mundo de hoje.

São técnicas que, a rigor, devem ser mescladas com as técnicas tradicionais do nosso sistema, equilibrando assim o grau de insegurança trazido pela aplicação dessas técnicas, admissível num certo grau que não resulte em convulsão social.

Essa incerteza, concretizada em decisão de conteúdos absolutamente diferentes, gera a reflexão sobre qual deve ser o real alcance destas cláusulas. E nesse cenário, a *qualidade da fundamentação da decisão judicial ganha relevo*, pois a relação da norma aplicada ao caso concreto não se revela com a mera leitura da lei.

Considera-se também *omissa* a decisão que não faz alusão à tese firmada em julgamento de casos repetitivos, ou seja – incidente de resolução de demandas repetitivas ou recursos especial e extraordinário julgados no regime do art. 1.036 do NCPC – ou em incidente de assunção de competência "aplicável" ao caso sob julgamento. Com o termo *aplicável*, o NCPC faz referência à necessidade de que os precedentes sejam respeitados, dando força mais expressiva à jurisprudência consolidada nos tribunais e a certos precedentes especificamente referidos na lei cujo respeito é obrigatório.

Ademais, e é impossível deixar de perceber isso: o legislador trata a decisão judicial proferida nessas circunstâncias como regra jurídica que deve (ou não) ser "aplicada", usada, para decidir o caso concreto. Fica evidente o reconhecimento por parte do legislador de 2015, da *força criativa da jurisprudência*.

Outro entendimento já consolidado na jurisprudência à luz do código de 1973, é a possibilidade de a interposição dos embargos de declaração para a correção de *erro material*,[4] que agora é norma expressa.

Considera-se *erro material* todo erro evidente, no sentido de ser facilmente verificável por qualquer *homo medius* e que, obviamente, não tenha correspondido à intenção do juiz. Em havendo qualquer dificuldade em demonstrar a percepção do erro, este descaracteriza-se como erro material,

---

4. STJ, EDcl no REsp 1.273.643/PR, 3.a T., j. 11.09.2013, v.u., rel. Min. Sidnei Beneti, *DJe* 01.10.2013; STJ, EDcl no REsp 1.334.533/PE, 2.a T., j. 17.09.2013, v.u., rel. Min. Eliana Calmon, *DJe* 24.09.2013.

e como tal não pode ser corrigido por mera petição ou pela interposição de embargos de declaração.

O prazo para interposição dos embargos declaratórios foge à uniformização dos prazos recursais trazidas pelo NCPC e é de 5 (cinco) dias, conforme *caput* do art. 1.023 do NCPC. Os embargos não se sujeitam a preparo, uma vez que são recurso voltado a corrigir decisões ditas *defeituosas*. Ou seja, as partes têm direito à prestação jurisdicional clara, completa e não contraditória e sem erros materiais. Portanto, com os embargos de declaração, a parte obtém, do Judiciário, decisão que deveria ter sido proferida desde o início. Logo, não faria sentido sujeitar a interposição os embargos de declaração ao recolhimento de preparo.

O magistrado deve, também, segundo o que já se decidia na jurisprudência à luz do CPC de 73, proporcionar ao embargado a possibilidade de responder ao recurso, quando os embargos forem daqueles capazes de gerar alteração da decisão. Desta exigência já tinha se apercebido tanto a doutrina como a jurisprudência à luz do CPC/1973.[5]

A bem da verdade, os embargos de declaração não têm vocação de gerar alteração da decisão impugnada, tendo em vista que uma vez corrigidas as contradições, esclarecidas as obscuridades, feitas as necessárias complementações, corrigidos os erros materiais e conhecidas as matérias de ordem pública, tem-se a decisão como deveria ter sido originalmente proferida.

Portanto, os embargos não têm, como regra, o condão de modificar a decisão recorrida. Porém, em alguns casos esse efeito pode ocorrer, *excepcionalmente*.

Em nosso entender são três as situações em que os embargos de declaração podem ter efeito modificativo ou infringente: (i) quando o efeito modificativo for efeito secundário decorrente das hipóteses comuns de cabimento dos embargos de declaração;[6] (ii) quando houver correção de *erro material*; ou, ainda (iii) quando for o caso de decretação de *nulidade absoluta*, de ofício ou a requerimento das partes, formulado nos próprios embargos declaratórios. Nestes três casos, necessariamente, deve haver contraditório, à luz da nova lei e da posição que já prevalecia nos tribunais, à luz do CPC de 1973.

O NCPC encerra discussões levantadas na jurisprudência atual a respeito de quando houver embargos de declaração da decisão do relator, este decidir monocraticamente ou levar o julgamento ao órgão colegiado (art. 1.024, § 2.º). A jurisprudência majoritária se firmou, à luz do CPC de 73, a nosso

---

5. STJ, AgRg no REsp 1488613/PR, 2. T., j. 07.05.2015, rel. Min. Humberto Martins, *DJe* 13.05.2015.
6. STJ, EDcl no AgRg no Ag 1.410.715/RS, 3.ª T., j. 10.09.2013, v.u., rel. Min. João Otávio de Noronha, *DJe* 16.09.2013.

ver, equivocadamente, no sentido de os embargos deverem ser decididos pelo órgão colegiado.[7]

Outro problema que o NCPC resolve, com o disposto no § 3.º, é a tendência, a nosso ver equivocada, da jurisprudência que se formou à luz do CPC/1973 no sentido de não se considerarem cabíveis os embargos de declaração contra decisões monocráticas proferidas pelos Tribunais Superiores.[8] Nesse sentido, por entender que só são cabíveis os embargos de declaração de decisões colegiadas e, portanto, recebendo os embargos de declaração como agravo regimental, são as decisões: STF, EDcl no ARE 779.621/CE, 2.ª T., j. 10.12.2013, v.u., rel. Min. Gilmar Mendes, DJe 03.02.2014 e STJ, EDcl no REsp 764.303/DF, 6.ª T., j. 19.09.2013, v.u., rel. Min. Rogerio Schietti Cruz, DJe 27.09.2013.

Na verdade, o *caput* do art. 1.022 no sentido de que cabem embargos de declaração contra qualquer decisão judicial deveria ser a solução para esta situação. No entanto, apesar de não ser a melhor solução a encontrada pelos Tribunais Superiores em *converter* os embargos de declaração em agravo interno, o que corriqueiramente acontecia à luz do CPC de 73 era a não admissão do recurso por ausência de preenchimento dos requisitos próprios do agravo (impugnação específica dos fundamentos da decisão agravada). Assim, andou bem o legislador de 2015 no sentido de conceder prazo de 5 (cinco) dias ao recorrente para que adeque os requisitos do recurso em que se transformará (art. 1.024, § 3.º).

Há regras, no NCPC, com a nítida finalidade de combater tendência jurisprudencial, a nosso ver equivocada, que se consolidou no sentido de considerar *precoce* o recurso principal interposto quando a parte contrária anteriormente interpôs embargos de declaração, devendo o recurso principal, para ser conhecido, ratificado.[9] Evidentemente, porém, se o julgamento dos embargos de declaração não alterar a conclusão do julgamento anterior, ou se os embargos forem rejeitados, não há razão em se exigir *ratificação* das razões do recurso ou a sua complementação (art. 1.024, § 5.º).

Há um outro ponto em que o NCPC transformou em letra da lei tendência que durante muito tempo predominou na jurisprudência do STF. O novo regime dos embargos de declaração torna *dispensável* a volta do processo

---

7. STJ, EDcl nos EDcl no AgRg nos EDcl no Ag 1270856/RJ, 3. T., j. 26.05.2015, rel. Min. Ricardo Villas Bôas Cueva, DJe 02.06.2015.
8. STJ, EDcl nos EDcl no REsp 1410943/SP, 2. T., j. 04.09.2014, rel. Min. Og Fernandes, DJe 22.09.2014.
9. STJ, AgRg no AREsp 621.365/RJ, 4. T., j. 16.04.2015, rel. Min. Luis Felipe Salomão, DJe 27.04.2015. A matéria, inclusive é sumulada pelo STJ: *"É inadmissível o recurso especial interposto antes da publicação do acórdão dos embargos de declaração, sem posterior ratificação".* (Súmula 418).

à instância *a quo*, quando houve embargos de declaração, não admitidos ou rejeitados no mérito, caso, segundo o Tribunal *ad quem*, embargos devessem ter sido admitidos e providos. Neste caso, os elementos que deveriam, segundo o recorrente, integrar a decisão, pois eram imprescindíveis para a configuração da questão federal ou da questão constitucional (prequestionamento), serão considerados "fictamente" integrantes do acórdão.

À luz do CPC de 73, ocorria com frequência que a primeira ofensa à lei que dava ensejo à interposição de recursos especial fosse justamente a não supressão da omissão por embargos de declaração no Tribunal *a quo*. Em seguida, no próprio recurso especial, formulava o recorrente outro pedido, decorrente da ilegalidade da decisão de mérito proferida pelo 2.º grau de jurisdição. Frequentemente o STJ determinava o retorno dos autos ao Tribunal *a quo*, para que este suprisse a omissão, ficando prejudicado o resto do recurso. Uma vez suprida a lacuna, deveria manejar-se outro recurso especial, agora reiterando o pedido de correção da ilegalidade da decisão de mérito.[10]

O STF, a seu turno, usualmente não determinava a volta do processo ao juiz a quo, tendendo a decidir no sentido de considerar suficiente a iniciativa da parte em interpor o recurso de embargos de declaração (O STF entende que é possível, por meio da sua Súmula 356, prequestionar fictamente acórdão: *"O ponto omisso da decisão, sobre o qual não foram opostos embargos declaratórios, não pode ser objeto de recurso extraordinário, por faltar o requisito do prequestionamento"*).

Esta última tendência foi prestigiada pelo legislador de 2015.

A regra trazida pelo NCPC diz respeito principalmente à hipótese de *omissão*, embora possam-se, em tese, configurar hipóteses em que seja possível ao Tribunal Superior ter por "corrigida" a contradição ou a obscuridade, sem determinar a volta dos autos.

A lei diz: "consideram-se *incluídos*" (g.n.). Todavia, é claro que se trata de uma *possibilidade*. O órgão *ad quem* age como se estivesse dando provimento aos embargos, considerando que o embargante de declaração tem direito àquilo que pede, quando isso for possível, materialmente, não gerando prejuízo.

Então, por exemplo, no acórdão de 2.º grau não há menção à questão de ser caso de intervenção do MP. As partes discutiram sobre este ponto, mas no acórdão, o Tribunal decidiu o mérito, sem tocar na questão. Nos embargos, pleiteia-se que o Tribunal se manifeste expressamente sobre não se ter determinado a intimação do MP. Embargos rejeitados, tem o Tribunal *ad quem* plenas condições de julgar o recurso especial aplicando o dispositivo ora comentado.

---

10. STJ, AgRg no Ag 1113494/SP, 2.T., j. 19.05.2009, rel. Min. Castro Meira, *DJe* 29.05.2009.

Nem sempre, entretanto, isso acontece.

O novo dispositivo também diz respeito a matéria fática: o art. 1.024, § 4.º menciona *elementos*. Hoje não mais se discute que os recursos excepcionais também se prestam para a correção da subsunção, ou seja, da *adequação* da solução jurídica encontrada à situação fática retratada no processo. Os Tribunais Superiores, de fato, não reveem provas: mas reveem fatos, na medida em que estejam *descritos* no acórdão impugnado. O encarte equivocado dos fatos no quadro normativo leva a uma solução equivocada, e isto pode ser corrigido pelos recursos excepcionais, porque se trata de *quaestio iuris*.

O encaixe dos fatos sob a norma, ou seja, o processo dito subsuntivo ou de qualificação dos fatos, consiste em matéria essencialmente jurídica. Se o processo de qualificação se dá de modo equivocado, tudo o que se lhe segue equivocado será.

Em outros termos, se a função do recurso especial e do recurso extraordinário é fundamentalmente a de verificar a existência de ilegalidades e inconstitucionalidades, e todos os casos em que os fatos foram *qualificados* erradamente, tendo-se-lhes aplicado norma diferente daquela que, na verdade, deveria ser aplicada, *deveriam* ser reavaliados pelos tribunais superiores no bojo desses recursos.

Mas o erro ou o acerto na aplicação da lei não pode ser avaliado, se se desconhecem os fatos sobre os quais foi aplicada.

O conhecimento dos fatos sobre os quais versa a decisão pode ocorrer de dois modos. *Ou se conhece dos fatos por meio da descrição que deles há na própria decisão – e é só esse o modo por meio do qual se permite levar os fatos aos tribunais superiores em recurso especial ou extraordinário – ou por meio da análise das provas que constam dos autos.*

Julgando o recurso especial ou o recurso extraordinário, a ilegalidade ou a inconstitucionalidade consistente na solução normativa ter sido "escolhida" equivocadamente só pode ser corrigida se compararem *os fatos tais quais descritos na decisão sob foco com a solução normativa que se deu* àqueles *fatos naquela mesma decisão*. Essa é a regra geral, com algumas peculiaridades (e que sofreu algumas *variações* de significado ao longo da história do nosso direito).

Embora a reavaliação da subsunção seja, em si mesma, uma questão de direito, quando, para reavaliar o seu erro ou o seu acerto, precisa o tribunal obter dados que não constam expressamente da decisão proferida pelo órgão *a quo*, mas dos autos, diz-se que, *tecnicamente*, se está diante de uma questão de fato.

Essa é a razão que leva a que a parte possa, *por meio dos embargos de declaração*, pedir que se *complete* a descrição do quadro fático que ficou comprovado nos autos, para provocar em RESP ou em RE a reavaliação do processo subsuntivo. Pedindo o embargante que se coloquem fatos 1, 2 e 3, no acórdão recorrido e respondendo o Tribunal *a quo* que a referência a estes fatos não é relevante para se avaliar o acerto da decisão, pode o Tribunal Superior, se preenchidos os demais pressupostos, *considerar incluídos no acórdão* os fatos 1, 2 e 3.

Finalmente, a lei esclarece que os embargos de declaração são desprovidos de efeito suspensivo. O efeito suspensivo dos embargos de declaração era um problema que, à luz do CPC de 1973, gerava acirradas discussões na doutrina com os naturais reflexos na jurisprudência dos Tribunais Superiores, agora resolvidos pelo novo código.

A expressão *efeito suspensivo* é, de certo modo, equívoca, porque se presta a fazer supor que só com a interposição do recurso *passem* a ficar tolhidos os efeitos da decisão, como se *até esse momento* estivessem eles a manifestar-se normalmente. Mas, rigorosamente, mesmo antes de interposto o recurso, a decisão, pelo simples fato de estar-lhe sujeita, é ato *ainda* ineficaz, e a interposição apenas *prolonga* semelhante ineficácia.

A ausência de efeito suspensivo dos recursos está cada vez mais presente nos Códigos de Processo Civil modernos, sendo marcada tendência a ampliarem-se as exceções à regra de que, normalmente, os recursos devem ser recebidos em ambos os efeitos. A bem da verdade, admitirem-se recursos *sem efeito suspensivo* é decorrência necessária da autoridade que se deve atribuir desde logo às decisões do Estado.

Mesmo em relação aos recursos que têm efeito suspensivo, a regra não é absoluta e a situação é pode ser manipulada pelas partes. Pense-se no exemplo da apelação. O *caput* do art. 1.012 é inequívoco ao afirmar que a apelação terá efeito suspensivo, porém o disposto no § 1.º possibilita que em algumas hipóteses algumas sentenças produzam efeito imediatamente, bem como o § 4.º ressalva que em casos de risco de dano grave ou difícil reparação, a eficácia poderá ser suspensa. Esse exemplo demonstra que as partes conseguem manipular os efeitos das decisões, de forma a fazer com que que produzam efeito imediatamente (nos casos em que a lei prevê o contrário) ou deixem de produzir efeitos quando normalmente – de acordo com a literalidade da lei – produziriam.

Porém o tipo de efeito suspensivo que os embargos podem ter não é equivale ao da apelação, como dissemos. Trata-se de outra espécie de efeito suspensivo. Existem recursos que realmente fazem cessar os efeitos que *já estão ocorrendo no plano dos fatos*.

É o efeito que decorre da *interposição do recurso* somada a um *pedido da parte* nesse sentido e faz com que cesse a eficácia da decisão, como acontece quando da interposição de agravo de instrumento. A ineficácia decorre da decisão de provimento do agravo. Diferentemente da apelação, que apenas *prolonga* o estado de ineficácia que já existia antes da interposição do recurso.

No caso do efeito suspensivo do agravo de instrumento, caso este seja improvido, a decisão volta a produzir os efeitos que produzia antes. A decisão sujeita a apelação que tenha efeito suspensivo, só por isso já não produz efeitos; a decisão sujeita a agravo produz efeitos desde logo, que cessam, se houver interposição do recurso *somada a pedido expresso de cessação de efeitos*, que seja deferido.

Por fim, importa repisar aqui que esse efeito de cuja incidência se está cogitando, nada tem que vem com a interrupção do prazo para os demais recursos, gerada pela interposição dos declaratórios: salvo no caso de inadmissibilidade dos embargos de declaração por *intempestividade*, os embargos de declaração interrompem o prazo para interposição dos demais recursos, para ambas as partes, seja qual for seu intuito.

Isto porque a intempestividade é considerada uma *causa diferenciada* de inadmissibilidade do recurso, tendo em vista os critérios objetivos em que se baseia. Nos demais casos de inadmissibilidade, ainda mais quando se trata de recurso de fundamentação vinculada, a avaliação da inadmissibilidade envolve inevitável dose de subjetividade, implicando o exame, ainda que superficial, do mérito. E no caso da intempestividade, é certo que esta pode ser verificada independentemente de fatores subjetivos.

Julgados os embargos, *ambas* as partes terão o *prazo por inteiro* para interporem os demais recursos. Entretanto, isto não se aplica ao prazo que tem a parte contrária para embargar de declaração. Ou seja, para a interposição dos embargos de declaração, o prazo é *comum* para ambas as partes. Porém, uma vez julgados os embargos, é claro que as partes podem embargar de declaração, agora da nova decisão.

No entanto, parte da doutrina e da jurisprudência adota posição mais liberal e, como a parte não pode ser prejudicada diante da *dúvida objetiva*, deve prevalecer sempre a interpretação que mais favoreça o recorrente.

A lei se refere expressamente às razões que justificariam o pedido da parte, no sentido de se atribuir efeito suspensivo aos embargos declaratórios: (i) probabilidade de provimento do recurso somado ao risco de dano grave ou de difícil reparação; ou (ii) fundamentação relevante. O primeiro caso é justamente os pressupostos típicos das providências de natureza cautelar, e, neste ponto, remetemos o leitor aos comentários aos arts. 305 e ss. do NCPC. Por fundamentação relevante considera-se, por exemplo, a real impossibilidade de cumprimento da decisão, dada a gravidade do vício (omissão, contradição ou obscuridade) que a macula; outro exemplo de fundamento relevante é quando por meio dos embargos de declaração a parte pleiteia a integral reforma da decisão (como consequência natural de uma das hipóteses legais de interposição do recurso ou como resultado do reconhecimento de um vício ligado à matéria de ordem pública).

Uma análise geral das alterações trazidas pelo NCPC no que diz respeito aos embargos de declaração revela, inequivocamente, que os novos embargos são melhores do que os do CPC de 73, já que a nova disciplina sepulta antigas discussões e atribui a este recurso um potencial mais visível de gerar mais rendimento para o processo.

As questões de ordem pública na esfera recursal

Trícia Navarro Xavier Cabral[1]

> **Sumário** • **1**. Introdução – **2**. Questões de ordem pública e efeitos recursais – **3**. Questões de ordem pública e sua decrescente importância no processo – **4**. Questões de ordem pública e os julgamentos parciais de mérito – **5**. Recursos ordinários – **6**. Recursos excepcionais – **7**. Conclusão.

1. INTRODUÇÃO

O CPC/15 instituiu inúmeras alterações ideológicas e procedimentais, objetivando resgatar a credibilidade do Poder Judiciário, especialmente aprimorando as técnicas processuais e harmonizando os valores constitucionais da segurança jurídica e da efetividade. E uma das formas escolhidas pela nova codificação para melhorar a prestação jurisdicional foi incrementando a possibilidade de superação dos defeitos processuais, fazendo prevalecer a decisão de mérito, conforme se observa do art. 6º, instituído como norma fundamental.

Assim, o juiz, identificando a existência de uma irregularidade no ato processual ou no procedimento, deve procurar consertá-la ou superá-la, assegurando a continuidade da relação processual. Com efeito, para obter-se a ordem no processo é necessário afastar eventuais máculas capazes de comprometer seu regular e válido desenvolvimento, sejam elas de natureza constitucional ou processual, visando a alcance da plena entrega da tutela

---

1. Doutora em Direito Processual pela UERJ. Mestre em Direito Processual pela UFES. Juíza de Direito no Estado do Espírito Santo. Membro efetivo do IBDP. Membro da Comissão Acadêmica do FONAMEC.

jurisdicional. Em outros termos, falar em "ordem pública processual"[2] é tratar do controle das garantias constitucionais e processuais dentro do processo. É por esse motivo que o procedimento, composto por uma cadeia sequencial de atos, deve ser controlado a cada ato processual, permitindo a eliminação tempestiva das irregularidades.

Destarte, embora existam várias concepções para a expressão "ordem pública", no processo civil, no contexto analisado, ela atua como forma de identificação e de controle das irregularidades processuais. É caracterizada por questões capazes de comprometer o regular desenvolvimento do processo, ferindo as garantias constitucionais que o cercam.

Além disso, é importante frisar que os defeitos processuais podem ter diferentes graus de relevância, dependendo do interesse público envolvido, sendo que as denominadas questões de ordem pública são consideradas as situações de elevado nível de interesse público, e, por isso, possuem o condão de inviabilizar o alcance da decisão de mérito.

Ademais, essas questões, que podem ser identificadas pela lei, doutrina e jurisprudência, nem sempre são justificadas com um critério científico claro, capaz de nortear os operadores do direito, que a cada dia são surpreendidos com a criação de novas hipóteses. Assim, é que existem as questões de ordem pública sedimentadas em nosso ordenamento, como as condições da ação, os pressupostos processuais e os requisitos de admissibilidade. Ademais, há outros temas que ganham o mesmo *status*, e que, para fins deste artigo, serão considerados questões de interesse público, como a prescrição, o bem de família, entre outros.

De qualquer modo, as irregularidades processuais devem ensejar uma consequência compatível com a sua real relevância para o processo, não podendo ganhar uma dimensão maior do que o próprio direito substancial em jogo, notadamente nas instâncias recursais.

Relevante ainda esclarecer que no processo civil há dois tipos de provimentos judiciais: o de admissibilidade e o de mérito. Porém, este último não será objeto do presente estudo, pois o foco se concentra na tentativa de eliminação dos obstáculos capazes de inviabilizar o exame do mérito.

Portanto, o texto se presta a abordar o tratamento dos requisitos de admissibilidade do processo, com enfoque na esfera recursal.

2. QUESTÕES DE ORDEM PÚBLICA E EFEITOS RECURSAIS

Todas as questões processuais e meritórias objetos dos recursos são transportadas para o segundo grau de jurisdição por meio do chamado

---

2. O tema foi integralmente tratado em: CABRAL, Trícia Navarro Xavier. *Ordem pública processual*. 1 ed. Brasília: Gazeta Jurídica, 2015.

efeito devolutivo. Porém, há quem defenda que, em relação às questões de ordem pública, a sua análise no âmbito recursal decorreria do efeito translativo e não do devolutivo, permitindo o conhecimento de ofício do tema pelo órgão recursal.

Contudo, o efeito translativo dos recursos consiste, em linhas gerais, na possibilidade de se conhecer de questões de ordem pública ou de interesse público no âmbito recursal, mas em virtude do próprio efeito devolutivo. Isso porque, o efeito devolutivo pode ser analisado sob o viés de sua extensão e também de sua profundidade[3]. A extensão do efeito devolutivo está relacionada às matérias que podem ser transferidas do juízo originário para a instância superior pela interposição de recurso. Já a sua profundidade diz respeito à amplitude cognitiva do juiz em relação a cada questão impugnada.

Nesse panorama, o efeito translativo seria uma consequência da profundidade do efeito devolutivo[4], e se refere à possibilidade de o órgão recursal apreciar questões de ordem pública ou de interesse público, mesmo que não tenham sido suscitadas pelo recorrente.

Assim é que as questões de ordem pública, ainda que não levantadas em grau recursal, podem ser objeto de cognição judicial, uma vez que são devolvidas à instância hierarquicamente superior, por meio do que se denomina de efeito translativo dos recursos.

---

3. "Processual civil. Agravo regimental no agravo em recurso especial. Violação do art. 535 do CPC. Não Ocorrência. Inovação em sede recursal. Impossibilidade. Cisão da Telebrás. Sucessão da Brasil Telecom em direitos e obrigações das empresas sucedidas. Subscrição de ações. Complementação. Valor patrimonial da época da integralização. Súmula n. 371/ STJ. Obrigação de fazer. Sentença mantida. 1. Não viola o art. 535 do CPC o acórdão que, integrado pelo julgado proferido nos embargos de declaração, dirime, de forma expressa, congruente e motivada, as questões suscitadas nas razões recursais. 2. *Matéria de ordem pública da qual se pode conhecer em qualquer instância de julgamento e por força do efeito translativo dos recursos é aquela que se sobrepõe ao interesse das partes e cujo exame se justifica pela necessidade de salvaguardar o ordenamento jurídico como um todo, e não os interesses individuais e privados*. 3. O valor patrimonial da ação deverá ser apurado de acordo com o balancete mensal da companhia, realizado quando do aporte do capital (Súmula n. 371 do STJ). 4. Agravo regimental desprovido." (STJ – AgR AREsp n. 343.989/ DF, Terceira Turma, rel. Min. João Otávio de Noronha, j. 05.11.2013, *DJe*, de 11.11.2013).

4. "[...] o chamado *efeito translativo* do recurso nada mais é do que uma decorrência natural da profundidade do seu *efeito devolutivo*, razão pela qual o órgão *ad quem* só pode conhecer de ofício de determinadas matérias, na medida de sua vinculação a capítulo decisório atacado pelo recurso. Em outras palavras, a devolução compreende todas as questões, discutidas ou não pelas partes, *relativas às partes impugnadas da decisão* [...] o reconhecimento *ex officio* de determinadas matérias não pode avançar sobre os capítulos de sentença não impugnados, já que transitam em julgado. Pensar diferente vai de encontro aos princípios da segurança jurídica e da efetividade da tutela jurisdicional." (FONSECA, João Francisco Naves da. Efeito devolutivo na apelação e "questões de ordem pública". *Revista Magister de Direito Civil e Processual Civil*, Porto Alegre, RS, v. 4, n. 21, p. 97-98, nov./dez. 2007).

Destarte, esse efeito autoriza o tribunal a apreciar de ofício questões de ordem pública e de interesse público que não constaram das razões recursais ou de qualquer outro tipo de provocação das partes, não importando, também, se foram ou não apreciadas pelo juiz originário.

Todavia, no âmbito recursal, três situações devem ser consideradas na aplicação do efeito translativo: a) as questões de ordem pública vão perdendo força a cada fase recursal ultrapassada; b) os capítulos da sentença impugnada podem ser considerados isoladamente, devendo ser analisado até que ponto as questões de ordem pública de um capítulo atinge os demais; e c) existe diferença de tratamento dessas questões entre a instância ordinária e a extraordinária, já que nesta última há divergências sobre a aplicação do efeito translativo, cuja incidência, em princípio, limitar-se-ia aos recursos ordinários.

Portanto, esses três aspectos diferenciados dão o contorno da funcionalidade da ordem pública processual na esfera recursal, de modo a demandar um estudo criterioso do tema e seus reflexos processuais.

3. QUESTÕES DE ORDEM PÚBLICA E SUA DECRESCENTE IMPORTÂNCIA NO PROCESSO

Conforme já mencionado, as questões de ordem pública e de interesse público têm como função primordial zelar pela regularidade do desenvolvimento da relação jurídica processual, por meio da observância das garantias constitucionais e processuais, assegurando o equilíbrio das partes e a validade dos atos processuais. E para que essas questões possam cumprir tal tarefa, é fundamental que haja a tempestiva apreciação pelo juiz de qualquer vício que surja durante o processo. Isso porque, a maior eficiência das questões de ordem pública e de interesse público está diretamente relacionada à precocidade do momento em que a irregularidade é detectada e sanada, pois permite que o processo transcorra sem arestas, as quais, se identificadas tardiamente, podem comprometer todo o procedimento até então desenvolvido, em prejuízo de tempo, custo e energia para as partes e também para a máquina judiciária.

Daí a importância de se exaurir essas questões em primeiro grau de jurisdição, até a prolação da sentença, uma vez que, no âmbito recursal, a matéria ganha uma nova perspectiva.

Com efeito, na medida em que as instâncias vão sendo ultrapassadas, as questões de ordem pública e de interesse público vão perdendo sentido e importância para os recursos ordinários e extraordinários, crescendo a responsabilidade e o dever do magistrado de excepcionar sua aplicação para permitir que a decisão de mérito se confirme ou então que seja alterada apenas em seus aspectos substanciais, estabilizando, assim, a superação das fases de análise e incidência das questões processuais.

Dessa forma, em primeiro grau de jurisdição, as questões de ordem pública e de interesse público contam com uma cognição exauriente vertical e horizontal. Em sede de recursos ordinários, seja em razão da delimitação do efeito devolutivo, seja pela existência de uma sentença resolutiva de mérito, as referidas questões passam a ser examinadas com mais restrição, e efetivamente perdem espaço na qualidade de meio de controle da regularidade processual. E no âmbito dos recursos excepcionais, o conhecimento e o reconhecimento das questões de ordem pública e de interesse público devem se tornar hipóteses de absoluta exceção pelo julgador, seja em razão de a questão de mérito já ter sido submetida a duas instâncias e, em especial, a uma apreciação colegiada, seja pela própria função dos referidos recursos para o sistema processual.[5]

Em outros termos, a cada instância recursal superada, as questões de ordem pública e de interesse público perdem força e funcionalidade para o processo, de modo que não devem comprometer a atividade jurisdicional até então realizada, estreitando seu campo de atuação pela via da devolutividade recursal.

Ocorre, portanto, uma perda gradativa de relevância da função da ordem pública processual como técnica de controle da regularidade de processo, com o enaltecimento e prestígio do julgamento das questões meritórias. Trata-se, pois, de premissa que deve ser observada pelos operadores do direito.

Não obstante, sabe-se que, no âmbito dos recursos ordinários e excepcionais, ao lado do controle das questões de ordem pública e de interesse público, existem os requisitos próprios de admissibilidade recursal, que passam a integrar o rol dos deveres de apreciação jurisdicional oficiosa, e que são autônomos em relação às questões processuais apreciadas em outras instâncias. Esses filtros recursais que impedem o conhecimento de um recurso também podem ser devolvidos à instância superior para discussão, mas não comprometem a premissa ora estabelecida, de que continuará existindo o comprometimento judicial em sanar o eventual vício e salvar o julgamento que apreciou o mérito.

Deixe-se assente, ainda, que esses requisitos recursais estavam sendo cada vez mais ampliados por política legislativa ou judiciária, e seu exagero poderia levar a uma limitação recursal inconstitucional. Entretanto, o CPC/15, acolhendo a premissa de que os vícios processuais devem ser superados para a prevalência da decisão de mérito, regulamentou expressamente no art. 932, parágrafo único, a necessidade de o relator oportunizar a correção pela parte, e ainda estabeleceu no art. 938, § 1º, a possibilidade de o próprio relator determinar o conserto do defeito processual.

---

5. Sobre as funções dos recursos excepcionais, ver: MEDINA, José Miguel Garcia, *Prequestionamento e repercussão geral*: e outras questões relativas aos recursos especial e extraordinário. 6. ed. rev., atual. ampl. São Paulo: Revista dos Tribunais, 2012. (Coleção Recursos no Processo Civil), p. 24-25.

Como se vê, o CPC/15 reforçou de forma clara a ideia de que o alcance da decisão de mérito não pode ficar comprometido pela existência de questões processuais superáveis.

4. QUESTÕES DE ORDEM PÚBLICA E OS JULGAMENTOS PARCIAIS DE MÉRITO

As questões de ordem pública ou de interesse público, em razão de sua importância e de seus reflexos no sistema processual, ainda demandam um amadurecimento pela comunidade jurídica, no que diz respeito à sua extensão no âmbito recursal. Isso porque a falta de uma melhor sistematização da matéria tem gerado uma aplicação equivocada dessa técnica de controle judicial em relação aos diferentes capítulos da sentença ou do acórdão, com consequências que se afastam dos escopos do processo e ainda violam a segurança jurídica, o devido processo legal e a eficiência.

Como se sabe, a sentença pode ser parcial ou total, conforme a abrangência do juízo cognitivo do juiz sobre as demandas judicializadas em um único procedimento. Todavia, é possível que alguns desses pedidos sejam julgados isoladamente, em momento distinto dos demais, como é a hipótese do julgamento parcial do mérito previsto no art. 356 do CPC/15.

De qualquer modo, a admissão pelo sistema de cumulação de pedidos em um único procedimento em razão de economia processual e da efetividade, não justifica que vícios concernentes a um pleito interfiram na solução de outro, quando puderem ser considerados separadamente, em especial após a prolação da sentença.

Em outros termos, na fase inicial de cognição, o juiz deve controlar de forma adequada e eficaz a existência de questões de ordem pública ou de interesse público capazes de macular os atos e/ou o procedimento. Superado esse momento, e com a prolação da decisão ou sentença de mérito, inicia-se um novo modelo de controle, restringindo a técnica a cada um dos capítulos examinados – por meio de decisão interlocutória ou de sentença –, que passam a ser considerados isoladamente, embora também se deva avaliar até que ponto as questões de um capítulo afetam os demais.

Assim, se a conclusão for pela não interferência do vício de um capítulo em outro, ou seja, se o defeito puder ser restrito à situação jurídica de um capítulo específico, não deve o magistrado estender os efeitos da irregularidade a questões que não precisam ser atingidas e que podem sobreviver autonomamente no processo.[6]

---

6. "As questões de ordem pública são, portanto, examinadas em relação aos capítulos de mérito, isoladamente considerados. [...]". (APRIGLIANO, Ricardo de Carvalho. *Ordem*

Essa tendência de fatiamento do julgamento já vinha sendo reconhecida pela doutrina[7] e foi definitivamente acatada pelo CPC/15, aumentando-se cada vez mais a responsabilidade de o magistrado identificar e isolar os pedidos formulados na demanda, para que cada um deles possa ser avaliado de forma autônoma e em momentos distintos.

Como se vê, essa nova concepção altera substancialmente o comportamento dos sujeitos processuais e o modo de se manejar a demanda, tanto em primeiro grau de jurisdição quanto nos demais, representando um novo paradigma processual, lastreado na busca da concreta efetividade.

Dessa forma, o dogma da unidade da sentença[8] cede espaço à consideração de julgamentos fracionados, ensejando decisões e sentenças parciais de mérito, de acordo com os pedidos apresentados, podendo ainda haver o fracionamento de cada pedido. Essa situação atingirá de imediato os contornos do efeito translativo até então estabelecidos, restringindo a sua aplicação ao conteúdo de cada decisão impugnada e afastando a contaminação dos demais pedidos.

Nesse contexto, o efeito translativo pleno e automático, que se via no CPC/73 em relação ao conhecimento de ofício de questões de ordem pública

---

pública e processo: o tratamento das questões de ordem pública no direito processual civil. São Paulo: Atlas, 2011. (Coleção Atlas de Processo Civil – Coordenação de Carlos Alberto Carmona), p. 199).

7. Sobre o assunto, ver: SOUZA JUNIOR, Sidney Pereira de. *Sentenças parciais no processo civil*: consequências no âmbito recursal. São Paulo: Método, 2009. (Coleção Professor Arruda Alvim). Ver também: ARAÚJO, Luciano Vianna. *Sentenças parciais?* São Paulo: Saraiva, 2011. (Coleção Direito e Processo: Técnicas de Direito Processual).

8. "Mister frisarmos, nesse sentido, que considerando a possibilidade de existir em um determinado processo mais de uma decisão de mérito, interlocutória ou não, mais de uma ação rescisória deverá ser manejada, sempre com base no art. 485 do CPC, para eventual desconstituição da coisa julgada material formada. Assim, na esteira das lições dos ilustres processualistas Pontes de Miranda e Humberto Theodoro Júnior, para fins deste estudo, não obstante a recente posição assumida pela Corte Especial do STJ, a ação rescisória contra a decisão interlocutória de mérito deve conviver com outras ações rescisórias eventualmente manejadas contra a sentença ou acórdão do mesmo processo. Portanto, a decisão interlocutória de mérito transitada em julgado se dissocia do processo e assume caráter definitivo, com eficácia própria. E mesmo entendendo o STJ que a 'sentença é o ato pelo qual o juiz põe termo ao processo, decidindo ou não o mérito da causa', como visto, posicionou-se no sentido de que caso haja questões de mérito analisadas fora da sentença, essas decisões, proferidas fora do momento final do processo, seriam partes indissociáveis de um todo, denominado sentença, esta, sim, uma e indivisível em si mesma considerada e apta a gerar a coisa julgada material. Portanto, para o STJ 'havendo um único processo e uma única sentença, não há de se cogitar em coisa material progressiva.'" (SANTOS, José Carlos Van Cleef de Almeida. O trânsito em julgado progressivo da decisão de mérito: uma visão da ótica das decisões interlocutórias. *Revista de Processo*, São Paulo, Revista dos Tribunais, ano 36, v. 202, p. 393, dez. 2011).

e de interesse público na esfera recursal – especialmente nos recursos ordinários –, ficou limitado ao objeto da decisão recorrida, não afetando outros capítulos ou pronunciamentos independentes.

Desse modo, os vícios concernentes a uma questão impugnada não poderão ser estendidos aos demais objetos do processo e ainda será permitida a solução individual de cada pretensão do autor, ao contrário do que se vê na atualidade, em que o reconhecimento de um defeito serve de motivo para a anulação de todo o procedimento, indistintamente.

Como consequência, será possível a formação gradual da coisa julgada material, com repercussão, por óbvio, no sistema recursal e no prazo de interposição da ação rescisória[9], demandando, pois, um amadurecimento da doutrina e da jurisprudência acerca do novo modelo instituído pelo CPC/15.[10]

5. RECURSOS ORDINÁRIOS

Superada a análise sobre a forma de tratamento das questões de ordem pública em primeiro grau de jurisdição, resta analisar a matéria sob o viés das diferentes instâncias recursais.

Com efeito, o tratamento das questões de ordem pública e de interesse público no âmbito dos recursos ordinários é distinto do realizado nos recursos excepcionais, existindo divergências nos últimos quanto à aplicação do efeito translativo[11], que é aplicável automaticamente nos recursos ordinários

---

9. Tratando do tema de forma singular, ver: MOREIRA, José Carlos Barbosa. Sentença objetivamente complexa, trânsito em julgado e rescindibilidade. *Revista de Processo*, São Paulo, Revista dos Tribunais, ano 31, v. 141, p. 7-19, nov. 2006.

10. Sobre o novo sistema preclusivo previsto no NCPC, ver: CABRAL, Trícia Navarro Xavier. Preclusão e decisão interlocutória no projeto do novo CPC. In: ROQUE, André Vasconcelos; PINHO, Humberto Dalla Bernardina de (Orgs.). *O projeto do novo Código de Processo Civil*: uma análise crítica. Brasília: Gazeta Jurídica, 2013. v. 1, p. 195-235.

11. "*Administrativo e processual civil. Indenização por danos patrimoniais. Responsabilidade civil do Estado. Ônus da impugnação específica. Presunção de veracidade dos fatos. Inaplicabilidade à Fazenda Pública. Direito indisponível. Violação do direito de defesa e do contraditório. Matéria de ordem pública. Anulação da prova pericial de ofício pelo tribunal no julgamento da remessa necessária. Possibilidade.* 1. Assiste razão ao agravante quando afirma que não se aplica a Súmula nº 7/STJ, pois o que está em discussão não é a apreciação do conjunto probatório, mas, sim, os poderes do julgador para, em remessa necessária, anular a prova pericial sem que tal medida tenha sido requerida pela União. 2. Cabe ao réu, nos termos do art. 302 do CPC, manifestar-se precisamente sobre os fatos narrados na petição inicial, sob pena de recair sobre eles a presunção de veracidade. Tal presunção, todavia, não se opera se não for admissível, a respeito dos fatos não impugnados, a confissão (art. 302, I do CPC). 3. O direito tutelado pela Fazenda Pública é indisponível e, como tal, não é admissível, quanto aos fatos que lhe dizem respeito, a confissão. Por esta razão, a condição

e que opera em todas as espécies recursais. Assim, a apelação, o agravo de instrumento e os embargos de declaração, por exemplo, são todos afetados pelo efeito translativo, permitindo que as questões de ordem pública ou de interesse público sejam transferidas para a análise da instância superior, bem como que persistam durante a interposição de todos os recursos cabíveis.[12]

Nesse passo, o limite temporal da devolução automática dessas questões é o último recurso interposto na instância ordinária, sendo que, após esse momento, o efeito translativo muda de contorno, conforme se verá mais adiante.

Dessa forma, a atuação oficiosa do magistrado em relação às questões de ordem pública e de interesse público pode ocorrer em qualquer dos recursos inerentes à instância ordinária e o eventual julgamento deve considerar ao máximo a prevalência da decisão meritória, evitando-se anulações e retrocessos desnecessários, especialmente quando o processo atingir a sua finalidade e não acarretar prejuízo às partes[13], atendendo-se à premissa anteriormente

---

peculiar que ocupa a Fazenda Pública impede que a não impugnação específica dos fatos gere a incontrovérsia destes. 4. *A remessa necessária devolve ao Tribunal não apenas as matérias que foram suscitadas pelas partes e decididas na sentença, mas também, em razão do efeito translativo, as questões de ordem pública, ainda que estas não tenham sido objeto de impugnação.* 5. No caso dos autos, segundo o Tribunal de origem, a prova pericial foi elaborada sem a análise de documentos imprescindíveis à quantificação do alegado prejuízo, e que, por ausentes, comprometeram o direito de defesa da ré. Para a Corte *a quo*, a não exibição dos contratos de cessão de crédito violou o princípio do contraditório e impediu que a União conhecesse da documentação que gerou a condenação 'em mais de centena de milhões de reais'. 6. O malferimento do direito de defesa gera a nulidade absoluta, pois não lesiona apenas o interesse individual das partes. Ao contrário, o dano ocasionado tem idoneidade para implodir toda a estrutura do sistema processual idealizado pela Carta da República. 7. *Não é por outra razão que a nulidade por lesão ao direito de defesa e ao contraditório constitui matéria de ordem pública, passível de ser decretada de ofício pelo Tribunal quando do julgamento da remessa necessária, ainda que a Fazenda Pública não tenha suscitado tal medida.* Agravo regimental improvido." (STJ – AgR REsp n. 1.187.684/SP (2010/0060359-9), Segunda Turma, rel. Min. Humberto Martins, j. 22.05.2012, *DJe*, de 29.05.2012).

12. "Elegemos, dessa forma, a primeira corrente, que atende a dois princípios constitucionais fundamentais: a ampla defesa e a celeridade. Negar a apreciação de uma questão de ordem pública retira da parte a possibilidade de se defender com todas as armas de que dispõe e transfere à eventual ação rescisória a solução que deveria ter sido dada no processo originário ou possibilita que uma decisão nula alcance a autoridade de coisa julgada." (KNOCH, Myllenade Carvalho, Os embargos infringentes e as questões de ordem pública. *Revista da Seção Judiciária do Rio de Janeiro*, Rio de janeiro, v. 16, n. 26, p. 115, 2009).

13. "Tais conclusões aplicam-se também à hipótese em que o vício é detectado em sede recursal. Julgado improcedente o pedido, o autor apela e o tribunal verifica a ausência de litisconsorte necessário. Só deverá reconhecer a nulidade do processo ou a carência da ação se o resultado for favorável ao apelante. Caso contrário melhor será negar provimento ao recurso, ignorando as falhas de natureza processual." (BEDAQUE, José Roberto dos

mencionada, concernente à decrescente importância dos vícios processuais e à necessidade de prestigiar a decisão de primeiro grau de jurisdição.

Por isso é que o controle judicial das questões de ordem pública ou interesse público[14] no âmbito dos recursos deve ocorrer de forma eficiente e tempestiva, de modo a sanear o processo e a evitar que defeitos processuais sejam reconhecidos tardiamente, após várias etapas recursais já terem ocorrido e sido superadas.

Ademais, também se mostra imprescindível na esfera recursal que o relator oportunize o contraditório das partes quando do apontamento de uma questão de ordem pública, permitindo, assim, a participação das partes na formação da convicção judicial, evitando-se a decisão surpresa, conforme preconizado no art. 10 do CPC/15.

Ressalte-se, ainda, que o fato de o efeito translativo operar em todas as espécies de recursos ordinários cabíveis não autoriza o relator que já firmou entendimento sobre determinada questão de ordem pública a reapreciá-la, mudando o posicionamento anteriormente proferido, salvo se houver algum fato novo justificador[15], tendo em vista a ocorrência da preclusão judicial sobre a matéria, em respeito à segurança jurídica.

Portanto, o adequado e tempestivo controle judicial da regularidade do processo é fundamental para o alcance da efetividade e da justiça.

Santos, *Efetividade do processo e técnica processual*. 3. ed. São Paulo: Malheiros, 2010, p. 389).

14. Ao tratar da hipótese excepcional do artigo 112 do CPC, em que a alteração legal não implica a modificação substancial dos institutos, Daniel Amorim diz que: "Não é a primeira vez que o legislador confunde a natureza da matéria e a possibilidade de seu reconhecimento de ofício para resolver problemas práticos. No art. 526, parágrafo único, do CPC, criou-se uma interessante hipótese de requisito de admissibilidade recursal que somente poderá ser conhecida pelo juiz se alegada pela parte interessada. É de fato curioso, já que os requisitos de admissibilidade são matérias de ordem pública, devendo o juiz conhecê-las de ofício, o que não ocorre na hipótese prevista pelo artigo comentado. Não deixa de ser, no mínimo, uma confusão entre natureza de matéria e condições para seu reconhecimento de ofício." (NEVES, Daniel Amorim Assumpção. *Competência no processo civil*. 2. ed. rev. atual. e ampl. Rio de Janeiro: Forense, 2011, p. 51).

15. *"Processual civil. Agravo interno. Ação declaratória de nulidade de cláusula contratual. Acórdão. Embargos de declaração. Ilegitimidade passiva. Intento de ver-se substituir por novo litigante. Inovação de fatos. I – A questão de ordem pública, referente a legitimidade de parte, arguida somente em sede de embargos de declaração, carreando-se material probatório aos autos, foge ao objeto de cognição posta inicialmente ao Juiz, que, no caso, não estará obrigado a um pronunciamento, de ofício. II – Sendo estranha aos autos a questão posta em embargos de declaração, mesmo que seja questão de ordem pública, analisada até mesmo de ofício pelo magistrado, não há como reputar-se ofendido o art. 535, do Código de Processual Civil, pois não haveria nenhuma obscuridade, omissão ou contradição a ser sanada. III – Agravo regimental desprovido.* (STJ – AgR AG n. 458748/MS, Terceira Turma, rel. Min. Antônio de Pádua Ribeiro, j. 05.10.2004, *DJU*, de 06.12.2004, p. 284).

6. RECURSOS EXCEPCIONAIS

Conforme já adiantado, o efeito translativo possui ampla e irrestrita aplicação no âmbito dos recursos ordinários, mas são controvertidos em sede de recursos excepcionais, em razão das peculiaridades que envolvem essas espécies recursais.

O tratamento das questões de ordem pública e de interesse público nos recursos excepcionais pode se dar de duas formas: a) a questão constitui objeto do recurso especial ou do extraordinário e foi devidamente prequestionada; e b) o recurso excepcional possui como objeto outro fundamento e a questão não foi suscitada ou decidida anteriormente.

No primeiro caso, quando a questão de ordem pública ou de interesse público constitui o próprio fundamento do recurso, ela deve ser prequestionada[16], ou seja, deve ser anteriormente provocada e debatida na esfera dos recursos ordinários, para posteriormente passar a integrar o objeto do recurso excepcional, sob pena de não cabimento do recurso. Neste caso, não haverá qualquer objeção ou limitação quanto à apreciação do tema pela instância superior, que dependerá, apenas, do preenchimento dos demais requisitos de admissibilidade para ser admitido.

Contudo, a controvérsia surge em relação à segunda hipótese, em que a questão de ordem pública ou de interesse público não integra inicialmente o fundamento do recurso e nem foi prequestionada[17]. Há divergência quanto aos tribunais superiores poderem ou não conhecer dessas matérias pela primeira vez e, em caso positivo, se seria de ofício ou dependeria de provocação da parte.

---

16. *"Agravo regimental no agravo de instrumento. Prequestionamento. Ausência. Matéria de ordem pública. Necessidade. Precedentes.* 1. Não se admite o recurso extraordinário quando o dispositivo constitucional que nele se alega violado não está devidamente prequestionado. Incidência das Súmulas nºs 282 e 356/STF. 2. *Pacífica a jurisprudência desta corte no sentido de que, mesmo em se tratando de matéria de ordem pública, é necessário o seu exame na instância de origem para que se viabilize o recurso extraordinário.* 3. Agravo regimental não provido." (STF – AgR AI n. 836.359/CE, Primeira Turma, rel. Min. Dias Toffoli, j. 06.12.2011, *DJe*, de 01.02.2012, p. 82).

17. "A Constituição Federal de 1988 consagra o requisito do prequestionamento ao exigir que somente as causas decididas desafiem o recurso extraordinário e o recurso especial. Faz mais, pois não se limita a esta exigência. Relaciona, em *numerus clausus*, os tipos de vícios que podem ser invocados contra aquelas decisões, tonando os recursos excepcionais o exemplo mais típico de recursos de fundamentação vinculada existentes em nosso ordenamento." (APRIGLIANO, Ricardo de Carvalho. *Ordem pública e processo*: o tratamento das questões de ordem pública no direito processual civil. São Paulo: Atlas, 2011. (Coleção Atlas de Processo Civil – Coordenação de Carlos Alberto Carmona), p. 222-223).

A dúvida ocorre principalmente em razão das oscilações e divergências de entendimento entre o STF e o STJ acerca da profundidade do efeito devolutivo no tocante às questões de ordem pública, o que acaba contaminando a doutrina[18], que, por sua vez, também tem apresentado manifestações distintas sobre o tema.

De um lado, defende-se a possibilidade de as questões de ordem pública e de interesse público[19] serem reconhecidas de ofício[20], em qualquer grau de jurisdição, inclusive em sede de recursos excepcionais, independentemente de provocação ou de prequestionamento[21] sobre o assunto. Aplica-se, por-

18. "Segundo nos parece, não há exceções a essa regra de que o STJ, no bojo de recurso especial, só pode enfrentar matéria federal que tenha sido previamente discutida pelo tribunal local. Nem mesmo nas precitadas hipóteses do § 3º do art. 267, por exemplo, será dado ao STJ, quando julga recurso especial, apreciar questão federal em primeira mão. Isso porque, segundo entendemos, o recurso especial não possui efeito translativo, não se aplicando a ele regras como aquela plasmada no § 3º do art. 267 do CPC. Há, todavia, decisões em sentido diverso, na linha de que, desde que o recurso especial seja conhecido, é possível, por exemplo, ao Superior Tribunal de Justiça pronunciar-se de ofício no julgamento de recurso especial sobre as matérias elencadas no § 3º do art. 267 do CPC. Em outros julgados, o STJ vem admitindo o efeito translativo do especial." (ALVIM, Angélica Arruda; ALVIM, Eduardo Arruda. Aspectos atinentes ao prequestionamento no recurso especial. *Revista Forense*, Rio de Janeiro, ano 104, v. 397, p. 3-29, maio/jun. 2008, p. 10-11).

19. "Em resumo, é de ordem pública a questão que versa sobre matéria inderrogável e inafastável pelas partes, em razão do interesse público prevalente que nela se expressa, sendo que, no âmbito do Recurso Especial, são de ordem pública as questões enumeradas nos arts. 267, § 3º, e 301, § 4º, do CPC, as que versam sobre nulidade absoluta e relativa (art. 245, parágrafo único) e as presentes em outras situações que também não precluem para o juiz (*v.g.* inconstitucionalidade da lei, intempestividade do recurso), apreciáveis de ofício em qualquer tempo e grau de jurisdição." (AGUIAR JÚNIOR, Ruy Rosado de. Recurso Especial: questão de ordem pública: prequestionamento. P. 10-11. Disponível em: <http://bdjur.stj.gov.br/xmlui/bitstream/handle/2011/16749/Recurso_Especial_Questao_Ordem_P%c3%bablica.pdf?sequence=1>. Acesso em: 08 set. 2013).

20. "Na verdade, a razão de ser da possibilidade de o julgador conhecer das matérias de ordem pública nos diversos graus de jurisdição vai muito além do simples imperativo legal: diz respeito a uma diretiva superior, relacionada com o papel do juiz no processo civil moderno." (MALACHINI, Edson Ribas. *Alegações imprecluíveis e dever judicial de cognição ex officio*. In: MEDINA, José Miguel Garcia et al. (Coords). *Os poderes do juiz e o controle das decisões judiciais*. São Paulo: Revista dos Tribunais, 2008. P. 41).

21. "Considerando as divergências conceituais já expostas; a instrumentalidade do processo, para que seja atingida prestação jurisdicional com qualidade; a tendência de certo afastamento do princípio do dispositivo com consequente aproximação do princípio da livre investigação das provas; a busca da verdade real, não só no processo penal, como também no processo civil; as recentes alterações do processo, sempre no sentido de que seja obtida pelo jurisdicionado amplo acesso à ordem jurídica justa; somos pelo

tanto, o efeito translativo[22] em igual extensão ao dos recursos ordinários, podendo, inclusive, os tribunais superiores conhecerem pela primeira vez das mencionadas questões.

De outro, sustenta-se que as referidas questões só podem ser devolvidas aos tribunais superiores se tiver havido o prequestionamento, não sendo autorizado ao magistrado conhecer de ofício das matérias, mesmo após a admissão do recurso.[23]

Há também posição intermediária, que diz que, uma vez ultrapassada a fase de conhecimento do recurso excepcional em relação a um fundamento, o tribunal superior estaria autorizado a conhecer de ofício de questão de ordem pública e de interesse público, ainda que não realizado o prequestionamento dessas últimas.[24]

---

entendimento de que as questões de ordem pública, ainda que não tenham sido objeto de prequestionamento, sejam conhecidas em sede de recurso especial ou extraordinário." (MENDONÇA, Paulo Halfeld Furtado de. Questões de ordem pública e a competência recursal dos tribunais de superposição. *Jus Navigandi*, Teresina, ano 12, n. 1.437, p. 13, 8 jun. 2007. Disponível em: <http://jus.com.br/artigos/9992/questoes-de-ordem--publica-e-a-competencia-recursal-dos-tribunais-de-superposicao/2>. Acesso em: 08 set. 2013).

22. "Considerando que as normas que envolvem matérias de ordem pública decorrem do princípio do acesso à justiça, referidas normas possuem aplicação imediata, devendo os órgãos jurisdicionais, incluindo as Cortes Superiores, respeitá-las. Portanto, as matérias de ordem pública podem e devem ser conhecidas pelos Tribunais Superiores *ex officio*." (QUINTELLA, Eliane Proscurcin. *Matéria de ordem pública no âmbito do direito processual civil*. 2004. 308 p. Dissertação (Mestrado) – Pontifícia Universidade Católica de São Paulo, São Paulo, 2004, p. 245).

23. No sentido de que as questões de ordem pública não poderão ser levantas pela primeira vez em grau de recurso extraordinário ou especial, mas apenas no ordinário, ver: NERY JUNIOR, Nelson. Condições da ação. *Revista de Processo*, São Paulo, Revista dos Tribunais, ano 16, v. 64, p. 34, out./dez. 1991.

24. Rodrigo Freire assevera a possibilidade das questões de ordem pública serem analisadas via recurso extraordinário e recurso especial, ainda que não exista o pré-questionamento a respeito da falta de uma condição da ação ou de um pressuposto processual, desde que o recurso seja conhecido (FREIRE, Rodrigo da Cunha Lima. *Ainda sobre a declaração ex officio da falta de um pressuposto processual ou de uma condição da ação em agravo de instrumento*. Disponível em: <http://jus2.uol.com.br/doutrina/texto.asp?id=2007>. Acesso em: 04 ago. 2008). Em sentido contrário, entendendo tratar-se de uma limitação constitucional à regra processual de que o tribunal pode conhecer de ofício das matérias de ordem pública, ver: NERY JUNIOR, Nelson. Questões de ordem pública e o julgamento do mérito dos recursos extraordinário e especial: anotações sobre a aplicação do direito à espécie (STF 456 e RISTJ 257). In: MEDINA, José Miguel Garcia et al. (Coords). *Os poderes do juiz e o controle das decisões judiciais*. São Paulo: Revista dos Tribunais, 2008. P. 966-982.

Assim, revela-se importante verificar os posicionamentos do STF e do STJ sobre o tema[25], uma vez que eles próprios divergem sobre a questão.[26]

Com efeito, o STF editou o enunciado 456 da sua súmula [27], datada de 1964, que prevê: "O Supremo Tribunal Federal, conhecendo do recurso extraordinário, julgará a causa, aplicando o direito à espécie". Isso significa que se o recurso extraordinário for admitido, o STF julgará a causa examinando todas as questões relativas à aplicação do direito em espécie, inclusive as questões de ordem pública, e de ofício, limitado somente ao capítulo impugnado.

Assim, adota o STF a posição intermediária, no sentido de que, ultrapassada a fase de conhecimento do recurso extraordinário, pode-se reconhecer de ofício uma questão de ordem pública, independentemente de ter sido debatida e decidida na instância ordinária, mas desde que se relacione com o fundamento lançado no recurso.

E no mesmo sentido do STF caminhava o STJ, reconhecendo que, uma vez admitido o recurso por um fundamento, devolver-se-iam as questões de ordem pública ao tribunal superior, independentemente de prequestionamento e de provocação da parte[28]. Destarte, num determinando momento, tanto o

---

25. "A divergência a respeito da possibilidade de o STJ conhecer de ofício determinadas questões que não compõem o objeto do recurso especial deixa entrever o fato de que o próprio Tribunal Superior não tem uma posição firme acerca da sua função. Tal situação é, sem dúvida, um sintoma da crise enfrentada pelo direito processual civil brasileiro, o qual apesar das inúmeras reformas legislativas, continua intocado no que diz respeito a alguns paradigmas profundamente arraigados em seus alicerces." (RAATZ, Igor; SILVA, Frederico Leonel Nascimento e. Crítica à tese do julgamento de ofício das "questões de ordem pública" em recurso especial: uma proposta de reflexão sobre o papel dos Tribunais Superiores. *Revista de Processo*, São Paulo, ano 36, v. 202, p. 80, dez. 2011).

26. Discorrendo sobre as controvérsias nos Tribunais Superiores acerca da necessidade de prequestionamento para o conhecimento de matérias de ordem pública, ver: MELO, Andréa Cherem Fabrício de. O prequestionamento e as matérias de ordem pública nos recursos extraordinário e especial. *Revista de Processo*, São Paulo, ano 31, v. 133, p. 7-29, fev. 2006.

27. Disponível em: <http://www.dji.com.br/normas_inferiores/regimento_interno_e_sumula_stf/stf_0456.htm>. Acesso em: 02 fev. 2014.

28. "Processual penal. Agravo regimental em embargos de declaração em agravo regimental em agravo em recurso especial. Apreciação de matéria de ordem pública, alegada no recurso especial. Impossibilidade. Agravo regimental improvido. I. *'A pretensão de se obter a apreciação, ainda que de ofício, de matéria de ordem pública, para que, superando vício procedimental na interposição do recurso, este Tribunal Superior examine matéria de mérito, mostra-se, por certo, imprópria e inadequada'* (STJ, AgRg nos EDcl no AREsp 283.687/MG, Rel. Ministro JORGE MUSSI, QUINTA TURMA, DJe de 23/05/2013). II. Não tendo sido ultrapassado o juízo de admissibilidade do Agravo, descabe a apreciação das questões suscitadas, em Recurso Especial não admitido, no âmbito do Agravo Regimental. Nesse sentido: *'Ultrapassado o juízo de admissibilidade do apelo nobre, é possível, ante o efeito translativo do recurso especial, apreciar questões de ordem pública, ainda que não prequestionadas.*

STF quanto o STJ passaram a admitir a aplicação do efeito translativo nos recursos excepcionais, condicionado, apenas, à superação da fase de sua admissibilidade.

Contudo, em 2012, no julgamento do AgR EREsp n. 999.342/SP, rel. Min. Castro Meira, a Corte Especial do STJ[29-30] alterou o seu entendimento

---

29. Na hipótese dos autos, entretanto, o recurso não foi conhecido, sendo inviável apreciar as insurgências no bojo deste agravo regimental. Precedentes." (STJ – AgR AREsp n. 38.097/MS, Quinta Turma, rel. Min. Laurita Vaz, *DJe*, de 13.02.2012). III. Agravo Regimental improvido." (STJ – Sexta Turma, AgR ED AgR AREsp n. 182.179/MT, rel. Min. Assusete Magalhães, j. 04.02.2014, *DJe*, de 24.02.2014).

29. "Processual civil. Agravo de instrumento. Art. 525 do CPC. Formação. Peças facultativas. Súmula n° 7/STJ. Coisa julgada. Matéria de ordem pública. Necessidade de prequestionamento. Súmulas n°s 282/STF e 356/STF. 1. O Tribunal de origem concluiu que o agravo de instrumento estava suficientemente instruído com as peças necessárias para o deslinde da lide (art. 525, inciso II, do CPC), sendo desnecessária a juntada de qualquer outro "elemento probatório que comprove a data do acordo administrativo", especialmente porque são elementos de que a própria União dispõe. Assim, a modificação da conclusão encontra óbice na Súmula n° 7 do STJ. 2. Inaplicável ainda, ao caso, o entendimento firmado pela Corte Especial deste Tribunal, em 2.5.2012, no julgamento do RESP 1.102.467/RJ, relatoria do Min. Massami Uyeda, submetido ao rito dos recursos repetitivos (art. 543-C do CPC). Na oportunidade, o Órgão Especial firmou o entendimento de que a ausência de peças facultativas necessárias à compreensão da controvérsia possibilita ao agravante a complementação do instrumental, o que não é o caso dos autos, visto que a conclusão da Corte de origem foi no sentido de que o agravo estava devidamente instruído. 3. *Esta Corte tem entendimento firmado no sentido de que, mesmo as matérias de ordem pública, necessitam do prequestionamento para serem analisadas em sede de recuso especial. 4. Precedentes da Corte Especial do STJ: AGRG nos ERESP 999.342/SP, Rel. Min. Castro Meira, Corte Especial, julgado em 24/11/2011, DJe 01/02/2012; AGRG nos EDCL nos EAg 1127013/SP, Rel. Min. Cesar Asfor Rocha, Corte Especial, julgado em 03/11/2010, DJe 23/11/2010). 5. Outros precedentes: RESP 1.239.593/SP, Rel. Min. Nancy Andrighi, Terceira Turma, julgado em 3.11.2011, DJe 11.11.2011; AGRG no RESP 854.140/SC, Rel. Min. Ricardo Villas Bôas Cueva, Terceira Turma, julgado em 25.10.2011, DJe 28.10.2011; AGRG no RESP 1.120.076/RS, Rel. Min. Og Fernandes, Sexta Turma, julgado em 15.6.2010, DJe 2.8.2010.* Agravo regimental improvido." (STJ – AgR Ag n. 1.425.644/PB (2011/0135209-2), Segunda Turma rel. Min. Humberto Martins, j. 22.05.2012, *DJe*, de 29.05.2012).

30. "*Agravo regimental no recurso especial. Brasil Telecom S/A. Celular CRT S/A. Contrato de participação financeira. Complementação de ações. Diferença. Valor patrimonial da ação. Cálculo. Súmula 371/STJ. Balancetes mensais. Desnecessidade de apresentação de outros documentos contábeis. Juros sobre o capital próprio. Julgamento extra petita. Ausência de prequestionamento. Agravos regimentais não providos. Multa.* 1. No julgamento do RESP n. 975.834/RS (Rel. Min. Hélio Quaglia Barbosa, DJU de 26.11.2007), decidiu a 2ª Seção, que o Valor Patrimonial da Ação para efeito de cálculo da diferença de ações subscritas deve ser apurado com base no balancete do mês da integralização, pelo que se compreendeu, e se compreende, como suficiente e válido o aludido documento elaborado pela empresa ré, desnecessários outros para fins de comprovação do VPA a ser considerado na execução do julgado. Precedentes. 2. Na chamada "dobra acionária" o Valor Patrimonial da Ação (VPA)

inicial, passando a adotar uma postura mais rigorosa, no sentido de que mesmo as questões de ordem pública só poderiam ser devolvidas ao tribunal superior se tiver havido o prequestionamento a seu respeito[31], não sendo autorizado ao magistrado conhecer de ofício das matérias, ainda que o recurso seja conhecido.[32]

Nesse contexto, verifica-se atualmente que, enquanto o STF tem mais preocupação com o fato de a matéria ter sido efetivamente debatida e julgada na instância ordinária, o STJ tem mais apego ao fato de a parte ter provocado correta e tempestivamente o órgão judicial, ainda que este se omita sobre o assunto na decisão.

De qualquer modo, diante das premissas aqui já estabelecidas e levando-se em consideração a própria função dos recursos excepcionais, parece com razão o STJ, ao também condicionar o conhecimento de questões de interesse público à existência de prequestionamento a seu respeito. Evita-se, com isso, que as instâncias extraordinárias se transformem em um novo grau de jurisdição[33], ao invés de apenas cumprir sua missão de controlar a

---

é apurado com base no balancete do mês da integralização (Súmula 371/STJ). Precedentes. 3. *Prevalece nesta Corte o entendimento de que as questões de ordem pública, embora passíveis de conhecimento de ofício nas instâncias ordinárias, não prescindem do requisito do prequestionamento.* Não havendo manifestação do Tribunal de origem sobre o alegado julgamento *extra petita* no concernente aos juros sobre o capital próprio, fica obstada a sua análise em sede de Recurso Especial. 4. Agravos regimentais de ambas as partes não providos, com aplicação de multa." (STJ – AgR REsp n. 1.305.254/RS (2012/0002298-6), Quarta Turma, Rel. Min. Luis Felipe Salomão, j. 22.05.2012, *DJe*, de 28.05.2012).

31. "Processual civil. Embargos de declaração no agravo regimental no recurso especial. Apontada omissão do acórdão embargado. Verificada falta de apreciação da alegação relativa ao efeito translativo do recurso especial. Coisa julgada. Questão de ordem pública. Necessidade de prequestionamento. 1. *A jurisprudência desta Corte é firme no sentido de que, na instância especial, é vedado o exame ex officio de questão não debatida na origem, ainda que se trate de matéria de ordem pública.* 2. Não tendo sido discutida nas instâncias ordinárias a questão da prescrição, é inviável sua apreciação nesta instância. Incidem no caso as Súmulas 282 e 356/STF. 3. Embargos de declaração parcialmente acolhidos. (STJ – ED AgR REsp n. 948.003/PR, Quarta Turma, rel. Min. Raul Araújo, j. 17.10.2013, *DJe*, de 03.12.2013).

32. Fredie Didier Jr. considera que o novo entendimento do STJ exigindo o prequestionamento para o conhecimento das questões de ordem pública é lamentável, pois fruto de orientação retrógrada que contraria o acesso à justiça e a efetividade da tutela jurisdicional, afrontando, ainda o já consolidado na súmula do STF (DIDIER JR., Fredie. *Matérias de ordem pública e prequestionamento*: crítica de Fredie Didier ao STJ. Disponível em: <http://forumjuridico.direitointegral.com/t-mat%C3%A9rias-de-ordem-p%C3%BAblica-e-prequestionamento-cr%C3%ADtica-de-fredie-didier-ao-stj#.Uu7zD5NTupo>. Acesso em: 08 abr. 2013).

33. "A demanda é delimitada pela causa de pedir contida na petição inicial. O juiz se restringe aos fatos constitutivos alegados pelo autor. No recurso, os motivos da impugnação cons-

infringência às normas constitucionais e infraconstitucionais, em verdadeiro desvirtuamento do sistema dos recursos excepcionais e em afronta, inclusive, ao princípio da razoável duração do processo.[34]

Assim, qualquer questão de interesse público pode chegar aos tribunais superiores para discussão, desde que tenha se realizado o prequestionamento[35]. Registre-se, porém, que é a limitação vertical da cognição dos recursos excepcionais que impede o conhecimento de ofício das questões de interesse público, e não a falta de prequestionamento, que diz respeito à extensão do efeito devolutivo.[36]

Entretanto, no CPC/15 o tema é tratado de forma diversa, uma vez que o parágrafo único do artigo 1.034[37] estabelece que, no caso de o recurso ser

tituem a causa trazida no recurso, e em relação aos recursos excepcionais, que possuem efeito devolutivo limitado, estes motivos funcionam como fator de limitação à amplitude da cognição e decisão do Superior Tribunal de Justiça e do Supremo Tribunal Federal. Apenas os fundamentos invocados serão examinados. O exame do inconformismo está restrito aos fundamentos deduzidos no próprio recurso interposto, com exclusão daquilo que não foi objeto de expressa decisão pelo tribunal *a quo*." (APRIGLIANO, Ricardo de Carvalho. *Ordem pública e processo*: o tratamento das questões de ordem pública no direito processual civil. São Paulo: Atlas, 2011. (Coleção Atlas de Processo Civil – Coordenação de Carlos Alberto Carmona), p. 229).

34. "E se, por um lado, a implantação de um sistema de competência seletiva para o STJ seja algo desejável, mas que pressupõe reforma política, o panorama aqui traçado, por sua vez, não deixa de servir para denunciar o equívoco da concepção que atribui àquela Corte a função de terceira instância recursal. Esse não é o papel do STJ, tal como se deflui do texto Constitucional. Apostar em uma extensão ainda maior de controle aos Tribunais Superiores é apostar no enfraquecimento das demais instâncias decisórias e na glorificação das impugnações, defeitos essenciais da crise do sistema processual conforme há muito apontou Mauro Cappelletti." (RAATZ, Igor; SILVA, Frederico Leonel Nascimento e. Crítica à tese do julgamento de ofício das "questões de ordem pública" em recurso especial: uma proposta de reflexão sobre o papel dos Tribunais Superiores. *Revista de Processo*, São Paulo, ano 36, v. 202, p. 69-92, dez. 2011, p. 87).

35. "À vista do exposto, para efeito de acomodação do efeito devolutivo restrito dos recursos de natureza extraordinária com as questões de ordem pública, deve-se concluir que não cabem recursos de natureza extraordinária em relação a questões que não foram objeto de consideração pelo Tribunal recorrido, mesmo que se trate de matéria de ordem pública que deva ser reconhecida de ofício nas instâncias ordinárias." (VINCENZI, Brunela Vieira de; MACHADO, César Rossi. A complexidade da ordem pública entre outras culturas. *Consultor Jurídico*, São Paulo, 11 jun. 2009. Disponível em: <http://www.conjur.com.br/2009-jun-11/conceito-ordem-publica-complexo-situacoes-culturais-distintas>. Acesso em: 15 jan. 2014, p. 40).

36. JORGE, Flávio Cheim, *Teoria geral dos recursos cíveis*. 3. ed. rev. ampl. e atual. com a Reforma Processual, 2006/2007. São Paulo: Revista dos Tribunais, 2007, p. 227-231.

37. "Art. 1.034. Admitido o recurso extraordinário ou o recurso especial, o Supremo Tribunal Federal ou Superior Tribunal de Justiça julgará a causa, aplicando o direito. Parágrafo único. Admitido o recurso extraordinário ou o recurso especial por um fundamento, devolve-se

admitido, serão devolvidos ao conhecimento do tribunal superior não só os demais fundamentos que envolvem a causa, mas também todas as questões de fato e de direito relevantes para o julgamento do litígio.

Como se observa, o novo Código encampou o posicionamento do STF e preferiu adotar o sistema devolutivo em sua dimensão mais vertical. Em outros termos, a nova lei prevê a aplicação do efeito translativo aos recursos excepcionais, condicionando, apenas, à superação da fase de conhecimento do recurso.

Por certo caberá à jurisprudência reavaliar o tema de acordo com a preferência legislativa, mas o possível impacto nos trabalhos dos tribunais superiores é fator que não será descartado na consolidação do entendimento pelos referidos órgãos judiciários.

7. CONCLUSÃO

No processo civil, a "ordem pública processual" se trata de uma técnica destinada à correta identificação e aplicação das normas processuais, bem como do exercício do controle da regularidade processual, por todos os sujeitos processuais, mas em especial pelo juiz, de modo adequado e tempestivo, visando a resolver concreta e proporcionalmente os eventuais defeitos e suas consequências, a fim de que a prestação da tutela jurisdicional seja legítima e integral, com a pronúncia de mérito.

E a ordem pública também possui relevante papel no âmbito dos tribunais, mas atua de forma diferenciada da do primeiro grau de jurisdição, embora sua função primordial permaneça sendo a de técnica de controle da regularidade do processo civil. Assim, revela-se importante para a regular condução dos recursos o uso adequado dos poderes dos membros do colegiado, em especial os do relator, que é responsável pelo juízo de admissibilidade recursal, pelo primeiro contato com as questões de ordem pública, suscitadas ou verificadas por meio do efeito translativo dos recursos, bem como pela observância do regimento interno do tribunal, quanto ao regular procedimento do julgamento em si.

De qualquer modo, a atuação da ordem pública processual na fase recursal pode ocorrer em três situações distintas: a) no momento do juízo de admissibilidade dos recursos, ou seja, na verificação da presença dos requisitos recursais; b) quando do efeito translativo que, por sua vez, está ligado à análise da dimensão vertical do efeito devolutivo da decisão judicial em

---

ao tribunal superior o conhecimento dos demais fundamentos para a solução do capítulo impugnado."

relação às questões de ordem pública até então identificadas no processo; e, c) na apreciação das questões de ordem pelo tribunal.

E a aplicação do efeito translativo deve atender a três premissas: a) as questões de ordem pública vão perdendo força a cada fase recursal ultrapassada; b) os capítulos da decisão ou sentença impugnada podem ser considerados isoladamente, devendo ser analisado até que ponto as questões de ordem pública de um capítulo atingem os demais; e c) existe diferença de tratamento dessas questões entre a instância ordinária e a extraordinária, já que nesta última há divergências sobre a aplicação do efeito translativo, embora o CPC/15 tenha preferido adotar a sua incidência em todas as esferas recursais.

A regra de sanabilidade na adminissibilidade dos recursos extraordinário e especial

*Maria Angélica Feijó[1] e
Victória Hoffmann Moreira[2]*

> **Sumário** • Introdução – **1**. O modelo de processo civil trazido pelo CPC/2015 e a nova postura do magistrado na condução do processo: **1.1**. A função do Processo Civil; **1.2**. O modelo colaborativo/cooperativo de Processo Civil e os deveres do magistrado – **2**. A admissibilidade do recurso extraordinário e do recurso especial – **3**. A aplicação da regra da sanabilidade no recurso extraordinário e recurso especial; **3.1**. A regra de sanabilidade recursal; **3.2**. Limitação da aplicação da regra de sanabilidade recursal no recurso extraordinário e no recurso especial – **4**. Conclusões.

INTRODUÇÃO

O Novo Código de Processo Civil – CPC/2015 (Lei 13.105/2015 e alterações) – foi idealizado como um sistema processual civil hábil a proporcionar à sociedade o reconhecimento e a *efetiva* realização dos direitos, ameaçados ou violados[3], visando a harmonização deste sistema com as garantias do

---

1. Mestre em Direito pela UFRGS, com ênfase em Direito Processual Civil. Advogada.
2. Mestre em Direito, com menção em Direito Processual Civil na Universidade de Coimbra. Advogada.
3. É o que está expresso na *Exposição de Motivos do Novo Código de Processo Civil*, editado à época do seu Anteprojeto, e assinado pela Comissão de Juristas formada pelo Senado Federal em 2010. Sua íntegra está disponível em: https://www2.senado.leg.br/bdsf/bitstream/handle/id/512422/001041135.pdf?sequence=1. Acesso em 25 de agosto de 2016.

Estado Constitucional[4]. É por essa razão que a nova lei processual consagrou o *modelo colaborativo* de processo civil[5], em que o magistrado adquire nova postura frente às partes e ao processo: a de prevenir, esclarecer, consultar e auxiliar. Este modelo está positivado no artigo 6º, que estabelece a colaboração como meio para o alcance de "decisão de mérito justa e efetiva". Exemplo disso é a postura exigida do juiz ao se deparar com a ausência de pressuposto processual ou de outros vícios processuais, contida no artigo 139, inciso IX, segundo o qual se deve oportunizar à parte o saneamento de vícios, justamente no intuito de permitir que o processo alcance a solução do mérito, em detrimento da sua extinção por apego excessivo às formas[6].

No que diz respeito aos recursos, o modelo colaborativo estabelece qual deve ser a nova postura do magistrado ao proceder ao juízo de admissibilidade. Deve-se deixar de lado o formalismo exacerbado e possibilitar o saneamento de vícios, antes de julgar inadmissível o recurso. Esta nova postura do magistrado em relação aos recursos está prescrita na *regra geral* de *sanabilidade recursal*, prevista no artigo 932, § único: "Antes de considerar inadmissível o recurso, o relator concederá o prazo de 5 (cinco) dias ao recorrente para que seja sanado vício ou complementada a documentação exigível.".

Em relação aos recursos excepcionais, há *regra especial* de *sanabilidade recursal* prevista no artigo 1.029, § 3º, que determina: "O Supremo Tribunal Federal ou o Superior Tribunal de Justiça poderá desconsiderar vício formal de recurso tempestivo ou determinar sua correção, desde que não o repute grave". No julgado paradigmático ARE 953221 AgR (Relator: Min. Luiz Fux, Primeira Turma, julgado em 07/06/2016)[7], em que o Supremo Tribunal Federal discutiu a interpretação destes dispositivos pela primeira vez, a Corte outorgou sentido ao parágrafo único do artigo 932 entendendo que *apenas*

---

4. Sobre a ideia de Estado Constitucional ver: CANOTILHO, José Joaquim Gomes. *Direito Constitucional*. 7. ed., Coimbra: Edições Almedina, 2000. P. 92-99; ZAGREBELSKY, Gustavo. *Il diritto mite*. Torino: Eunaudi, 1992 p. 38-39; MITIDIERO, Daniel. *Cortes Superiores e Cortes Supremas. Do controle à interpretação, da Jurisprudência ao Precedente*. São Paulo: RT, 2013. P. 16-17; MARINONI, Luiz Guilherme. *Novas linhas do Processo Civil. O acesso à justiça e os institutos fundamentais do direito Processual*. São Paulo: RT, 1993. P. 15-19.

5. Era o que a doutrina já reclamava. Nesse sentido: ALVARO DE OLIVERA, Carlos Alberto. O juiz e o princípio do contraditório. *Revista Forense*, vol. 323, ano 89, jul.-set./1993, p. 55-59. Idem, A garantia do contraditório. *Revista da Ajuris*, vol. 74, ano 25, nov./1998, p. 103-129.

6. "...O formalismo excessivo pode inclusive inibir o desempenho dos direitos fundamentais do jurisdicionado". São os ensinamentos de ALVARO DE OLIVEIRA, Carlos Alberto. *O Formalismo-valorativo no confronto com o Formalismo excessivo*. Disponível online em: <http://www.ufrgs.br/ppgd/doutrina/CAO_O_Formalismo-valorativo_no_confronto_com_o_Formalismo_excessivo_290808.htm.>. Acessado em 20 de agosto de 2016.

7. Disponível em http://www.stf.jus.br/portal/processo/verProcessoAndamento.asp?numero=953221&classe=ARE&origem=AP&recurso=0&tipoJulgamento=M. Acessado em 20 de agosto de 2016.

vícios formais poderiam ser sanados[8] (como ausência de procuração ou de assinatura, exemplos dados pelo Ministro Luís Roberto Barroso). De início, há três observações a serem feitas com relação a essa decisão. A primeira está no fato de o Supremo Tribunal Federal não ser o órgão institucionalmente competente para dar a última palavra sobre a interpretação da lei federal (artigo 105, inciso III, alíneas "a" e "c", da Constituição Federal), cabendo tal função ao Superior Tribunal de Justiça[9]. A segunda consiste na ausência de discussão a respeito da aplicação do artigo 1.029, § 3º, que trata – justamente – da *regra especial* de sanabilidade recursal pertinente aos recursos excepcionais. E a terceira está relacionada à interpretação conjunta do inciso III[10] e do § único do artigo 932 realizada pela Corte para definir quais são os vícios passíveis de serem sanados.

Tendo em conta os artigos 932, § único, e 1.029, § 3º, o presente ensaio pretende responder à seguinte questão: *frente a quais vícios o Supremo Tribunal Federal e o Superior Tribunal de Justiça deverão decidir pela desconsideração ou determinação de correção antes de julgar inadmissível os recursos extraordinário e especial?*

Para essa questão ser respondida é necessário distinguir a *postura* que o juiz adquiriu no novo modelo de processo civil estabelecido pelo CPC/2015 dos *requisitos* de admissibilidade recursais. Isso será realizado a partir da definição desse modelo (Parte 1) e do exame dos requisitos de admissibilidade dos recursos extraordinário e especial (Parte 2). Após, colocam-se as *questões controversas* sobre a regra de sanabilidade recursal nas Cortes de Vértice (Parte 3), como premissas para a resposta ao questionamento proposto neste ensaio.

1. O MODELO DE PROCESSO CIVIL TRAZIDO PELO CPC/2015 E A NOVA POSTURA DO MAGISTRADO NA CONDUÇÃO DO PROCESSO

1.1 A Função do Processo Civil

O direito processual civil, aos poucos, vem superando a percepção de que a busca da verdade no caso concreto seria um "subproduto ou efeito

---

8. No mesmo sentido o Enunciado Administrativo número 6 do Superior Tribunal de Justiça: "Nos recursos tempestivos interpostos com fundamento no CPC/2015 (relativos a decisões publicadas a partir de 18 de março de 2016), somente será concedido o prazo previsto no art. 932, parágrafo único, c/c o art. 1.029, § 3º, do novo CPC para que a parte sane vício estritamente formal."
9. Ver item 2.1 abaixo.
10. "III – não conhecer de recurso inadmissível, prejudicado ou que não tenha impugnado especificamente os fundamentos da decisão recorrida;"

colateral de um processo cujo objetivo é resolver o conflito entre as partes e somente no interesse particular delas."[11]. A decisão justa passou a ser considerada o objetivo do processo. Em decorrência disso, houve a atenuação do princípio do dispositivo[12] e ao juiz foi dado o dever de garantir a efetividade na tutela dos interesses discutidos no processo[13]. Dessa forma, a ideia de um magistrado passivo e inerte não mais se justifica.

Essa evolução decorre do advento de um modelo de processo que está preocupado em dar tutela ao caso concreto por meio da articulação dos papéis processuais das partes e do juiz. É um modelo que não ignora a vontade das partes (liberdade individual), mas também não considera o magistrado como um mero espectador[14].

Nessa nova perspectiva, o processo civil está mais preocupado com o alcance da solução no caso concreto e de uma decisão justa[15]. Entretanto, isso não significa defender um processo autoritário. O que se acredita, em verdade, é na necessidade de um juiz com poderes adequados a um modelo de processo flexível, que respeite as garantias processuais no âmbito de um sistema político democrático[16].

---

11. TARUFFO, Michele. *A Prova*. Tradução João Gabriel Couto. 1. ed. São Paulo: Editora Marcial Pons, 2014, p. 21.
12. Nesse sentido: "Essa consideração demonstra que a exigência de um princípio de cooperação não contradiz o princípio dispositivo e nem mesmo é orientada ao seu deslocamento ou substituição. Com razão, tais declarações têm sido criticadas. Também, uma compreensão adequada do princípio da cooperação não dilui o controle das partes, nem conduz a um *mixtum compositum* do princípio do dispositivo com o princípio inquisitório *(Untersuchungsgrundsatz)*. Ao contrário: justamente porque no processo civil existe o princípio dispositivo, o juiz deve cooperar com as partes, e elas não podem promover ou permitir uma descoordenação." GREGER, Reinhard; KOCHEM, Ronaldo Luiz (Trad.). Cooperação como princípio processual. *Revista de Processo*. vol. 206/2012, abr/2012. P. 123 – 134.
13. PICÓ I JUNOY, Joan. *El Juez y la Prueba: estudio de la recepción del brocardo iudez iudicare debet secumdum allegata et probata, non secundum conscientiam y su repercusión actual*. Colección Internacional n° 32. Bogotá: Grupo Editorial Ibáñez, 2011, p. 134.
14. DIDIER JR., Fredie. Princípio do Respeito ao Autorregramento da Vontade no Processo Civil. In: CABRAL, Antonio do Passo; NOGUEIRA, Pedro Henrique (Coord.). *Negócios Processuais*. 2 ed. Salvador: Editora JusPoivm, 2016, p. 34.
15. Quanto à percepção de processo justo ver RAMOS, Vitor de Paula. Ônus da Prova no Processo Civil. Do ônus ao dever de provar. São Paulo: Editora Revista dos Tribunais, 2015, p. 40-41.
16. TARUFFO, Michele. *A Prova*. Tradução João Gabriel Couto. 1. ed. São Paulo: Editora Marcial Pons, 2014, p. 185-209.

1.2 O modelo colaborativo/cooperativo de Processo Civil e os deveres do magistrado

O CPC/2015[17], como reflexo dessa evolução, buscou privilegiar um processo cooperativo[18] que prima pela resolução de mérito[19] da causa e que veda decisões surpresas. Para que o magistrado tenha maior margem para proferir decisões que alcancem o mérito da causa em detrimento da sua extinção ele deverá deixar de lado o apego ao formalismo exacerbado. O que é necessário, em verdade, é a organização de um processo justo (de formalismo cooperativo) que busque a prestação da tutela jurisdicional adequada e efetiva[20]. É o que já nos ensinava Alvaro de Oliveira: "Ora, a idéia de cooperação além de exigir, sim, um juiz ativo e leal, colocado no centro da controvérsia, importará senão o restabelecimento do caráter isonômico do processo pelo menos a busca de um ponto de equilíbrio. Esse objetivo impõe-se alcançado pelo fortalecimento dos poderes das partes, por sua participação mais ativa e leal no processo de formação da decisão, em consonância com uma visão não autoritária do papel do juiz e mais contemporânea quanto à divisão do trabalho entre o órgão judicial e as partes."[21]

---

17. Importante referir que o CPC/1973, embora não consagrando uma normal geral de cooperação, até porque, quando da sua elaboração, se vivia em outro momento processual, tinha algumas normas relativas a este princípio. A título de exemplo, cabe citar os artigos 284 e 616 (que trazem a ideia de cooperação do tribunal com as partes, em que é possibilitada a emenda da petição inicial) em consagração do dever de prevenção.
18. Sobre a colaboração no processo civil, ver: MITIDIERO, Daniel. *Colaboração no Processo Civil: pressupostos sociais, lógicos e éticos*. 3. ed. São Paulo: RT, 2015 (1ª edição: 2009). FREDIE DIDIER JR. sobre este mesmo tema, em uma perspectiva um pouco diferente desenvolvida em: *Fundamentos do Princípio da Cooperação no direito Processual Civil Português*. Coimbra: Coimbra, 2011.
19. A busca pelo processo efetivo privilegia o princípio da primazia da decisão de mérito (positivado no artigo 4º do CPC/2015). Este é um princípio cujo objetivo nuclear é privilegiar a resolução do mérito das decisões, de forma a combater a jurisprudência defensiva. ZANETI JR. Hermes. Comentários ao art. 932. *In*: CABRAL, Antonio; CRAMER, Ronaldo. Comentários ao Novo Código de Processo Civil. 2ª ed. Rio de Janeiro: Forense, 2016, p. 1.359.
20. MITIDIERO, Daniel. *Colaboração no Processo Civil: pressupostos sociais, lógicos e éticos*. 3. ed. São Paulo: Editora Revista dos Tribunais, 2015, p. 80.
21. ALVARO DE OLIVEIRA, Carlos Alberto. *O Formalismo-valorativo no confronto com o Formalismo excessivo*. Disponível online em: <http://www.ufrgs.br/ppgd/doutrina/CAO_O_Formalismo-valorativo_no_confronto_com_o_Formalismo_excessivo_290808.htm.>.

Nesse sentido, a atual dinâmica processual equilibra a participação do juiz e das partes no processo[22]. Em decorrência desse equilíbrio, ao magistrado é conferida uma atuação mais abrangente (no âmbito do processo de conhecimento, do processo de execução e do processo nos tribunais) e às partes um processo mais efetivo.

O equilíbrio de participação do juiz e das partes é consagrado por meio do *principio da cooperação*[23] (artigo 6º do CPC/2015), a qual confere ao magistrado poderes-deveres na condução do processo (artigo 139 do CPC/2015). Por meio desse princípio, são atribuídos aos juízes quatro relevantes deveres[24], quais sejam: dever de esclarecimento; dever de prevenção; dever de consulta; e dever de auxílio.

Tais deveres foram positivados no CPC/2015, tendo o *dever de prevenção* – ao lado do *dever*[25] *de auxílio* – ocupado importante função do magistrado na condução do processo (artigo 139, inciso IX) e no momento do julgamento da admissibilidade dos recursos (artigos 932, § único e 1.029, § 3º). Por meio desse *poder-dever*, o relator poderá prevenir e auxiliar as partes na *remoção ou superação* de obstáculos que impeçam o deslinde adequado do

---

22. MARINONI, Luiz Guilherme; ARENHART, Sérgio Cruz; MITIDIERO, Daniel. *Novo Curso de Processo Civil: Teoria do Processo Civil*. Vol. 1. São Paulo: Editora Revista dos Tribunais, 2015., p. 497.

23. Sobre a origem do princípio da cooperação: KOCHEM, Ronaldo. Introdução às raízes históricas do princípio da cooperação (Kooperationsmaxime). *Revista de Processo*. vol. 251/2016, jan/2016, p. 75 – 111.

24. Sobre tais deveres, importantes são as lições de SOUSA, Miguel Teixeira de. *Estudos sobre o Novo Processo Civil*. 2. ed. Lisboa: Editora LEX, 1997, p. 65. Segundo o mencionado autor: "Este dever (trata-se, na realidade, de um poder-dever ou dever funcional) desdobra-se, para esse órgão, em quatro deveres essenciais: – um é o dever de esclarecimento, isto é, o dever de o tribunal se esclarecer junto das partes quanto às dúvidas que tenha sobre as suas alegações, pedidos ou posições em juízo, de molde a evitar que a sua decisão tenha por base a falta de informação e não a verdade apurada; – um outro é o dever de prevenção, ou seja, o dever de o tribunal prevenir as partes sobre eventuais deficiências ou insuficiências das suas alegações ou pedidos; – o tribunal tem também o dever de consultar as partes sempre que pretenda conhecer a matéria de facto ou de direito sobre a qual aquelas não tenham tido possibilidade de se pronunciarem, porque, por exemplo, o tribunal enquadra juridicamente a situação de forma diferente daquela que é a perspectiva das partes ou porque esse órgão pretende conhecer oficiosamente certo facto relevante para a decisão da causa; – finalmente, o tribunal tem o dever de auxiliar as partes na remoção das dificuldades ao exercício dos seus direitos ou faculdades ou no cumprimento de ônus ou deveres processuais.".

25. ZANETI JR. Hermes. Comentários ao art. 932. *In*: CABRAL, Antonio; CRAMER, Ronaldo. Comentários ao Novo Código de Processo Civil. 2ª ed. Rio de Janeiro: Forense, 2016, p. 1.359 de forma acertada refere que "No Código atual, tal auxílio passou a ser claramente um "dever"."

processo[26]. Em decorrência do *dever de auxílio*, as partes, no desempenho de seus ônus e deveres no processo, poderão ter a colaboração do magistrado[27].

Percebe-se, portanto, que o CPC/2015 *autoriza* uma postura mais ativa do magistrado que previna situações como a extinção do processo e, no âmbito dos tribunais, a inadmissibilidade de recursos. No que toca ao objeto do presente ensaio, os *deveres de prevenção e auxílio*, portanto, são instrumentos a serem utilizados pelas Cortes de Vértice, em lugar da formação de jurisprudência defensiva, e em prol da decisão de mérito.

2. A ADMISSIBILIDADE DO RECURSO EXTRAORDINÁRIO E DO RECURSO ESPECIAL

2.1 A função do Supremo Tribunal Federal e do Superior Tribunal de Justiça perante a nossa ordem jurídica

A Constituição Federal de 1988 outorgou importante função às Cortes Supremas[28] existentes no vértice do nosso sistema judiciário, dar unidade ao Direito mediante a interpretação do nosso ordenamento jurídico[29]. Para tanto, previu dois importantes instrumentos processuais como meio de acesso a estas

---

26. REGO, Carlos Francisco de Oliveira Lopes do. *Comentários ao Código de Processo Civil.* Vol. I. 2. ed. Coimbra: Editora Almedina, 2004, pp. 267-269.
27. MARINONI, Luiz Guilherme; ARENHART, Sérgio Cruz; MITIDIERO, Daniel; *Novo Código de Processo Civil.* 2.ed. São Paulo: Editora Revista dos Tribunais, 2016., p.155. DIDIER JR. Fredie. Comentários ao art. 6.º. In: CABRAL, Antonio; CRAMER, Ronaldo. Comentários ao Novo Código de Processo Civil. 2ª ed. Rio de Janeiro: Forense, 2016, p. 21.
28. Sobre a ideia e conceito de *Corte Suprema* ver: TARUFFO, Michele. *Il Vertice Ambiguo. Saggi sulla Cassazione civile.* Bologna: Il Mulino, 1991. MITIDIERO, Daniel. *Cortes Superiores e Cortes Supremas. Do controle à interpretação, da Jurisprudência ao Precedente.* São Paulo: RT, 2013.
29. Nas palavras de Daniel Mitidiero: "O Supremo Tribunal Federal e o Superior Tribunal de Justiça são cortes em que prepondera a função de nomofilaquia interpretativa em detrimento do escopo de controle de juridicidade das decisões recorridas. E sendo função precípua do Supremo Tribunal Federal e do Superior Tribunal de Justiça a adequada interpretação da Constituição e da legislação infraconstitucional federal visando à unidade o Direito brasileiro, ressai daí que participa do núcleo-duro da sua função a formação de precedentes capazes de viabilizar a cognoscibilidade do Direito pelos demais tribunais e sociedade civil, cuja formação obedece ao imperativo de fornecer razões idôneas para orientar suas decisões (...)." *Cortes Superiores e Cortes Supremas. Do controle à interpretação, da Jurisprudência ao Precedente.* São Paulo: RT, 2013. P. 96. Ver também: TARUFFO, Michele. Le funzioni delle Corti Supreme. Cenni Generali. In: MITIDIERO, Daniel; AMARAL, Guilherme Rizzo (Coord.); FEIJÓ, Maria Angélica Echer Ferreira (Org.). *Processo Civil. Estudo em homenagem ao Professor Carlos Alberto Alvaro de Oliveira.* Porto Alegre: Atlas, 2012. P.

Cortes: o recurso extraordinário, para levar questão constitucional para apreciação do Supremo Tribunal Federal (art. 102, III); e o recurso especial, para levar questão de direito infraconstitucional federal para análise do Superior Tribunal de Justiça (art. 105, III). É por esta razão, inclusive, que o CPC/2015 trouxe o dever dos juízes observarem os acórdãos oriundos de julgamento de recursos extraordinário e especial repetitivos (art. 927, III) e os enunciados das súmulas do Supremo Tribunal Federal em matéria constitucional e do Superior Tribunal de Justiça em matéria infraconstitucional (art. 927, IV), trazendo, ainda, mecanismos importantes de garantia destas decisões (art. 332, II; art. 932, IV, b). Assim, restaram densificadas no novo Código de Processo Civil as funções constitucionais do Supremo Tribunal Federal, de dar a última palavra sobre a interpretação da Constituição Federal, e do Superior Tribunal de Justiça, de dar a última palavra sobre a legislação federal.

É que a atuação dessas Cortes pressupõe a demonstração de que a questão trazida no recurso extraordinário e recurso especial tem uma dimensão que extrapola e transcende o caso concreto[30], cujo julgamento é necessário para conduzir à unidade do Direito[31]. Os recursos interpostos perante as Cortes Supremas possuem requisitos de admissibilidade "especiais" em razão da excepcionalidade do seu cabimento. Além da tempestividade e do preparo, para ser admitido o recurso extraordinário precisa ter *repercussão geral* sobre a questão de direito impugnada, e para ser admitido o recurso especial, quando fundado em divergência de interpretação de lei federal, deve ser demonstrado o *cotejo analítico* entre acórdãos divergentes. Em ambos, há a necessidade de esgotamento das instâncias ordinárias e o pré-questionamento da questão de direito objeto do recurso, sendo, portanto, imprescindível o enfrentamento desta pelo tribunal recorrido[32].

2.2 Os requisitos de admissibilidade do recurso extraordinário e do recurso especial

Para analisar as regras de sanabilidade recursal e os vícios que poderão vir a ser sanados, é necessário identificar quais são os requisitos de admissibilidade dos recursos extraordinário e especial.

341-360. KERN, Christoph. O Papel das Cortes Supremas. Tradução: Maria Angélica Feijó e Ronaldo Kochem. *REPRO*, ano 103, vol. 948, out/2014. P. 47-76.

30. MARINONI, Luiz Guilherme; MITIDIERO, Daniel. *Repercussão Geral no Recurso Extraordinário*. 3 ed. São Paulo: RT, 2012. P. 18-23.
31. MITIDIERO, Daniel. *Cortes Superiores e Cortes Supremas. Do controle à interpretação, da Jurisprudência ao Precedente*. São Paulo: RT, 2013. P. 97
32. DIDIER JR, Fredie. CUNHA, Leonardo Carneiro da. *Curso de Direito Processual Civil. Meio de impugnação às Decisões Judiciais e Processos nos Tribunais*. 13 ed. Salvador: Jus Podivm, 2016, V. 3, p. 305-396.

Os requisitos de admissibilidade podem ser divididos em requisitos *intrínsecos* (atinente à existência do direito de recorrer) e *extrínsecos* (atinente ao exercício do direito de recorrer). Os requisitos intrínsecos são relativos ao cabimento, legitimidade, interesse recursal e inexistência de fato impeditivo ou extintivo do direito de recorrer. Já os requisitos extrínsecos são aqueles referentes a regularidade formal, tempestividade e preparo. Diante da importância dos referidos requisitos, merecem análise pormenorizada.

O requisito intrínseco de *cabimento* determina que um recurso só será cabível quando ele for o meio recursal adequado para atacar decisão judicial[33], ou seja, é o requisito que identifica se uma decisão é recorrível e qual o recurso apto para combatê-la.

A *legitimidade recursal* é também um requisito intrínseco e está disposta no artigo 996 do CPC/2015, o qual menciona que são legítimos para interpor recurso[34]: a parte vencida (se sucumbente no todo ou em parte); o terceiro prejudicado (quando a decisão recorrível tenha lhe atingido efetivamente); e o Ministério Público (como parte ou fiscal da ordem jurídica)[35].

O requisito intrínseco do *interesse recursal*, por sua vez, traduz-se na utilidade (o recorrente deve esperar do julgamento do recurso uma situação mais vantajosa) e na necessidade (a via recursal é o meio para alterar ou superar determinado prejuízo) de interposição do recurso[36]. É importante referir que a existência da legitimidade para recorrer não condiciona a existência de interesse recursal (é possível que o recorrente tenha legitimidade e não tenha o interesse recursal)[37].

Para finalizar a análise dos requisitos intrínsecos, cabe referir o requisito de inexistência de fato *impeditivo* ou *extintivo do direito de recorrer*, o qual engloba a renúncia ao direito de recorrer, a aquiescência com o teor da sentença (fato que faz precluir o direito de recorrer), a desistência do direito de

---

33. MARINONI, Luiz Guilherme; ARENHART, Sérgio Cruz; MITIDIERO, Daniel. *Novo Curso de Processo Civil: Tutela dos Direitos Mediante Procedimento Comum*. Vol. 2. São Paulo: Editora Revista dos Tribunais, 2015, p. 516.
34. Importante mencionar que mesmo de forma mais restrita o *amicus curiae* poderá interpor recurso (art. 138, § § 1º e 3º do CPC/2015).
35. WAMBIER, Teresa Arruda Alvim. Comentários ao art. 996.º. *In*: CABRAL, Antonio; CRAMER, Ronaldo. Comentários ao Novo Código de Processo Civil. 2ª ed. Rio de Janeiro: Forense, 2016, pp. 1493-1494.
36. DIDIER JR, Fredie. CUNHA, Leonardo Carneiro da. *Curso de Direito Processual Civil. Meio de impugnação às Decisões Judiciais e Processos nos Tribunais*. 13 ed. Salvador: Jus Podivm, 2016, V. 3, p. 116; MARINONI, Luiz Guilherme; ARENHART, Sérgio Cruz; MITIDIERO, Daniel. *Novo Curso de Processo Civil: Tutela dos Direitos Mediante Procedimento Comum*. Vol. 2. São Paulo: Editora Revista dos Tribunais, 2015, p.516-517.
37. JORGE, Flávio Cheim. *Teoria Geral dos Recursos Cíveis*. 2. ed. São Paulo: Editora Revista dos Tribunais, 2015, p. 115.

recorrer (que ocorre após a interposição do recurso) e, inclusive, a própria *tempestividade*, pois o transcurso do prazo recursal sem a interposição de recurso (i.e., a preclusão) consiste em *fato extintivo* do direito de recorrer[38].

Ao analisar de forma específica o recurso extraordinário e o recurso especial, verifica-se que constituem *pressupostos intrínsecos* desses recursos: a existência de decisão de única ou última instância; e o *enfrentamento* da causa constitucional ou da causa federal no acórdão recorrido, o prequestionamento. O recurso extraordinário requer, ainda, um outro requisito intrínseco, qual seja, o da *existência* de repercussão geral da questão constitucional debatida[39]. E, o recurso especial, nos casos em que interposto com fundamento na alínea "c", do inciso III, do artigo 105 da Constituição Federal, tem como requisito intrínseco a *existência* de *divergência da interpretação da lei federal* entre tribunais.

No que se refere aos requisitos extrínsecos, tem-se: a *regularidade formal*, a qual determina que o recurso deve preencher alguns requisitos formais para ser admitido (requisitos dispostos na lei), como a demonstração do cabimento do recurso – não se confundindo com o próprio cabimento em si – por exemplo, a *demonstração* da existência de prequestionamento, repercussão geral ou o cotejo analítico (que consiste na demonstração da existência de divergência da interpretação da lei federal) – assim como a demonstração da regularidade processual; e o preparo, que garante o adiantamento das despesas do processamento do recurso[40]. Esses requisitos, por se relacionarem com a *forma* como o direito de recorrer é exercida são mais propícios para a sanabilidade de vícios advindos da admissibilidade[41].

Tal distinção e conceituação é importante e relevante no contexto da recente vigência do CPC/2015, visto que o Supremo Tribunal Federal e o

---

38. É o que entende Fredie Didier Jr.: "Talvez fosse mais adequado posicionar a 'tempestividade' como requisito intrínseco do recurso. A perda do prazo significa, rigorosamente, a preclusão do direito de recorrer; ou seja, a perda do prazo relaciona-se com a existência do direito de recorrer e não com o exercício desse mesmo direito." DIDIER JR, Fredie. CUNHA, Leonardo Carneiro da. *Curso de Direito Processual Civil. Meio de impugnação às Decisões Judiciais e Processos nos Tribunais*. 13 ed. Salvador: Jus Podivm, 2016, v. 3, p. 107. Entretanto, essa não é a posição majoritária da doutrina processual, que ainda entende a *tempestividade* como *requisito extrínseco* de admissibilidade.
39. MARINONI, Luiz Guilherme; ARENHART, Sérgio Cruz; MITIDIERO, Daniel. *Novo Curso de Processo Civil: Tutela dos Direitos Mediante Procedimento Comum*. Vol. 2. São Paulo: Editora Revista dos Tribunais, 2015, p. 515.
40. DIDIER JR, Fredie. CUNHA, Leonardo Carneiro da. *Curso de Direito Processual Civil. Meio de impugnação às Decisões Judiciais e Processos nos Tribunais*. 13 ed. Salvador: Jus Podivm, 2016, V. 3, p. 125.
41. JORGE, Flávio Cheim. *Teoria Geral dos Recursos Cíveis*. 2. ed. São Paulo: Editora Revista dos Tribunais, 2015, p. 230.

Superior Tribunal de Justiça consolidaram na vigência do CPC/1973 robusta jurisprudência defensiva no que tange à admissibilidade dos recursos extraordinário e especial, o que não encontra mais espaço diante do nosso ordenamento jurídico, com a positivação do modelo de processo colaborativo.

3. A APLICAÇÃO DA REGRA DA SANABILIDADE NO RECURSO EXTRAORDINÁRIO E RECURSO ESPECIAL

Dentro do contexto do *formalismo-valorativo*[42] e do *processo cooperativo*, a declaração de nulidade de vícios não encontra mais espaço, sem antes ser oportunizado o seu saneamento, na medida em que a decisão de mérito deve se sobrepor à decisão que decreta a nulidade de atos processuais[43].

Nesse sentido é necessária a identificação de quais *vícios podem ser sanados*, na medida em que "a funcionalização valorativa das formas faz com que as invalidades tenham que ser excepcionadas, devendo ser evitadas sempre que possível. Dessa premissa, decorre outra obrigação especificamente aplicável ao sistema de invalidades. É o denominado *dever de prevenção*, destinado a evitar a pronúncia de nulidade"[44].

3.1. A regra de sanabilidade recursal

O CPC/2015 trouxe em seu texto normativo a *regra geral* de *sanabilidade recursal*, prevista no parágrafo único do artigo 932, que estabelece: "*antes de considerar inadmissível o recurso, o relator concederá o prazo de 5 (cinco) dias ao recorrente para que seja sanado vício ou complementada a documentação exigível*". A partir deste dispositivo textual é concretizado o modelo de processo colaborativo (artigo 6º) também nos tribunais, na medida em que está positivada a *regra geral* que determina ao relator o *dever de prevenção*, ao alertar às partes sobre a *existência de vícios* ou *ausência de documentação* que podem levar à inadmissão do recurso interposto.

Tal postura está em consonância com o *princípio da primazia do mérito*, que informa todo o CPC/2015, já prevista no artigo 139, inciso IX, que estabelece: "O juiz dirigirá o processo conforme as disposições deste Código,

---

42. OLIVEIRA, Carlos Alberto Alvaro de. *Do formalismo no processo civil : Proposta de um formalismo-valorativo*. 4ª edição, São Paulo: Saraiva, 2010.
43. CABRAL, Antonio do Passo Cabral. *Nulidades no Processo Moderno*. 2. Ed. Rio de Janeiro: Forense, 2010. P. 243-247.
44. CABRAL, Antonio do Passo Cabral. *Nulidades no Processo Moderno*. 2. Ed. Rio de Janeiro: Forense, 2010. P. 243.

incumbindo-lhe: (...) determinar o suprimento de pressupostos processuais e o saneamento de outros vícios processuais".

Em relação à *sanabilidade* dos recursos extraordinário e especial, há também *regra especial*, conforme previsão do parágrafo terceiro do artigo 1.029, que estabelece: *"o Supremo Tribunal Federal ou o Superior Tribunal de Justiça poderá desconsiderar vício formal de recurso tempestivo ou determinar sua correção, desde que não o repute grave"*.

Assim, a *regra geral* é aplicável a todos os recursos, com a exceção dos recursos extraordinário e especial, que são regidos pela *regra especial*.

Neste ponto, nos parece equivocado o *enunciado interpretativo n° 197* elaborado pelo Fórum Permanente de Processualistas Civis (FPPC) que diz: "aplica-se o disposto no parágrafo único do art. 932 aos vícios sanáveis de todos os recursos, inclusive dos recursos excepcionais". Isto porque, tal entendimento ignora a existência do artigo 1.029, § 3° que contém regra específica *delimitando a espécie de vício* que pode ser sanado nos recursos excepcionais, que são os considerados como *"formais e não graves"*. Ao interpretarmos o CPC/2015, não podemos ignorar os *limites textuais mínimos* dados pelo legislador para outorga de sentido ao texto legal[45], sob pena de ingressarmos no mesmo *arbítrio* que a própria novel legislação teve por objeto afastar.

Isso porque o texto do artigo 932, § único não *delimitou* o tipo de vício que pode ser vir a ser sanado pela parte. Assim, em um primeiro momento, seria possível entender que este dispositivo autorizaria o saneamento não só de vícios formais, como também de conteúdo. Dessa forma, caberá à doutrina e a jurisprudência o papel de delimitar os vícios que poderão ser sanados em relação ao parágrafo único do artigo 932, pois esse não é o nosso objetivo neste ensaio.

O objetivo deste estudo é interpretar o artigo 1.029, § 3°, a partir dos seus *limites textuais* já colocados pelo legislador, para verificar o que pode ser *corrigido ou desconsiderado* pela *regra especial* de sanabilidade dos recursos extraordinário e especial, mediante a demonstração do que deve ser entendido como *"vício formal não grave"*.

A partir dessas considerações há *três distinções* – que aqui entendemos como *limitadores* – que precisam ser feitas em relação à *regra especial* do artigo 1.029, § 3° com a *regra geral* do artigo 932, § único: *(i)* a qualidade ou

---

45. É o que ensina Humberto Ávila: "Daí se dizer que *interpretar é construir a partir de algo*, por isso significa *reconstruir*: a uma, porque utiliza como ponto de partida os textos normativos, que oferecem limites à construção de sentidos; a duas, porque manipula a linguagem, à qual são incorporados núcleos de sentidos, que são, por assim dizer, constituídos pelo uso, e preexistentes ao processo interpretativo individual." ÁVILA, Humberto. *Teoria dos Princípios : da definição à aplicação dos princípios jurídicos*. 11 ed. São Paulo: Malheiros, 2010. P. 33-34.

tipo do vício, que deve ser *formal*; *(ii)* para ser sanado, o vício *não* pode ser reputado como *grave*; *(iii)* ao se deparar como vício, a Corte pode *desconsiderá--lo* ou *determinar a sua correção*. É por esta razão que podemos afirmar que há uma *regra geral* (artigo 932, § único) e uma *regra especial* (artigo 1.029, § 3º) – que é mais restritiva – de *sanabilidade recursal*. A primeira é aplicável a todos os recursos, com a exceção dos recursos extraordinário e especial, que são regidos pela segunda, que é a regra especial[46].

Desta forma, importa analisar as *três distinções* – ou *limitadores* – acima elencadas para compreendermos os *limites da aplicação da regra da sanabilidade recursal* em relação aos recursos extraordinário e especial.

3.2. Limitação da aplicação da regra de sanabilidade recursal no recurso extraordinário e no recurso especial

Estabelecido o panorama da matéria, necessário retomar o objetivo deste ensaio sinalizado na Introdução: *verificar frente a quais vícios o Supremo Tribunal Federal e o Superior Tribunal de Justiça deverão decidir pela desconsideração ou determinação de correção antes de julgar inadmissível os recursos extraordinário e especial*. Para tanto, passaremos à análise de como *deve ser interpretada*[47] a expressão "vício formal não grave", para depois tratarmos de qual postura deve ser adotada pelo juiz, a de determinação à parte para correção, ou a sua desconsideração.

3.2.1. O vício formal

Para compreender o que pode ser entendido como vício formal, é necessário identificar que os recursos possuem uma parte formal, na qual

---

46. Em sentido diverso, TEMER, Sofia. *Correção de vícios dos recursos: reflexões iniciais sobre os parâmetros para a regra de sanabilidade do CPC/2015*. Disponível em: https://processualistas.jusbrasil.com.br/artigos/357104956/ncpc-correcao-de-vicios-dos-recursos. Acessado em 21 de agosto de 2016.

47. O presente ensaio, ao pretender elencar quais vícios podem ser considerados como formais e não graves, para fins de aplicação da regra da sanabilidade recursal aos recursos excepcionais, tem por objetivo outorgar sentido ao texto normativo do artigo 1.029, § 3º, isto é, interpretá-lo. Por detrás deste objetivo, há a adoção da importante distinção entre *texto e norma* bem trabalhada pelo Professor Humberto Ávila, que ensina: "Normas não são textos nem o conjunto deles, mas os sentidos construídos a partir da interpretação sistemática de textos normativos. Daí se afirmar que os dispositivos se constituem o objeto da interpretação; e as normas, no seu resultado." ÁVILA, Humberto. *Teoria dos Princípios : da definição à aplicação dos princípios jurídicos*. 11 ed. São Paulo: Malheiros, 2010. P. 30-31.

estão inseridos os requisitos de admissibilidade (extrínsecos e intrínsecos) e uma parte material (relativa ao seu conteúdo), na qual estão incluídos os próprios fundamentos para a impugnação da decisão recorrida.

Desta forma, entende-se por *vício formal* aquele defeito que está ligado à *forma* do recurso, e aqui entendemos *"forma"* como a exteriorização do ato jurídico processual[48]. Assim, os vícios referentes aos requisitos de *admissibilidade* recursal (extrínsecos e intrínsecos) podem ser considerados, *a priori*, como *formais*, visto que refletem a exteriorização do recurso. Contudo, cabe agora entender como pode ser verificada a "gravidade" do vício formal.

3.2.2. O vício não grave

Para além da conceituação de "vício formal" importa abordar o que seria um vício formal *não reputado como grave*, tal como previsto no parágrafo terceiro do artigo 1.029.

Fredie Didier Jr. e Leonardo Carneiro da Cunha entendem que para fins de correção, o defeito não será considerado como grave quando *puder ser corrigido*, como o defeito de representação processual, ausência de assinatura do advogado etc.[49] Nesse mesmo sentido Hermes Zaneti Jr. liga a *gravidade* do vício à *dificuldade do seu saneamento* e às *garantias processuais* da parte *ex adversa*[50].

Já Guilherme Rizzo Amaral entende que este conceito de *"vício formal sanável não reputado como grave"* ainda precisará ser melhor trabalhado pela doutrina e na jurisprudência, mas que, desde já, era possível entender que vício formal grave é aquele que *não pode ser corrigido* pelo recorrente e impeça a análise do mérito recursal[51].

No presente momento da vigência do CPC/2015 e pelo estágio em que a jurisprudência se encontra, é difícil precisar o que poderia ser considerado como *"grave"* a ponto de não poder ser sanado.

Contudo, tomando como critério o que foi apontado pela doutrina – que *não é considerado grave* o vício que *pode ser sanado* sem prejuízo do

---

48. CABRAL, Antonio do Passo Cabral. *Nulidades no Processo Moderno*. 2. Ed. Rio de Janeiro: Forense, 2010. P. 4..
49. DIDIER JR, Fredie. CUNHA, Leonardo Carneiro da. *Curso de Direito Processual Civil. Meio de impugnação às Decisões Judiciais e Processos nos Tribunais*. Vol. 3. 13. ed. Salvador: Jus Podivm, 2016, p. 319.
50. ZANETI JR. Hermes. Comentários ao art. 932. *In*: CABRAL, Antonio; CRAMER, Ronaldo. *Comentários ao Novo Código de Processo Civil*. 2. ed. Rio de Janeiro: Forense, 2016.
51. AMARAL, Guilherme Rizzo. *Alterações do Novo CPC*. São Paulo: Revista dos Tribunais, 2015, p. 1049.

mérito do recurso – é possível visualizar que os requisitos *extrínsecos* de admissibilidade recursal podem ser sanados sem prejudicar o mérito do recurso, já os requisitos *intrínsecos* não nos parecem fáceis de serem sanados. Assim, os vícios referentes ao cumprimento dos *requisitos extrínsecos*, podem ser classificados como "não graves" e aqueles referentes aos *requisitos intrínsecos* são "graves".

Para melhor ilustração da classificação aqui demonstrada, apresentamos o seguinte esquema:

Neste ponto, é importante distinguir a *existência* do vício referente ao requisito intrínseco, da sua *demonstração* nas razões recursais.

A primeira questão que poderia surgir é em relação ao *prequestionamento*, que é requisito *intrínseco* de admissibilidade de ambos os recursos, pois está ligado ao *cabimento* do recurso, na medida em que diz respeito ao debate previamente feito no tribunal ordinário sobre a questão de direito objeto do recurso extraordinário ou especial. Em relação a esse requisito, entendemos que a *demonstração* do prequestionamento é sim *vício formal não grave*[52]. Contudo, a *demonstração* do prequestionado é diferente da sua efetiva *existência*. Ou seja, o que pode ser sanado pela parte, ou desconsiderado pelo juízo, é a *ausência de demonstração* do prequestionamento nas preliminares do recurso. Já o que não pode ser sanado é a *inocorrência* do prequestionamento da instância inferior, na medida em que isso implicaria na readequação daquilo que já foi debatido no processo pelas partes e decidido pelo magistrado em momento anterior, seria necessário voltar no tempo para que fosse possível tal adequação.

---

52. É o que também entende: MARINONI, Luiz Guilherme. ARENHART, Sérgio Cruz; MITIDIERO, Daniel. *Novo Código de Processo Civil Comentado*. São Paulo: Revista dos Tribunais, 2015. P. 970-971.

Situação semelhante ocorre com a *demonstração* da repercussão geral no recurso extraordinário, e com o cotejo analítico no recurso especial. Nestes casos, igualmente entendemos que a *ausência da demonstração* da repercussão geral ou do cotejo analítico são *vícios formais não graves*. Isso quer dizer que, caso o relator depare-se com a *ausência da demonstração* da repercussão geral ou do cotejo analítico, ele poderá exercer seu *dever de prevenção* e intimar a parte para que preceda à demonstração destes. Veja-se que a *demonstração nas preliminares recursais* destes dois requisitos em nada tem a ver com a *efetiva existência* da repercussão geral do caso, ou da divergência da interpretação da lei federal entre diferentes tribunais. A efetiva existência ou não destas duas hipóteses estão ligadas propriamente ao *cabimento* destes recursos, que é requisito de admissibilidade intrínseco.

A questão da *repercussão geral* ainda pode gerar um segundo desconforto: *não seria o caso de considerar a ausência da demonstração da repercussão geral como um vício grave?* Isto porque seria possível entender que a repercussão geral é um dos principais requisitos de admissibilidade do recurso extraordinário, podendo, inclusive, ser entendido como erro grosseiro a sua ausência nas preliminares recursais. Entretanto, este entendimento cai por terra quando nos deparamos na principal mudança trazida pelo CPC/2015 nesta matéria de *recursos excepcionais, qual seja, o da possibilidade de reenvio dos recursos* entre as Cortes Supremas, com a *fungibilidade* entre recurso extraordinário e especial, e vice-e-versa (artigos 1.032 e 1.033). Nesta hipótese, caso o Superior Tribunal de Justiça entenda que a matéria tratada no recurso é, em verdade, constitucional deverá conceder prazo de 15 dias para que o recorrente *demonstre* a existência repercussão geral e se manifeste sobre a questão constitucional. Ora, se existe tal regra dentro do CPC/2015, a interpretação sistemática da parte do Código que trata da *"Seção II – Do Recurso Extraordinário e do Recurso Especial"* não deixa qualquer dúvida sobre a possibilidade de saneamento quando não há no recurso extraordinário a *ausência da demonstração* da existência da repercussão geral.

Importante notar que a literalidade do parágrafo terceiro do artigo 1.029 já trata de "vício formal de recurso tempestivo". Ou seja, aqui o legislador, para evitar problemas interpretativos, já elencou a tempestividade como vício "grave"[53], na medida em que a maior parte da doutrina entende tal requisito como extrínseco, e não intrínseco como estas Autoras. Neste caso, ele seria a exceção à tese interpretativa aqui apresentada, na medida em que defendemos que todos os vícios relativos aos requisitos extrínsecos não são graves. Porém, entendemos que se trata sim de vício grave, na medida em que diz

---

53. Importa ressaltar que para aplicar o parágrafo terceiro do artigo 1.029 é necessário que previamente seja conferida às partes a possibilidade de *demonstrarem* a tempestividade do recurso, considerando que é a *efetiva existência* da tempestividade que faz o vício ser considerado *grave*.

respeito ao requisito intrínseco, que consiste no decurso do prazo recursal sem a apresentação deste, o que extingue o direito da parte de recorrer.

Para além destas questões, há outros "vícios formais não graves" que poderão ser sanados na vigência do CPC/2015, e que antigamente – na vigência do CPC/1973 – eram objeto de jurisprudência defensiva. É o caso do recurso interposto por advogado sem procuração nos autos que, no texto da Súmula 115 do Superior Tribunal de Justiça, era tido como inexistente. Não há como entender que a ausência de poderes ao advogado que interpõe o recurso é vício grave, visto que a simples regularização da sua representação processual em nada obsta a correta e devida análise da questão de direito objeto do recurso especial. A mesma coisa deve ser entendida quando o recurso não está assinado, ou ainda que esteja, é protocolado eletronicamente por meio de certificado digital de advogado que não consta como procurador nos autos, além da ausência do preparo.

Em resumo, serão considerados como vícios formais "graves" aqueles relativos aos requisitos intrínsecos de admissibilidade dos recursos, como o cabimento, legitimidade, interesse recursal, inexistência de fato impeditivo ou extintivo. Serão considerados como vícios formais "não graves" aqueles relativos aos requisitos extrínsecos: como a regularidade formal (em que há a *demonstração* do cabimento – repercussão geral, prequestionamento e cotejo analítico estão englobados – e da regularidade da representação processual) e o preparo. Este resumo está representado no quadro abaixo:

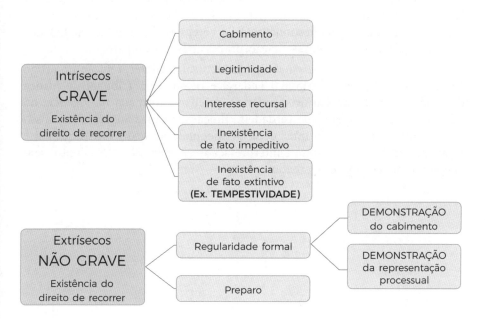

3.2.3. Desconsiderar ou determinar a sua correção? E em qual prazo?

A regra especial de sanabilidade dos recursos extraordinário e especial, para além da delimitação do tipo de vício – *os formais e não graves* –, estabelece duas possibilidades às Cortes: *desconsiderar* o vício ou *determinar a sua correção*. Entretanto, o legislador não estabeleceu critérios no texto legal para que o julgador pudesse utilizar como parâmetro para escolher entre uma destas duas hipóteses, nem indicou qual prazo seria dado à parte, caso fosse optado pela determinação de correção.

Neste contexto, a postura do magistrado deve estar alinhada ao *dever de prevenção* mostrando-se mais adequada a determinação de correção do *"vício formal sanável não grave"* do que a sua desconsideração, em respeito à parte *ex adversa*, na medida em que não há critérios na lei para tal escolha. Neste mesmo sentido, ao estabelecer o prazo para a correção do vício, o magistrado deve *interpretar conjuntamente* os artigos 932, § único e 1.029, § 3º, neste ponto, e aplicar o prazo de cinco dias.

4. CONCLUSÕES

A interpretação do artigo 1.029, § 3º nos leva à conclusão de que *"vício formal não grave"* é aquele referente aos requisitos *extrínsecos* de admissibilidade recursal. Por requisitos extrínsecos de admissibilidade recursal deve ser entendido: a regularidade formal (em que há a *demonstração* do cabimento – repercussão geral, prequestionamento e cotejo analítico estão englobados – e da regularidade da representação processual) e o preparo.

A partir da norma de sanabilidade recursal e a interpretação do artigo 1.029, § 3º, o Supremo Tribunal Federal e o Superior Tribunal de Justiça deverão deixar de lado a jurisprudência defensiva formada na vigência do CPC/1973 para exercer a sua verdadeira função de Corte Suprema em nosso sistema jurídico, ao dar a interpretação adequada ao texto constitucional e legal, uniformizando, assim, a interpretação e a aplicação do Direito, sem apego ao formalismo exacerbado.

www.editorajuspodivm.com.br

Pré-impressão, impressão e acabamento

grafica@editorasantuario.com.br
www.editorasantuario.com.br
Aparecida-SP